Gottes letztes Wort

Hansjürgen Verweyen

Gottes letztes Wort

Grundriß der Fundamentaltheologie

Dritte, vollständig überarbeitete Auflage

Verlag Friedrich Pustet
Regensburg

Die Deutsche Bibliothek – CIP-Einheitsaufnahme
Ein Titeldatensatz für diese Publikation ist bei
Der Deutschen Bibliothek erhältlich.

verlags
gruppe
engagement

ISBN 3-7917-1692-1

Umschlaggestaltung: Martin Veicht. form fünf, Regensburg
Druck und Bindung: Friedrich Pustet, Regensburg
Printed in Germany 2000

Inhalt

Teil III: ... gegenwärtig?

Anhang

Vorwort zur dritten Auflage

Die Intensität, mit der mein 1991 erstmals vorgelegter 'Grundriß der Fundamentaltheologie' schon bald nach seinem Erscheinen diskutiert wurde, hat zur Klärung mancher Gedanken und Argumentationsgänge beigetragen, die ich in den beiden ersten Auflagen methodisch unzureichend reflektiert oder zumindest mißverständlich formuliert hatte. Urplötzlich mit der Tatsache konfrontiert, daß das Buch völlig vergriffen war, habe ich nicht nur den Verlag gewechselt. Angesichts der für die nötige dritte Auflage verbleibenden kurzen Zeit war auch eine Wahl zu treffen, welche Ziele bei der Neubearbeitung Vorrang haben sollten. Ich entschied mich, vor allem die systematisch zentralen Kapitel einer gründlichen Revision zu unterziehen, teilweise auch völlig neu zu verfassen, beim Nachtrag der inzwischen erschienenen Literatur zu den vielen Einzelthemen hingegen keine Vollständigkeit anzustreben.

Relativ ausführlich habe ich mich bereits in 'Botschaft eines Toten?' mit der Diskussion zu meinen 'Osterthesen' auseinandergesetzt. Für die Neugestaltung meines 'Grundrisses' ist insbesondere die Intention maßgebend, das Verhältnis von Theologie und Philosophie sowie zwischen Hermeneutik und Erster Philosophie genauer zu bestimmen und vor allem meinen philosophischen Ansatz selbst – mit seinen Implikationen für die Entwicklung einer fundamentaltheologisch adäquaten 'Historik' – präziser herauszuarbeiten.

Obschon es mir gelungen ist, Gründe für manche Mißverständnisse meiner Fundamentaltheologie in ihrer bisherigen Formulierung selbst aufzuspüren, bleibt mir eines nach wie vor völlig rätselhaft, nämlich die Häufigkeit, mit der diese gesamte Konzeption als Versuch einer 'philosophischen Letztbegründung des *Glaubens*' bezeichnet wurde. Sicher, der (damals von K.-O. Apel übernommene) Ausdruck 'Letzt*begründung*' verführt zu Fehleinschätzungen transzendentaler Reflexion. Ich habe ihn jetzt bei der Beschreibung meiner eigenen Arbeit völlig ausgemerzt. Aber 'philosophische *Glaubens*begründung'? Was um Himmels willen berechtigt diese Interpretation?

In diesem 'Grundriß' ging und geht es weiterhin allein darum, den ausschließlich im Hören des Wortes gründenden Glauben an die Letztgültigkeit der Selbstmitteilung Gottes in Jesus Christus als eine solche Überzeugung rational zu verantworten, die es nicht nötig hat, auch noch so minimale Reservate des 'reinen Glaubens' der kritischen Vernunft gegenüber zu errichten und einzuzäunen.

Freiburg i.Br., im November 1999 — Hansjürgen Verweyen

Vorwort zur ersten Auflage

Sätze wie "Das ist mein letztes Wort!" rufen heute nur noch Kopfschütteln hervor – es sei denn, sie stehen im Testament eines Verstorbenen. Kann angesichts des berechtigten Pluralismus unserer Zeit das 'Ein-für-allemal' Jesu Christi dann überhaupt noch als das Wort eines Lebenden vertreten werden? Diese Frage weder fundamentalistisch zu immunisieren, noch relativistisch einzuebnen, sondern mit der Bereitschaft zu radikaler Selbstkritik durchzuhalten dürfte eine der wichtigsten wie schwierigsten Aufgaben heutiger Theologie sein.

Bei dem Versuch, dieser Aufgabe nachzukommen, wird man sich sehr behutsam auf den Bereich vortasten müssen, wo 'letzte Worte' am meisten verletzen. Gibt es gerade hier aber nicht auch den uneingestandenen Wunsch nach einem 'Ein-für-allemal'? Wenn wir deutlich hören oder auch nur leise spüren, daß einer 'Ja' zu uns sagt, dann regt sich zwar unmittelbar Gegenwehr. Wer will sich schon festnageln lassen auf das Bild, das sich da gerade jemand von uns macht? Möchten wir aber nicht zugleich, daß wenigstens sein nacktes 'Ja' einfach wahr sei und bleibe und daß es in diesem Sinn schließlich doch ein letztes Wort gibt?

Vielleicht ist auch dieser heimliche Wunsch nur eine Projektion unserer narzißtischen Unreife, eine Nostalgie, die wir uns abgewöhnen müssen. Oder ist die rastlose Sucht, alles zu demaskieren und zu relativieren, schließlich selbst ein Produkt unserer Angst, die nicht mehr wahrzunehmen vermag, wenn wirklich einmal ein festes und haltgebendes Wort in unser ständig enttäuschtes Menschsein fällt? Dann könnte unser trotziger Entschluß, sich nicht noch einmal enttäuschen zu lassen, uns am Ende zu Mördern werden lassen, die ein bedingungsloses Ja einfach nicht ertragen und es darum radikal aus der Welt schaffen.

Möglicherweise liegt hier der Kern der fundamentaltheologischen Frage, ob ein 'letztes Wort Gottes' sich überhaupt als sinnstiftend *vernehmbar* und schließlich als wirklich *ergangen* und heute *gegenwärtig* vertreten läßt. Eine Antwort darauf darf die philosophische Letztbegründungsproblematik nicht ausklammern und wird Fragen wie die nach dem 'historischen Jesus', dem Ostergeschehen, dem Wesen der Kirche in ein neues Licht rücken.

Der hier vorgelegte Versuch zu einer solchen Antwort, in dem es weniger um enzyklopädische Information als um konsequente Argumentation geht, mag im Kontext der gegenwärtigen fundamentaltheologischen Diskussion manchem ungewohnt erscheinen. Zum leichteren Hineinfinden in den zentralen Gedankengang könnten dann die Kapitel 4-10 zunächst überschlagen werden. Die übrigen Partien des Buchs sind auch so verständlich, allerdings auf einer kritisch nicht hinreichenden Reflexionsebene.

Bei der Arbeit an diesem Buch war ich auf vielfache Hilfe angewiesen. Als Fremdling in der Welt der EDV konnte ich am Ende nur noch mit banger Bewunderung zusehen, was da unter kundigen Händen dem Druck entgegenreifte. Dafür sei meiner Sekretärin Frau Ruth Dorner und für die vielfältigen Anregungen, Ratschläge und technischen Hilfeleistungen meinen wissenschaftlichen Mitarbeiter/-innen Georg Lingnau und Sabine Mirbach und meiner Assistentin Johanna Rahner an erster Stelle gedankt.

Dr. Michael Lauble vom Patmos-Verlag gilt mein besonderer Dank für die vorzügliche Betreuung des Werks.

Von großer Hilfe waren mir der gute Rat und die mannigfachen Verbesserungsvorschläge von Markus Eisele, Prof. Dr. Karl-Heinz Menke, Franz Noichl, Viola Tenge-Wolf und Martin Wichmann, die sich trotz manch anderer Belastungen der Mühe einer sorgfältigen Lektüre des Manuskripts unterzogen haben.

Der Beginn der Arbeiten liegt nun schon viele Jahre zurück. Ohne den aufmunternden und kritischen Zuspruch von Prof. Dr. Gerhard Larcher und Dr. Karl Pichler wäre wohl kein Buch daraus geworden.

Daß ich vor fast drei Jahrzehnten den Mut faßte, Theologie im Blick auf eine akademische Lehrtätigkeit weiterzubetreiben, und trotz der oft abenteuerlichen Konsequenzen für meine Familie dabei bleiben durfte, verdanke ich Ingrid, meiner Frau.

Freiburg i. Br., im Advent 1990 Hansjürgen Verweyen

Einleitung

Unter dem Titel 'Fundamentaltheologie' wird sehr Verschiedenartiges verstanden[1]. Besonders im angelsächsischen Sprachraum kann man häufig dem Mißverständnis begegnen, der Begriff müsse etwas mit Fundamentalismus zu tun haben. Eine solche Assoziation legt sich nicht nur vom Terminus 'Fundamentaltheologie', sondern auch von der Art und Weise her nahe, wie diese Disziplin bzw. ihre Vorgängerin, die Apologetik, traditionell als eine Kunst der Selbstverteidigung betrieben wurde. Der grundlegende Unterschied zu jeder Form von Fundamentalismus besteht darin, daß sich dieser im allgemeinen nicht aus dem Bereich dessen herausbewegt, was innerhalb der eigenen Gruppe als verbindlich gilt, während christliche Fundamentaltheologie und Apologetik zumindest der Intention nach Rechenschaft über den eigenen Glauben im Horizont einer Rationalität ablegen, die im Prinzip allen Menschen verfügbar ist. In dieser Hinsicht läßt sich durchaus ein Grundduktus von Fundamentaltheologie ausmachen, der die gesamte Geschichte der Theologie durchzieht.

In der Zeit der Kirche bis zur Ära Konstantins ging es – neben der Abgrenzung gegenüber dem Judentum[2] – vor allem darum, den Sinn des christlichen Glaubens in Auseinandersetzung mit der 'philosophischen Theologie' des Hellenismus, insbesondere des mittleren und des Neuplatonismus sowie der Stoa, darzulegen. Man bewegte sich damit im Raum einer Philosophie, die selbst den Bereich des Religiösen erkundete und insofern in Konkurrenz zu den geschichtlich zur Erscheinung kommenden Religionen geraten konnte. Eine solche Philosophie bot sich einer neuauftretenden Religion wie dem Christentum im Fall eines Konflikts mit der geltenden Staatsreligion als eine von allen anerkannte Appellationsinstanz bei der Frage nach der 'vera religio' an[3]. Mangels einer klaren methodischen Unterscheidung zwischen Philosophie und Theologie bestand allerdings die Gefahr, daß die Philosophie von der Theologie absorbiert wurde, sobald sich der gesellschaftliche Konflikt zugunsten der Monopolstellung einer Religion auflöste. So konnte jahrhundertelang die in platonischen Kategorien formulierte Theologie Augustins als ein Depositum betrachtet werden, in dem auch das, was das antike Denken an Authentischem bot, aufbewahrt war.

[1] Die gegenwärtig umfassendste Behandlung der verschiedenen Bedeutungen von Fundamentaltheologie und des Problems ihrer Einheit in der nicht zu vermeidenden Vielfalt bietet M. Seckler, Fundamentaltheologie: Aufgaben und Aufbau, Begriff und Namen, (Literatur!), vgl. auch S. Pié i Ninot, Tratado de Teología Fundamental, 26-54.

[2] Zu diesem Zweig christlicher Apologetik vgl. den Überblick (Literatur!) bei L. W. Barnard, Art. 'Apologetik. I. Alte Kirche', hier 394-398. 408-411. Wir klammern diesen Sachbereich (wie auch die innerchristliche 'Kontroverstheologie' im engeren Sinn) aus, da es sich hier auf weite Strecken um fundamentalistische Apologetik, nicht wirklich um Fundamentaltheologie handelt.

[3] S. Kap. 1.2; 9.2; 10.2.

Zu einem wirklichen Gegenüber von Theologie und 'weltlicher Vernunft' kam es erst im Mittelalter, als im Raum der christlichen Theologie selbst die Philosophie in ihrem methodischen Eigenstand erkannt und anerkannt wurde. Wichtige Schritte hierzu waren einmal das Hervortreten der 'Dialektik' aus dem angestammten Fächerkanon der 'artes liberales', zum anderen die Vermittlung der aristotelischen Schriften durch muslimische und jüdische Gelehrte an die christlichen Denker. In dieser geistesgeschichtlichen Situation haben vor allem Anselm von Canterbury und Thomas von Aquin erstmals systematisch eine Verantwortung des Glaubens vor der allen Menschen zugänglichen Vernunft – und in diesem Sinne Fundamentaltheologie – betrieben[4].

Durch tiefgreifende Erschütterungen des abendländisch-christlichen Selbstverständnisses im Spätmittelalter und zu Beginn der Moderne ergaben sich völlig andere Koordinaten für die Glaubensverantwortung[5]. An die Stelle der platonisch-idealistisch oder aristotelisch-realistisch geprägten Annahme, im begrifflichen Erfassen der Dinge rühre man an ihr eigentliches, im Denken Gottes gründendes Wesen, trat das 'nominalistische' Verständnis der Begriffe als bloß vom Menschen an die Dinge herangetragene 'Namen' und damit die Auffassung von Philosophie als einem Zugang zur Wahrheit, der in keinem inneren Verhältnis, sondern im bloßen Nebeneinander zur Theologie steht. Aus dem Nebeneinander wurde bald ein Gegeneinander: Insofern auch die Philosophie wesentlich auf das Erkennen des Ganzen abzielt, führt ihre Beziehungslosigkeit im Hinblick auf die Theologie folgerichtig zu philosophischen Entwürfen einer Vernunft, die keine Offenheit auf ein geschichtlich ergehendes Wort Gottes und schließlich auf einen Gott überhaupt aufweist.

Die Verantwortung des Glaubens vor der allgemeinen Vernunft vollzog sich von Anfang an auch in geschichtlichen Kategorien. Das lukanische Doppelwerk und Augustins 'Gottesstaat' lassen sich wohl als die herausragenden Versuche der frühen Christenheit zu einer 'universalgeschichtlichen' Interpretation des göttlichen Heilswerks verstehen. Mit dem Zusammenbruch des mittelalterlichen Selbstverständnisses trat eine neue Dimension geschichtlichen Denkens auf den Plan. Erstmals wurde in der Gegenwärtigsetzung von Wirklichkeit und Lehre Jesu Christi durch die Kirche wie in der Aktualisierung des antiken Erbes durch die scholastische Wissenschaft mit aller Schärfe die Distanz dieser überliefernden Vermittlung zu den Ursprüngen wahrgenommen. Geschichtsschreibung im wissenschaftlichen Sinn war von nun an nur noch über die historisch-kritische Thematisierung dieser Distanz möglich. Im Blick auf eine rationale Verantwortung des Zentrums christlicher Verkündigung rückte schließlich – in konsequenter Weiterführung des 'Zurück zu den Quellen' in Renaissance und Reformation – die Frage nach dem wahren, 'historischen' Jesus in den Vordergrund des Interesses.

Die Konfrontation der Theologie mit der neuzeitlichen Philosophie und Geschichtsschreibung setzte in voller Härte allerdings erst mit der Infragestellung je-

[4] Vgl. Kap. 1.2.2; 5.1; 9.3-4; 10.6.

[5] Vgl. Kap. 12 und H. Verweyen, Theologie im Zeichen der schwachen Vernunft, Kap. 1-2.

der positiv-geschichtlichen Religion durch die Aufklärung ein. Zu Beginn der Moderne beanspruchte zunächst eine neue fundamentaltheologische Fragestellung die größte Aufmerksamkeit: Die Spaltung der abendländischen Christenheit ließ die Frage nach der wahren Kirche Christi und den zu ihrer Identifizierung notwendigen Merkmalen zum zentralen Problem werden. Unter der Vorherrschaft dieser apologetisch ausgerichteten Ekklesiologie entwickelte sich die Apologetik auch erstmals zu einer eigenständigen Disziplin. Dabei ist aber die Beobachtung von Gewicht, daß trotz aller explizit kontroverstheologischen Zielsetzung die Genese dieser Disziplin implizit auf weite Strecken ein durchaus ökumenisches Ereignis war. Die neuzeitliche Apologetik (und spätere Fundamentaltheologie) ging in einem lange Zeit unterschätzten Ausmaß aus dem Ringen protestantischer und katholischer Theologen um eine adäquate Verantwortung ihres Glaubens hervor[6].

Schon das Werk Pierre Charrons 'Les Trois Veritez contre les[7] athées, idolatres, juifs, mahumetans, heretiques et schismatiques' (1593), das mit seiner Einteilung in drei Traktate den späteren Aufbau der Disziplin in eine 'demonstratio religiosa', 'demonstratio christiana' und 'demonstratio catholica' vorwegnimmt, verdankt mehr als seinen bloßen Anstoß der protestantischen Theologie. Es ist nicht nur in seinem Hauptteil eine Replik auf den Kirchentraktat des Hugenotten Philippe Duplessis-Mornay, 'Traité de l'Eglise' (1578), sondern stützt sich in den beiden ersten Teilen u. a. auch auf Duplessis-Mornays 'De la Vérité de la Religion Chrétienne' (1581)[8]. Auch in der Folgezeit lassen sich manche Wechselwirkungen und vor allem viele parallele Entwicklungen aufzeigen: Durch die Offenbarungskritik der Aufklärung und die bohrenden Fragen der historischen Kritik an die tradierte Gestalt des christlichen Dogmas waren die reformatorische und die gegenreformatorische Theologie vor ganz analoge Aufgaben der Glaubensverantwortung gestellt. "[...] manches von dem, was an der heutigen katholischen Fundamentaltheologie den protestantischen Leser befremdet, [vermittelt] ihm zugleich die Begegnung mit einer ziemlich weit zurückliegenden Phase protestantischer Theologie und ihrer damaligen Weise, sich mit der Neuzeit auseinanderzusetzen" [9].

[6] Es ist das Verdienst G. Ebelings, diesen Umstand für die Situation im 19. Jahrhundert hervorgehoben zu haben, vgl. den Aufsatz 'Erwägungen zu einer evangelischen Fundamentaltheologie'. Eingehende Untersuchungen zur Entstehung der neuzeitlichen Apologetik und Fundamentaltheologie, insbesondere des Offenbarungstraktats, haben diese Beobachtung inzwischen auch für die frühere Zeit bestätigt. Vgl. bes. F.-J. Niemann, Jesus als Glaubensgrund; G. Heinz, Divinam christianae religionis originem probare; ferner F.-J. Niemann, Fundamentaltheologie im 17. Jahrhundert; ders., Die erste ökumenische Fundamentaltheologie; G. Heinz, Fundamentaltheologie im 18. Jahrhundert? Besondere Beachtung verdient der Beitrag H. Stirnimanns, Erwägungen zur Fundamentaltheologie, in dessen erstem Abschnitt in äußerst dichter Form die Entwicklung der 'Fundamentaltheologie' aus der 'Apologetik' (und diese aus der 'Apologie') umrissen und die dabei festzustellende Abhängigkeit der katholischen von protestantischen Theologen unterstrichen wird (vgl. ebd. 300f Anm. 42). – Den wissenschaftstheoretisch bedeutsamen Unterschied zwischen 'Apologetik' und 'Fundamentaltheologie' lassen wir in unserem Überblick zunächst außer acht.

[7] In späteren Auflagen: 'tous'.

[8] Vgl. F.-J. Niemann, Jesus als Glaubensgrund, 141-167, bes. 157; G. Heinz, Divinam christianae religionis originem probare, 32-43. 51-63.

[9] Vgl. G. Ebeling, Erwägungen, 508f.

An der Schwelle zu einer neuen Gestalt der Glaubensverantwortung im 19. Jahrhundert, wo die Herausforderung der Theologie durch den säkularen Geist eine ernsthaftere Antwort fand als in der Zeit davor, kommt es zu einer besonders spürbaren Nähe zwischen protestantischer und katholischer Theologie. Der Deutsche Idealismus bot eine Philosophie, die selbst erstmals wieder mit Entschiedenheit ihr inneres Verhältnis zur Theologie thematisch machte und im Zusammenhang mit der Romantik ein Verständnis von Geschichte eröffnete, das Tradition und Ursprung nicht im unversöhnlichen Gegensatz stehen ließ. In Auseinandersetzung mit diesem Denken, vor allem in Anlehnung an Schelling und Schleiermacher, verfaßte Johann Sebastian von Drey, der Initiator der katholischen Tübinger Schule, seine 'Apologetik' [10], die man als Pionierwerk neuerer katholischer Fundamentaltheologie ansehen darf. Durch Drey, aber auch von Anton Günther – Begründer der Wiener Schule und hervorragender Kenner der Philosophie Kants, Fichtes und Schellings – wesentlich beeinflußt ist Johannes Nepomuk Ehrlich, der Autor des ersten Werks, das den Titel 'Fundamental-Theologie' trägt (1859-1862)[11]. Auf katholischer Seite führten diese wichtigen Ansätze zu einer reiferen Gestalt der Glaubensverantwortung allerdings nicht zu einem gesamtkirchlichen Neuaufbruch, sondern beflügelten eher die Restauration. 1857 wurden die 'Irrtümer' A. Günthers von Rom verurteilt[12]. Mit dieser Verurteilung fällt die erste kirchliche Empfehlung der Neuscholastik zusammen[13].

Das Denken der Neuscholastik bestimmte – im Windschatten des kirchlichen Lehramts weitgehend unbeirrt von wichtigen Neuorientierungen wie der 'Immanenzmethode' Maurice Blondels[14] und den Arbeiten der sogenannten 'Modernisten' – die zunehmend uniforme Gestalt der katholischen Apologetik bzw. Fundamentaltheologie[15] bis hin zum Zweiten Vatikanischen Konzil[16]. Die Eckpfeiler dieses Denkens waren ein 'instruktionstheoretischer' (M. Seckler) Begriff von Offenbarung als einem 'depositum' von Lehren, die treu zu bewahren und mit Autorität auszulegen dem Magisterium der Kirche obliegt, und ein entsprechendes Verständnis von Glauben als Für-wahr-halten des auf diese Weise Vorgelegten. Da die 'übernatürliche Offenbarung' als der menschlichen Vernunft prinzipiell unerschließbar galt, konnte bloß ihr tatsächliches Ergangensein rational vermittelt werden, auf 'extrinsezistischem' (M. Blondel) Wege, insbesondere durch Wunder und erfüllte Weissagungen als äußere Zeichen der Offenbarung. Die Lehrentwick-

[10] J. S. von Drey, Die Apologetik als wissenschaftliche Nachweisung der Göttlichkeit des Christenthums in seiner Erscheinung, 3 Bde., Mainz 1844-1847.

[11] J. N. Ehrlich, Leitfaden für Vorlesungen über die allgemeine Einleitung in die theologische Wissenschaft und die Theorie der Religion und Offenbarung als I. Theil der Fundamental-Theologie, Prag 1859; ders., Leitfaden für Vorlesungen über die Offenbarung Gottes als Thatsache der Geschichte. II. Theil der Fundamental-Theologie, Prag 1862.

[12] Vgl. DH 2828-2831.

[13] Vgl. J. Reikerstorfer, Fundamentaltheologie, hier 125f.

[14] S. Kap. 5.2 und 9.6.2.

[15] "Für die meisten Theologen in der ersten Hälfte unseres Jahrhunderts sind Apologetik und Fth [Fundamentaltheologie] sachlich identisch" (J. Schmitz, Die Fundamentaltheologie im 20. Jahrhundert, hier 200).

[16] Vgl. Zur Entwicklung im 19. und 20. Jahrhundert J. Flury, Um die Redlichkeit des Glaubens.

lung auf dem Zweiten Vatikanischen Konzil machte die Unangemessenheit dieses Vorgehens deutlich. Im Unterschied zum Ersten Vaticanum, dessen Dokumente klare Anweisungen für die Disziplin der Glaubensverantwortung geboten hatten, blieb jetzt allerdings recht unbestimmt, wie die Fundamentaltheologie weitergeführt werden sollte[17].

Diese Offenheit des Konzils hat eine Flut der verschiedenartigsten Ansätze zur Fundamentaltheologie begünstigt, die nicht mehr auf einen gemeinsamen systematischen Nenner zu bringen sind und den Titel 'Fundamentaltheologie' manchmal eher als Sammelbecken für ein relativ ungestörtes Nebeneinander von kreativen Innovationen denn als Begriff für eine nach Aufgaben und Methoden klar bestimmbare Disziplin erscheinen lassen[18]. Einen sachlich fundierten Überblick über diese bunte Vielfalt zu geben fällt selbst dem Fachmann schwer, kann jedenfalls nicht in dieser Einleitung angestrebt werden. Hier sind einige markante Konturen der gegenwärtigen Diskussion nur soweit nachzuzeichnen, daß die besondere Zielsetzung des vorgelegten 'Grundrisses' deutlich gemacht werden kann.

Es waren vor allem zwei Hinweise, die das Konzil zur Bestimmung aller künftigen Theologie gegeben hatte. In der Offenbarung "redet der unsichtbare Gott [...] aus überströmender Liebe die Menschen an wie Freunde [...] und verkehrt mit ihnen [...], um sie in seine Gemeinschaft einzuladen und aufzunehmen" [19]. Dementsprechend ist es beständige Pflicht der Kirche, "nach den Zeichen der Zeit zu forschen und sie im Licht des Evangeliums zu deuten. So kann sie dann in einer jeweils einer Generation angemessenen Weise auf die bleibenden Fragen der Menschen nach dem Sinn des gegenwärtigen und des zukünftigen Lebens und nach dem Verhältnis beider zueinander Antwort geben" [20]. Wenn die Offenbarung selbst derart 'kommunikationstheoretisch' und ihre jeweilige Vermittlung als eine hermeneutische Aufgabe umschrieben wird, dann ist es nicht verwunderlich, daß "Anregungen von 'Hermeneutik' im weitesten Sinn [...] in allen fundamentaltheologischen Bemühungen unserer Zeit mehr oder weniger deutlich zu greifen [sind]" [21].

Ausdrücklich hat Eugen Biser sein Buch 'Glaubensverständnis' als 'Grundriß einer hermeneutischen Fundamentaltheologie' vorgestellt und dieses Konzept einer kritischen Selbstauslegung des Glaubens im Horizont heutigen säkularen Verstehens in einer Vielzahl von Einzelabhandlungen konkretisiert[22]. Hermeneutisch orientiert (wenn auch unter durchaus verschiedenen Zielsetzungen) sind auch bekannte Ansätze katholischer Autoren in den USA – wie etwa der von David

[17] S. Kap. 11.

[18] Vgl. etwa die "Nota introduttiva" (mit ausführlichem Verzeichnis der Literatur seit 1965) von G. Ruggieri, sowie die "Orientación bibliográfica" bei S. Pié i Ninot, Tratado, 407-412.

[19] Vgl. 'Dei Verbum', Art. 2.

[20] Vgl. 'Gaudium et spes', Art. 4.

[21] Vgl. K.-H. Neufeld, Über fundamentaltheologische Tendenzen der Gegenwart, 30.

[22] Vgl. bes. F. J. Fuchs/A. Kreiner, 'Ich glaube, darum rede ich', und den konzisen Überblick bei K.-H. Neufeld, Über fundamentaltheologische Tendenzen, 33-36.

Tracy[23] und Francis Schüssler-Fiorenza[24] – und neuere fundamentaltheologische Entwürfe in Italien, deren Verfasser sich bereits kritisch mit meinem Ansatz auseinandersetzen[25].

Was eine hermeneutisch konzipierte Fundamentaltheologie von deren traditioneller Durchführung vor allem unterscheidet, ist das Verständnis des Verhältnisses von Subjekt und Adressat der Glaubensverantwortung. Seit der Zeit der frühchristlichen 'Apologeten' wurde dieses Verhältnis als das eines wissenschaftlich reflektierenden, dem Credo der es tragenden Glaubensgemeinschaft verpflichteten Einzelsubjekts in Verantwortung vor der universalen Menschenvernunft begriffen. Das hermeneutische Denken geht demgegenüber zum einen von einer prinzipiell geschichtlich bedingten Gestalt des jeweiligen Forums der Verantwortung aus ('Zeichen der Zeit'). Zum anderen reflektiert es die Tatsache, daß das seinen Glauben im Wir der Kirche verantwortende Subjekt immer schon teilhat an dieser epochalen Weise des Verstehens. Sein Glaubensbewußtsein ist nicht nur durch 'die kirchliche Tradition', sondern selbst bereits durch den Verstehenshorizont seiner Zeit vermittelt, in dem diese Tradition gläubig aufgenommen und wissenschaftlich verantwortet wird.

Auf diesem Hintergrund ergibt sich innerhalb der allgemeinen hermeneutischen Fragestellung noch einmal eine besondere Aufgabe, die erst seit der Mitte der sechziger Jahre deutlicher vor Augen getreten ist. Sie wurde zunächst vor allem unter dem Stichwort 'Hermeneutik und Ideologiekritik' diskutiert und mit den Namen der 'Antipoden' Hans-Georg Gadamer und Jürgen Habermas verbunden[26]. Wenn das seine spezifische Tradition reflektierende und im Horizont seiner Zeit verantwortende Subjekt selbst bereits 'Moment' des epochalen Sprachgeschehens ist, das diesem Subjekt ermöglicht, seine Tradition zu verstehen, dann ergeben sich ganz neue Aspekte der Glaubensverantwortung. Sofern die Glaubenden sich nicht mit dem traditionsimmanenten Verstehen und dessen Darstellung zufriedengeben wollen, dann müssem sie den eigenen Denkhorizont auf solche dominierenden Sprachregelungen zu hinterfragen suchen, die einer freien Kommunikation im Wege stehen.

Diese Aufgabe klar erkannt und in einer 'Praktischen Fundamentaltheologie' [27] (aus einer Vielfalt von heute drängenden Fragestellungen heraus) verfolgt zu haben, dürfte das besondere Verdienst von Johann Baptist Metz sein, der dadurch zu einem Wegbereiter für recht verschiedenartige Neuansätze (wie z. B. die 'Theo-

[23] Vgl. bes. D. Tracy, Blessed Rage for Order; ders., The Analogical Imagination; ders., Plurality and Ambiguity.

[24] F. Schüssler-Fiorenza, Foundational Theology; dt. Fundamentale Theologie. Vgl. meine Besprechung der engl. Fassung in: ThRv 81 (1985) 309-313 und unten Kap. 16.3. Einen Einblick in die lebhafte hermeneutische Diskussion, wie sie derzeit in den USA geführt wird, gibt etwa Th. Guarino, Revelation and Foundationalism.

[25] Vgl. z. B. P. Colombo, Ermeneutica e Teologia, und M. Epis , Ratio fidei. Vgl. dazu H. Verweyen, Botschaft eines Toten? 151f.

[26] Vgl. den Titel des in vielem exemplarischen Sammelbandes 'Hermeneutik und Ideologiekritik', hrsg. v. J. Habermas [u. a.].

[27] Vgl. den Untertitel von J. B. Metz, Glaube in Geschichte und Gesellschaft. Studien zu einer praktischen Fundamentaltheologie.

logie der Befreiung' oder die 'Feministische Theologie') geworden ist, die im Sinne der skizzierten, vorrangigen Perspektive sich durchaus als 'fundamentale Theologie' verstehen dürfen. Den bislang gründlichsten Versuch zur wissenschaftstheoretischen Verantwortung einer so verstandenen Theologie hat Helmut Peukert über die Rückfrage nach den Möglichkeitsbedingungen eines wirklich solidarischen kommunikativen Handelns unternommen[28].

Vieles von dem, was nach (und auf) dem Konzil an fundamentaltheologischer Arbeit im engeren und weiteren Sinn geleistet wurde, wäre ohne das Werk Karl Rahners nicht möglich gewesen. Die Frage nach dem Verhältnis der eben genannten 'Praktischen Fundamentaltheologie' zu der 'transzendentalen Theologie' Rahners ist in Kap. 5.4 näher zu verfolgen.

Auch in einer anderen Perspektive zeigt sich der herausragende fundamentaltheologische Stellenwert des Rahnerschen Schaffens. Im Rahmen von Überlegungen zur Reform des Theologiestudiums hatte K. Rahner den Vorschlag zur Einführung eines theologischen 'Grundkurses' gemacht[29]. Diese Überlegungen wurden auf protestantischer Seite besonders von Gerhard Ebeling aufgenommen[30] und haben dazu beigetragen, daß seit 1978 ein 'Theologischer Grundkurs' für den Beginn des Studiums der katholischen Theologie in Deutschland vorgeschrieben ist[31].

Ebeling ordnete die Aufgaben eines solchen 'Grundkurses' unter dem Titel "*Integration theologischer Arbeit in die Sache der Theologie*" der Fundamentaltheologie zu[32]. Rahner selbst spricht in seiner eigenen Ausführung des von ihm vorgestellten Programms, dem 'Grundkurs des Glaubens' [33], von der Aufgabe, "angesichts des Pluralismus der theologischen Wissenschaften" auf einer "erste[n] Reflexionsstufe [...] in einer Art legitimierten Umgehungsmanövers den praktisch undurchführbaren Durchgang durch eine wissenschaftlich exakte und adäquate Problematik sämtlicher Disziplinen zu vermeiden und doch zu einem intellektuell redlichen Ja des christlichen Glaubens zu kommen" [34]. Er versteht diese "wissenschaftlich erste Reflexionsstufe des Glaubens und dessen intellektuell-[redliche] Verantwortbarkeit" als "eine eigene erste Wissenschaft" [35] und sieht in diesem Grundkurs "eine ganz eigentümliche *Einheit von Fundamentaltheologie und Dogmatik*" gegeben[36]. Eindeutig weist Max Seckler Rahners 'Grundkurs' der Fundamentaltheologie zu,

[28] Vgl. H. Peukert, Wissenschaftstheorie - Handlungstheorie - Fundamentale Theologie; s. dazu Kap. 5.5. In engem Anschluß an Metz und Peukert hat auch E. Arens seinen fundamentaltheologischen Ansatz entwickelt, vgl. bes. E. Arens, Kommunikatives Handeln und christlicher Glaube, und ders., Christopraxis.

[29] Vgl. K. Rahner, Zur Reform des Theologiestudiums, bes. 48-96; ders., Über die theoretische Ausbildung künftiger Priester heute, bes. 149ff, sowie die ebd. 139 Anm. 1 genannten Arbeiten.

[30] Vgl. G. Ebeling, Erwägungen, 521f.

[31] Vgl. Rahmenordnung für die Priesterbildung, bes. 51f; Neufassung dieser "Rahmenordnung", bes. 45f.

[32] Vgl. Anm. 30.

[33] K. Rahner, Grundkurs des Glaubens.

[34] Vgl. SW 26, 13.

[35] Vgl. SW 26, 16

[36] Vgl. ebd. 23.

und zwar im Rahmen eines siebten Traktats zur "*Theorie des Christentums*" [37], in dem "*Fundamentaltheologie als f u n d a m e n t a l e T h e o l o g i e in der Selbsterfassung (Ermittlung) des christlichen Glaubens ('nach innen')*" [38] zum Tragen kommt. Dabei wird allerdings der Begriff einer 'integrativen' Disziplin vorausgesetzt, die wohl nur noch in Team-Arbeit durchgeführt werden kann[39].

Innerhalb der protestantischen Theologie hat als erster Wilfried Joest ein Werk mit dem Titel 'Fundamentaltheologie' vorgelegt[40], das mit Recht auch von katholischen Autoren als eine bemerkenswerte Leistung hervorgehoben worden ist[41]. Die Möglichkeit einer rationalen Verantwortung der vom Glauben affirmierten universalen Bedeutung der Christusbotschaft weist Joest allerdings mit der Behauptung eines unüberschreitbaren Relativismus der wissenschaftlichen Vernunft in Hinsicht auf Letztgültigkeitsfragen ab[42]. Sein Verständnis der Theologie als Wissenschaft kommt dem Barthschen Begriff von rationaler Verantwortung nahe, wie er besonders deutlich in dessen Anselm-Interpretation[43] hervortritt. Ähnliches läßt sich von dem (im weiteren Sinne) fundamentaltheologischen Ansatz Ingolf U. Dalferths sagen, der nicht zuletzt aufgrund einer innovativen Rezeption angelsächsischer Sprachphilosophie einen herausragenden Platz in der heutigen Diskussion einnimmt[44]. Wie Dalferth kein 'Fundamentaltheologe' im engeren Sinn, aber im entschiedenen Gegensatz zur Theologie Barthscher Provenienz stehend, ist Wolfhart Pannenberg wohl nicht nur als der wichtigste Wegbereiter für das Wiederaufleben rationaler Glaubensverantwortung, sondern auch immer noch als einer der führenden Diskussionspartner im protestantischen Raum – und weit darüber hinaus! – anzusehen[45].

Aus einer intensiven Auseinandersetzung mit dem scholastischen Denken wie auch der 'Dialektischen Theologie' hervorgegangen ist die als 'Grundkurs' im

[37] Vgl. M. Seckler, Fundamentaltheologie, 492.

[38] Vgl. ebd. 482.

[39] Vgl. ebd. 454.

[40] W. Joest, Fundamentaltheologie. Ab S. 14 ist die Paginierung der dritten Auflage, nach der wir zitieren, mit der der ersten identisch.

[41] Vor allem von P. Knauer, der seine Besprechung des Buchs mit der Feststellung schließt: "Das Werk bietet nicht nur zuverlässige Information über den gegenwärtigen Stand der Fundamentaltheologie, sondern führt in den wichtigsten Fragen zu einer gültigen Lösung. Wir haben im Augenblick auf katholischer Seite kein vergleichbar überzeugendes Lehrbuch." (609). Ähnlich positiv die ausführliche Würdigung bei F. Trauth, Fundamentaltheologie zwischen Rationalismus und Fideismus.

[42] Vgl. W. Joest, Fundamentaltheologie, 252 (Nr. 1.4.): "Es dürfte allerdings nicht möglich sein, diese universale Bedeutung der Christusbotschaft [...] durch rationale Beweisführung allgemein einleuchtend zu machen. [...] obwohl die Christusbotschaft gerade in ihrer universalen Ausrichtung auf diese Frage nach dem Ganzen und seinem Sinn bezogen werden kann, ja muß, können im Horizont dieser Frage sehr wohl verschiedene, auch atheistische Konzeptionen miteinander und mit der Christusbotschaft konkurrieren, ohne daß auf rationalem Weg eine zwingend begründbare Entscheidung zwischen ihnen herbeizuführen ist" Vgl. ebd. 252 (Nr. 1.4.1.) u. 254 (Nr. 3.2.).

[43] Vgl. K. Barth, Fides quaerens intellectum.

[44] Vgl. bes. Dalferth, I. U., Existenz Gottes und christlicher Glaube, ders., Gott, ders., Kombinatorische Theologie, ders., Religiöse Rede von Gott.

[45] Vgl. bes. W. Pannenberg, Grundzüge der Christologie, ders., Offenbarung als Geschichte, ders., Systematische Theologie, ders., Wissenschaftstheorie und Theologie.

Sinne K. Rahners verstandene 'Ökumenische Fundamentaltheologie' Peter Knauers[46]. Es ist – sieht man von dem in seiner Zugehörigkeit zur Disziplin Fundamentaltheologie umstrittenen 'Grundkurs' Rahners ab – das erste fundamentaltheologische Lehrbuch, in dem der theologische Durchbruch des Zweiten Vatikanischen Konzils nach einem klar durchdachten Konzept systematisch reflektiert und didaktisch sorgfältig vermittelt wird.

Das Erscheinen der inhaltlich wie methodisch hervorragend durchgeführten 'Grundkurse' von K. Rahner und P. Knauer ließ allerdings die Frage mit besonderer Deutlichkeit hervortreten, ob es überhaupt noch sinnvoll sei, eine nach den Prinzipien des Zweiten Vaticanums konzipierte Fundamentaltheologie in der traditionellen Gestalt von drei bzw. vier Traktaten darzulegen. Nach dem Konzil war nur das weitverbreitete Lehrbuch von Albert Lang noch einmal neubearbeitet erschienen[47]. Trotz allen Bemühens, den neueren philosophischen und theologischen Ansätzen gerecht zu werden, folgt A. Lang aber auch in dieser letzten Auflage im wesentlichen der neuscholastischen, vorkonziliaren Konzeption.

1968 erschien der erste Band der großangelegten, leider unvollendet gebliebenen 'Fundamentaltheologie' von Adolf Kolping[48], die ebenfalls die klassische Traktateinteilung beibehält. Hier werden die Ergebnisse der historisch-kritischen Exegese in einer Sorgfalt berücksichtigt, die in der Fundamentaltheologie ihresgleichen sucht. Bedenkt man allerdings, daß allein die Behandlung der Rückfrage nach Jesus[49], der Jüngerschaftssammlung durch ihn[50] und seiner Auferweckung[51] annähernd tausend Seiten umfaßt, so fragt man sich, in welcher Relation eine so detaillierte Ausführung zu der Aufgabe einer Rechenschaft über den 'Logos der Hoffnung' steht, die nach 1 Petr 3,15 *jedem* Christen aufgetragen ist. K. Rahner hatte für seine Glaubensverantwortung auf einer 'ersten Reflexionsstufe' den geradezu umgekehrten Weg gewählt[52]. Doch auch diese Option (die dem Verdacht einer Immunisierungsstrategie nur schwer entgeht) kann nicht wirklich befriedigen. Wie

[46] P. Knauer, Der Glaube kommt vom Hören.

[47] A. Lang, Fundamentaltheologie. Bd. 1: Die Sendung Christi; Bd. 2: Der Auftrag der Kirche.

[48] A. Kolping, Fundamentaltheologie, Bd. I: Theorie der Glaubwürdigkeitserkenntnis der Offenbarung; Bd. II: Die konkret-geschichtliche Offenbarung Gottes; Bd. III/1: Die katholische Kirche als die Sachwalterin der Offenbarung Gottes. I. Teil: Die geschichtlichen Anfänge der Kirche Christi.

[49] Vgl. Bd. II, 235-710.

[50] Vgl. Bd. III/1, 204-379.

[51] Vgl. Bd. III/1, 379-676.

[52] Vgl. K. Rahner, Grundkurs des Glaubens, in: SW 26, 6: "[...] es wird fast nie auf einzelne Bibelstellen als Beleg für das Gesagte hingewiesen. Diese Tatsache hat mehrere Gründe, die zusammen gesehen werden müssen. Zunächst will der Autor um keinen Preis den Eindruck erwecken, er sei ein Exeget und arbeite in einem fachwissenschaftlichen Sinn als ein solcher. Er hofft dennoch, daß er im großen und ganzen in genügender Weise von den Fragestellungen und Ergebnissen der heutigen Exegese und Bibeltheologie Kenntnis genommen hat, die hier entsprechend der Absicht und Eigenart dieses Buches vorausgesetzt werden müssen. Der Leser kann überdies in einer leicht zugänglichen Literatur fachwissenschaftlicher und vulgarisierender Art sich das exegetische Material verschaffen, das hier vorausgesetzt werden muß und auch darf, wenn dieses Buch nicht uferlos werden oder seine Eigenart als Einführung in den Begriff des Christentums aufgeben soll."

aber soll dann das Verhältnis der Fundamentaltheologie zur Exegese aussehen? Diese noch immer offene Frage wird im Zentrum unseres 'Grundrisses' stehen[53].

Vor allem außerhalb des deutschen Sprachraums war auch nach dem Konzil das Bemühen zu beobachten, die klassische Traktatstruktur nicht völlig preiszugeben[54]. Es rief dann aber doch Erstaunen hervor, als knapp zwanzig Jahre nach Abschluß des Konzils fast gleichzeitig drei deutsche Lehr- bzw. Arbeitsbücher erschienen, die bei entschiedener Absage an die neuscholastische Methode der Glaubensverantwortung doch dem klassischen Traktataufbau folgen[55]. Traditionell hatten sich eine 'deutsche' und eine 'romanische' Form der Fundamentaltheologie herausgebildet. Die 'deutsche' Traktateinteilung entsprach dem Dreischritt 'demonstratio religiosa', 'demonstratio christiana', 'demonstratio catholica'. Hier wurde die theologische Erkenntnislehre (als den Glaubensakt bereits voraussetzend) nicht aufgenommen. Die 'römische' Form hingegen umfaßte auch die theologische Erkenntnis- bzw. Prinzipienlehre, schied hingegen die religionsphilosophischen Fragen (als nicht zur Fundamental*theologie* gehörend) aus[56]. A. Lang war der römischen Option gefolgt, hatte allerdings die Religionsphilosophie in einem gesonderten Band eingehend behandelt[57]. In der 'Fundamentaltheologie' A. Kolpings wird die Problematik der Gottesbeweise zu Eingang der "Theorie der Glaubwürdigkeitserkenntnis der Offenbarung" (I. Traktat) kurz umrissen[58]. Eine Behandlung der theologischen Erkenntnislehre ist nicht vorgesehen[59].

Das 'Handbuch der Fundamentaltheologie' nimmt alle vier traditionellen Traktate auf. Den Fragen nach 'Wesen und Wahrheit der Religion' (A. Lang) ist der erste Band gewidmet. Schon in einem 1983 erschienenen Artikel hatte M. Seckler hervorgehoben, daß in der Geschichte der Disziplin "die Fachbezeichnung 'Fundamentaltheologie' [...] kein bloßer Austauschname für die alte, im Ansehen herabgesunkene 'Apologetik'" gewesen ist[60], sondern im Zusammenhang mit der Aufnahme der theologischen Erkenntnislehre in den Aufgabenbereich der früheren 'Apologetik' aufkam. Bereits hier wurde die sachliche Zugehörigkeit der theologischen Erkenntnislehre zur Fundamentaltheologie energisch betont. Der vierte Band des 'Handbuchs' ist – auch von seinem Umfang her – von diesem Gedanken

[53] Vgl. bes. Kap. 12-16.

[54] So etwa bei R. Fisichella, La rivelazione: evento e credibilità. Vgl. meine Besprechung in: ThRv 83 (1987) 394-397. Vgl. auch den Sammelband 'Probleme und Aspekte der Fundamentaltheologie', hrsg. v. J. Bernard, (vgl. ThRv 82 (1986) 101f).

[55] Handbuch der Fundamentaltheologie; H. Fries, Fundamentaltheologie; H. Waldenfels, Kontextuelle Fundamentaltheologie, (vgl. meine Besprechungen in ThRv 82 (1986) 91-101; 83 (1987) 45-48; 85 (1989) 42-44).

[56] Vgl. J. Schmitz, Die Fundamentaltheologie im 20. Jahrhundert, 199f.

[57] A. Lang, Wesen und Wahrheit der Religion. Die theologische Erkenntnislehre fungiert bei Lang als zweiter Teil des Kirchentraktats, wobei ausdrücklich darauf hingewiesen wird, daß sich hier die "Beweisführung [...] bereits auf *dogmatischem Boden* [bewegt]" (ders., Fundamentaltheologie, Bd. 2, 202).

[58] Vgl. A. Kolping, Fundamentaltheologie, Bd. I, 87-106.

[59] Vgl. ebd. 9.

[60] Vgl. M. Seckler, Theologische Erkenntnislehre – eine Aufgabe und ihre Koordinaten.

geprägt[61]. Auch Hans Waldenfels behandelt in seiner 'Kontextuellen Fundamentaltheologie' alle vier 'Traktate' [62]. Die 'Fundamentaltheologie' von Heinrich Fries folgt eher dem traditionellen 'deutschen' Aufbau, insofern die theologische Erkenntnislehre ausgeklammert bleibt[63]. Der zentrale Gegenstand des ersten Teils ist jedoch nicht – wie im 'Handbuch' und zum Teil auch bei Waldenfels – 'Wesen und Wahrheit der Religion'. Vielmehr werden hier stärker die von Kardinal Newman, Maurice Blondel und Karl Rahner ausgegangenen Anstöße berücksichtigt, zu Beginn der Fundamentaltheologie die Hinordnung des Menschen auf eine geschichtlich ergehende Offenbarung aufzuweisen.

Dem Aufbau bei Fries kommt die Struktur der Fundamentaltheologie von Salvador Pié i Ninot[64] nahe. Auch hier wird die theologische Erkenntnislehre nicht behandelt und im ersten Teil "Der Zugang des Menschen zur Offenbarung" [65] thematisch gemacht. Allerdings geht Pié i Ninot (im Unterschied zu Fries, der sein Werk offenbar an einen weiteren Leserkreis richtet) die Probleme der Fundamentaltheologie weitaus differenzierter und detaillierter an, in einem geradezu gigantischen Versuch, auf kaum mehr als vierhundert Seiten nicht nur einen Überblick über die gesamte einschlägige Forschung zu verschaffen, sondern darüber hinaus eine zeitgemäße Konzeption der Disziplin zur Darstellung zu bringen[66].

[61] Vgl. die Einleitung zum HFth IV, 17-24; bes. M. Seckler, Die Theologische Prinzipien- und Erkenntnislehre; ferner ders., Die ekklesiologische Bedeutung des Systems der 'loci theologici'.

[62] Jedoch unter Vermeidung dieses 'scholastischen' Terminus, vgl. die Überschriften: ("Teil I: Theologie und ihr Kontext",) "Teil II: Grund: 'Gott spricht'", "Teil III: Weg: 'Durch Jesus Christus, unseren Herrn'", "Teil IV: Ort: 'In der Gemeinschaft der Kirche'", "Teil V: Erkenntnis: 'Im Lichte des Evangeliums'".

[63] Vgl. die Überschriften: "Erstes Buch: Glaube und Glaubenswissenschaft", "Zweites Buch: Die Offenbarung", "Drittes Buch: Die Kirche".

[64] S. Pié i Ninot, Tratado de Teología Fundamental.

[65] Vgl. ebd. 55 (-142): "Primera parte: El acceso del hombre a la Revelación".

[66] An dieser Stelle hätte ein Überblick über die im letzten Jahrzehnt erschienene fundamentaltheologische Literatur folgen sollen. Ich kann statt dessen auf das von K. Müller herausgegebene Werk 'Fundamentaltheologie – Fluchtlinien und gegenwärtige Herausforderungen' verweisen, wo der heutige Forschungsstand von kompetenten Autorinnen und Autoren dargestellt ist. – In diesem Sammelband konnten einige einschlägige Neuerscheinungen noch nicht berücksichtigt werden. P. Schmidt-Leukel hat einen 'Grundkurs Fundamentaltheologie' vorgelegt, den er als eine "Einführung in die Grundfragen des christlichen Glaubens" verstanden wissen möchte. Im Grunde wird hier nur die von Schmidt-Leukel seit Jahren, vor allem in 'Theologie der Religionen' vertretene pluralistische Theologie der Religionen, didaktisch geschickt aufgearbeitet, im Gewande klassischer apologetischer Fragestellungen dargeboten. Für eine rationale Verantwortung des Glaubens an die in Jesus Christus letztgültig ergangene Offenbarung bleibt dann konsequenterweise kein Raum – abgesehen davon, daß auch die Auswahl an Information zu den seit jeher zentralen Problemen der Fundamentaltheologie recht willkürlich anmutet.

Einen beachtenswerten Versuch, für religiöse Pluralität aufgeschlossenes Denken auf dem gegenwärtigen Fragestand zu diskutieren, stellt hingegen die Monographie von S. Orth (ders., Das verwundete Cogito und die Offenbarung) dar. In Auseinandersetzung mit den von Th. Pröpper und mir vertretenen Konzepten einer transzendentalen Glaubensverantwortung erkundet er die Philosophie Ricœurs auf dem Hintergrund ihrer Beeinflussung durch Jean Nabert als möglichen Weg zu einer heute tragfähigen Fundamentaltheologie.

Auf dem Hintergrund der dargestellten Entwicklung müßten für die weitere Arbeit wohl vor allem die folgenden Momente im Blick bleiben:

(1) Die kaum überschaubare Vielfalt schon allein der nachkonziliaren Ansätze zur Fundamentaltheologie scheint der oft geäußerten Ansicht recht zu geben, die weitverzweigten Aufgaben dieser Disziplin könnten mit einiger Aussicht auf Erfolg nur noch im 'teamwork' angegangen werden. Hier ist allerdings an die grundsätzlichen Bedenken zu erinnern, die K. Rahner mit Rücksicht auf die begrenzten Möglichkeiten einer Arbeitsteilung in den Geisteswissenschaften überhaupt erhoben hat[67]. Das Delegieren von verschiedenen Einzelaufgaben an eine Vielzahl von Spezialisten dürfte insbesondere in einer systematischen Wissenschaft wie der Fundamentaltheologie nur in dem Maße sinnvoll sein, wie ein alle Beteiligte leitendes Konzept über den Ausgangspunkt der Disziplin und ihre Aufgabenbereiche besteht.

(2) Auf der Suche nach einem Begriff von Fundamentaltheologie, der die Kontinuität mit der Tradition nicht vorschnell preisgibt, wird man zunächst von der Grundaffirmation auszugehen haben, über die der Glaube zur Rechenschaft aufgerufen ist. Diese Affirmation bezieht sich auf ein von Gott verfügtes, sinnstiftendes Geschehen der Vergangenheit, das in dieser doppelten Qualität auch heute noch erfahrbar sein soll. Es muß also Rechenschaft abgelegt werden einmal über eine spezifische *Sinn*behauptung, zum anderen über die Affirmation, daß dieser Sinn sich *tatsächlich verwirklicht* hat und einen *bleibenden Anspruch* an den Menschen darstellt.

Auf der Basis dieser Grundaffirmation leuchtet der klassische Dreischritt einer 'demonstratio religiosa', 'demonstratio christiana' und 'demonstratio catholica' zumindest in seiner Oberflächenstruktur als weiterhin plausibel ein. Die philosophische Frage nach einem von Gott zu stiftenden Sinn bleibt nach wie vor Aufgabe eines ersten 'Traktats' der Glaubensverantwortung. Die Notwendigkeit, vor dem Forum der historischen Vernunft die fortwirkende Aktualität eines vor vielen Jahrhunderten geschehenen Offenbarungsereignisses aufzuzeigen, ist weiterhin der verpflichtende Kern der nachfolgenden 'Beweisgänge'. In diesem allgemeinen Sinn ist auch die Dreiteilung meines 'Grundrisses der Fundamentaltheologie' – ... *vernehmbar*? ... *ergangen*? ... *gegenwärtig*? – am klassischen Aufbau der Disziplin orientiert.

(3) Allerdings war in der scholastisch-neuscholastischen Konzeption der 'demonstratio religiosa' das Ziel auf der einen Seite zu weit, auf der anderen nicht weit genug gesteckt. Aus meinen Studienjahren ist mir noch das Diktum eines katholischen Philosophieprofessors in Erinnerung: "Die Existenz Gottes brauche ich nicht zu glauben: die kann ich beweisen!" Damit waren zwar selbst die Aussagen

[67] Vgl. z. B. K. Rahner, Grundkurs des Glaubens, in: SW 26, 14: "In den Naturwissenschaften kann man von einem Fach zum anderen, von einem Forscher zum anderen exakt bewiesene Resultate übernehmen, in etwa verstehen und jedenfalls verwerten, ohne die Methode, ihre Gewinnung und die Sicherheit ihrer Ergebnisse selbst beurteilen zu müssen. Aber bei den Geisteswissenschaften hängen das wirkliche Verständnis der Aussage und die Würdigung ihrer Gültigkeit von der persönlich mitvollzogenen Findung dieser Aussage ab."

des Ersten Vaticanums[68] noch ein wenig überstrapaziert. Dennoch ging es im traditionell ersten Traktat der Fundamentaltheologie (bzw. in deren 'Praeambula', der 'Philosophischen Gotteslehre') wesentlich um die Sicherstellung einer rationalen Gotteserkenntnis unter Abstraktion von aller heilsgeschichtlichen Gottesbegegnung. Ein solches Bemühen wird, einmal abgesehen von seinen Erfolgsaussichten, von der lebendigen Gotteserfahrung her zu Recht als fragwürdig empfunden.

Auf der anderen Seite hatte die Tradition seit Thomas von Aquin die ursprüngliche Tragweite der Frage nach dem Menschen als Ansprechpartner Gottes verkürzt. Es ging nicht mehr um die rationale Rekonstruktion des Bildes, zu dem der dreifaltige, in der Geschichte handelnde Gott die Menschennatur geprägt hat und das, wenn auch durch die Sünde verstellt, zumindest prinzipiell die bleibende Empfänglichkeit des Menschen für diesen Gott in seiner ganzen offenbaren Wirklichkeit ausmacht. Vielmehr gab man sich sozusagen mit der philosophischen Ermittlung eines 'Sockelbetrags' von Gottes Wesen und Existenz zufrieden. Die im Thomismus weitgehend verschüttete frühere Perspektive hat – im Horizont der neuzeitlichen Problemstellung – erstmalig M. Blondel wieder zur Geltung gebracht. In der Spur seiner 'Immanenzmethode' ist dann von K. Rahner die 'transzendentale' bzw. 'anthropologische' Frage nach dem Menschen als einem potentiellen 'Hörer des Wortes' weitergeführt worden. Diese Frage nach der strukturellen Offenheit des Menschen auf den sich in der Geschichte manifestierenden Gott darf zu Recht den zentralen Platz in einem ersten 'Traktat' der Fundamentaltheologie beanspruchen. Ob und inwieweit Fragen nach dem 'homo religiosus' in einem allgemeineren Sinn – etwa nach den Grundphänomenen der Weltreligionen oder zumindest nach einem philosophisch und theologisch reflektierten Begriff von Religion überhaupt – in diesen ersten Teil der Disziplin hineingehören, läßt sich systematisch angemessen nur im Zusammenhang mit der Behandlung jener Kernthematik bzw. erst nach Klärung der hier anstehenden Grundfragen ausmachen[69].

(4) Die Frage nach der Rasterstruktur der menschlichen Vernunft im Hinblick auf eine bestimmte Offenbarung ist philosophisch allerdings erst dann adäquat durchführbar, wenn das Wesen dieser Offenbarung zuvor theologisch in der Reflexion des Glaubens auf die ihn bestimmende Sinnmitte erfragt wurde. Diesen Zusammenhang zwischen transzendentaler Anthropologie und hermeneutischer Theologie hat erst K. Rahner deutlicher gemacht. Bei aller Kritik am neuscholastischen 'Extrinsezismus' war M. Blondel theologisch doch noch weitgehend vom Begriff einer 'übernatürlichen Offenbarung' im Sinne eines hermeneutisch nicht vermittelbaren 'depositum' von Glaubenslehren und -vorschriften bestimmt. In der heutigen Diskussion scheint jedoch die Frage noch weiterer Klärung bedürftig, bis zu welchem Grad es Sache der *Fundamentaltheologie* (und nicht doch eher der

[68] Vgl. bes. DH 3026: "Si quis dixerit, Deum unum et verum, creatorem et Dominum nostrum, per ea, quae facta sunt, naturali rationis humanae lumine certo cognosci non posse: anathema sit."

[69] Insofern erscheint mir der Ansatz von S. Pié i Ninot bei der Frage nach dem "Zugang des Menschen zur Offenbarung" im ersten Teil der Fundamentaltheologie (vgl. Anm. 64) dem Grundproblem näher als die breitgefächerte Thematik im "Traktat Religion", wie sie im HFth dargestellt ist.

Dogmatik) ist, den Glauben in seinen wesentlichen Inhalten (wenigstens auf einer 'ersten Reflexionsstufe') anthropologisch zu vermitteln. Genügt hier nicht der Versuch, das Offenbarungsgeschehen soweit auf seinen zentralen 'Logos' zu hinterfragen, daß das Ganze der Theologie gleichsam in einem Brennpunkt aufscheint, ohne daß diesem Ganzen schon im Detail nachgegangen werden muß?

(5) Von diesem 'Brennpunkt' her müßte sich zumindest und zunächst der systematische Zusammenhang zwischen den drei Grunddimensionen fundamentaltheologischen Fragens aufweisen lassen, also zum einen das Verhältnis zwischen wirklichem *Ergangensein* und bleibender *Gegenwart* des geschichtlichen Ereignisses, über das vor der historischen Vernunft Rechenschaft abzulegen ist, und zum anderen das Verhältnis dieser Frage nach dem wirklichen Faktum zu der philosophischen Frage nach seinem allen *verständlichen Sinn*.

Was die Frage nach Ergangensein und Gegenwart des Offenbarungsfaktums angeht, wurden traditionell drei 'Wege' beschritten: die 'via historica', 'via notarum' und 'via empirica' [70]. In jüngerer Zeit hat man zu Recht die enge, reziproke Zusammengehörigkeit der beiden letztgenannten Wege hervorgehoben. Einerseits soll sich die Frage nach der wahren Kirche ja an den vom Ursprung her gesetzten 'Kennzeichen' - einig, heilig, katholisch, apostolisch - orientieren ('via notarum'). Andererseits wird die bleibende Wahrheit dieses Ursprungs gegenwärtig nur manifest, weil (bzw. soweit) die Kirche selbst diesen ihren Grund transparent werden läßt ('via empirica').

Sosehr auch dank der schärferen Reflexion auf die Verschränkung von 'via notarum' und 'via empirica' der enge Zusammenhang zwischen dem 'Traktat Offenbarung' und dem 'Traktat Kirche' heute klarer als früher ans Licht tritt, wurde die kaum weniger notwendige Methodenrevision hinsichtlich des Stellenwerts der 'via historica' in der Rechenschaft über das vom Christen behauptete Offenbarungsgeschehen und seine aktuelle Vermittlung wohl noch nicht zureichend geleistet. Den daraus resultierenden Mangel an Durchsichtigkeit der fundamentaltheologischen Einzeltraktate auf ihre innere Einheit können die folgenden Überlegungen vielleicht etwas deutlicher machen.

(6) Auf dem Hintergrund der zeitgenössischen Diskussion lassen sich als Spezifika des hier vorgelegten Ansatzes zur Fundamentaltheologie ein inhaltlicher und ein formaler Aspekt hervorheben. Vom *Inhaltlichen* her scheint mir bei der Reflexion auf die Sinnmitte unseres Glaubens der 'kürzeste Weg' über das neutestamentliche Verständnis des Begriffs *traditio* zu führen. 'Traditio' zum einen als 'Auslieferung' Jesu Christi für uns verstanden, zum anderen als 'Überlieferung' im Sinne von vermittelnder Weitergabe dieses Grundgeschehens: das ist kein Spielen mit einem äquivoken (griechisch-)lateinischen Terminus. Hier geht es vielmehr um das eine, analoge Ereignis *göttlicher* Selbstmitteilung, das nur da in der Welt Platz findet, wo der *Mensch* sich seinerseits vorbehaltlos in dieses Geschehen hineingibt. In diesem 'Brennpunkt' hängen 'demonstratio christiana' und 'demonstratio catholica' zusammen, weil es 'Gleichzeitigkeit mit Christus' (S. Kierkegaard) nur in

[70] Den derzeit umfassendsten Überblick über den Gebrauch dieser drei Wege in der Ekklesiologie bietet S. Pié i Ninot, Tratado, 313ff.

dem Maße gibt, wie Überlieferung reine Durchlässigkeit für das sie ermächtigende Geschehen gott-menschlicher Auslieferung ist. Eine 'demonstratio religiosa' – als Frage nach der strukturellen Offenheit des Menschen auf ein solches Ereignis verstanden – hat dann vor allem zu zeigen, ob und in welchem Sinn menschliche Existenz sich wesentlich als 'Übergabe' begreifen läßt.

(7) Als Buchtitel wurde (manch gutem Rat zum Trotz) die anstößige Formulierung 'Gottes letztes Wort' gewählt. Er wird auch in dieser gründlich revidierten Fassung beibehalten – und dies nicht nur deswegen, weil er inzwischen 'landläufig bekannt' ist. In der Tat ist als Hauptintention dieses Buchs die konsequente Berücksichtigung eines *formalen* Aspekts zu sehen, nämlich der Kennzeichnung christlicher Offenbarung als 'ein-für-allemal', 'letztgültig', 'eschatologisch'. Dieser 'Unbedingtheitscharakter' macht heutiger Fundamentaltheologie am meisten zu schaffen, weil er die christliche Botschaft angesichts des berechtigten Pluralismus unserer Zeit von vornherein zu desavouieren scheint. Steht auch jeder noch so minimale Restbestand jenes Rigorismus und Absolutismus, der die Kirchengeschichte jahrhundertelang so verheerend bestimmt hat, nicht völlig quer zu dem alle Kräfte beanspruchenden Bemühen, endlich doch dialogfähig (und damit vielleicht auch wieder offen für Gott) zu werden?

Diese harte Testfrage darf nicht fundamentalistisch abgewiesen, sie sollte aber auch nicht durch heimliche Relativierungen umgangen werden. Stellt man sich ihr, so begegnet man den wohl schwierigsten Problemen, die sich aus der notwendigen Verantwortung des 'Logos unserer Hoffnung' (vgl. 1 Petr 3,15) vor der philosophischen wie der historischen Vernunft ergeben.

(a) Muß eine 'hermeneutische Fundamentaltheologie', die auf die 'Zeichen der Zeit' achtet, bei der prinzipiellen Unabschließbarkeit hermeneutischen Verstehens nicht generell auf das Bemühen um eine rational unhintergehbare Evidenz verzichten? Demgegenüber ist herauszuarbeiten, daß das hermeneutische Verstehen letztlich in eine nur scheinbare Offenheit für 'den anderen' mündet, wenn es sich nicht an einem Begriff letztgültigen Sinns zu orientieren vermag[71].

(b) Der alten Frage Lessings nach einem Steg über den 'garstigen breiten Graben', der zwischen der bestenfalls wahrscheinlichen Evidenz des Historikers und der Unbedingtheit sittlich-religiösen Engagements klafft, wird weiterhin unzureichend Rechnung getragen. Es fehlt an einer gründlichen Neubesinnung auf die 'via historica': Eine geschichtliche Wirklichkeit, die den Menschen unbedingt einfordert, kann grundsätzlich nicht außerhalb einer für das Unbedingte erschlossenen Freiheit erkannt werden. Die 'Rückfrage nach dem historischen Jesus' (und einer von diesem intendierten Kirche) hinter das Geschehen lebendiger *traditio* zurück greift – sofern ihr eine legitimierende bzw. kriteriologische Funktion hinsichtlich eines der Definition nach 'ein-für-allemal' Belangvollen beigemessen wird – demgegenüber zu kurz.

(8) Das vorgelegte Buch ist als ein *'Grundriß* der Fundamentaltheologie' konzipiert. Es soll nicht primär "das Gelände vermessen und der einschlägige Stoff ge-

[71] Vgl. Johannes Paul II., Enzyklika 'Fides et ratio', bes. Nr. 92.

ordnet" werden[72]. Vielmehr wird ein klarer systematischer Aufweis der tragenden Linien für einen 'Neubau' der Fundamentaltheologie angestrebt. Bei diesem Neubau ist an ein vorerst bescheidenes, aber erweiterungsfähiges Gebäude gedacht, das möglichst bald an die Stelle des zusammengestürzten alten Hauses treten sollte, damit weiteren Landschaftszersiedlungen auf fundamentaltheologischem Boden wirksam begegnet werden kann.

Aus der bewußten Konzentration auf das formale Charakteristikum des 'ein-für-allemal' resultieren manche Einseitigkeiten dieses 'Grundrisses'. So konnte – im Hinblick auf die Verantwortung vor der *philosophischen* Vernunft – das Verhältnis zwischen der Ermittlung eines Begriffs von letztgültigem Sinn und der in sehr verschiedenen Richtungen notwendigen hermeneutischen Arbeit nur grob umrissen werden[73]. Es ist dabei im Auge zu behalten, daß bei aller Notwendigkeit der philosophischen Frage nach Letztgültigkeitskriterien diese doch nie mehr als das Skelett für den lebendigen Verstehensprozeß hergeben können.

Was die Verantwortung des spezifisch Christlichen vor dem Forum der *historischen* Vernunft betrifft, kam fast ausschließlich ebendieses Spezifikum und nur andeutungsweise das Umfeld in den Blick, von dem her 'Christliches' (schon was den bloßen Terminus angeht) allein verständlich wird. Eine ausgeführte Fundamentaltheologie müßte deutlich werden lassen, was A. Kolping prägnant zusammengefaßt hat: "Die geisteswissenschaftlich feststellbare, nicht launenhaft-wechselnde Einheitlichkeit des 'Antlitzes Gottes', mit der der verborgene Gott uns in der konkret-geschichtlichen Offenbarung innerhalb der Offenbarungsgemeinde des AT und des NT begegnet, ist das zentrale Glaubwürdigkeitsmotiv" [74].

(9) Welchen systematischen Ort hat die 'Theologische Erkenntnislehre'? Ihr einen gesonderten fundamentaltheologischen 'Traktat' zuzuweisen, dürfte keine in jeder Hinsicht zufriedenstellende Lösung darstellen. Es geht um Erkenntnis auf sehr verschiedenen Ebenen. Die daraus resultierenden Methodenfragen sollten besser jeweils 'vor Ort' diskutiert werden. So wird im ersten Teil dieses Buchs versucht, das Verhältnis der Theologie zur Philosophie (und den Zusammenhang zwischen 'Hermeneutik' und 'Erster Philosophie' innerhalb dieses Verhältnisses), aber auch die grundsätzliche Beziehung der Fundamentaltheologie zur Historie zu bestimmen. Damit ist eine Ausgangsbasis geschaffen für die Klärung der Erkenntnisbezüge im konkreten Geschehen von *traditio*, dem Gegenstand des zweiten und dritten Teils. Hier geht es nicht zuletzt um den Kanon als selbstreflexiven Akt verbindlichen Bezeugens und auf dieser Grundlage um die besondere Eigenart der historisch-kritischen Rückfrage nach Jesus im Rahmen der Fundamentaltheologie. Im dritten Teil muß dementsprechend der spezifische Ort des kirchlichen Lehramts als Moment ebenjener lebendigen *traditio* bestimmt werden, die sich selbst den Kanon der Schriften als bleibenden Maßstab theologischen Erkennens vorgegeben hat. Erst nach einer gründlichen Klärung des Verhältnisses der verschiedenen Instanzen kirchlicher Autorität zueinander kann eine kritische Behandlung

[72] Vgl. die "Einführung" der Herausgeber zum HFth I, 7.
[73] Vgl. hierzu kurz Kap. 3.1.
[74] A. Kolping, Fundamentaltheologie, Bd. II, 11 (dort hervorgehoben).

der Prinzipien innerkirchlicher Verständigung über die der jeweiligen Zeit angemessenen Weisen gläubigen Redens und Handelns geleistet werden. Das war im Rahmen dieses 'Grundrisses' nicht möglich[75].

(10) Zum Schluß der Einleitung noch eine persönliche Bemerkung zum Schwierigkeitsgrad dieses Buchs. Trotz vieler Überarbeitungen ist es mir wohl auch in dieser dritten Auflage noch nicht gelungen, ein leicht zugängliches Buch über die wirklich fundamentalen Dinge der Theologie zu schreiben. Wenn ich mir potentielle Leser vorstelle, denke ich vor allem an die Studentinnen und Studenten, denen ich es verdanke, daß mir das Zusammenspiel von Forschen und Lehren auch nach dreißig Jahren Professorentätigkeit immer noch Freude bereitet. Wer sich mit philosophischen, theologischen oder allgemein mit literarischen Dingen beschäftigt und dabei nicht bloß auf Ablenkung, Erbauung oder geistiges Fitneßtraining aus ist, kommt irgendwann (und häufiger, als man es sich zunächst vorgestellt hat) an den Punkt der großen Frustration: Vieles, was man da liest und zunächst auch recht begeistert aufnimmt, vermag intensivem Nachhaken schließlich doch nicht standzuhalten. Für solche, die schon einmal an diesen Punkt gekommen sind, ist das Buch vor allem geschrieben. Ich hoffe, daß sie, auch wenn die Lektüre einige Mühe kostet, am Ende nicht das Gefühl haben, um ihre Zeit betrogen worden zu sein.

[75] Ein gutes Beispiel dafür, wie diese Aufgabe in Angriff genommen werden könnte, bietet Teil V der 'Kontextuellen Fundamentaltheologie' von Hans Waldenfels.

TEIL I

... vernehmbar ?

1 Ziel und Weg der Fundamentaltheologie

Im ersten Teil dieses Grundrisses der Fundamentaltheologie wird nach der *Vernehmbarkeit* dessen gefragt, was Christen als das letztgültig-unüberholbare Wort Gottes verstehen. Im Zentrum dieser Überlegungen steht die Frage nach den Möglichkeitsbedingungen, die auf seiten der menschlichen Vernunft gegeben sein müssen, damit ein solches Wort als sinnstiftend und verpflichtend erfahren werden kann (Kap. 5-8).

Bevor die Theologie auf diese Weise die Vernunft in dem ihr eigenen Hoheitsgebiet, der Philosophie, aufsuchen kann, hat sie allerdings in einem anderen Sinne schon längst mit Vernunft zu tun. Die Theologie reflektiert ja auf den Glauben und setzt damit die Vernehmbarkeit von Gottes Wort bereits auf zwei Ebenen voraus. Zum einen ist auch im unmittelbarsten Akt des Glaubens selbst, sosehr es sich hier auch um eine von seiten des Menschen völlig unableitbare und unvorhersehbare Gnadengabe handelt, doch ein Akt der Vernunft impliziert. Sonst wäre Glauben kein menschliches Vernehmen des göttlichen Wortes, sondern Fremdbestimmung. Zum anderen gebraucht Theologie Vernunft (oder sollte dies zumindest tun) auf der ihr eigenen Ebene der Reflexion: im Glauben auf den Glauben.

Um die philosophische Frage nach den Möglichkeitsbedingungen für das Ankommen von Gottes Wort als theologisch legitim auszuweisen, ist zuallererst auf diese doppelte Implikation der Vernunft im Glauben und in der Theologie zurückzugehen. Die Notwendigkeit und der Stellenwert der Frage nach der *Vernehmbarkeit* Gottes im *philosophischen* Sinn müssen sich aus dem Geschehen selbst aufzeigen lassen, in dem Gottes Wort durch die Vernunft *gläubig-theologisch* bereits *vernommen* worden ist.

Ich werde dabei so vorgehen, daß ich in Anknüpfung an eine Erzählung von Franz Kafka zunächst einen ersten Überblick über die Aufgaben der Fundamentaltheologie insgesamt gebe, wie sie in diesem 'Grundriß' verstanden wird (1.1), sodann die Frage nach der prinzipiellen Möglichkeit und Tragweite einer 'Glaubensverantwortung' stelle (1.2) und schließlich aufzuweisen suche, wie die philosophische Frage nach der Vernehmbarkeit des Wortes Gottes aus der Mitte des Glaubens selbst entspringt (2-3). Bevor die Frage nach dem 'Hörer des Wortes' dann historisch (5) und systematisch (6-8) verfolgt wird, soll sie in Auseinandersetzung mit den sogenannten 'Gottesbeweisen' von der traditionellen philosophischen Thematik im ersten Teil der Fundamentaltheologie bzw. in deren 'Vorspann' abgegrenzt werden (4).

1.1 'Eine kaiserliche Botschaft'

"Der Kaiser – so heißt es – hat dir, dem Einzelnen, dem jämmerlichen Untertanen, dem winzig vor der kaiserlichen Sonne in die fernste Ferne geflüchteten Schatten, gerade dir hat der Kaiser von seinem Sterbebett aus eine Botschaft gesendet. Den Boten hat er beim Bett niederknien lassen und ihm die Botschaft ins Ohr geflüstert; so sehr war ihm an ihr gelegen, daß er sich sie noch ins Ohr wiedersagen ließ. Durch Kopfnicken hat er die Richtigkeit des Gesagten bestätigt. Und vor der ganzen Zuschauerschaft seines Todes – alle hindernden Wände werden niedergebrochen und auf den weit und hoch sich schwingenden Freitreppen stehen im Ring die Großen des Reichs – vor allen diesen hat er den Boten abgefertigt. Der Bote hat sich gleich auf den Weg gemacht; ein kräftiger, ein unermüdlicher Mann; einmal diesen, einmal den andern Arm vorstreckend schafft er sich Bahn durch die Menge; findet er Widerstand, zeigt er auf die Brust, wo das Zeichen der Sonne ist; er kommt auch leicht vorwärts, wie kein anderer. Aber die Menge ist so groß; ihre Wohnstätten nehmen kein Ende. Öffnete sich freies Feld, wie würde er fliegen und bald wohl hörtest du das herrliche Schlagen seiner Fäuste an deiner Tür. Aber statt dessen, wie nutzlos müht er sich ab; immer noch zwängt er sich durch die Gemächer des innersten Palastes; niemals wird er sie überwinden; und gelänge ihm dies, nichts wäre gewonnen; die Treppen hinab müßte er sich kämpfen; und gelänge ihm dies, nichts wäre gewonnen; die Höfe wären zu durchmessen; und nach den Höfen der zweite umschließende Palast; und wieder Treppen und Höfe; und wieder ein Palast; und so weiter durch Jahrtausende; und stürzte er endlich aus dem äußersten Tor – aber niemals, niemals kann es geschehen –, liegt erst die Residenzstadt vor ihm, die Mitte der Welt, hochgeschüttet voll ihres Bodensatzes. Niemand dringt hier durch und gar mit der Botschaft eines Toten. – Du aber sitzt an deinem Fenster und erträumst sie dir, wenn der Abend kommt" [1].

Bei der Frage nach 'Gottes letztem Wort' geht es, wenn man so will, um eine 'kaiserliche Botschaft' und deren Weitervermittlung. Um eine kaiserliche Botschaft und das Problem ihrer Vermittlung geht es auch in Kafkas Erzählung – aber unter welchen Vorzeichen! Was die Frage nach dem *geschichtlichen Ergangensein* eines letzten Wortes Gottes angeht, so reicht zu deren Beantwortung offenbar nicht aus, daß dieses Wort tatsächlich einmal gesprochen und als letztes Testament ausgewiesen wurde. Es genügt nicht, daß der Kaiser durch ein Kopfnicken vor den im Ring stehenden Großen des Reiches – etwa durch ein Vorzeigen des auferweckten Messias vor den versammelten Zwölfen – bestätigt hat: ja, der Bote hat die Botschaft richtig verstanden! Die Botschaft muß *bei uns ankommen*, bei uns, den 'Schülern zweiter Hand', wie Kierkegaard sagt, oder 'dem winzig vor der kaiserlichen Sonne in die fernste Ferne geflüchteten Schatten', wie hier Kafka schreibt. Aber wie soll das unter den gegebenen Umständen geschehen? Wenn uns in der Kafkaschen Erzählung bei dem 'Boten' Jesus Christus einfällt – 'ein kräftiger, ein unermüdlicher Mann ... findet er Widerstand, zeigt er auf die Brust, wo das Zeichen der Sonne ist' –, dann müssen wir bei der Frage nach der Kirche wohl an die vielen Gemächer des Palastes denken, die Treppen und Höfe, schließlich vielleicht an die 'Residenzstadt vor ihm, die Mitte der Welt, hochgeschüttet voll ihres Bodensatzes'. Kafkas Erzählung scheint recht gut die Stimmung zu treffen, die heute

[1] F. Kafka, Eine kaiserliche Botschaft, in: ders.:, Gesammelte Werke, Bd. 4, 128f.

auf dem Hintergrund der Botschaft Jesu manchen bei dem Gedanken an den Vatikan überkommt.

Der Text Kafkas gibt zu der Frage Anlaß: Was, wenn der Bote wirklich zu uns durchdränge – 'mit der Botschaft eines Toten'? Müßten wir nicht bedauernd darauf hinweisen, daß inzwischen längst eine andere Macht die Regierung angetreten hat, daß der ganze, mühevolle Weg des Boten also völlig umsonst war? Doch die Erzählung schließt mit einer merkwürdigen Wendung: 'Du aber sitzt an deinem Fenster und erträumst sie dir, wenn der Abend kommt.' Auf einer ganz anderen Ebene als die Frage nach der *Faktizität* von Offenbarung (ihrem geschichtlichen Ergangensein und ihrer aktuellen Vermittlung) bewegt sich die Frage nach der *Offenheit menschlicher Existenz* auf eine solche behauptete oder wirkliche Botschaft hin. Auch wenn 'Gott tot' sein sollte und damit die Rede von seiner Selbstmitteilung ins Reich der Fiktion gehörte, kann der unerfüllte Ruf nach einem göttlichen Wort durchaus noch eine unsere Existenz bestimmende Wirklichkeit sein[2]. Existentieller *Vorgriff auf* Sinn und wirklich geschichtlich ergangenes und gegenwärtiges *Ereignis von* Sinn sind Themen ganz verschiedener Art.

Damit lassen sich bereits die beiden Grundrichtungen fundamentaltheologischen Fragens angeben. Die Verantwortung der behaupteten Wirklichkeit einer geschichtlich ergangenen und weitervermittelten Offenbarung gehört vor das Forum der *historischen Vernunft*. Die Behauptung, daß solches Geschehen einen Sinn erschließt, auf den menschliche Existenz von ihrem eigenen Wesen her hingeordnet ist, muß vor dem Forum *philosophischer Vernunft* verantwortet werden. Die Schwierigkeiten, die dabei in der Konfrontation mit der Historie auftreten, gewinnen von Kafkas Erzählung her ein drastisches Relief. Für die philosophisch zu bewältigenden Probleme finden wir nur eben einen Hinweis. Sie liegen vor allem darin, daß die innersten Fragen menschlicher Existenz gemeinhin auf den späten 'Abend' verdrängt und dem Bereich des Träumens zugewiesen werden, also nicht leicht als entscheidende Sinnfragen ans Licht zu bringen sind.

Dennoch lassen sich im Rückgriff auf diesen knappen Hinweis am Ende von Kafkas Erzählung bereits *zwei* wesentliche *Dimensionen* der Verantwortung von Offenbarung vor der Philosophie skizzieren. Es geht zunächst und vor allem um einen klaren *Begriff* der Botschaft, die da 'erträumt' wird. Zum anderen ist die Frage nach dem 'richtigen *Fenster*' zentral, wenn man – anders als Kafka – trotz allem mit der Möglichkeit rechnet, daß der Bote doch noch ans Ziel kommt. Man muß sich wohl zum Hauptportal begeben und dort warten – wenn es um die Ankunft eines kaiserlichen Boten geht. Oder sollte man vielleicht nicht lieber zum verstecktesten Fensterchen im Dachgeschoß klettern – wenn Kierkegaard in den 'Philosophischen Brocken' (Kap. II) recht hat, daß ein König zu dem von ihm geliebten armen Mädchen nur in einem Bettlergewand gelangen kann, durch das auch nicht die leiseste Andeutung von Königspurpur mehr durchschimmert?

[2] Im Hinblick auf Kafka selbst wäre etwa an eine Stelle aus seinen Tagebüchern zu erinnern: "Infolgedessen ist es unrichtig zu sagen, daß ich das Wort 'ich liebe dich' erfahren habe, ich habe nur die wartende Stille erfahren, welche von einem 'ich liebe dich' hätte durchbrochen werden sollen, nur das habe ich erfahren, sonst nichts" (12.2.1922). In: Gesammelte Werke, Bd. 7, 420.

Beide philosophische Fragestellungen zielen auf Möglichkeitsbedingungen jener Erfahrung, die Christen Offenbarung nennen. In der ersten geht es um den *Vorbegriff* von Sinn ('Erträumen der Botschaft'), der für menschliche Existenz konstitutiv sein muß, wenn Offenbarung als sinnerschließend vernommen werden soll. Die zweite zielt auf den *Akt des Erkennens* ('Fenster'), der 'durchlässig' ist für eine endgültige Offenbarung Gottes in der Geschichte. Wie kann sich in geschichtlich-kontingentem Erkennen überhaupt so etwas wie ein Ereignis mit letztgültigem Wahrheitsanspruch vermitteln? Erst von der Antwort auf diese philosophische Frage her läßt sich das 'hermeneutische Instrumentar' bestimmen, das für die historisch-kritische Rückfrage nach Jesus in fundamentaltheologischer Perspektive angemessen ist.

Die Frage nach der Vernehmbarkeit des letzten Wortes Gottes richtet sich also auf die 'Person am Fenster'. Zum einen zielt sie auf den 'Raster' für eine solche Botschaft in ihrem Träumen, zum anderen auf ihre Schritte 'ans richtige Fenster', wenn sie die Ankunft des Boten nicht verpassen soll. Die Frage nach dem angemessenen Vorbegriff oder 'Raster' für ein letztgültiges Wort Gottes wird in Kap. 6 durchgeführt werden. Die Frage nach dem adäquaten Akt geschichtlichen Erkennens oder 'Fenster' für das Sich-Ereignen eines solchen Wortes wird Gegenstand von Kap. 7 sein.

Die Erzählung Kafkas ermöglicht uns, im Hinblick auf die Frage nach dem 'Raster' schon hier eine Unterscheidung anzudeuten, die in Kap. 3 näher erörtert werden soll.

(a) Zunächst einmal handelt es sich um eine *hermeneutische* Aufgabe. Wenn Gottes Wort universal verbindlich ergeht, so muß es sich an alle Menschen, in die je verschiedene, geschichtlich bedingte Verfaßtheit ihrer Verstehenshorizonte vermitteln lassen.

(b) Der damit geforderte Weg in die unterschiedlichsten Sprach- und Denkräume, auf die hin die 'kaiserliche Botschaft' erschlossen werden muß, bedarf aber notwendig der Ergänzung durch ein ganz andersartiges philosophisches Unternehmen. Denn die jeweilige Verstehenskonstellation kann (und wird tatsächlich auch immer wieder) die entscheidenden Sinnfragen gerade verstellen. So verschiebt der heutige Mensch seine Sinnfragen im allgemeinen nicht nur auf den 'Abend'. Wir treffen ihn auch nur noch selten 'an seinem Fenster sitzend' an, sondern eher vor dem Bildschirm, wo vielleicht gerade ein Film wie 'Der letzte Kaiser' abläuft. Diesen 'letzten Kaiser' im Kopf, wird er vielleicht nicht einmal ein zureichendes Verständnis dafür aufbringen können, was das Testament eines wahren *Königs* ist. Die hermeneutische Arbeit bedarf der Ergänzung durch das Ermitteln von Kriterien dafür, wie adäquate Sinnerwartungen von inadäquaten zu unterscheiden sind.

Das *hermeneutische Verstehen* bewegt sich grundsätzlich im Zirkel von *Geltungen*, die sich sprachlich-geschichtlich durchgesetzt haben. Die Frage nach der *Gültigkeit* solcher Geltungsansprüche geht über die Feststellung ihrer Angemessenheit an zeitlich-regionale Sinnerwartungen bzw. ihr Angepaßtsein an eine bestimmte, Autorität beanspruchende Tradition hinaus auf das, was dem Menschen als einem vernünftigen und freien Wesen entspricht. Darüber läßt sich aber mit den Mitteln von Hermeneutik und Sprachphilosophie selbst nicht mehr befinden. Die andersgeartete Frage nach universal einsichtigen Kriterien für die Gültigkeit von Geltungsansprüchen wird hier als '*erstphilosophisch*' bezeichnet.

1.2 Fundamentaltheologie als Apo-logie

1.2.1 'Apo-logia' nach dem Ersten Petrusbrief

Als Basistext für die fundamentaltheologische Arbeit wird mit Recht immer wieder 1 Petr 3,15 zitiert: "Seid stets bereit, jedem Rede und Antwort zu stehen, der nach der Hoffnung fragt, die euch erfüllt."

Geht man von dieser Fassung der deutschen Einheitsübersetzung aus[3], so geraten allerdings zwei wichtige Aspekte des griechischen Textes[4] aus dem Blick. Die im Ersten Petrusbrief angemahnte Bereitschaft zur 'apo-logia', zu 'Rede und Antwort', meint erstens nicht die Anmeldung eines bloßen Informationsbedürfnisses ('der nach der Hoffnung fragt'). Es geht vielmehr um ein den einzelnen persönlich einforderndes Fragen (τῷ αἰτοῦντι ὑμᾶς) in einer Situation von Verfolgung, wo solches 'Fragen' stets die Möglichkeit impliziert, daß man aufgrund der eingestandenen Zugehörigkeit zu Christus vor den Kadi geschleppt wird[5]. Zweitens sagt der griechische Text (λόγον περὶ τῆς ἐλπίδος), daß die christliche Hoffnung auf einem 'vernünftig verantwortbaren Grund' aufruht.

Was heißt dann 'apo-logia' nach 1 Petr 3,15? Drei Dinge sollten gleichzeitig im Blick behalten werden.

(1) Es geht hier nicht primär um eine Verteidigung des Glaubens, sondern um die Verantwortung christlicher *Hoffnung*. Zur christlichen Hoffnung führt zwar die Taufe, die nach urchristlicher Tradition erst nach Einweisung in ein bestimmtes 'Credo', einen Glauben mit klar bestimmbarem Gehalt, erfolgt. Aus einem solchen personal vollzogenen wie zugleich rational verantworteten Taufbekenntnis war im Laufe der Theologiegeschichte aber mehr und mehr ein 'Bekenntnis' im Sinne von 'Konfession' und damit zusammenhängend die Verteidigung eines komplizierten Gesamtgefüges von Glaubens*sätzen* geworden. Hier hat das Zweite Vatikanische Konzil wieder für Klarheit gesorgt, indem es Offenbarung wie auch Glauben als einen ganzheitlich-personalen Akt herausstellte: Gott teilt nicht primär *etwas* dem Menschen mit, sondern er teilt *sich selbst* mit – bis hin zur völligen

[3] Vgl. z. B. H. Waldenfels, Kontextuelle Fundamentaltheologie, 71; H. Fries, Fundamentaltheologie, 13. M. Seckler, Der theologische Begriff der Religion, HFth I, 186; und ders., Fundamentaltheologie: Aufgaben und Aufbau, Begriff und Namen, HFth IV, bes. 469f, betont zu Recht, daß es um den *Logos* der Hoffnung geht. Indem er diesen aber ausschließlich als 'Sinngrund und Sinngehalt' auslegt, wird nicht genügend deutlich, daß der 'vernünftige Grund' unserer Hoffnung nicht nur auf der *Sinnhaftigkeit* der Offenbarung, sondern ebensosehr auf ihrer *Faktizität* beruht, die fundamentaltheologisch nicht weniger rational verantwortet werden muß – wenn auch in einer nicht-extrinsezistischen Weise. Vgl. meine Besprechungen des HFth in: ThRv 82 (1986) 91-97; 83 (1987) 45-48; 85 (1989) 42-44.

[4] Ἕτοιμοι ἀεὶ πρὸς ἀπολογίαν παντὶ τῷ αἰτοῦντι ὑμᾶς λόγον περὶ τῆς ἐν ὑμῖν ἐλπίδος.

[5] Vgl. L. Goppelt, Der Erste Petrusbrief, 60-63.

Entäußerung am Kreuz. Und entsprechend antwortet der Glaubende nicht primär mit einem 'für-wahr-haltenden' Gehorsam des Willens und Intellekts; er läßt sich vielmehr ganz in diesen Vorgang der Selbstübergabe hineinnehmen, den Gott für den Menschen und um aller Menschen willen eröffnet hat. Dieser ganzheitlich-personale Vollzug des Glaubens ist aber wesentlich ein eschatologischer Akt, ein Ausgestrecktsein auf ein Noch-nicht, unabtrennbar von Hoffnung[6].

'Apo-logia' im Ersten Petrusbrief meint dementsprechend in erster Linie das Geradestehen für etwas, das Christen spezifisch von anderen Menschen unterscheidet. Dieses besondere 'etwas' muß vor allem an seiner Praxis erkennbar sein, die sich auf eine klar bestimmte Zukunft hin richtet.

(2) Beachtet man, daß es in 1 Petr 3,15 um ein Fragen nicht einfach nach der Hoffnung, sondern nach dem *Logos* der Hoffnung geht, so ist aber auch einer einseitigen Gewichtung 'nach vorn' der Riegel vorgeschoben. Christliche Hoffnung steht auf einem 'vernünftigen Grund', und *darum* kann man über sie 'Rechenschaft' ablegen (zwei Übersetzungsmöglichkeiten für λόγος). Das ist etwas anderes als ein beschwingtes oder ungeduldiges Zulaufen auf Utopia. Vor einer Absicherung von Glaubenslehren dürfen und sollen wir unsere Tradition zwar auf ihr Potential für Innovation hin befragen. Die Frage: 'Wie ansteckend ist unsere Hoffnung?' hat Vorrang vor: 'Wie sicher ist das, was im Katechismus steht?' Diese Feststellung bleibt aber nur so lange richtig, wie wir mit derselben Kritikbereitschaft, die dem Logos christlicher Hoffnung entspricht, auch unsere manipulationsanfälligen Innovationsversuche unter die Lupe nehmen.

(3) 1 Petr 3,15 ist an *alle* Christen gerichtet. Das bedeutet wohl nicht, daß jeder christliche Normal- und Kleinstverbraucher in der Lage sein muß, sich durch das wüste Gestrüpp theologischer Spekulation und detaillierter Sachkenntnis hindurchzufinden, um seiner Christenpflicht der Verantwortung des Logos der Hoffnung nachkommen zu können. Es muß um eine leichter durchschaubare Aufgabe für alle gehen. Heißt 'apo-logia' dann aber: Anpassung an das Maß von Verständlichkeit, das z. B. dem Durchschnittskonsumenten unserer Massenmedien verträglich erscheint?

Dem Kontext zufolge geht es in 1 Petr 3,15 um etwas anderes als um pausenlose Diskursbereitschaft. Es bleibt hier beständig der Ernstfall im Blick, der in Gestalt des Mannes von der Geheimpolizei vor der Tür steht. Vor einem solchen Ernstfall schrumpft alle angehäufte Gelehrsamkeit schnell in sich zusammen, wird aber auch das Fadenscheinige eines modischen Aggiornamento offenbar. Wenn man die Koffer nicht nur (etwa zur nächsten Vortragsreise) packen, sondern definitiv zurücklassen muß, dann gewinnt die eigentliche Substanz des zu Verantwortenden bald Konturen – sofern überhaupt etwas von Substanz da ist. Es geht um jenen Kern der Hoffnung, für den man notfalls alles andere aufzugeben bereit ist. Von hierher bemißt sich in letzter Instanz die Überzeugungskraft der 'apo-logia' und erweist es sich, ob eine Hoffnung über bloße Suggestion und Verführung hinaus tatsächlich ansteckend ist.

[6] Vgl. Kap. 11 zu 'Dei Verbum', Kap. I.

1.2.2 Verantwortung vor welchem Forum?

Aus 1 Petr 3,15 ergeben sich wichtige Anweisungen für die fundamentaltheologische Arbeit. Offen bleibt aber die schwierige Frage, vor welchem Forum sich der Glaubende zu verantworten hat. Im Kontext des Ersten Petrusbriefs scheint dieses Problem obsolet: das Forum bildet im Zweifelsfall die römische Gerichtsbarkeit, vor die man die Christen zitiert. Diese sich vom Faktischen her ergebende Antwort läßt aber die prinzipielle Frage unberücksichtigt, wer bei der Verantwortung des Glaubens von Rechts wegen als kritische, d. h. als der richtigen Unterscheidung fähige Instanz angesehen werden darf.

Diese grundlegende Frage der Theologie - nach dem Verhältnis von Glaube und Vernunft, Theologie und Philosophie, Gnade und Natur, wie sie explizit oder implizit die gesamte Theologiegeschichte bewegt - kann hier noch nicht im Detail verfolgt werden[7]. Bevor wir einen eigenen Ansatz zu ihrer Beantwortung skizzieren, sollen aber wenigstens einige wichtige Stationen dieser Geschichte in den Blick kommen.

Der Forderung von 1 Petr 3,15 nach einer 'apo-logia' haben sich sehr bald jene frühchristlichen Theologen gestellt, die man unter dem Titel 'Apologeten' zusammenfaßt. Hier ist es insbesondere *Justin der Märtyrer* gewesen, der in seinen um 150 abgefaßten 'Apologien' die Frage nach dem angemessenen Forum christlicher 'apologia' bereits scharf reflektiert hat.

Wenn Justin seine Erste Apologie an die römischen Kaiser richtet[8], so heißt das nicht, daß er damit diese Adressaten ohne weiteres als eine für die Beurteilung christlicher Lehren kompetente Instanz anerkennt. Der Zusammenhang ist, wie ich an anderer Stelle zu zeigen versucht habe[9], differenzierter. Mit ihrem Anspruch, 'gottesfürchtig und Philosophen' zu sein (εὐσεβεῖς καὶ φιλόσοφοι: Ap. I 2,1), haben sich die römischen Herrscher selbst einer höheren Instanz, nämlich dem Logos, unterstellt. Damit sind sie nicht weniger als der Verfasser der Apologie einer vernunftgemäßen Verantwortung, einer 'apo-logia', unterworfen. Erweisen sie sich nämlich nach genauer Unterrichtung über Leben und Lehre der Christen nicht als gerechte Richter, so stehen sie selbst vor Gott 'ἀναπολόγητος', unentschuldbar da, genauer: ohne die Chance einer Rechtfertigung vor dem sie in Anspruch nehmenden Logos (vgl. Ap. I 3,4-5; 28,3).

Das angemessene Forum christlicher Verantwortung stellt sich nach Justin also dialektisch dar. Unmittelbar wird zwar der herrschenden Macht eine Apologie vorgelegt. Diese selbst muß sich bei der Beurteilung aber auf den 'Logos' hinter-

[7] S. hierzu Kap. 9. Zur Problemgeschichte und zum 'status quaestionis' allgemein vgl. z. B. die Beiträge von M. Seckler, Theologie als Glaubenswissenschaft, HFth IV, und ders., Fundamentaltheologie, 513f (Literatur!).

[8] Ob die Justinschen - und andere zeitgenössische - Apologien wirklich an die Kaiser gesandt wurden oder die entsprechenden Adressen reine Fiktionen waren, ist umstritten. Vgl. etwa C. Andresen, Art. 'Apologetik, II. Frühkirchliche Apologetik'. Am ehesten wird wohl an so etwas wie 'offene Briefe' zu denken sein, mit deren Hilfe man bestimmte Staatsvertreter zu angemessenen rechtlichen oder politischen Schritten veranlassen wollte.

[9] Vgl. H. Verweyen, Weltweisheit und Gottesweisheit bei Justin dem Märtyrer (Literatur!).

fragen. Hier konnte Justin an den allgemein bekannten Gedanken von einem göttlichen Logos anknüpfen, der für alle menschliche Vernunft verbindlich ist. Dieser hat nach stoischer Lehre als 'Logos spermatikos' überall 'authentische Vernunft gesät'. Die Saat ist aber durch das Werk von vernunftfeindlichen Mächten (den 'Dämonen') großenteils verdorben worden. Über das Lesen der prophetischen Schriften haben zwar – so meint Justin mit anderen Autoren seiner Zeit – die griechischen Philosophen, insbesondere Platon, noch manche Wahrheit relativ unverstellt bewahren können. In den antiken Mythen hingegen (worauf die offizielle Staatsreligion Roms fußte) gibt es fast nur noch 'verwachsene Vernunftsaat'. Die Fleischwerdung des Logos ermöglicht es den Christen nun, durch ihre Verkündigung die Menschen auf die ursprüngliche und universal verbindliche Wahrheit zurückzuführen. Die eigentliche Aufgabe christlicher 'apo-logia' besteht also darin, in Anknüpfung an intakt gebliebene Spuren des Logos in der Philosophie und in kritischer Entlarvung der Logosverzerrungen in der griechisch-römischen Mythologie die christliche Botschaft so vorzustellen, daß die Adressaten den wahren Logos durch alle Verstellungen hindurch erkennen können[10].

Das von Justin eingeführte Konzept einer Vermittlung von Glaube und Vernunft blieb in seinen Grundzügen das vorherrschende Modell bis hin zur Frühscholastik. Erst mit der neuen Wertschätzung der 'artes liberales' in den Kloster- und Kathedralschulen des frühen Mittelalters, vor allem mit dem Hervortreten der 'Dialektik', wurde aber die Philosophie als eine der christlichen Theologie gegenüber methodisch eigenständige Wissenschaft anerkannt. Der wichtigste Beitrag zu der damals anstehenden wissenschaftstheoretischen Reflexion findet sich bei *Anselm von Canterbury*. Auf der einen Seite steht für ihn fest, daß alle menschliche Vernunft ausnahmslos durch die Sünde das ihr naturgemäße Licht verdunkelt hat und des Glaubenslichtes bedarf, um sich selbst wieder hell und für anderes sehend zu werden. Auf der anderen Seite setzt der Glaube eine wirklich autonome Vernunft frei. Er bindet diese nicht etwa heteronom-positivistisch an einen nur gruppenspezifisch kommunikablen 'Logos'. Damit ergibt sich z. B. die Möglichkeit, ohne Berufung auf die Autorität der Schrift eine Gotteslehre (einschließlich der Trinitätslehre) und Anthropologie vernunfteinsichtig darzustellen[11] und unter Einklammerung allen positiven Offenbarungswissens mit notwendigen Gründen zu beweisen, daß kein Mensch ohne Christus gerettet werden kann[12].

Wirkungsgeschichtlich gesehen, blieb dieses Verständnis des Verhältnisses von Glaube und Vernunft allerdings ein kurzes Zwischenspiel. Für viele Jahrhunderte

[10] Seit Adolf von Harnack ist immer wieder behauptet worden, daß Justin mit seinem an sich genialen Konzept einer Verantwortung christlichen Glaubens vor einer als universal konzipierten Vernunft gescheitert sei. Er habe den lebendigen Christus in eine von kosmologisch-metaphysischer Spekulation vorgegebene Logosvorstellung eingepaßt und damit die für die gesamte spätere Reflexion verhängnisvolle 'Hellenisierung des Christentums' eingeleitet. Dieser Vorwurf dürfte sich im wesentlichen nicht halten lassen (vgl. den Literaturverweis in Anm. 9). Harnack selbst hat aber wohl nicht bemerkt, wie sehr er in seinem eigenen Entwurf das 'Wesen des Christentums' dem Logos seiner Zeit eingepaßt hat: der Vermittlungstheologie des liberalen Protestantismus.

[11] Vgl. bes. Monologion, Prooemium.

[12] Vgl. Cur deus homo, Praefatio.

maßgebend wurde hingegen der von *Thomas von Aquin* entfaltete Begriff einer 'natürlichen Theologie' mit ihren für die Entwicklung der neuzeitlichen Apologetik und Fundamentaltheologie verhängnisvollen Konsequenzen. Seiner Konzeption zufolge mußte das Forum der Glaubensverantwortung nicht erst dialektisch, mit Hilfe des in die Verzerrungen der Vernunft hineinleuchtenden Glaubenslichtes gewonnen werden. Es ließ sich wenigstens *prinzipiell* glaubensneutral ermitteln – sosehr sich auch der Aquinate darüber im klaren war, daß *faktisch* jene Gegenstände der Religion, die grundsätzlich der 'natürlichen Vernunft' zugänglich sind, nur "von wenigen, erst nach langer Zeit und mit vielen Irrtümern vermischt" erkannt werden[13] und es darum auch im Hinblick darauf einer 'übernatürlichen' Offenbarung bedarf.

Die Vorstellung einer prinzipiell glaubensneutralen, 'natürlichen' oder philosophischen Theologie wurde dadurch verstärkt, daß man auf der anderen Seite die Reichweite philosophischer Vernunft nun im Vergleich etwa zu Augustinus, Anselm oder Richard von St. Viktor[14] auf einen wesentlich schmaleren Bereich eingeschränkt sah: Einen philosophischen Zugang zur 'übernatürlichen' Offenbarung im strikten Sinn – insbesondere zu den Grund'geheimnissen' der Trinität und Inkarnation – glaubte man jetzt prinzipiell abstreiten zu müssen[15].

Wurde somit seit Thomas für die 'demonstratio religiosa', die rationale Verantwortung der grundlegendsten Möglichkeiten eines Gottesverhältnisses überhaupt, eine im Prinzip glaubensneutrale *Philosophie* als das angemessene Forum betrachtet, so schien sich mit der Entwicklung der *historisch-kritischen Forschung* ein ganz analoges Forum für die 'demonstratio christiana', die rationale Verantwortung des Glaubens an Jesus Christus, nahezulegen. Verantwortung der Offenbarung vor der historischen Vernunft: das verstand man in neuzeitlicher Apologetik und Fundamentaltheologie *prinzipiell*, trotz allen faktischen Zurückschreckens vor der Härte der aufkommenden Kritik, als Verhandlung mit einem Partner, der seine Urteile wesentlich glaubensneutral trifft und sich nicht zuvor auf eine Wirklichkeit ganz neuer Art einlassen muß, um als kompetenter Gesprächspartner überhaupt in Frage zu kommen.

Nur wenn man diesen zentralen Aspekt neuzeitlicher Glaubensverantwortung (auf protestantischer wie katholischer Seite) im Auge behält, wird man das radikale Veto richtig verstehen, das von der '*Dialektischen Theologie*' (insbesondere von Karl Barth und Rudolf Bultmann) gegenüber aller 'philosophischen Theologie' und aller historischen Jesusforschung *(als für christliche Fundamentaltheologie relevanten Unternehmungen verstanden)* eingelegt wurde.

Die Literatur hierzu, die sich vor allem auf K. Barths Ablehnung einer 'natürlichen Theologie' konzentriert, ist inzwischen unübersehbar geworden[16]. Die

[13] Vgl. Contra Gentiles I 4; STh I, q. 1 a. 1.

[14] Zum methodischen Konzept des letzteren vgl. bes. U. Kühneweg, Der Trinitätsaufweis Richards von St. Viktor; P. Hofmann, Glaubensbegründung, 248-268 (Literatur!).

[15] Vgl. die eingehendere Erörterung dieses Zusammenhangs in Kap. 9.3-4.

[16] Vgl. aus jüngerer Zeit etwa: H.-J. Birkner, Natürliche Theologie und Offenbarungstheologie; J. Werbick, Der Streit um die 'natürliche Theologie'; G. L. Müller, Hebt das sola-fide-Prinzip die Möglichkeit einer natürlichen Theologie auf?; C. Westermann, Karl Barths

grundsätzliche Übereinkunft Bultmanns mit Barth in der entscheidenden Frage nach dem Forum christlicher 'apo-logia' tritt besonders deutlich in einem Referat zutage, das Bultmann 1941 zusammen mit dem berühmt gewordenen Vortrag 'Neues Testament und Mythologie' auf einer Tagung in Alpirsbach gehalten hat[17]. Beide Beiträge sollten zusammen im Blick behalten werden. In jenem Referat heißt es:

"So ist also *Theologie als Wissenschaft* begründet und in ihren einzelnen Zweigen entfaltet als die systematische Ausarbeitung des im christlichen Glauben gegebenen Selbstverständnisses. *Die Wissenschaftlichkeit der Theologie* kann nur ihrem Gegenstande entsprechen und darf nicht nach einem Maßstab fragen, den eine andere Wissenschaft liefern könnte. Sie unterscheidet sich von jeder anderen Wissenschaft dadurch, daß ihr Gegenstand – Gottes eschatologisches Handeln – dem außergläubigen Dasein nicht sichtbar ist, sondern erst sichtbar wird, wenn dieses Dasein die Umkehrung seiner selbst glaubend erfährt. Es ist also nicht nur aussichtslos, die Theologie als Wissenschaft vor dem Forum einer ungläubigen Kultur rechtfertigen zu wollen, sondern es würde auch eine Selbstpreisgabe der Theologie bedeuten" [18].

Mit diesem radikalen Veto wurde nun zwar der 'gordische Knoten' neuzeitlicher Apologetik durchhauen, zugleich aber auch der an 1 Petr 3,15 anknüpfende 'rote Faden' der gesamten christlichen 'apo-logia' durchschnitten[19]. Jenen roten Faden nach dem Gewaltakt der Dialektischen Theologie wieder zusammenzuknüpfen, ist die protestantische Theologie der letzten Jahrzehnte in den verschiedenartigsten Anläufen bemüht. Am schärfsten dürfte Wolfhart Pannenberg den wunden Punkt in der Barthschen Argumentation markiert haben, wenn er betont, "daß die Positivität der Offenbarung keine Alternative zum Subjektivismus in der Theologie darstellt, sondern vielmehr als theologische Position dessen äußerste Zuspitzung bedeutet: Während andere Formen anthropologischer Begründung der Theologie sich immerhin noch im Rahmen allgemeinverbindlicher Argumentation zu bewegen suchten, wird bei Barth die irrationale Subjektivität eines nicht weiter begründbaren Glaubenswagnisses als das tatsächliche Fundament der scheinbar so steilen Objektivität seines Redens von Gott und Gottes Wort sichtbar" [20].

Nein. Einen knappen, prägnanten Überblick über die Problemgeschichte bietet W. Pannenberg, Systematische Theologie, Bd. 1, 83-93; 108-121.

[17] Vgl. K. W. Müller, Zu Rudolf Bultmanns Alpirsbacher Vortrag über 'Theologie als Wissenschaft'.

[18] R. Bultmann, Theologie als Wissenschaft, 467.

[19] Dies läßt sich besonders gut an Barths (im übrigen hervorragender) Anselm-Interpretation nachvollziehen: ders., Fides quaerens intellectum.

[20] W. Pannenberg, Wissenschaftstheorie und Theologie, 274. Inzwischen haben sich allerdings in der Auseinandersetzung Pannenbergs mit der Dialektischen Theologie bzw. den dieser nahestehenden Theologen bemerkenswerte Annäherungen in den Kernfragen ergeben. In seiner Replik auf den kritischen Beitrag von E. Jüngel, Nihil divinitas ubi non fides, kommt Pannenberg (Den Glauben an ihm selbs[t] fassen und verstehen, hier 367) etwa zu der folgenden Feststellung: "Übereinstimmung besteht darüber, daß die christliche Offenbarungstheologie weder zum Thema des Daseins Gottes noch zur Bestimmung seines Wesens von irgendeiner Philosophie eine Vorgabe annehmen kann, die nicht ihrerseits theologischer Kritik und Modifikation zugänglich wäre. In dieser Sache haben die philosophische

Erst bei der Behandlung der Einzelprobleme werden wir näher beurteilen können, inwieweit die über Barth und Bultmann hinausweisenden neueren Beiträge den Problemen besser gerecht werden oder eher auf einen Rückfall in die von jenen zu Recht kritisierte Argumentation hinauslaufen. Im Raum zeitgenössischer *katholischer* Fundamentaltheologie ist eine klare Sicht der Dinge oft dadurch erschwert, daß man die Hauptaufgabe in der Überwindung des 'Extrinsezismus' sieht, der im Gefolge eines 'instruktionstheoretischen Modells' von Offenbarung das scholastisch-neuscholastische Denken bestimmt hatte[21]. Damit, daß man Offenbarung *überhaupt* 'anthropologisch vermittelt' – etwa in Anknüpfung an die 'Korrelationsmethode' Paul Tillichs –, ist aber die grundlegende Frage nach dem angemessenen Forum rationaler Glaubensverantwortung noch nicht berücksichtigt. Warum sollte etwa eine 'Säkularisierung' des Christentums oder seine Anpassung an heute als besonders dringlich empfundene Bedürfnisse besser sein als die vielzitierte 'Hellenisierung' des Christentums in den ersten christlichen Jahrhunderten?

Fragen dieser Art werden sich erst dann kritisch verfolgen lassen, wenn die Möglichkeit christlicher 'apo-logia' mit Blick auf das für solche Verantwortung angemessene Forum der Vernunft vom Inneren des Glaubensaktes selbst her aufgewiesen ist.

1.2.3 Ein phänomenologischer Versuch

Der Einspruch der 'dialektischen Theologie' kann sich zu Recht auf Paulus berufen. Dem 'homo incurvatus', dem über sich selbst zusammengekrümmten Menschen, kommt es nicht zu, über die Wahrheit Gottes und seines eschatologischen Boten zu befinden. In seiner natürlich-faktischen Lage als Sünder ist der Mensch zu einem sachgerechten κρίνειν gar nicht imstande, weil er sich selbst das naturgegebene Licht der Vernunft immer schon verdeckt und daher nicht weit genug sieht oder in falsche Richtungen blickt. Auch die in der Geschichte der Apologetik oft zitierten Aussagen über eine mögliche Gotteserkenntnis aufgrund der Schöpfungswerke geben von daher keinen Anstoß zum Unternehmen einer 'natürlichen Theologie':

Ausdeutung einer *cognitio Dei naturalis* in der mittelalterlichen Scholastik und die natürliche Theologie des Altprotestantismus und der Aufklärung Wege eingeschlagen, die als Irrwege zu betrachten und jedenfalls heute nicht mehr gangbar sind. Andererseits hat die Theologie nur dann Anlaß, sich überhaupt auf das Gespräch mit der Philosophie einzulassen, wenn sie dieser eine kritische Funktion gegenüber ihrem eigenen Reden zugesteht. Das ist auch dann der Fall, wenn die Theologie ihrerseits die von Philosophen formulierten Minimalbedingungen für ein rational vertretbares Reden von Gott zum Gegenstand theologischer Kritik macht, aber in der Weise, daß solche Kritik sich argumentativ auf dem Boden der philosophischen Diskussion bewegen muß. Nach Jüngels Urteil vermag dieser Gesichtspunkt weiterzuführen [...]. Es sollte sich lohnen auszuloten, was darin an Implikationen steckt."

[21] Vgl. dazu Kap. 9.4-6.

"Gottes Zorn enthüllt sich vom Himmel her über alle Gottlosigkeit und Ungerechtigkeit der Menschen, die die Wahrheit in Ungerechtigkeit niederhalten. Ist doch, was sich von Gott erkennen läßt, in ihnen offenbar; Gott hat es ihnen offenbart. Denn sein unsichtbares Wesen wird seit Erschaffung der Welt an seinen Werken durch die Vernunft wahrgenommen, seine ewige Macht und Gottheit. Sie sind darum unentschuldbar (ἀναπολογήτους), weil sie trotz ihrer Erkenntnis Gottes ihn nicht als Gott verherrlichten und ihm nicht dankten. Sie verfielen vielmehr in ihren Gedanken auf Nichtigkeiten, und ihr unverständiges Herz wurde verfinstert" (Röm 1,18-21).

Hat jene Theologie im Umkreis von Barth und Bultmann aber zureichend das ἀναπολόγητος bedacht, um das es nicht erst bei Justin, sondern bereits an dieser Stelle geht? Der in der Sünde befangene Mensch ist 'unentschuldbar'; er kann keinen Logos, keinen vernünftigen Grund für sein Tun gegen den Gerichtsspruch Gottes vorweisen, weil sein natürlich-faktisches Wissen von Gott im Widerspruch zu seinem prinzipiell-möglichen und in diesem Sinne natürlichen Wissen von Gott steht.

Damit diese Behauptung des Apostels recht behält, ist nun allerdings doch der Aufweis einer 'natürlichen Theologie' erforderlich. Unentschuldbar ist der Mensch nämlich nur dann, wenn er mit seiner faktischen Nicht-Anerkennung Gottes, seinen Gottes-Surrogaten und Pseudo-Gottesverhältnissen, im Widerspruch steht nicht nur zu einer *prinzipiell möglichen* authentischen Gotteserkenntnis, sondern zu einer solchen Gotteserkenntnis, die, wenn auch noch so verdeckt, *faktisch* dennoch bereits *wirksam* ist[22].

Wenn nicht schon vor der Begegnung mit Christus im Innern des Menschen ein wirklicher Widerstreit zwischen Geist und Geist stattfindet – *einem* Geist, der allein das Sagen hat, und einem *anderen*, dem gleichsam der Mund zugehalten wird –, dann kann sich der Sünder bei der Begegnung mit dem Gotteswort mit dem ihn richtenden Spruch nicht mehr so identifizieren, daß er tatsächlich ἀναπολόγητος ist. Der von der Sünde befreite Sünder mag sich dann zwar noch wie aus einem fürchterlichen Pfuhl von Verstrickung und Verderbnis herausgezogen erfahren, mag jetzt, nach der Verkündigung der Erbschuld Adams, mit Schrecken erkennen, wie er in diesen Sumpf geraten ist. Er kann seine ihm nun vergebene Schuld aber nicht wirklich *bereuen*. Denn Reue besteht gerade in dem Zu-Wort-Kommen jenes Geistes, dem vorher der Mund zugehalten wurde. Sie beruht auf der Einsicht, daß ich zuvor wider besseres Wissen nicht gewußt, also im Grunde doch gewußt habe,

[22] Vgl. W. Kasper, Der Gott Jesu Christi, 94: "Indem Paulus so die Heiden bei der Verantwortung für ihren Unglauben behaftet, anerkennt er in indirekter Weise die Möglichkeit und die Wirklichkeit der Gotteserkenntnis der Heiden. Man kann hier von einer Anknüpfung im Widerspruch sprechen. Das bedeutet, daß man die Kreuzestheologie des Paulus nicht in Widerspruch bringen darf zum Anliegen der natürlichen Theologie." Vgl. auch Th. Pröpper, Erlösungsglaube, 174f. Die immer schon faktisch wirksame, nicht nur prinzipiell mögliche "'natürliche' Kenntnis des Menschen von Gott" betont – in eingehender Auseinandersetzung mit der Problemgeschichte – W. Pannenberg, Systematische Theologie, bes. 85f, 121-132.

was gut, und daß meine Bevorzugung dessen, was mir gerade zupaß kam, böse war.

Hier bleibt also eine entscheidende Aufgabe der 'Apologetik': die konsequente Erhellung des ἀν-απολόγητος sündiger Vernunft. Es ist dies zunächst eine durchaus innertheologische Aufgabe, insofern es hier um den konsequenten Vollzug von Reue und Umkehr geht: mein wahres Ich aufzudecken, dessen Einspruch ich vor der Umkehr nicht zugelassen habe. Und dennoch muß diese Aufgabe *methodisch* der *Philosophie* zugehören, weil es sich ja um die Freilegung jenes Spielraums handelt, der dem Menschen auch vor seiner tatsächlichen Begegnung mit Christus offensteht. Allerdings wird dies eine höchst ungewohnte Art von Philosophie sein, ein Denken, das erst nach der Bekehrung zum Durchbruch kommt und das jene, die Gottes aus der Sünde rettendes Wort noch nicht erfahren haben, vehement zurückweisen werden – es sei denn, diese Philosophie würde im unmittelbaren Zusammenhang mit der befreienden Botschaft selbst vernommen.

Bei allem Recht zur Verbannung der 'Hure Vernunft' (Luther) aus dem Haus der Theologie läßt sich also doch – das ergeben diese ersten Andeutungen zum Verhältnis von Glaube und Vernunft – eine wirklich philosophische Arbeit als theologisch gefordert aufzeigen. Die Beziehung zwischen Glaube und Vernunft ist allerdings weitaus komplexer, als im traditionellen, stockwerkartigen Aufbau der fundamentaltheologischen Traktate ersichtlich wurde.

Diese Komplexität, wie sie am Phänomen der Reue klar wird, beruht in einem eigentümlichen Verhältnis von Implikation und Explikation. Auf den ersten Blick stehen sich Vernunft *vor* dem Glauben und Vernunft *im* Glauben in einem einander ausschließenden Verhältnis gegenüber: Die Vernunft *vor* dem Glauben mag nicht hören, was Gottes Wort sagt. Und das *im* Glauben aufgenommene Wort weist das als unangemessen zurück, was die Vernunft ohne Christus über Gott zuwege bringt[23]. Der genauere Hinblick dagegen zeigt, daß die *im* Glauben freigesetzte Vernunft innerhalb der *vor* dem Glauben wirksamen Vernunft eine Vernünftigkeit enthüllt, die dieser Vernunft selbst zwar verborgen, aber dennoch in ihr am Werke war – wenn Reue kein bloßes Scheinphänomen ist. Diese zunächst verborgene Vernünftigkeit in der Vernunft vor dem Glauben ermöglicht einerseits das Gericht über die Unwahrheit der Vernunft vor dem Glauben, macht sie ἀναπολόγητος. Andererseits aber – und das ist nun ein neuer Denkschritt – hat jene verborgene Vernünftigkeit mir, dem im Finstern tappenden Menschen, klar gemacht, daß in dem hier und jetzt begegnenden Wort Gottes meine eigene, eigentliche Wahrheit zur Sprache kommt. Sie hat in diesem Sinn also den Übergang von der Vernunft *vor* dem Glauben zur Vernunft *im* Glauben ermöglicht.

Erst mit diesem weiteren Denkschritt wird – über eine bloße Phänomenologie der Reue und Bekehrung hinaus, die eher ins Gebiet der Moraltheologie oder der Praktischen Theologie gehört – die fundamentaltheologische Dimension des Gesagten deutlich. Der Fundamentaltheologie muß daran liegen, jene zwar erst im

[23] Hier liegt das offensichtliche Recht zum Veto gegenüber der Selbstverständlichkeit einer 'natürlichen Theologie' und einer in diesem Sinne betriebenen 'demonstratio religiosa' als Unterbau für den Offenbarungstraktat.

Glauben entdeckte, aber dennoch schon vor dem Glauben wirksame wahre Vernunft zu rekonstruieren. Denn sie ermöglicht es dem Menschen offenbar, in der Begegnung mit Christus seine eigene, eigentliche Wahrheit zu erkennen. Die Fundamentaltheologie muß also nicht nur sporadisch, auf den jeweiligen Fall von Umkehr bezogen, sondern systematisch die erwähnte philosophische Arbeit betreiben, von der man erwarten darf, daß sie außerhalb des Umfelds von Gottes befreiendem Wort für alles andere als Philosophie gehalten wird.

1.2.4 Philosophie und Theologie: ein vorläufiges Fazit

Fundamentaltheologie als Verantwortung des Logos christlicher Hoffnung - aber vor welchem Forum? Den vorausgegangenen Überlegungen zufolge steht ein zur Beurteilung solcher 'apo-logia' kompetentes Forum nie fertig bereit. Es muß im 'dialektischen' Ringen 'zwischen Logos und Logos' mühsam erst jeweils ermittelt werden. Dies gilt unabhängig von den verschiedenen Weisen, wie Christen das Forum für ihre Verantwortung in der Geschichte erfahren - sei es als bedrohende weltliche Gerichtsinstanz (wie anfangs im Römischen Imperium), sei es als zwar nach Erkenntnisstufen zu unterscheidende, aber im wesentlichen minderwertige Gruppen von Gegnern (wie weitgehend im Mittelalter und in der frühen Neuzeit, aber auch noch in der Gettomentalität des sich von den modernen Wissenschaften bedrängt fühlenden Gläubigen), sei es als geistig überlegene Instanz säkularer Kultur, deren jeweils dominierende Paradigmen theologisch zu assimilieren heute oft als einzig mögliche Ehrenrettung des Glaubens erscheint.

Das Werk von Pierre Charron, '*Les Trois Veritez* contre les[24] athées, idolatres, juifs, mahumetans, heretiques et schismatiques' (1593), bei dem sich erstmals deutlich die Einteilung neuzeitlicher Apologetik in drei Traktate abzeichnet, gehört offensichtlich dem zweitgenannten Erfahrungshorizont zu: Gegen die 'Atheisten und Götzendiener' war die 'demonstratio religiosa', gegen die 'Juden und Mohammedaner' die 'demonstratio christiana', gegen die 'Häretiker und Schismatiker' die 'demonstratio catholica' durchzuführen. Selbst wenn man (bei veränderter Einschätzung der jeweiligen Gesprächspartner) dieser Dreiteilung wegen der grundlegenden Differenz der Diskursebenen (Fragen nach der Gotteserkenntnis, dem authentischen Offenbarungsglauben, der wahren Kirche) auch heute noch einen heuristischen Wert zusprechen darf: die Fragerichtung 'von unten nach oben' kann nicht beibehalten werden. Auf dem Fundament einer Übereinkunft von 'glaubensneutralen' Philosophen über ein "et hoc omnes intelligunt deum" [25] allein kann man den auf den Logos *im* Glauben hin offenen Logos in der Vernunft *vor* dem Glauben nicht erreichen. Erst von der Umkehr des Menschen im Glauben her läßt sich der dialektische Prozeß in Gang bringen, der in der Vernunft vor dem Glauben den auf Gottes letztgültige Selbstmitteilung offenen Logos von dem ihm angelegten Maulkorb befreit.

[24] In späteren Auflagen: "tous".
[25] Vgl. Thomas v. A., STh I, q. 2 a. 3 corp.; dazu unten Kap. 4.1.

Mit dieser Betonung des notwendigen Ausgangs der fundamentaltheologischen Arbeit beim Glauben ist allerdings die schwierigere Frage noch nicht beantwortet, wie dabei de facto eine methodisch dem Glauben gegenüber eigenständige Rationalität *freigelegt*, nicht nur als *prinzipiell vorgegeben* erkannt werden kann. Auf der Grundlage des bisher Gesagten lassen sich dazu einige erste Hinweise geben.

(1) Eine 'Korrelations-' oder 'Korrespondenzmethode' in dem nicht weiter modifizierten Sinn, daß man traditionell vorgegebene Glaubensgehalte von den jeweils anstehenden Sinnfragen her als zeitgerechte Antworten aufschließen möchte, muß fundamentaltheologisch als unzureichend ausscheiden. Die jeweilige 'philosophie du jour' hat, was die Frage nach einem auf Gottes Wort hin offenen Logos angeht, keine prinzipiellen Vorzüge etwa gegenüber einer im Anschluß an Platon und Aristoteles konzipierten 'philosophia perennis', die traditionell als Unterbau der Fundamentaltheologie diente. Eher könnte man jene als einen noch weniger kompetenten Gesprächspartner als diese ansehen, insofern sie bloß das aktuelle Denken, nicht eine im jahrhundertelangen Diskurs erprobte Vernunft thematisiert. Für alle sich unmittelbar darbietende, durch Gottes letztgültige Selbstmitteilung in Christus noch nicht bekehrte Vernunft gilt die Grundannahme, daß sie zumindest partiell den wahren, auf Gott hin offenen Logos verdeckt. Das bleibt festzuhalten, auch wenn genauso richtig ist, daß jene letztgültige und universal ausgreifende Selbstmitteilung Gottes im Horizont des je geschichtlich anstehenden, nicht nur eines früheren Denkens vermittelt werden muß und sich in jeder geschichtlichen Situation daher auch Wegzeichen auf das zu vermittelnde Wort hin finden lassen müssen. Diese Vermittlungsaufgabe läßt sich aber nie in bloßer Akkomodation des Glaubens an den aktuellen Fragestand erfüllen. Christus ist die Antwort auf menschliches Fragen, indem er dieses zunächst richtet – in dem doppelten Sinn, daß in der Begegnung mit ihm die Eigenmächtigkeit der Vernunft *gerichtet* und sie so in die *Richtung* versetzt wird, die ihrer in der Schöpfung begründeten Eigenständigkeit entspricht.

(2) Dieser notwendig dialektische, den wahren Logos im Widerspruch freisetzende hermeneutische Prozeß ist aber, auch ohne unser Zutun, schon im vollen Gange. So passend das Etikett 'nachchristlich' auf den ersten Blick unsere gegenwärtige Zeit auch charakterisieren mag; es ist dennoch unzutreffend, insofern es von der fortdauernden Wirkungsgeschichte Jesu abstrahiert, die auch heute noch jedem Versuch, sich bloß säkular einzurichten, zu schaffen macht. Die von jener Wirkungsgeschichte ausdrücklich geprägte christliche Tradition gibt nicht die ganze Dynamik des 'factum Christianum' wieder. Diese läßt sich nur unter Berücksichtigung der gesamten, kirchlichen wie säkularen Folgeerscheinungen erkennen, die das Kommen Jesu ausgelöst hat[26].

[26] Auf die Frage nach seiner weltanschaulichen Position hat Leszek Kolakowski einmal geantwortet: "Ich leugne nicht, daß ich in einem gewissen Maße vom Marxismus beeinflußt bin, aber ich bin es sicher nicht in dem Sinne, daß ich darauf bestehe, ein getreuer Verfechter des Marxschen Denkens zu sein. [...] Wenn Sie mich fragen, ob ich Christ sei, wird meine Antwort in etwa die gleiche sein. Ich glaube nicht, daß man unserer Kultur als absoluter Nichtchrist angehören kann. Das ist fast unmöglich. In gewisser Weise sind wir alle Christen und Marxisten. Den Anteil der einen und der anderen Tradition in meinem eige-

(3) Die Freilegung des wahren Logos wird zusätzlich dadurch erschwert, daß auch in der explizit christlichen Tradition selbst, nicht nur in ihrem säkularen Gegenüber, es so etwas wie 'partielle Sonnenfinsternis', Eintrübungen des authentischen Logos gibt. Was Joseph Ratzinger einmal mit Rücksicht auf die je aktuellen kirchlichen Verhältnisse gesagt hat – "Im Blick auf den empirischen Bestand muß gerade die Identifikation des *ganz* Kirchentreuen immer Partialidentifikation bleiben, um der Kirche selbst willen" [27] –, gilt prinzipiell bis in die feierlichsten Verlautbarungen des Lehramtes hinein. Auch eine unfehlbare Lehrverkündigung ist in einen 'empirischen Bestand' von Sprache gefaßt, der mit der intendierten Wahrheit zugleich z. B. recht unchristliche Ängste und Überreaktionen angesichts von Verstehensprozessen festschreiben kann, die noch nicht mit genügendem Freimut sondiert worden sind. Ein angemessenes Hören auf den verbindlich ausgelegten Logos muß also bemüht sein, solche 'Sprachbarrieren' zu berücksichtigen[28].

(4) Als Hauptproblem für den 'Prozeß' der 'apo-logia', der Verantwortung des Logos christlicher Hoffnung, hatte sich in diesem Kapitel die Frage nach dem angemessenen Forum solcher Verantwortung ergeben. Die zuletzt angestellten Überlegungen verweisen nun auf ein Dilemma. Jenes Forum läßt sich offensichtlich nicht einfach 'vor Prozeßbeginn' ausmachen. Seine Freilegung ist vielmehr ein integrierendes Moment des komplexen dialektischen Prozesses selbst, wo beide Seiten – die 'kirchliche' und die 'säkulare' – kaum entwirrbar ineinander verwoben sind. Jeder auch noch so begrenzte Versuch der Verantwortung des Logos christlicher Hoffnung, ja schon die Freilegung des dafür kompetenten Forums, erscheint als Teil eines nicht auseinanderdividierbaren hermeneutischen Geschehens, in dem man nicht mehr eigentlich von Besser-Verstehen, sondern immer nur von Anders-Verstehen sprechen kann[29].

Müßte man bei diesem Resultat stehenbleiben, so entfiele damit die Möglichkeit der Verantwortung eines *letztgültigen* Wortes Gottes. Im Kontext eines Verstehens, in dem man grundsätzlich nicht über zeitlich-regional *Geltendes* hinaus auf *Gültigkeits*kriterien zurückgehen kann, die sich als unhinterfragbar erweisen lassen, bleibt jede Rede von einem 'ein-für-allemal' ergangenen Wort Gottes eine rational nicht ausweisbare Versicherung.

Dieses Dilemma einer anscheinend prinzipiellen Relativierbarkeit allen Denkens und Sprechens bildet zwar nicht nur einen wesentlichen Grund für die immer weiter um sich greifende Verunsicherung im *christlichen* Selbstverständnis, führt hier aber wegen des Glaubens an eine nicht mehr überbietbare göttliche Offenbarung zu besonders eklatanten Folgeerscheinungen. Dem ist nicht durch den lehramtlichen Rückgriff auf gesicherte Traditionen und Dogmen beizukommen. Einem solchen Rückgriff kommt zwar (auch abgesehen von seiner theologischen Legitimation) in einer Zeit, in der Umwälzungen in immer rascherer Folge eine

nen Denken zu messen, ist eine zu schwierige Aufgabe" (In: Le besoin religieux, 41, eigene Übersetzung).

[27] Ders., Identifikation mit der Kirche, 27.

[28] Zu den hier in aller Kürze angerissenen Problemen vgl. M. Seckler, Theologie als Glaubenswissenschaft, HFth IV; E. Biser, Religiöse Sprachbarrieren, bes. 197f.

[29] Vgl. H.-G. Gadamer, Wahrheit und Methode, 301f.

Selbstidentifikation des Menschen nahezu unmöglich machen, eine entlastende Funktion für das religiöse Bewußtsein zu. Der Logos christlicher Hoffnung will aber über eine dogmatische oder auch pragmatische Rechtfertigung hinaus vor einer in Freiheit zustimmenden Vernunft verantwortet sein.

Im Blick auf diesen Anspruch besteht heute jedoch ein deutliches Defizit: Auf der einen Seite hat das Zweite Vatikanische Konzil in seinen Dokumenten zumindest implizit die hermeneutische Relativität auch von dogmatischen Lehrentscheidungen bestätigt[30]. Auf der anderen Seite steht eine fundamentaltheologische Klärung der Frage, wie in und trotz aller hermeneutischen Relativität eine letztgültige Rede überhaupt möglich ist, noch aus. Diese ungelöste Frage nach dem *Wie* einer rational verantwortbaren Letztgültigkeitsbehauptung erhebt sich mit noch größerer Schärfe, nachdem Johannes Paul II. in seiner Enzyklika 'Fides et ratio' von 1998 nachdrücklich die Notwendigkeit einer solchen philosophischen Legitimation unterstrichen hat.

Damit zeichnet sich nun aber eine vordringliche Aufgabe der Fundamentaltheologie ab, deren Verfolgen alles andere als eine Flucht aus dem pluralistischen Dialog und ein 'Aussteigen' aus dem schwierigen hermeneutischen Geschäft bedeutet. Als integrierender Bestandteil der Glaubensverantwortung ist die Suche nach unhinterfragbaren Kriterien zur *Orientierung* in der Relativität des hermeneutischen Verstehens unverzichtbar. Solange es nicht gelingt, dem unausweichlich in geschichtliche Bedingtheiten verflochtenen Denken und Sprechen durch die Ermittlung solcher Letztgültigkeitskriterien Halt zu geben, ist rational verantwortliches Reden von einem ein-für-allemal ergangenen Wort Gottes nicht möglich.

Wie schon zu Ende von Kap. 1.1 angedeutet, stellen sich insbesondere zwei philosophische Aufgaben: Im Rückgang auf nicht mehr hinterfragbare Evidenz ist erstens aufzuweisen, daß die Annahme einer letztgültigen Sinnstiftung überhaupt *sinnvoll* ist (Kap. 6). Im Anschluß daran ist zweitens der Erkenntnisakt zu bestimmen, in dem sich das Ereignis eines unüberbietbaren Wortes Gottes *geschichtlich vermitteln* kann (Kap. 7). Erst auf der Grundlage der philosophischen Klärung dieser Möglichkeitsbedingungen für die *Vernehmbarkeit* eines solchen Wortes läßt sich dann im umfassenden hermeneutischen Prozeß der Glaubensverantwortung eine überzeugende Position hinsichtlich der Behauptung beziehen, daß jenes Wort Gottes tatsächlich *ergangen* und noch immer *präsent* ist.

Vor der Durchführung der skizzierten philosophischen Arbeit muß zunächst die Frage nach dem Ausgangspunkt der Fundamentaltheologie umrissen werden (Kap. 2). Von diesem Ausgangspunkt her ist sodann – über die bisher gemachten Andeutungen hinaus – die theologische Notwendigkeit der genannten philosophischen Fragestellungen näher zu begründen und ihr Verhältnis zueinander präziser zu bestimmen (Kap. 3). Durch Situierung im theologie- und philosophiegeschichtlichen Kontext (Kap. 4 und 5) werden die ab Kap. 6 systematisch zu verfolgenden Fragen deutlichere Konturen gewinnen.

[30] Vgl. Kap. 11 zu 'Dei Verbum'.

2 Der Ausgangspunkt der Fundamentaltheologie

Fundamentaltheologie als 'apo-logia' in dem erörterten Sinn (Kap. 1.2) ist die Verantwortung des Logos christlicher Hoffnung vor einem Forum von Vernunft, das zu bestimmen sich als äußerst schwierig erwiesen hat. *Ausgangspunkt* der Verantwortung ist aber auf jeden Fall der Logos der Hoffnung selbst, nicht ein säkular vorgefundener philosophischer oder historischer Konsens, demgegenüber man dann (wie in traditioneller Theologie) gleichsam auf einer höheren, der Vernunft nicht mehr zugänglichen Etage Offenbarungstheologie betreiben könnte oder an den man (im Sinne einer bloßen 'Korrelation' oder 'Korrespondenz') den tradierten Glauben einfach anpassen sollte, um ihn verständlich zu machen.

In einem ersten Schritt gilt es daher, "den letzten Grund, das tragende Fundament und die zentrale Botschaft des Christentums zu erfassen und auf den Begriff zu bringen"[1]. In einem zweiten Schritt geht es um die anthropologische Situierung des auf diese Weise theologisch bestimmten Sachverhalts im Horizont der autonomen Frage des Menschen nach sich selbst[2].

Wie weit muß aber der erste Schritt durchgeführt sein, damit wir den nächsten angemessen tun können? Nur das klare Erfassen der Mitte des christlichen Glaubens gibt den Blick auf die wirklich, nicht nur scheinbar autonomen Strukturen der menschlichen Vernunft frei. Auf der anderen Seite wird man annehmen dürfen, daß erst über die systematische Erforschung der autonomen Vernunft im Hinblick auf ihre Offenheit für Offenbarung der Charakter des Glaubens als *Freisetzung* von Vernunft voll ans Licht kommt. Von daher scheint sich eine wechselseitige Priorität der beiden grundlegenden Schritte zu ergeben. Indem Glaube als Freisetzung deutlich wird, ergibt sich die Möglichkeit und Notwendigkeit, die im Glauben befreite Vernunft selbst zu erkunden. Indem sich diese autonome Vernunft in ihrer Hinordnung auf Offenbarung systematisch erfaßt, ergeben sich Leitlinien und Kriterien, um die Mitte des Glaubens ihrerseits in klareren Konturen darzustellen.

Wir werden hier so vorgehen, daß wir den Ausgangspunkt der Fundamentaltheologie zunächst nur in groben Umrissen vorstellen, soweit dies eben notwendig erscheint, um ihre Aufgaben zu bestimmen. Dabei wird zum einen nach einem *inhaltlichen* Einheitspunkt gefragt, der es ermöglicht, Fundamentaltheologie als eine systematisch kohärente Disziplin zu begreifen, zum anderen nach dem *formalen* Aspekt, der den spezifisch christlichen Logos von anderen Wegen des Glaubens und Hoffens unterscheidet.

[1] Vgl. M. Seckler, Der Begriff der Offenbarung, 75, wo er treffend die Notwendigkeit eines Reflexionsbegriffs von Offenbarung bestimmt.
[2] Vgl. ebd. 77ff.

2.1 *Traditio* als inhaltliche Mitte von Offenbarung und Glaube

Fragt man nach der Mitte gelebten Glaubens, so wird jeder einigermaßen unverbildete Christ auf die Eucharistie, die Feier des 'Herrenmahls' (vgl. 1 Kor 11,20) verweisen. Diese Behauptung darf man heute mit zunehmend gutem Gewissen auch angesichts der Spaltung der Christenheit in Gemeinschaften verschiedenster Konfession wagen. Unter den vielen ermutigenden Zeichen der Zeit kommt in diesem Zusammenhang den Konvergenzerklärungen der Kommission für Glauben und Kirchenverfassung des Ökumenischen Rates der Kirchen über 'Taufe, Eucharistie und Amt' von 1982, dem sogenannten Lima-Dokument, eine besondere Bedeutung zu.

Doch schon dieser Hinweis auf die bis heute andauernde Trennung der Christen im Hinblick auch und gerade auf das Zentrum ihres Glaubens macht deutlich, daß noch manche klärende Qualifizierung nötig sein wird, um in der Eucharistie einen adäquaten Ausgangspunkt der Fundamentaltheologie zu erkennen. Ein wichtiger Schritt im Hinblick auf diesen noch ausstehenden Klärungsprozeß könnte über eine vertiefte Reflexion auf das neutestamentliche Verständnis von *traditio* führen[3].

Das Wort 'Tradition' hat zwar keinen vertrauenerweckenden Klang. Man kann sich kaum vorstellen, daß es ursprünglich einmal in der Lage war, das Zentrale der christlichen Botschaft zur Sprache zu bringen. Diese Beobachtung ist auch hinsichtlich der *substantivischen Form* des Wortes – lat. 'traditio', griech. 'παράδοσις' – berechtigt. Deren Gebrauch im Neuen Testament ruft Assoziationen an heutige Grobeinteilungen von Theologen wie etwa in 'progressiv' und 'traditionalistisch' wach. Im Munde Jesu dient das Wort 'Tradition' der Provokation: "Prächtig verwerft ihr das Gebot Gottes, um eure Tradition zu befolgen!" (Mk 7,9) "Ihr verlaßt das Gebot Gottes und haltet die Tradition der Menschen fest" (Mk 7,8). Auch in der Spätphase der neutestamentlichen Verkündigung klingen bereits wieder Töne an, die uns heute nur zu bekannt scheinen: "Im Namen Jesu Christi, des Herrn, gebieten wir euch, Brüder: Haltet euch von jedem Bruder fern, der ein unordentliches Leben führt und sich nicht an die Tradition hält, die ihr von uns empfangen habt" (2 Thess 3,6[4]).

Die *Verbform* παραδιδόναι hingegen (= überliefern, übergeben, ausliefern) wird im Neuen Testament in christologisch bedeutsamen Zusammenhängen vor allem zur Bezeichnung von vier Akten verwandt:

[3] Als Standardwerk hierzu darf immer noch W. Popkes, Christus traditus, gelten. In Rahmen unseres 'Grundrisses' geht es nur um eine fundamentaltheologische Vertiefung dieses neutestamentlichen Befundes. – Zum Traditionsbegriff allgemein in seinen verschiedenen interdisziplinären Perspektiven vgl. S. Wiedenhofer, Zum gegenwärtigen Stand von Traditionstheorie und Traditionstheologie (Datenbank zur Traditionsliteratur bei S. Wiedenhofer, Fachber. Kath. Theol., Univ. Frankfurt a. M.).

[4] Eine dem Apostel Paulus zugeschriebene Mahnung (70 und 80 n. Chr.)

(1) die Auslieferung eines Menschen an Gewalt durch einen Menschen. Hier steht vor allem der Verrat Jesu durch Judas im Vordergrund[5]. Man darf dabei aber nicht den umfassenden Kontext der Auslieferung des Gerechten durch Menschen aus dem Auge verlieren, in dem diese Aussage steht - so etwa die Auslieferung des Täufers als dunklen Hintergrund des Jesusgeschehens bei Markus (vgl. Mk 1,14; 6,14-29) und die Auslieferung der Jünger als Vergegenwärtigung des Weges Jesu im Prisma kirchlicher Zeugenschaft, wie sie im lukanischen Doppelwerk dargestellt wird.

(2) die Auslieferung des eigenen Sohnes für uns alle durch Gott (vgl. besonders Röm 4,25; 8,32).

(3) die Selbsthingabe Christi 'für uns' (Eph 5,2), 'für die Kirche' (Eph 5,25), 'für mich' (Gal 2,20).

(4) die Überlieferung im Sinne von Weitergabe, Tradition.

Dabei ist nun vor allem zu beachten, daß diese vier Momente von den Ursprüngen christlicher 'Tradition' her zusammengehören. Dies zeigt besonders der Abendmahlsbericht, und zwar schon in den beiden frühesten Fassungen, die uns literarisch greifbar sind und die ihrerseits auf sehr frühe Traditionen zurückgehen.

In der Passionsgeschichte, wie Markus sie weitergibt, ist der Abendmahlsbericht unlöslich mit dem Hinweis auf den Verrat verknüpft (1). Und zwar steht hier nicht der namentlich bekannte Verräter im Vordergrund, sondern die Tatsache, daß 'einer der Zwölf', der zur engsten Tischgemeinschaft Jesu gehört, den vertrauten Freund und Gerechten ausliefert (vgl. Mk 14,18.20 mit Ps 41,10). Die Auslieferung des Gerechten durch Gott selbst (2) kommt allgemein durch den Rückbezug des in der Passionsgeschichte Berichteten auf alttestamentliche Aussagen in den Blick. Von besonderer Bedeutung ist dabei, daß die Selbsthingabe Jesu (3) im Rückgang auf die Prophetie vom Gottesknecht gedeutet wird[6]. Durch den mit dem Alten Testament hergestellten Zusammenhang begegnet die Auslieferung Jesu zugleich als ein zentrales Geschehen von Überlieferung (4): der wahre Sinn des Todes Jesu erschließt sich erst über jenen "Spitzengedanken jüdischer Theologie" [7], der hier eschatologisch zur Sprache kommt.

In der Abendmahlsüberlieferung bei Paulus sind zunächst das erste und das zweite Moment ineinander verflochten: '... in der Nacht, da er ausgeliefert wurde ...' (1 Kor 11,23c). Hier ist sicher an den Verrat zu denken, aber auch - wegen Röm 4,25 - an den Akt der Auslieferung durch Gott[8]. Der Aspekt des durch

[5] Vgl. etwa die redaktionelle Entwicklung bei der Aufzählung der Zwölf von Mk 3,19: Judas Iskariot, 'der ihn ausgeliefert hat' (ὅς καὶ παρέδωκεν αὐτόν), zu Mt 10,4, wo die partizipiale Wendung (ὁ καὶ παραδοὺς αὐτόν) bereits an einen Beinamen denken läßt, und der Bezeichnung von Judas als 'der mich Verratende' oder 'mein Verräter' (ὁ παραδιδοὺς με): Mt 26,46.

[6] So die fast einhellige Ansicht der Exegeten zumindest hinsichtlich des Bezugs von Mk 14,24b auf Jes 53,13. Dort wird (durch zweimaliges παρεδόθη) die Auslieferung des Knechts durch *Gott* (pass. div.) besonders hervorgehoben.

[7] Vgl. R. Pesch, Wie Jesus das Abendmahl hielt,77.

[8] Vgl. H. Conzelmann, Der erste Brief an die Korinther (KEK XI), 240 Anm. 44, zu παραδιδόναι: "das Stichwort ist Jes 53 vorgegeben [...]. Da dieses Stichwort in der Tradi-

menschliche Gemeinheit geschändeten Mahls der Freundschaft ist dabei nicht einfach Vergangenheit, sondern erhält höchste Aktualität im Kontext der paulinischen Kritik am gegenwärtigen Gemeindeverhalten, wo einer dem anderen rücksichtslos das Beste wegißt und dann noch meint, mit ihm sakramental zu kommunizieren.

Vor allem ist zu beachten, daß das dreifache Geschehen von Auslieferung hier unmittelbar mit dem vierten Moment, der christlichen Tradition, verbunden wird: 'Ich habe nämlich vom Herrn empfangen, was ich euch auch überliefert habe: Der Herr Jesus nahm in der Nacht, da er überliefert wurde, Brot ...' (1 Kor 11,23). Diese zweimalige Verwendung von παραδιδόναι im selben Vers kann kaum als rein zufällig und völlig äquivok angesehen werden. Es geht hier ja bemerkenswerterweise, wie Paulus verdeutlicht, nicht einfach um die Weitergabe ursprünglicher Überlieferung, obwohl es sich sicher um altes Traditionsgut handelt. 'Vom Herrn empfangen': das erinnert an Gal 1,11f: "... das Evangelium, das von mir verkündet wurde, ist nicht 'dem Menschen nach'. Ich empfing es ja auch nicht von einem Menschen, noch durch Unterricht, sondern durch Enthüllung Jesu Christi." *Diese* Überlieferung ist nur aus dem Zentrum des in die eigene Existenz eingebrannten (nicht einfach 'tradierten') Geschehens zu begreifen, das Paulus als 'Leib Christi' bezeichnet: die sich ins Gemeindeleben ausprägende Präsenz des 'dies ist mein Leib für euch' (vgl. 1 Kor 11,24)[9]. Wie 'Leib Christi' ist 'traditio' nach Paulus ein Begriff, in dem ein christologisches und ein ekklesiologisches Moment untrennbar zusammenkommen. Wenn zwar auch Paulus selbst, nicht erst die auf ihn folgende Tradition, das von ihm Überlieferte bereits im objektivierenden Plural als 'Überlieferungen' bezeichnen kann (vgl. 1 Kor 11,2), so erschließt sich der eigentliche Sinn solchen Überlieferns doch nur aus dem beschriebenen integralen Akt.

Der integrale Charakter dieses Aktes läßt sich auch von Gestalt und Ergebnis der Reich-Gottes-Verkündigung Jesu selbst her verdeutlichen. In Sorge um eine gesicherte ökonomische wie geistige Existenz unterwerfen wir uns nur zu gern Gruppenzwängen der verschiedensten Art. Dagegen macht Jesus in seinem Reden und Tun kompromißlos klar, daß Gottes schrankenlose Güte sich auf alle Menschen ohne Rücksicht auf gesellschaftliche oder religiöse Zuordnungen erstreckt. So einer muß liquidiert werden; er stellt unsere mühsam abgezirkelte Identität in Frage. Die *Auslieferung Jesu durch Menschen*, ja durch seine engsten Vertrauten, *an die Gewalt* war eine im Grunde schon vom Anfang seiner Botschaft an vorauszusehende Folge ('traditio 1').

Gott läßt sich aber durch nichts von seinem Kurs abbringen. Er streckt die Gewalttätigen nicht herrschaftlich zu Boden, sondern antwortet mit dem Gegenteil von Gewalt. Von daher wußte Jesus – und wissen alle, die ihm folgen –, daß die Brutalität der Menschen, die sich an ihm austobte (und die sich letztlich gegen Gott richtete, den er transparent gemacht hat), zu seiner Sendung durch den Vater gehörte. Letztlich war es *Gott*, der *ihn* – in diesem Sinne! – an die Gewalt *auslie-*

tion den gesamten Vorgang der 'Auslieferung' und 'Hingabe' bezeichnet, darf es an unserer Stelle nicht eng – lediglich vom Verrat des Judas – gefaßt werden".

[9] Vgl. Kap. 19.

ferte ('traditio 2'). Indem Jesus seiner Sendung bis zum letzten Vollbringen treu blieb, gab er sich freiwillig hin, *lieferte er sich selbst* – in diesem Sinne! – an die Gewalt *aus* ('traditio 3').

Wer dies versteht, weiß, daß damit alle todbringende Gewalt ihre Kraft verloren, sich wirklich 'aus-getobt' hat; daß wir keinen Grund mehr zur Angst haben. Diese Evidenz macht eine neue Kreatur aus uns (vgl. 2 Kor 5,14-17), bleibt aber nur dadurch lebendig, daß wir sie in unserer Existenz bezeugen. Allein in solcher *Überlieferung* wird die durch Jesu Auslieferung gewonnene Befreiung von den Mächten des Todes weiterhin offenbar ('traditio 4').

Der Verweis auf die Eucharistie als die Mitte gelebten Glaubens besteht also zu Recht, solange man nur nicht – wie die von Paulus kritisierten Korinther – die Feier der Eucharistie als sakramental-liturgisches Sonntagsgeschehen aus dem Gesamtzusammenhang und harten Alltag der *traditio* in ihrem umfassenden Sinn löst (solcherlei Zusammenkunft wäre nach 1 Kor 11,20 aber auch kein Herrenmahl mehr!).[10]

Im Blick auf das Geschehen von *traditio* als inhaltlichem Einheitsgrund christlicher Offenbarung[11] lassen sich bereits erste Leitlinien für eine Fundamentaltheologie umreißen.

(1) Mit Rücksicht auf die *Faktizität* von Offenbarung – auf Ergangensein und Präsenz von Gottes letztem Wort – ergibt sich als wichtigste Orientierung, daß der

[10] Vgl. meine autobiographischen Notizen zu einer Erinnerung an 'jene Nacht' (im Kriegsjahr 1944!): Der Weltkatechismus, 81-91, bes. 87, vor allem aber die dichte Explikation des Verhältnisses von 'traditio', Zeugnis und Eucharistie im Werk H. U. von Balthasars durch M. Neri in 'La testimonianza'.

[11] Gegen meinen Ansatz bei dem vielschichtigen Begriff von 'traditio' wurde (vor allem von P. Weß, Gemeindekirche, 623, und G. Greshake, Communio, der Einwand erhoben, der Terminus 'communio' sei als ein das 'factum Christianum' zusammenfassender Begriff besser geeignet. Die Diskussion faßt zusammen Th. Henke, Seelsorge und Lebenswelt, 314f. Ich ziehe nicht zuletzt aus den folgenden Gründen weiterhin 'traditio' dem Begriff 'communio' als theologischen Ausgangspunkt der Fundamentaltheologie vor: (1) Gerade die sich heute leicht als selbstverständlich aufdrängende Plausibilität von allem, was sich irgendwie kommunikationstheoretisch fassen läßt, erschwert es auch, die Grenzen dieses Sprachspiels zu durchschauen. (2) Damit hängt zusammen, daß die notwendigen Unterscheidungen zwischen den je verschiedenen Ebenen von 'communio' – im innergöttlichen, gottmenschlichen und zwischenmenschlichen Bereich – oft übersehen werden. Um diese Unterscheidungen im Blick zu behalten, bedarf es sorgfältiger Vorarbeit in der systematischen Theologie (etwa im Anschluß an das Werk Hans Urs von Balthasars), die in einem 'Grundriß der Fundamentaltheologie' nicht ohne weiteres vorausgesetzt werden sollte. (3) 'Communio' bezeichnet das Verhältnis der Kirche zu ihrem Grund nicht deutlich genug und markiert auch nicht den Ort, wo der Glaube seine entscheidende Evidenz gewinnt. Die wahrnehmbare Gestalt – also die fundamentaltheologisch zugängliche Seite – des Mysteriums christlicher Communio ist vielmehr gerade durch den Zusammenbruch der Gemeinschaft zwischen Menschen ('traditio 1') wie durch die äußerste Krisis der Communio zwischen Vater und Sohn charakterisiert ('traditio 2'), wodurch die Selbsthingabe des Sohnes ('traditio 3') in die erschreckendste Gestalt von Alleinsein geführt wird. Erst in der Aufnahme des in diesem Augenblick äußerster Verlassenheit ausgehauchten und davon bleibend geprägten Geistes gründet sich jene Weitergabe des 'factum Christianum' ('traditio 4'), die es allein möglich macht, ohne verzerrende Anthropomorphismen von einer innergöttlichen Communio zu sprechen, und die zugleich den kritischen Stachel für das Selbstverständnis aller kirchlichen Communio wie zwischenmenschlichen Kommunikation überhaupt in sich trägt.

Zugang zu solcher Faktizität nicht außerhalb des Zusammenspiels der vier genannten Momente von *traditio* zu suchen ist. Von hier aus dürften sich zwei traditionelle Ansätze als Sackgassen erweisen.

(a) Was die 'demonstratio christiana' angeht, wird eine 'Rückfrage nach dem historischen Jesus' der gesuchten Sache nicht gerecht, wenn sie die Geschichte Jesu am je spezifischen Zeugnis der Verkünder des Wortes vorbei- bzw. hinter das im kirchlichen Zeugnis als authentisch und maßgeblich bezeugte Kerygma des Neuen Testaments zurückgehend rekonstruieren will, gleichsam in dem Bemühen, das Urgestein vom Mörtel der es verbindenden Tradition zu befreien. Insofern bleibt die 'Dialektische Theologie' mit ihrem radikalen Nein jener Rückfrage gegenüber im Recht. Im Unterschied zu dieser Kerygmatheologie wäre allerdings hervorzuheben, daß gerade aufgrund des inneren Zusammenhangs der verschiedenen Aspekte von *traditio* eine Verantwortung vor der historischen Vernunft durchaus geleistet werden kann und nicht schlichtweg abgelehnt werden muß[12].

(b) Was die 'demonstratio catholica', den Nachweis der Authentizität und Autorität einer klar benennbaren Kirche, betrifft, ist es zuwenig, die ununterbrochene formale Kontinuität einer bestimmten kirchlichen Gemeinschaft und ihrer wesentlichen Strukturen mit einem Gebilde festzustellen, das man als die ursprüngliche und von Jesus gestiftete Kirche ansieht. Authentizität und Autorität hat Kirche nur in dem Maße, wie sie Folge oder aber notwendige Möglichkeitsbedingung jener Transparenz ist, in der sich Überlieferung als Gegenwärtigsetzung des sie gründenden Auslieferungsgeschehens erweist, und nicht etwa solcher Durchsichtigkeit auf den tragenden Grund im Wege steht[13].

(2) Erste Leitlinien ergeben sich auch im Hinblick auf die *Vernehmbarkeit* von Gottes Wort. In der klassischen Fundamentaltheologie blieb umstritten, ob die 'demonstratio religiosa', die Frage nach 'Wesen und Wahrheit der Religion' (A. Lang), schon zur Fundamentaltheologie im strengen Sinn gehöre oder noch zu ihren Präambeln zu rechnen sei. Diese Frage war in der Tat nicht adäquat zu lösen, weil im Ansatz falsch gestellt. Der Aufweis einer dem Wesen des Menschen notwendig zugehörigen Dimension von Religiosität reicht (selbst unter Voraussetzung der Existenz eines monotheistisch zu denkenden Gottes) zur Sicherstellung der Vernehmbarkeit einer geschichtlich ergehenden Offenbarung nicht aus. Dies nachdrücklich herausgearbeitet zu haben ist das bleibende Verdienst von Maurice Blondel und Karl Rahner[14]. Im traditionellen Aufbau blieb problematisch, wie eine 'demonstratio religiosa' mit den 'Traktaten' über die Offenbarung Jesu Christi und ihre Vermittlung in der Kirche überhaupt zusammenhängt.

In der Konsequenz des hier gewählten Ausgangspunkts ist hingegen zu fragen, ob menschliche Existenz ihrem Wesen nach auf *traditio* in dem beschriebenen Sinn hingeordnet ist, ob sie von ihrer innersten Struktur her 'Auslieferung' als ihre eigentliche Sinnspitze und damit selbst den Charakter von 'Übergabe' hat. Um diesen Nachweis wird es in Kap. 6-7 gehen.

[12] S. Kap. 12 und 13.
[13] S. Kap. 18-20.
[14] Vgl. die Kap. 5.2-4 und 9.6.2-3.

Die Frage ist so aber noch nicht differenziert genug gestellt. *Traditio* im Sinne der Heiligen Schrift ist Antwort auf sündige Existenz. Die Frage nach der Offenheit menschlicher Existenz auf den Logos christlicher Hoffnung muß daher genauer lauten: Ist menschliche Freiheit so strukturiert, daß sie beim Verfehlen des ihr wesentlichen Sinns sich notwendig als auf *traditio* in der neutestamentlich entfalteten, grausamen Gestalt hingeordnet erweist? Dies wird Thema von Kap. 8 sein, das den ersten Teil abschließt.

2.2 Letztgültigkeit als Kennzeichen christlicher Offenbarung

Als Verantwortung der *geschichtlichen Wirklichkeit* von Offenbarung und ihrer Vermittlung steht Fundamentaltheologie vor dem kritischen Forum *historischer Vernunft*. Aufgrund der behaupteten Heilsrelevanz solcher Faktizität und der damit implizit affirmierten Hingeordnetheit menschlicher Existenz auf den Logos christlicher Hoffnung muß sich Fundamentaltheologie jedoch nicht weniger auf die kritischen Fragen der *philosophischen Vernunft* einlassen, insofern es dieser um den *Sinn* menschlichen Daseins überhaupt geht. Die sich von hier aus ergebenden Aufgaben der Fundamentaltheologie treten aber erst dann in der ihr eigenen Schärfe ans Licht, wenn man das entscheidende Charakteristikum berücksichtigt, das den von Christen zu verantwortenden Logos von anderen in der Geschichte auftretenden Sinnzusagen abhebt: Christliche Hoffnung gründet ihrem Selbstverständnis nach in einem Menschen, der in dieser Welt und für sie als das *letztgültige* Wort Gottes erschienen ist.

Von einem 'Absolutheitsanspruch des Christentums' als seinem Spezifikum zu reden ist zumindest ungenau. Gustav Mensching hat zu Recht hervorgehoben, daß jede Weltreligion je auf ihre Weise wenigstens faktisch einen Absolutheitsanspruch erhebt[15]. Diese Beobachtung läßt sich auf jede Weltanschauung überhaupt ausdehnen. Es hängt mit der Unvermeidbarkeit eines zumindest implizit erhobenen Anspruchs auf unbedingte Wahrheit[16] zusammen, wenn selbst jene Ideologien, die Absolutheitsaussagen unbedingt zu vermeiden trachten, mit einer eigentümlichen Intoleranz auftreten. (Auch der charmante Nonkonformismus von Odo Marquard und der polemische Rationalismus eines Hans Albert haben ihre je spezifische Systematik, wenn diese sich auch nicht unmittelbar auf der Ebene der Aussage, sondern erst auf der Ebene des Performativen bzw. der Rhetorik erheben läßt.)

Davon abzugrenzen ist aber das ausdrückliche Bekenntnis zu einem von Gott gewirkten Ereignis als letztgültigem Geschehen. Dieses Bekenntnis hat das Christentum nur mit dem Islam gemeinsam. Während für den Islam jenes Ereignis (vergröbert gesagt) in der Übergabe eines bestimmten Buchs besteht, sieht das Christentum es in der Selbstoffenbarung Gottes in einem bestimmten Menschen gegeben.

[15] Vgl. G. Mensching, Toleranz und Wahrheit in der Religion. Dazu H. Waldenfels, Das Christentum im Streit der Religionen um die Wahrheit, bes. 258.
[16] Vgl. die Kap. 5 und 6.

Angesichts des Zusammentreffens eines solchen Bekenntnisses mit dem faktischen und immer mehr auch als prinzipiell empfundenen weltanschaulichen Pluralismus dürfte es letztlich nur drei mögliche Reaktionen geben: 1. den Rückzug in den Fideismus und Fundamentalismus; 2. die Relativierung und damit die grundsätzliche Aufhebung des Anspruchs auf Letztgültigkeit[17]; 3. den Versuch, das als letztgültig Affirmierte zugleich als größtmögliche Offenheit für einen wirklich pluralen Dialog aufzuweisen. "An die Möglichkeit des Erkennens einer allgemeingültigen Wahrheit zu glauben, ist keineswegs eine Quelle der Intoleranz; im Gegenteil, es ist die notwendige Voraussetzung für einen ehrlichen und glaubwürdigen Dialog der Menschen untereinander"[18]. Der hier vorgelegte 'Grundriß' ist als ein Versuch in der zuletzt genannten Richtung zu verstehen.

[17] Die Diskussion um eine mögliche oder gar notwendige Relativierung des Glaubens an das 'ein-für-allemal' in Jesus Christus ergangene Wort Gottes ist inzwischen kaum noch überschaubar. Einen kurzen Beitrag dazu habe ich unter dem Titel "Pluralismus als Fundamentalismusverstärker?" vorgelegt. Vgl. auch meine Auseinandersetzung mit P. Schmidt-Leukel in H. Verweyen, Botschaft eines Toten? 156-160. Hier ist nicht der Ort, diese Diskussion weiterzuführen, sondern systematisch adäquate Kriterien zur Beurteilung der kontroversen Diskussion zu entwickeln.

[18] P. Johannes Paul II., Enzyklika 'Fides et ratio', Nr. 92.

3 Hermeneutische und Erste Philosophie als Aufgaben der Fundamentaltheologie

Mit den Begriffen 'Hermeneutik' und 'Erste Philosophie' sind im Laufe der Zeit sehr verschiedenartige Bedeutungen verbunden worden. Um den Sinn näher bestimmen zu können, in dem sie in den folgenden Kapiteln gebraucht werden, scheint daher zunächst ein geschichtlicher Exkurs angebracht.

3.1 Terminologische Abgrenzungen

(1) Der Begriffswandel von *Hermeneutik* als 'Auslegungskunst' zu dem umfassenden Sinn, in dem heute dieser Terminus benutzt wird, setzt ursprünglich bei der 'Antithese zu einer Antithese' an. Die Aufklärung war im wesentlichen eine Antithese zu dem grassierenden Positivismus in Religion und Rechtsordnung, wie er im Zeitalter der Religionskriege zutage trat. Hier wurde in der radikalen Durchsetzung des im 'Augsburger Religionsfrieden' von 1555 festgelegten Prinzips 'cuius regio eius religio' offenkundig, wie sehr sich das Zusammenspiel von 'wahrem Glauben' und politischer Herrschaft geschichtlichen Zufälligkeiten verdankte. War es dann überhaupt noch möglich, Geschichte als konstitutiv für authentische menschliche Existenz anzusehen? Die Devise lautete vielmehr, alles geschichtlich Gewachsene 'an den Zügel der reinen Vernunft' zu nehmen.

Zu derselben Zeit aber, als die Aufklärung mit Lessing und Kant ihrem Höhepunkt und Ende zulief, hatten Denker wie J. G. Hamann (1730-1788) und J. G. Herder (1744-1803) bereits einem ganz anderen Verständnis von Geschichte den Weg bereitet: Ohne ein lebendiges Gespür dafür, wie das in einem gemeinsamen Geschick Erkämpfte und Erlittene über die Sprache den Menschen formt, kommt dieser nie zu einer wahren Aufklärung über sich selbst. Eine erste Phase dieser Neuentdeckung von Geschichte brach sich zu Beginn des 19. Jahrhunderts Bahn. Die Französische Revolution war sozusagen das "real existierende Nein" der aufgeklärten Vernunft gegen eine Geschichte gewesen, die dem Menschen den Weg zu sich selbst versperrte. Je schonungsloser sich die Brutalität enthüllte, mit der hier der Weg zu wahrer Humanität geebnet werden sollte, desto mehr drängten die vielgestaltigen Kräfte ans Tageslicht, die unter die Gürtellinie der "reinen Vernunft" verbannt worden waren. Auf das verwirrende Erscheinungsbild der Romantik ist hier nicht näher einzugehen. Nur auf dem Boden dieser 'Antithese' zur Aufklärung ist aber die Entwicklung jener hermeneutischen Philosophie angemessen zu verstehen, die sich vor allem mit den Namen F. Schleiermacher, W. Dilthey, M. Heidegger und H.-G. Gadamer verbindet.

Schon ein J. G. Fichte konnte 1808 in seinen "Reden an die deutsche Nation" sagen, daß "weit mehr die Menschen von der Sprache gebildet werden, denn die

Sprache von den Menschen"[1]. Diese Einsicht wird in der späten Philosophie Heideggers in der Weise generalisiert, daß Wahrheitsfindung grundsätzlich davon abhänge, wie sich 'das Seyn' je epochal den Menschen zuschickt. Die Annahme einer Vernunft, die diese geschichtlich-regionale Wahrheitsgeltung auf eine universale Verbindlichkeit hinterfragen könnte, wird als unbegründbar zurückgewiesen. Der prinzipiellen Relativität unterliegen Heidegger zufolge nicht nur unsere Behauptungen über unbedingt Gültiges im Raum der Ethik oder Religion. Auch das denkende Ich selbst, in dem noch Husserl einen archimedischen Punkt apodiktischer Gewißheit zu finden glaubte, gilt ihm als durch und durch von geschichtlicher Bedingtheit unterwandert.

Gadamer macht in "Wahrheit und Methode" (1960) das bei Heidegger entfaltete Wahrheitsverständnis für eine grundlegende Theorie der Hermeneutik fruchtbar. Unser Verstehen insbesondere 'klassischer' Texte und Kunstwerke geschieht grundsätzlich nicht außerhalb des Einzugsbereichs ihrer eigenen Wirkungsgeschichte und damit der Autorität, die sie im Horizont ihrer jeweils für maßgeblich gehaltenen Aneignung über uns gewinnen. In diesem Gesamtprozeß des 'Spiels der Sprache', in dem sich Wahrheit zur Geltung bringt, stellt das verstehende Subjekt nur ein Moment dar, das keine Möglichkeit hat, Geltendes auf seine Gültigkeit zu überprüfen.

Zu einem ganz ähnlichen Ergebnis hat der vom späteren Wittgenstein begründete Zweig der analytischen Sprachphilosophie geführt, obwohl er sich aus ganz anderen Quellen speist als das hermeneutische Philosophieren. Läßt er sich mit der deutschen 'Hermeneutik romantischer Provenienz' unter einem Oberbegriff zusammenfassen? Zu einem solchen Obergriff für die verschiedensten philosophischen Ansätze ist mittlerweile der Terminus 'linguistic turn' avanciert. Verführt dieser aber nicht dazu, die entscheidende Gemeinsamkeit zwischen den beiden genannten Richtungen zu verdecken?

Dem – neben Gadamer – wohl berühmtesten hermeneutischen Philosophen unserer Tage, Paul Ricœur, kommt das Verdienst zu, auch Nietzsche, Marx und (vor allem) Freud als Hermeneutiker gewürdigt zu haben – wenn auch als Vertreter einer 'reduzierenden Hermeneutik'[2]. Darf man dann nicht sagen, daß, aus der Perspektive von Poststrukturalisten wie M. Foucault, J. Derrida und J.-F. Lyotard betrachtet, Gadamers Orientierung an 'klassischen' Texten ebenfalls Kennzeichen einer 'reduzierenden Hermeneutik' ist? Durch die Etikettierung als 'klassisch' wird ja vielen anderen Wohnrecht in jenem 'Hause des Seins' verweigert, das nach Heidegger die Sprache darstellt. Dann wäre der Dekonstruktivismus als eine weiterführende Variante der Hermeneutik anzusehen.

Warum diese aphoristischen Bemerkungen? Mir scheint, daß all die genannten philosophischen Richtungen über den Ausschluß von Letztgültigkeitsfragen und die Verdrängung einer zureichenden Subjektreflexion hinaus durch eine höchst bedeutsame Gemeinsamkeit verbunden sind, die sich über die Geschichte des Begriffs 'Erste Philosophie' verdeutlichen läßt.

[1] Vgl. SW VII, 314f.
[2] Vgl. bes. P. Ricœur, Die Interpretation.

(2) Auch unter dem Terminus *Erste Philosophie* wird philosophiegeschichtlich sehr Verschiedenes verstanden. *Aristoteles*[3] bezeichnet mit diesem Ausdruck die Metaphysik als die Wissenschaft, der es um das Seiende *als Seiendes* geht. Bei dieser Frage nach den letzten Gründen all dessen, was Gegenstand eines Erkennens werden kann, wird die vermittelnde Leistung, die das erkennende Subjekt in die Konstitution seiner Gegenstände einbringt, aber nicht eigentlich thematisch. Das geschieht erst in einem neuen Typus von Erster Philosophie, den *Descartes* initiiert und *Kant* zur kritischen Gestalt entfaltet hat. Die Reflexion auf das Subjekt und seine apriorischen Strukturen wird hier als Vorbedingung für die Erkenntnis dessen angesehen, was im Hinblick auf die begegnende Welt und jedes potentielle Darüber-hinaus (also das 'Meta-physische') als wahr gelten darf.

Hinsichtlich beider Konzepte einer Ersten Philosophie läßt sich nun eine interessante Beobachtung machen. Während sich nach der Entdeckung des 'ganzen Aristoteles' im 12. Jahrhundert Theologen und Philosophen auf dem Kontinent über die Frage nach der rechten Auslegung der Metaphysik des Aristoteles die Köpfe heiß redeten, wandte man sich in Oxford und Cambridge dem zu, was Aristoteles vornehmlich interessiert hatte: die wissenschaftliche Erforschung der Dinge dieser Welt. Die Entwicklung mündete hier in den Empirismus.

Noch weniger als bei Aristoteles zielte die Erste Philosophie des Descartes letztlich auf die Erkenntnis von jenseitigen Dingen. 'Gottesbeweise' dienten ihm vor allem der Sicherung zweifelsfreier mathematischer Evidenz und damit der Möglichkeit eines methodisch präzisen Zugangs zur Objektwelt als 'res extensa'. 'More geometrico', die Reinheit mathematischen Wissens, war das Erkenntnisideal der Philosophie auch bei Spinoza. Gleichsam im Sprung über das Philosophieren 'von Kant bis Hegel' hinweg wurde dieses Ideal dann bestimmend für die 'positiven Wissenschaften' des 19. Jahrhunderts, die 'sciences' schlechthin, die jede andere Form von 'scientia' deklassifizierten. Leibniz hatte bereits Grundlagen einer mathematischen Logik ('Logistik') geschaffen. Weiterentwickelt durch Denker wie G. Frege, R. Carnap, B. Russell, wurde sie schließlich zum Instrument der technischen Wirklichkeitsbewältigung schlechthin – bis hin zur 'virtual reality'.

Hier läßt sich nun der vielleicht wichtigste 'gemeinsame Nenner' für die Hermeneutik, die Sprachphilosophie im Gefolge Wittgensteins, das poststrukturalistische Denken, nicht zuletzt aber auch die Freudsche Psychoanalyse und ihre Weiterentwicklung bei J. Lacan ausmachen: Dilthey weist die unüberbrückbare Kluft zwischen dem Erklären der 'sciences' und dem Verstehen der Geisteswissenschaften auf. Wittgenstein wendet sich ab von der Suche nach einem System eindeutiger Zeichen zur Beschreibung der Wirklichkeit und entdeckt die Eigengesetzlichkeiten der Alltagssprache in jedem Sprechakt und den voneinander zu unterscheidenden 'Sprachspielen'. Der Poststrukturalismus deutet schon in seinem Titel die Abkehr von der Frage nach universalen Strukturen der uns begegnenden Welt an. Freud entdeckt in einem Bereich, auf den die exakten, erklärenden Wissenschaften bereits Alleinanspruch angemeldet hatten, die Notwendigkeit und grundsätzliche Mög-

[3] Vgl. Met VI, 1026a; vgl. J.-H. Königshausen, Ursprung und Thema von Erster Wissenschaft.

lichkeit eines Verstehens von Phänomenen, die sich bisher allen Deutungsversuchen widersetzt hatten.

Gemeinsam ist hier überall die Einsicht, daß jenes Medium, in dem sich zwischenmenschliches Handeln abspielt, sich allen eindeutigen Zuordnungen und dem Versuch, es in einer 'mathesis universalis' zu erklären und damit für die 'instrumentelle Vernunft' verfügbar zu machen, grundsätzlich entzieht. Hier dürfte letztlich das entschiedene Festhalten an der unhintergehbaren Mehrdeutigkeit sprachlicher Äußerungen und die Ablehnung aller Versuche begründet sein, in der Vernunft auch noch so minimale Reservate von universal Gültigem auszumachen. Wer Behauptungen von generell auf alles anwendbaren Gesetzmäßigkeiten nicht in ihren ersten Anfängen wehrt, macht bereits Konzessionen an den Raubbau, der seit der Einführung des Infinitesimalkalküls[4] an der Natur und am Menschen betrieben wird. Damit ein Spielraum für die Unergründlichkeit der Natur und die darauf angewiesene schöpferische Kraft intersubjektiven Handelns erhalten bleibt, ist unbedingt darauf zu bestehen, daß nicht eindeutige Zuordnung, sondern die unendliche Variationsbreite der Sprache das 'letzte Wort' behält, weil sich nur darüber Freiheit anderer Freiheit zusprechen und ihr zuhören kann.

Aufgrund dieser, wie mir scheint: entscheidendsten Gemeinsamkeit der verschiedenartigen philosophischen Ansätze, die sich dem 'linguistic turn' verpflichtet wissen, halte ich es für berechtigt, sie hier unter dem Titel 'Hermeneutik' in einem weiteren Sinn zusammenzufassen: das unabschließbar-unendliche Bemühen um Verstehen, nicht der Ausgriff auf ein umfassendes Erklären muß oberstes Ziel der Wissenschaft bleiben, der es um den Menschen geht. Wenn ich dennoch behaupte, daß 'Hermeneutik' einer 'Ersten Philosophie' bedarf, um ihren eigenen Ansprüchen genügen zu können, so sollte wenigstens in groben Umrissen klar geworden sein, was *nicht* unter diesem Namen zu verstehen ist. Eine vor der Vernunft zu verantwortende Erstphilosophie darf nicht mehr als eine 'ancilla hermeneuticae' sein wollen. Sobald sie in Konkurrenz zur Hermeneutik tritt oder gar Herrschaftsgelüste an den Tag legt, ist sie fristlos aus dem Dienst zu entlassen. Bevor dieses Konzept selbst in Kap. 6 näher dargestellt wird, ist hier zunächst aber genauer, als dies in den beiden ersten Kapiteln deutlich wurde, die *theologische* Notwendigkeit von hermeneutischem Verstehen und Erster Philosophie sowie ihr gegenseitiges Verhältnis von dem in Kap. 2 umrissenen Ausgangspunkt her abzuleiten.

3.2 Fundamentaltheologie und hermeneutisches Verstehen

Traditio ist nach Kap. 2 als ein Heilsgeschehen zu verantworten, das 'ein-für-allemal' an den Menschen ergeht. Im Hinblick auf die Verantwortung des *Sinns* dieses Geschehens erwachsen aus dem Spezifikum des Logos christlicher Hoffnung zwei philosophische Aufgaben, die in ihrem unterschiedlichen Charakter und dennoch ihrer notwendigen Verwiesenheit aufeinander beachtet werden müssen.

[4] Vgl. unten Kap. 6.2.2.

Traditio ist, erstens, ein *universal betreffendes* Geschehen. Soll sich aber jeder Mensch als Betroffener erkennen können, so muß die konkrete Begegnung mit *traditio* in jedem auch nur möglichen Verstehenshorizont eine Frage aufdecken, auf die Christus die angemessene Antwort ist. Die universale Bedeutung von *traditio* setzt also für jede Begegnung mit dem verkündigten Christus im Sinne der Hermeneutik eine mögliche 'Horizontverschmelzung' (H.-G. Gadamer) des Wortes Gottes mit dem Wort des Menschen voraus. Daraus erwächst die Aufgabe, den Sinn von *traditio* in jeden nur antreffbaren Kontext von Verstehen zu übersetzen. Dies bedeutet zwar – wie in Kap. 1.2.2 betont wurde – keine einfache Anpassung des Evangeliums an das jeweils Plausible. Das Wort Gottes ist die Krisis eines jeden menschlichen Verstehenshorizontes. Es ist damit aber die Aufgabe gestellt, eine tatsächliche Verdeckung der menschlichen Frage nach dem eigentlichen Sinn seiner Existenz als einen Regelverstoß innerhalb des jeweils herrschenden 'Sprachspiels' aufzuweisen.

Vor allem aber ist der Verkündiger selbst in Frage gestellt. Frohe Botschaft kann nicht so vermittelt werden, wie sie bisher als Antwort auf *die eigenen* Fragen konzipiert wurde; sie muß vielmehr je neu als Antwort auf die Fragen des anderen ergehen.

Wie können die Fragen des anderen aber zu meinen eigenen werden? Dazu reicht es nicht aus, daß ich mich auf seinen geistigen Standort 'einlasse'. Damit bin ich noch nicht bei seiner Frage *als Frage.* Zur eigenen Frage wird mir sein Standort erst, wenn ich die Not seines Verstandenwerdenwollens teile. Das bedeutet oft genug, auch von den Vertrautesten allein gelassen zu werden, und schließlich sogar, keine Gottesvorstellung mehr zur Hand zu haben, an die ich mich klammern könnte. Äußerster Horizont der 'Horizontverschmelzung' ist die Frage, die Jesus am Kreuz herausschreit.

Die hier umrissene hermeneutische Arbeit ist – wie schon in Kap. 1.2.4 angedeutet – Teil eines umfassenden Verstehensprozesses, aus dem sie nicht methodisch-adäquat herausgelöst werden kann. Diese Aufgabe muß zwar gerade von ihrer theologischen Zielsetzung her, den anderen, noch nicht an Christus Glaubenden, bei sich selbst, in seiner eigenen, autonomen Vernunft aufzusuchen, als philosophisch verstanden werden. Dennoch kann wegen ihrer unlösbaren Einbindung in jenen umfassenden Verstehensprozeß von einer rein philosophischen Arbeit im strengen Sinn nicht die Rede sein. Der integrale Diskurs ist vielmehr durch ein nicht adäquat scheidbares Ineinander von 'Theologie' und 'Philosophie', weil von dem Bemühen aller Beteiligten bestimmt, im Ausgang von ihrer verschiedenen weltanschaulichen Herkunft ('Theologie') zu einer gemeinsamen Sprache ('Philosophie') zu finden. Diese Sprache kann aber – zumindest im Sinne der Aufklärung – nicht als eine 'rein philosophische', d. h. von geschichtlichen Bedingtheiten losgelöste Rede aufgefaßt werden. Das Ziel des umfassenden Diskurses ist zwar 'philosophisch', insofern hier eine *universale* Verständigung angestrebt wird. Der Verstehensprozeß selbst ist aber ein unabschließbar unendliches Bemühen, die eingebrachten 'Theologien' miteinander zu vermitteln, unendlich nicht nur 'leider Gottes' – wegen der menschlichen Unzulänglichkeit, Sprache und Geschichte angemessen 'auf den Begriff zu bringen' –, sondern letztlich 'Gott sei Dank' – wegen der Unauslotbarkeit menschlicher Freiheit, die in dieser Sprache und Geschichte um Ausdruck ringt.

3.3 Fundamentaltheologie und Erste Philosophie

Traditio als ein 'ein-für-allemal' gültiges Geschehen erfordert aber eine über das hermeneutische Verstehen hinausgehende Arbeit. Was bedeutet es, die Letztgültigkeit eines Geschehens wirklich zu glauben, d. h. ganz davon überzeugt zu sein? Eine solche Überzeugung schließt die Gewißheit ein, daß nichts unter all dem, was dem Menschen möglicherweise noch begegnen wird, jene letztgültige Wahrheit überholen kann.

Diese Gewißheit ist noch nicht damit gewonnen, daß ich jene Wahrheit im schlichten Glaubensgehorsam festhalte und bekenne. Erst wenn die Vernunft in eigener Autonomie den *Begriff* eines unhinterfragbar gültigen Sinns für menschliche Existenz so gefaßt hat, daß nichts mehr ihr diesen Begriff zu zerstören vermag, kann sie ehrlich sagen, daß sie bis ins Mark hinein von einer *erfahrenen* letztgültigen Wahrheit überzeugt ist – dann nämlich, wenn diese Erfahrung selbst (als eine 'fides quaerens intellectum') auf jenen Begriff hin auslegbar ist.

Zumindest folgendes dürfte unbestreitbar sein: Eine philosophische Anschauung, derzufolge es prinzipiell unmöglich ist, einen kritisch nicht mehr hintergehbaren Begriff von letztgültigem Sinn zu ermitteln, entzieht der christlichen Glaubensverantwortung den Boden. Der Glaube geriete bei einer solchen Sichtweise in einen unüberbrückbaren 'duplex modus veritatis', in ein bloß fideistisches Festhalten an dem christlichen 'ein-für-allemal' auf der einen Seite und, auf der anderen, in die Annahme der Vernunft, daß schon der *Begriff* eines letztgültigen Sinns (ganz zu schweigen von der möglichen Erfahrbarkeit eines solchen Sinns in einem geschichtlichen Ereignis) ein hölzernes Eisen ist[5].

Aus dem *Glauben* an eine 'ein-für-allemal' ergangene Offenbarung ergibt sich also die Forderung an die *autonome philosophische Vernunft*, einen unumstößlichen Begriff von letztgültigem Sinn zu ermitteln. 'Autonom' bedeutet hier: die Sinnannahme darf keine Fremdbestimmung von außen bleiben. Dann wäre nämlich nicht *ich* restlos von der Letztgültigkeit überzeugt; ich würde eine solche lediglich 'an-nehmen'. Bloß Angenommenes ist, von mir her gesehen, aber prinzipiell ebenso von außen umstoßbar, wie es für mich eine Bestimmung von außen bleibt. 'Von mir aus' bliebe so dem Zweifel an Letztgültigkeit zumindest grundsätzlich Tür und Tor offen und bliebe damit unausgemacht, ob sich Christus am Ende nicht doch als ein nur 'vorletzter Guru' herausstellen könnte.

Die hier aus dem Logos christlicher Hoffnung aufgewiesene Notwendigkeit, einen Begriff von letztgültigem Sinn zu ermitteln, läßt sich an einem analogen Geschehen im zwischenmenschlichen Bereich und der daraus erwachsenden Aufgabe veranschaulichen. Es gibt, auch außerchristlich, menschliche Hingabe an den ande-

[5] Johannes Paul II. scheint mir in seiner Enzyklika 'Fides et ratio' im Kern genau auf diesen Punkt zu insistieren.

ren Menschen so vorbehaltlos und radikal, daß dieser sich darin ganz sich selbst geschenkt erfährt, sich hier erst vor das Beste seiner selbst gekommen weiß. *Vor* einer solchen Begegnung mag jemand sich mancherlei Gedanken über seine Autonomie und Persönlichkeit machen. Er wird kaum darauf kommen, den völlig freien und ihm gänzlich unverfügbaren Akt eines *anderen* für die Spitze seiner eigenen Möglichkeiten zu halten. Im Gegenteil wird er sich eher in Lebensentwürfen einrichten, in denen er weniger abhängig von einer solchen Zufälligkeit erscheint.

Hat er sich aber wirklich als sich selbst geschenkt erfahren, welche Notwendigkeit ergibt sich dann für ihn? Um diese Wahrheit mit allem Ernst festzuhalten, muß er sich die Logik der paradoxen Erfahrung von geschenkter Autonomie vor Augen führen, bewußt und gegen die Versuchung, auf seine früheren Begriffe von Autonomie zurückzufallen, denen zufolge sein Wesen weniger verwundbar erscheint. Der Schein größerer Unabhängigkeit verführt ja immer wieder dazu, Freundschaft zu Kameraderie und Liebe zu etwas herabzudeuten, was der andere im Grunde zu seiner Selbstbestätigung nötig hat. Erst ein letztes Mir-klar-Werden darüber, daß in jener unverfügbaren Sinnstiftung durch den anderen wirklich das Äußerste meiner eigenen Möglichkeiten erreicht ist, bewahrt die erfahrene Gabe vor einer Herabsetzung und mich vor Selbsttäuschung. Auch hier ist also die Arbeit an einer 'Ersten Philosophie' notwendige Bedingung dafür, daß ich das unverfügbar Geschenkte wirklich, in letzter Überzeugung, als die Spitze meines eigenen Selbst anerkenne. Wenn ich auch nur einen Rest von Möglichkeit offenlasse, daß ich meinen Lebenssinn auf einem anderen Weg vielleicht besser erreiche, so habe ich die empfangene Befreiung bereits zu einem möglicherweise Vorletzten degradiert.

Der Einsicht in die theologisch begründete Notwendigkeit der philosophischen Ermittlung eines Begriffs von letztgültigem Sinn stehen vor allem zwei wirkmächtige Denkmuster der theologischen Tradition im Wege.

Das erste fußt auf der Annahme, die natürliche Vernunft könne die innere Rationalität der Vollgestalt christlicher Offenbarung nicht einmal in groben Linien philosophisch nachzeichnen, sondern müsse sich auf die Widerlegung der jeweils konkret gegen den Sinn der Offenbarung vorgebrachten Argumente beschränken. So hat Thomas von Aquin im Rahmen seines aristotelisch bestimmten Denkansatzes die Grenzen der natürlichen Vernunft im Hinblick auf das inhaltliche Verständnis der Offenbarung bestimmt. Damit vollzog er eine schwerwiegende Abkehr von der augustinischen, besonders bei Anselm von Canterbury ausgeprägten Tradition. Anselm war bemüht, selbst für die 'strengen Glaubensgeheimnisse' wie Trinität und Inkarnation 'rationes necessariae', d. h. eigentlich: die entsprechende Fragestruktur in der Vernunft, aufzuzeigen.

Thomas hat durch diesen Schritt bereits den 'Extrinsezismus' im Offenbarungsverständnis vorbereitet, wie er dann auf dem Ersten Vaticanum voll zur Ausprägung kam[6]. Grundsätzlich ist zu fragen: Wenn die philosophische Vernunft jedes

[6] S. hierzu Kap. 9.4; 9.6; 11. Nach dem Zweiten Vaticanum begegnet im Kontext einer Fundamentaltheologie, die sich als durchaus nicht-extrinsezistisch und hermeneutisch ver-

einzelne gegen den Logos christlicher Hoffnung vorgebrachte Argument als unvernünftig entlarven können soll, muß dann nicht doch eine systematisch kohärente Begründungsfähigkeit angenommen werden, die die durchgehende Konsistenz dieser sporadischen 'Repliken' ermöglicht? Was unterscheidet diese Quelle philosophischer Argumentation dann aber von jenem natürlichen Logos, der, durch Offenbarung zu seiner autonomen Tätigkeit befreit[7], sich einen Begriff von jenem letztgültigen Sinn zu bilden imstande ist, auf den hin er geschaffen wurde?

Ein größeres Hindernis dafür, die philosophische Ermittlung eines Begriffs letztgültigen Sinns als theologisch notwendig einzusehen, stellt wohl der 'eschatologische Vorbehalt' für alles menschliche Erkennen dar, der – biblisch gut begründet (vgl. 1 Kor 13,12) – theologiegeschichtlich zu sehr verschiedenen Ausprägungen eines Mißtrauens gegenüber den Fähigkeiten der Vernunft geführt hat: Jede Behauptung der Möglichkeit einer schon gegenwärtig letztgültig wahren Erkenntnis erscheint wegen der bis zum 'Jüngsten Tage' gegebenen Unvollkommenheit menschlichen Erkennens als Anmaßung. Das Bekenntnis zur immer nur irrtumsinfiziert anzutreffenden Wahrheit gilt hingegen als Tugend – so sehr, daß oft selbst einer schrankenlos relativistisch konzipierten Philosophie zunächst einmal der Bonus demütiger Selbstbescheidung vor der nur jenseitig absoluten Wahrheit eingeräumt wird[8].

Bei diesem Aufschub der letztgültigen Bewährung des christlichen 'Ein-für-allemal' auf das Eschaton wird man zwei Seiten deutlich unterscheiden müssen. Schon zu Ende von Kap. 3.2 wurde betont, daß die Unabschließbarkeit *hermeneutischen* Verstehens nicht nur 'leider Gottes' besteht. Sie dauert (unter veränderten Bedingungen) sogar über den 'Jüngsten Tag' hinaus an. Erst nach seinem Anbruch wird das immer tiefere gegenseitige Verstehen der je einmaligen Bilder Gottes (im Kontext der sie prägenden Geschichte) voll freigesetzt sein. (Selbst die Kommunikation zwischen den innertrinitarischen Personen ist, wie Hans Urs von Balthasar im Einklang mit Adrienne von Speyr betont hat, nicht "vor Überraschungen gefeit" [9]). Antizipation der Enthüllung des Gesamtsinns von Geschichte darf nicht heißen, das Rechtbehaltenwollen mit seinen eigenen Absolutheitsbehauptungen nur auf das letzte Gericht hinauszuschieben.

steht, diese enge Sicht philosophischer Möglichkeiten im Hinblick auf das Offenbarungswort noch bei P. Knauer, Der Glaube kommt vom Hören.

[7] Vgl. Kap. 1.2.3.

[8] Im Zusammenhang einer wissenschaftstheoretischen Reflexion auf hohem Niveau begegnet dieser eschatologische Vorbehalt bei Wolfhart Pannenberg. Die Feststellung E. Schillebeeckx' aufgreifend, "daß die 'Thesis des Glaubens' in der Theologie als 'Hypothese' fungiert, die 'im Verlaufe der Geschichte selbst klargemacht' werden müsse, also keinen von vornherein feststehenden Gesamtsinn kennt" (W. Pannenberg, Wissenschaftstheorie und Theologie, 291), fragt Pannenberg nach den Bewährungsmöglichkeiten der (jüdisch-)christlichen Antizipation von Sinntotalität. "Die Wirklichkeit Gottes ist mitgegeben jeweils nur in subjektiven Antizipationen der Totalität der Wirklichkeit, in Entwürfen der in aller einzelnen Erfahrung mitgesetzten Sinntotalität, die ihrerseits geschichtlich sind, d. h. der Bestätigung oder Erschütterung durch den Fortgang der Erfahrung ausgesetzt bleiben. Dabei steckt im Moment der Antizipation immer auch schon das des Hypothetischen" (ebd. 312f).

[9] Vgl. z. B. H. U. von Balthasar, Theodramatik, Bd. IV: Das Endspiel, 69.234.367ff.

Der christliche Logos der Hoffnung impliziert nun allerdings das bereits offenbare 'Ein-für-allemal'. Geht es an, diese Überzeugung bis zum Ende der Tage wissenschaftstheoretisch als bloße Arbeitshypothese stehenzulassen? Wenn 'bis dahin' die Bewährung des Glaubens allein nach Maßgabe der je konkreten Auseinandersetzung mit anderen Sinnentwürfen erfolgt, wobei über Letztgültigkeit nicht befunden werden kann, welchen Theoriestatus hat dann jene christliche Implikation von Letztgültigkeit?[10]

Sosehr die eschatologische Enthüllung des Sinns von Geschichte sich nur im Durchgang durch die gesamten zwischenmenschlichen und interkulturellen Begegnungen der je konkreten Erfahrung von Sinn (und dessen Abwesenheit) zeigen wird, muß der Christ in diesem Kontext von Relativität dennoch seine Behauptung eines bereits geschichtlich ergangenen und seine Hoffnung gründenden 'Ein-für-allemal' als zumindest sinnvoll legitimieren. Das kann nur über die Ermittlung eines nicht mehr hinterfragbaren Begriffs von letztgültigem Sinn geschehen. Würde die Einlösung auch dieser Minimalvoraussetzung für die Rechenschaft über seine Antizipation auf das Ende der Tage verschoben, dann rückte die christliche

[10] Zum einen sehe ich, was einen nur antizipierten letztgültigen Sinn von Geschichte angeht, in diesem speziellen Punkt keinen prinzipiellen Unterschied zum Fideismus der von Pannenberg so hart zurückgewiesenen 'Dialektischen Theologie'. Darüber hinaus dürfte eine solche Antizipation dem Urteil Hegels über die 'schlechte Unendlichkeit' eines Progresses verfallen, in dem die angestrebte Erfüllung auf den Nimmerleinstag verschoben wird, sofern nicht wenigstens die Möglichkeitsbedingungen der Erkenntnis von letztgültigem Sinn ausgemacht sind. – Im ersten Band seiner 'Systematischen Theologie' versucht W. Pannenberg, den von ihm benutzten Begriff 'Hypothese' abzugrenzen gegenüber einem engeren Gebrauch des Terminus "für Annahmen, deren Wahrheit zwar grundsätzlich diskutabel ist, aber zwecks Beschreibung oder Erklärung anderer Sachverhalte 'unterstellt' wird" (67, Anm. 127). Er selbst möchte den Ausschluß jedes hypothetischen Vorbehalts dem Glaubens*akt* vorbehalten (vgl. ebd. Anm. 128). Für Glaubens*aussagen* gelte zwar auch, daß der Behauptende durchaus nicht die Wahrheit seiner Behauptungen dahingestellt sein läßt. Zur logischen Struktur einer Behauptung gehöre aber, daß der Hörer (Leser) die 'These' als 'Hypothese' behandeln kann. Dem Behauptenden wäre diese hypothetische Implikation seines Wahrheitsanspruchs nur dann von vornherein bewußt, wenn er die möglicherweise skeptische Aufnahme durch andere schon mitreflektieren würde. Dies letztere darf man von einem wissenschaftstheoretisch aufgeklärten Glaubenden doch aber erwarten.

Die von Pannenberg in diesem Zusammenhang (wo es ihm vor allem um Abgrenzung von den eher fideistischen Positionen G. Sauters und W. Joests geht) nicht behandelte Frage ist, wie der Glaubende seine zentrale Evidenz des 'ein-für-allemal' als rational verantwortbar *wissen* kann, ohne sie *behauptend* einem (sprachpragmatisch gesehen: prinzipiell) unabschließbar unendlichen Diskurs unterwerfen zu müssen (vgl. unten Kap. 6.1). Darüber hinaus scheint mir Pannenberg zu wenig zwischen der strukturellen Offenheit des Diskurses und der Frage nach dem sachlichen Legitimitätsgrund von 'Strittigkeit' zu differenzieren, etwa in der Behauptung, die vom Christen vorausgesetzte Möglichkeit eines Geschehens von der Art einer Totenauferstehung "wird erst dann nicht mehr strittig sein, wenn es allgemeine Erfahrung sein wird, daß die Toten auferstehen" (vgl. ebd. 66). Würde diese 'Strittigkeit' den Auferstehungsglauben zu Recht tangieren, dann wäre er wissenschaftstheoretisch hypothetisch, und zwar nicht nur in dem (von Pannenberg beanspruchten) "weiteren Sinne des Wortes" (vgl. ebd. 67). Vgl. auch die grundsätzlichen Überlegungen zur Möglichkeit der Bewahrheitung religiöser Gottesvorstellungen (ebd. 176). – Die Ausführungen zum antizipatorischen Charakter von Glaubensinhalt und Glaubensakt, die Pannenberg in einer Replik auf von E. Jüngel geäußerte Bedenken macht (Den Glauben, hier bes. 362-364.369f), scheinen mir in der Sache nicht weiterzuführen.

Hoffnung in die unmittelbare Nachbarschaft anderer, im Hinblick auf ihre universalen Geltungsansprüche unausgewiesener Utopien[11].

3.4 Die gegenseitige Verwiesenheit von hermeneutischem Verstehen und Erster Philosophie

3.4.1 Die Verwiesenheit hermeneutischen Verstehens auf eine Erste Philosophie

In diesem Abschnitt geht es um den Aufweis, daß die aufgrund der christlichen Glaubensüberzeugung geforderte Erste Philosophie (Kap. 3.3.) auch um der Offenheit des hermeneutischen Verstehens willen notwendig ist. Das scheint auf den ersten Blick wenig plausibel. Sind die beiden in Kap. 3.2-3 vom Ausgangspunkt der Fundamentaltheologie her begründeten Fragebewegungen nicht völlig unvereinbar? Auf der einen Seite ein Verstehensprozeß, der ohne Einschränkung offen bleibt auf unvorhersehbar begegnenden Sinn, auf der anderen die rigorose Suche nach einem unüberholbaren Begriff von Sinn: schließt hier das eine das andere nicht geradezu aus? Ich versuche eine Antwort auf diese Frage durch Thematisierung der Glaubensüberzeugung zum einen als *Gottesbeziehung*, zum anderen als *Menschenbeziehung* zu geben.

(1) Was folgt aus einer *Gottesbeziehung*, deren Sinn noch nicht in unbedingter Autonomie der Vernunft nachvollzogen ist, für die Menschenbeziehung? Die aus solcher 'rein gläubig-gehorsamer' Hingabe an Gott entspringende Hingabe an den Menschen entbehrt eines kritischen Maßstabes dafür, ob sie bei aller guten Meinung auch wirklich human, d. h. auf den Menschen als freien Partner, nicht nur als Objekt meiner religiös motivierten Zuwendung, gerichtet ist. Bin ich mir noch nicht einmal darüber im klaren, ob ich selbst im Akt glaubender Hingabe als freies Vernunftwesen zu Wort komme und hier letztgültig menschlichen Sinn erfahre, wie kann ich dann den in diesem Glauben erfahrenen Sinn anderen Menschen als in Freiheit vollziehbar zumuten? Könnte bei genauerem Zusehen sich meine Gabe nicht als ein höchst gefährliches Geschenk entpuppen, geprägt von entfremdeter Humanität, aus der Religiosität nun einmal zu einem großen Teil besteht? Was unterscheidet meine Mission letztlich von der Tätigkeit jener Menschenfischer, die mit ihrer erlösenden Predigt den anderen nur umso effektiver versklaven? Diese Frage hat nicht nur auf dem geschichtlichen Hintergrund der Praxis der christlichen Kirchen oder dem heute verstärkt zu beobachtenden Fundamentalismus Gewicht, sondern nicht weniger angesichts des pluralistisch-unüberschaubaren Angebots neuerer religiöser Bewegungen.

Solange das Verhältnis der Gottesbeziehung zur Menschenbeziehung noch nicht in letzter Vernunftautonomie bedacht ist, wird es immer beim Schwanken

[11] In diesem Zusammenhang ist lediglich nach der *philosophischen* Verantwortung des *Sinns* christlicher Antizipation gefragt. Zur Verantwortung dieser Antizipation vor dem Forum *historischer* Vernunft vgl. Kap. 13.

zwischen zwei Extremen bleiben. *Entweder* wird der Gläubige nicht mit ganzem Freimut vor die radikal Andersdenkenden hintreten können. In seinem Glauben wird es dann dogmatische Nischen geben, die er nicht vor die Öffentlichkeit gezerrt sehen möchte. Stets wird er zum Teil - und zwar zu seinem besten Teil - vor einem Allerheiligsten weilen, zu dem nicht alle Menschen Zutritt haben. Und es werden nicht nur bestimmte Nischen sein, die ausgeklammert bleiben. Der Glaube ist immer - auch bei detailliertester Registrierung seines Inhalts in Einzeldogmen - ein ganzheitlicher Akt. Ist er nicht als ganzer, ungeteilt, auf universal verantwortbaren Sinn durchsichtig, so wird das unreflektierte Festhalten an Einzelreservaten auf die ganze Haltung des Menschen zurückschlagen. Anstelle der christlichen 'παρρησία', der 'sich frei aussetzenden Rede', kommt es dann zu einer allgemeinen ängstlichen Zurückhaltung des Glaubenden aus der ruppigen Publizität und unerbittlichen Schärfe kritischen Fragens, und der Glaubende selbst wird diese ängstliche Unsicherheit, aufgewertet als religiöse Scheu vor dem Heiligen, sogar für ein notwendiges Ingredienz des Glaubens halten. *Oder* aber die Glaubenssubstanz wird um der Anpassungsfähigkeit willen geschmeidiger gemacht. Der weltoffene Christ beginnt, medientechnisch versiert, sich in einer Öffentlichkeit einzurichten, in der nicht mehr Wahrheit, sondern nur noch 'Plausibilität' gefragt ist.

(2) Aber auch im Hinblick auf die *Menschenbeziehung* selbst, näherhin die universale Offenheit des Verstehens als wesentlichste Forderung der Hermeneutik, erhebt sich die Frage, ob diese unabschließbar offene Beziehung ohne die Suche nach letztgültigen Kriterien von Sinn auskommt. Die Problematik jeder Suche nach unbedingter Gewißheit über einen letzten Sinn wird vor allem in dem daraus anscheinend unausweichlich erfolgenden Sich-Abschotten der Vernunft vor je neuen, unvorhersehbaren Begegnungen mit konkreter Sinnstiftung gesehen. Wie begründet eine solche Vorsicht vor dem Rigorismus absoluter Ideen im einzelnen auch ist: ins Prinzipielle gewendet, unterliegt sie dem bekannten ('performativen') Selbstwiderspruch des Skeptikers, der im Urteil über die Unmöglichkeit oder grundsätzliche Relativität von Wahrheit doch wiederum Wahrheit behauptet. Wem die Unverträglichkeit eines unbedingt sicheren Wissens mit einer wirklichen Offenheit auf je neue Äußerungen von Freiheit a priori festzustehen scheint, der möchte doch auch selbst etwas gegen alle möglichen Relativierungen, also unbedingt, festhalten: eben das trotz aller 'Versuchungen zum System' entschiedene Offenbleiben auf das je Neue und den je anderen. Dieses Ziel muß er dann aber genau auf seine Möglichkeitsbedingungen untersuchen, sonst könnte auch die Idee einer idealen Kommunikation einem Raster verfallen, der alles andere oder zumindest weniger freigibt als radikale Offenheit. Wird die Notwendigkeit einer letztgültigen Sicherung *dieses* Sinnbegriffs übersehen oder verschleiert, dann besteht die Gefahr, daß mir in solchem Halbdunkel die Konturen meines eigenen Grundbegriffs von Mitmenschlichkeit verschwimmen, daß ich bei aller Bejahung einer uneingeschränkt pluralistischen Kommunikation nicht mehr kritisch genug bin gegenüber den letzten Motiven und Antriebskräften, die mich bestimmen.

Einige Gefährdungen einer nicht erstphilosophisch reflektierten hermeneutischen Offenheit verdienen besondere Hervorhebung. Vor allem muß man auf der Hut sein, wenn die Offenheit des Fragens gleichsam hypostasiert wird. Martin Heidegger hat formuliert: "Die Bestimmung des Wesens des Menschen ist nie Antwort, sondern wesentlich Frage" [12]. Jede ehrliche Frage setzt sich aber doch dem Risiko aus, durch eine Antwort überholt zu werden. Die Entscheidung hingegen, daß das menschliche Fragen wesentlich offenzubleiben hat, ist kein Akt des Fragens, sondern ein dezidiertes Urteil. Setzt man das Wesen des Menschen in solchem sich gegen konkrete Antworten immunisierenden Fragen an, so liegt der Verdacht nahe, daß hier ein Ich im Spiel mit der Fülle geistiger Sinngehalte (oder: im andächtigen Horchen auf den Abgrund des Seins) auf immer unbehelligt bleiben möchte von dem möglicherweise durch ein begegnendes Wort ergehenden Anspruch, sich ernsthaft engagieren zu müssen. Dies wäre aber alles andere als unbedingte hermeneutische Offenheit, vielmehr die Auswirkung eines kritisch nicht hinterfragten Dogmatismus der individuellen Ungebundenheit[13].

Wenn es nicht gelingt, unbedingt gültige Kriterien für den Sinn auszumachen, um den es im hermeneutischen Verstehen geht, dann sind die Verstehenden letztlich der Autorität des jeweils Geltenden ausgeliefert, d. h. der 'Wahrheit', die 'sich durchsetzt'. Kommunikation ist dann nicht nur faktisch nicht gegen Manipulation gefeit, sondern steht ihr prinzipiell hilflos gegenüber. Der Unterschied zwischen 'Überzeugen' und 'Überreden' wird fließend, fließend auch der Übergang der Hermeneutik zur Rhetorik.

Der grundsätzliche Verzicht darauf, die mich - bzw. eine bestimmte menschliche Gemeinschaft - leitenden Sinnvorstellungen auf Kriterien eines universal legitimierbaren Begriffs von Sinn zu hinterfragen, führt schließlich zur Reduzierung von Kommunikation auf eine Ebene, auf der es nicht mehr um letzte wechselseitige Verantwortung voreinander geht. Diese ist nur im Horizont einer für alle verbindlichen - und prinzipiell von allen einsehbaren - Ratio möglich. Weist man die Suche nach einem solchen allgemein verbindlichen Leitbegriff im Hinblick auf die letzten Fragen des Menschen als 'rationalistisch' ab, so wird der andere nicht mehr voll eingelassen in das, was mir letztlich als Sinn vorschwebt. Dann nehme ich ihn aber auch nicht mehr wahr als einen, dessen Rede als Anspruch einer auch mich einfordernden Wahrheit gedeutet sein will. Kommunikation spielt sich auf

[12] M. Heidegger, Einführung in die Metaphysik, 109. Vgl. W. Weischedel, Der Gott der Philosophen, 179: "Die Radikalität des Fragens" ist die "Radikalisierung" eines "Geschehens, das das Wesen des Menschen ausmacht: eben des Fragens." Dazu kritisch W. Pannenberg, Systematische Theologie I, 130.

[13] Vgl. in diesem Zusammenhang die Bemerkungen von J. Splett zum 'asymptotischen Bewußtsein' mit dem Hinweis auf die Frage nach Wahrheit in Gotthold Ephraim Lessings 'Duplik' (und die Gegenstimmen von Hegel und Herder), in: J. Splett, Freiheitserfahrung, 273f. Unüberholt erscheint mir noch immer die Kritik M. Blondels am 'Dilettantismus' in 'L'Action' (1893), Teil I. Vgl. dazu H. Verweyen, Maurice Blondels Kritik des "Dilettantismus" und das "postmoderne" Denken. - Zu einer Haltung des Pluralismus, die (nach Simone de Beauvoir) die perfekte Ideologie des modernen bürgerlichen Bewußtseins ausmacht, vgl. auch die kritisch-selbstkritischen Bemerkungen von D. Tracy: "Such a pluralism masks a genial confusion in which one tries to enjoy the pleasures of difference without ever committing oneself to any particular vision of resistance and hope." (Plurality and Ambiguity, 90), ferner die Kritik J. Moltmanns an der 'repressiven Toleranz' im zeitgenössischen Pluralismusverständnis (Dient die "pluralistische Theologie" dem Dialog der Weltreligionen? bes. 534f). Zur 'Hypostasierung der Frage' vgl. auch Kap. 5.3.

einen Gedankenaustausch ein, in dem die je letzten Sinnentscheidungen der einzelnen ausgeklammert und dem Eigen-Sinn überlassen bleiben.

3.4.2 Die Verwiesenheit von Erstphilosophie auf das hermeneutische Verstehen

Bei der Begründung der theologischen Notwendigkeit einer ersten Philosophie aus dem Charakter christlicher Überzeugung (Kap. 3.3) wie auch der Notwendigkeit einer erstphilosophischen Reflexion als Pendant des hermeneutischen Verstehens (Kap. 3.4.1) konnte der Ausgangspunkt der Überlegungen - das behauptete 'Ein-für-allemal' christlicher Offenbarung bzw. das Wesen hermeneutischen Verstehens - als wenigstens in großen Umrissen bekannt vorausgesetzt werden.

Für die Frage nach einer Verwiesenheit der 'Ersten Philosophie' auf das hermeneutische Verstehen ergibt sich an dieser Stelle die Schwierigkeit, daß wir zwar theologisch einen Vorbegriff von Erster Philosophie in ihrem Unterschied zum hermeneutischen Verstehen gewonnen haben, diese Erstphilosophie aber noch nicht immanent philosophisch im Hinblick auf ihre Methode und ihr Verhältnis zur Hermeneutik bestimmt wurde[14]. Die folgenden Ausführungen können also nur vorläufigen Charakter haben.

(1) In einem ersten Sinn wurde die Verwiesenheit der hier intendierten Erstphilosophie auf hermeneutisches Verstehen bereits mehrfach hervorgehoben. Es geht nicht um die selbstgenügsame Aufgabe eines Denkers, der sich zur Suche nach dem wahren Wesen der Dinge aus der Welt in seine stille Kammer zurückzieht, sondern um einen Dienst am hermeneutischen Verstehen als dem eigentlichen Ort, wo sich Überzeugungen zu bewähren haben. Erste Philosophie, wie sie hier verstanden wird, ist kein Konkurrenzunternehmen zur universalen Offenheit des Verstehens, sondern Reflexion auf deren Möglichkeitsbedingungen. Man kann sie gleichsam als die Sorge um das 'Rückgrat' für jene Haltung der 'παρρησία' verstehen, die das Neue Testament fordert, "für die Offenheit im Reden, d[ie] nichts verschweigt od[er] verhüllt" [15].

(2) Weitaus schwieriger stellt sich die Frage dar, ob über diese grundsätzliche Hingeordnetheit auf Hermeneutik hinaus die Erste Philosophie auch zur adäquaten Durchführung ihrer ureigenen Aufgabe auf hermeneutisches Verstehen angewiesen ist (so wie nach Kap. 3.4.1 das hermeneutische Verstehen zu seinem angemessenen Selbstvollzug einer erstphilosophischen Reflexion bedarf). Mit Blick auf die beiden Argumentationsgänge, in denen die Notwendigkeit einer Ersten Philosophie aufgewiesen wurde, scheint die Frage grundsätzlich verneint werden zu müssen.

In Kap. 3.3 gingen wir von den aus der Letztgültigkeit christlicher Offenbarung zu ziehenden Konsequenzen aus. Dieser Glaube kann erst dann bis in die gefährlichsten Tiefen meiner Vernunft durchdringen, wenn ich philosophisch autonom einen Begriff letztgültigen Sinns als Raster für jene 'ein-für-allemal' ergangene

[14] S. dazu Kap. 6-7.
[15] Vgl. W. Bauer, Art. 'παρρησία'.

Selbstmitteilung Gottes gewonnen habe. Eine solche philosophische Reflexion ist aber ohne Rückgriff auf die geschichtliche Vorgabe zu leisten; 'remoto Christo' muß nach der 'ratio necessaria' für das 'Cur Deus homo' gesucht werden, wie es bei Anselm von Canterbury heißt[16]. Für die so verstandene Reflexion ist eine Anleihe beim hermeneutischen, eine geschichtliche Vorgabe bloß interpretierenden Verstehen prinzipiell auszuschließen.

In Kap. 3.4.1 ging es um die Frage nach der Möglichkeit, ein als universal offen intendiertes hermeneutisches Verstehen wirklich offen zu halten. Wäre eine solche Reflexion ihrerseits prinzipiell abhängig von sprachlich-geschichtlichen Vorgegebenheiten, so könnte die intendierte universale Offenheit des Verstehens nie zu einem Begriff ihrer selbst kommen, der mehr als eine zeit- bzw. regional bedingte Geltung beanspruchen darf. Es ergibt sich, daß die erstphilosophische Reflexion, deren Notwendigkeit aufgezeigt wurde, bei einer im methodischen Sinn prinzipiellen Verwiesenheit auf hermeneutisches Verstehen ihre Funktion als 'ancilla hermeneuticae' nicht erfüllen könnte.

Trotz dieser grundsätzlichen methodischen Unabhängigkeit der Ersten Philosophie vom hermeneutischen Verstehen muß aber jene Zirkularität im Auge behalten werden, auf die bereits verschiedentlich hingewiesen wurde. Im Hinblick auf das Paradox 'geschenkter Autonomie' wurde gesagt (Kap. 3.3), daß es eines ständigen Bemühens bedarf, sich die Logik dieses Paradoxes bewußt zu machen, gegen die fortdauernde Versuchung, auf frühere Konzepte von Autonomie zurückzufallen, denen zufolge das Ich weniger verwundbar erscheint. Diese 'erstphilosophische' Reflexion kann nicht gelingen, wenn man de facto aus dem hermeneutischen Prozeß heraustritt, in dem jenes Paradox seinen Ort hat.

Theologisch gilt weiterhin das zu Beginn von Kap. 2 im Anschluß an die Überlegungen von Kap. 1.2 Gesagte: Die Durchführung einer wirklich autonomen Philosophie verdankt sich der Befreiung der 'natürlichen Vernunft' aus der faktisch verstellten Rationalität durch den fleischgewordenen Logos. Diese Freisetzung ist aber selbst Teil eines hermeneutischen Prozesses, in dem Gottes Wort meinen Eigensinn im Medium eines bestimmten, geschichtlich bedingten Sprachgeschehens umkehrt. Sowenig die intendierte Erste Philosophie Prämissen aus diesem Sprachgeschehen in ihre Argumentation übernehmen darf: sie wird dennoch von der 'partiellen Sonnenfinsternis' aufgrund der je herrschenden und beherrschenden Sprachregelungen wie auch der persönlichen Fehlbarkeit der erstphilosophisch Denkenden nicht unberührt bleiben. Auch wenn ihre Argumente *methodisch* ohne Anleihe bei geschichtlich bedingten Vorgaben auskommen, wird der jeweils ermittelte Begriff letztgültigen Sinns der Verbesserung fähig und bedürftig bleiben[17].

[16] Cur Deus Homo, Praefatio, in: S. Anselmi [Cantuarensis Archiepiscopi] Opera omnia, Vol. 2, 47-49. Vgl. unten Kap. 9.3.

[17] Im Blick auf die Tradition erstphilosophisch-transzendentaler Ansätze wäre etwa auf die stets neuen Versuche Fichtes zur Darstellung der 'Wissenschaftslehre' oder die Husserls zur 'cartesianischen' Sicherstellung eines apodiktischen Gültigkeitsbodens zu verweisen, in der gegenwärtigen Diskussion besonders auf die Kritik von K.-O. Apel und W. Kuhlmann an J. Habermas' Behauptung eines Kontinuums zwischen universalpragmatischer Normbegründung und den empirischen Wissenschaften; vgl. W. Kuhlmann, Philosophie und rekon-

Diese *faktisch* möglicherweise nie ganz aufzuhebende Korrekturbedürftigkeit auch eines erstphilosophisch gewonnenen Sinnbegriffs darf aber nicht verwechselt werden mit der *prinzipiellen* Hinterfragbarkeit hermeneutisch ermittelten Sinns, für den die Unabschließbarkeit der Reflexion gerade wegen des sprachlich vermittelten Miteinanders von unauslotbar freien Wesen konstitutiv ist. Die erstgenannte Korrekturbedürftigkeit *soll*, die zweitgenannte Hinterfragbarkeit *soll nicht* überwunden werden – und beides aus demselben Grund: damit *traditio* universal gelingt[18].

struktive Wissenschaft, 224-234; K.-O. Apel, Normative Begründung der 'Kritischen Theorie', 15-65. Sosehr der Kritik an Habermas grundsätzlich zuzustimmen ist, greift der Optimismus Kuhlmanns im Hinblick auf die Infallibilität einer ausgebauten Theorie über die unausweichlichen Implikate des Argumentierens wohl doch zu weit; vgl. W. Kuhlmann, Tod des Subjekts, bes. 159. Treffend die Unterscheidung von 'Letztbegründung' und 'Infallibilität' bei V. Hösle, Die Tranzendentalpragmatik als Fichteanismus der Intersubjektivität, bes. 242.

[18] Diese wichtige Unterscheidung wird von O. J. Wiertz in seiner Rezension von 'Botschaft eines Toten?' nicht genügend berücksichtigt. Auch erstphilosophische Aussagen bleiben *faktisch fallibel* (vgl. ebd. 606), dürfen aber, sofern sie dem hermeneutischen Verstehen als Orientierungshilfe dienen sollen, dem 'hermeneutischen Zirkel' im Sinne des 'linguistic turn' (vgl. ebd. 605), nicht unterliegen (vgl. unten Kap. 6 und 7).

4 Der Stellenwert der klassischen 'Gottesbeweise' im Rahmen der Frage nach dem 'Hören des Wortes'

Zu Ende von Kap. 1.1 wurde im Anschluß an Kafkas Erzählung 'Eine kaiserliche Botschaft' die philosophische Aufgabe erstmals angedeutet, um die es in Kap. 6.3 gehen wird: die Ermittlung eines Begriffs von letztgültigem Sinn. In Kap. 3 wurde die theologische Notwendigkeit dieser Arbeit aufgezeigt und ihr Verhältnis zum hermeneutischen Verstehen von Sinn umrissen.

In Kap. 4 soll nun die beschriebene Fragestellung mit der Thematik konfrontiert werden, die traditionell das Zentrum des ersten Teils der Fundamentaltheologie, der 'demonstratio religiosa', ausmachte: die Frage nach der 'natürlichen Gotteserkenntnis' oder 'philosophischen Gotteslehre'. In diesem Zusammenhang haben die klassischen Formulierungen der sogenannten 'Gottesbeweise' eine hervorragende Bedeutung erlangt.

Schon vorab läßt sich sagen, daß die Frage nach einem Begriff letztgültigen Sinns einerseits weiter ausgreift als die traditionelle 'philosophische Gotteslehre'. Zur Debatte steht nicht nur der monotheistisch-personale Gott einer 'natürlichen Theologie' – als Unterbau für die Gegenstände einer 'übernatürlichen Offenbarung' –, vielmehr die strukturelle Verwiesenheit des Menschen auf die eschatologische Selbstmitteilung Gottes als einzig mögliche Erfüllung menschlicher Existenz. Anderseits ist das Ziel enger gesteckt. Es geht nicht um die Erkenntnis der *Existenz* Gottes, sondern nur um einen angemessenen *Begriff* Gottes und einer von ihm her ergehenden letztgültigen Offenbarung in der Geschichte.

Trotz dieser wesentlich verschiedenen Zielsetzung wäre es höchst merkwürdig, wenn bei der Frage nach einem im beschriebenen Sinn angemessenen Gottes*begriff* ohne schwerwiegende Konsequenzen die Gedanken übergangen werden dürften, die in unserer Tradition innerhalb der Thematik der 'Gottesbeweise' zur Sprache gekommen sind. Wo man ohne Rückgriff auf jene klassischen Argumente Neues zu produzieren vorgibt, da kommt meist recht zweitrangige Ware auf den Markt, eine Ware, die sich bei näherem Zusehen obendrein dann häufig doch als Plagiat früherer Leistung erkennen läßt.

Wir werden bei dem folgenden Durchblick zunächst jeweils nach der Tragfähigkeit der wichtigsten Argumente in sich selbst fragen und dann nach ihrer Tragweite mit Rücksicht auf die Frage nach der Vernehmbarkeit eines letztgültigen, geschichtlich ergehenden Wortes Gottes.

4.1 Das kosmologische Argument

Schon indem man die klassischen Argumente für die Existenz Gottes mit Titeln versieht, begibt man sich auf den Weg der Interpretation. Dort, wo sie in der Geschichte der Philosophie jeweils zum ersten Mal formuliert wurden, tragen sie zumeist keine Überschrift.

Immanuel Kant war der Auffassung, unter den Begriffen 'ontologischer', 'kosmologischer' und 'physikotheologischer' Beweis alle nur möglichen Gottesbeweise der spekulativen oder theoretischen Vernunft erfaßt und hinlänglich klassifiziert zu haben. "Es sind nur drei Beweisarten vom Dasein Gottes aus speculativer Vernunft möglich. Alle Wege, die man in dieser Absicht einschlagen mag, fangen entweder von der bestimmten Erfahrung und der dadurch erkannten besonderen Beschaffenheit unserer Sinnenwelt an und steigen von ihr nach Gesetzen der Causalität bis zur höchsten Ursache außer der Welt hinauf; oder sie legen nur unbestimmte Erfahrung, d. i. irgend ein Dasein, empirisch zum Grunde; oder sie abstrahiren endlich von aller Erfahrung und schließen gänzlich a priori aus bloßen Begriffen auf das Dasein einer höchsten Ursache. Der erste Beweis ist der physikotheologische, der zweite der kosmologische, der dritte der ontologische Beweis. Mehr gibt es ihrer nicht, und mehr kann es auch nicht geben" [1].

Das 'kosmologische' und das 'physikotheologische' (sonst meist als 'teleologisch' bezeichnete) Argument rücken hier insofern unter eine Klammer zusammen, als beide von einer Erfahrung unserer Sinnenwelt ausgehen – das kosmologische nach Kant von einer 'unbestimmten', das teleologische von einer 'bestimmten Erfahrung', nämlich dem zielstrebigen Verhalten nicht vernunftbegabter Wesen. Von daher ist es möglich, unter der Überschrift 'kosmologisch' alle Argumente zusammenzufassen, die bei einer Erfahrung der Sinnenwelt ansetzen[2].

In diesem Sinne kann man auch die berühmten 'fünf Wege' in der 'Summa theologiae' des Aquinaten (I, q. 2 a. 3 corp.)[3] alle 'kosmologisch' nennen – auch den vierten, in dem Leitgedanken der platonisch-augustinischen Tradition gleichsam in eine aristotelische Tonart transponiert sind. Wir gehen hier nur auf den ersten und fünften dieser Wege ein. Der zweite Weg ist eine (weniger präzise geprägte) Variante des ersten. Den dritten und den vierten Weg wird man wegen der dort nicht völlig gelungenen Integration von Argumentationslinien verschiedenster historischer Herkunft kaum als 'klassische' Beweisgänge ansehen dürfen.

Der '*erste Weg*' des Aquinaten, wie er in der 'Summe der Theologie' formuliert ist, gehört zu den bedeutendsten Texten der philosophischen Literatur überhaupt. Dies zeigt schon ein Blick auf die Vorgeschichte dieses 'Gottesbeweises aus der Bewegung', insbesondere bei Aristoteles und seinen Kommentatoren, und auf das allmähliche 'Heraushämmern' des Beweisgangs bei Thomas selbst. Sein Stellenwert

[1] Kritik der reinen Vernunft, B 618 f, in: I. Kant, Gesammelte Schriften, Bd. III, 396.
[2] Vgl. W. Kasper, Der Gott Jesu Christi, 133ff.
[3] Vgl. den ausführlichen Kommentar (Literatur!) von H. Seidl in: Thomas von Aquin, Die Gottesbeweise. Für einen ersten Überblick vgl. O. Muck, Philosophische Gotteslehre, 103 ff.

läßt sich aber auch aus der weiteren Entwicklung erkennen, die das Argument bzw. seine analogen Fassungen unter Titeln wie 'Kontingenzbeweis' oder 'Kosmologischer Beweis' genommen hat. Die folgende Gliederung soll zur Verdeutlichung der logischen Grundstruktur dienen. Damit werden zugleich die Nahtstellen markiert, an denen die Kritik sich immer wieder kristallisiert hat.

"**Antwort**: Es gibt fünf Wege, das Dasein Gottes zu beweisen."

A. Ausgangspunkt: Die empirische Tatsache der Bewegung

"Der erste und nächstliegende (manifestior) Weg geht von der Bewegung aus. Es ist nämlich gewiß und steht durch Sinneswahrnehmung fest, daß es in dieser Welt Bewegung gibt."

B. Prämisse I: Kausalprinzip

"Alles aber, was in Bewegung ist, wird durch etwas anderes bewegt."

1. Erklärung des Bewegungsbegriffs:

a) zu 'in Bewegung sein': "Denn in Bewegung ist etwas nur, sofern es sich in Möglichkeit (in potentia) hinsichtlich dessen befindet, woraufhin es in Bewegung ist."

b) zu 'bewegen': "Etwas bewegt aber, sofern es in Wirklichkeit (actu) ist. Bewegen ist nämlich nichts anderes, als etwas aus der Möglichkeit in die Wirklichkeit überführen."

2. Formulierung des Kausalprinzips:

"Aus der Möglichkeit kann etwas aber nicht in die Wirklichkeit überführt werden außer durch etwas, das in Wirklichkeit ist.

Zum Beispiel macht ein der Wirklichkeit nach Heißes – wie etwa das Feuer – das Holz, das der Möglichkeit nach heiß ist, zu einem wirklich Heißen und bewegt und ändert es dadurch."

3. Ausschluß der Selbstbewegung:

"Es ist aber nicht möglich (possibile), daß etwas in ein und derselben Hinsicht zugleich in Wirklichkeit und in Möglichkeit ist, sondern nur in verschiedener Hinsicht.

Was nämlich der Wirklichkeit nach heiß ist, kann nicht zugleich der Möglichkeit nach heiß sein; wohl ist es zugleich der Möglichkeit nach kalt.

Also ist es unmöglich, daß etwas in derselben Hinsicht und auf dieselbe Weise bewegend und bewegt ist oder sich selbst bewegt.

Es muß daher alles, was in Bewegung ist, durch etwas anderes bewegt werden."

B. Prämisse II: Ausschluß eines unendlichen Regresses

"Wenn also das, wovon etwas bewegt wird, in Bewegung ist, so muß es auch selbst von einem anderen bewegt werden, und dieses wiederum von einem anderen. So kann man aber nicht ins Unendliche fortgehen, weil es dann kein erstes Bewegendes und infolgedessen überhaupt nichts gäbe, das etwas anderes bewegt. Denn die Sekundärbeweger bewegen ja nur kraft ihres Bewegtwerdens durch einen Erstbeweger.

Zum Beispiel bewegt der Stock nur dadurch, daß er von der Hand bewegt wird.

Also gelangt man mit Notwendigkeit zu einem Erstbeweger, der von niemandem bewegt wird."

C. Theologische Interpretation der Schlußfolgerung
"Und diesen erkennen alle als Gott".

Schon an dem von Thomas gewählten Beispiel des Anzündens von Holz wird klar, daß der hier gewählte Ausgangspunkt, die sinnenfällige Tatsache von Bewegung 'in dieser Welt', keinesfalls bloß die Ortsbewegung, sondern empirisch wahrnehmbare Veränderung in den verschiedensten kategorialen Bereichen umfaßt (z. B. lokale, quantitative, qualitative Veränderung). Sehen wir zunächst von der theologischen Interpretation des 'Erstbewegers' als Gott ab (C), so läßt sich die Plausibilität der gesamten Argumentation relativ leicht an Veränderungen erkennen, bei denen das Zusammenspiel der metaphysischen Prinzipien 'Akt' und 'Potenz', die Thomas im Anschluß an die aristotelischen Begriffe 'energeia' und 'dynamis' zur Interpretation von Bewegung überhaupt einführt, besonders einsichtig ist.

Zu B I: Nehmen wir z. B. einen armen Teufel, in dessen vorher leerer Hand man plötzlich ein Goldstück findet. Die Frage nach dem 'Woher' des Goldstücks, d. h. hier nach der Ursache für die Veränderung von der zunächst leeren zu der dann mit einem Goldstück gefüllten Hand, stellt sich gleichsam automatisch ein. Niemand würde hier die Berechtigung der Anwendung des Kausalprinzips bzw. der Frage nach dem zureichenden Grund für die wahrgenommene Veränderung in Zweifel ziehen.

Zu B II: Wenn man nun auf die Hand eines Gebers verweist, der die Hand des Armen mit Gold gefüllt hat (und nicht gleich einen Erstbeweger, etwa das wunderbare Geschenk einer guten Fee, in Betracht zieht), so erhebt sich sogleich die weitere Frage, woher jene Hand des Spenders denn ihrerseits das Gold hat. Da kann man dann Hand an Hand reihen – wenn man will 'bis ins Unendliche'. Der zureichende Grund für die wahrgenommene Veränderung wird so nicht gefunden. Auch eine unendliche Kette von Händen – hintereinander oder, wie im griechischen Weltbild, in einer Kreisordnung vorgestellt – erklärt nicht das Auftauchen des Goldstücks. Alle diese weiterreichenden Hände sind nur 'Sekundär-' oder 'Instrumentalbeweger' [4] hinsichtlich jenes Zuwachses an Wirklichkeit, den in der zu Ausgang beobachteten Veränderung ein in bloßer Möglichkeit auf solche Wirklichkeit hin Befindliches erfährt.

Werfen wir von hierher einen kurzen Blick auf den '*fünften Weg*' des Aquinaten, das 'teleologische' Argument. In der Sinnenwelt wirken Wesen, die nicht vernunftbegabt sind, stets oder zumindest häufig ('semper aut frequentius') auf ein Ziel hin. Ist dies anders als durch ein über der Welt stehendes geistbegabtes Wesen zu erklären, von dem her alle natürlichen Dinge auf ein Ziel hingeordnet werden?

Vergleicht man dieses Argument mit der hier vorgelegten Interpretation des 'ersten Wegs', so erscheint fraglich, ob die Kennzeichnung, mit der Kant den kosmologischen Gottesbeweis vom teleologischen abhebt – der kosmologische gehe von einer 'unbestimmten', der physikotheologische hingegen von einer 'bestimmten Erfahrung' aus –, dem Beweisgang aus der Bewegung, wie ihn Thomas versteht,

[4] Vgl. Thomas v. A., Comp.Th. I, 3.

gerecht wird. Kant konnte von einer 'Unbestimmtheit' des kosmologischen Beweises sprechen, weil das Phänomen von Bewegung, wie es dem Aquinaten vor Augen stand, in der Schultradition bis zur völligen Abstraktheit verblaßt war. Hängt damit nicht auch zusammen, daß der Kausalsatz mit dem Abweis eines unendlichen Regresses bei der Frage nach dem zureichenden Grund von Kant nicht mehr als ein über den Bereich der Sinnenwelt hinaustragendes Prinzip anerkannt wird?

Dennoch finden sich auch bei Kant interessante Differenzierungen. Bei der Diskussion des kosmologischen Beweises unterstreicht Kant noch einmal, daß der "transcendentale Grundsatz, vom Zufälligen auf eine Ursache zu schließen, [...] nur in der Sinnenwelt von Bedeutung ist, außerhalb derselben aber auch nicht einmal einen Sinn hat" [5]. Bei der Erörterung des teleologischen Arguments hingegen rückt Kant dann doch ein wenig von dieser restriktiven Einschätzung des Kausalprinzips ab. Zu dem dritten Hauptmoment des 'physikotheologischen Beweises' – "Es existirt also eine erhabene und weise Ursache (oder mehrere), die nicht bloß als blindwirkende allvermögende Natur durch F r u c h t b a r k e i t, sondern als Intelligenz durch F r e i h e i t die Ursache der Welt sein muß" [6] – bemerkt Kant nämlich:

"Ohne hier mit der natürlichen Vernunft über ihren Schluß zu chicaniren, da sie aus der Analogie einiger Naturproducte mit demjenigen, was menschliche Kunst hervorbringt [...], schließt, es werde eben eine solche Causalität, nämlich Verstand und Wille, bei ihr zum Grunde liegen, wenn sie die innere Möglichkeit der freiwirkenden Natur [...] noch von einer anderen, obgleich übermenschlichen Kunst ableitet, welche Schlußart vielleicht die schärfste transcendentale Kritik nicht aushalten dürfte: muß man doch gestehen, daß, wenn wir einmal eine Ursache nennen sollen, wir hier nicht sicherer als nach der Analogie mit dergleichen zweckmäßigen Erzeugungen, die die einzigen sind, wovon uns die Ursache und Wirkungsart völlig bekannt sind, verfahren können. Die Vernunft würde es bei sich selbst nicht verantworten können, wenn sie von der Causalität, die sie kennt, zu dunkeln und unerweislichen Erklärungsgründen, die sie nicht kennt, übergehen wollte" [7].

Was macht bei Kant den eigentlichen Unterschied zwischen dem kosmologischen und dem teleologischen Argument aus? Das erstere "abstrahirt von aller besonderen Eigenschaft der Gegenstände der Erfahrung" [8], das letztere geht von den "Wundern der Natur und der Majestät des Weltbaues" [9] aus. Bei Kant sind es immerhin noch 'zwei Dinge', die "das Gemüth mit immer neuer und zunehmender

[5] Kritik der reinen Vernunft, B 637, Akad.-Ausg. III, 407.

[6] Ebd. B 653, Akad.-Ausg. III, 416.

[7] Ebd. B 654, Akad.-Ausg. III, 417. Interessant ist auch, wie unbefangen J. G. Fichte trotz seiner strikten Ablehnung des kosmologischen Gottesbeweises in der Nachfolge Kants beim Aufweis der Notwendigkeit des Aktes einer anderen Person für das Zu-sich-selbst-Kommen jedes Individuums der logischen Struktur der 'prima via' folgt, vgl. J. G. Fichte, Grundlage des Naturrechts, § 3, in: ders., Gesamtausgabe, Bd. I.1 Werke 1794-1796, 337f.

[8] Vgl. ebd. B 633, Akad.-Ausg. III, 405.

[9] Vgl. ebd. B 652, 416.

Bewunderung und Ehrfurcht [erfüllen], je öfter und anhaltender sich das Nachdenken damit beschäftigt: d e r b e s t i r n t e H i m m e l ü b e r m i r u n d d a s m o r a l i s c h e G e s e t z i n m i r" [10].

Von hierher wird es möglich, den eigentlichen Ort für die Einsicht in die metaphysische Tragweite des Kausalprinzips (und schließlich eines 'kosmologischen Gottesbeweises') aufzuspüren. Diese Evidenz entspringt dem Akt der 'Bewunderung', des Staunens. Genauer, die Frage nach dem Grund bricht auf bei der Auflösung der ursprünglichen Harmonie von Subjekt und Objekt, wie sie im Augenblick des Staunens gegeben ist. Ich habe diesen Zusammenhang an anderer Stelle im Anschluß an Gustav Siewerth, ausgehend von Erfahrungen eines plötzlichen Aufleuchtens von Naturschönheit, etwa im Erblicken einer 'Hundeblume' (Wolfgang Borchert), ausführlich darzustellen versucht[11]. Wo bei einer Veränderung in der Sinnenwelt die neu aufleuchtende Wirklichkeit im begegnenden Naturphänomen den Geist des Menschen berührt, da zeigt sich eine 'Spur des Ewigen' [12] an. Klafft dann - etwa wenn der Augenblick des Schönen vergeht - die Differenz zwischen dem Seienden und dem es gründenden Sein auf, so kommt eine Frage in Gang, die erst dort zum Verstummen gebracht werden kann, wo die erfahrene Aktualität auf den 'actus purus', das reine, in sich ruhende und subsistierende Sein, zurückgeführt ist.

Nun wird - und das macht zu einem nicht geringen Teil das "Schicksal der Metaphysik" [13] aus - Naturveränderung seit langem aber kaum noch als ein solches Zusammenspiel von Akt und Potenz erfahren. Die neuzeitliche Naturwissenschaft ist grundsätzlich bemüht, alle Phänomene der Natur als quantitativ beschreibbare Vorgänge faßlich zu machen, und das philosophische Auge des modernen Menschen hat sich an dieses 'Objektiv' für die Betrachtungsweise der Dinge gewöhnt. Bei Thomas wurde der Akt des Seins - aristotelisch 'energeia' - als Ursache für die Überführung eines in harrender Potentialität vorgegebenen Stoffes in die angemessene Form verstanden. Heute wird 'Energie' als ein *Produkt* aus Masse und 'Bewegung' (nämlich Beschleunigung) begriffen. In diesem Verstehenshorizont braucht man, wenn die Annahme eines Energieverlusts im Universum nicht zwingend ist, nicht außerhalb der konstanten Summe von Energie im Universum nach einem 'ersten Beweger' zu suchen.

[10] Vgl. Kritik der praktischen Vernunft, A 288, Akad.-Ausg. V, 161. Zu dem Stehenbleiben Kants 'vor der Schwelle des deutschen Idealismus und seiner Identitätsästhetik' vgl. meine Ausführungen im Anschluß an H.-G. Gadamer und H. U. von Balthasar in: Ontologische Voraussetzungen des Glaubensaktes, 173-177.

[11] Vgl. Ontologische Voraussetzungen, 159 ff, insbesondere meine Auseinandersetzung mit M. Heideggers Verständnis des Staunens und seiner Interpretation der Verse von Angelus Silesius, 'Die Ros ist ohn warum ...', 164 f, 178 f. Zum 'Satz vom Grund' speziell vgl. ebd. 209-213.

[12] Vgl. den Titel des Buchs 'Auf der Spur des Ewigen' von B. Welte, der sich in seiner Erklärung des Kausalprinzips eng an G. Siewerth anschließt (vgl. B. Welte, Der philosophische Glaube bei Karl Jaspers, bes. 138 ff). Eine solche transzendentale Deduktion geht über die bloße, kritisch nicht hinterfragte Versicherung hinaus, der metaphysische Kausalsatz sei aus der Empirie als 'allgemein notwendige Einsicht' gewonnen, vgl. H. Seidl, Thomas v. Aquin, Gottesbeweise, 192.

[13] Vgl. G. Siewerth, Das Schicksal der Metaphysik von Thomas zu Heidegger.

Wir hatten die von Kant unterschiedenen Argumente – 'kosmologischer' und 'physikotheologischer' (oder teleologischer) Gottesbeweis – unter einem weitergefaßten Oberbegriff 'kosmologisch' zusammengeschlossen, weil der 'erste Weg' des Aquinaten kaum weniger von einer 'bestimmten Erfahrung' auszugehen scheint als der teleologische. Auch angesichts der Entwicklung der Naturwissenschaften nach Newton und Kant würde diese Zusammenfassung beider Argumente plausibel erscheinen – allerdings aus dem genau entgegengesetzten Grund. Wer sich im Anschluß an Ch. Darwin an eine evolutionstheoretische Beschreibung der Wirklichkeit gewöhnt hat, für den geben selbst teleologische Phänomene wie etwa die Zielstrebigkeit der Zugvögel kaum noch einen Grund zum Staunen ab, zumindest aber keinen Grund mehr zur Annahme eines weisen Weltbaumeisters hinter solchem zielgerichteten Verhalten von Lebewesen, die der Vernunft nicht fähig sind. Mit der besonderen Wertschätzung des teleologischen Arguments steht Kant – wie übrigens auch der skeptische D. Hume[14] – noch sozusagen mit einem Bein im Mittelalter.

Nun ist zwar mit der allgemeinen Gewöhnung an eine bestimmte naturwissenschaftliche oder naturphilosophische Perspektive noch nichts über die *Gültigkeit* eines Arguments, sondern nur etwas über seine faktische *Geltung* ausgemacht. Im Rahmen der Argumentation des Aquinaten wirft auch dies allerdings schon ein ernsthaftes Problem auf. Mit der Aussage 'certum est enim et sensu constat', also der Berufung auf eine Erfahrung, die gewiß ist und durch Sinneswahrnehmung feststeht, will er ja doch wohl auf einen allgemein akzeptierten Erfahrungsboden verweisen. Im Kontext heutiger Erfahrung von Bewegung könnte Thomas aber kaum noch von einer 'prima et manifestior via', von einem im Sinne allgemeiner Zustimmungsgewißheit 'ersten' Weg, sprechen.

Wichtiger als solche Beobachtungen hinsichtlich einer zeitbedingten Wertschätzung von Argumenten ist allerdings eine zweifache philosophische Kritik, der der kosmologische Ansatz grundsätzlich zu unterziehen ist, eine Kritik, die implizit übrigens auch der tatsächlichen modernen Entfremdung von kosmologisch-teleologischen Argumenten für die Existenz Gottes weitgehend zugrundeliegt.

(1) Auch und gerade bei einer naiv-realistischen Interpretation, die in Veränderungsphänomenen innerhalb der Natur Spuren des Ewigen zu erblicken fähig ist, bleibt ein Problem prinzipiell bestehen: das der Theodizee. Wer sich von solchen positiven Anzeichen auf Gott als die Ursache allen welthaften Geschehens leiten läßt, der muß sich doch auch die Frage nach dem Grund für das Übel gefallen lassen, und d. h. letztlich für den noch vor dem Auftreten des Menschen über alle Lebewesen, schuldig oder unschuldig, verhängten Tod. Es spricht für Thomas, daß er sich – im Gegensatz zu manchem seiner Nachfolger – diesem Einwand gleich zu Eingang seiner Erörterung der 'fünf Wege' stellt: "Wenn [...] Gott wäre, würde sich kein Übel finden. Es findet sich aber Übel in der Welt. Also ist Gott nicht" [15]. Die Antwort, die Thomas im Anschluß an Augustinus gibt, kann allerdings nicht

[14] Vgl. Dialogues concerning Natural Religion (1779), deutsch: David Hume, Dialoge über natürliche Religion, 105ff.

[15] STh I, q. 2 a. 3 obj. 1.

befriedigen: Gott läßt Übel zu, um Gutes aus ihnen zu wirken[16]. Eine solche Sicht der Dinge wird heute – 'nach Auschwitz' – eher als zynisch empfunden. Sie führt den modernen Menschen, etwa Iwan in Dostojewskijs Roman 'Die Brüder Karamasow', dazu, sein 'Eintrittsbillett in die künftige Harmonie' zurückzugeben.

Doch auch abgesehen von diesem modernen, der antiken und mittelalterlichen Weltsicht weithin fremden Empfinden vermag das traditionelle Argument zur Erklärung des Übels an dieser Stelle nicht zu überzeugen, weil es aus theologischen Voraussetzungen in den philosophischen Kontext eingebracht ist. Daß Gott alles zum Guten wendet, läßt sich mittels der 'natürlichen Vernunft' nicht ausmachen. 'In dieser Welt' begegnen neben Veränderungen zum Positiven auch furchtbare Zerstörungen (darunter auch solche, die nicht der Mensch angerichtet hat), 'Überführungen aus der Potenz in den Akt', deren Erfahrung kaum auf einen gütigen Schöpfergott schließen läßt (zum kosmologischen Argument). Hier gibt es neben und innerhalb einer Entwicklungsgeschichte, die den Anschein für sich hat, daß sie im ganzen eine aufsteigende Linie verrät, unendlich viele Sackgassen, die nicht den Rückschluß auf den planenden Geist eines Weltbaumeisters nahelegen (zum teleologischen Argument). Auf dem Totenbett nach seiner Sicht der Dinge befragt, antwortete 1893 der französische Philosoph Hippolyte Taine: "J'aperçois une belle déesse qui n'a l'air ni bon ni méchant. De sa robe traînante elle balaie le sable et y renverse les petites constructions que les fourmis avaient élevées" [17]. Beim Versuch, hinter die Phänomene der Natur zu blicken, vermag auch Taine zwar so etwas wie eine schöne Göttin wahrzunehmen. Ihr Blick strahlt aber weder Güte noch Bosheit aus. Mit der Schleppe ihres langen Kleides, das über den Sand schleift, reißt sie – achtlos und arglos – die kleinen Bauwerke um, die die Ameisen errichtet haben (Taine fährt dann fort: "Mein Leben ist eines dieser zerbrechlichen Gebäude. Soll man glauben, daß sie ihr Kleid hochheben wird, um es zu verschonen?").

(2) Mit diesen Überlegungen, auf was für einen Ursprung die Phänomene dieser Welt eigentlich verweisen, stehen wir im Grunde bereits bei dem zweiten prinzipiellen Punkt, der kritisch gegenüber den kosmologischen Argumenten anzumelden ist. Die durch die Sinne vermittelte Erfahrung, auf die man sich dort beruft, ist – wie alle Wahr-Nehmung – immer bereits ein interpretiertes Faktum, kein 'factum brutum'. Der grundsätzliche Mangel dieser Art von 'Gottesbeweisen' liegt im Ausfall einer Reflexion auf die transzendentalen Möglichkeitsbedingungen von Erfahrung, auf die Leistung, die das Subjekt selbst (innerhalb eines geschichtlich vorgegebenen intersubjektiven Verstehensrasters von 'Sprache') zur Konstitution der Gegenstände der Erfahrung beiträgt.

Nun darf man zwar Thomas von Aquin nicht gerade Naivität in puncto Erkenntnistheorie vorwerfen. Mit der Frage, ob unsere Erkenntniskräfte vielleicht lediglich ihre eigenen Affektionen wahrnehmen, nicht aber 'Dinge an sich', die in solchen 'passiones animae' in Bildgestalt (species) erscheinen, hat er sich im Rahmen der 'Summe der Theologie' z. B. in I, q. 85 a. 2 auseinandergesetzt. Daß der Aquinate auch im Kontext einer Philosophie 'von Kant bis Heidegger' bestehen

[16] Vgl. ebd. ad 1.
[17] Vgl. E. Lecanuet, La vie de l'Église sous Léon XIII, 451 Anm. 2.

kann, haben die Interpretationsansätze in der Maréchal-Schule und bei Gustav Siewerth zu zeigen versucht.

Dies alles behebt aber nicht das grundsätzliche Manko des kosmologischen Arguments als solchen. Hier kommt das seine Wahrnehmung der Dinge reflektierende Subjekt selbst nicht zur Reflexion. Es bleibt damit *zum einen* unausgemacht, wieviel an seiner Erfahrung tatsächlich auf eine ihm begegnende Wirklichkeit zurückzuführen ist und wieviel als Investition seines eigenen Vorverständnisses betrachtet werden muß. *Zum anderen*, und dies wiegt im Kontext der Frage nach Gott schwerer, verbleibt der auf dem Wege des kosmologischen Arguments gefundene Gott zunächst einmal im Horizont gegenständlich konzipierten Seins. Gott wird hier zwar als ein unbedingtes Seiendes begriffen, ist aber noch nicht als 'esse subsistens', als das 'subsistierende Sein', gedacht. Auch wenn wir die Frage, ob Thomas von Aquin im Bedenken des 'esse subsistens' diese gegenständliche Konzeption Gottes als des 'Erstbewegers', der 'ersten Wirkursache' usw. schließlich überwindet oder nicht, hier auf sich beruhen lassen müssen: der kosmologische Beweis selbst führt in eine Sackgasse. Die menschliche Vernunft übersteigt hier zwar alles begegnende Seiende und jede endliche Vollkommenheit (vgl. den 'vierten Weg') auf Gott hin. Solange die Vernunft sich in ihrem eigenen Tun dabei nicht bedenkt, bleibt aber unausgemacht, ob sie, die dieses Transzendieren vornimmt, selbst auch mit allem Begegnenden überstiegen ist oder sich vielmehr als ein letztes Gegenüber zu dieser gesamten Welt von Gegenständlichkeit mitsamt ihrer höchsten Ursache begreifen, ja letztlich als die Quelle der Konstitution von 'Welt überhaupt' (einschließlich metaphysischer Gegenstände) verstehen darf. Im Horizont mittelalterlichen Fragens ergab sich hier kein eigentliches Problem. Der Mensch verstand sich ja 'mit Leib und Seele', all seine möglichen Denkleistungen inbegriffen, als Teil des von Gott geschaffenen Universums, wußte sich geborgen in der göttlichen Vernunft, aus der alles Sein und alle endliche Vernunft hervorging. Was aber, wenn dieses Grundgefühl der Geborgenheit zur Auflösung kam? Wir werden auf diese Frage bei der Diskussion des Gottesbegriffs Anselms von Canterbury zurückkommen.

(3) Die beiden skizzierten Punkte der Kritik – unbefriedigende Antwort auf das Problem der Theodizee, Ausfall einer transzendentalen Reflexion auf die Tätigkeit der nach Gott fragenden Vernunft selbst – betreffen das kosmologische Argument in der Immanenz seines eigenen Anspruchs, auf Gott zu führen. Im Rahmen unserer Themenstellung haben wir darüber hinaus nach dem Wert des Arguments für die Vernehmbarkeit von Offenbarung zu fragen. Hier ist der Befund einfach negativ (im medizinischen Sinn). Wie man vom kosmologischen Beweis der Existenz Gottes her auf den Gedanken der Verwiesenheit auf eine Wortoffenbarung Gottes in der Geschichte kommen könne, läßt sich nicht einsehen. Wenn man einmal die unbeantworteten Fragen nach dem Grund des Übels und nach der Erkenntnis konstituierenden Subjektivität ausklammert, verbleibt als positives Resultat des kosmologischen Arguments gleichsam ein in sich ruhender Kosmos von Sein – Gott als sein tragender Grund, der Mensch mit seiner Vernunft eingeborgen in dieses Sein –, ein Kosmos, in dem auf ein ausstehendes Wort Gottes nicht geharrt

werden muß, weil das Göttliche in der Weltordnung selbst bereits hinlänglich zum Ausdruck kommt.

Selbst wenn man eine Reflexion auf die im Vollzug des kosmologischen Beweises tätige Subjektivität sekundär dadurch ins Argument einbringt, daß man nach der zureichenden Ursache für die eigene, als Vernunftwesen vorgefundene Person fragt, ist noch nicht viel gewonnen. Man kann damit zwar die *Möglichkeit* einer Wortoffenbarung Gottes aufweisen: Über den geschaffenen geistbegabten Wesen steht ein personaler Gott, der, wenn er es für richtig hält, die Initiative zu einer Anrede ergreifen kann. In solcher Anrede würde Gott dem Menschen dann auch direkt, 'von oben her', erfahrbar, nicht nur indirekt, im Aufstieg von seinen Schöpfungswerken. Diese Möglichkeit einer göttlichen Offenbarung erscheint dem Menschen gegenüber aber als ebenso akzidentell[18], wie in dem vorgegebenen ontologischen Schema Personalität nicht als wesentlich schon immer in Relation befindlich, sondern zunächst einmal gleichsam statisch, als in sich selbst stehend begriffen wird: "Persona est rationalis naturae individua substantia" – "eine Person ist das individuierte In-sich-selbst-Stehen eines vernunftbegabten Wesens", so lautet die Definition des Boethius, die Thomas bekräftigt[19]. Wie ist im Rahmen eines solchen Ansatzes der Aufweis dafür zu erbringen, daß der Mensch seinem ganzen Wesen nach auf ein Wort Gottes *hingeordnet* und verwiesen ist?

4.2 Das ontologische Argument[20]

Als dritte der nach ihm einzig möglichen Beweisarten der spekulativen Vernunft für das Dasein Gottes hatte Kant das 'ontologische Argument' genannt[21]. Wir ge-

[18] Vgl. A. Kolping, Fundamentaltheologie I, 124: "Diese *vollendende Erhebung* ist, philosophisch ausgedrückt, für die menschliche Natur ein *Akzidenz*, ein das menschliche Wesen vervollkommnendes Beiwesen."

[19] Vgl. STh I, q. 29 a. 1.

[20] Aus der schlechthin unübersehbaren Literatur vgl. bes. K. Kienzler, Glauben und Denken, 220 ff; 'Kann Gottes Nicht-Sein gedacht werden?', 152-155. J. Rohls, Theologie und Metaphysik, versucht, einen Durchblick zugleich durch die gesamte philosophische Theologie zu geben, der – bei aller bewundernswerten philosophiehistorischen Kenntnis und gedanklichen Schärfe – als "Wanderung durch das Labyrinth des metaphysischen Wolkenkuckucksheims" (9) doch merkwürdig berührt – und vielleicht nicht von ungefähr in ein Zitat aus Umberto Ecos 'Der Name der Rose' mündet (638). Zur Interpretation des 'Proslogion'-Arguments in Anselms Antwort auf Gaunilo vgl. neben der o g. Erläuterung von B. Mojsisch bes. R. Schönberger, Responsio Anselmi.

[21] *Systematisch* setzen Kant zufolge auch der kosmologische und der physikotheologische Beweis das ontologische Argument voraus, und darum wird dieses von ihm auch an erster Stelle behandelt. *Historisch* gesehen, gilt es ihm aber als "etwas ganz Unnatürliches und eine bloße Neuerung des Schulwitzes" (Kritik der reinen Vernunft, B 631, Akad.-Ausg. III, 403). Vom kosmologischen Beweis spricht Kant als von einer "natürlichen Schlußart [...]; wie sie denn auch sichtbarlich zu allen Beweisen der natürlichen Theologie die ersten Grundlinien zieht, denen man jederzeit nachgegangen ist und ferner nachgehen wird" (ebd. B 632, Akad.-Ausg. III, 404). Der physikotheologische Beweis ist nach ihm "der älteste, klärste und der gemeinen Menschenvernunft am meisten angemessene" (ebd. B 651, Akad.-Ausg. III, 415).

hen wie beim kosmologischen Beweis auch hier auf die 'klassischste' Formulierung des Arguments zurück, die sich bei Anselm von Canterbury findet:

"Also, Herr, der Du dem Glauben Verstehen gibst, verleihe mir, daß ich, soweit Du es nützlich weißt, verstehe, daß Du bist, wie wir glauben, und das bist, was wir glauben. Und zwar glauben wir, daß Du etwas bist, worüber hinaus nichts Größeres gedacht werden kann.

Oder gibt es etwa ein solches Wesen nicht, weil 'der Tor in seinem Herzen gesprochen hat: es ist kein Gott'? Aber wenn dieser Tor ebendas hört, was ich sage: 'etwas, worüber hinaus nichts Größeres gedacht werden kann', dann versteht er gewiß, was er hört; und was er versteht, ist in seinem Verstand, auch wenn er nicht versteht, daß dies existiert.

Denn, daß etwas im Verstande ist, ist eines; ein anderes zu verstehen, daß es existiert. Wenn nämlich ein Maler vorher bedenkt, was er schaffen will, so hat er es zwar im Verstande. Er erkennt aber noch nicht, daß existiert, was er noch nicht geschaffen hat. Wenn er aber schon gemalt hat, so hat er es sowohl im Verstande, als er auch erkennt, daß existiert, was er bereits geschaffen hat.

So muß also auch der Tor zugeben, daß wenigstens im Verstande etwas ist, worüber hinaus nichts Größeres gedacht werden kann, weil er das versteht, wenn er es hört, und was immer verstanden wird, ist im Verstand.

Doch sicherlich kann 'das, worüber hinaus Größeres nicht gedacht werden kann', nicht allein im Verstande sein. Wenn es nämlich schon allein im Verstande ist, so kann gedacht werden, daß es auch in Wirklichkeit ist – und das ist größer. Wenn also 'das, worüber hinaus Größeres nicht gedacht werden kann', allein im Verstande ist, so ist eben 'das, worüber hinaus Größeres nicht gedacht werden kann', (etwas,) worüber hinaus Größeres gedacht werden kann. Das aber kann gewiß nicht sein. Es existiert also ohne Zweifel 'etwas, worüber hinaus Größeres nicht gedacht werden kann', sowohl im Verstande als auch in Wirklichkeit" [22].

Sieht man von dem theologischen Rahmen der Argumentation ab, der von 'Proslogion', Kap. I, bis in die beiden ersten Sätze von Kap. II führt und dann in Kap. III mit dem Satz: 'Und das bist Du, Herr, unser Gott' wiederaufgegriffen wird, so bildet den Ausgangspunkt des Beweisgangs ein bestimmter *Gottesbegriff*. Den genauen transzendentallogischen Status dieses Begriffs werden wir später erörtern. Hier genügt es zunächst, drei logische Schritte festzuhalten, die bei diesem Ausgangspunkt offenbar gemacht werden. *Erstens* behauptet Anselm, daß der von ihm formulierte Gottesbegriff das 'Was' dessen, 'was wir glauben', zur Sprache bringt ('hoc es quod credimus'). *Zweitens* scheint Anselm darauf hinweisen zu wollen, daß in dem Urteil dessen, der die Existenz Gottes bestreitet, implizit ein Wissen über das 'Was' des für nichtexistent Gehaltenen behauptet wird. *Drittens* setzt er wohl voraus, daß der Gottesbestreiter bereit ist, den vom 'christlichen Philosophen' vorgelegten Begriff mit dem von ihm selbst in seinem negativen Urteil implizierten 'Was' Gottes zu identifizieren. Zumindest dürfte Anselm der Ansicht

[22] Proslogion, Kap. II, eigene Übersetzung.

sein, daß ohne eine solche Identifikation jeder philosophische Dialog des Christen mit dem Gottesbestreiter sinnlos wäre, weil dieser ja sonst über etwas redete, um das es dem christlichen Glauben gar nicht geht[23].

Ist der atheistische Gesprächspartner mit ihm im Verständnis dieses Gottesbegriffs einig, so glaubt Anselm nun aber dessen Urteil über die Nicht-Existenz Gottes mit dem folgenden Argument als in sich widersprüchlich entlarven zu können: (1) Wenn wirkliches Sein (z. B. ein gemaltes Bild) ein Mehr bedeutet ('größer ist') gegenüber einem bloß begrifflichen Sein (z. B. ein erst geplantes Bild), (2) dann kann das 'denkbar Größte' nicht bloß im Begriff, sondern muß auch wirklich sein; (3) denn sonst ließe sich widersprüchlicherweise ihm gegenüber noch ein Mehr, ein Größeres denken: das wirkliche, nicht nur gedachte 'denkbar Größte'. (4) Also hat der, der dem 'denkbar Größten' die Existenz abstreitet, diesen Begriff nicht zu Ende gedacht.

Zwei Einwände hiergegen lassen sich relativ leicht entkräften: (1) Wirklich-sein bedeutet dem Bloß-gedacht-sein gegenüber nicht immer ein Mehr, ein Größer-sein, Vollkommener-sein. Z. B. habe ich diese Nacht zum Glück nur geträumt, einen Autounfall verursacht, ein Verbrechen begangen zu haben. – Es leuchtet unmittelbar ein, daß dieser Einwand nur im Hinblick auf Unangenehmes, Schlechtes usw. gilt, nicht mit Rücksicht auf Gutes, Schönes, Großes. Von solchem aber ist hier die Rede. Zudem muß man in einem strengen Sinn auch bei den erstgenannten Fällen ein Mehr an Wirklichkeit (gegenüber dem bloß Gedachten oder Geträumten) zugeben, wenn es auch ein unangenehmes, schlechtes 'Mehr' ist. Nicht schon mit dem Traum tritt meine Haftpflicht ein.

(2) Ein weiterer Einwand geht von anderen denkbar größten Dingen aus und versucht mit dem Hinweis darauf, daß niemand diesen bloß aufgrund solcher Übersteigerung schon Realität zuschreiben würde, auch das Argument Anselms zu entkräften. Das klassische Beispiel hierfür liefert die herrlichste, aber wie es heißt, verlorene Insel, die der Mönch Gaunilo seinem Zeitgenossen Anselm entgegenhielt. Klassisch ist aber auch die Antwort Anselms:

"Ich versichere dir: wenn mir jemand in Wirklichkeit oder auch nur in Gedanken etwas findet außer dem 'worüber hinaus Größeres nicht gedacht werden

[23] Thomas von Aquin unterliegt einem Mißverständnis des Argumentationsziels Anselms, wenn er (Sth I, q 2 a.1 ad 2) einwendet, der Gesprächspartner könne unter 'Gott' ja etwas ganz anderes verstehen, z. B. ein Körper(liches). Im Unterschied zu Thomas, der erst jeweils am Ende seiner 'fünf Wege' einen allgemeinen Konsens über die Interpretation des gewonnenen Resultats als Gott behauptet ('Et hoc omnes dicunt deum' etc.), legt Anselm hier schon zu Anfang seines Arguments gleichsam die 'Gürtellinie' fest, unterhalb derer der rationale Diskurs über den vom Christen geglaubten Gott müßig ist. Anselms Verfahren ist *fundamentaltheologisch*. Es zielt ab auf die rationale Explikation der im genuin christlichen Glauben gemachten Voraussetzungen. Thomas v. A. argumentiert *religionsphilosophisch*, wie es dem Gespräch unter Vertretern verschiedener Religionen über eine mögliche gemeinsame Diskussionsbasis entspricht (vgl. unten Kap. 9.4). Die fundamentaltheologische Argumentation (die 'fides quaerens intellectum') steht immer unter der Schwierigkeit, ob sie, vom Glauben ausgehend, auch wirklich die Fragemöglichkeit einer Vernunft vor der Offenbarung erreicht. Die religionsphilosophische Argumentation muß sich die Frage gefallen lassen, ob das im allgemeinen Disput über Gott Gewonnene wirklich bereits als Basis dafür gelten kann, was der Glaube über Gott sagt.

kann', worauf sich die Logik dieses meines Arguments anwenden ließe, so werde ich ihm die verlorene Insel finden und geben, auf daß sie nicht mehr verlorengeht" [24].

(3) Hiermit sind wir schon in die Nähe des Beispiels Kants von den 'hundert möglichen und wirklichen Talern' und seiner Problematik gelangt[25]. Hundert wirkliche Taler enthalten nicht das mindeste mehr als hundert mögliche, bloß gedachte. Der Fehler des 'ontologischen Arguments' scheint darin zu liegen, daß hier die Ambiguität ausgenutzt wird, die in dem Gedanken liegt, Wirkliches sei 'mehr', 'größer', 'vollkommener' als bloß Gedachtes. Das stimmt in gewisser Hinsicht, gibt Kant zu. Es macht einen Unterschied, hundert Taler zu haben oder nur zu erträumen. Aber dieser Unterschied betrifft nicht den *Begriff* dessen, wovon man spricht. Es ist nicht etwa so, daß auf der einen Seite hundert wirkliche, auf der anderen aber nur neunundneunzig erträumte Taler stünden. Der Begriff muß in beiden Fällen derselbe sein, sonst spreche ich nicht mehr von derselben Sache. Wer über die Realität, die Existenz einer Sache spricht, bedenkt nicht mehr ihren bloßen Begriff, ihre bloße gedankliche Möglichkeit. Man muß die Ebene des Was, des Wesens einer Sache, von der ihres wirklichen Gegebenseins (und auch der ihrer 'realen Möglichkeit') streng unterscheiden.

Der Frage, wie wichtig diese Klärung Kants im Hinblick auf die rationalistische Philosophie seiner Zeit war, mit der er sich auseinanderzusetzen hatte, können wir hier nicht näher nachgehen[26]. Die entscheidende Frage im Hinblick auf den Einwand Kants ist, worauf denn eigentlich seine Einsicht beruht, daß man das begriffliche Wissen um etwas von dem Wissen um seine wirkliche Existenz stets zu trennen habe und es auch keinen einzigen Fall gebe, in dem diese beiden Seiten notwendig zusammengehören. Kant kann diese Einsicht nur im Blick auf sinnlich erfahrbare Wirklichkeit gewonnen haben. Hier trifft in der Tat zu: Man vermag aus all dem, was man begrifflich über eine Sache weiß, noch nichts darüber auszumachen, ob sie wirklich existiert oder auch nur zur Existenz kommen kann. Läßt sich diese im Blick auf die empirische Welt gewonnene Einsicht aber auch auf andersgeartete Begriffe, etwa den von Gott, übertragen?

Selbst Kant ist es nicht gelungen, völlig konsequent in allen Fällen Begriff und Wirklichkeit so voneinander zu scheiden, wie er es in seiner Kritik am 'ontologischen Gottesbeweis' tut. Eine erste 'Ausnahme' ergibt sich nach ihm im Hinblick auf die alte, seit Augustinus und Descartes bekannte Wahrheit, daß ich nicht meines Denkens bewußt sein und gleichzeitig die Existenz dieses 'Ich denke' bezweifeln kann. Noch im universalen Zweifel bin ich mir der (nicht bloß begrifflichen, sondern realen) Wirklichkeit des 'Ich denke' sicher. So weit Kant sich auch von Descartes absetzt, er hält doch zumindest an dem nackten *Dasein* dieses 'transzen-

[24] Opera omnia, Vol. 1, 133, eigene Übersetzung.

[25] Vgl. Kritik der reinen Vernunft, B 627, Akad.-Ausg. III, 401.

[26] Vgl. hierzu bes. D. Henrich, Der ontologische Gottesbeweis. Einen Rückfall in das rationalistische Argumentieren stellt in der jüngeren Diskussion etwa der Beitrag N. Malcolms dar (vgl. bes.: The Many-faced Argument, 301-320). Zur Kritik des hier wie auch sonst häufig im Rahmen von 'Gottesbeweisen' anzutreffenden Operierens mit einem unausgewiesenen Möglichkeitsbegriff vgl. Kap. 4.3.3.

dentalen Ich' fest. Ich bin mir hier nicht bewußt, "wie ich mir erscheine, noch wie ich an mir selbst bin, sondern nur *daß* ich bin. Diese *Vorstellung* ist ein *Denken*, nicht ein *Anschauen*" [27]. Auch Kant kennt also ein (nicht durch sinnliche Erfahrung vermitteltes) Dasein, das unmittelbar aus einem Denken einleuchtet und untrennbar damit verbunden ist.

Eine weitere Sachlage, wo Begriff und Wirklichkeit voneinander untrennbar sind, ergibt sich bei Kant innerhalb der 'Kritik praktischen Vernunft'. Wer immer Einsicht gewinnt in etwas, das er unbedingt tun *soll*, weiß damit nicht nur um den *Begriff* des Gesollten, sondern auch, wenigstens prinzipiell, daß das Gesollte in die Tat überführt werden *kann*. Daß die Verwirklichung des sittlich Gesollten grundsätzlich möglich sein muß, ist zwar kein Wissen, das man irgendwie aufgrund von Erfahrung gewinnen könnte. Selbst wenn mir ein solches Wissen fehlt, ja sogar, wenn mir jede Realisierungsmöglichkeit des Gesollten in dieser Welt von Erfahrungstatsachen völlig verbaut scheint, bin ich zum sittlichen Handeln verpflichtet. Würde der sittliche Anspruch aber ein so abstraktes 'Sollen' bedeuten, daß es auch denkbar wäre, er ließe sich *prinzipiell* nicht realisieren, dann fiele er als sittlich-unbedingter Anspruch dahin. Der *Begriff* 'Ich soll' wird nur wirklich gedacht, wenn sich darin zugleich das Hoheitliche eines Seins zeigt, das seine Festigkeit über alle sinnlich feststellbare Realität hinaus behauptet. Auf diese Implikation einer *Realität* im bloßen *Begriff* des Sollens werden wir bei der Erörterung des 'moralischen Gottesbeweises' noch näher eingehen.

Der Einwand Kants gegen den 'ontologischen Gottesbeweis' geht offenbar von einem Modell des Verhältnisses von Begriff und Wirklichkeit aus, das auch in seiner eigenen Philosophie nicht allein bestimmend ist. Sollte sich der Gedanke Anselms auf einen Sachverhalt beziehen, in dem auch nach Kant Begriff und Wirklichkeit nicht voneinander zu trennen sind, so zielte der Einspruch an ihm vorbei.

Mit dem Aufweis der Grenzen des Kantischen Einwands ist das ontologische Argument selbst allerdings noch nicht als gültig erwiesen. Dessen Tragweite, zugleich aber auch seine entscheidende Schwäche lassen sich besser aufzeigen, wenn wir zunächst den zweiten Argumentationsgang hinzunehmen, den Anselm im dritten Kapitel des 'Proslogion' unmittelbar anschließt[28].

"Und dieses existiert schlechthin so wahrhaft, daß auch nicht gedacht werden kann, es existiere nicht. Denn es läßt sich denken, daß es etwas gibt, das als nichtexistierend nicht gedacht werden kann – und das ist größer als was als nichtexistierend gedacht werden kann. Wenn daher 'das, worüber hinaus Größeres nicht gedacht werden kann' als nichtexistierend gedacht werden kann, so ist eben 'das, worüber hinaus Größeres nicht gedacht werden kann', nicht 'das, worüber hinaus Größeres nicht gedacht werden kann'; was sich nicht vereinbaren läßt. So wahr-

[27] Kritik der reinen Vernunft, B 157, Akad.-Ausg. III, 123. Zur Uneinheitlichkeit der Descartes-Interpretation bei Kant auch in diesem Punkte vgl. K. Düsing, Cogito, ergo sum?

[28] Nämlich (im Lateinischen) durch ein Relativpronomen: "Quod utique sic vere est ...", wörtlich: "welches durchaus so wahrhaft existiert ...". Von hierher ist es nur schwer zu begreifen, daß man das Skelett des zweiten Kapitels – als 'ontologischen Gottesbeweis' – in der Philosophiegeschichte fast durchweg völlig getrennt von dem im dritten Kapitel folgenden Gedanken diskutiert hat.

haftig existiert also 'etwas, worüber hinaus Größeres nicht gedacht werden kann', daß es als nichtexistierend nicht einmal gedacht werden kann" [29].

So schwer überschaubar der Gedanke auf den ersten Blick scheint; die Absicht Anselms ist klar. Während er im ersten Beweisgang nur einfach die *Existenz* Gottes beweisen wollte, will er hier darüber hinaus die Undenkbarkeit der Nicht-Existenz oder die *notwendige* Existenz Gottes erweisen. Erst damit ist Gottes Sein als über alle anderen Seienden, denen Existenz nicht notwendig zukommt, unendlich erhaben qualifiziert.

Werfen wir zum Vergleich einen Blick auf die Gotteslehre des Thomas von Aquin, so sehen wir, daß nach dessen Einteilung der erste Beweisgang des Anselm unter die Frage 'Ob Gott ist', der zweite aber unter die 'Wie Gott ist' gehört[30]. Diese Beobachtung kann uns beim Vergleich der beiden Argumentationsgänge Anselms weiterhelfen. Verblüffend mag zunächst die Feststellung scheinen, daß das zweite Argument Anselms auch dann überzeugen würde, wenn die genannten Einwände gegen die Voraussetzung, daß 'wirklich existieren' ein qualitatives Mehr gegenüber 'bloß in Gedanken existieren' besagt, auf Anselms Gottesbegriff anwendbar wären. Das läßt sich aber in der Tat einsichtig machen, wenn man allein auf den Unterschied abhebt, den Anselm in diesem zweiten gegenüber dem ersten Beweisgang intendiert. Der folgende mögliche Einwand steht hier im Hintergrund: Nun gut, du hast mir jetzt die Existenz deines 'worüber hinaus ...' bewiesen. Aber was bedeutet das schon! So manches ist und geht dahin. Damit, daß ich zum Begriff des 'worüber hinaus ...' *Sein* hinzudenken muß, sehe ich noch nicht ein, daß *Gott* ist. Denn Sein und Nicht-Sein sind recht zufällige Größen. Hattest du eine solche Größe im Auge, als du mir die Existenz deines 'worüber hinaus Größeres nicht gedacht werden kann' andemonstrieren wolltest?

Demgegenüber kann Anselm nun zeigen, daß, wer immer den Begriff des 'worüber hinaus ...' denkt, mit diesem 'etwas' Sein nicht in der Weise verbinden kann, wie dies im Hinblick auf alles andere möglich ist: ein Sein, das man ihm zu-, aber auch absprechen kann. Wer immer über das Sein des 'worüber hinaus ...' nachsinnt, muß ein ihm *notwendig* zugehöriges Sein denken.

In dieser (gegenüber dem Wortlaut Anselms überpointierten) Unterscheidung zwischen dem ersten und zweiten Beweisgang wird klar, daß der letztere eigentlich gar kein 'ontologisches' Argument, d. h. keinen Schritt von der bloß begrifflichen ('logischen') Ebene zur ('ontischen') Ebene von Wirklich-sein, enthält. Er sagt uns lediglich etwas über die spezifische Qualität *des* Seins, das dem 'worüber hinaus ...' seinem Wesen, seinem Begriff nach zugehört (im Unterschied zu anderen Wesenheiten, denen *diese* Art Sein ihrem Begriff nach nicht zugehört).

Nun hat Anselm allerdings sein zweites Argument doch etwas anders formuliert. Er behauptet, daß, wer immer das 'worüber hinaus ...' denkt, nicht denken kann, daß es nicht existiert. In dieser Fassung bleibt neben der unmittelbar überzeugenden Behauptung des dritten Kapitels – daß, wenn immer ich 'Sein' mit dem Begriff des 'worüber hinaus ...' verbinde, ich *'notwendiges* Sein' damit verbinden

[29] Prosl. Cap. III, in: Opera Omnia, Vol. 1, 102f.
[30] Vgl. STh I, q. 2 mit q. 3ff.

muß – die strittige Behauptung des zweiten Kapitels impliziert, daß ich überhaupt Wirklich-sein mit diesem Begriffe verbinden muß. Diese Behauptung läßt sich nur aufrechterhalten, wenn die Voraussetzung zuzugeben ist, daß Wirklich-sein ein qualitatives Mehr gegenüber bloßem Gedacht-sein bedeutet.

Sieht man an diesem Punkt, von wo sich die Argumentation Anselms in 'Proslogion', Kap. II-III, gut überblicken läßt, genau zu, dann zeigt sich sehr deutlich die Grenze nicht nur des Kantischen Einwands, sondern auch die des ontologischen Arguments selbst.

Kants Einwand mag gegenüber dem Unbegriff eines 'allerrealsten Wesens' und ähnlichen gedanklichen Konstruktionen seine Berechtigung haben. Er läßt sich nicht auf den Gottesbegriff Anselms übertragen. Wer das äußerste Sein, das die menschliche Vernunft zu denken imstande ist, auf der einen Seite als bloßes Gedankengebilde zu konzipieren versucht und daneben dasselbe Sein als Wirklichkeit denkt und dann noch behauptet, er habe mit diesem Zweiten kein anderes, Größeres gegenüber der bloßen Fiktion dieses Seins gedacht, der hat sich nicht wirklich auf den Gedanken Anselms eingelassen. Die Faszination, die von Anselm ausgeht, läßt sich durch Einwände, wie sie Gaunilo oder Kant vorgebracht haben, nicht zerstören. Wer das 'worüber hinaus ...' wirklich denkt, sieht ein, 'daß auch nicht gedacht werden kann, es existiere nicht'.

Ist damit aber auch schon die wirkliche Existenz jenes Wesens erwiesen, wie Anselm in seinem ersten Beweisgang behauptet? Nein, evident ist lediglich eine verwirrende Notwendigkeit der Vernunft, ein berückendes Paradox: Wo die Vernunft hingreift, begreift sie Wesen, die keinen zweifellos gesicherten Bestand in der Wirklichkeit haben. Wo sie aber über alles hinausgreift, denkt sie ein Wesen, das sie nicht ernsthaft zu konzipieren vermag, ohne es als seiend, und zwar notwendig seiend zu denken. Diesem Zwang kann sie nicht entrinnen.

Warum sollte dieser Zwang aber, über die bekannten Absurditäten des Denkens hinaus, nicht vielleicht die äußerste Verrücktheit der Vernunft darstellen? Warum muß der Denknotwendigkeit, jenseits des in sich schlüssigen Zirkels der Vernunft, unbedingt eine Seinswirklichkeit entsprechen? Wer sagt, daß die Denkzwänge der menschlichen Vernunft nicht letztlich, ohne Fundament im wirklichen Sein, in der ihr eigenen Leere belassen sind?

Den unzulässigen Schritt von der 'logischen' zur 'ontischen' Ebene kann man Anselm gegenüber nicht durch den Vergleich seines Gottesbegriffs mit anderen Sachverhalten aufweisen. Es gibt neben jener, von Anselm beschriebenen inneren Gesetzlichkeit der Vernunft selbst keine vergleichbaren Sach- oder besser Denkverhalte. Aber daß die Notwendigkeit des Denkens notwendig auch durch einen Grund im Sein gedeckt ist, dies ist eine von Anselm hier unbefragt vorausgesetzte Annahme[31]. Der Wert des 'Proslogions' wird sich letztlich daran entscheiden, ob Anselms Gottesbegriff – über die zu kurz greifende Formulierung seines 'ontologi-

[31] In diesem Sinn ist vielleicht auch die knappe Kritik des Thomas von Aquin zu verstehen: "Selbst angenommen, daß jeder unter diesem Namen 'Gott' das Gesagte verstehe, nämlich jenes, worüber hinaus Größeres nicht gedacht werden kann; so folgt darum noch nicht, daß er einsehe, daß das, was durch den Namen bezeichnet wird, im Bereich der Wirklichkeit sei, sondern lediglich in der Auffassung der Vernunft" (STh I, q. 2 a. 1 ad 2).

schen Arguments' hinaus – bei dieser Frage nach dem letzten Grund unseres Denkens weiterhilft.

4.3 Das transzendentallogische Argument

Mit den abschließenden Ausführungen zum 'ontologischen Argument' sind wir bereits zu einer Art des Argumentierens übergegangen, in der man sich nicht bemüht, aus einem bloßen Begriff eine Wirklichkeit gleichsam 'herauszuklauben', sondern einen bestimmten Begriff in seiner ganzen Tragweite als *Bewegung des Denkens* selbst zu erfassen sucht. Auf diese 'transzendentallogische' Betrachtungsweise scheinen die berühmten Kapitel II-III des 'Proslogions' tatsächlich angelegt, wenn auch in der Formulierung des ontologischen Arguments der Gottesbegriff eher wie ein Denk-Gegenstand eingeführt wird, den man prüfen kann, ohne sein eigenes Denken selbst dabei prüfen zu müssen.

Von einem 'transzendentallogischen Argument' in Analogie zu den anderen, klassischen 'Beweisarten für das Dasein Gottes' zu sprechen, ist nicht ohne Probleme. Einmal hat man die Autorität eines Immanuel Kant gegen sich, der, wie wir sahen, nur drei Beweisgänge der spekulativen Vernunft als möglich zuläßt. Zum anderen gibt es für das, was es nun zu erörtern gilt, kein allgemein gebräuchliches Etikett. Die verschiedenen Bezeichnungen, die man einzuführen versucht hat (z. B. 'noetischer', 'noologischer', 'ideologischer', 'anthropologischer', 'transzendentaler' Gottesbeweis), verhelfen allesamt kaum dazu, in der Sache, um die es geht, Klarheit zu schaffen.

Das eigentliche Dilemma liegt aber darin, daß es – im Unterschied zum kosmologischen, teleologischen und ontologischen Argument – nicht einmal eine *Formulierung* des transzendentallogischen Arguments gibt, die beanspruchen könnte, als 'klassisch' zu gelten. Die 'Großmeister' des transzendentalen Denkens – allen voran Kant, Fichte und Husserl – sind weit davon entfernt, so etwas wie einen transzendentallogischen Beweis für die Existenz Gottes führen zu wollen. Wo man im Umkreis der Neuscholastik bei dem Versuch, die Transzendentalphilosophie mit Thomas von Aquin zu versöhnen, verschiedene Varianten eines transzendentalen oder 'anthropologischen' Gottesbeweises vorgelegt hat, entstanden – wie noch zu zeigen sein wird – weithin so hybride Gebilde, daß ein kritischer Philosoph sich nicht gerade eingeladen fühlt, solcherlei Unternehmungen überhaupt ernsthaft zur Kenntnis zu nehmen. Immerhin gibt es zu denken, daß von allen Gottesbeweisen im strengen Sinn die von uns hier als 'transzendentallogisch' bezeichnete Beweisart nun wirklich die älteste ist – die Vorläufer des kosmologischen und des teleologischen Arguments in der Antike kann man ja noch kaum eigentlich als *Gottes*beweise bezeichnen.

Auf die Urform des Gedankens bei Augustinus werden wir in Kap. 4.3.4 eingehen. Zuerst aber wollen wir wieder bei Kant einsetzen und fragen, ob nach den Prinzipien seiner Philosophie die Beschränkung auf nur drei Beweisgänge der spekulativen Vernunft wirklich konsequent ist.

4.3.1 Der Ausfall der Frage nach der zureichenden Möglichkeitsbedingung 'regulativer Ideen' bei Kant

Bei der Diskussion des ontologischen Arguments wurde bereits die Stelle aus der zweiten Auflage der 'Kritik der reinen Vernunft' zitiert, wonach selbst Kant noch wenigstens an dem nackten 'Daß' der im Akt des Denkens bewußten eigenen Existenz festhält[32]. Dieses Bewußtsein von Existenz spielt sich auf einer anderen Ebene ab als die Erkenntnis des empirischen Ich, d. h. der Weise, wie ich mir, vermittelt über die sinnliche Anschauung, als gegeben erscheine.

Nimmt man Kant hier beim Wort, so ergibt sich im Zusammenhang mit Kants Verständnis der 'regulativen Ideen' ein eigentümliches Problem. Nach seiner Auffassung "sind die reinen Vernunftbegriffe von der Totalität in der Synthesis der Bedingungen wenigstens als Aufgaben, um die Einheit des Verstandes wo möglich bis zum Unbedingten fortzusetzen, nothwendig und in der Natur der menschlichen Vernunft gegründet; es mag auch übrigens diesen transcendentalen Begriffen an einem ihnen angemessenen Gebrauch in concreto fehlen und sie mithin keinen andern Nutzen haben, als den Verstand in die Richtung zu bringen, darin sein Gebrauch, indem er aufs äußerste erweitert, zugleich mit sich selbst durchgehends einstimmig gemacht wird" [33]. "Sie sind nicht willkürlich erdichtet, sondern durch die Natur der Vernunft selbst aufgegeben [...]" [34]."Denn wenn schon dadurch kein Object bestimmt werden kann, so können sie doch im Grunde und unbemerkt dem Verstande zum Kanon seines ausgebreiteten und einhelligen Gebrauchs dienen, dadurch er zwar keinen Gegenstand mehr erkennt, als er nach seinen Begriffen erkennen würde, aber doch in dieser Erkenntniß besser und weiter geleitet wird. Zu geschweigen, daß sie vielleicht von den Naturbegriffen zu den praktischen einen Übergang möglich machen und den moralischen Ideen selbst auf solche Art Haltung und Zusammenhang mit den speculativen Erkenntnissen der Vernunft verschaffen können" [35].

Auch abgesehen von ihrer letztgenannten Funktion, den Zusammenhang zwischen theoretischer und praktischer Vernunft einsichtig zu machen, sind die regulativen Ideen, darunter der Gottesbegriff, nach Kant also alles andere als bloße Projektionen. Man muß sie vielmehr als einen auch ohne Rückgriff auf die praktische Vernunft einsichtigen '*Kanon*', d. h. ein Maßgebendes der menschlichen Vernunft betrachten, als eine apriorische Gesetzlichkeit des seiner Existenz bewußten Ich vor und jenseits aller empirischen, geschichtlichen Bestimmtheit[36]. Eigentümlich ist nun aber, daß Kant über den damit aufgewiesenen Dynamismus der menschli-

[32] B 157, Akad.-Ausg. III, 123.
[33] B 380, ebd. 251f.
[34] B 384, ebd. 254.
[35] B 385f, ebd. 255.
[36] Dies hat zu Recht F. Wagner unterstrichen: "Daß Gott ein Gedanke ist, den die Vernunft denken *muß*, ist die Voraussetzung für das *Postulat der Realität Gottes* in der praktischen Philosophie. Die Theologie hat aber Kant weitgehend so rezipiert, daß sie von der Unmöglichkeit, Gott auf dem Boden der Vernunft zu denken, ausgegangen ist." In: Aspekte der Rezeption Kantischer Metaphysik-Kritik in der evangelischen Theologie des 19. und 20. Jahrhunderts, hier 28. Vgl. auch W. Pannenberg, Systematische Theologie I, 102 f.

chen Vernunft keine weitere Rechenschaft gibt. Er fragt nicht nach dem zureichenden Grund dieser Bewegtheit der Vernunft auf ein Unbedingtes hin, einer Bewegung, die diesmal als apriorischer Charakter des transzendentalen Subjekts selbst, nicht also erst innerhalb der von diesem konstituierten Welt erfahrener Gegenstände erkannt ist. Zur Durchführung dieser Frage bedürfte es allerdings der Einsicht, daß mit der Kantischen Begründung des Kausalprinzips als eines Satzes, der nur innerhalb der Sinnenwelt Realität erschließt, die Frage nach dem zureichenden Grund wohl doch nicht gänzlich obsolet geworden ist.

Wenden wir uns von hierher nun zunächst der dritten Cartesischen Meditation zu, wo die Frage nach dem zureichenden Grund für die Bewegtheit der menschlichen Vernunft auf ein Unbedingtes hin tatsächlich durchgeführt wird.

4.3.2 Der 'Gottesbeweis' in der dritten Meditation Descartes'

Der Beweisgang der dritten Meditation ist im einzelnen recht unübersichtlich. Es hat den Anschein, als ob in diesem Text 'neuer Wein in alte Schläuche gefüllt', d. h. eine kritisch transzendentale Einsicht in das Instrumentarium scholastischer Begrifflichkeit gepreßt worden wäre. Versuchen wir hier lediglich, die wichtigsten logischen Schritte festzuhalten.

(1) Auch noch im universalsten Zweifel – dies ist die entscheidende Ausgangsbasis des gesamten Werks der 'Meditationes de prima philosophia' – hat das Denken mit dem 'Ich denke/Ich bin' einen festen Boden der Wirklichkeit.

(2) In das Denken fallen nun die verschiedenartigsten Vorstellungen – wie etwa Tier, Mensch, Engel, Gott.

(3) Aufgrund des methodischen Zweifels ist die wirkliche Existenz (realitas actualis sive formalis) all dieser Wesen zwar in Frage gestellt. Sie haben, indem sie einen spezifischen Gegenstand bezeichnen, dennoch eine genau bestimmte Existenz in unserer Vernunft (realitas obiectiva).

(4) Der Satz vom Grund verlangt nicht nur, daß für wirklich existierende Dinge eine zureichende Ursache angegeben wird. Auch die verschiedenen Inhalte unseres Denkens, wie die genannten Vorstellungen von Tier, Mensch usw., müssen auf eine Ursache zurückgeführt werden, die hinreichend ihr Zustandekommen erklärt. (Beispiel: Auf einem Film habe ich einmal Bilder von Dingen aufgenommen, die jetzt nicht mehr in der Wirklichkeit existieren. Auch die bloßen Bilder auf dem Film – in meiner Vernunft – verlangen aber nach einer zureichenden Erklärung, wie sie entstehen konnten.)

(5) Vorstellungen von Tieren oder Menschen kann ich mir bilden, indem ich von den komplexen Vorstellungen ausgehe, die ich aus meiner Selbsterfahrung als eines körperlichen und geistigen Wesens gewinne. Fabelwesen wie den Pegasus kann ich ersinnen, indem ich Vorstellungen von Vierbeinern und Vögeln nehme und wie in einer Fotomontage zusammensetze. Auch den Begriff eines Engels mag ich auf diese Weise wohl zustande bringen, wenn mir die Begriffe 'Mensch' und 'Gott' gegeben sind.

(6) Nur die Idee 'Gott' kann durch nichts anderes in meiner Vernunft zustandekommen als durch eine Einwirkung des wirklich existierenden Gottes selbst.

Hier sind in verblüffender Weise die zentralen Elemente der beiden bisher besprochenen Beweisarten – des kosmologischen und des ontologischen Arguments – zusammengebracht. Als Ausgangsbasis scheint eine Kombination vorzuliegen aus, einmal, einer als wirklich erkannten Bewegung (wie in der 'prima via' des Aquinaten) und, zum anderen, dem Gottesbegriff (wie im ontologischen Argument). Die als wirklich erkannte Bewegung ist allerdings, im Unterschied zum Ausgangspunkt der 'prima via', keine solche, die als durch sinnliche Wahrnehmung gewiß angenommen wird, sondern eine Realität, die gerade aus dem methodischen Zweifel an allem, und zuvörderst an der sinnlichen Gewißheit, als apodiktisch, d. h. durch keinen Zweifel umstürzbar, gewiß gewonnen wurde: Es ist die Bewegung des Denkens selbst, die sich auch noch in dem auf sich selbst gelenkten Zweifel in ihrer Wirklichkeit bestätigt weiß[37].

Was hier auf den ersten Blick als eine Kombination höchst heterogener Elemente (Wirklichkeit des Ich + Gottesbegriff) erscheint, erweist sich beim näheren Hinsehen nun aber als eine gedanklich klar erfaßte transzendentale Einheit. Dem Einwand, der Gottesbegriff sei keine wirklich ursprüngliche Denkbestimmung, sondern durch Verneinung eines Endlichen künstlich hervorgebracht, hält Descartes entgegen: "Auch darf ich nicht glauben, ich begriffe das Unendliche nicht in einer wahrhaften Vorstellung, sondern nur durch Verneinung des Endlichen, so wie ich Ruhe und Dunkelheit durch Verneinung von Bewegung und Licht begreife. Denn ganz im Gegenteil sehe ich offenbar ein, daß mehr Sachgehalt in der unendlichen Substanz als in der endlichen enthalten ist und daß demnach der Begriff des Unendlichen dem des Endlichen, d. i. der Gottes dem meiner selbst gewissermaßen vorhergeht. Wie sollte ich sonst auch begreifen können, daß ich zweifle, daß ich etwas wünsche, d. i. daß mir etwas mangelt und ich nicht ganz vollkommen bin, wenn gar keine Vorstellung von einem vollkommeneren Wesen in mir wäre, womit ich mich vergleiche und so meine Mängel erkenne?" [38]

Das im radikalen methodischen Zweifel seinen unhinterfragbaren eigenen Boden der Wirklichkeit auslotende Denken erkennt im gleichen Akt die Gottesidee als notwendige Möglichkeitsbedingung des Zweifelns. Weitab davon, daß die Gottesidee eine sekundär in das Denken hineingebrachte Vorstellung wäre, weiß das Denken diese Idee als eine ihm ursprünglich eingebrannte Prägung; ja, es erkennt sich schließlich als nichts anderes denn diese Gottesidee, als Bild Gottes: "Es ist auch gar nicht zu verwundern, daß Gott mir, als er mich schuf, diese Vorstellung eingepflanzt hat, damit sie gleichsam das Zeichen sei, mit dem der Künstler sein Werk signiert. Übrigens braucht dieses Zeichen gar nicht etwas von dem Werke selbst Verschiedenes zu sein, sondern einzig und allein daher, daß Gott mich geschaffen hat, ist es ganz glaubhaft, daß ich gewissermaßen nach seinem Bilde und seinem Gleichnis geschaffen bin und daß dieses Gleichnis – in dem die Idee Gottes

[37] Von daher scheint es mir nicht angemessen, den Beweisgang der Med. III den 'kosmologischen' Argumenten zuzuordnen, vgl. O. Höffe, Immanuel Kant, 159 ff.

[38] Med. III (24), deutsch: Meditationen über die Grundlagen der Philosophie, 83.

steckt - von mir durch dieselbe Fähigkeit erfaßt wird, durch die ich mich selbst erfasse" [39].

Wir werden auf den genuin transzendentalen Charakter dieser Erkenntnis und ihre Tragweite auf dem Umweg über Augustinus und Anselm zurückkommen, wollen zunächst aber die weiteren Elemente des Cartesischen Beweisgangs ins Auge fassen. Es sind offenbar, wie im kosmologischen Argument, die Prämissen des Kausalprinzips und des Abweises eines unendlichen Regresses, deren Anwendung vom Ausgangspunkt zu dem Schluß: 'Gott existiert' führt.

"Nun ist es aber durch das natürliche Licht offenkundig, daß mindestens ebensoviel Sachgehalt in der gesamten wirkenden Ursache vorhanden sein muß wie in der Wirkung ebendieser Ursache. Denn ich frage: woher sonst sollte die Wirkung ihren Sachgehalt nehmen, als von der Ursache; und wie könnte ihn die Ursache ihr geben, wenn sie ihn nicht selbst besäße" [40].

"Und wenngleich etwa eine Vorstellung aus einer anderen entstehen könnte, so kann dies doch nicht ins Unendliche fortgehen, sondern man muß schließlich zu einer ersten gelangen, deren Ursache gleichsam das Urbild darstellt, das den ganzen Sachgehalt in gegenständlicher Form [formaliter] besitzt, der in der Vorstellung nur als ihre Bedeutung [obiective] vorhanden ist" [41].

Mit dieser scholastischen Argumentation scheint der Beweisgang Descartes' der gleichen Kritik verfallen, die Kant dem kosmologischen Gottesbeweis zuteil werden ließ. Es dürfte damit zusammenhängen, daß die dritte Cartesische Meditation auch im neuscholastischen Philosophieren relativ wenig Beachtung gefunden hat. Selbst wo man sich hier wie Descartes um einen unbezweifelbar gewissen *Ausgangspunkt* in der Autonomie der Vernunft müht, wird das *Ziel* dennoch mit anderen Argumenten angesteuert, und zwar mit Hilfe von wirklich heterogenen, 'von draußen' hereingebrachten Prämissen - nicht nur, wie bei Descartes, über die schlechte Formulierung eines in sich schlüssigen Gedankens. Wir wollen uns kurz mit dem Grundtypus einer solchen Argumentation auseinandersetzen, um dann schließlich zum eigentlichen Nerv des 'transzendentallogischen Arguments' zu kommen.

[39] Med. III (38), ebd. 95. - H.-J. Engfer (Widerlegt Descartes' Vierte Meditation den Gottesbeweis der Dritten?) hebt den Kern des Arguments der Med. III gut heraus, greift aber im Hinblick auf eine zureichende Beantwortung des Woher der Gottesidee zu kurz. Ähnlich auch W. Weischedel, Der Gott der Philosophen, Bd. 1, 170-174; R. Schaeffler, Fähigkeit zur Erfahrung, 73-76. - W. Pannenberg, Systematische Theologie I, 127 ff, versucht - im engen Anschluß an seine Studien zur Anthropologie (s. hierzu unten Kap. 7) -, die Cartesische Idee des Unendlichen empirisch-genetisch aus der 'Unbestimmtheit des symbiotischen Lebenszusammenhangs' von Kind und Mutter herzuleiten. - Zur Wiederentdeckung der Cartesischen Gottesidee bei Emmanuel Levinas bemerkt richtig J. Greisch, L'Age herméneutique de la raison, 269: "Ce qu'il y a de plus nouveau et de plus original dans la pensée de Dieu proposée par Levinas est peut-être contenu dans cette insistance sur le caractère *traumatique* de l'idée de Dieu... Mais la référence à l'expérience éthique et à son caractère nécessairement traumatisant épuise-t-elle, comme le pense Levinas, toutes les significations de ce traumatisme?"

[40] Med. III (14), ebd. 73.

[41] Med. III (15), vgl. ebd. 75/77.

4.3.3 Eine neuscholastische Variante

Aufgrund der bisherigen Erörterung des Ausgangspunkts des transzendentallogischen Arguments können wir diese Beweisart bereits gegenüber einem breiteren Spektrum von Beweisgängen abgrenzen, die sonst z. B. unter dem Titel 'anthropologisches Argument' zusammengefaßt werden. Der sogenannte 'moralische Gottesbeweis' Kants – den Walter Kasper zusammen mit dem Aufweis Gottes aus dem menschlichen Gewissen bei John Henry Newman ebenfalls unter den anthropologischen Argumenten aufführt[42] – ist kein transzendentallogisches Argument im engeren Sinn, weil er nicht auf der Basis einer unbezweifelbaren Voraussetzung aller Vernunft geführt wird. Auch ein Ausgang von 'innerer Erfahrung' – wie er in der Blütezeit der Debatte um das kosmologische Argument und insbesondere um eine adäquate Begründung des metaphysischen Kausalprinzips gern gewählt wurde[43] – fällt nicht unter unsere Thematik, weil es einer transzendentalen Logik um die *Möglichkeits*bedingungen *aller* Erfahrung, auch der inneren geht (abgesehen davon, daß eine 'innere Erfahrung' erkenntniskritisch noch darauf zu untersuchen ist, inwieweit sie durch eine äußere Erfahrung vermittelt wird). Der Ausgangspunkt des in Kap. 4.3 allein zur Frage stehenden Arguments ist eine letzte, transzendentale Selbstgewißheit der Vernunft, die jedem Versuch, sie aufzulösen, standhält.

Die Frage, wie eine solche Gewißheit zu gewinnen ist – ob man hier einfach das Cartesische 'cogito-sum' übernehmen kann oder den Ausgangsboden anders sichern muß –, soll uns an dieser Stelle noch nicht beschäftigen. Es geht zunächst lediglich um die Wegstrecke zwischen diesem Ausgangspunkt und dem Schluß: 'Gott existiert'.

Insofern es sich bei der transzendentalen Ausgangsbasis um eine Bewegung der *Vernunft* handelt, ist von vornherein klar, daß eine analoge Unterscheidung wie die in Kap. 4.1 besprochene zwischen 'kosmologischem' und 'teleologischem' Ausgangspunkt innerhalb der durch die Sinne wahrgenommenen Erfahrung hier nur rein künstlich vorgenommen werden könnte. Denn zum einen *ist* jede Bewegung der Vernunft wesentlich teleologisch, d. h. auf ein Ziel ausgerichtet. Darüber hinaus *weiß* die Vernunft sich selbst als in dieser Bewegung auf ein Ziel hin 'begriffen'. Die transzendentale Ausgangsbasis, wie wir sie hier zunächst im Anschluß an Descartes erörtert haben, ist desweiteren dadurch charakterisiert, daß sich die Vernunft in ihrer unbezweifelbaren Selbstgewißheit zugleich als Bewegung auf ein absolut Unbedingtes hin weiß. Dies im Raum der Neuscholastik unter Rückgriff auf die kritische Philosophie Kants neu herausgearbeitet zu haben, ist das Verdienst vor allem von Joseph Maréchal, dem hierin viele Denker gefolgt sind[44].

[42] Vgl. W. Kasper, Der Gott Jesu Christi, 136 f.

[43] Vgl. etwa A. Pechhacker, Zur Begründung des Kausalprinzips.

[44] Vgl. O. Muck, Die transzendentale Methode in der scholastischen Philosophie der Gegenwart. Die Frage, inwieweit Antonio Rosmini als "ein Vorläufer der Maréchal-Schule" zu betrachten ist, kann hier offengelassen werden. Vgl. hierzu K.-H. Menke, Vernunft und Offenbarung nach Antonio Rosmini, 267 und 41 mit Verweis auf F. Pfurtscheller, Von der Einheit des Bewußtseins zur Einheit des Seins, 249 Anm. 2, 278.

Muß man nun ohnehin von dem teleologischen Dynamismus der menschlichen Vernunft als letztem, kritisch zu sicherndem Boden der Erkenntnis ausgehen, dann kann es als naheliegend erscheinen, die lästigen Fragen nach der Begründetheit eines auch in der Metaphysik tragenden Kausalprinzips zunächst einmal beiseite zu lassen und sich allein auf die Finalität des Dynamismus zu konzentrieren. So ist es im neuscholastischen Philosophieren (im Anschluß an eine Argumentationslinie, die sich über Leibniz, Suárez und Duns Scotus bis auf Avicenna zurückverfolgen läßt) zu dem Versuch gekommen, einen Gottesbeweis mit Hilfe des *Finalitätsprinzips* (unter Einklammerung der Frage nach einer Wirkursache) zu führen.

Ein auf Aristoteles zurückgehendes scholastisches Axiom[45] sagt: 'Desiderium naturae non potest esse inane', ein Vorgriff auf etwas, ein Verlangen, das einem Wesen von Natur her eingeschrieben ist, kann nicht prinzipiell ins Leere gehen (auch wenn es im Einzelfall nicht immer ans Ziel kommt). Diesem Satz ist leicht anzumerken, daß er die Wohlgeordnetheit der Natur aufgrund eines ihr zugrundeliegenden vernünftigen Bauplans stillschweigend voraussetzt. Seine Anwendung innerhalb eines Gottesbeweises läuft also auf eine 'petitio principii' hinaus. Daher wird versucht, den 'harten Kern' des Axioms unter Vermeidung einer solchen 'petitio principii' festzuhalten und seine Gültigkeit zumindest im Hinblick auf den Vorgriff der Vernunft auf ein schlechthin *unbedingtes Sein* zu erweisen[46]. Dies geschieht in zwei Schritten:

(1) Aus dem natürlichen, genauer: dem transzendental nicht weiter hinterfragbaren, apodiktisch gewissen Vorgriff unseres Geistes auf ein unbedingtes Sein folge zumindest die *Möglichkeit* dieses Ziels.

(2) Handelt es sich aber um die erwiesene Möglichkeit eines *unbedingten, absoluten* Seins, so sei damit notwendig auch die *Wirklichkeit* dieses Seins erkannt.

(Zu 1) Der Gedankengang läßt sich als ein Sophisma entlarven. Der Grundfehler des Arguments liegt darin, daß man aus einer logischen Nicht-Widersprüchlichkeit auf eine reale Möglichkeit schließt. Der Vorgriff auf ein Ziel kann gewiß nicht auf ein logisch Unmögliches gehen, sonst widerspräche er sich selbst als Vorgriff. Damit ist aber noch nichts über die reale Möglichkeit des Ziels ausgemacht. Das 'Mögliche' im Sinne von das 'Nichtwidersprechende' ist in sich selbst nicht etwa "'indifferent zum Dasein', so als könnte es, 'wenn es auf es ankommt', jederzeit im Dasein erscheinen, sondern *es hat mit dem 'Dasein' überhaupt nichts zu tun.* Wird es aber 'ontologisch möglich' genannt, so wird eine absolute schöpferische Potenz [...] vorausgesetzt, die eine solche 'Möglichkeit' der Vorstellung verwirklichen

[45] Vgl. Aristoteles, De caelo et mundo I, 4 (A 271 a 33).

[46] Zu früheren Vertretern des Arguments (z. B. J. Gredt, W. Brugger, J. B. Lotz, E. Coreth, K. Rahner, G. Isaye, O. Muck, A. Marc) vgl. H. Verweyen, Ontologische Voraussetzungen, 48 ff. Die Grundstruktur des 'Beweises' wurde von J. Splett, Gotteserfahrung im Denken, 63-70, aufgenommen und findet sich nun in Versuchen wieder, den transzendentalpragmatischen Ansatz von K.-O. Apel metaphysisch zu transzendieren. Vgl. den Schluß von der 'Möglichkeit absoluten Seins' auf seine notwendige Wirklichkeit im 'Versuch eines Beweises des Grundgedankens des objektiven Idealismus' bei V. Hösle, Begründungsfragen, 245 ff, und P. Hofmann, Glaubensbegründung, 238 f.

könnte" [47]. Diese absolute Potenz soll ja aber gerade erst noch erwiesen, nicht schon vorausgesetzt werden.

Wir machen zwar im Alltagsgebrauch unserer Sprache nicht so feine Unterschiede zwischen 'logisch' und 'ontologisch' (oder 'real'). Wenn wir z. B. sagen: 'Es ist möglich, daß es morgen schneit', so meinen wir nicht nur, daß diese Aussage in sich nicht widersprüchlich ist, sondern daß sie nach bisher gemachten Erfahrungen hinsichtlich einer morgen stattfindenden Realität einiges für sich hat. Solcherlei empirisch gestützte Urteile über ein 'Vielleicht' darf man jedoch nicht in den Bereich einer strengen metaphysischen bzw. transzendentalen Argumentation übertragen. Setzt man die Existenz einer absoluten schöpferischen Potenz hinter allem kontingenten Geschehen nicht bereits voraus, dann bleibt das Urteil Nicolai Hartmanns richtig: "Real möglich im strengen Sinn ist durchaus nur das, dessen Bedingungen alle bis zur letzten erfüllt sind. Solange noch eine fehlt, ist die Sache nicht möglich [...] Dabei bedeutet das Erfülltsein der Bedingungen nichts Geringeres als ihr reales Vorhandensein, also ihr real Wirklichsein" [48].

(Zu 2) Unhaltbar ist aber auch der zweite Schritt der Argumentation. Weil seinem Wesen nach das unbedingte Sein (Gottes) nur entweder absolut notwendig oder absolut unmöglich sein kann (nicht aber 'bloß möglich' wie kontingente Wesen), so sei mit der Erkenntnis der möglichen Existenz Gottes zugleich seine notwendige Wirklichkeit erkannt. Aus der Disjunktion: 'Das unbedingte Sein ist entweder absolut notwendig oder absolut unmöglich' läßt sich rechtmäßig aber nur folgern, daß es bei der Frage nach der Wirklichkeit Gottes nicht schon mit dem Aufweis einer bloßen Möglichkeit seiner Existenz getan ist. Aus dem Wesen des *kontingenten* Seienden folgt zwar, daß man eine metaphysisch gültige Aussage über sein Sein machen kann, auch ohne etwas über seine Wirklichkeit zu wissen – nämlich über sein (reales) Möglichsein aufgrund einer absoluten schöpferischen Potenz. Aus dem Wesen des *absoluten* Seins ergibt sich aber, daß man erst dann von seinem realen Möglichsein sprechen kann, wenn sein Wirklichsein erkannt ist. Jede andere 'Möglichkeit' ist nicht das reale Möglichsein des absoluten Seins. Der Fehler der hier diskutierten Argumentation liegt darin, daß man – ähnlich wie Kant in seiner Kritik am 'ontologischen Argument' – eine aufgrund der Endlichkeit des kontingenten Seienden gewonnene ontologische Einsicht (nämlich das Wissen um die Differenz von Möglichkeit und Wirklichkeit als realen Bestimmungen des Seienden) auf das absolute Sein überträgt.

4.3.4 Die Urform des Arguments bei Augustinus und seine Weiterführung im Gottesbegriff Anselms

So sehr die tragende Ausgangsbasis des transzendentallogischen Arguments die Finalität der menschlichen Vernunft auf ein Unbedingtes ist, so wenig läßt sich ein gültiger Gottesbeweis durch Anwendung eines Finalitätsprinzips führen. Aber

[47] Vgl. G. Siewerth, Der Thomismus als Identitätssystem (1938), 256.
[48] N. Hartmann, Möglichkeit und Wirklichkeit, 154-156.

auch die bloße Applikation eines als Prämisse vorausgesetzten Kausalprinzips (wie in der dritten Cartesischen Meditation) kann nicht voll befriedigen. Ist es vielleicht möglich, analog zu der Art und Weise, wie wir im Rahmen des kosmologischen Arguments im Anschluß an Gustav Siewerth das Aufbrechen der Frage nach einem zureichenden Grund durch eine genauere Reflexion des Ausgangspunkts selbst zeigen konnten, auch den transzendentallogischen Beweisgang auf eine ursprünglichere Evidenz zurückzuführen? Der Ausgangspunkt müßte hier allerdings eine apodiktische Selbstgewißheit der Vernunft, nicht eine durch sinnliche Erfahrung vermittelte Gewißheit sein.

In der Tat gibt es dafür einen wichtigen Anstoß in der frühesten Fassung, in der das transzendentallogische Argument überhaupt erscheint, nämlich im zweiten Buch von Augustins 'Über den freien Willen' [49]. Die in Dialogform etwas weitschweifig vorgetragenen Gedanken sind ziemlich komplex. Höchst interessant ist aber die Grundstruktur der Argumentation.

Wie später Thomas von Aquin fragt auch Augustinus zunächst nach dem am meisten gewissen Ausgangspunkt: "ut de manifestissimis capiamus exordium" [50]. Dieser ist für Augustinus allerdings erst in der selbst durch radikalstes Fragen nach einem möglichen Irrtum unerschütterlichen Gewißheit des eigenen, bewußten Seins gegeben: "si fallor, sum" [51]. Im Weiterfragen erkennt nun die sich ihrer selbst gewisse Vernunft, daß sie über ihre Sinneswahrnehmung und den diese koordinierenden 'inneren Sinn' erhaben ist, weil sie all dies *beurteilt.* Schließlich stellt sie sich die Frage, ob es noch etwas Höheres und, im Unterschied zu ihr selbst, Unwandelbares gebe. In diesem - oder in 'etwas, das sich noch darüber hinaus' befände - müsse man, so meint Augustinus, Gott erkennen, "über den hinaus niemand ist" ("quo est nullus superior" [52]).

Eine solche unwandelbare und allgemeingültige Wirklichkeit, über die nicht die Vernunft richtet, deren Urteil die Vernunft selbst vielmehr untersteht, sieht Augustinus in 'Zahl und Weisheit' gegeben. Damit knüpft er an ein Schriftwort an. Er las Koh 7,26 in der Fassung: *"Circui<i> ego et cor meum ut scirem et considerarem et quaererem sapientiam et numerum"* (Ich und mein Herz gingen umher, damit ich wisse, betrachte und suche Weisheit und Zahl)[53].

Wie in Anselms 'Proslogion' haben wir es hier bei Augustinus also offenbar mit einem fundamentaltheologischen Ansatz, mit einer 'fides quaerens intellectum' zu tun. Dann müssen wir aber auch wie im Hinblick auf den bei Anselm aus dem Glauben gewonnenen Gottesbegriff fragen: Welche *philosophische* Einsicht liegt hier zugrunde?

Zur Antwort auf diese Frage wird man sich vor Augen halten müssen, daß bis ins Hohe Mittelalter hinein mit der Einheit von Arithmetik, Geometrie, Astro-

[49] De lib. arb., Lib. II, III-XV (CChrSL XXIX, 239-265). Vgl. W. M. Neumann, Die Stellung des Gottesbeweises in Augustins *De libero arbitrio*, (Literatur!).
[50] De lib. arb., Lib. II, III (CChrSL XXIX, 239).
[51] Ebd., vgl. Contra Acad., Lib. III, XI-XIII (CChrSL XXIX, 48-52); De trin., Lib. XV, XII (CChrSL L/A, 490-494); De civ. Dei, Lib. XI, XXVI (CChrSL XLVIII, 345).
[52] De lib. arb., Lib. II, VI (CChrSL XXIX, 246).
[53] Ebd. Lib. II, VIII (CChrSL XXIX, 253).

nomie und Musik (als Quadrivium, 'Vierweg') das Studium der 'freien Künste' zum Ziel kam. Nur aus dieser Vertiefung in die alles Wandelbare übersteigende und jeden Geist faszinierende Symmetrie der Zahl wurden solche Wunderwerke wie die romanischen und gotischen Kathedralen möglich. 'Zahl' ist – wie aus Paralleltexten hervorgeht[54] – für Augustinus der höchste Richtwert im Bereich des Ästhetischen, wie 'Weisheit' den Maßstab im Bereich der Suche nach dem Glück abgibt. Seit der Einführung des Infinitesimalkalküls, wo in der modernen Funktionalisierung der Mathematik zwecks durchgängiger Verfügungsgewalt über die Natur z. B. der Kreis als ein unendliches Vieleck berechnet wird, ist das Staunen über die aus keiner empirischen Vorgegebenheit zu erklärende Macht der reinen Form über die menschliche Vernunft zwar weithin abhanden gekommen. Ist mit diesem Außer-Geltung-Setzen der platonisch-pythagoreischen Einsicht aber auch schon die Gültigkeit der 'Wahrheit der Zahl' hinfällig geworden?[55]

In unserem gegenwärtigen Zusammenhang geht es darum, dem transzendentalen 'nervus probandi' auf die Spur zu kommen. Dieser dürfte in dem Begriff des 'iudicare' liegen. Er vermittelt über eine Frage nach den Möglichkeitsbedingungen der sinnlichen Erfahrung und ihrer Einheit die Einsicht, daß die Vernunft höher als dies alles steht, weil ihr das letzte Urteil darüber zukommt. Nun begegnet die Vernunft im Gesetz der Zahl aber ihrerseits einer Wahrheit, deren 'iudicium' sie untersteht. Die Zahlengesetze sind dem Geist nicht über die Vermittlung von sinnlicher Wahrnehmung, sondern aus ihrem eigenen Wesen heraus 'eingedrückt', und ohne Rücksicht auf den Faktor Zeit hat sich die allen gemeinsame Ratio nach ih-

[54] Vgl. z. B. De vera religione, XXX-XXXII (CChrSL XXXII, 222-227).

[55] Vgl. hierzu die Klage, die J. G. Fichte über den 'Mißbrauch der Algebra von blos formalen Köpfen' führt. "So hat man [...] noch nicht recht einsehen können, daß die Quadratur des Zirkels unmöglich, und in ihrem Begriffe widersprechend sey. – Der Rec[ensent] meiner Schrift, *Über den Begriff der Wissenschaftslehre* [...], fragt mich, ob denn die Quadratur des Zirkels darum unmöglich sey, weil *gerade* und *krum* nichts gemein haben. Er glaubt, sehr klug gefragt zu haben, sieht sich um, lacht, und läßt mich in meiner Beschämung [/] da stehen. [...] ich antworte ihm: die große Weisheit hat Sie um den gesunden Menschenverstand gebracht. – Am Wissen, lieber Herr, fehlt es mir über diesen Punkt nun eben nicht, aber am Verstehen. Ich habe es, als ich noch in Secunda saß, gar wohl vernommen, daß die Peripherie gleich seyn soll einem Polygon von unendlich vielen Seiten, und daß man den Flächeninhalt des erstern bekommen soll, wenn man den des leztern hat: aber ich habe die Möglichkeit dieser Ausmessung nie begreifen können, und hoffe zu Gott, daß er bis an mein Ende mich sie nicht werde begreifen lassen." Grundlage des Naturrechts (1796), in J. G. Fichte, Gesamtausgabe, Bd. I.3, 317f.

Deutlicher hatte Fichte den Grundgedanken in einem Entwurf zu dieser Anmerkung zu Papier gebracht; vgl. ders., Was ist von einem UnendlichEk zu halten?, in: ders., Gesamtausgabe, Bd. II.5: Nachgelassene Schriften 1796-1801, 5: "Was ist von einem UnendlichEk zu halten? – Es ist ein innerer Widerspruch. Denn Unendlich bedeutet bloß die fortgehende Regel des Verfahrens, die aber nie ausgeübt ist. Wird aber ein UnendlichEk gesezt so sezt man sie, als ausgeübt. . welches sich widerspricht." Hegel hebt in seiner Kritik zu Fichtes Anmerkung (vgl. ebd. 3f) mit Recht hervor, daß Fichte selbst von dieser Einsicht in seinem Begriff des 'unendlichen Strebens' keinen Gebrauch macht, scheint aber zu übersehen, daß in der modernen Mathematik der philosophisch wichtige Unterschied zwischen einer bloß potentiellen und einer aktualen Unendlichkeit, wie er etwa im Gottesbegriff Anselms festgehalten ist, als 'quantité négligeable' unter den Tisch fällt (vgl. unten Kap. 6.2.2).

nen zu richten, nicht umgekehrt[56]. Der Kern des Arguments besteht hier also darin, daß Augustinus im Unterschied zu Kant auf den *regula*tiven Charakter von Ideen reflektiert, die die Welt des Empirischen transzendieren und für die Vernunft maßgebend sind.

Blickt man nun von dieser transzendentalen Erfassung der endlichen Vernunft in ihrer Spannung zwischen *iudicare* und *iudicari*, zwischen ihrer urteilenden Superiorität gegenüber der gesamten Objektwelt und ihrem Haltfinden an einem Maßstab, der sie selbst übersteigt, auf das dritte Kapitel von Anselms 'Proslogion', so fällt dort eine interessante Anknüpfung an die augustinische Tradition auf. Nach Abschluß des zweiten Beweisgangs fährt Anselm fort:

"Und das bist Du, Herr, unser Gott. So wahrhaft also bist Du, Herr, mein Gott, daß Du als nichtexistierend nicht einmal gedacht werden kannst. Und mit Recht. Denn wenn ein Geist etwas Besseres als Dich denken könnte, erhöbe sich das Geschöpf über den Schöpfer und *urteilte* über den Schöpfer, was ganz widersinnig ist" [57].

Weit davon entfernt, sich zum Zwecke des Beweises der Existenz Gottes einen Gottesbegriff 'zusammengedacht' zu haben, weiß Anselm sich mit diesem Begriff vielmehr unter dem Urteil eines sein Denken ursprünglich bestimmenden Maßstabs, der die Vernunft zugleich vor sich selbst und vor Gott stellt.

Dabei ist im Auge zu behalten, wie nahe der Anselmsche Gottesbegriff dem 'Gesetz der Zahl' steht, von dem Augustinus spricht. 'Id quo maius cogitari nequit', 'das, worüber hinaus Größeres nicht gedacht werden kann': mit diesem Begriff schreitet Anselm gleichsam die gesamten Möglichkeiten unserer Vernunft ab. Der menschliche Geist läßt sich durch kein Seiendes aufhalten, ist selbst vielmehr die Bewegung, die über alles mögliche Gegebene hinausschreitet - darstellbar etwa an der potentiellen Unendlichkeit der Reihe der natürlichen Zahlen 1,2,3 ... usf., wo zu jeder Zahl 'n' immer noch ein '+ 1' hinzugedacht werden kann. Dieses nicht vollendbare Fortgehen macht zugleich die Würde der Vernunft gegenüber der gesamten Objektwelt wie ihre innere Ruhelosigkeit aus. Um die innerste Triebkraft dieser ihrer eigenen Dynamik namhaft zu machen, bildet die Vernunft nun aber den Begriff eines ganz anderen Unendlichen, einer Transzendenz, die weder 'höchstes Objekt' noch endloses Fortschreiten, sondern allumfassender Horizont und ewige Ruhe ist, eine Größe, die absolut keinen Platz auf dem Zahlenstrahl 'n + 1' hat.

Merkwürdig ist, daß der Anselm überlegene Mathematiker Descartes den Gottesbegriff zwar mit eben dieser Unterscheidung zwischen 'potentieller' und 'aktualer Unendlichkeit' zur Sprache zu bringen sucht[58], es ihm jedoch nicht gelingt, den

[56] Vgl. De lib. arb., Lib. II, VIII (CChrSL XXIX, 250f); ferner De civ. Dei VIII, 5 (CChrSL XLVIII, 221f).

[57] Prosl. Cap. III, in: Opera Omnia, Vol. 1, 103; meine Übersetzung und Hervorhebung.

[58] "[...] wenn auch meine Erkenntnis stets weiter und weiter wüchse, so sehe ich nichtsdestoweniger ein, daß sie darum doch niemals aktuell unendlich sein wird, da sie doch niemals soweit gelangen wird, daß sie nicht immer noch eines weiteren Zuwachses fähig wäre. Gott aber, urteile ich, ist in der Weise aktuell unendlich, daß zu seiner Vollkommenheit sich nichts hinzutun läßt" Med. III, 27 (Gäbe 87).

Begriff mit derselben philosophischen Präzision zu formulieren wie Anselm. 'Das vollkommenste Wesen' [59] ist eine Bestimmung Gottes, in der dieser noch objekthaft vorgestellt, nicht transzendental gedacht wird wie im 'id quo nihil maius cogitari potest'. Hier aber bestimmt sich das Denken selbst als Akt in seiner eigentlichen Tragweite, indem es Gott denkt, und verliert sich nicht mehr in den Bereich gegenständlich fixierten Seins[60]. Bei diesem Nerv transzendentalen Begreifens werden wir anzusetzen haben, wenn wir die Frage nach der Hinordnung des Menschen auf Offenbarung systematisch stellen.

Wie zu Abschluß unserer Erörterung des kosmologischen Arguments muß im jetzigen Zusammenhang aber zunächst gefragt werden, was das transzendentallogische Argument leistet und was nicht. (Beim ontologischen Argument haben wir keine solchen abschließenden Überlegungen angestellt, weil es, losgelöst aus dem Zusammenhang transzendentalen Begreifens, auf einen nicht ausgewiesenen Schritt aus der logischen in die ontologische Ordnung hinausläuft.)

Überwunden ist im transzendentallogischen Argument (prinzipiell jedenfalls, wenn auch nicht in jeder seiner historischen Formulierungen) das Manko an Reflexion auf die subjektive Leistung des Denkenden, das im kosmologischen Beweisgang zutage trat. Das Problem, was am befragten Phänomen auf eine begegnende Wirklichkeit und was auf die Investition des Fragenden zurückzuführen sei, ist dadurch grundsätzlich überholt, daß der Fragende beim letzten Konstitutionsgrund von Erfahrung, nämlich der Subjektivität selbst ansetzt. Zumindest im Gottesbeweis Anselms von Canterbury ist auch im Hinblick auf den Gottesbegriff die Verlorenheit des Subjekts in objekthaft vorgestelltes Sein überwunden, die den Zugang zu einem angemessenen Gottesbegriff verstellt.

Unterlaufen scheint im transzendentallogischen Argument ebenso das Theodizee-Problem, das sich im kosmologischen Argument gerade dort zu Wort meldet, wo die Frage nach dem zureichenden Grund - etwa beim Anblick des Schönen in seiner Verletzlichkeit - am unmittelbarsten auf Gott wies. Der Denkende setzt das verwirrende Spiel der sinnlichen Erfahrungswelt im Hinblick auf seine Geltung und Gewißheit von vornherein in Klammern und zieht sich auf einen Boden zurück, den ihm auch ein 'absoluter Lügengeist' nicht mehr entwinden kann[61]. Dadurch scheint dieses Subjekt, solange es sich nur an seine ursprüngliche Evidenz hält, immun gegen die bedrückende Erfahrung des Übels in der Welt. Demgegenüber wird aber zu zeigen sein (Kap. 6.2.1), daß mit dem transzendentallogischen Argument zunächst nur eine adäquate Diskussionsebene für das Gespräch mit dem Agnostiker gewonnen ist, nicht ein wirklicher Gottesbeweis.

Was schließlich die Frage nach dem Stellenwert des transzendentallogischen Arguments im Rahmen des Aufweises der Verwiesenheit des Menschen auf Offenbarung angeht, so kommt diesem Demonstrationstypus sicherlich ein besonderes

[59] 'Ens summe perfectum' (vgl. Med. V, 7; ebd. 119).

[60] Dies hat besonders gut Karl Barth herausgestellt: Fides quaerens intellectum. Angesichts dieser transzendentallogischen Denkleistung Anselms ist die Frage zweitrangig, ob er die von ihm im 'Proslogion' eingeführte Formel möglicherweise bereits vorgefunden hat, vgl. dazu die Hinweise bei K. Flasch, Das philosophische Denken im Mittelalter, 188 u. 621.

[61] Vgl. Descartes, Med. II, 3.

Gewicht zu. Er ist, wie schon in Umrissen deutlich wurde, wesentlich erstphilosophisch angelegt und führt die 'demonstratio religiosa' aus der Gefährdung, ein bloßes 'Parterre' für weitere fundamentaltheologische 'Traktate' zu legen. Eher wäre an eine stets in Bewegung gehaltene Rolltreppe zur nächsten Etage zu denken: Indem die Vernunft ihr eigenstes Wesen als eine unendliche Bewegung erfaßt, die sie selbst nicht zur Ruhe bringen kann, enthüllt sie sich als Offenheit auf weiteres Geschehen von Gott her.

4.4 Der 'moralische Gottesbeweis' [62]

Das Postulat der Existenz Gottes aus der praktischen Vernunft, das Kant selbst als "den moralischen Beweis für das Dasein Gottes" bezeichnet[63], darf wohl als seine originäre Denkleistung betrachtet werden. Geschichtliche Vorläufer lassen sich kaum ausmachen[64]. Versuchen wir auch hier zunächst den Ausgangspunkt des Arguments und dann die weiteren Denkschritte zu bestimmen.

Grundlage des Postulats ist die Evidenz des unbedingt verpflichtenden Sittengesetzes, die Kant als ein 'Faktum der reinen praktischen Vernunft' bezeichnet. Wir können hier nicht auf die weit verzweigte Diskussion dieses 'kategorischen Imperativs' eingehen. Für unsere Überlegungen mag der Ausgang von jenem Beispiel für die Evidenz eines unbedingten Sollens und der damit verbundenen Gewißheit von Freiheit genügen, das Kant zu Ende von § 6 der 'Kritik der praktischen Vernunft' anführt – und das, leider, noch nichts von seiner Aktualität eingebüßt hat.

"Setzet, daß jemand von seiner wollüstigen Neigung vorgiebt, sie sei, wenn ihm der beliebte Gegenstand und die Gelegenheit dazu vorkämen, für ihn ganz unwiderstehlich: ob, wenn ein Galgen vor dem Hause, da er diese Gelegenheit trifft, aufgerichtet wäre, um ihn sogleich nach genossener Wollust daran zu knüpfen, er alsdann nicht seine Neigung bezwingen würde. Man darf nicht lange rathen, was er antworten würde. Fragt ihn aber, ob, wenn sein Fürst ihm unter Androhung derselben unverzögerten Todesstrafe zumuthete, ein falsches Zeugniß wider einen ehrlichen Mann, den er gerne unter scheinbaren Vorwänden verderben möchte, abzulegen, ob er da, so groß auch seine Liebe zum Leben sein mag, sie wohl zu überwinden für möglich halte. Ob er es thun würde, oder nicht, wird er vielleicht sich nicht getrauen zu versichern; daß es ihm aber möglich sei, muß er ohne Bedenken einräumen. Er urtheilt also, daß er etwas kann, darum weil er sich bewußt ist, daß er es soll, und erkennt in sich die Freiheit, die ihm sonst ohne das moralische Gesetz unbekannt geblieben wäre" [65].

[62] Ausführliche Darstellung und Kritik des Arguments (Literatur!) bei G. B. Sala, Kant und die Frage nach Gott, 365-455.

[63] Vgl. die Überschrift von § 87 der 'Kritik der Urteilskraft'.

[64] Vgl. M. Albrecht, Kants Antinomie der praktischen Vernunft, 133ff. A. Winter urteilt etwas zurückhaltender (vgl. ders., Der Gottesbeweis aus praktischer Vernunft, 109-178). Die von ihm angeführten Stellen (vgl. ebd. 149f, Anm. 162) sind in ihrem systematischen Duktus aber doch sehr von dem Kants verschieden.

[65] Akad.-Ausg. V, 30.

Kant stellt hier die drei mächtigsten Triebkräfte des Menschen einander gegenüber. Zunächst wird der Sexualtrieb, das Verlangen der Natur nach Arterhaltung ins Feld geführt. Es muß zurücktreten vor dem Trieb nach Selbsterhaltung: angesichts des drohenden 'Galgens vor dem Hause' wird jeder auch die stärkste Äußerung seines Sexualtriebs zu unterdrücken vermögen. – Die Bühne bleibt unverändert, mit dem gleichen Galgen vor dem Fenster. Nun aber trifft die oberste Macht der Natur, die Liebe zum Leben, auf eine ganz andersgeartete, scheinbar ohnmächtige Antriebskraft, die sich ohne jeden Zwang des Müssens äußert: das 'du sollst'. Der Potentat oder sein folternder Scherge mögen alle Gewalt der Welt in Händen halten, um den zum Werkzeug ihrer korrupten Ziele herausgegriffenen Menschen zu einem widersittlichen Akt zu zwingen. Ja, sie mögen – wie Kant in seiner nüchternen Einschätzung des Menschenherzens andeutet – in den meisten Fällen ihre Ziele auch wirklich durchsetzen. Nicht verhindern können sie aber, daß ihr Opfer, hat es nur einmal die unbedingte sittliche Forderung, einen ehrlichen Mann nicht durch eine feige Lüge dem Tode preiszugeben, erkannt, zugleich eine ganz andere Kraft erfahren hat, die nicht in ihrem Herrschaftsbereich liegt: die unbedingte *Freiheit* zum Guten, ohne die es die unbedingte *Aufforderung* zum Guten nicht gibt.

Die auf der sittlichen Evidenz aufbauenden weiteren Schritte Kants zur Erkenntnis des Daseins Gottes sind nicht leicht zu erfassen. Deutlich zeichnen sich verschiedene Phasen in der Argumentation Kants ab[66]. In der 'Kritik der reinen Vernunft' wird die Annahme Gottes noch als Triebfeder für das moralische Handeln in Anspruch genommen. Dieser Ansatz, der die Autonomie sittlichen Handelns nicht wahrt, ist seit der 'Kritik der praktischen Vernunft' überwunden. Erst in der 'Kritik der Urteilskraft' und der 'Religion innerhalb der Grenzen der bloßen Vernunft' findet Kant aber zu Formulierungen, die den Anschein vermeiden, als ginge es im Postulat der Existenz Gottes zur Garantie des 'höchsten Guts' (dem Einklang von Tugend und Glückseligkeit) am Ende doch nur um eine Tugendhaftigkeit, die auf einen ihrer sittlichen Würde angemessenen Lohn pocht. So etwas

[66] Zur schwierigen Diskussionslage vgl. meine Einleitungen zu J. G. Fichte, Versuch einer Kritik aller Offenbarung, XVIII-XXIII (Literatur LXXI ff) und zu ders., Die Anweisung zum seligen Leben, XXIII f, XXXIX. – W. Jaeschke (Die Vernunft in der Religion, 39-91) unterscheidet zu Recht drei Phasen in der Formulierung des Gottespostulats bei Kant, übersieht aber doch wohl, daß die Lösung des Widerstreits zwischen Autonomie und Heteronomie, die er in Fichtes Schriften aus der Zeit des sogenannten Atheismusstreits gegeben sieht (vgl. ebd. 86), im Grunde auch schon in den späteren Schriften Kants zu finden ist. Zur Weiterführung der Problematik des Kantischen Postulats bei Fichte vgl. auch J. Rohls, Theologie und Metaphysik, 301-322. – G. B. Sala zeigt mit großer Sorgfalt Unstimmigkeiten in der Argumentation Kants auf, schließt aber zu Unrecht, daß ein Moralgesetz, das den Menschen auch bei völliger Ungewißheit über den Ausgang seines Handelns unbedingt in Anspruch nimmt, "den Menschen absolut *zum Nichts hin* in Anspruch [nimmt]" (vgl. ders., Kant und die Frage nach Gott, 454). Seine Kritik an Kant dürfte letztlich doch wieder auf eine eudämonistische Ethik hinauslaufen, vgl. die ebd. 444f angeführten Belegstellen, die allesamt der in der "Kritik der reinen Vernunft" anzutreffenden Reflexionsebene zuzurechnen sind. Salas Replik (vgl. ders., Wohlverhalten und Wohlergehen, bes. 383ff) vermag mich nicht völlig zu überzeugen. Wenn er am Ende seiner detaillierten Ausführungen gleichsam die Alternative "Helden des Sinnlosen" und "das Geschenk verpflichtet" aufstellt, so übersieht er, daß Kants Position mit beiden Stichworten verfehlt wird (vgl. ebd. 398).

ist nicht als eine Forderung des Sittengesetzes zu erkennen und widerspricht offensichtlich Kants klarem Nein gegenüber jeder Verquickung der sittlichen Einsicht mit auch noch so eingeschränkten eudämonistischen Zielen.

Der Kerngedanke des Arguments läßt sich etwa so zusammenfassen: Die dem Menschen evidente unbedingte Verpflichtung zu sittlichem Handeln fordert nicht nur eine dem Sittengesetz entsprechende Gesinnung, sondern auch den ernsten Willen, die Welt nach diesem Gesetz zu gestalten. Das führt letztlich auf den Endzweck einer dem Sittengesetz völlig entsprechenden Ordnung der Welt, die der Mensch, soviel an ihm liegt, vorantreiben muß. Die endgültige Durchsetzung dieses Ziels steht aber nicht in seiner Macht, da die Wirksamkeit der Naturgesetze und die des freien sittlichen Handelns auf verschiedenen Bahnen verlaufen.

Damit ergibt sich nun aber ein unausweichliches Dilemma. Entweder man hält eine letzte Harmonie von sittlichem Auftrag und Weltordnung für prinzipiell unmöglich. Das führt in letzter Konsequenz zu einer verminderten Achtung vor der unbedingten sittlichen Verpflichtung, insofern sich diese auf etwas Unmögliches richtet. Oder aber man glaubt – aller Erfahrung zum Trotz, doch im Vertrauen auf die innere Stimmigkeit der sittlichen Verpflichtung – an die Möglichkeit einer letzten Übereinkunft zwischen der zum Guten entschiedenen Freiheit und dem Naturverlauf. Dazu muß man aber eine Instanz annehmen, in deren Macht es liegt, die beiden Ordnungen des Sittengesetzes und des Naturgesetzes zu versöhnen.

Der wohl bedeutendste Text Kants hierzu findet sich in § 87 der 'Kritik der Urteilskraft'.

"Wir können also einen rechtschaffenen Mann (wie etwa den Spinoza) annehmen, der sich fest überredet hält: es sei kein Gott und (weil es in Ansehung des Objects der Moralität auf einerlei Folge hinausläuft) auch kein künftiges Leben; wie wird er seine eigene innere Zweckbestimmung durch das moralische Gesetz, welches er thätig verehrt, beurtheilen? Er verlangt von Befolgung desselben für sich keinen Vortheil, weder in dieser noch in einer andern Welt; uneigennützig will er vielmehr nur das Gute stiften, wozu jenes heilige Gesetz allen seinen Kräften die Richtung giebt. Aber sein Bestreben ist begränzt; und von der Natur kann er zwar hin und wieder einen zufälligen Beitritt, niemals aber eine gesetzmäßige und nach beständigen Regeln (so wie innerlich seine Maximen sind und sein müssen) eintreffende Zusammenstimmung zu dem Zweck erwarten, welchen zu bewirken er sich doch verbunden und angetrieben fühlt. Betrug, Gewaltthätigkeit und Neid werden immer um ihn im Schwange gehen, ob er gleich selbst redlich, friedfertig und wohlwollend ist; und die Rechtschaffenen, die er außer sich noch antrifft, werden unangesehen aller ihrer Würdigkeit glücklich zu sein dennoch durch die Natur, die darauf nicht achtet, allen Übeln des Mangels, der Krankheiten und des unzeitigen Todes gleich den übrigen Thieren der Erde unterworfen sein und es auch immer bleiben, bis ein weites Grab sie insgesammt (redlich oder unredlich, das gilt hier gleichviel) verschlingt und sie, die da glauben konnten, Endzweck der Schöpfung zu sein, in den Schlund des zwecklosen Chaos der Materie zurück wirft, aus dem sie gezogen waren. – Den Zweck also, den dieser Wohlgesinnte in Befolgung der moralischen Gesetze vor Augen hatte und haben sollte, müßte er allerdings als unmöglich aufgeben; oder will er auch hierin dem Rufe seiner sittlichen inneren Bestimmung anhänglich bleiben und die Achtung, welche das sittliche Gesetz ihm unmittelbar zum Gehorchen einflößt, nicht durch die Nichtigkeit des einzigen ihrer hohen Forderung angemessenen idealischen Endzwecks schwächen (welches ohne einen der moralischen Gesinnung widerfahrenden Abbruch nicht geschehen kann): so muß er, welches er auch gar wohl thun kann, indem es an sich wenigstens nicht widersprechend ist, in praktischer Absicht, d. i. um sich wenigstens von der Möglichkeit des ihm moralisch vorgeschriebenen Endzwecks einen Begriff zu machen, das Dasein eines moralischen Welturhebers, d. i. Gottes, annehmen" [67].

An dieser Stelle, die im Blick auf die angesprochene dunkle Wirklichkeit der vorher zitierten Alternative zwischen Lüge und Tod durchaus verwandt ist, besticht zunächst einmal der Ernst, mit dem Kant auf den Entwurf einer atheistischen Ethik eingeht. Die Kritik von Feuerbach bis Bloch vorwegnehmend, schiebt Kant die Frage nach der eigenen Fortdauer in einem Jenseits und einem für diesen Zweck etwa zu projizierenden Gott von vornherein beiseite. Solches Fragen hat im Horizont sittlichen Handelns keinen Platz. Aber der 'kategorische Imperativ' begnügt sich nicht mit einer Gesinnungsethik, in der man von der Durchsetzung des dem Handeln aufgegebenen Zwecks abstrahieren könnte. Die sittliche Verpflichtung bindet *mich* zwar, gleich, ob ich einen Erfolg *meines* Handelns erwarten kann oder nicht. Darüber hinaus gilt aber unbedingt, daß der von der reinen praktischen Vernunft angezielte Zweck – letztlich eine durchgängige Bestimmtheit der Welt gemäß dem Sittengesetz – durchgesetzt werden *soll* und darum, wegen der Unbedingtheit des sich hier zur Geltung bringenden reinen Vernunftwillens, auch wird. Das 'du kannst' der Freiheit, das die Evidenz der unbedingten sittlichen Forderung mit sich führt, ist letztendlich eine Ansage wirklicher Zukunft, vor der aller gegenteilige Anschein der Naturkausalität verblaßt. Ich muß also, will ich nicht die Unbedingtheit des Sollens in Zweifel ziehen, an eine schließliche Disponibilität der Natur für das an die Freiheit ergehende Sittengesetz glauben. Dieser Glaube ist nach Kant aber identisch mit dem an 'das Dasein eines moralischen Welturhebers, d. i. Gottes'.

Werfen wir auch hier zum Schluß die kritischen Fragen auf, die wir bereits bei der Besprechung des kosmologischen und des transzendentallogischen Arguments gestellt haben.

(1) Das Gottespostulat Kants ermöglicht erstmals eine – und, wie mir scheint, die einzig angemessene – philosophische Antwort auf das Problem der *Theodizee*. Dies wird deutlich, wenn man das Argument Kants weiterführt in den Horizont der von Denkern wie Camus, Adorno, Benjamin und Horkheimer aufgenommenen und präzisierten Frage nach den Opfern der Geschichte von Gewalt, allgemeiner: nach der nicht hinnehmbaren Agonie Unschuldiger, sei diese Agonie nun von Menschen verfügt oder in der Schöpfung selbst angelegt. Der Protest gegen eine Welt, angesichts deren es "für Gott besser wäre, wenn er nicht existierte" [68],

[67] Akad.-Ausg. V, 452 f.

[68] Das bekannte Diktum Stendhals, nach dem die einzige Entschuldigung Gottes ist, nicht zu existieren, hat Albert Camus zurückhaltender aufgenommen: "[...] da die Weltord-

entspringt einer Idee von Solidarität, dergegenüber die gängigen Begriffe von Gott sich als etwas entlarven, worüber hinaus Größeres in der Tat gedacht werden kann - aber nicht nur *gedacht*. In solcher Evidenz einer unbedingten Solidarität wird dieses Größere vielmehr auch *erfahren* - bei den zitierten Denkern nur eben nicht als *Gott*. Denn: ist Gott allmächtig, dann scheint er mangels gerechten Handelns den Maßstäben sittlicher Vernunft unterlegen. Ist er aber nicht allmächtig, so wird man ja mit den traditionellen Begriffen von Gott brechen müssen.

Daß dieser berechtigte Protest dennoch nicht an einem Gottespostulat vorbeikommt, läßt sich an einer Situation äußerster Entscheidung verdeutlichen, etwa im Anschluß an die Ausweglosigkeit, wie sie Albert Camus in seinem Roman 'Die Pest' bei der Schilderung des Todeskampfes eines Kindes und der Reaktion der unmittelbar Betroffenen eindrücklich herausgehoben hat[69]. Für den 'Anwalt der Anklage' im Theodizeeprozeß gibt es einen kritischen Punkt, der bislang wohl noch nicht genügend bedacht wurde.

Wie verhält sich dieser Anwalt nämlich, wenn sein Mandant, der unschuldig Leidende, in die äußerste Krise des gegen Gott schreienden Leidens geführt wird? Aug' in Aug' mit dem in die Agonie geworfenen Menschen kann sich für den mit unbezweifelbarem Recht Protestierenden eine bedrückende Aporie ergeben, dann nämlich, wenn der Blick des Sterbenden bis zuletzt fragend auf ihn gerichtet bleibt. Weicht der 'Anwalt der Anklage' diesem Blick seines Mandanten schließlich nicht doch unter Verzicht auf ein wirklich durchgehend solidarisches Handeln aus, so wird er nicht an einer seinen gesamten Daseinsentwurf herausfordernden Entscheidung vorbeikommen. Entweder er bleibt bei seinem Urteil über die absolute Sinnlosigkeit dieses Leidens. Dann wird es einen Augenblick geben, von dem an er den Sterbenden mit sich allein läßt; wo er zum anderen (wenn auch nur unausgesprochen) sagen muß: 'Jetzt ist unser gemeinsamer Kampf um deinen Lebenssinn zu Ende. Von nun an bist *du* bloßer Spielball einer Macht, die allen Sinn verweigert. *Ich* aber bleibe auf einem Feld zurück, wo der Kampf des Sisyphos, wenn auch absurd und nie gewonnen, so doch vielleicht nicht ganz ohne Sinn ist'.

Oder aber der 'Anwalt der Anklage' läßt in seiner Entschiedenheit zu äußerster Solidarität seinen Mandanten auch bei diesem letzten Schritt in die Sinnlosigkeit nicht allein, sondern signalisiert ihm: 'Ich versuche mitzugehen.' Was geschieht mit dem Schritt in dieses Dunkel hinein, das nichts als den Grund für den gerechtesten aller Proteste herzugeben scheint? Nicht immer wird es bis zum letzten Ausloten der damit gesetzten Option kommen. Wo der Blick des Sterbenden aber bis zuletzt auf der berechtigsten aller menschlichen Fragen, der nach Sinn, beharrt, nach dem Sinn auch dieses Schritts ins letzte Grauen, und der bei ihm Ausharrende diesem Blick nicht ausweicht, sondern signalisiert: 'Ich versuche mitzugehen' - da kommt der 'Vertreter der Anklage' nicht an einem paradoxen Handeln vorbei. Man kann keinen bewußten Schritt in eine auch noch so unbekannte Rich-

nung durch den Tod bestimmt wird, ist es für Gott vielleicht besser, daß man nicht an ihn glaubt und mit aller Kraft gegen den Tod ankämpft, ohne die Augen zu diesem Himmel zu erheben, in dem er schweigt." (Die Pest, 146).

[69] Vgl. ebd. 242-246.

tung tun, ohne wenigstens eine auch noch so unbestimmte Hoffnung auf Sinn wachzurufen. (Diesen phänomenologischen Tatbestand hält auch das deutsche Wort 'Sinn' fest, das, seiner ursprünglichen Bedeutung nach, mit 'Weg, Reise, Richtung' verwandt ist[70].) Mit dem Schritt auf jenes Dunkel zu muß der solidarisch Mitgehende eine Hoffnung auf Sinn wider allen Anschein von Sinnlosigkeit setzen, gleichsam blanko einen Scheck unterschreiben, den nur jenes 'aliquid' einzulösen vermöchte, 'über das hinaus Größeres nicht gedacht werden kann' - das aber auch, im Horizont der radikalen Theodizeeproblematik, nur mit äußerster Anstrengung überhaupt gedacht werden kann.

Eine solche aporetische Option solidarischen Handelns ist aus anderen Zusammenhängen her nicht ganz unbekannt. 'Nachts schlafen die Ratten doch', läßt Wolfgang Borchert einen krummbeinigen alten Mann zu dem Jungen sagen, der in den Trümmern des Wohnhauses seinen toten Bruder bewacht[71]. Lügt die Mutter, fragt Peter Berger, wenn sie ihr weinendes Kind mit Worten tröstet wie: 'Hab' keine Angst', 'Alles ist in Ordnung', 'Alles ist wieder gut' [72]?

Beim Heranziehen solcher Analoga muß man allerdings auf der Hut sein, daß man nicht unversehens aus dem Bereich der reinen praktischen Vernunft in die durch Neigung affizierte Vernunft hinüberwechselt, in ein mitmenschliches Verhalten etwa, das sich evolutionär aus lange vorgegebenen Triebmustern der Primaten herleiten läßt. Man wird stets den Kern des Gedankens im Auge behalten müssen: In der unbedingten Evidenz sittlicher Verpflichtung weiß ich mich auf einen Wert des anderen Menschen hin gerufen, der dessen Eingezwängtsein in Naturprozesse und ideologische Entwürfe übersteigt. Aus dieser Einsicht erwächst zum einen der Protest gegen alle menschenmordende Gewalt in Schöpfung und Geschichte. Damit zugleich entspringt aber auch eine Appellation an die Instanz, die mir die Augen über das wahre Antlitz des anderen öffnet. Es entspringt das Postulat, diese Instanz selbst, der Ursprung des unbedingten 'du sollst', möge sich gegen die Gewalt durchsetzen, die zu verabscheuen sie mich unwiderruflich lehrt - und zwar nicht erst in einer immer schon zu spät kommenden 'Rettung von oben herab', sondern in einem Akt, der den Anschein der Sinnlosigkeit des Leidens von innen her unterläuft.

Die Antwort auf die Theodizeefrage, die sich im Anschluß an Kants Postulat der Existenz Gottes geben läßt, hält sich allerdings ausschließlich im Rahmen der praktischen Vernunft, insofern sie sich für ein unbedingt Gesolltes entschieden hat. Sie weist nicht etwa einen auch noch so minimalen Fetzen theoretischen Wissens auf. Wie eine Welt aussehen könnte, in der sich der Sinn unschuldigen Leidens (oder wie immer man die vielen gegen Gott sprechenden Fakten unserer Erfahrungswelt benennen mag) auftut, wissen wir nach wie vor nicht. Nur, *daß* es eine solche Welt geben muß, wenn das Sittengesetz - zeitgenössisch ausgedrückt: die Idee unbedingter Solidarität - nicht etwas Unmögliches fordert und dadurch in

[70] Vgl. F. Kluge, Etymologisches Wörterbuch der deutschen Sprache, 764 und franz. 'sens unique', italien. 'senso unico'.
[71] Vgl. W. Borchert, Das Gesamtwerk, 216-219.
[72] Vgl. P. Berger, Auf den Spuren der Engel, bes. 82.

Widerspruch mit sich selbst gerät, erkennen wir mit unumstößlicher Gewißheit. Und genau das umschreibt Kant mit dem Begriff 'Postulat'.

(2) Die zweite kritische Frage, die wir jeweils am Ende unserer Erörterung des kosmologischen und des transzendentallogischen Arguments stellten, ist die nach der Gründlichkeit der transzendentalen Reflexion, und zwar im Hinblick (a) auf den Ausgangspunkt des Arguments sowie (b) auf den Gottesbegriff.

(a) Was die transzendentale Reflexion des *Ausgangspunktes* angeht, so liegt die Evidenz eines unbedingten Sollens als eines 'Faktums der reinen Vernunft' gleichsam in der Mitte zwischen der Basis des kosmologischen und der des transzendentallogischen Arguments. Es handelt sich nicht um ein empirisches Faktum, das noch auf seine transzendentale Konstitution durch ein Subjekt hinterfragt werden müßte, sondern um eine solche Gegebenheit, die die eigentliche Dimension der praktischen Vernunft überhaupt erst erschließt. Denn nur über die Einsicht in ein unbedingtes Sollen – so stellten wir im Anschluß an Kant heraus – weiß sich eine endliche Vernunft als wirklich frei, über die bloße Vorform von Freiheit hinaus, wie sie in der Willkür- oder Wahlfreiheit erscheint[73].

Im Unterschied zum Ausgangspunkt des transzendentallogischen Arguments ist Kants 'Faktum der reinen Vernunft' allerdings keine unhinterfragbare Selbstgewißheit der Vernunft, die etwa über die methodisch versuchte Negation ebendieser Gewißheit gesichert werden könnte. Die sittliche Evidenz bildet nicht den apodiktisch-unaufhebbaren Konstitutionsgrund von Bewußtsein überhaupt. Sie wird von dem, der sich in dieser Evidenz hält, allenfalls als der eigentliche Grund *wahren* Wissens erkannt.

Damit ist zugleich deutlich, daß das 'Faktum der reinen (praktischen) Vernunft' nicht unmittelbar als Ausgangspunkt für eine erstphilosophische Fragestellung dienen kann. Erst wenn sich zeigen ließe, daß eine endliche Vernunft überhaupt ohne die Anerkennung eines unbedingten Sollens nicht als widerspruchslos vernünftig zu denken ist, wäre jenes 'Faktum' als adäquater Ausgangspunkt einer letzte Fragen thematisierenden Wissenschaft kritisch gesichert. In diese Richtung wird unser systematischer Versuch einer erstphilosophischen Ermittlung des Begriffs von letztgültigem Sinn zielen.

Immerhin hat unser Durchgang durch die klassischen Formen der 'Gottesbeweise' ein interessantes Ergebnis hinsichtlich des jeweiligen Ausgangspunkts erbracht. Am Anfang steht immer eine ursprüngliche Bewegung der Vernunft, ein Akt des *Staunens*, das nach Platon[74] und Aristoteles[75] der Ausgang der Philosophie ist[76]. Sosehr auch "der bestirnte Himmel über mir und das moralische Gesetz in mir" [77] nur innerhalb der Erschlossenheit bzw. Entschlossenheit meiner Vernunft 'Gegenstände' meiner Bewunderung sein können und daher auf die Grundstruktur von erschlossener und entschlossener Vernunft überhaupt hinterfragbar bleiben,

[73] Zum Verhältnis der einzelnen Phänomenebenen von Freiheit zueinander vgl. Kap. 6.3.3.
[74] Vgl. Theait. 155 d.
[75] Vgl. Met. A 2, 982 b 12.
[76] Ausführlicher hierzu vgl. H. Verweyen, Botschaft eines Toten?, Kap. 1.
[77] Vgl. oben Anm. 10.

lassen sich diese (den kosmologischen und moralischen Gottesbeweis initiierenden) Grunderfahrungen auf eine allgemeinere, 'wissenschaftlichere' Weise von Erkenntnis doch nur unter Verlust ihres eigentlichen Sinngehalts reduzieren. Und was den Ausgangspunkt des transzendentallogischen Arguments betrifft, so sahen wir auch hier am Ursprung dieser Denkbewegung eine spezifische Weise des Staunens am Werk: die Faszination durch die reine mathematische Form im Sinne der Pythagoräer, die Urgewißheit, daß 'gerade und krumm nichts gemein haben' – wie Fichte sein Mißbehagen gegenüber einem philosophisch unreflektierten Umgang mit dem Infinitesimalkalkül der modernen Mathematik ausdrückt[78]. Keine dieser drei Grundgestalten des Staunens ist verzichtbar, will sich die menschliche Vernunft nicht selbst preisgeben. Aufgabe einer Ersten Philosophie – und damit auch unserer Überlegungen in Kap. 6 – ist allerdings, diese Grunderfahrungen nicht einfach als 'Fakta' der Vernunft zu übernehmen, sondern in ihrem inneren Zusammenhang zu erfassen.

(b) Was den *Gottesbegriff* angeht, der in Kants Postulat zum Tragen kommt, so steht auch dieser gleichsam zwischen dem objektivierten Verständnis Gottes innerhalb kosmologischer Argumentation und dem 'Id quo maius cogitari nequit' als Kern des transzendentallogischen Arguments. Gott wird hier nicht sozusagen in der Verlängerung der 'Gegenstände der empirischen Erfahrung' auf ein Höchstes hin vorgestellt[79]. Er wird vielmehr im Horizont der zum Guten unbedingt entschlossenen Freiheit gedacht.

In diesem Horizont spielt Gott aber doch allem Anschein nach lediglich die Rolle eines Randsiedlers oder Lückenbüßers. (Das eigentlich Unbedingte ist für Kant das meine Freiheit beanspruchende Sollen als ein Akt der Vernunft selbst. Gott wird postuliert, damit die Forderung des Sittengesetzes als prinzipiell realisierbar gedacht werden kann.) Daß dieser Anschein der tiefsten Intention Kants widerspricht, ist leicht zu erkennen. Wie kommt es dann aber, daß Kant auch hier – ähnlich wie schon bei den 'regulativen Ideen' im Bereich der theoretischen Vernunft – nicht zureichend den Dynamismus reflektiert, der doch mit der Erkenntnis eines unbedingten Sollens innerhalb der Freiheit selbst sichtbar wird? Liegt nicht auch in dieser Bewegtheit der freien Vernunft durch den Anspruch des Sollens ein Verhältnis vor, das man analog zum Verstehen von Bewegung im Raum kosmologischer und transzendentallogischer Argumentation als eine Relation von Akt und Potenz bzw. als ein 'iudicari' auslegen könnte und müßte? Wäre nicht unmittelbar aus diesem Sollen selbst über die Frage nach seinem Ursprung die Wirklichkeit Gottes angemessener zu begreifen?

Daß Kant die Evidenz eines unbedingten Sollens nicht auf seinen letzten Grund reflektiert, dürfte an der Schwierigkeit der beiden dringendsten Aufgaben liegen,

[78] Vgl. Anm. 55, aber auch E. Husserl, Die Krisis der europäischen Wissenschaften und die transzendentale Phänomenologie, bes. §§ 8-9 über die neuzeitliche Umgestaltung der Mathematik. – S. dazu auch unten Kap. 6.2.2.

[79] Hier liegt vielleicht das wichtigste Motiv dafür, daß Kant den 'regulativen Ideen' nicht bis auf ihren letzten Grund nachgeht: Er wollte Gott nicht in der Verlängerung gegenständlicher Erkenntnis aufspüren, bedachte aber nicht zureichend den transzendentalen Dynamismus der dabei tätigen Vernunft.

die sich zu seiner Zeit einer wirklich kritischen Philosophie stellten. *Zum einen* galt es, den Zusammenhang zwischen dem unbedingten, 'heiligen' Willen (wie Kant selbst formuliert!) und der menschlichen Freiheit so darzustellen, daß der Rückfall in ein heteronomes Verständnis des Sittengesetzes als eines 'Gebots Gottes' (im Sinne einer der Freiheit von außen auferlegten Forderung) vermieden und, damit zusammenhängend, das Denken in den Kategorien eines Tugend-Lohn-Verhältnisses ausgeschlossen wurde. Für eine wirklich sittliche Vernunft darf es keinen anderen Lohn geben als den höchsten Einklang mit sich selbst, den das unbedingte Sollen der Vernunft abfordert wie zugleich verspricht. *Zum anderen* war die Frage schwer zu beantworten, wie ein engerer Zusammenhang zwischen Gott und Freiheit (etwa im Sinn des augustinischen 'interior intimo meo') zu denken sei, ohne in den Monismus Spinozas zurückzufallen. Hier wurde ja die Freiheit als bloßes Moment der einen, göttlichen Substanz verstanden, und damit war nicht nur die Autonomie der sittlichen Vernunft, sondern auch die absolute Unbedingtheit Gottes liquidiert. Im Hinblick auf diese beiden Fragen ist erst Johann Gottlieb Fichte zu einer spekulativ befriedigenden Lösung gekommen[80], an der unser eigener systematischer Versuch in Kap. 6.3 weitgehend orientiert sein wird.

(3) Es bleibt die Frage nach dem Verhältnis von 'Gottesbeweis' und Verwiesenheit des Menschen auf Offenbarung, die wir auch im Anschluß an die immanente Kritik des kosmologischen und des transzendentallogischen Arguments anrissen. Diese Frage führt hier nicht auf einen (im medizinischen Sinne) rein negativen Befund wie im Fall des kosmologischen Gottesbeweises, wo gleichsam auf einem 'ersten Stockwerk' – dem der 'natürlichen Vernunft' – eine Gotteslehre ermittelt wird, von der her man keinen Weg ins 'nächste Stockwerk' – das der 'übernatürlichen Offenbarung' – sieht. Erst recht können wir kein Ergebnis wie beim transzendentallogischen Argument konstatieren, das bereits von seiner Binnenstruktur her die Bewegtheit der Vernunft selbst auf den je größeren Gott hin zur Sprache bringt. Wie schon bei Lessing und allgemein im Zeitalter der Aufklärung scheint bei Kant vielmehr die Frage nach einer geschichtlich ergehenden Offenbarung fast völlig verstellt. Über das, was der im unbedingten Sollen sprechende heilige Wille meiner Freiheit abfordert, hinaus kann es keinen Machtspruch des göttlichen Willens geben. Weil empirisch-aposteriorisch bedingt, scheint alles Geschichtliche hinter diesem Punkt, wo die Vernunft an das Unbedingte rührt, notwendig zurückzubleiben. Allenfalls könnte man in einer göttlichen Offenbarung so etwas wie eine vorläufige Erziehungsmaßnahme Gottes vor dem Erwachsenwerden des Menschengeschlechts sehen. Diese neuzeitliche Offenbarungsproblematik wird Thema von Kapitel 9 sein. Der systematisch entscheidende Punkt, nämlich die Frage nach der geschichtlichen Vermittlung eines unbedingten Sollens, kommt in Kapitel 7 zur Sprache – wiederum im Anschluß an J. G. Fichte, der auch hier aus dem Dilemma der Philosophie der Aufklärung hinausgeführt hat[81].

[80] Vgl. meine Einleitung zu J. G. Fichte, Die Anweisung zum seligen Leben, bes. XIII-XXXI.

[81] Vgl. meine Einleitung zu J. G. Fichte, Versuch einer Kritik aller Offenbarung, bes. XL-LV.

5 Zum Diskussionsstand der Frage nach der Verwiesenheit des Menschen auf Offenbarung

In Kap. 3 wurde hinsichtlich der methodischen Durchführung der Frage nach der Vernehmbarkeit eines letzten Wortes Gottes eine erstphilosophische Arbeit von der hermeneutischen Aufgabe der Verantwortung des Logos christlicher Hoffnung unterschieden: Um das 'ein-für-allemal' christlicher Offenbarung vernünftig zu verantworten und um den Sinn universaler hermeneutischer Offenheit kritisch zu bestimmen, bedarf es der Reflexion auf einen letztgültigen Begriff von Sinn. Mit diesem Begriff wäre zum einen der Raster der autonomen menschlichen Vernunft zu ermitteln, der diese befähigt, ein geschichtliches Ereignis als 'ein-für-allemal' ergangen, d. h. als eschatologisch sinnstiftend zu erkennen. Zum anderen würden sich aus diesem Begriff die notwendigen Kriterien gewinnen lassen, damit ein sich als universal offen begreifendes hermeneutisches Verstehen nicht hinter diesen Anspruch zurückfällt.

In dem Überblick über die klassischen 'Beweisarten für das Dasein Gottes' in Kap. 4 zeigte sich der besondere Stellenwert des transzendentallogischen Arguments im Hinblick auf den in Kap. 3 skizzierten erstphilosophischen Part der Frage nach dem Verwiesensein menschlicher Vernunft auf Offenbarung. Bevor wir diese Arbeit in Kap. 6 systematisch aufnehmen, soll in Kap. 5 ein kurzer Blick auf vergleichbare Ansätze geworfen werden. Hierbei wird zunächst nur gefragt, inwieweit die bisherigen Versuche als erstphilosophisch betrachtet werden können. Auf einige dieser Ansätze werden wir ausführlicher in Kap. 9 bei der Skizze der geschichtlichen Entwicklung des Problems 'Offenbarung und Vernunft' zurückkommen.

5.1 Die augustinische Tradition

Nach den Ergebnissen von Kap. 4 dürften adäquate Ansätze zur Frage nach einem Verstehensraster für ein letztgültiges Wort Gottes am ehesten im Raum des augustinischen Denkens zu suchen sein. Denn hier wird, *erstens*, eine methodisch der Philosophie zugehörige Gottesfrage analog zu den in den Kapiteln 1-3 getroffenen Überlegungen als ein vom Glauben selbst an die Vernunft ergehender Auftrag verstanden. Es geht hier stets um den methodisch-rationalen Nachvollzug einer Bewegung, die sich grundsätzlich von Offenbarung getragen erfährt, nicht um ein Herantasten an Offenbarung von außerhalb des Glaubens her: 'Credo, ut intelligam' – 'fides quaerens intellectum'.

So beruft sich z. B. Augustinus, bevor er den in Kap. 4.3.4 als 'Urform des transzendentallogischen Arguments' bezeichneten Weg geht, neben der Stelle Jes 7,9:

"Nisi credideritis, non intelligetis" – "Wenn ihr nicht glaubt, werdet ihr nicht erkennen" [1] ausdrücklich auf Herrenworte: "Unser Herr [...] sagt nicht: 'Das aber ist das ewige Leben, daß sie glauben', sondern: 'Das ist das ewige Leben, daß sie erkennen Dich als den wahren Gott und den Du gesandt hast, Jesus Christus'. Darüber hinaus spricht er zu den schon Glaubenden: 'Suchet und ihr werdet finden'" [2].

Zweitens dient hier, wie in Kap. 4.3.4 gezeigt, als Ausgangspunkt der philosophischen Reflexion eine unbezweifelbare Gewißheit des Selbstbewußtseins.

Drittens wird, wie in unserem Zusammenhang nun besonders zu beachten ist, diese retorsiv gegen den skeptischen Zweifel sichergestellte Gewißheit zugleich als unzerstörbare Urform des Bildes des dreifaltigen Gottes im Menschen ausgelegt[3]. Augustinus hat das zentrale Glaubensmysterium der Trinität nicht – wie später die Thomas von Aquin verpflichtete Tradition – aus der philosophischen Reflexion herausgehalten; vielmehr nimmt er es zum Leitfaden für die Vernunft, damit diese – in einer dann allerdings völlig autonom zu erbringenden Arbeit – ihre ganze Tiefe als Bild Gottes auszuleuchten vermag. Nach solchem Verständnis setzt die christliche Offenbarung eine im Prinzip transzendentale Philosophie frei, die dann ihrerseits das radikale Angelegtsein des Menschen auf diese Offenbarung aufdeckt.

Ganz ähnlich geht Anselm von Canterbury vor. In dem imponierenden systematischen Entwurf des 'Monologion' versucht er, philosophisch das Geheimnis der Trinität so nachzuvollziehen, daß verständlich wird, warum das Verlangen der menschlichen Vernunft nur dann zur Ruhe kommt, wenn sie das Bild jener Trinität ganz in sich zum Durchbruch kommen läßt[4]. Auch das innerhalb des 'ontologischen Arguments' von Anselm scheinbar in aller Harmlosigkeit aufgegriffene Beispiel vom Maler ist – wie ich an anderer Stelle gezeigt habe[5] – alles andere als bloßes 'Bei-spiel'. Es führt vielmehr die zentrale Frage des ersten Kapitels des

[1] Augustinus gibt hier der Vetus-Latina-Übersetzung vor dem (ihm bekannten) Vulgata-Text den Vorzug. Man kann also nicht eigentlich von einem 'Mißverständnis' sprechen. Vgl. W. Geerlings, Jesaja 7,9b bei Augustinus; ders., Apologetik und Fundamentaltheologie in der Väterzeit, bes. 333; M. Seckler, Theologie als Glaubenswissenschaft, HFth IV, bes. 186f.

[2] De lib. arb. Lib. II, II; CChrSL 29, 239; vgl. Joh 17,3; Mt 7,7.

[3] Vgl. De civ. Dei XI, 26; CChrSL 48, 345: "Und auch in uns selbst erkennen wir ein Abbild Gottes, d. h. jener höchsten Dreifaltigkeit, freilich nicht ein ebenbürtiges, vielmehr eines, das sehr weit zurückbleibt, auch nicht ein gleichewiges und – womit in Kürze alles gesagt ist – nicht ein Abbild, das von gleicher Wesenheit wäre wie Gott, doch immerhin eines von der Art, daß unter den von Gott geschaffenen Dingen ihm nichts der Natur nach näher steht, wie es denn durch Verbesserung noch vervollkommnet werden soll, damit es ihm an Ähnlichkeit ganz nahe komme. Nämlich wir existieren, wir wissen um unser Sein, und wir lieben dieses Sein und Wissen. Und in diesen drei Stücken beunruhigt uns keine Möglichkeit einer Täuschung durch den bloßen Schein der Wahrheit."

[4] Vgl. H. Verweyen, Anthropologische Vermittlung der Offenbarung; ders., Einleitung zu: Anselm von Canterbury, Wahrheit und Freiheit, 13-16. Eine vergleichbar intensive Reflexion auf die 'rationes necessariae' der Trinität findet sich dann bei Richard von St. Viktor (vgl. U. Kühneweg, Der Trinitätsaufweis) und nach Thomas wohl nur noch bei Raimundus Lullus (vgl. Ch. Lohr, Les fondements de la logique nouvelle de Raymond Lulle, 233-248).

[5] Vgl. H. Verweyen, Nach Gott fragen, 61-63.

'Proslogion' weiter, wie denn der Mensch das 'durch den Rauch der Sünde' so völlig geschwärzte Bild Gottes in sich wiederherstellen könne.

Anselm hat diese bei Augustinus vorgezeichnete kritische Reflexion auf die 'Rasterstruktur' des Menschen für eine göttliche Offenbarung aber auch im Hinblick auf das zweite zentrale Glaubensmysterium, die Menschwerdung Gottes, durchgeführt. Bereits im Begleitschreiben zu seinem Werk 'Cur deus homo' an Papst Urban II. erinnert der Erzbischof von Canterbury mit dem Verweis auf die schon erwähnte Stelle bei Jesaja an die vom Glauben her ergehende Pflicht, den vernünftigen Grund (des Glaubens) aufzuspüren ("sacra pagina nos ad investigandam rationem invitat, [...] aperte nos monet intentionem ad intellectum extendere"[6]). Im Vorwort charakterisiert er das Vorgehen seiner Untersuchung dann in äußerster Schärfe: "Unter Beiseitesetzung Christi, so, als ob niemals etwas von ihm gewesen wäre, beweist [das erste Buch] mit notwendigen Gründen die Unmöglichkeit, daß je ein Mensch ohne ihn das Heil findet. Im zweiten Buch aber wird ähnlich, als ob man von Christus nichts wüßte, mit nicht weniger klarer Begründung und Wahrheit gezeigt, daß die menschliche Natur dazu eingerichtet sei, daß einmal der ganze Mensch, das heißt mit Leib und Seele, der seligen Unsterblichkeit sich erfreue; und daß es notwendig sei, daß das mit dem Menschen sich vollziehe, um dessentwillen er geschaffen wurde, aber nur durch einen menschgewordenen Gott; und daß alles, was wir von Christus glauben, mit Notwendigkeit geschehen müsse"[7].

Die so bestimmte Suche nach den Notwendigkeitsgründen für das Offenbarungsgeschehen – unter Abstraktion von der geschichtlichen Wirklichkeit jenes Faktums selbst – wird man als die erste methodisch klar umrissene Durchführung der Frage nach der Verwiesenheit des Menschen auf die christliche Offenbarung ansehen dürfen.

Den Fragehorizont für Anselm bildet dabei das Ärgernis, welches die Lehre von der Selbstentäußerung Gottes für den Begriff von einem unwandelbaren Gott darstellt, eine Anfechtung, die der Christ mit 'den Ungläubigen' teilt[8]. Unter den 'Ungläubigen' sind in 'Cur deus homo' wohl vor allem Juden und Muslime zu verstehen[9]. Solange es vorwiegend um Gesprächspartner wie Judentum oder Islam ging, wurde allerdings kaum das grundsätzlichere Problem sichtbar, ob die An-

[6] Commendatio operis ad Urbanem Papam II., in: Opera Omnia, Vol. 2, 40.

[7] "[...] remoto Christo, quasi numquam aliquid fuerit de illo, probat rationibus necessariis esse impossibile ullum hominem salvari sine illo. In secundo autem libro similiter quasi nihil sciatur de Christo, monstratur non minus aperta ratione et veritate naturam humanam ad hoc institutam esse, ut aliquando immortalitate beata totus homo, id est in corpore et anima, frueretur; ac necesse esse ut hoc fiat de homine propter quod factus est, sed non nisi per hominem-deum; atque ex necessitate omnia quae de Christo credimus fieri oportere." (Cur deus homo, Praefatio, in: Opera Omnia, Vol. 2, 42f.) Zur kontroversen Interpretation der Vorgehensweise Anselms vgl. W. Christe, Sola ratione.

[8] Vgl. Cur deus homo, Lib. I, Cap. I, in: Opera Omnia, Vol. 2, 47f; dt. Übersetzung nach F. S. Schmitt, Anselm v. Canterbury 'Cur deus homo', 11: "Diese Frage pflegen sowohl die Ungläubigen, die christliche Einfalt als töricht verlachend, uns vorzuwerfen, als auch viele Gläubige in ihrem Herzen zu erwägen: aus welchem Grunde nämlich und aus welcher Notwendigkeit Gott Mensch geworden sei und durch seinen Tod, wie wir glauben und bekennen, der Welt das Leben wiedergeschenkt habe [...]".

[9] Vgl. R. W. Southern, Saint Anselm, 198-202; H. Steindl, Genugtuung, 262-288.

nahme eines Gottes, der sich in der Geschichte auf Menschen einläßt, überhaupt sinnvoll ist[10]. *Daß* Gott geschichtlich mit den Menschen in Kommunikation treten kann, war für Judentum und Islam keine prinzipielle Schwierigkeit. Die Frage Anselms geht auf das *Wie* des Sich-Einlassens Gottes auf den Menschen.

Erst als auch das Problem des *'Daß'* in radikaler Schärfe empfunden wurde, konnte die Frage nach einer Verwiesenheit des Menschen auf einen sich in der Geschichte offenbarenden Gott in ihrer äußersten Tragweite thematisch werden. Ein solcher Fragehorizont brach mit dem Zeitalter der Aufklärung, am entschiedensten schließlich mit der Französischen Revolution auf. Die Gründe dafür können erst in Kap. 9 näher verfolgt werden. Hier mag die Beobachtung genügen, daß zur Zeit der Aufklärung der abendländische Mensch gleichsam die Trümmer eines religiösen Denkens konstatierte, das im Sich-Klammern an positive Glaubenstraditionen Schiffbruch erlitten hatte. In der Zeit der Kirchenväter galt es als ausgemacht, daß die antike Philosophie durch geschichtliche Offenbarung, durch die 'vera religio et sophia' Christi endgültig überholt (bzw. im Hegelschen Sinne 'aufgehoben') sei. Statt dessen hatte sich nun im Widerstreit der großen Buchreligionen, vor allem aber in den mörderischen 'christlichen' Glaubenskriegen und der unseligen Umarmung von Thron und Altar im Absolutismus jede Bindung an geschichtlich geprägte Gestaltungen von Religion für das gebildete Bewußtsein ad absurdum geführt. Von hierher schien es nötig, durch eine Überwindung des kirchlichen Positivismus aller Art zu einer universalen Religion zu finden, die ihre Verbindlichkeit allein aus der Kraft der autonomen Vernunft ohne die Krücken geschichtlich gewachsener Autorität schöpft.

Angesichts dieser Zusammenhänge ist es nicht ganz von ungefähr, daß der erste große – und, was die Gesamtkonzeption angeht, immer noch vorbildliche – systematische Entwurf einer Explikation der Hinordnung des Menschen auf Offenbarung von einem französischen Denker stammt: Maurice Blondel. Selbst zutiefst in der christlichen Tradition verankert, erfaßte er dennoch klar die mit der Revolution und durch das Vordringen eines atheistischen Wissenschaftspositivismus manifest gewordene neue geistesgeschichtliche Situation und versuchte, vor diesem radikal antikirchlichen Fragehorizont den Anspruch des christlichen Glaubens zu verantworten.

5.2 Der philosophische Ansatz Maurice Blondels

Auf den wichtigen Stellenwert, der Blondels Frühwerk innerhalb der Entwicklung des Problems 'Offenbarung und Vernunft' zukommt, werden wir näher in Kap. 9.6.2 eingehen. Hier ist lediglich zu fragen, inwieweit Blondels Aufweis der Hingeordnetheit des Menschen auf Offenbarung als eine philosophische Letztbegründung verstanden werden kann.

[10] Diese grundsätzlichere Problematik hatte hingegen Jahrhunderte früher bereits Kelsos zur Sprache gebracht, vgl. Origenes, Contra Celsum IV, 14.

Was das Frühwerk Blondels – insbesondere seine Doktorthese 'L'Action' von 1893[11] und den 'Brief über die Apologetik' von 1896[12] (gleichsam der nachgeschobene 'Discours de la méthode' zum Hauptwerk) – über alle vergleichbaren Versuche hinaushebt, ist die Schärfe und Unerbittlichkeit, mit der bei der Frage nach dem Verhältnis von 'Vernunft und Offenbarung' beide Seiten zu ihrem Recht kommen. Im Eingehen auf die Problemstellungen der neuzeitlichen Philosophie wird einerseits nicht schon von vornherein Offenbarung 'zu herabgesetzten Preisen' angeboten. Vieles, was inzwischen unter Stichworten wie 'anthropologische Wende', 'Korrelations-' oder 'Korrespondenzmethode' gängige Münze geworden ist, bleibt weit zurück hinter den klaren Konturen, wie sie Blondel für die diesbezüglichen Aufgaben in der 'Lettre' abgesteckt hat[13]. Anderseits versucht Blondel den Theologen seiner Zeit unermüdlich (wenn auch zunächst ohne großen Erfolg) klarzumachen, daß das geoffenbarte und von der Kirche gehütete Wort Gottes die Welt nur dann zu richten vermag, wenn sich die menschliche Vernunft vom Innersten ihrer selbst her als notwendig auf dieses Wort verwiesen erkennt und sich darum in dessen Ablehnung als 'ἀναπολόγητος' erfährt[14]. Was Blondel hierzu in Auseinandersetzung mit der zeitgenössischen Wissenschaft[15] und im Blick sowohl auf die Geschichte der Philosophie wie auf gelebte christliche Erfahrung (nicht nur gelehrte theologische Erkenntnis) gesagt hat, ist längst noch nicht hinlänglich ausgeschöpft.

Dennoch bleibt im Hinblick auf unsere Fragestellung für das Werk Blondels eine Problematik charakteristisch, die man im Anschluß an die in Kap. 3 getroffene Unterscheidung als ein ungeklärtes Verhältnis von Hermeneutik und Erster Philosophie bezeichnen kann. Auf der einen Seite möchte Blondel eine 'apodiktische' Wissenschaft begründen[16], "die auf jedes Bewußtsein und jede Zeit anwendbar ist, eine vollständige und endgültige Wissenschaft der unumgänglichen Lösungen des Problems der menschlichen Bestimmung" [17]. Auf der anderen Seite geht es ihm um eine kritische Analyse des gesamten 'Phänomens Mensch': "Man muß in alle Vorurteile eindringen, als ob sie legitim wären. [...] man muß, in sich alles Bewußtsein umfangend, sich zum inneren Komplizen aller machen, um zu sehen, ob sie in sich ihre Rechtfertigung oder Verdammung tragen" [18]. Blondel versucht, den gesamten Spielraum menschlicher 'action' in seiner dialektischen Struktur zu erfassen – und behauptet für diesen Versuch zugleich Apodiktizität. Mit anderen Worten, er möchte hermeneutisch und erstphilosophisch zur gleichen Zeit sein.

Gerade auch in dieser Hinsicht erinnert Blondels 'L'Action' an die Hegelsche 'Phänomenologie des Geistes' [19]. Im Unterschied zu Hegel setzt Blondel zwar

[11] M. Blondel, L'Action (1893).
[12] Blondel, Lettre (1896).
[13] Vgl. 'Zur Methode der Religionsphilosophie', 76-78, 116-122.
[14] Vgl. oben Kap. 1.2.
[15] Vgl. hierzu die gründliche Untersuchung von M. Conway, The Science of Life.
[16] Vgl. 'Zur Methode der Religionsphilosophie', 155. 200.
[17] Ebd. 127.
[18] L'Action (1893), 29.
[19] Vgl. P. Henrici, Hegel und Blondel.

erstphilosophisch ein. Hegel hebt sogleich mit einer Interpretation der 'sinnlichen Gewißheit' an. Demgegenüber läßt Blondel seiner Explikation der konkreten Phänomenalität des Daseins im dritten Teil von 'L'Action' zwei relativ kurze Teile vorausgehen, in denen zunächst einmal der Boden der Untersuchung retorsiv-apodiktisch sichergestellt wird. Wie Blondel zeigt, kann man dem Faktum, überhaupt etwas zu wollen, nicht entgehen, selbst dadurch nicht, daß man (wie der Dilettantismus) sich spielerisch auf nichts festlegen möchte oder (wie der Nihilismus) angeblich für das Nichts optiert. Im Anschluß an diese apodiktische Vergewisserung des sich engagierenden Handelns als des transzendentalen Grundakts der Vernunft geht Blondel dann aber doch unvermittelt zur Interpretation sinnlicher Anschauung als der Urgegebenheit unseres 'Engagements an überhaupt etwas' über. Dabei bleibt ähnlich wie bei Hegel die Frage offen, unter welcher Perspektive jene Anschauung betrachtet wird, ob sie etwa durch eine bestimmte 'subjektlastige' Voreingenommenheit nicht schon in einem durchaus defizienten Modus in den Blick kommt[20].

5.3 Karl Rahners 'Hörer des Wortes' (1941)

Wie bei den Hinweisen auf das Frühwerk M. Blondels in Kap. 5.2 geht es in diesem Abschnitt nur um die Frage, inwieweit Karl Rahners transzendentale Begründung der Verwiesenheit des Menschen auf Offenbarung als eine erstphilosophische Klärung der 'Vernehmbarkeit von Gottes letztem Wort' verstanden werden kann. Der theologiegeschichtliche Ort des Rahnerschen Offenbarungsbegriffs wird in Kap. 9.6.3 diskutiert werden.

Rahners früher transzendentaler Ansatz ist von Blondel vor allem indirekt über Pierre Rousselot und Joseph Maréchal beeinflußt[21]. Was die Frage nach dem erstphilosophischen Stellenwert von 'Hörer des Wortes' betrifft, geht es vor allem um den Einfluß Maréchals.

Kennzeichnend für die Kant-Kritik Maréchals – von der seine 'relecture' scholastischer Philosophie ausgeht – ist der Aufweis einer transzendentalen Dimension, die Kant in seiner Analyse von Urteilen vernachlässigt hatte. Maréchal ist von der Thematisierung des Grundstrebens (volonté voulante) bei Blondel beeinflußt. Sein besonderes Verdienst besteht darin, daß er diesen praktischen Grundzug der Vernunft auch innerhalb der theoretischen Vernunft im Sinne Kants nachgewiesen und so eine Brücke zwischen thomistischer Erkenntnismetaphysik und transzendentalem Denken geschlagen hat. Den Urteilen sind nicht nur Kategorien als die apriorischen Formen zu entnehmen, in denen unser Verstand Objekte erfaßt. Solches prädizierende Aufnehmen von Objekten in Aussagesätzen vollzieht sich

[20] Vgl. H. Verweyen, Einleitung, in: 'Zur Methode der Religionsphilosophie', 52-54. Chr. Theobald, M. Blondel, 150f, dürfte meine Kritik an Blondel aus einem unzulänglichen Verständnis des Verhältnisses von Epistemologie und Philosophie (vgl. bes. ebd. 102f) nicht richtig eingeordnet haben.

[21] Zu den philosophischen Einflüssen auf den frühen Rahner vgl. zusammenfassend A.Raffelt/H. Verweyen, Karl Rahner, 17-40.

vielmehr immer schon auf dem Grund eines Ist-Sagens, das nicht einfach die 'Kopula' zwischen Subjekt und Prädikat darstellt. Dieses Ist-Sagen expliziert Maréchal vielmehr als einen Dynamismus, einen Vorgriff, in dem das Subjekt die ihm begegnenden Gegenstände notwendig auf ein unbedingtes Sein bezieht.

Diese Überlegungen sind grundlegend für das Denken der gesamten 'Maréchalschule' [22] geworden. Für Rahner insbesondere ist kennzeichnend, daß er den transzendentalen Nachvollzug thomistischen Denkens im Gefolge Maréchals zugleich mit der Philosophie des frühen Heidegger zu vermitteln suchte – woran schon der Titel seines (ursprünglich als philosophische Dissertation konzipierten und 1936 abgeschlossenen) Werks 'Geist in Welt' [23] erinnert.

Das hier als Gottesverhältnis interpretierte 'In-der-Welt-Sein' legt Rahner in einer Vortragsreihe von 1937, die unter dem Titel 'Hörer des Wortes' [24] publiziert wurde, dann weiter aus als eine Hinordnung des Menschen auf eine in der Geschichte ergehende Offenbarung. Wir heben hier vor allem die Momente hervor, die in analoger Form auch für die Diskussion des transzendentalpragmatischen Ansatzes (s. Kap. 6.1) von Bedeutung sind. Die beiden zunächst zu erörternden Gesichtspunkte betreffen den für die Maréchalschule charakteristischen Ansatz allgemein, die zwei weiteren Aspekte speziell 'Hörer des Wortes'.

(1) Der Ansatz der gesamten Maréchalschule ist in dem Sinne als erstphilosophisch zu werten, als hier ausdrücklich die Frage nach der Unhintergehbarkeit des Ausgangspunktes gestellt wird. Diesen versucht man über eine 'Retorsion' [25] (von lat. 'retorquere' = 'den Spieß umdrehen') auf das auch noch im Akt des Bestreitens bzw. Infragestellens Affirmierte zu sichern, also auf etwas, das "ohne performativen Selbstwiderspruch" [26] nicht problematisiert werden kann.

Maréchal (und im Anschluß an ihn Johann Baptist Lotz u. a.) hatten sich im Zusammenhang der transzendentalen Analyse des *Urteilens* auf den traditionellen Hinweis beschränkt, daß die Unausweichlichkeit einer Affirmation unbedingter Wahrheit bzw. des absoluten Seins auch noch von jenem zugestanden werden muß, der grundsätzlich die Wahrheit unserer Behauptungen bestreitet oder relativiert, dabei aber implizit wieder Wahrheit in Anspruch nimmt. Diese retorsive

[22] Vgl. hierzu O. Muck, Die transzendentale Methode; H. Holz, Transzendentalphilosophie und Metaphysik; H. Verweyen, Ontologische Voraussetzungen. Vgl. ergänzend (neuere Literatur!) die Beiträge zu J. Maréchal (J. B. Lotz) und die französischsprachige (H. Jacobs und die deutschsprachige Maréchalschule (O. Muck) in: Christliche Philosophie, Bd. 2: Rückgriff auf scholastisches Erbe, 453-469, 470-484 und 590-622.

[23] K. Rahner, Geist in Welt.

[24] K. Rahner, Hörer des Wortes. Wenn nicht anders vermerkt, zitieren wir nach der neuen Gesamtausgabe: K. Rahner, Sämtliche Werke. – Im deutschen Sprachraum wurden lange Zeit zuwenig die teilweise einschneidenden Änderungen durch Metz berücksichtigt, die sich durchaus nicht nur auf die Anmerkungen beschränken (so noch Th. Pröpper, Erlösungsglaube, 123, Anm. 230). Vgl. dazu K. Rahner/J. B. Metz, L'Homme à l'écoute du verbe; H. Verweyen, Wie wird ein Existential übernatürlich? Die synoptische Darstellung in der Gesamtausgabe hat die Arbeit jetzt beträchtlich erleichtert.

[25] Vgl. hierzu ausführlich O. Muck, Die transzendentale Methode; H. Holz, Transzendentalphilosophie; H. Verweyen, Ontologische Voraussetzungen.

[26] Vgl. die präzise Erklärung der reflexiven Letztbegründung im Rahmen der Transzendentalpragmatik bei W. Becker, Wahrheit und sprachliche Handlung, 299-312.

Absicherung der unbestreitbaren Affirmation eines Unbedingten hat K. Rahner[27] - wohl erst im Anschluß Emerich Coreth[28] - noch weiter gegen einen dennoch möglichen Einwand zu immunisieren versucht. Der skeptische Zweifel an Wahrheit braucht sich ja nicht notwendig zu einem negativen Urteil zu versteifen. Er kann auch bei einer bloßen *Frage* stehenbleiben, ob es denn so etwas wie Wahrheit gebe. Das Fragen nun - so stellen Rahner und Coreth heraus - sei ein wirklich letzter, nicht mehr hintergehbarer Boden erstphilosophisch-transzendentaler Gewißheit. Auch der Vollzug des Fragens impliziert aber, dies wird vor allem von Coreth in ausführlichen Analysen gezeigt, den notwendigen Vorgriff auf ein unbedingtes Sein.

In diesem Zusammenhang wurde argumentiert, man könne eine Frage zwar durch weiteres Fragen (bis ins Unendliche) überholen, die Frage überhaupt erweise sich somit aber als unhintergehbar. Dabei bleibt jedoch unberücksichtigt, daß für eine Wahrheit beanspruchende Argumentation anstelle eines Urteils nur eine solche Frage als Fundament zugelassen werden kann, die nicht bloß so dahergefragt, sondern zumindest prinzipiell *berechtigt* ist. Wenn die Legitimität einer solchen Ausgangsfrage fraglich ist, dann hat es keinen Sinn, zum Ausweis der Unhintergehbarkeit des Bodens immer wieder eine neue Frage gleichsam über die vorhergehende zu 'stülpen'. Weiter als bis zu einer dritten Frage kann man begründet nicht gehen. Frage ich (drittens) nach der Berechtigung der zweiten Frage, die die Legitimität der ersten problematisiert, so muß ich mich zwischen drei Möglichkeiten entscheiden. (1) Solange die Legitimität der ersten Frage problematisch ist, bleibt die zweite Frage berechtigt, und es entfällt die dritte und jede weitere Frage. (2) Erweist sich die erste Frage als fraglos legitim, dann hat bereits die zweite Frage zu entfallen. (3) Stellt sich hingegen die erste Frage als unberechtigt heraus, dann entfallen nicht nur alle weiteren Fragen; vielmehr ist bereits die erste Frage durch ein Urteil zu ersetzen, in dem die Unzulässigkeit dieser Ausgangsfrage zum Ausdruck gebracht wird.

Will man eine solche sachbezogene Argumentation dadurch umgehen, daß man 'die Frage überhaupt' zum fixen Ausgangspunkt erhebt, so befindet man sich grundsätzlich in einer schwächeren Position als derjenige, der vom Urteilen ausgeht. Ein Urteil ist zwar nicht ohne eine (zumindest implizite) Frage verstehbar - diejenige Frage nämlich, auf die es die Antwort darstellt -, und im allgemeinen ist ein Urteil auch auf weiteres Fragen offen. Aber denkbar ist doch immerhin, daß etwas Fragliches mit einem Urteil endgültig entschieden wird und dieses dann ein solides Wahrheitsfundament darstellt. Eine Frage hingegen trägt nicht nur Vor-urteile mit sich, aufgrund derer sie erst verständlich ist[29]. Sie harrt auch gleichsam auf

[27] Vgl. die zweite Auflage von 'Geist in Welt', in: SW 2, 54.

[28] E. Coreth, Metaphysik, 80ff. Dem ist dann auch J. B. Lotz gefolgt: Seinsproblematik und Gottesbeweis. Ähnlich auch W. Brugger, Der Mensch, das fragende Wesen. Zur folgenden Kritik am Ansatz bei der Frage ausführlicher: H. Verweyen, Ontologische Voraussetzungen, 72ff.

[29] Vgl. H. Verweyen, Ontologische Voraussetzungen, 73f, 150f. Zu einem ähnlichen Ergebnis hinsichtlich der hermeneutischen Voraussetzungen der Frage ist im Anschluß an Hans-Georg Gadamer auch Peter Eicher gekommen (vgl. P. Eicher, Die anthropologische

ihr natürliches Ende, nämlich die Antwort oder das Urteil, wonach sie fragt, und ist damit ein höchst unsicherer Kandidat für ein letztes Fundament von Gültigkeit.

Damit zeigt sich aus einer anderen Perspektive noch einmal die bereits erwähnte Problematik des Versuchs, den Menschen von seinem Wesen her als Frage zu verstehen[30]. Zum Letzten hypostasiert, ist die Frage kein echtes Fragen mehr, sondern nur das geschickt maskierte Urteil, daß man von einer möglichen Antwort, von einer eventuell endgültigen Entscheidung, unbehelligt bleiben möchte.

(2) Obschon weder Urteil (Behauptung) noch Frage als unhintergehbarer Gültigkeitsboden ausgewiesen werden können, so läßt sich als positives Ergebnis der Diskussion innerhalb der Maréchalschule immerhin festhalten, daß Argumentieren überhaupt – das sich in den beiden Grundmodi von Fragen und Behaupten bewegt – unausweichlich im Vorgriff auf eine unbedingte Wahrheit steht[31].

Was ist damit aber wirklich apodiktisch sichergestellt? Die Existenz Gottes? Diese Ansicht vertritt Rahner in 'Hörer des Wortes'[32]. Thomas von Aquin war in diesem Punkt zurückhaltender. Auch er stellt zwar den 'performativen Selbstwiderspruch' des Skeptikers fest: 'Wer Wahrheit bestreitet, gibt zu, daß Wahrheit ist; wenn es nämlich Wahrheit nicht gibt, so ist (doch wenigstens) wahr, daß es keine Wahrheit gibt.' Damit zeige sich aber lediglich als unmittelbar evident, daß Wahrheit überhaupt sei ('veritatem esse in communi'). Daß hingegen die erste Wahrheit (also Gott) sei, ist für uns nicht unmittelbar gewiß ('non est per se notum quoad nos')[33].

Dann wäre retorsiv aber wenigstens 'Wahrheit überhaupt' (Thomas) bzw. ein 'absoluter Geltungsboden' (so Harald Holz und Otto Muck[34]) gesichert? Nein, nicht einmal das, sondern nur, daß selbst noch in solchen Vollzügen der Vernunft, in denen die Ungewißheit von Wahrheit intentional zum Ausdruck gebracht wird, der *Anspruch* auf unbedingte Wahrheit unvermeidbar ist. Es ist nicht einfach böser Wille, daß noch kein ernsthaft (nicht nur methodisch) Zweifelnder sich durch jenes 'tu quoque'-Argument des performativen Selbstwiderspruchs von der Wirklichkeit von Wahrheit hat überzeugen lassen.

Wende, bes. 170). Allerdings meint Eicher, aus diesem Grunde die Frage nach einer Letztbegründung überhaupt aufgeben zu müssen (ebd.).

30 Vgl. oben Kap. 3.4.1.

31 Vgl. hierzu die gründliche, über die Theorieansätze in der Maréchalschule hinausgreifende Untersuchung von R. Lauth, Theorie des philosophischen Arguments.

32 "Der Vorgriff, der die transzendentale Bedingung der Möglichkeit eines gegenständlich gehabten Gegenstandes und so der Insichselberständigkeit des Menschen ist, ist ein Vorgriff auf das an sich ungegrenzte Sein. [...] Mit der Notwendigkeit, mit der dieser Vorgriff gesetzt wird, ist auch das unendliche Sein Gottes mitbejaht" (SW 4, 98, vgl. mit textlichen Änderungen die zweite Auflage ebd. 99). Dazu kritisch W. Weischedel, Der Gott der Philosophen, Bd. 2, bes. 66f; Th. Pröpper, Erlösungsglaube, 127ff. Im allgemeinen wird von den Vertretern der Maréchalschule an dieser Stelle das Argument über die 'Möglichkeit absoluten Seins' zwischengeschoben, vgl. oben Kap. 4.3.3. Vgl. in diesem Zusammenhang die interessante Differenz zwischen 'Hörer des Wortes' der ersten bzw. zweiten Auflage: SW 4, 98/100, 99/101).

33 Vgl. STh I, q.2 a.1 ad 3.

34 Dazu H. Verweyen, Ontologische Voraussetzungen, 118ff.

Der Zweifelnde kann zwar, wenn er ehrlich ist, nicht umhin zuzugeben, daß ihm die Idee einer unbedingten Wahrheit unausweichlich 'im Nacken' sitzt. Er muß eingestehen, daß er nur aufgrund eines solchen nicht ausrottbaren transzendental-apriorischen Maßstabs in seiner Prüfung der Dinge (und Menschen) diese immer wieder und – wie es ihm, dem Zweifelnden vorkommt – ohne Aussicht auf ein Ende für zu leicht befindet (vgl. Kap. 4.3.2). Ist damit aber mehr gewonnen als eine transzendentallogische Präzisierung des 'Mythos von Sisyphos', in dem Albert Camus die genuine Darstellung des Absurden als Grundsituation des Menschen gesehen hat? Daß Sisyphos zum Gipfel, transzendental ausgedrückt: zum Vorgriff auf ein Unbedingtes verflucht ist, macht es ja gerade, daß ihm die Dinge nur relativ wahr und bedingt sinnvoll erscheinen. Der Stein rollt immer wieder herunter. Ohne Berücksichtigung des in der Retorsion des Skeptikers unbewältigten, ja geradezu verschärften Theodizee-Problems wird man die Diskussion in diesem Punkt nie weiterbringen. Indem man dem Zweifler seinen unausrottbaren Vorgriff auf ein Unbedingtes vorhält, nicht aber gleichzeitig zugesteht, daß dieses 'Unbedingte in seinem Nacken', solange sich prinzipiell keine Möglichkeit von letztgültigem Sinn zeigt, eher als Fluch denn als Anruf Gottes erfahren wird, verpaßt man nur eine wertvolle Chance. Diese bestünde darin, mit dem Agnostiker[35] Einigung über die gemeinsame Basis einer unausweichlich vorausgesetzten Dimension des Unbedingten zu erzielen, die aber, für sich allein genommen, zunächst einmal in Richtung der Aussage zu weisen scheint, daß es besser für Gott wäre, wenn er nicht existierte.

(3) Über den allgemein in der Letztbegründungsreflexion der Maréchalschule (und bei R. Lauth) erzielten Ertrag hinaus hat K. Rahner in 'Hörer des Wortes' erstphilosophisch die Verwiesenheit des Menschen auf ein *in der Geschichte* möglicherweise ergehendes Wort Gottes aufzuzeigen versucht. Speziell im Hinblick hierauf hat sein Werk Kritik vor allem in zwei Richtungen erfahren.

(a) Eberhard Simons[36] – und andere haben seine Kritik in verschiedenen Modifikationen aufgegriffen[37] – wies ein mangelndes interpersonales Verständnis jener Objektsphäre auf, in der sich Offenbarung ereignen soll. Gerade die Möglichkeitsbedingung, auf ein *Wort* zu hören, bleibt in 'Hörer des Wortes' unterbestimmt.

(b) Meine Kritik in 'Ontologische Voraussetzungen des Glaubensaktes' intendierte den Aufweis, daß eine transzendentale Analyse, die beim Fragen oder Urteilen als den Akten der Vernunft ansetzt, in denen sich primär Wahrheit ereignen soll, nie die Offenheit auf Inkarnation, auf das letztgültige Erscheinen Gottes in *sinnlicher Gewißheit*, ermitteln kann[38]. Theologischer Anknüpfungspunkt meiner

[35] Zu den verschiedenen Spielarten des Agnostizismus vgl. Der moderne Agnostizismus, hrsg. v. H. R. Schlette.

[36] E. Simons, Philosophie der Offenbarung. Simons gründet seine Erörterung wesentlich auf die Deduktion der Interpersonalität bei Fichte. S. hierzu unten Kap. 7.

[37] Vgl. P. Eicher, Die anthropologische Wende, bes. § 40; K. Fischer, Der Mensch als Geheimnis, bes. 193ff; B. J. Hilberath, Der Personbegriff der Trinitätstheologie, bes. 300-303.

[38] Diese Intention meines Buchs wird mißverstanden, wenn man es in eine Liste von Arbeiten aufnimmt, die sich gegen die transzendentale Methode als solche richten, vgl. J. Splett, Die Bedingung der Möglichkeit, 81 Anm. 28.

Überlegungen war die 'theologische Ästhetik' Hans Urs von Balthasars. In philosophischer Hinsicht versuchte ich, die Kritik Gustav Siewerths an der Maréchalschule in die Frage nach der 'Vernehmbarkeit von Gottes letztem Wort' einzubringen.

Das Ergebnis meiner Arbeit läßt sich etwa so zusammenfassen: Der Rückgang auf die Möglichkeitsbedingungen von Urteil und Frage in der Maréchalschule begnügt sich mit einer Analyse der bloßen *Struktur* dieser (durch die retorsive Sicherstellung eines apodiktischen Bodens gleichsam hypostasierten) Vernunftvollzüge. Dabei bleibt unberücksichtigt, daß diese selbst ihre Wahrheit aus einer ursprünglicheren Weise des Gegebenseins von Seiendem beziehen, die im fragend-urteilenden Argumentieren, abstrakt für sich betrachtet, verdeckt ist. Erst wenn man diese Vollzüge der Vernunft aus einer solchen (trotz allen Aufweises der ihnen je innewohnenden Dynamik) statischen Betrachtung löst, wird zum einen deutlich, daß sie nie rein für sich, sondern nur im wechselseitigen Verwiesensein aufeinander ihre Wahrheit haben. Zum anderen läßt sich zeigen, daß Frage und Behauptung in ihrer inneren Möglichkeit abkünftig sind vom *Staunen* als dem ursprünglichsten Vollzug menschlicher Vernunft. Erst wenn diese ursprüngliche Einheit von 'Subjekt' und 'Objekt' im Horizont unbedingten Seins durch das Aufklaffen der Differenz des Seienden gegenüber seinem absoluten Grund zerbricht, entspringt die *Frage* nach dem zurückgetretenen, nicht mehr im begegnenden Seienden selbst ansichtigen Grund, und kommt es zur '*Behauptung*' als dem Versuch, in jener Differenz wenigstens vorläufig nicht allen Halt zu verlieren.[39]

Frage und Behauptung erweisen sich damit aber als Akte, in denen die Subjektivität des fragenden oder urteilenden Ichs bereits die Oberhand gegenüber dem 'Gegenstand' gewonnen hat. Denn im Subjekt allein hält sich die Erinnerung an die ursprüngliche Zusammengehörigkeit des begegnenden Seienden mit seinem Grund durch und kommt diese Erinnerung jetzt, im Fragen und Behaupten, als 'Vorgriff' auf den unbedingten Grund zum Tragen. Bestimmt man den Sinn von 'Objektivität' nun aber allgemein aufgrund solcher abkünftiger Vernunftvollzüge, dann scheint eine Begegnung mit dem inkarnierten Wort Gottes geradezu unmöglich. Denn im Fragen und Behaupten bestimmt das *Subjekt*, innerhalb welcher Koordinaten Seiendes zu erscheinen hat, zum Gegenstand von Geltung werden kann. 'Wahrheit' steht hier unter dem Vorrang von 'Methode' (H.-G. Gadamer).

[39] O. J. Wiertz macht in seiner Rezension von 'Botschaft eines Toten?', 605, folgenden Einwand: "der 'Akt des Staunens' setzt bestimmte Überzeugungen mit einem propositionalen Gehalt voraus. Wenn V[erweyen]. schreibt, daß im Akt des Staunens 'sich der Seinsgrund selbst im Seienden so zur Geltung bringt, daß er alle vorgefertigten kategorialen Entwürfe und vorgefaßten Sprachregelungen sprengt' (103), scheint er indirekt zuzugeben, daß 'kategoriale Entwürfe und Sprachregelungen' im Begriff des Staunens vorausgesetzt werden". Der zweite Teil des Einwands bezieht sich auf die Möglichkeit, daß auch nach der Festigung konkreter intentionaler Entwürfe ein wirkliches Staunen noch mächtig genug ist, bestimmte Fragestellungen und Behauptungen als unangemessen zu erweisen. Der *ursprüngliche* Akt des Staunens (eines Kindes, dem erstmals 'seine Welt' als etwas aufgeht, das ihm den völligen Einklang mit sich selbst in einem anderen ermöglicht, vgl. das unten, Kap. 7, zum 'Urvertrauen' Gesagte) setzt zwar die (nach Kap. 6.2.2-3) mit der Elementarstruktur des Bewußtseins gegebene Intentionalität, nicht aber "bestimmte Überzeugungen mit einem propositionalen Gehalt" voraus.

Biblisch gesprochen: das inkarnierte Wort Gottes begegnet in dieser Welt in der Weise des frei geschenkten Wunders (das Substantiv zum Verb 'staunen'!). Im Horizont des Argumentierens hingegen gibt es nur die Forderung nach objektiv verifizierbaren Zeichen.

(4) Die zuletzt skizzierte Auseinandersetzung mit dem Ansatz von 'Hörer des Wortes' bewegte sich im Rahmen der Frage nach der Art jenes Vernunftaktes, der in der Lage wäre, in der Welt kontingenter Ereignisse eine Offenbarung mit letztgültigem Anspruch als *inkarniertes* Wort wahrzunehmen (die Frage nach dem 'richtigen Fenster', vgl. Kap. 1.1). In manchen Zügen ist sie der Kritik von E. Levinas an Husserls Verständnis der Intentionalität des Subjekts verwandt[40]. Diesem Problemzusammenhang werden wir systematisch erst in Kap. 7 nachgehen. Vorab (Kap. 6) ist die Frage nach dem angemessenen Vorbegriff dafür zu diskutieren, daß eine Offenbarung überhaupt als *letztgültig* verstanden werden kann. Was ist das Ergebnis von 'Hörer des Wortes' im Hinblick auf diese Frage?

Aufgrund des vorausgesetzten Verständnisses der Relation von Natur und Gnade[41] kommt Rahner zu einem sehr begrenzten Resultat. Er glaubt nämlich, um der Ungeschuldetheit von Gnade willen dürfe die aufzuweisende wesenhafte Hinordnung der menschlichen Vernunft auf ein in der Geschichte ergehendes Wort Gottes nicht über ein solches 'Horchen' hinausgehen, das gegebenenfalls auch mit einem völligen Sich-Verschweigen Gottes rechnen muß[42]. Daraus folgt natürlich eine völlige Unbestimmtheit des Vorbegriffs einer möglichen Offenbarung und damit der fehlende Aufweis eines Kriteriums, nach dem sich ein Wort Gottes im Sinne der autonomen Vernunft selbst (nicht nur einer heteronom akzeptierten Fremdbestimmung) als letztgültig erkennen ließe[43].

Der Versuch Rahners, eine Offenheit menschlicher Vernunft auf einen sich offenbarenden oder auch verschweigenden Gott aufzuweisen, ist verschiedentlich kritisiert worden[44]. Man darf in der Tat fragen, ob die so aufgefaßte menschliche Vernunft überhaupt noch eine Analogie aufweist zu jenem Gott, der sich 'Abraham, Isaak und Jakob' mitgeteilt hat. Mit einem Schweigen Gottes *innerhalb* jener Offenbarungsgeschichte zu existieren ist ja etwas grundsätzlich anderes als das

[40] Vgl. hierzu G. Schwind, Die Bedeutung von Maurice Blondel und Emmanuel Levinas, bes. Kap. 4.2.

[41] S. dazu Kap. 5.4 und ausführlicher Kap. 9.6.3.

[42] [Der Mensch ist] "von vornherein aus seinem ursprünglichen Wesen heraus schon hingerichtet [...] auf das geschichtliche Vorkommnis einer Offenbarung, wenn eine solche sich ereignen sollte, und, wenn Gott als freier sich nicht offenbaren, sich verschweigen wollte, [käme] der Mensch darin zur letzten Tat seiner geistigen und religiösen Existenz [...], daß er auf das Schweigen Gottes hörte" (Hörer des Wortes, in: SW 4, 26; vgl. zweite Auflage ebd. 29). "Denn selbst unter der Voraussetzung des Sichverschweigens Gottes vernimmt der Mensch [...] ein Wort Gottes: sein Schweigen. Und selbst in diesem Fall wäre die letzte existentiell entscheidende Haltung des Menschen die Beugung unter diesen schweigenden Gott [...]" (Hörer des Wortes, in: SW 4, 272, vgl. zweite Auflage ebd. 273).

[43] "Die Konstitution eines Horchenden auf die Rede oder das Schweigen Gottes läßt die Religion der tatsächlich ergangenen Offenbarung durch die Rede Gottes nach Dasein und Sosein völlig in sich selber beruhen" (Hörer des Wortes, in: SW 4, 268).

[44] Scharfsinnig vor allem die Ausführungen von F. Greiner, Die Menschlichkeit der Offenbarung, bes. 203-206.

Rechnenmüssen mit einem Gott, von dem möglicherweise überhaupt keine Botschaft ergeht. Aber kritische Überlegungen solcher Art erscheinen wenig sinnvoll, wenn man nicht die weitere Entwicklung des Rahnerschen Denkens gerade hinsichtlich der Frage nach den anthropologischen Voraussetzungen für die Offenbarung Gottes einbezieht.

5.4 Der Ausfall einer erstphilosophischen Reflexion beim späten Rahner und bei Johann Baptist Metz

(1) K. Rahner hat die Frage nach der Hingeordnetheit des Menschen auf Offenbarung später nicht mehr als Aufgabe einer Ersten Philosophie betrieben. Aufgrund der Gestalt, die J. B. Metz der von ihm besorgten zweiten Auflage von 'Hörer des Wortes' gegeben hat, fällt es sogar schwer zu erkennen, daß dieses Werk ursprünglich überhaupt einmal methodisch als eine rein philosophische Arbeit verfaßt war[45]. Diese Wende zu einem nur noch als 'transzendental*theologisch*' zu bezeichnenden Denken Rahners wird durch seine Einführung des Begriffs 'Übernatürliches Existential' markiert. Wir gehen in diesem Zusammenhang auf den damit verbundenen vielschichtigen Fragenkomplex nur insoweit ein, wie er für die Thematik philosophischer Letztbegründung im Rahmen der Fundamentaltheologie von Bedeutung ist.

Mit dem Terminus 'übernatürliches Existential' greift Rahner auf einen Grundtopos der frühen Philosophie Martin Heideggers zurück. Der Begriff 'Existential' wurde (in der Schreibweise 'Existenzial') von M. Heidegger in 'Sein und Zeit' zur Unterscheidung der Grundbestimmungen menschlicher Existenz von den Kategorien des als vorhanden vorgestellten Seienden im Sinne des Aristoteles eingeführt[46]. Insofern das in 'Hörer des Wortes' aufgewiesene konstitutionelle Hinhorchen des

[45] Einzelnachweise in: H. Verweyen, Wie wird ein Existential übernatürlich? 117-120.

[46] [Der Mensch, als Dasein verstanden,] "ist ein Seiendes, das nicht nur unter anderem Seienden vorkommt. Es ist vielmehr dadurch ontisch ausgezeichnet, daß es diesem Seienden in seinem Sein *um* dieses Sein selbst geht. [...] *Seinsverständnis ist selbst eine Seinsbestimmtheit des Daseins.* [...] Das Dasein versteht sich selbst immer aus seiner Existenz, einer Möglichkeit seiner selbst, es selbst oder nicht es selbst zu sein" (M. Heidegger, Sein und Zeit [§ 4], 12).

Den Terminus 'Existenzial' führt Heidegger bei der Klärung des 'In-der-Welt-seins' als Grundverfassung des Daseins ein (§ 12). Hier hebt er zunächst das 'In-Sein' des Daseins von dem 'Sein-in ...' im Bereich des Vorhandenen ab. Das 'Sein-in...' der Dinge wird aristotelisch unter der Kategorie des 'Wo?' begriffen. So ist z. B. die 'Bank im Hörsaal, der Hörsaal in der Universität' (usw. bis zu 'im Weltraum') (vgl. ebd. (§ 12), 54). Ein solches 'in' ist im Begriff des 'In-der-Welt-seins' nicht gemeint. Das In-Sein des Daseins bedeutet vielmehr 'vertraut sein mit', und in diesem Sinne nennt Heidegger es ein 'Existenzial'(ebd.). Von hierher werden dann weitere Existentiale aufgewiesen. Das In-Sein läßt sich z. B. weiter auslegen in ein 'Sein bei' der Welt und ein 'Besorgen', in dem es letztlich nicht um Dinge geht, sondern eben um das Sein des Daseins selbst. So ist angemessener vom Existential der 'Sorge' zu sprechen (ebd. 54ff).

Menschen auf Offenbarung zu den notwendigen Charakteristika des Daseins zu rechnen wäre, könnte man es als ein 'natürliches Existential' bezeichnen[47].

Warum ist Rahner von der transzendental*philosophischen* Analyse eines solchen 'natürlichen Existentials' zugunsten einer transzendental*theologischen* Thematisierung der gnadenhaften Hinordnung des Menschen auf Offenbarung abgekommen? Den Gründen hierfür werden wir ausführlicher in Kap. 9.6.3 nachgehen. Hier muß ein kurzer Hinweis auf Rahners Verhältnis zur sogenannten 'Nouvelle théologie', wie sie insbesondere von Denkern wie Henri de Lubac oder Henri Bouillard vertreten wurde, genügen. Im Umkreis dieses Denkens wurde die transzendentale Verwiesenheit des Menschen auf Offenbarung in einer Weise ausgelegt, daß sie wirklich als Hinordnung auf den Gott der jüdisch-christlichen Tradition identifizierbar war. Zugleich wurde sie so verstanden, daß ohne eine tatsächlich erfolgende Offenbarung sie eine zur Absurdität verurteilte Dynamik bliebe.

Mit einer solchen Auffassung schien Rahner die Ungeschuldetheit der Gnade nicht mehr hinreichend gewahrt. Zugleich sah er aber das Unbefriedigende an seinem eigenen Lösungsversuch in 'Hörer des Wortes'. Eine hellsichtige Phänomenologie des menschlichen Daseins, wie es tatsächlich verfaßt ist, führt zu mehr als einer indifferenten Offenheit auf Gott als einen redenden oder sich verschweigenden Gott.

Die Annahme eines 'übernatürlichen Existentials' schien nun beiden Seiten des Dilemmas Rechnung zu tragen. Sie erlaubte, den gesamten Reichtum des seit Blondel (und über die Wiederentdeckung der Vätertradition!) thematisierten Dynamismus des Menschen auf einen sich in der Geschichte mitteilenden Gott in die 'theologische Anthropologie' zu integrieren – aber eben als eine *theologische* Mitgift, als eine Ausstattung des Menschen, die ihm nicht schon aufgrund der Schöpfungs-, sondern erst von der Erlösungsordnung her zukommt. Die besondere Pointe des Rahnerschen Verständnisses eines solchen, zur natürlichen Vernunft hinzukommenden Gnadenlichts[48] besteht aber darin, daß er es als eine (zwar erst aufgrund der Inkarnation des göttlichen Wortes mögliche und von daher geschichtliche Mitgift, aber dennoch als eine) ausnahmslos allen Menschen vom Beginn ihres Menschseins an zugeteilte Gabe begreift, die insofern 'transzendental' zu jeder geschichtlichen Erfahrung ist. Von daher kann man nach Rahner im Hinblick auf die faktisch existierende Menschennatur in einem gewissen Sinne weiter von einem 'natürlichen Heilsverlangen' reden, allerdings, theologisch gesehen, nur ungenau. Als Alternative zu dem auf diese Weise universal im Modus der Gnade konstituierten Menschen müsse zumindest hypothetisch die Möglichkeit einer 'na-

[47] Rahner selbst hat m. W. den Terminus 'natürliches Existential' allerdings nur für die Auffassung des unbegrenzten Dynamismus des Geistes innerhalb der 'Nouvelle théologie' verwendet. Vgl. ders., Über das Verhältnis von Natur und Gnade, 342.

[48] Neben den einschlägigen Lexika-Artikeln zu 'übernatürliches Existential' vgl. bes. die Anmerkungen von J. B. Metz in der zweiten Auflage von 'Hörer des Wortes'. Zur Tradition der Theologie des Gnaden- bzw. Glaubenslichtes, in der Rahner steht, s. bes. E. Kunz, Glaubwürdigkeitserkenntnis und Glaube. Die Verbindung der beiden Momente 'Gnadenlicht' und 'universale' transzendentale Mitgift unterstreicht F. Senn, Orthopraktische Ekklesiologie, bes.138; 424ff.

tura pura' (d. h. ein Vernunftwesen ohne diese Verwiesenheit auf das Wort der Gnade) aufrechterhalten werden.

Es wurde mehrfach hervorgehoben, daß Rahner damit das Problem des Verhältnisses von Natur und Gnade nur verschoben, nicht wirklich gelöst hat[49]. So kehrt z. B. das in Kap. 5.3(4) skizzierte Verständnis eines im Grunde absurden Horchenmüssens in dem Zusammenhang wieder, wo Rahner die Offenheit der ('reinen') Natur auf das übernatürliche Existential beschreibt, nämlich als ein bloß asymptotisches Streben auf ein Ziel, dessen Verweigerung durch Gott nicht als sinnlos und grausam verstanden werden müsse[50]. Hier hat man zu Recht den Mythos von Sisyphos ins Gedächtnis gerufen[51].

In unserem Zusammenhang geht es allein um die Konsequenz, die aus der Einführung des 'übernatürlichen Existentials' für das Verhältnis von Theologie und Philosophie folgt[52]. E. Coreths 'Metaphysik' (1961) hatte man innerhalb der katholischen Theologie, soweit sie für das moderne Denken aufgeschlossen war, noch als ein beeindruckendes Zeugnis der von Maréchal initiierten Methode philosophischer Letztbegründung diskutiert. Verblüffend ist eigentlich, wie rasch dann seit etwa der Mitte der sechziger Jahre das Interesse an diesem Typus von Philosophie erlahmte. In unauffälliger Stille wurde auch im Raum der Rahner verpflichteten Fundamentaltheologie und theologisch-philosophischen Anthropologie erstphilosophisches Reflektieren überhaupt zu Grabe getragen. Das dürfte zusammenhängen mit dem schnell wachsenden Einfluß wirkungsgeschichtlicher Hermeneutik (im Anschluß an Heidegger und Gadamer) und angelsächsischer Sprachphilosophie (vor allem des späten Wittgenstein) im deutschen Sprachraum, aber auch mit dem Zweiten Vatikanischen Konzil, in dessen Licht sich eine neue Generation von Theologen endlich von der Last scholastisch-neuscholastischen Philosophierens (und sei es auch noch so kantianisch adaptiert) befreit erfuhr[53].

[49] Vgl. die bei F. Greiner, Menschlichkeit der Offenbarung, 215, Anm. 998 genannten Arbeiten.

[50] Vgl. K. Rahner, Über das Verhältnis von Natur und Gnade, 342f.

[51] Vgl. H. de Lubac, Le Mystère du Surnaturel, Chap. X 'D'une finalité sans fin', 231-255, bes. 251 (dt. Übersetzung: Die Freiheit der Gnade, Bd. II: Das Paradox des Menschen, 249-276, bes. 272); H. U. von Balthasar, Henri de Lubac, 60; ferner J. M. McDermott (SJ), The Christologies of Karl Rahner, bes. 94.

[52] Vgl. dazu auch Th. Pröpper, Erlösungsglaube, 135. 269-273, insbesondere die gründliche Monographie von Nikolaus Knoepffler, Der Begriff 'transzendental' bei Karl Rahner. Zur weiteren Diskussion im Anschluß an meine Rahner-Kritik vgl. 'Botschaft eines Toten?' 154f.

[53] In diesem Zusammenhang ist etwa die Beobachtung interessant, daß O. Muck, der sich in 'Die transzendentale Methode' und in seinem systematischen Beitrag 'The Logical Structure of Transcendental Method' als entschiedener Vertreter der Retorsion gezeigt hatte, in seiner 'Philosophischen Gotteslehre', 96, zu diesem Verfahren bemerkt: "Nun sind aber im Laufe der Denkgeschichte mit solchen Formulierungen [sc. der unabdingbaren operativen Struktur unseres Sprechens und Wissens, vgl. 95] immer wieder noch weitere Gehalte faktisch verbunden worden. Später erwiesen sie sich als unberechtigt, damit war das ganze Verfahren fragwürdig geworden. [...] Sofern nicht die Gewähr gegeben ist, daß die betreffende Formulierung von allen Betroffenen genau als Ausdruck der notwendig als gültig vorauszusetzenden operativen Struktur verstanden wird, wird darum dieses indirekte Verfahren auch nicht als interpersonale Begründung der betreffenden Aussagen Anerkennung finden." Die Mahnung zu kritischer Beschränkung auf wirkliche Apodiktizität ist gerade im Hinblick auf

Zu wenig beachtet scheint mir jedoch, daß die weit verbreitete Rezeption des 'übernatürlichen Existentials' als Generalnenner für die Hingeordnetheit des Menschen auf Heil erheblich zu dieser Verabschiedung jeder philosophischen Letztbegründung beigetragen haben dürfte. Nach Rahner impliziert das übernatürliche Existential die Unmöglichkeit einer methodisch autonomen Philosophie, weil die menschliche Vernunft auch in ihrer apriorischen Strukturiertheit sich faktisch universal 'immer schon' als ein mixtum compositum aus einer rein-natürlichen und einer geschichtlich-übernatürlich aufgelichteten Transzendentalität vorfindet, ein Zusammenhang, der sich nicht adäquat entflechten läßt[54]. Wie scheinbar nahtlos sich hier eine allgemeine Relativierung von Wahrheit im Sinne des sogenannten 'hermeneutischen Zirkels' mit Rahners theologischer Theorie des übernatürlichen Existentials verbinden läßt, beweist etwa eine Anmerkung von J. B. Metz in der zweiten Auflage von 'Hörer des Wortes'. Hier wird gesagt, eine transzendentale Reflexion "will und kann von sich aus gar nicht den Anspruch erheben, in einem theologischen Sinn 'rein metaphysisch' zu sein, da einerseits die metaphysische Reflexion von sich her immer von einer unverfügbaren, reflex nicht adäquat einholbaren geschichtlichen Situation umgriffen ist [...] und da anderseits das 'übernatürliche Existential' zu diesen gegebenen und doch unreflektierbaren Momenten einer solchen Situation gehören kann" [55]. Dem Verzicht auf eine transzendentale Ermittlung der Möglichkeitsbedingungen solcher mit universalem Geltungsanspruch erhobenen Aussagen über die 'nicht adäquat einholbare geschichtliche Situation' wird hier unter Berufung auf das 'übernatürliche Existential' ein quasi-offizieller theologischer Segen erteilt. Es liegt in derselben Fluchtlinie, wenn Rahner selbst später als Gesprächspartner der Theologie immer mehr anstelle einer 'philosophia perennis' den puren Pluralismus von Philosophien (und Humanwissenschaften) angesehen hat und von einem "unüberholbare[n] Pluralismus im Denken der Gegenwart und der Zukunft" und einem "mindestens heute und in Zukunft [...] in eine höhere Synthese gar nicht integrierbaren Pluralismus des Denkens" spricht[56].

(2) J. B. Metz ist nicht bei dem Reflexionsstand der von ihm besorgten zweiten Auflage von 'Hörer des Wortes' stehengeblieben. In seinen Publikationen seit den siebziger Jahren hat er zunehmend Kritik an dem Rahnerschen Ansatz geübt, wie er seit Einführung des 'übernatürlichen Existentials' faßbar wurde[57]. Metz führt Klage über eine "abstrakte, geschichtslose Subjekttheologie, auf die nahezu alle

den etwas wilden Gebrauch des retorsiven Arguments in der Neuscholastik berechtigt. Mit dem Delegieren der Entscheidung über die Gültigkeit von Behauptungen an die faktische (nicht einmal als kontrafaktisch antizipierte universale) Diskursgemeinschaft wird allerdings eine Konsenstheorie von Wahrheit vertreten, die mit der ursprünglichen Evidenz von Maréchal kaum noch etwas gemeinsam hat.

[54] Vgl. K. Rahner, Über das Verhältnis von Natur und Gnade, 341: "der Mensch kann mit sich nur im Raum des übernatürlichen Liebeswillens Gottes experimentieren, er kann die gesuchte Natur niemals getrennt von ihrem übernatürlichen Existential 'chemisch rein darstellen'".

[55] Vgl. K. Rahner, Hörer des Wortes, in: SW 4, 19, Anm. 8.

[56] Vgl. H. Fries/K. Rahner, Einigung der Kirchen, 53. Zur Diskussion um Rahners Pluralismus-Verständnis vgl. H. Verweyen, Botschaft eines Toten? 155f (Literatur!)

[57] Vgl. bes. J. B. Metz, Glaube in Geschichte und Gesellschaft.

theologischen Ansätze heute vereidigt scheinen"[58], über ein 'transzendental-idealistisches Christentum' – worunter er insbesondere den 'universalgeschichtlichen' Ansatz Wolfhart Pannenbergs und den 'transzendentalen' Ansatz K. Rahners rechnet[59].

Gerade im Spiegel der Metzschen Kritik erweist es sich allerdings als sehr problematisch, wie unbefangen nicht allein im Umfeld der Rahner verpflichteten Denker, sondern weithin in der zeitgenössischen Diskussion überhaupt das Wort 'transzendental' verwandt wird.

(a) 'Transzendental' im Kantischen Sinn[60] meint eine allgemeingültige Möglichkeitsbedingung von Erfahrung überhaupt, ein 'Apriori' von Erfahrung, das schlechthin 'a priori', d. h. ohne jeden 'aposteriorischen Einschuß', absolut unbedingt von empirischen bzw. geschichtlichen Vorgaben ist. In diesem strengen Sinn von transzendental ist auch das zu verstehen, was wir eine 'erstphilosophische' Reflexion nennen.

(b) Nun ist gerade die Philosophie Kants ein anschauliches Beispiel dafür, wie schwer es ist, ein schlechthin 'apriorisches Apriori' sicherzustellen. Kant selbst mußte sich (von seiten des 'Deutschen Idealismus', insbesondere Fichtes und Hegels) nicht nur den Vorwurf gefallen lassen, seine Kategorien 'einfach aufgelesen', d. h. durch Analyse vorgefundener Urteile ermittelt zu haben. Seine 'Kritik der reinen Vernunft' ist darüber hinaus offensichtlich stark von der zu seiner Zeit geltenden Gestalt der Naturwissenschaft geprägt, hat insofern also durchaus einen 'aposteriorischen Einschuß'. Von daher liegt ein zweites Verständnis von 'transzendental' nahe, das der Geschichtlichkeit des Verstehens Rechnung trägt. Das 'Transzendentale' in diesem weiteren Sinn ist zwar noch immer ein Apriori, nämlich der Interpretationsraster zeitbedingter Erfahrungen, ein Vorverständnis, dessen Aufdeckung ja oft erheblicher Anstrengungen bedarf. Es ist aber nicht ein 'Apriori schlechthin', sondern ein solches, das selbst durch bestimmte geschichtliche Bedingungen konstituiert ist. In diesem Sinn wird der Terminus 'transzendental' mit der Entwicklung des hermeneutischen Bewußtseins zunehmend auch in der phänomenologischen Forschung verwandt, weitgehend mit impliziter Voraussetzung der Unvermeidbarkeit des 'hermeneutischen Zirkels', d. h. der Annahme, daß ein 'Apriori schlechthin' unmöglich sei.

(c) Erst unter Voraussetzung dieses Schritts von 'transzendental Nr. 1' zu 'transzendental Nr. 2' ist nun die Weiterentwicklung des Terminus zu jener dritten Fassung von 'transzendental' zu begreifen, die J. B. Metz bei seiner Kritik an K. Rahner im Blick hat. Wird nämlich ein Apriori anerkanntermaßen durch geschichtliche Vorgaben konstituiert, dann können solche geschichtlichen Vorgaben ja durchaus auch theologischer Art sein. Nimmt man darüber hinaus – wie K. Rahner mit seinem 'übernatürlichen Existential' – eine *universale* geschichtliche Vorgabe an, ohne die überhaupt kein Mensch faktisch zur Welt kommt, dann

[58] Vgl. ebd. 76.
[59] Vgl. ebd. § 9, 152-164; ähnlich ders., Unterwegs zu einer nachidealistischen Theologie.
[60] "Ich nenne alle Erkenntniß t r a n s c e n d e n t a l , die sich nicht sowohl mit Gegenständen, sondern mit unsern Begriffen a priori von Gegenständen überhaupt beschäftigt" (Kritik der reinen Vernunft, A 11f, Akad.-Ausgabe IV, 23).

scheint mit dem nun gewonnenen Begriff eines 'theologischen Apriori' zugleich auch ein fließender Übergang von 'transzendental Nr. 1' zu 'transzendental Nr. 2' gewonnen, ein Übergang, der philosophisch nicht möglich ist. Dieses 'übernatürliche Existential' nämlich wäre zwar (im Sinne von Nr. 2) eine geschichtliche Mitgift, nichtsdestoweniger aber (im Sinne von Nr. 1) schlechthin universal, Auszeichnung einer jeden existierenden Menschenvernunft. Die reflexive Erhellung dieses 'transzendental Nr. 3' könnte allerdings, wie ausgeführt, nicht mehr rein philosophisch vonstatten gehen – man hat es ja nicht mit einer Vernunft ohne übernatürliche Bestimmtheit zu tun. Für ein solches Unternehmen wäre vielmehr 'transzendentale Theologie' der angemessene Ausdruck. Und da der letzte Boden für eine solche transzendental-theologische Analyse immer eine (wenn auch noch so universal konzipierte) geschichtliche Bestimmtheit bliebe, dürfte man dann auch von einer (für Kant ein "hölzernes Eisen" [61]) 'transzendentalen *Erfahrung*' oder 'transzendentalen *Offenbarung*' reden.

Auf diesem Hintergrund wird verständlich, worauf die Kritik von J. B. Metz an der 'transzendentalen Theologie' zielt. Es steht hier nicht (im Sinne einer erstphilosophischen, transzendentalen Reflexion auf die *Möglichkeits*bedingungen von Erfahrung) der bloße *Raster* von erfahrbarer Wirklichkeit im Blick, sondern immer schon *Erfahrung* selbst: "Der in der transzendentalen Subjekttheologie ausgearbeitete Begriff der Erfahrung hat nicht die Struktur geschichtlicher Erfahrung. Er bringt nämlich jene gesellschaftlichen Widersprüche und Antagonismen, aus denen geschichtliche Erfahrung leidvoll lebt und in denen das geschichtliche Subjekt sich konstituiert, zum Verschwinden in der Ungegenständlichkeit einer vorgewußten 'transzendentalen Erfahrung', in der diese Widersprüche bereits undialektisch versöhnt sind. Die transzendentale Subjekttheologie wirkt deshalb wie eine Überlegitimation der Identität des religiösen Subjekts angesichts der geschichtlichen Leiden des Menschen" [62].

Unter dem gegebenen Vorverständnis von 'transzendentaler Erfahrung' als einer im Grunde jeder 'kategorialen Erfahrung' immer schon vorausliegenden – und zwar *in jedem Subjekt* vorausliegenden – Sphäre des Heilsangebots kann man dieser Kritik nur zustimmen. Dasselbe gilt – abgesehen von nötigen Differenzierungen im Detail – für die von Metz vorgetragene Kritik an der Theorie vom anonymen Christentum[63].

Metz sieht nun allerdings recht deutlich, daß die transzendentale Subjektsicherung nicht ersatzlos gestrichen werden darf: "Wenn man diese transzendentale Identitätssicherung aufgibt, erhebt sich sofort die Frage: Woher dann noch die Maßstäbe für die geschichtlichen Kämpfe um das Subjektsein des Menschen? Woher noch Orientierung und Inspiration zur Rettung seiner Identität? Woher noch Boden im Gewoge der immer subjektloser werdenden geschichtlich-gesellschaftli-

[61] Vgl. W. Pannenberg, Systematische Theologie, Bd. 1, 128 Anm. 177: "'*transzendentale Erfahrung*'[...] – ein Ausdruck, der ein an Kant geschultes Sprachgefühl wie ein hölzernes Eisen anmuten muß".

[62] J. B. Metz, Glaube in Geschichte, 78. Diese Kritik wurde verschiedentlich aufgegriffen, s. bes. G. Neuhaus, Transzendentale Erfahrung als Geschichtsverlust.

[63] Vgl. J. B. Metz, Glaube in Geschichte, 156-158.

chen Prozesse, wenn dieser nicht mehr durch Metaphysik, auch nicht durch die späte des Vorgriffs, gewonnen werden kann?" [64]

Die "Kategorien zur Vergewisserung von religiöser Identität und zur Sicherung der Maßstäbe" [65] sucht Metz jedoch nicht außerhalb des 'Kategorialen' – im Sinne Rahners – , sondern im wirklich geschichtlichen Bewußtsein selbst. 'Erinnerung' und 'Erzählung' sind ihm die (so könnte man sagen) 'veränderlichen Konstanten', mittelst deren 'das Subjekt' in leidvoller interpersonaler Praxis seine Identität bewahrt, oder besser: immer wieder findet. Und zwar geht es dabei um eine höchst 'gefährliche Erinnerung', die alles andere ist als eine platonische Anamnese des überzeitlich immer schon Gegebenen, aber auch keine pietätvolle Nostalgie oder defätistische Resignation vor den aktuellen Problemen bedeutet.

'Gefährliche Erinnerung': damit dürfte im Grunde dasselbe gemeint sein, was oben in Kap. 2.1 als Einheit der vier Momente von *traditio* skizziert wurde, nämlich das Handeln Gottes an und durch Jesus Christus, gebrochen im breiten Prisma menschlicher Gemeinheit und Gewalt, in seiner wirkungsgeschichtlich je neuen Gegenwärtigsetzung. Ist mit der Berufung auf diese 'Kategorie' aber die Durchführung dessen obsolet geworden, was M. Blondel und der frühe Rahner versucht haben: eine apodiktische bzw. erstphilosophische Ermittlung der Hingeordnetheit des Menschen auf Offenbarung? Wie soll sich ohne eine solche erstphilosophische Reflexion das christliche Erinnern und Erzählen als Maßstab für menschliche Identitätsfindung überhaupt kritisch legitimieren können? Erübrigen sich etwa auch die traditionellen Aufgaben einer 'demonstratio christiana' und 'demonstratio catholica'? Muß vielmehr nicht erst noch gefragt werden, zum einen, wo und nach welchen Kriterien jene gefährliche, sich auf Gottes Geschichte mit seinem Volk und letztlich Gottes Handeln in Jesus berufende Erinnerung authentisch geschieht ('demonstratio catholica'), zum anderen, wie der tragende Grund dieses narrativen Akts selbst noch einmal als kritische Instanz des Erinnerns und Erzählens begriffen und diese narrative Theologie damit überhaupt von bloß fiktionalen Gestalten des Narrativen abgegrenzt werden kann ('demonstratio christiana')?[66]

Diese Anfragen lassen sich unter Verwendung des von Metz 'gegen den Strich' gelesenen Märchens vom Hasen und vom Igel konkretisieren. Metz ergreift hier die Partei des Hasen, optiert "für das Eintreten in das Feld der Geschichte, das man nur im Lauf, im Wettstreit, im Flug (und wie immer die Bilder gerade der paulinischen Traditionen für das geschichtlich-eschatologische Leben der Christen lauten) durchmessen kann. Und diese Option für den Hasen bedeutet gleichzeitig den Versuch, die idealistische Sicherung gefährdeter Identität des Christentums, die absieht von der identitätsrettenden Kraft der Praxis (des Laufens), kritisch zu entlarven – sozusagen als theologischen Igel-Trick, der Identität und Sieg ohne die Erfahrung des Laufens (d. h. auch ohne die Erfahrung der Bedrohung und des mögli-

[64] Ebd. 78.
[65] Ebd.
[66] Vgl. hierzu Th. Pröpper, Erlösungsglaube, bes. die ausführliche Kritik von P. Hofmann, Glaubensbegründung, 19-37, 81-87.

chen Untergangs) verbürgt" [67]. "Das 'Laufen', bei dem man auch liegenbleiben kann, gehört mitsamt seiner Gefährdung zur Identitätssicherung, es ist durch nichts transzendental zu kompensieren" [68].

Im Rahmen der Kritik an K. Rahner mag dieses Bild plausibel erscheinen. Nun gibt es allerdings nicht nur ein 'Laufen, bei dem man auch liegenbleiben kann' – d. h. die immer gefährliche Zeugenschaft in der Nachfolge Christi. Gerade, wenn man sich auf die paulinische Überlieferung beruft, müßte doch auch die bange Frage nach der Möglichkeit wach werden, 'ins Leere' oder 'ins Blaue' zu laufen (vgl. Gal 2,2; 1 Kor 9,26), weil man mit nicht genügend Überlegung läuft. Dies ist ja auch die Erfahrung des Hasen, wenn man das Märchen so nimmt, wie es erzählt ist. Der Hase kommt hier weder als Märtyrer noch als tragischer Held, sondern einfach als ein aufgeblasener Geck zu Fall. Spätestens nach der zweiten Wende hätte er innehalten und sich über die transzendentalen Möglichkeitsbedingungen eines Wettkampfs mit dem Igel Klarheit verschaffen müssen. Es fehlt ihm nicht an Einsatz, wohl aber an einer gründlichen Reflexion darauf, was den vollen und ganzen Einsatz fordert und was ihn unratsam erscheinen läßt.

5.5 Der handlungstheoretische Ansatz von Helmut Peukert

H. Peukerts vieldiskutiertes Buch 'Wissenschaftstheorie – Handlungstheorie – Fundamentale Theologie' braucht hier nicht mehr ausführlich dargestellt zu werden[69]. Verschiedentlich wurde hervorgehoben, daß Peukert mit dieser Pionierarbeit die wissenschaftstheoretische Grundlegung der Politischen Theologie geleistet habe[70]: "[...] hier ist nicht nur die kritisch-befreiende Relevanz des christlichen Glaubens herausgestellt und die praktische Gestalt seiner Vermittlung bedacht, sondern auch durch den Bezug auf den gegenwärtigen Stand der wissenschaftstheoretischen Diskussion die Bedeutung dieser Praxis selbst theoretisch vermittelt [...]" [71].

Was den systematischen Ertrag dieses Buchs angeht, so beruht Peukerts Argumentation vor allem auf drei Grundpfeilern. Als sein wichtigster Beitrag ('Pfeiler 1') wurde fast allgemein anerkannt, daß er durch sorgfältige Einzeluntersuchungen in den verschiedensten Bereichen zeitgenössischer Theoriebildung die meist unzureichend bedachten Basis-Voraussetzungen des Argumentierens aufgedeckt habe. Im Einklang mit der 'Universalpragmatik' von J. Habermas und der 'Transzendentalpragmatik' von K.-O. Apel kann Peukert auf dieser Grundlage dann ('Pfeiler 2') als Apriori aller theoretisch-praktischen Vernunft formulieren: "Als das äußerste Denkbare, als die Grenzidee, die im kommunikativen Handeln

[67] J. B. Metz, Glaube in Geschichte, 159.
[68] Ebd. 160.
[69] Vgl. die Überblicke bei E. Arens, Kleine Bilanz der bisherigen Peukertrezeption; ders., Theologie nach Habermas, 25; K. Bauer, Der Denkweg von Jürgen Habermas, 334-359; P. Hofmann, Glaubensbegründung, 87-92; Th. Pröpper, Erlösungsglaube, 165-171.
[70] Vgl. die Belege bei E. Arens, 19; vgl. auch P. Hofmann, Glaubensbegründung, 87.
[71] Th. Pröpper, Erlösungsglaube, 165.

selbst impliziert ist, erwies sich die unbegrenzte, universale Kommunikationsgemeinschaft, die im geschichtlichen Handeln solidarisch Freiheit realisiert" [72].

Im Anschluß an W. Benjamin und M. Horkheimer stellt Peukert allerdings eine Aporie der universal- bzw. transzendentalpragmatischen Grundlagenreflexion heraus: "Die genauere Analyse dieser normativen Implikationen führte jedoch auf eine Erfahrung, an der die Frage entsteht, ob kommunikatives Handeln nicht in einem verzweifelten Selbstwiderspruch und in Absurdität endet und ob eine Theorie dieses Handelns nicht in sich widersprüchlich wird. Es ist die faktische Erfahrung, daß Menschen, die solidarisch zu handeln versucht haben, denen man also eigene Lebensmöglichkeiten verdankt, vernichtet werden. Die ganze Schärfe dieser Erfahrung wird erst deutlich, wenn man sie in ihrer geschichtlichen Dimension untersucht. Die normativen Implikationen einer Theorie kommunikativen Handelns für die Identität von Subjekten wie für die Struktur einer Gesellschaft werden aporetisch, wo man die historische Konstitution der einen, solidarischen Menschheit zu denken versucht" [73].

Diese Aporie sei nur theologisch zu überwinden ('Pfeiler 3'). Eine transzendentale Pragmatik, die jene äußerste Infragestellung der letzten Voraussetzungen kommunikativen Handelns nicht ausklammert[74], die vielmehr in ein solches Handeln bewußt die erinnernde Solidarität mit unschuldig Vernichteten aufnimmt, führt zur "Behauptung einer Wirklichkeit, die den anderen als den, der geschichtlich gehandelt hat, vor der Vernichtung bewahrt [...] Diese im kommunikativen Handeln erschlossene Wirklichkeit, die als die rettende Wirklichkeit für den anderen und zugleich als die Wirklichkeit behauptet wird, die durch diese Rettung des anderen die eigene zeitliche, auf den Tod zugehende Existenz ermöglicht, muß als '*Gott*' bezeichnet werden. Die Wirklichkeit Gottes wird also aus einer Situation kommunikativen Handelns, die letztlich unausweichlich ist, durch das kommunikative Handeln selbst *identifizierbar* und so *benennbar*. Damit ist die Grundsituation der Erschließung der Wirklichkeit Gottes und ihre Identifizierbarkeit und damit zugleich *der Ursprung einer möglichen Rede von Gott* angegeben" [75].

Wie sind diese drei Stützpunkte der Argumentation miteinander verbunden? Das Hinterfragen einzelner Theorieansätze auf die sie letztlich leitenden Implikationen führt bestenfalls zu einer Konvergenz, einem aufgrund der nicht abschließbaren Menge von zu untersuchenden Theoremen stets vorläufig bleibenden Er-

[72] H. Peukert, Wissenschaftstheorie, 311.

[73] Ebd.

[74] Vgl. die Anmerkung zu Habermas, ebd. 312 Anm. 3: "Auch für Habermas scheint das Denken hier prinzipiell an eine Grenze zu geraten: 'In Anbetracht der individuellen Lebensrisiken ist freilich eine Theorie nicht einmal *denkbar*, die die Faktizitäten von Einsamkeit und Schuld, Krankheit und Tod hinweginterpretieren könnte; die Kontingenzen, die an der körperlichen und der moralischen Verfassung des Einzelnen unaufhebbar hängen, lassen sich nur *als* Kontingenz ins Bewußtsein heben; mit ihnen müssen wir, prinzipiell trostlos, leben.' (Habermas, Legitimationsprobleme 165) Nun kann es natürlich nicht um ein Denken gehen, das etwa den Tod 'hinweginterpretieren' will; außerdem geht es nicht nur um die 'Verfassung des Einzelnen', sondern um Erfahrungen, die kommunikatives Handeln insgesamt und die darin erworbene Identität des einzelnen in Frage stellen."

[75] Ebd. 342.

gebnis. Es hätte nun nahegelegen, diese bloße Konvergenz im Hinblick auf das Apriori einer idealen Kommunikationsgemeinschaft etwa im Anschluß an K.-O. Apel transzendentalpragmatisch-retorsiv als apodiktische Voraussetzung zu sichern. Diesen Versuch unternimmt Peukert nicht. Zum Abschluß des Buches stellt er noch einmal fest: "Die dargestellte Theorie kommunikativen Handelns wurde als Konvergenzpunkt von Grundproblemen der Wissenschaftstheorie und der Theologie aufgewiesen" [76]. Damit verbleibt ein Begründungsdefizit, auf das mehrfach hingewiesen wurde[77].

Was den Übergang vom ermittelten Apriori der Kommunikation zur Theologie betrifft, erhebt sich zunächst die Frage, die analog an den Versuch einer transzendentalpragmatischen Begründung von Ethik zu stellen sein wird (s. Kap. 6.1): Ist mit dem Aufweis eines faktisch 'immer schon' implizit Gesetzten die Gültigkeit einer ethischen Verpflichtung (hier: der Idee unbedingter Solidarität) aufgezeigt[78]? Dieses Problem tritt durch den Einbezug der anamnetischen Solidarität (mit den Opfern der Gewalt) allerdings in den Hintergrund. Die so verstandene 'innovatorische' und 'provokatorische' universale Solidarität[79] sprengt den Rahmen dessen, was retorsiv als Möglichkeitsbedingung jeder Argumentation sichergestellt werden kann. Die Einführung der Basisannahme von Solidarität in diesem umfassenden Sinn ist eher der Voraussetzung des 'Faktums der reinen praktischen Vernunft' bei Kant vergleichbar. Die Struktur der Argumentation, mit der Peukert auf die Wirklichkeit eines aus dem Tode rettenden Gottes schließt, weist daher auch große Verwandtschaft mit dem Gottespostulat Kants auf.

Das besondere Verdienst der fundamentaltheologischen Arbeit Peukerts dürfte in einer beachtlichen Leistung der Vermittlung zwischen einer Theologie zu sehen sein, die sich schon in ihrer Grundlagenreflexion bewußt ihrer gesellschaftlichen

[76] Ebd. 351. Dem entspricht die Einschätzung des Apelschen Ansatzes, die Peukert ein Jahrzehnt später vorgenommen hat. Er sagt in diesem Zusammenhang von L. Kohlberg, dieser sei "sich wissenschaftstheoretisch bewußt [...], daß in den Ansatz der Theorie, also in ihre Grundbegriffe und in ihre Methodologie, unvermeidlich selbst philosophische Grundannahmen eingehen", und fährt dann fort: "Daß sie diesen entscheidenden Konvergenzpunkt philosophischer und humanwissenschaftlicher Reflexion entschieden zum Gegenstand machen, darin sehe ich die Bedeutung der Überlegungen, die Apel vorgelegt hat." (Intersubjektivität – Kommunikationsgemeinschaft – Religion, 169).

[77] Vgl. etwa F. Th. Gottwald/J. Heinrichs in ihrer Rezension des Peukertschen Buchs (ThPh 53 (1978) 431-434, Zitat 433): "Die Schwäche eines solchen Konvergenzdenkens besteht in der Abwesenheit der Überwindung anscheinender Gegensätze durch systematisch-synthetische Einsicht." Schärfer P. Hofmann, Glaubensbegründung, 93 (mit Verweis auf weitere Literatur): "Das Konvergenzmodell verzichtet zuletzt auf eine Metatheorie: die Option für jeweilige und quasi-evidente Konvergenz impliziert den infiniten Progreß immer neuer Konvergenzmodelle, die den aktuellen Stand 'konvergierender Tendenzen' beschreiben und eine lähmende Reflexion der unabschließbaren Aufstufung von Metatheorien ohne Hier*archie* betreiben."

[78] Vgl. P. Hofmann, Glaubensbegründung, 90 Anm. 64: "So scheint die von PEUKERT als 'Paradox' gekennzeichnete Gleichung von 'faktischer Leistung' und 'transzendentaler Konstitution' auf einem subtilen naturalistischen Fehlschluß zu beruhen, denn das *Faktum* (kommunikativer) Vernunft begründet so wenig wie das *Faktum ihrer Antizipation* einen normativen Geltungsanspruch." Vgl. auch Th. Pröpper, Erlösungsglaube, 169 (mit Verweis auf die Kritik von H. Krings an K.-O. Apel).

[79] Vgl. H. Peukert, Wissenschaftstheorie, 300f.

Bedingtheit stellt, und einer großen Breite wissenschaftstheoretischer Ansätze, die auf den ersten Blick wenig Anknüpfungspunkte für theologische Basisprobleme aufzuweisen scheinen. Die prinzipiellen Grenzen des Peukertschen Ansatzes verlaufen analog zu der in Kap. 4.4 im Hinblick auf das Kantische Gottespostulat umrissenen Markierung: Zum einen ist das Handlungsapriori nicht erstphilosophisch als unhintergehbar aufgewiesen. Eine Legitimation der behaupteten *Letztgültigkeit* des in Jesus Christus eröffneten *Sinns* wird damit nicht erbracht. Zum anderen ist - wie bei Kant - nichts hinsichtlich der *Faktizität* einer ergangenen Offenbarung ausgemacht. 'Anamnetische Solidarität' als 'Faktum der reinen praktischen Vernunft' vorausgesetzt, darf lediglich die Hoffnung auf einen aus dem Tod errettenden (und der Menschheitsgeschichte insgesamt Sinn verleihenden) Gott als begründet gelten.

6 Die Frage nach Kriterien für Letztgültigkeit

Der geschichtliche Überblick über das Fragen nach einer strukturellen Verwiesenheit des Menschen auf Offenbarung (Kap. 5) führte zu dem Ergebnis, daß sich in der zeitgenössischen Fundamentaltheologie bis hin zu H. Peukert kein zufriedenstellendes Konzept für die Ermittlung von Kriterien für einen letztgültigen Sinn finden läßt, wie sie zur rationalen Verantwortung des vom christlichen Glauben behaupteten 'ein-für-allemal' erforderlich ist. Die Frage nach solchen Kriterien soll nun in Kap. 6 durchgeführt werden[1].

Außerhalb theologischer Reflexion gibt es in der zeitgenössischen Philosophie wenigstens einen Ansatz zu erstphilosophischer Ermittlung von letztgültigen Kriterien, der besondere Aufmerksamkeit verdient: die von K.-O. Apel begründete Transzendentalpragmatik. Eine ausführlichere Auseinandersetzung damit ist zu Beginn dieses Kapitels zum einen deswegen am Platze, weil sie im Argumentationsansatz manche Analogien zu der in der Maréchalschule verwandten retorsiven Methode und ebenfalls zu dem dort gewählten Ausgang von Frage und Urteil aufweist. Zum anderen legt es sich nahe, dem hier vertretenen 'cartesianischen' Reflexionsansatz eine Kritik des Apelschen Subjektverständnisses vorauszuschicken.

6.1 Zur Tragweite transzendentalpragmatischer 'Letztbegründung'

(1) Bei der mittlerweile fast uferlosen Diskussion um den transzendentalpragmatischen Ansatz ist es schwierig, eine Übersicht über die für unsere Fragestellung wichtigen Argumentationslinien zu gewinnen. Der Überblick wird zum einen durch den engen Zusammenhang zwischen der Transzendentalpragmatik Apels und der Universalpragmatik von J. Habermas erschwert, der nicht den Anspruch auf Letztbegründung erhebt, zum anderen durch die mannigfachen Sondersprachen der verschiedenen Disputanten, die außerhalb ihrer eigenen, regionalen Diskursgemeinschaft ohne Sprachführer nur mit Mühe zu verstehen sind.

K.-O. Apel[2] selbst und vor allem W. Kuhlmann[3] haben in zusammenfassenden Darstellungen die tragenden Momente des transzendentalpragmatischen Ansatzes

[1] Kap. 6 tritt hier an die Stelle von Kap. 6-8 in den ersten Auflagen dieses 'Grundrisses'. Die Zusammenfassung zu nur einem Kapitel läßt besser als in der Erstfassung die methodischen Unterschiede in dem Dreischritt bei der Frage nach der Möglichkeit eines letztgültigen Wortes Gottes zutage treten. Das neue Kap. 6 ist auf die Sicherung eines *Begriffs* von letztgültigem Sinn angelegt; in Kap. 7 geht es um die Frage nach der prinzipiellen Möglichkeit einer geschichtlichen *Realisierung* dieses Begriffs; in Kap. 8 wird nach den Bedingungen dafür gefragt, daß sich letztgültiger Sinn auch dann verwirklichen kann, wenn sich der Mensch dem *verweigert*, was seinem Dasein allein einen letzten Sinn zu geben vermöchte.

[2] Vgl. bes. K.-O. Apel, Grenzen der Diskursethik? (dort, S. 30, die früheren Arbeiten) und die in: ders., Diskurs und Verantwortung, gesammelten Beiträge.

[3] W. Kuhlmann, Reflexive Letztbegründung (Literatur!).

weiter zu klären versucht, dabei aber wohl doch nicht ausreichend die Gegenargumente zu einigen Elementen der Theorie berücksichtigt, die m. E. anfechtbar bleiben – ohne daß allerdings dadurch der Charakter dieser Theorie als philosophischer Letztbegründung verlorenginge[4]. Der 'harte Kern' der Argumentation scheint mir am präzisesten bei W. Becker[5] dargestellt, der zugleich die unaufgebbare Verbindung sprachphilosophischer Wahrheitstheorie zur transzendentalen Erkenntnistheorie (im Sinne Kants) aufzeigt[6].

Im Verlauf der Diskussion wurde zunehmend auf strukturelle Analogien der transzendentalpragmatischen Argumentation zu den in der Geschichte der Philosophie vielfältig zu findenden retorsiven Letztbegründungsargumenten verwiesen[7]. Dabei läßt sich eine eigenartige Beobachtung machen. Traditionell, insbesondere dann auch in der in Kap. 5.3 kurz besprochenen Blütezeit retorsiven Argumentierens im Anschluß an J. Maréchal, wurden selbst bei intensiver Analyse von Behauptung und Frage – soweit ich sehe – nie die unausweichlichen kommunikationstheoretischen Implikationen dieser Vollzüge als Sprechhandlungen thematisiert[8]. Bei K.-O. Apel und seinen Nachfolgern hingegen wird die früher vorherrschende Reflexion auf die im Argumentieren notwendig gesetzte Inanspruchnahme unbedingter Wahrheit ausgeklammert[9]. Philosophiegeschichtlich mag diese Abstinenz wegen des traditionell mit jener Reflexion verbundenen raschen Schritts in die Metaphysik verständlich erscheinen – vgl. oben Kap. 5.3(2). Systematisch ergibt sich so allerdings die Schwierigkeit, daß der transzendentalpragmatische Aufweis einer notwendig affirmierten idealen Kommunikationsgemeinschaft, also einer im Hinblick auf alle faktische Kommunikation unbedingten Idee, sich zwar im Horizont eines Begriffs vom Unbedingten bewegt, dessen weitere, auch innerhalb eines strikt retorsiven, nicht nur metaphysischen Argumentierens mögliche Erhellung aber unterbleibt. Die Anwendung des Terminus 'Erste Philosophie' auf

[4] Es scheint sich hier ein in der Geschichte der Philosophie häufiger – z. B. bei J. G. Fichte und seinen Interpreten – zu beobachtendes Phänomen zu wiederholen. Wenn ein wirklicher Durchbruch zu philosophischer Letztbegründung (ohne theologische Rükkendeckung) auf die dichte Front derer stößt, die eine solche Quichotterie entsprechend zu würdigen wissen, wird es im Zuge der Verteidigung schwieriger, die Konturen der zentralen Einsicht klar abzustecken.

[5] W. Becker, Wahrheit und sprachliche Handlung, 299-312.

[6] Vgl. ebd. bes. 313-344. Dort auch die einschlägige Literatur (bes. O. Höffe!).

[7] Vgl. bes. W. Kuhlmann, Reflexive Letztbegründung, 254-329.

[8] An der Stelle in E. Coreths umfangreicher 'Metaphysik' z. B., wo dies nahegelegen hätte (§§ 84-90: 'Die personale Welt'), gibt es zwar den Hinweis: "Überdies vollzieht sich das menschliche Denken immer und notwendig in der Sprache. [...]. Wenn aber die Sprache ihrem Wesen nach Mittel und Ausdruck personaler Kommunikation ist, so ist auch das Denken wesenhaft auf Kommunikation, auf geistige Gemeinschaft mit Anderen angewiesen" (460f). Bei der darauffolgenden Begründung dieses Sachverhalts erfolgt aber gerade kein Rückgang auf den für den Ansatz der Corethschen 'Metaphysik' entscheidenden Sprechakt Frage. – In der von R. Lauth 1979 vorgelegten 'Theorie des philosophischen Arguments' findet sich einleitend lediglich eine knappe Abgrenzung des erkenntnistheoretischen Ziels der Arbeit von rhetorischen Gesichtspunkten (vgl. 1). Vgl. meine Rezension des Werks in: Philosophy and History 15 (1982) 19-21.

[9] Dabei werden zuweilen gewaltsame Interpretationen in Kauf genommen, vgl. z. B. den Sprung von der III. in die V. Meditation in dem kurzen Hinweis auf die Einführung des Gottesgedankens bei Descartes in: W. Kuhlmann, Reflexive Letztbegründung, 293f.

die Transzendentalpragmatik in ihrer bisherigen Gestalt scheint schon von daher nicht ganz angemessen. Eher läge es nahe, von einer 'regional eingeschränkten Letztbegründung' zu sprechen, wie im folgenden deutlicher werden soll.

(2) Apel geht es um eine Letztbegründung ethischer Normen. Dabei steht aber offensichtlich die Frage nach der Verbindlichkeit jener gesellschaftlichen Normen im Mittelpunkt, die in der Philosophiegeschichte gewöhnlich unter der Chiffre 'Naturrecht' diskutiert wurden[10]. Die Kontroversen um den transzendentalpragmatischen Ansatz würden, wie mir scheint, um einiges übersichtlicher, wenn man die beiden methodisch zu unterscheidenden Fragen nach der Letztbegründung zum einen von *ethischen*, zum anderen von (natur-)*rechtlichen* Normen sorgfältig auseinanderhielte, sosehr sie auch material zusammenhängen.

Für die transzendentalpragmatische Letztbegründung von *ethischen* Verpflichtungen ist entscheidend (und in der Diskussion sehr umstritten), inwieweit die transzendentalen Implikationen von Diskursakten mit der bloßen Setzung solcher Akte – etwa einer Frage – immer schon als ethisch verbindliche Normen anerkannt sind. Dieses Problem fällt bei der Frage nach der Begründung von (natur-)*rechtlichen* Normen (die material mit den ethischen identisch sein können) nicht ins Gewicht. Die Überzeugungskraft der Transzendentalpragmatik hinsichtlich der Naturrechtsproblematik liegt vielmehr gerade darin, daß der Gesetzgeber bei allen Teilnehmern einer Diskursgemeinschaft davon ausgehen darf, daß sie (aus welchen Motiven auch immer) 'beim Wort genommen' werden wollen. Auch demjenigen, der sich prinzipiell zum Stellen von nur noch strategischen (nicht ernsthaften) Fragen entschlossen hätte, liegt daran, daß man seine Fragen als ernsthafte aufnimmt (sonst ließen sich auch seine bloß strategischen Ziele nicht verfolgen). Die unausweichlichen Implikate ernsthaften Fragens, vor allem die Anerkennung des Adressaten als eines freien, einer (aus eigener Autonomie zu gebenden) Antwort fähigen Vernunftwesens, sind damit notwendige Grundlage einer gerechten Gesetzgebung.

Die Tragweite eines transzendentalpragmatischen Begründungsverfahrens im Vergleich zu anderen zeitgenössischen und traditionellen naturrechtlichen Ansätzen wird ersichtlich, wenn man den Inhalt des in einer Diskursgemeinschaft Erfragbaren nicht willkürlich einschränkt, sondern auch Fragen nach einem umgreifenden Sinn zuläßt. Zu den Adressaten solcher Fragen gehören grundsätzlich alle, die zu einer entsprechenden Antwort möglicherweise einen Beitrag leisten können. Damit ist aber eine Gesetzgebung gefordert, die die Möglichkeitsbedingungen dafür gewährleistet, daß alle zu einem solchen Beitrag potentiell fähigen Wesen dazu auch aktuell in die Lage versetzt werden – etwa im Erziehungsbereich, durch Maßnahmen zum Schutz ungeborenen menschlichen Lebens, der Umwelt, im Versuch der Abwendung eines drohenden atomaren Holocausts. Dabei ist zugleich für die Sicherung, Erhebung bzw. Wiedergewinnung der kulturellen Beiträge aus der gesamten Menschheitsgeschichte Sorge zu tragen, die ohne ständiges Bemühen

[10] Vgl. bes. K.-O. Apel, Die Herausforderung der totalen Vernunftkritik, hier vor allem 16f, und die unten Anm. 11 genannten Beiträge.

nicht 'aus der Potenz in den Akt' überführt werden, ja nicht einmal als potentielle erhalten bleiben können.

Daß Fragen nach einem solchen umgreifenden Sinn nicht ausgeschlossen werden dürfen, ergibt sich ebenfalls aus transzendentalpragmatisch notwendigen Gründen. Es folgt unmittelbar aus dem retorsiven Erweis des Vorgriffs auf eine unbedingte Wahrheit bzw. einen unbegrenzten Sinnhorizont als unausweichlicher Implikation von Frage und Behauptung (s. Kap. 5.3). Doch auch bei strikter diskurstheoretischer Selbstbeschränkung ergibt sich die Unzulässigkeit des Ausschlusses von Fragen nach einem umgreifenden Sinn. Insofern nämlich jede in konkreter Kommunikation gestellte Frage sich zwecks Antwort an eine freie andere Vernunft richtet, nimmt sie das Risiko auf sich, vom Adressaten in einen umfassenderen Horizont als den unmittelbar intendierten einbezogen zu werden. Welcher Horizont der im Sinne der ursprünglich gestellten Frage angemessenere ist (etwa der des fragenden 'Positivisten' oder der eines 'Metaphysikers', der die Frage aufnimmt), läßt sich den in jeder ernsthaften Frage mitgesetzten Implikationen zufolge erst im freien Diskurs aller entscheiden.

(3) Mit der Beschränkung der transzendentalpragmatisch begründbaren Normen auf den Bereich naturrechtlicher Legalität gibt sich Apel nicht zufrieden. Er teilt die Kritik Hegels an der Abstraktheit naturrechtlicher Überlegungen, möchte allerdings nicht (wie Hegel) auf eine Stufe konventioneller Sittlichkeit zurückfallen. Es geht ihm vielmehr um das "Problem des Übergangs zur postkonventionellen Moral" [11].

Daß jeder zur Moralität Entschlossene die soeben als naturrechtlich begründet angedeuteten Normen – notwendige Implikate seines ernsthaften Fragens – auch als sittlich verbindlich akzeptieren müßte, ist evident. Apel behauptet aber darüber hinaus, daß mit der bloßen Teilnahme am Diskurs bereits jeder diese Normen als moralisch verbindlich anerkennt: "Läßt man sich ernsthaft auf einen argumentativen Diskurs ein – oder suggeriert man dies auch nur der öffentlichen Meinung [...] –, so läßt man sich damit zugleich auf moralische Verpflichtungen als mögliche Konsequenzen ein" [12]. "[...] auch dies vermag jeder, der ernsthaft argumentiert, ja reflexiv einzusehen: daß er gerade als Argumentierender die Metanorm des praktischen Diskurses qua Grundnorm der Ethik immer schon aus Freiheit anerkannt hat" [13].

Gerade an diesem Punkt der Argumentation ergibt sich eine verblüffende strukturelle Parallelität zu dem Versuch metaphysischer Letztbegründung im Raum des

[11] Vgl. den Untertitel von 'Diskurs und Verantwortung' und hierin besonders die Beiträge: 'Kant, Hegel und das aktuelle Problem der normativen Grundlagen von Moral und Recht' (69-102), 'Kann der postkantische Standpunkt der Moralität noch einmal in substantielle Sittlichkeit 'aufgehoben' werden? Das geschichtsbezogene Anwendungsproblem der Diskursethik zwischen Utopie und Regression' (103-153), 'Die transzendentalpragmatische Begründung der Kommunikationsethik und das Problem der höchsten Stufe einer Entwicklungslogik des moralischen Bewußtseins' (306-369). Zum Problem des Verhältnisses von Legalität, Moralität und Sittlichkeit allgemein vgl. H. Verweyen, Recht und Sittlichkeit.

[12] K.-O. Apel, Warum transzendentale Sprachpragmatik?, 37.

[13] Ebd. 41f. – An dieser Position haben Apel selbst (wie auch W. Kuhlmann und D. Böhler), soweit ich sehe, trotz aller Kritik bisher unverändert festgehalten.

retorsiven Argumentierens innerhalb der Maréchalschule. So sagt etwa K. Rahner in 'Hörer des Wortes', der Mensch bejahe sich "in seinem notwendigen, die Gelichtetheit des Seins bejahenden, absoluten Verhalten zu seiner Geworfenheit [...] als die freie willentliche Setzung Gottes" [14]. Sowenig aber der Schluß von einer unvermeidbaren impliziten *Inanspruchnahme* unbedingter Wahrheit auf die notwendige *Anerkennung* unbedingter Wahrheit berechtigt ist – vgl. Kap. 5.3(2) –, ebensowenig folgt aus der unvermeidbaren (Mit-)Setzung von Diskursnormen deren Anerkennung als verbindlich im ethischen Sinn[15].

Vielleicht läßt sich der umstrittene Sachverhalt ausgehend von einer Differenzierung, die Apel in Auseinandersetzung mit L. Kohlberg getroffen hat[16], etwas weiter klären. Apel versucht dort, eine 'existentielle' und eine 'meta-ethische' Seite der Frage 'Warum überhaupt moralisch sein?' voneinander zu trennen. In der existentiellen Frage gehe es um eine Antwort auf den bedrohenden Anschein von Sinnlosigkeit – 'etwa im Sinne Hiobs'. Nur diese Frage sei "auf eine im weitesten Sinne *religiöse* oder *metaphysische* Antwort angewiesen" [17]. Im Hinblick auf die meta-ethische Frage nach einer Letztbegründung des Moralischseins hingegen hält Apel an seiner Position fest: "*Als ernsthaft Argumentierender,* der aufrichtig die intersubjektiv gültige Wahrheit sucht [...](,) ist man notwendigerweise auch schon fürs Moralischsein entschieden" [18]. Mir scheint, man kann dem zitierten Satz zustimmen und zugleich die zu weit gehende Folgerung aufzeigen, die Apel daraus zieht.

'Aufrichtig die intersubjektiv gültige Wahrheit suchen' kann jeder, der von deren Möglichkeit überzeugt ist. In diesem Sinne wird auch jeder einmal handeln oder gehandelt haben, solange ihm nicht der letzte Horizont solcher Suche fraglich geworden ist. Innerhalb des bergenden Raums gemeinsamer Sinnerwartungen darf man für jeden Diskursteilnehmer eine ähnlich interpersonal-sittliche Anerkennung voraussetzen, wie man von einer Anerkennung letzter Wahrheit im religiös bzw. metaphysisch unterfangenen Denken ausgehen darf. Apels Problem ist aber gerade das des Übergangs zu einer 'postkonventionellen Moral', d. h. die Begründung einer schlechthin universal verbindlichen Moral, die über alle Binnenräume 'natürlicher', geschichtlich-gewachsener Sittlichkeit hinausgreift. Dieser Übergang soll durch die implizite Anerkennung einer universal-idealen Kommunikation und ihrer Möglichkeitsbedingungen geschehen. Im Hinblick darauf können aber nur jene 'aufrichtig die intersubjektiv gültige Wahrheit suchen', die an die Möglichkeit eines umfassenden, letztgültigen Sinns glauben. Die übrigen Diskursteilnehmer werden (sofern sie überhaupt für transzendental stringentes Reflektieren aufgeschlos-

[14] Vgl. K. Rahner, Hörer des Wortes, in: SW 4, 132, zur 2. Auflage vgl. ebd. 133. Zur Kritik dieser Argumentation vgl. z. B. Th. Pröpper, Erlösungsglaube, 130f.

[15] Vgl. hierzu C. F. Gethmann/R. Hegselmann, Das Problem der Begründung zwischen Dezisionismus und Fundamentalismus, 351, und bes. H. Krings, Reale Freiheit, bes. 61f; ders., Empirie und Apriori; O. Höffe, Kantische Skepsis gegen die transzendentale Kommunikationsethik, 528; Th. Pröpper, Erlösungsglaube, 169f; P. Hofmann, Glaubensbegründung.

[16] Vgl. K.-O. Apel, Die transzendentalpragmatische Begründung.

[17] Vgl. ebd. 348.

[18] Ebd. 356.

sen sind) die ohne performativen Selbstwiderspruch nicht bestreitbaren Norm-Antizipationen ähnlich als integrierenden Teil ihrer Handlungen betrachten wie Sisyphus seinen Götterfluch als ein für absurde Existenz konstitutives Moment.

(4) Die transzendentalpragmatische Letztbegründung stützt sich wesentlich auf die Teilnahme an der Diskursgemeinschaft, der Gemeinschaft von Argumentierenden (wobei gelegentlich allerdings der Eindruck entsteht, daß Diskurs- und Kommunikationsgemeinschaft als dasselbe angesehen werden). Demgegenüber ist aus verschiedenen Perspektiven geltend gemacht worden, daß bei diesem Verfahren Kommunikation nur in einer eingeschränkten Gestalt in den Blick kommt[19].

In der Tat ergibt sich hier ein analoges Problem zu der in Kap. 5.3(3) aufgewiesenen Schwierigkeit, daß nämlich zum Zweck der retorsiven Absicherung eines nicht weiter hinterfragbaren Geltungsbodens ein bestimmter, phänomenologisch gesehen: abgeleiteter Modus von Vernunft (bzw. hier: von Kommunikation) gleichsam hypostasiert und unter Nichtbeachtung seines Zusammenhangs mit ursprünglicheren Weisen des Verstehens analysiert wird. Was oben mit Rücksicht auf den für Frage und Behauptung spezifischen Modus von *Gegenständlichkeit* gesagt wurde, läßt sich in ähnlicher Form mit Blick auf den die Argumentation bestimmenden Modus von *Intersubjektivität* beobachten. Frage und Behauptung sind (erkenntnistheoretisch betrachtet) Bemühungen um Wahrheitssicherung von Seiendem, in denen dieses nicht mehr - wie im Akt des Staunens - in Einheit mit seinem Grund ansichtig wird ('Die Ros ist ohn warum ...'), wo vielmehr dieser Grund gerade fraglich geworden ist und daher behauptend-begründend festgemacht werden soll. Sprechakttheoretisch gesehen befinden sich, wenn Fragen 'ge*stellt*' werden oder 'Be-*haupt*ungen' auftreten, die miteinander kommunizierenden Partner nicht mehr in jenem Modus von Ein-verständnis, in dem interpersonale Wahrheit ihren Ursprung hat und ein Ich erstmals zu dem Freiraum findet, in dem es sich oder anderes behaupten kann[20].

Ohne eine (wenn auch noch so verdeckte) Erinnerung an dieses ursprüngliche Einvernehmen wäre ein ernsthaftes Argumentieren gar nicht denkbar, das auf einen endgültigen Kon-sens zielt, der selbst doch nicht mehr dem Modus des sich wesentlich im Fragen und Behaupten artikulierenden Argumentierens angehören kann. Jedes Fragen ist vor-läufig auf eine konsensfähige Antwort. Bei einer Antwort im Modus des Be-hauptens ist aber stets der Vorrang der Perspektive des Antwortenden mitgesetzt[21]. Solange kein adäquater Begriff des im Argumentieren letztlich angestrebten kommunikativen Sinns (Kon-sens) ermittelt ist, fällt die Reflexion über die Idee konsensueller Wahrheit unter die Hegelsche Kritik am 'perennierenden Streben' bzw. der 'schlechten Unendlichkeit'.

Es ergibt sich, daß die transzendentalpragmatische Letztbegründung kaum den Titel einer 'Ersten Philosophie' für sich beanspruchen kann. Diese dürfte, um

[19] Vgl. etwa H. Peukert, Intersubjektivität, 173f; H. Ebeling, Vernunft und Widerstand.
[20] S. u. Kap. 7.2.
[21] Dies kann hier nur eben angedeutet, müßte zudem im Zusammenhang mit der erkenntnistheoretischen Problematik der verschiedenen Modi von Gegenständlichkeit bedacht werden, vgl. H. Verweyen, Ontologische Voraussetzungen, Zweiter Abschnitt, bes. Kap. 3-5.

letzte Orientierungs- und Gültigkeitskriterien für hermeneutisches Verstehen überhaupt – nicht nur, wie oben mit Blick auf die Naturrechtsproblematik gezeigt, für einen bestimmten Bereich von Kommunikation – geben zu können, nicht von einem retorsiv fixierten Sprechakt ausgehen, der in Abstraktion von den ihn phänomenologisch ermöglichenden Vollzügen des Verstehens zum Modellfall kommunikativer Erkenntnis erhoben wird.

(5) Für eine lange Tradition von transzendental konzipierter πρώτη φιλοσοφία, von 'Erster Philosophie' – grob gesagt: von Augustinus' 'Contra Academicos' bis zu Husserls 'Cartesianischen Meditationen' – schien es ausgemacht, daß das '(ego) cogito' den letzten, unhinterfragbar gewissen Boden kritischen Philosophierens darstellt. Heute ist man eher geneigt, gerade darin das πρώτον ψεῦδος, das Ur-Unwahre früherer Philosophie zu sehen. Die kaum noch überschaubare Diskussion zum Cartesisch/cartesianischen 'cogito' und zur Problematik des Selbstbewußtseins kann hier nicht dargestellt werden. Das Verständnis wird wesentlich dadurch erschwert, daß nur wenige der Disputanten sich auf jene strikt transzendentale Reflexion einlassen, die den Cartesischen Neuansatz zur 'Ersten Philosophie' auszeichnet[22]. Wir gehen hier nur auf die von K.-O. Apel vertretene Position ein.

Die Vertreter der Transzendentalpragmatik sehen sich selbst zwar in der Nachfolge von Descartes und Kant, glauben aber, erst durch ihr Argumentationsverfahren die transzendentale Reflexion auf einen unhintergehbaren Boden zu stellen. Kaum wesentlich modifiziert findet sich in fast allen einschlägigen Beiträgen die folgende Behauptung über die Transzendentalpragmatik: "Im Unterschied zur traditionellen Transzendentalphilosophie des Bewußtseins bzw. der Subjekt-Objekt-Relation hat sie [...] den nach Husserl für die transzendentale Reflexion verbindlichen 'methodischen Solipsismus' im Ansatz überwunden, indem sie klarstellt, daß das 'Ich denke' sich selbst, d. h. seinen öffentlich verständlichen *Sinn,* prinzipiell nicht als generative (intentionale) Leistung eines prinzipiell einsamen *Ich-denke* rekonstruieren kann, sondern dazu bereits das Apriori der Sprache und der Kommunikationsgemeinschaft voraussetzt" [23]. "[...] jedes Denken, das öffentliche Gültigkeit (d. h. Sinn und mögliche Wahrheit) beansprucht, [kann] den argumentativen Diskurs nur insofern 'hintergehen' [...] – etwa im Sinne einer empirischen oder metaphysischen Erklärung seines Zustandekommens, oder auch im Sinne einer transzendentalen Begründung seiner 'Konstitution' –, als es ihn schon voraussetzt" [24].

Der philosophiegeschichtlichen Frage, ob der Terminus 'methodischer Solipsismus' zur Kennzeichnung der gesamten 'cartesianischen' Tradition angemessen

[22] Einen interessanten Versuch, die Subjektproblematik in Auseinandersetzung mit dem transzendentalen wie dem sprachanalytischen Denken aufzuarbeiten, unternimmt W. Lütterfelds, Fichte und Wittgenstein. Hinsichtlich dieser Fragestellung nimmt einen herausragenden Platz die Monographie von K. Müller (ders., Wenn ich 'ich' sage) ein (Literatur!).

[23] K.-O. Apel, Warum transzendentale Sprachpragmatik? 40.

[24] Ebd. 28f. Zur kontroversen Literatur vgl. P. Hofmann, Glaubensbegründung, 178f.

ist, können wir hier nicht weiter nachgehen[25]. In systematischer Rücksicht werden in diesem 'Solipsismus'-Vorwurf zwei notwendige Differenzierungen nicht genügend beachtet. (a) So richtig es ist, daß jedes Ich erst in sprachlicher bzw. vorsprachlicher Kommunikation zu sich selbst findet: heißt dies zugleich, daß das Ich zur Prüfung der Gültigkeit *aller* seiner Denkgehalte auf die Vorgaben der Sprachgemeinschaft angewiesen ist? (b) So richtig es ist, daß sich niemand ohne performativen Selbstwiderspruch aus der Gemeinschaft der Argumentierenden 'abmelden' kann: bedeutet dies zugleich, daß *alles* Denken im Hinblick auf diese Diskursgemeinschaft 'anmeldepflichtig' ist? Mit anderen Worten, gibt es nicht auch Wissen, das sich seiner Wahrheit mit gutem Grund gewiß ist, ohne diese Gewißheit fragend oder behauptend dem Forum der Argumentationsgemeinschaft vorlegen zu müssen?[26]

Die erste Unterscheidung (a) ist integrierendes Moment der transzendentalpragmatischen Theorie, insofern sie ja gerade die Möglichkeit eines letztbegründeten Denkgehalts behauptet, der seine Geltung nicht – als sprachliche Vorgegebenheit – aus einem stets relativ bleibenden hermeneutischen Verstehen bezieht. Doch auch die zweite Differenzierung (b) bleibt zur Aufrechterhaltung des transzendentalpragmatischen Anspruchs unumgänglich. So ist, zum einen, die entscheidende transzendentalpragmatische Einsicht zwar eine Erkenntnis *über den Diskurs* (und dessen Implikationen). Bezieht diese Erkenntnis ihre Evidenz aber *aus der Teilnahme an einem Diskurs*? Nein; insofern sie sich jetzt schon als letztgültig weiß (nicht nur: behauptet), muß sie sogar völlig unabhängig von dem faktisch (ja durchaus noch nicht) erzielten und erst recht von einem idealiter antizipierten Konsens sein[27]. Zum anderen wäre dieser wie jeder andere erzielte Konsens auch nur 'monologisch' erkennbar: Jedes Mitglied der eine Behauptung 'A' prüfenden Argumentationsgemeinschaft muß mindestens die Geltungsansprüche für die Behauptung 'B', *daß ein Konsens besteht, allein* auf der Basis einer zunächst ihm in 'seiner' Welt vorfindlichen Korrespondenz zwischen 'B' und einer bestimmten Tatsache in dieser seiner Welt zu Recht erheben können, wenn der Gedanke eines als bestehend festgestellten Konsenses nicht seine Grundlage verlieren soll[28].

Was den Urheber der 'cartesianischen' Reflexion selbst angeht, so war diesem das Problem der Vermitteltheit des Denkens durch andere Vernunft (wenn auch nicht, wie Fichte, durch eine menschliche Kommunikationsgemeinschaft) durch-

[25] Im Hinblick auf J. G. Fichte etwa wäre festzuhalten, daß er als erster die intersubjektive Konstitution des 'Ich denke' transzendental aufgewiesen hat – vgl. hierzu H. Verweyen, Recht und Sittlichkeit, S. 31ff, und unten Kap. 7.

[26] Vgl. K.-O. Apel, Kant, Hegel ..., 97: "der argumentative Diskurs [läßt sich] aus der Sicht der Argumentierenden auch als nichthintergehbare Berufungsinstanz für alle, die überhaupt in gültiger Form *denken* oder *erkennen*, und insofern für alle Menschen als Vernunftwesen, unterstellen."

[27] Vgl. M. Wetzel, Tugendhat und Apel im Verhältnis zu Kant, 389, sowie H. M. Baumgartner, Wandlungen des Vernunftbegriffs, 196: "Muß ein potentieller Diskursteilnehmer nicht schon wissen, vernommen und eingesehen haben, daß nur diese und nicht andere Regeln Bedingungen für das Gelingen, also für einen Konsens sind, der Wahres bzw. normativ Richtiges zu Tage fördern kann? Durch die Teilnahme an Diskursen kann dieses Vernehmen, diese Fähigkeit jedenfalls nicht hervorgebracht werden."

[28] Vgl. R. W. Trapp, 'Nicht-klassischer' Utilitarismus, 180.

aus bewußt. Gerade Descartes reflektiert ja nicht nur auf mögliche gegenstandsbedingte oder im Subjekt selbst gelegene Fehlerquellen des Denkens, sondern er geht auf die oberste Vermittlungsinstanz von Wahrheitssetzungen zurück. Dieser gegenüber verhält er sich nun allerdings nicht andächtig-fromm, unkritisch oder resignativ. Er bezieht sie vielmehr als mögliche Urquelle menschlicher Beirrung mit in seine Gültigkeitsreflexionen ein – in der bereits erwähnten Hypothese vom "trügerischen Gott" [29]. Erst im Durchgang durch diese letzte Infragestellung von Gewißheit wird die unerschütterliche Evidenz des 'cogito/sum', des in seiner bewußten Wirklichkeit durch *keine* Vernunft zu unterhöhlenden Denkens gewonnen: "Er täusche mich, soviel er kann, niemals wird er doch fertigbringen, daß ich nichts bin, solange ich denke, daß ich etwas sei" [30].

Ist eine solche kritische Haltung aber nicht auch gegenüber den nach-metaphysischen Bildern von einer letzten Wahrheitsquelle am Platze? Ob nun Gott, ein sich geschichtlich zuschickendes Sein oder schlichtweg 'die Sprache' mit mir ihr Spiel treiben – soll und darf ich mich mit solcher 'Geworfenheit' einfach zufriedengeben? Im entschiedenen Nein auf diese Frage trifft sich Apel mit Descartes. Aber muß nicht auch noch einmal im Rahmen transzendentalpragmatischer Reflexion der Cartesische Rückgang auf das in letzter Instanz allein vor sich selbst verantwortliche Ich zugestanden werden, der Rekurs auf die 'conscience' im doppelten Sinn von (Selbst--)Bewußtsein und Gewissen?[31] Nach Apel würde dies einen performativen Selbstwiderspruch implizieren. Der wäre aber nur dann gegeben, wenn der unvermeidbar-tatsächliche Vorgriff auf ein kommunikativ Letztgültiges die positive Erwartung von sich kommunikativ einstellender Letztgültigkeit notwendig in sich schlösse. Unhinterfragbar gewiß ist aber auch im Hinblick auf die Argumentationsgemeinschaft zunächst nur die Situation des Absurden: das Mißverhältnis zwischen dem unvermeidbaren *Vorgriff auf ein Unbedingtes* und dem in der Welt (der Dinge und Menschen) allem Anschein nach nur *erreichbaren Bedingten.*

Durch eine cartesianische Reflexion läßt sich das 'absurde Theater' zwar nicht in ein Stück mit 'Happy-End' verwandeln. Sie bringt mit der unhintergehbaren Evidenz des 'Ich denke' nur gleichsam die transzendentale Bühne zur letzten Gewißheit, auf der für mich jedes mögliche Welttheater abläuft. Diese methodisch leergefegte Bühne ist kahler noch als die unverrückbaren Kulissen, an denen die Transzendentalpragmatik als Rahmenbedingungen für alle Inszenierungen festhalten möchte. Wenn dieser Rahmen aber für ein Spiel, in dem es um letzten Sinn geht, prinzipiell zu eng ist, dann muß die erstphilosophische Suche nach wenigstens einem Begriff von letztgültigem, die absurde Situation transzendierenden Sinn auch noch hinter diese Kulissen zurückgehen.

[29] Vgl. Kap. 4.3.2.

[30] Descartes, Med. II (2), 43. – Zu der von J.-L. Marion vorgetragenen, m. E. unhaltbaren Interpretation der zweiten Meditation vgl. H. Verweyen, Gibt es einen philosophisch stringenten Begriff von Inkarnation? 483.

[31] Vgl. den Hinweis von W. Pannenberg, Anthropologie, 151f, auf die erste sprachliche Artikulation der (begleitenden) Selbstgewißheit als σύνοιδα ἐμαυτῷ und die Arbeit von O. Seel, Zur Vorgeschichte des Gewissensbegriffs im altgriechischen Denken.

6.2 Sinnfrage

6.2.1 Das 'Problem Mensch' am Leitfaden des mathematischen Punkts

Die Suche nach einem *Begriff* von letztgültigem Sinn setzt voraus, daß es ein alle menschliche Vernunft betreffendes *Sinnproblem* gibt - nicht etwa bloß epochal oder regional dominierende Sinnfragen, die nach einer je spezifischen, aber keiner universal gültigen Antwort verlangen. In den vorausgehenden Überlegungen sind wir - unter dem Stichwort 'Sisyphos' - schon häufiger der Ermittlung einer solchen universalen Sinnfrage nahegekommen: bei der Erörterung einmal der retorsiven Analyse von Frage und Behauptung im Kontext von erkenntnistheoretisch-metaphysischen Problemstellungen (Kap. 5.3), zum anderen des Versuchs einer transzendentalpragmatischen Letztbegründung (Kap. 6.1), der sich strukturell jener Analyse in vielem verwandt zeigt. Der in diesen Zusammenhängen gewählte Ausgang von Akten des Argumentierens erlaubt allerdings nicht die Bestimmung einer schlechthin universalen Sinnfrage. Denn das Argumentieren ist eine phänomenologisch abgeleitete, nicht für alle Vernunft repräsentative Vollzugsweise von Vernunft. Versuchte man, aus diesem diskursiven Modus von Vernunft die Dimensionen des 'Problems Mensch' allgemein zu gewinnen, so könnte es bereits dadurch in ähnlicher Weise verstellt werden, wie die Offenheit auf das 'Sein des Seienden' in Frage und Behauptung als Akten eines be- und vor-greifenden Subjekts durch eben diese Prädominanz des Subjekts eingeschränkt ist - vgl. Kap. 5.3(3).

Damit berühren wir nun aber eine Grenze des retorsiven Verfahrens überhaupt, sofern es zur Grundlegung einer 'Ersten Philosophie' auf die Implikationen bestimmter Vollzüge des Denkens und Handelns zurückgeht. Man kommt bei einer solchen Argumentation nie über den Vernunfthorizont hinaus, in dem sich der Gesprächspartner bewegt. Bestenfalls vermag man ihm die tiefsten Dimensionen der von ihm selbst gesetzten Akte aufzudecken, aber eben nur in der Schattierung, die durch diese seine Akte hermeneutisch vorgegeben ist.

Fallen wir so schließlich doch in den hermeneutischen Relativismus zurück, ohne Hoffnung, eine wirklich erstphilosophische Argumentation jemals durchführen zu können? Dies wäre nur dann der Fall, wenn sich die in der Retorsion auf bestimmte, faktisch vollzogene Vernunftakte nicht völlig ausscheidbaren hermeneutischen Implikationen als grundsätzlich unvermeidbar erwiesen. Der retorsive Ansatz ist offenbar noch zu komplex, um als schlechthin erstphilosophisch (nicht nur: regional letztbegründend) gelten zu können.

Bietet sich damit - schon aufgrund einer kaum weniger ehrwürdigen Tradition als der des retorsiven Verfahrens - nicht geradezu der Versuch an, beim Einfachen selbst, dem 'Nicht-kom-plexen' schlechthin, anzusetzen, nicht zwar (wie zunächst in jener Tradition) als einer metaphysischen Größe, vielmehr als der nun wirklich unhintergehbaren Bestimmung des 'Ich denke', dem Apriori *alles* Denkens und Handelns?

In der Tat vermögen wir nichts wahrzunehmen, vorzustellen, zu denken oder zu tun, ohne von der Kategorie[32] des Einen Gebrauch zu machen. Jedes auch noch so ungeordnete Material erscheint uns – selbst im Bereich des Unbewußten – in irgendeiner, wenn auch noch so rudimentären Gestalt. Das heißt nicht, daß eine Welt der 'Dinge an sich' wirklich in Einheiten oder gar in einer alles umgreifenden Einheit existierte. Wir können aber nichts – nicht einmal das pure Chaos – auffassen, ohne es in irgendeiner Form, und das heißt letztlich Einheit, zu begreifen.

Der Versuch östlichen Denkens, selbst noch einmal die Kategorie der Einheit zu transzendieren, widerspricht dem nur scheinbar. Einheit als gegenüber anderem bestimmte Form impliziert zwar notwendig Differenz. Im Bemühen, alle so aufgefaßte Einheit zu überwinden, ist aber offenbar eine noch 'einfachere' Idee des Einen am Werk, das von keiner Differenz mehr tangiert wäre.

Damit zeigt sich nun allerdings eine Schwierigkeit. So unleugbar wir in all unseren Akten von der Kategorie des Einen bestimmt sind, ist es offenbar gar nicht so leicht, diese Kategorie als solche, d. h. in völliger Nicht-kom-plexität, zu fassen. Sie scheint sich in unseren Operationen immer nur in Beziehung zu anderem, also gerade nicht als pure Einfachheit zur Geltung bringen zu können. Um ihr dennoch auf den Grund zu kommen, setzen wir zunächst mit der Reflexion auf eine möglichst einfache Operation an: den mathematischen Punkt.

Der Gedanke des 'reinen Punktes' ist zwar trotz (oder gerade wegen?) seiner Simplizität keineswegs jedem geläufig. Es setzt schon ein relativ hohes Abstraktionsvermögen voraus, sich zu dieser Idee zu erheben. Wahrscheinlich ist dem Menschen der Gedanke dieser idealen Einfachheit erst über die Beobachtung oder Konstruktion von immer feineren Gegenständen (etwa Pfeilspitzen) aufgegangen. Ist damit diese Idee aber durch den Lernprozeß, der auf sie hinführte, bedingt? Durchaus nicht. Vorstellungshilfen mögen als Brücken zu ihrer Evidenz dienen. Einmal erreicht, erweist sie sich aber als schlechthin jenseits von allen empirisch-sprachlich vermittelbaren Vorstellungsgehalten[33].

[32] Wir verwenden hier den Terminus 'Kategorie' nicht im eingeschränkten Sinn eines 'Verstandesbegriffs der Quantität'. Auch Kant gebraucht ja den Begriff Einheit in einer weitergreifenden Bedeutung – etwa zur Kennzeichnung der 'transzendentalen Apperzeption', der synthetischen Funktion der 'regulativen Ideen' usf., vgl. meine Einleitung zu J. G. Fichte, Die Anweisung zum seligen Leben, XX f.

[33] Zur Veranschaulichung könnte vielleicht eine von E. Levinas mitgeteilte autobiographische Anekdote E. Husserls hilfreich sein. Husserl erzählte, "daß er einst als Kind ein Taschenmesser zum Geschenk erhalten habe. Er fand jedoch, daß die Schneide nicht scharf genug sei und schliff sie immer wieder. Nur darauf bedacht, das Messer zu schärfen, bemerkte der Knabe Husserl nicht, daß die Klinge immer kleiner wurde und schwand. Levinas versichert, daß Husserl diese Kindheitserinnerungen in traurigem Ton erzählt habe, da er ihr eine symbolische Bedeutung beimaß" (vgl. Husserliana, Bd. 1, XXIX).

Man stelle sich den Knaben Husserl inmitten einer Horde von Hominiden vor, die, auf der Skala der Evolution bereits zu der Fähigkeit gediehen, primitive Werkzeuge durch Schleifen zu verfeinern, dem messerwetzenden Jungen zunächst mit Bewunderung und Neid zuschauen, – und schließlich ihr grölendes Gelächter über die so völlig un-animalische Verrücktheit, deren sich der künftige Philosoph schuldig macht. (Merkwürdig nur, wie fremd Husserl dennoch der tragende Gedanke der dritten Cartesischen Meditation geblieben ist.)

Schwerer als dieser Einwand aufgrund ihrer empirischen oder hermeneutischen Herkunft wiegt der transzendentallogische Einwurf, daß das Setzen dieser Idee des Einen nicht ohne das Setzen eines Anderen möglich, das Eine also doch dialektisch durch ein Nicht-Eines bedingt sei. Methodisch scheinen wir den Begriff einer reinen Einheit ja nur durch die Abstraktion von allem anderen, also in einem Akt des Entgegensetzens zu gewinnen. Geometrisch 'nähern' wir uns dem 'Grenzwert' der reinen Einfachheit durch die unendliche Teilung oder Verkleinerung einer Strecke, also im Absetzen von anderem.

Gerade die Einsicht, daß uns der Prozeß der 'Annäherung' nie wirklich bis zu der idealen Einfachheit selbst hinführt, diese vielmehr nur gleichsam in einem letzten Sprung zu erreichen ist, zeigt aber, daß das schlechthin Einfache nicht wirklich durch anderes - die je kleinere Strecke oder den Prozeß des Teilens bzw. Verkleinerns selbst - vermittelt ist. Die Idee der reinen Eins, in ihrer transzendentalen Funktionalität erfaßt, urteilt sozusagen aus dem Hintergrund unseres Intellekts über die Inadäquatheit der Versuche, letzte Einheiten, etwa den schlechthin spitzesten Punkt oder das absolut Un-teilbare, das 'A-tom', dar- oder gar herzustellen. Und in dieser richterlichen Funktion erweist sie sich als unbestechlich und von allem anderen unabhängig.

In der Idee des mathematischen Punktes ist die reine Einfachheit allerdings noch nicht in dieser transzendentalen Funktionalität, sondern noch als eine objektive Größe gedacht. Auf dieser Stufe des Denkens ist der Einwand tatsächlich nicht zu entkräften, daß die Einheit durch ein anderes vermittelt ist; nicht zwar durch ein anderes Objektives, wohl aber durch das denkende Subjekt selbst. Ist dann wenigstens im Rückgang auf dieses Subjekt die Kategorie des Einen in reiner Simplizität zu erfassen?

Auf diesem Weg läuft die Suche nach dem schlechthin Einfachen jedoch Gefahr, von einem 'objektiven Idealismus' platonisch/plotinischer Prägung, der bei der Betrachtung des absolut Einen als einer letzten, wenn auch metaphysischen *Gegebenheit* stehenbleibt, in einen 'subjektiven Idealismus' umzuschlagen, der die reine Eins im "mathematischen Punkt des Ich" [34] festhalten möchte. Auch dies ist aber nicht möglich. Denn ebensowenig, wie die objektiv reine Eins ohne ein anderes auskommt - nämlich das diesen Gedanken denkende Denken -, kann sich das Ich als eine schlechthinnige Einheit reflex erfassen, ohne sich etwas anderes entgegenzusetzen. Im universalen methodischen Zweifel Descartes' wird die Einheit des 'Ich denke' in der Opposition gegen alles andere gewonnen, das letzten Gewißheitskriterien nicht standhält. Selbst der Versuch, die reine Einheit des Ich als Vorgabe allen Bewußtseins zur Evidenz zu bringen, läßt sich nur über eine Entgegensetzung durchführen. Das Ich kann sich nur erfassen, indem es sich selbst noch einmal zum Gegenstand macht[35].

[34] Vgl. die bei W. Anz (Philosophie und Glaube bei S. Kierkegaard, 181) zitierte Formulierung Kierkegaards zur Bezeichnung des philosophischen Selbstbewußtseins: ein "mathematischer Punkt, der gar nicht da ist".

[35] Soweit wäre Hegels Kritik am obersten Grundsatz der Fichteschen Wissenschaftslehre von 1794 zuzustimmen.

Hier zeigt sich nun die fundamentalste Struktur des Bewußtseins: Trotz des elementaren Bedürfnisses der menschlichen Vernunft, Einheit zu setzen, kann sie dies nicht, ohne zugleich ein Gegenüber, also Zwei-heit, Ent-zweiung zu setzen. Auch in dem äußersten Versuch, das Eine zu fixieren, bleiben wir in einer Relation befangen.

Damit ist allerdings noch nicht das ganze Resultat unserer Reflexion zur Sprache gebracht. In jedem Bewußtseinsakt erweist sich die transzendental treibende Kraft des Einen zwar nur synthetisch, d. h. unter Voraussetzung einer zu überwindenden Antithese. Das bedeutet aber nicht, daß jene ursprüngliche Einfachheit, die unser Bewußtsein bewegt, in sich notwendig einen Gegensatz setzte, um eins sein zu können. Im Gegenteil, wenn das schlechthin fundamentale Eine durch diese Notwendigkeit der Entzweiung bedingt wäre, so bliebe es völlig unverständlich, warum das Ich unter dem elementaren Bedürfnis steht, trotz seiner unaufhebbaren antithetischen Struktur auf *unbedingte* Einheit aus zu sein[36].

Die Notwendigkeit dieses Schritts über eine bloß synthetische, im Gegensetzen gesetzte Einheit des Bewußtseins hinaus auf eine unbedingte Einheit hin läßt sich an der mathematischen Evidenz veranschaulichen, von der wir ausgingen. Man kann in dem Versuch, sich dem mathematischen Punkt über den unendlichen Prozeß des Teilens einer Strecke zu nähern, Analoga für die drei transzendentallogischen Momente der aufgewiesenen Elementarstruktur des Bewußtseins identifizieren. Den je zurückgelegten Teilstrecken entspricht transzendentallogisch das Moment der Objektivität, dem unendlichen Prozeß der Annäherung das Moment der Subjektivität in ihrem nie zum Ziele kommenden Bemühen, reine Einheit zu fixieren. Daß die Vernunft dennoch, in einem absoluten Sprung über die endlose Approximation hinaus, den mathematischen Punkt zu denken vermag, verdankt sie weder der Objektivität noch (als 'Projektion') ihrer eigenen, nicht-abschließbar transzendierenden Bewegung. Diese Einheit wird nur dann in ihrer Einzigartigkeit evident, wenn die menschliche Vernunft aus der 'schlechten Unendlichkeit' bloßer Annäherung gleichsam für einen Augenblick heraustritt, um den eigentlichen Grund ihres Nicht-Ablassen-Könnens von der Suche nach unbedingter Einheit zu erfassen.

Folgt man dieser Reflexion (auf das 'Kleinstmögliche') 'in entgegengesetzter Richtung', so kommt man auf den Gottesbegriff in Anselms 'Proslogion' (vgl. Kap. 4.2). Die Zahlenreihe 1, 2, 3 usf. ad infinitum ist als bloß potentiell unendlich dadurch charakterisiert, daß zu jedem 'n' dieser Reihe ein '+ 1' hinzugedacht werden kann. Davon durch einen unendlichen Sprung abgehoben ist der Begriff des 'id quo nihil maius cogitari potest', der Ausschluß jedes '+ 1', d. h. ein 'aliquid', das auf der genannten Zahlenreihe nicht anzutreffen ist, wohl aber den letzten Grund der Möglichkeit für diesen vergeblich bleibenden Versuch einer Annähe-

[36] Von diesem Punkt her wäre die Hegelsche Kritik selbst zu hinterfragen. Im Anschluß an Fichtes Wissenschaftslehre von 1794 formuliert: Das formallogische Prinzip der Identität ist transzendental nur aufgrund einer höheren, unbedingten Einheit zu begreifen, die von dem synthetischen Setzen von Einheit durch das Ich gar nicht affiziert wird. Zur angemessenen Darstellung dieser Evidenz findet Fichte allerdings erst 1804. Vgl. P. Baumanns, Fichtes Wissenschaftslehre, dazu meine Rezension in: Philosophy and History 9 (1976) 6-8.

rung an das Unendliche darstellt. Transzendentallogisch gesehen entsprechen hier die natürlichen Zahlen den Objekten des Bewußtseins, das Zählen selbst entspricht dem faustischen Bemühen der menschlichen Vernunft, ihren eigenen Progreß auf Unendlichkeit ans Ziel zu bringen, und der Ausschluß des '+ 1' verdankt sich der Einsicht, daß man selbst mit dem Teufel einen Pakt auf die Gefahr hin eingehen kann, jemals das zu erreichen, was die gesamte Bewegung in Gang hält: die unendliche Kraft, die nicht unter dem Zwang steht, sich ständig selbst zu übersteigen, weil sie nicht bloß 'potentiell unendlich' ist. Das 'worüber hinaus Größeres nicht gedacht werden kann' ist ebensowenig von dem Additionsprozeß berührt wie das 'worüber hinaus Einfacheres nicht gedacht werden kann' von dem Prozeß einer Teilung tangiert wäre. Die beiden Bewegungen (auf das 'Kleinste' und das 'Größte' hin) sind auch nur in der mathematischen Anschauung 'entgegengesetzt'. Sie stellen jeweils verschiedene Anläufe der Vernunft dar, das schlechthin von nichts anderem Bedingte zu begreifen, wobei die Bewegung auf die reine Einfachheit hin den Vorzug haben dürfte, leichter von quantitativen Vorstellungen abgehoben werden zu können.

Was ist durch unsere Reflexion auf die Kategorie der Einheit gewonnen? Nicht mehr, aber auch nicht weniger als die kritisch gesicherte transzendentale Bestimmung einer universalen *Frage* des Menschen nach Sinn und damit eine notwendige Vorbereitung für die Bestimmung eines allgemeingültigen Sinnbegriffs selbst. Die universale Sinnfrage ergibt sich unmittelbar aus dem Dilemma, das die aufgewiesene Elementarstruktur des Bewußtseins darstellt: Die menschliche Vernunft ist trotz des Gegensatzes, in dem sie unausweichlich steht, dazu getrieben, unbedingte, einen jeglichen Zwiespalt überwindende Einheit zu setzen. Wie kann sie in diesem fundamentalen Widerspruch sich selbst überhaupt als sinngerichtet annehmen?

Damit sind wir noch einmal bei Sisyphos angelangt. Bisher wurde nicht mehr geleistet, als jenen griechischen Mythos vom Geschick des Menschen auf apodiktisch evidente Weise ins Philosophische zu übersetzen. (Mythen und ihre Interpretationen regen die Vorstellungskraft zwar intensiver an als kritisch exakte Analysen, verleiten dafür aber auch zu größerer Konfusion.) Das Mühen des Sisyphos ist – wie A. Camus eindrücklich hervorgehoben hat[37] – nicht etwa wegen der Größe des Steins oder der menschlichen Unzulänglichkeit im allgemeinen tragisch, sondern deshalb, weil er *wissend* unter dem göttlichen Fluch steht, den Stein auf dem *Gipfel* festzumachen. Erst wenn Sisyphos seine Aufgabe als wenigstens prinzipiell lösbar zu erkennen vermöchte, würde er hinter dem, was sich wie der Fluch eines allmächtigen Tyrannen ausnimmt, vielleicht einen Anruf Gottes wahrnehmen können. Solange ihm seine Aufgabe als grundsätzlich unlösbar erscheint, kommt es ihm hingegen wie vergeudete Zeit vor, über Götter nachzudenken.

[37] Vgl. M. Lauble, Einheitsideal und Welterfahrung, bes. 112f; ders., Sinnverlangen und Welterfahrung.

6.2.2 Das 'Problem Mensch' als Ergebnis radikaler Subjektreflexion

In einem anderen Zusammenhang[38] habe ich bereits darauf hingewiesen, daß die in Kap. 6.2.1[39] vorgelegte Reflexion auf die Kategorie 'des Einen' als Grundmoment der Elementarstruktur unseres Bewußtseins insofern methodisch unbefriedigend ist, als dieses Moment nicht innerhalb einer radikalen Subjektreflexion, sondern in einer ihrem Stil nach platonisch-neuplatonisch gefärbten Argumentation transzendentalphänomenologisch gewonnen wurde. Seiner Struktur nach verlief diese Argumentation analog zu dem bei Augustinus und Descartes durchgeführten 'transzendentallogischen Gottesbeweis' (vgl. Kap. 4.3.4 und 4.3.2) bzw. der im Gottesbegriff des Anselmschen 'Proslogion' implizierten Denkbewegung (Kap. 4.3.4).

Es hat mich allerdings doch verwundert, wie häufig diese Argumentation mißverstanden wurde oder einfach nicht nachvollzogen werden konnte. Hängt dies mit der neuzeitlichen Mathematisierung der Naturwissenschaften über die Einführung des Infinitesimalkalküls zusammen, d.h. mit dem Überspielen der abgründigen Kluft, die zwischen einer bloß approximativen und wirklicher Unendlichkeit besteht?[40] Solange bei diesem pragmatisch-hypothetischen Verfahren (in den exakten Wissenschaften als theoretischer Grundlage der Naturbeherrschung) das Wissen um den dabei in Kauf genommenen logischen Sprung nicht verloren geht, läßt sich die Verwendung der Infinitesimalrechnung wissenschaftstheoretisch rechtfertigen[41]. Wo das Infinitesimalverfahren ('Integral'- und 'Differentialrechnung') bereits jahrhundertelang wichtiger Bestandteil des Gymnasialunterrichts ist, ohne daß gleichzeitig auf den philosophisch evidenten Widersinn dieses Verfahrens – etwa in dem Versuch, dem Kreis über ein unendliches Vieleck näherzukommen – hingewiesen wird, kann es jedoch kaum ausbleiben, daß der Sinn für das verlorengeht, was eine reine mathematische, insbesondere geometrische Form in ihrer unerreichbaren Idealität ist[42]. Bei der Diskussion des 'kosmologischen Gottesbewei-

[38] Vgl. H. Verweyen, Botschaft eines Toten? 105, 112.

[39] Erstauflage: Kap. 6.3.

[40] Vgl. Kap. 4.3.4, Anm. 55

[41] Vgl. die herausragende Analyse der naturwissenschaftlichen wie philosophischen Implikationen des Infinitesimalkalküls bei M. Blondel, L'Action (1893), Teil III, 1. Schritt. Kurz dazu H. Verweyen, Einleitung zu M. Blondel, Zur Methode der Religionsphilosophie 34-37. Die erste gründliche Untersuchung dieser wichtigen Auseinandersetzung Blondels mit den positiven Wissenschaften im Kontext der zeitgenössischen Philosophie hat Michael Conway vorgelegt: The Science of Life, bes. Kap. 7.

[42] Das folgende Zitat veranschaulicht recht gut die geistige Situation, in die wir geraten sind: "Wie ein Slalomläufer findet der Mathematiker sein mit unzähligen kleinen Warnflaggen abgestecktes Geflecht möglicher Pisten vor. Nur wenn er sich erfolgreich hindurchschlängelt, gelingt es ihm, auch das Unendliche zu zähmen. Da letzteres aber naturgemäß nie abgeschlossen [!] ist, wird sich die Notwendigkeit [!] weiterer kreativer Eingriffe immer wieder ergeben. Das Unendliche ist das, was ohne Ende ist: das Grenzenlose, das Ewige, das Unsterbliche, das sich selbst Erneuernde, das uns belebt. Die unendliche linke Seite der Gleichung $^1/_2 + ^1/_4 + ^1/_8 + ^1/_{16} \ldots = 1$ scheint unvollkommen zu sein. Auf der rechten Seite haben wir Endlichkeit in Vollendung. Eine Brücke zu schlagen über diese Kluft ist ein schöpferisches mathematisches Bedürfnis" (Pierre Basieux, Abenteuer Mathematik, 129f). Hier ist die Unterscheidung zwischen bloß potentieller und aktualer Unendlichkeit längst

ses' (Kap. 4.1) merkten wir an, daß uns die neuzeitliche Naturwissenschaft des Staunens über den 'bestirnten Himmel über uns' (Kant) entwöhnt hat. Ähnliches ist wohl auch hinsichtlich des Staunens über die Idealität der reinen mathematischen Form – wichtigster Anstoß für die Gottesfrage im Horizont Platons – zu sagen. Verkümmert die menschliche Vernunft nicht, wenn sie das diese Grundströmungen abendländischer Philosophie tragende Staunen völlig aus dem Auge verliert?[43]

In unserem Zusammenhang gilt es nun aber, nach einer allem sprachlich vermittelten Wissen zugrunde liegenden Elementarstruktur des Bewußtseins in einer radikalen Subjektreflexion zu fragen, ohne Inanspruchnahme von etwas anderem, als was in jedem Akt der Vernunft impliziert ist. Ich setze dazu bei dem geraden Gegenteil des Einen im Sinne platonisch-plotinischen Denkens an, nämlich dem *anderen*. Im Unterschied zu anderen Lebewesen nimmt der Mensch anderes nicht nur wahr. Er nimmt es auch *als* anderes wahr. Wer den Unterschied zwischen diesen beiden Weisen von Wahrnehmung nicht zu erkennen vermag, wird sich kaum als denkendes Wesen bezeichnen dürfen.

(1) Diese Erkenntnis des anderen als anderen kann kein anderer für mich erledigen. Nichts in der Welt oder aus dem Jenseits kann die Erkenntnis im Menschen erwirken, daß anderes ein *anderes* ist. Diese *begriffene* Differenz ist völlig unabhängig von jeder geschichtlichen oder sprachlichen Vermitteltheit von anderem. Sie setzt voraus, daß das Ich sich selbst als von nichts anderem bedingte Einheit kennt, und zwar nicht als eine Einheit, die, wie ein Gegenstand, abgezirkelt dem anderen gegenüberstünde. Wenn das 'cogito', das denkende Ich, auch nur *ein* anderes *als* anderes begreift und sich der notwendigen Implikationen dieses Aktes bewußt ist, weiß es sich als eine von *keinem* anderen eingeschränkte, unendliche Einheit. Alles, was auch immer in sein Denken fallen mag, wird von diesem Denken als *Gewußtes* umgriffen sein. Das andere mag dem Ich als eine Grenze erscheinen. Das Wesen der *begriffenen* Grenze besteht aber darin, daß sie immer schon überstiegen ist. Für das denkende Ich gibt es grundsätzlich nichts (genauer: kein etwas[44]), das es nicht übersteigen könnte. Es ist zwar keineswegs ausgemacht, daß, wenn der Mensch anderes *als* anderes erkennt, ihm dies auch bewußt ist[45]. Das gilt erst recht

abgetan und wird die 'schlechte Unendlichkeit' unaufhaltbaren Strebens mit 'dem Ewigen [...], das uns belebt' gleichgesetzt.

[43] Vgl. hierzu H. Verweyen, Botschaft eines Toten? Kap. 1: Staunen lernen. Was steckt hinter den Gottesbeweisen?

[44] In der Formel Anselms '(aliqu)id quo nihil maius cogitari potest' darf das '(aliqu)id' nicht im gegenständlichen Sinne, als etwas grundsätzlich Begreifbares verstanden werden, vgl. Proslogion, Kap. 2-3 mit Kap. 15, und hier Kap. 4.3.4 mit Kap. 9.4.

[45] Ontogenetisch gesehen, dürfte in der Tat eine geraume Zeit zwischen dem Augenblick liegen, wo andere erkennen können, daß ein menschliches Wesen anderes *als* anderes identifiziert, und dem Zeitpunkt, wo dieses selbst zu einem ausgebildeten Ichbewußtsein findet. Das Begreifen von Differenz kommt wohl schon dort zum Ausdruck, wo ein Kind "da" sagt und mit dem 'Zeige(finge)r' (lat. 'digitus') auf etwas deutet. (Eine Digitaluhr ist keine Digitaluhr!) Nicht nur phonetisch interessant ist jedenfalls, wie viele Demonstrativpronomonen und Zeigewörter überhaupt (zumindest in indogermanischen Sprachen) mit einem Dental beginnen und daß auch die leiblichen Werkzeuge zur Formung eines Dentals häufig mit einem Dental anfangen. Indem die Zunge an die (ersten) Zähne stößt, dringt sie soweit zu dem

für das Bewußtwerden der ('apriorisch') notwendig damit gesetzten Implikationen. Nichts kann den Menschen dazu zwingen oder auch nur dazu 'bringen', sich zu dem vollen Bewußtsein seines bloßen Da-seins[46] zu erheben. Wenn es sich aber in Freiheit zu diesem Bewußtsein erhebt, weiß es um die Unhinterfragbarkeit dieses seines Wissens – in einer ähnlichen Weise, wie sie Descartes in seiner Zweiten Meditation beschreibt[47].

(2) Nun nimmt der Mensch allerdings das andere nicht nur *als* anderes, sondern auch und gerade als *anderes* wahr. D. h., er weiß, daß sich das andere den Teufel darum schert, daß es vom Denken umgriffen wird. Sosehr das Ich auch im Begreifen des anderen *als* anderen sich selbst aktuiert, bringt sich das andere dennoch im gleichen Akt unaufhebbar als *anderes*, als Ichfremdes in ihm zur Geltung. Dies wird umso deutlicher, je mehr sich das Ich zum Bewußtsein seiner durch nichts einschränkbaren unendlichen Tätigkeit durchgearbeitet hat. (Darum ist – ähnlich wie der 'Realist' sich sperrt, den unter (1) beschriebenen 'idealistischen' Sachverhalt wahrzunehmen, -der 'Idealist' in ständiger Versuchung, die hier angesprochene 'realistische' Seite derselben Ich-Setzung-in-Differenz zu minimalisieren.) Selbst wenn ich, ja, gerade wenn ich im Schrecken über diese meine 'Geworfenheit' ins andere und Fremde, *mich* meiner selbst als Ich zu vergewissern suche, entgehe ich ihr nicht. Ich kann mich selbst reflex nur als ein mir immer auch schon Fremdes erfassen. 'Je', das Ich in seiner unableitbaren Aktivität, ist nie völlig identisch mit dem 'deklinierten', d.h. 'abgeleiteten' Ich des 'moi', in dem ich mich zu spiegeln suche. Dieses 'moi', das 'Ich im Dativ oder Akkusativ', ist immer schon in anderes verwickelt, und zwar nicht in die apriorisch, in ein transzendental ausgespanntes Netz von Kategorien eingefangene Gegenständlichkeit, sondern in eine jeder Intentionalität des Subjekts spottende Fremdartigkeit, die mich von der Wurzel her unterwandert hat, bevor ich auch nur zu denken anhebe[48].

(3) Aus dem unter (1) und (2) Gesagten ergibt sich, daß sich das Ich von seiner elementarsten Strukturierung her als widersprüchlich erscheint. Das Ich ist ur-

leiblich erfahrenen Draußen vor wie möglich, vollzieht also selbst sozusagen eine Zeigefunktion.

[46] Vgl. die vorige Anmerkung.

[47] Vgl. Kap. 6.1(5).

[48] Damit wird deutlich, daß die naiv-realistische und vermeintlich 'ursprüngliche' Weise, wie anderes 'für mich' ist – in einem 'da draußen', auf das man zeigen kann –, die grundlegende Beziehung des Ich zu anderem verstellt. Anderes steht mir nur scheinbar dergestalt gegenüber, daß ich mich dahin wenden oder davon abwenden und es schließlich links liegen lassen kann. Es erweist seine Macht als anderes und Fremdes vielmehr in der innersten Immanenz meines Selbst. (Vgl. Kap. 7 zur sprachlich-intersubjektiven Konstitution des Selbstbewußtseins und Kap. 6.3.5 zur Sinnlichkeit als einer mir zugehörigen Intentionalität, die – aller kategorialen Intentionalität immer schon unvordenklich zuvorgekomme – das Ich als radikal von anderem heimgesucht erweist.) Beim Versuch einer Veranschaulichung dieser Grundsituation müßte man – statt auf den Zeigefinger des 'da' sagenden Kindes zu verweisen –, eher an eine Frau denken, die plötzlich feststellt, daß sie schwanger ist. Zumindest im zeitgenössischen Kontext, in dem biologisch oder kulturell als selbstverständlich Geltendes ständig kritischem Fragen ausgesetzt ist, wird sie dieses 'andere in ihrem Innern' nicht unbedingt als das 'Eigentliche ihres eigenen, zur Mütterlichkeit bestimmten Wesens' verstehen, sondern sich durch dieses andere und Fremde zunächst von innen her in Frage gestellt erfahren.

sprünglich mit sich als einer von nichts anderem bedingten Einheit vertraut (1) und weiß sich dennoch unaufhebbar in Differenz gesetzt (2). Daraus resultiert das legitime, aber absurd erscheinende Verlangen nach einer Einheit, die das andere wirklich, nicht nur begrifflich umgreift – legitim, weil das Ich sich selbst von seinem Grund her als unbedingte Einheit weiß, absurd, weil die erstrebte Einheit als prinzipiell unerreichbar erscheint.

Mit dieser paradoxen Elementarstruktur ist der Mensch in eine Sinnfrage gestellt, die abgründiger ist als die 'Sorge', die M. Heidegger (in 'Sein und Zeit') in einer wirkungsgeschichtlich folgenreichen Analyse der zeitlichen Verfaßtheit des Daseins als dessen grundlegendes 'Existenzial' herausgestellt hat. Das 'Sein-zum-Tode' mag dem Menschen keine letzte Sorge (im existentiellen Sinn) bereiten – vor allem dann nicht, wenn er diese von einer religiösen Antwort unterfangen glaubt. Wie aber geht er mit jenem Widerspruch um, der an der tiefsten Wurzel seiner selbst als Vernunftwesen nagt? Im Hinblick auf das über Sisyphos verhängte Geschick spielt Zeit keine Rolle. Zumeist wird der Mensch sich in irgendeine Form des 'philosophischen Suizids' (A. Camus) flüchten, d. h., sich die Sinnfrage dadurch zu erleichtern suchen, daß er eines der sie konstituierenden Momente als illusionär betrachtet oder gar nicht erst ins Bewußtsein dringen läßt. Ein Begriff von *letztgültigem* Sinn, um den es in unserem Zusammenhang geht, ist nur dann zu gewinnen, wenn sich die paradoxe Elementarstruktur in all ihren Momenten als notwendige Möglichkeitsbedingung für diesen nicht mehr hinterfragbaren Sinn erweisen läßt. Dieser Aufgabe werden wir uns in Kap. 6.3 zuwenden.[49]

[49] An dieser Stelle folgte in der Erstfassung meines 'Grundrisses' als Kap. 7 'Lösungsversuche: ein geschichtlicher Exkurs'. *Methodisch* gesehen, ging es dort um die Frage, ob sich bereits aus der Elementarstruktur der Vernunft Kriterien für das hermeneutische Verstehen herausarbeiten lassen. Das scheint mir in der Tat weiterhin möglich – etwa im Bereich von Religionsgeschichte, Individual- und Sozialpsychologie, wo implizit immer eine bestimmte Antwort auf die fundamentale Sinnfrage im Spiel ist und sich die Frage nach der Adäquatheit der jeweiligen Lösungsversuche daran orientieren könnte, inwieweit die konstituierenden Momente der paradox erscheinenden Elementarstruktur wahrgenommen oder aus dem Bewußtsein gedrängt werden.

Was das *Inhaltliche* angeht, so hatte ich im Anschluß an den gedrängten Versuch einer Typisierung von Religionen mich vor allem darum bemüht, wesentliche Charakterzüge des neuzeitlichen Bewußtseins aus dem sich bereits im 14. Jh. abzeichnenden Zusammenbruch des mittelalterlichen Grundgefühls von Geborgenheit in einer als sakral abgesichert geltenden Welt herauszustellen. Diese Überlegungen erscheinen mir inzwischen als zu knapp und pauschal, um sie an dieser Stelle noch einmal vorzulegen. Ihre Ausführung in erweiterter Form würde den systematischen Rahmen des 'Grundrisses' sprengen. Gründlich revidierte Teilstücke des genannten Kapitels sind im Blick auf ein begrenzteres Ziel inzwischen jedoch in H. Verweyen, Theologie im Zeichen der schwachen Vernunft, erschienen.

6.3 Sinnbegriff

6.3.1 Eine metaphysische Lösung der Sinnfrage?

Tief im Bewußtsein des Menschen herrscht ein Widerspruch zwischen Unbedingtheit und Bedingtheit, der an der Wurzel seines Verlangens nach Glück nagt – so könnte man das Ergebnis von Kap. 6.2 verkürzend zusammenfassen. Das zentrale Dilemma liegt aber darin, daß es sich dabei primär nicht um einen Widerstreit zwischen dem Menschen und etwas anderem handelt. Das Ich weiß sich vielmehr selbst als unbedingt und bedingt zugleich, auch wenn es dieses Paradox aus seinem Bewußtsein scheuchen möchte. Wie soll der Mensch glücklich werden können, ohne mit sich selbst in Übereinstimmung zu kommen?

Spätestens seitdem sich Menschen für uns vernehmlich äußern konnten, sind sie in ihrer überwältigenden Mehrzahl das Grundproblem so angegangen, daß sie einen Unterschied zwischen einem irgendwie gearteten 'Absoluten' und sich selbst annahmen und nach Mitteln zur Überwindung dieser Differenz suchten. So etwa läßt sich vorläufig das Phänomen 'Religion' umschreiben. Je mehr sich Menschen des oben skizzierten Dilemmas bewußt wurden, haben sie darüber hinaus angenommen, daß 'etwas' von dem Absoluten sich auch in ihnen selbst findet. Wenn dieses 'etwas' mit dem Absoluten, an dem es irgendwie teilhat, zur Einheit bzw. Versöhnung gebracht und alles andere (im Menschen und außerhalb seiner) dieser Versöhnung untergeordnet werden könnte, dann müßte auch die Grundvoraussetzung dauerhaften Glücks erreichbar sein, daß nämlich der Mensch mit sich selbst einig würde.

Das religiöse Denken hat sich zunächst in mythischer Sprache niedergeschlagen. Schon dies, insbesondere aber das Verfahren, Mythen interpretierend zu tradieren und dabei auf ungelöste Fragen Antwort zu geben, kann man als Theologie im weiteren Sinne bezeichnen. Davon abzuheben ist das Bemühen, das wahre Verhältnis des Menschen zu einem ihn transzendierenden Unbedingten ohne Rückgriff auf religiöse Annahmen als Grundlage der Argumentation (sondern allenfalls, wie bei Platon, zu deren Veranschaulichung) zu bestimmen. Für diese 'philosophische Theologie' verwende ich hier den Terminus *Metaphysik*, und zwar ohne Rücksicht darauf, ob solche Metaphysik zur Vergewisserung theologischen Denkens oder im Widerspruch dazu betrieben wird.

Auguste Comte (1798-1857) ist mit seiner Theorie von 'drei Stadien' – das theologische, metaphysische und 'positive' – insofern Recht zu geben, als es vor ihm keine atheistische Annahme von dem Zusammenhang aller Dinge gegeben hat, die ein ganzes Zeitalter erfaßt oder zumindest aufs äußerste beunruhigt hätte. Daß diese Beunruhigung fortdauert, läßt sich daran erkennen, daß man zur apologetischen Bekräftigung eigener Transzendenzannahmen noch immer gern auf religiöse Aussagen berühmter Naturwissenschaftler zurückgreift. Damit begibt man sich nicht nur auf ein gefährliches Parkett: Wie soll man mit den gegenteiligen Aussagen anderer Naturwissenschaftler umgehen? Was ist zu tun, wenn die wissenschaftlichen Theorien der religiös denkenden Vertreter dieser Disziplinen sich als unhaltbar erweisen? Vor allem unterliegt man dem schwerwiegenden Irrtum, Naturwissenschaftler hätten im Blick auf Fragen, die den letzten Zusammenhang aller Dinge angehen, prinzipiell mehr Kompetenz als Normalsterbliche. Der 'Positivismus' als (atheistische) Weltanschauung ist vom methodischen Ansatz der Naturwissenschaften her ebensowenig zu begründen wie eine dem religiösen Denken genehme Position hinsichtlich eines umfassenden Verständnisses wahren Seins[50].

Heißt dies nun aber, daß eine zureichende Antwort auf die in Kap. 6.2 herausgearbeitete Sinnfrage, wenn überhaupt, dann auf metaphysischem Wege gegeben werden könnte? Richtig ist zweifellos, daß die (apriorisch-transzendentale) Elementarstruktur der menschlichen Vernunft nicht 'von unten her' erklärt werden kann. Alle Versuche in dieser Richtung (in evolutionstheoretischer Perspektive, auf gehirnphysiologischem Wege etc.) bleiben nicht nur wegen der methodischen Selbstbegrenzung der 'positiven Wissenschaften', sondern grundsätzlich hoffnungslos hypothetisch. Jede objektive Feststellung setzt als ihre unumgehbare Möglichkeitsbedingung die nur transzendental zu reflektierende Elementarstruktur des Bewußtseins voraus, die selbst nie zum Gegenstand einer objektiven Wissenschaft zu werden vermag. Gegenstand einer objektivierenden Wissenschaft kann allenfalls das 'moi', die Art und Weise werden, in der sich das Ich bei dem Versuch, sich selbst reflex einzuholen, objektiv erscheint. Das andere, das in dieses 'moi' immer schon eingegangen ist, bevor das Ich zu sich selbst findet, dürfte sich in ähnlicher Weise mehr und mehr erhellen lassen (etwa psychoanalytisch, durch pränatale Beobachtungen usw.) wie die Entwicklung der materiell-leiblichen Strukturen, die physiologisch notwendige Grundlagen für das Zustandekommen von Bewußtsein sind.

Wenn überhaupt, dann läßt sich die paradoxe Elementarstruktur der menschlichen Vernunft nur 'von oben her' erklären, etwa – nach Art des 'transzendentallogischen Gottesbeweises' (vgl. Kap. 4.3) – als Prägung durch eine unbedingt-eine Realität, die der Differenz wirklich mächtig ist, diese nicht nur begrifflich umgreift. Ein solcher Erklärungsversuch begegnet, als metaphysischer Aufweis des Grundes unserer Existenz verstanden, allerdings einer Reihe von schwer zu behebenden Einwürfen.

(1) Setzt er nicht die metaphysische Gültigkeit des 'Satzes vom zureichenden Grund' ('nihil est sine ratione sufficiente', 'nichts ist ohne hinreichenden Grund') ohne zureichenden Grund voraus? Die Beschränkung der Anwendbarkeit des Kausalprinzips auf die Welt der Erscheinungen durch Kant mag zwar selbst nicht unproblematisch sein. Es gibt zumindest keinen vernünftig einsichtigen Grund für

[50] Dies in aller Schärfe herausgearbeit zu haben, ist das große Verdienst M. Blondels. Vgl. den Abschnitt 'Über die mißbräuchliche Ausdehnung der Naturwissenschaften auf den Bereich der Philosophie und Apologetik' in seiner 'Lettre' von 1896 (dts.: Zur Methode der Religionsphilosophie 108-111; vgl. dazu H. Verweyen, Einleitung, ebd. 34-37; 70f) und den detaillierten Nachweis für diese Feststellung in einer Analyse der transzendentalen Implikationen der sog. 'positiven Wissenschaften', den er – lange vor und radikaler als Th. S. Kuhn und J. Habermas – in seinem Hauptwerk 'L'Action' von 1893 geführt hat. Vgl. hierzu die erste gründliche Untersuchung dieses Nachweises auf dem Hintergrund der wissenschaftstheoretischen Diskussionen des 19. Jh.s: M. Conway, The Science of Life.

die Maßgabe, das *Fragen* des Menschen nach dem Grund für alles, was sich aus sich selbst nicht erklären läßt, irgendwo, etwa bei der die Welt der Erscheinungen übersteigenden Sinnfrage abzubrechen[51]. Was aber legitimiert mich, einen begrifflich plausibel erscheinenden Grund für die paradoxale Strukturiertheit der menschlichen Vernunft auch als *existent* anzunehmen? Die Annahme, daß etwas unerklärlich Scheinendes irgendwie auch erklärbar sein müsse, ist zwar eine unausrottbare Mitgift der menschlichen Vernunft, die sich in der weltlichen Praxis als höchst nützlich erweist. Als metaphysisches Prinzip verstanden, hat sie letztlich aber nicht mehr als die Logik des 'nicht sein kann, was nicht sein darf' auf ihrer Seite.

(2) Setzt man einmal (mit Descartes) die Legitimität eines die Gültigkeit des Kausalprinzips implizierenden Schlusses von dem sich selbst widersprüchlich erscheinenden menschlichen Geist auf die Existenz Gottes voraus, dann bleibt die Frage, ob das Verhältnis zwischen dem denkenden Ich und Gott überhaupt als ein kausales verstanden werden kann. Wie in Kap. 6.2.2(1) herausgestellt, weiß sich das Ich in seiner Wahrnehmung von anderem *als* anderem als ein von anderer Aktivität völlig unabhängiges Selbst, das auch keine göttliche Wirkursache hervorbringen kann.

(3) Vor allem vermag ein solches metaphysisches Verfahren nicht dem Theodizeeproblem zu entgehen. Es gerät vielmehr, wie zu Ende von Kap. 6.2.1 angedeutet, vor dessen apriorisch nachzuweisende Grundgestalt: Gott scheint das Ich dadurch, daß er es mit dieser elementaren Vernunftstruktur ausstattet, mit dem 'Götterfluch des Sisyphos' zu beladen. Er scheint es auf ein prinzipiell unerreichbares Ziel auszurichten, nämlich mit einer ständigen und nicht zu behebenden Betroffenheit durch ein anderes fertigzuwerden, die seiner ursprünglichen, von keinem anderen bedingten Einheit radikal im Wege steht.

Eine Grundaufgabe der Fundamentaltheologie besteht nach dem in Kap. 3.3 Ausgeführten darin, philosophisch die Möglichkeitsbedingungen dafür zu klären, daß uns ein letztgültiges Wort Gottes treffen kann. Die Metaphysik erscheint mir, dem soeben Gesagten zufolge, für die Erfüllung dieser Aufgabe ungeeignet. Läßt sie sich auf einem anderen Wege adäquater angehen?[52]

[51] Vgl. den oben, Kap. 4.3.1, erhobenen Einwand, warum Kant nicht nach einer zureichenden Möglichkeitsbedingung der 'regulativen Ideen' fragt.

[52] In seiner Enzyklika 'Fides et ratio' hat Johannes Paul II. zwar die Forderung nach einer "Philosophie von *wahrhaft metaphysischer* Tragweite" erhoben, dabei aber betont, daß er "hier nicht von der Metaphysik als einer bestimmten Schule oder einer besonderen geschichtlichen Strömung [spreche]" (Nr. 83). Verstehe ich das Dokument recht, dann geht es dem Papst vor allem um eine Philosophie, die den Beweis dafür zu erbringen vermag, "daß die menschliche Sprache fähig ist, die göttliche und transzendente Wirklichkeit auf allgemeingültige Weise auszudrücken. [...] Träfe dies nicht zu, würde das Wort Gottes, das immer göttliches Wort in menschlicher Sprache ist, nicht imstande sein, irgendetwas über Gott auszusagen. Die Auslegung dieses Wortes darf uns nicht nur von einer Interpretation auf die andere verweisen, ohne uns je dahin zu bringen, ihm eine schlichtweg wahre Aussage zu entnehmen [...]" (Nr. 84). Zur Erfüllung dieses Desiderats bedarf es in der Tat einer Ersten Philosophie, die dem hermeneutischen Relativismus entzogen ist. Läßt sich diese aber nicht auch, wie es das große Beispiel M. Blondels, des wohl bedeutendsten katholischen Philosophen der letzten zweihundert Jahre, nahelegt, auf nicht-metaphysische Weise durchführen?

6.3.2 Das Absolute und sein Bild

Damit mich als freies sittliches Wesen eine letztgültige Offenbarung Gottes unbedingt in Anspruch nehmen kann, muß ich zunächst einmal prinzipiell imstande sein, philosophisch autonom einen unhinterfragbar gültigen Begriff von Sinn zu bilden. Das bedeutet nicht notwendig, daß ich diesen Begriff zeitlich *vor* einer erfolgten Offenbarung zu ermitteln fähig bin. Der theologischen Voraussetzung der Sündenverfallenheit des Menschen zufolge ist es mir faktisch sogar ohne die Befreiung durch den sich mir erneut zuwendenden Gott überhaupt nicht möglich, mit mir selbst über den wahren Sinn meines Daseins ins reine zu kommen[53]. *Nachdem* Gott diese mich zu ihm wie zu mir selbst befreiende Initiative ergriffen hat, muß ich sein Wort, das er mir als 'ein-für-allemal' gültig zuspricht, aber auch als solches bis in die letzten Tiefen meiner Vernunft hinein erkennend nachvollziehen, nicht nur glaubend meinen können[54]. Das vermag ich nur, wenn ich mir philosophisch autonom einen Begriff von letztgültigem Sinn bilden kann, der es mir ermöglicht, die an mich ergangene Offenbarung als letztgültig zu identifizieren[55].

Wichtigste Voraussetzung für die Ermittlung eines Begriffs von letztgültigem Sinn ist, daß sich die allem Anschein nach absurde und von einem 'Götterfluch' belastete Grundsituation des Menschen ganz im Gegenteil dazu als notwendige Möglichkeitsbedingung für jenen Sinnbegriff aufweisen läßt. Paradox ist, wie in 6.2.2 gezeigt, die menschliche Existenz von ihrer elementarsten (von M. Heidegger nicht thematisierten) Struktur her. Denn der Mensch ist in seinem bloßen Da-sein, d. h., wenn er auch nur *ein* anderes *als* anderes begreift, notwendigerweise mit sich als einer von keinem anderen bedingten und alles andere *denkend* umgreifenden Einheit vertraut. Zugleich weiß er sich aber so in Andersheit verwickelt, daß er seine Einheit nicht als schlechthin unbedingt verstehen kann. Eine Auflösung dieses Paradoxes gäbe es nur dann, wenn der Mensch (a) diesen Zwiespalt zwischen Bedingtheit und Unbedingtheit in seinem tiefsten Wesen als vernünftig einzusehen vermöchte und, damit unlösbar zusammenhängend, (b) unbedingte Einheit *in* und

[53] Vgl. oben Kap. 1.2.

[54] Vgl. 'Fides et ratio' (Nr. 48): "Es ist illusorisch zu meinen, angesichts einer schwachen Vernunft besitze der Glaube größere Überzeugungskraft; im Gegenteil, er gerät in die ernsthafte Gefahr, auf Mythos bzw. Aberglauben verkürzt zu werden."

[55] Die Autonomie der Philosophie wird in 'Fides et ratio' an mehreren Stellen deutlich unterstrichen. Der Papst ruft eindringlich dazu auf, "daß Glaube und Philosophie die tiefe Einheit wiedererlangen sollen, die sie dazu befähigt, unter gegenseitiger Achtung der Autonomie des anderen ihrem eigenen Wesen treu zu sein. Der *parrhesia* (Freimütigkeit) des Glaubens muß die Kühnheit der Vernunft entsprechen" (Nr. 48). "Die Kirche legt weder eine eigene Philosophie vor noch gibt sie irgendeiner besonderen Philosophie auf Kosten der anderen den Vorzug. [...] Der tiefere Grund für diese Zurückhaltung liegt darin, daß die Philosophie auch dann, wenn sie mit der Theologie in Beziehung tritt, nach ihren eigenen Regeln und Methoden vorgehen muß; andernfalls gäbe es keine Gewähr dafür, daß sie auf die Wahrheit ausgerichtet bleibt und mit einem von der Vernunft her überprüfbaren Prozeß nach ihr strebt" (Nr. 49, vgl. auch Nr. 75 und 106).

trotz der unaufhebbaren Fremdheit des in seine Existenz hineinstehenden anderen *verwirklichen* könnte[56].

Es geht in unserem Zusammenhang also um die Ermittlung eines Begriffs, der es erlaubt, ein 'letztes Wort Gottes' auch philosophisch als letztgültig zu identifizieren, und der gleichzeitig die Paradoxie der Elementarstruktur menschlichen Geistes als bloßen Schein enthüllt. Im Unterschied zu einer metaphysischen bzw. ontologischen Argumentation geht es aber eben nur um einen *Begriff*, nicht um die Erschließung von Wirklichkeit. D. h., alle Aussagen, die in diesem Kapitel etwa über die Existenz eines absoluten Seins oder ein unbedingt verpflichtendes Sollen gemacht werden, sind rein hypothetischer Natur. Sie behaupten weder eine Wirklichkeit noch eine (Real-)Möglichkeit, sondern lediglich die (transzendentallogische) Notwendigkeit von etwas unter der Voraussetzung, daß (in theologischer Perspektive) eine letztgültige Offenbarung Gottes rational verantwortbar bzw. (in philosophischer Perspektive) die mir als unaufhebbar erscheinende Widersprüchlichkeit der Grundstruktur meiner Vernunft als ohne Widerspruch vernünftig erkennbar sein soll.

In Kap. 6.3.1 wurde bereits angedeutet, daß, soll sich die als unaufhebbar absurd erscheinende Elementarstruktur des Bewußtseins überhaupt als vernünftig erklären lassen, dies nur 'von oben her' geschehen kann. Das Ich ist mit sich als in seinem ursprünglichsten Denkakt durch nichts anderes bedingte Einheit vertraut und erfährt sich dennoch ständig und unaufhebbar von Differenz durchsetzt, selbst und gerade bei dem Versuch, seine ursprüngliche Einheit reflex zu erfassen. Diese seine widersprüchlich erscheinende Grundstruktur kann sich das Ich nicht aus sich selbst und erst recht nicht aus einem in keiner Hinsicht unbedingten Sein erklären, wie es ihm in der Welt begegnet. Wenn sie überhaupt erklärbar sein soll, dann nur durch die Äußerung eines in jeder Hinsicht unbedingten einen Seins, das zugleich der Differenz mächtig ist.

Zunächst bedarf der Terminus 'Äußerung' einer näheren Präzisierung. Sie darf nicht als ein wirkursächlicher Akt verstanden werden, sonst könnte sich das Ich in seinem ursprünglichsten Denkakt nicht als von keinem anderen bedingt wissen.

[56] Im Anschluß an den Aufweis der absurd erscheinenden Grundsituation des Menschen hatte ich in der Erstfassung dieses 'Grundrisses' formuliert: "Von hier kann man nun auf zwei verschiedenen Wegen weitergehen. Der eine Weg wäre, zunächst die konstatierte zwiespältige Elementarstruktur des Bewußtseins auf ihre Herkunft aus der unbedingten Einheit selbst zu verfolgen. In einem zweiten Schritt wäre dann erst zu fragen, ob und gegebenenfalls wie die mit der Bewußtseinsstruktur gestellte Aufgabe des Setzens absoluter Einheit *innerhalb von Differenz* lösbar ist" (201). Dennoch hatte ich mich dann entschlossen, den zweiten Schritt zuerst zu tun, weil die Beantwortung der Frage nach der Herkunft des Paradoxes zunächst nichts zur Lösung der zweitgenannten, praktischen Aufgabe beizutragen scheint (vgl. ebd. 201f). Diese Option war, zum einen, von den in den zwei Jahrzehnten nach dem Konzil die Diskussion beherrschenden Fragen der Religionskritik sowie der nach einer befreienden gesellschaftlichen Praxis beeinflußt, zum anderen von einer noch mangelnden Präzision meiner Subjektreflexion. Ich hoffe, daß der in dieser Neuauflage vorgetragene Gedankengang wenigstens einige der Schwierigkeiten beseitigt, die der unnötig komplizierte Argumentationsverlauf in Kap. 8 der Erstfassung mit sich brachte. Allerdings hat der nun gewählte Ansatz den Nachteil, daß die abstraktesten Ausführungen den Lesenden gleich zu Anfang zugemutet werden.

Das unbedingt eine Sein muß sich aber völlig unbedingt, ohne jede Notwendigkeit äußern, sonst könnte das Ich keinen Begriff einer völlig unbedingten Einheit haben. Dies ist aber der Fall. Denn das Ich ist nicht mit dem Wissen um die ursprüngliche unbedingte Einheit seines Denkens zufrieden, die sich darin zeigt, daß es anderes *als* anderes erfassen kann. Es stößt sich daran, daß ihm in anderer Hinsicht Andersheit immer schon in die Quere kommt, es also nicht ein in jeder Hinsicht unbedingt eines ist.

Soll die Elementarstruktur des menschlichen Bewußtseins erklärbar sein, so muß sich ein in keiner Hinsicht bedingtes eines Sein geäußert haben. Dieses muß also zugleich der Differenz mächtig sein. *Wie* ein völlig unbedingt eines Sein in sich selbst 'Raum für Differenz' haben kann und *warum* es sich in ein anderes hinein äußert, entzieht sich der Erkenntnismöglichkeit des Ich, das noch nicht einmal seine eigene, bedingt-unbedingte Elementarstruktur aus sich selbst erklären kann[57]. Wenn nicht auch das völlig unbedingt eine Sein selbst widersprüchlich erscheinen soll, muß sich aber eine Äußerung jenes Seins[58], die im menschlichen Ich ein ihm selbst gegenüberstehendes selbständiges anderes duldet, als seiner völlig unbedingten Einheit nicht widersprechend verstehen lassen. Dies scheint mir nur über den Begriff des *Bildes* möglich.

In herausgehobener, theologisch reflektierter Form wird der Bildbegriff (εἰκών) im Neuen Testament an zwei Stellen auf Christus bezogen. 2 Kor 4,4 wird – geradezu johanneisch – die δόξα ('Herrlichkeit', 'Machtglanz') Christi, die im Lichte des Evangeliums zu Gesicht kommt, dadurch erläutert, daß Paulus direkt im Anschluß daran Christus als das Bild Gottes bezeichnet: Christi δόξα ist reiner Durchblick auf die δόξα Gottes. Auch die Stelle in dem Hymnus Kol 1,13ff hat einen 'johanneischen Klang'. Christus, der uns der Macht der Finsternis entrissen hat (vgl. Kol 1,13), ist das "Bild des unsichtbaren Gottes" (1,15). In ihm und auf ihn hin ist alles geschaffen (vgl. VV. 15-17). Steht hier schon eine philosophisch-theologische Reflexion im Hintergrund, derzufolge alles Sein außerhalb Gottes nur als sein Bild oder aber als Möglichkeitsbedingung zu diesem Bild verstanden werden kann?

Ohne eine klare Vorstellung vom Wesen des Bildes wird die Verehrung der Ikonen in der Ostkirche leicht als Aberglaube mißverstanden. Die Ikone dient aber gerade dazu, den Betrachter vom Objektivierbaren weg- und in den göttlichen Urgrund hineinzuführen. Ihrer Bestimmung nach ist die Ikone zugleich bereits 'Ikonoklasmus' (den gegenständlich vorzunehmen also Beweis völligen Unver-

[57] Darum kommt in der christlichen Theologie allen Aussagen über die Trinität, die über die auch erstphilosophisch nachvollziehbare Behauptung eines Zusammengehens von schlechthin unbedingter Einheit und Differenz in Gott hinausgehen, bestenfalls der Charakter plausibler Analogieschlüsse zu, über die sich einander begegnende menschliche Freiheit ihrerseits besser verständigen kann. Zu den überzeugendsten Aussagen dieser Art dürfte wohl Richard von St. Viktor mit seinem Begriff des 'condilectus' gefunden haben. (Vgl. Richard von St. Viktor, De Trinitate III, 11 [95-97]).

[58] Ich werde von hier ab für jenes Sein, wo dies ohne Mißverständnisse vertretbar erscheint, der Einfachheit halber die an sich problematische, aber gut eingeführte Bezeichnung 'das absolute Sein' oder 'das Absolute' verwenden.

ständnisses ist): Sie will reine Transparenz auf Gott durch Verneinung ihrer selbst als 'eigenständiges Ding' sein.

Eine knappe und klare Definition des Bildes findet sich wohl erstmals bei Anselm von Canterbury, der den Terminus (zusammen mit dem Begriff *Wort*) zur Erläuterung des Verhältnisses von Sohn und Vater im Inneren der Trinität verwendet: "denn das Wort ist genau das, was es als Wort oder Bild ist, auf anderes (oder: einen anderen) hin, weil es nur Wort oder Bild von etwas (oder: von jemandem) ist"[59].

Der 'Vater der Scholastik' hat damit einen streng apriorischen Begriff von 'Einheit in Differenz' gewonnen. Diese Definition von Bild übersteigt unsere alltägliche Vorstellung von Bildern ähnlich, wie Anselms Begriff des 'id quo maius cogitari nequit' ontisch formulierte Gottesbegriffe hinter sich läßt[60]. Im Unterschied zu ontischen, aus dem Transzendieren von endlichem Sein gewonnenen Gottesvorstellungen (z. B. 'der Allerhöchste', 'das vollkommenste Sein') kann Anselms Gottesbegriff nicht als eine Projektion (als vorgestelltes Ende einer unendlichen Stufenleiter) erklärt werden. Unser unendliches Transzendieren und Projizieren ist vielmehr, wenn überhaupt, dann nur aufgrund einer Prägung unserer Vernunft durch ein Unbedingtes zu verstehen[61].

Dies trifft nun auch für die Definition des Bildes bei Anselm zu. Ein Spiegelbild ist stets eine höchst unvollkommene Reproduktion seines Gegenübers. Und jeder, der sich um die Produktion oder Interpretation eines möglichst wahren Bildes müht, weiß, wie wenig alle tatsächlichen und vorstellbaren Bilder dem *Begriff* von Bild angemessen sind, der hinter solchen Bemühungen steht. Jeder gute Künstler z. B. ist immer der Verzweiflung darüber nahe, daß es ihm nie vollkommen gelingt, das zum Ausdruck zu bringen, woran er sein ganzes Wesen setzt. Wie sich erst von der Idee des unbedingt Einen her verständlich machen läßt, warum wir bei der Suche nach Einheit auf ein letztes, unteilbar Einfaches hinstreben[62], so gibt auch erst der streng apriorische Begriff des Bildes den Schlüssel für alles Bemühen der Vernunft ab, etwas anderes und schließlich sich selbst zum Ausdruck zu bringen oder gebracht zu finden. Die Grundverfaßtheit des Daseins ist geradezu ein Ringen um Ausdruck. Wir werden darauf in Kap. 6.3.6 zurückkommen.

Was Anselm in diesem Zusammenhang, wo es ihm um ein innertrinitarisches Verhältnis geht, nicht thematisiert, ist allerdings, daß der wahre Begriff des Bildes nur als die innerste Möglichkeit von Freiheit zu denken ist, eines freien Wesens, das sich selbst zu etwas macht, worin es seinem inhaltlichen Sein nach ganz aufgeht[63]. Denn in jedem objektiv gegebenen Bild bleibt ja ein Rest von Eigensein, der

[59] "Verbum namque hoc ipsum quod verbum est aut imageo, ad alterum est, quia non nisi alicuius verbum est aut imago" (Monologion, Kap. 38, in: Op omn., Vol. I, 56, Z. 24-26). Zur wichtigen Rolle, die der Bildbegriff auch sonst im Werke Anselms spielt, vgl. H. Verweyen, Nach Gott fragen, Kap. 4.4 'Das 'Bild des Malers''.

[60] Vgl. oben Kap. 4.3.4.

[61] Vgl. oben Kap. 6.2.1.

[62] Vgl. ebd.

[63] Daß Anselm auch diese Seite des Bildbegriffs durchaus kennt, zeigen seine Ausführungen über die Freiheit, insbesondere über das Wesen der Gerechtigkeit in dem Dialog 'De veritate', Kap. 12. Vgl. hierzu H. Verweyen, Einleitung zu: Anselm v. C., Wahrheit und

nicht in das rein relationale Bildsein aufgenommen wird. Es steht (oder hängt) einfach da, dem Betrachtenden gegenüber – ohne Rücksicht darauf, ob der Betrachter seinen eigentlichen Sinn als Bild versteht. Und selbst von seinem 'Meister' her gesehen, bleibt in ihm stets ein unbewältigter stofflicher Rest, der nicht in die reine Gestalt des Bildes aufgegangen ist, wozu es gemacht wurde. Ein Bild im eigentlichsten Sinn kann nur im Akt einer Freiheit entstehen, die sich selbst ihrem inhaltlichen Sein nach ganz in diesen Ausdruck, in dieses 'verbum aut imago', hineingibt.

Eine grundlegende Bedingung dafür, daß sich die absurd erscheinende Elementarstruktur der menschlichen Vernunft als prinzipiell sinnvoll verstehen läßt, ist, sie als Äußerung eines unbedingt einen, aber der Differenz mächtigen Seins anzunehmen. Diese Äußerung stellt aber nur dann keinen Selbstwiderspruch jenes Absoluten dar, wenn sie *Bild* in der strengen Bedeutung des soeben erläuterten Begriffs ist. Nur dieses Bild ergäbe eine Differenz zum unbedingt einen Sein, die diesem nicht widerspricht, es vielmehr im höchsten Maße als ein Absolutes bestätigt, das sich in ein anderes ohne Beeinträchtigung seiner unbedingten Einheit zu entäußern vermag[64].

Von hierher muß der theologische Begriff der *Schöpfung* neu bedacht werden, wenn er der Frage nach Kriterien für die Letztgültigkeit von Offenbarung standhalten soll. Kein Geschaffenes darf im strengen Sinn als einfach gegebenes und vorhandenes Sein oder Seiendes angenommen werden. Solange die Welt als ein selbständig in sich stehendes Sein gilt, ja, selbst wenn Gott sie in dieser Weise als sein vollkommen gelungenes Werk und Bild seiner selbst anschaute, läßt sie sich mit dem absolut einen Sein nicht vereinbaren, sondern bleibt ein ihm einfach gegenüberstehendes anderes.

Der Widerspruch zum absolut einfachen Sein Gottes, den eine als schlicht gegebenes und vorhandenes Bild Gottes verstandene Schöpfung darstellen würde, tritt erst recht zutage, wenn man anstelle des sein Werk betrachtenden Gottes den bewundernd betrachtenden Menschen ins Auge faßt. Unter der Voraussetzung, daß die Schöpfung ein in sich stehendes Bild Gottes sei, bliebe der bloß anschauende Mensch ein Seiendes, das – in seinem bewundernden Gegenüberstehen zum bereits fertigen Bild Gottes – nicht ganz in das Bild des absoluten Seins aufgeht und insofern einen Widerspruch zu dessen unbedingter Einheit darstellt. Wenn der Anschein unaufhebbarer Absurdität des Daseins aufhebbar und auf diesem Wege ein Begriff letztgültigen Sinns gewonnen werden soll, dann darf es 'außerhalb' des absoluten Seins kein weiteres Seiendes geben – etwa 'die Welt' oder 'das Ich' –, son-

Freiheit, bes. 20f. (Dieser wichtige Dialog konnte aus verlagsrechtlichen Gründen leider nicht in die lateinisch-deutsche Ausgabe: Anselm v. C., Freiheitsschriften, aufgenommen werden.) Die bisher sorgfältigste und umfassendste Untersuchung von 'De veritate' bietet M. Enders, Wahrheit und Notwendigkeit.

[64] Mit diesen und in den folgenden Ausführungen knüpfe ich eng an J. G. Fichtes späte Wissenschaftslehre an, insbesondere an "Die Wissenschaftslehre in ihrem allgemeinen Umrisse", Berlin 1810 (SW II, 693-709). Meine Darlegungen beanspruchen allerdings nicht (noch weniger als in der Erstfassung meines 'Grundrisses'), Fichte-Interpretation zu sein. Um Abweichungen von dem Gedankengang Fichtes nicht ständig markieren zu müssen – wie auch um der besseren Verständlichkeit des Textes willen –, verzichte ich hier daher weitgehend auf Zitate.

dern nur *Erscheinung* des absoluten Seins, und diese Erscheinung muß schließlich als vollkommenes Bild des Absoluten hervortreten. In dieser unserer Welt ist also im strengen Sinn nicht zwischen 'Sein und Schein' zu unterscheiden, sondern allein zwischen 'wahrer Erscheinung' und 'letztlich nichtiger Erscheinung' oder Schein. Zur wahren Erscheinung gehört die Freiheit, die sich zum Bild des Absoluten macht, und alles, was sich als Möglichkeitsbedingung für dieses Werden des Bildes des Absoluten in Freiheit verstehen läßt. Alles andere, was sonst noch als wahr und wirklich erscheinen mag, ist letztlich nichtiger Schein[65].

6.3.3 Der Begriff unbedingten Sollens

Bei unserer Frage nach der Möglichkeit, die elementare Widersprüchlichkeit der Vernunft trotz ihres Anscheins von Unaufhebbarkeit dennoch zu beheben und so einen Begriff letztgültigen Sinns zu ermitteln, haben wir als Bedingung dieser Möglichkeit herausgearbeitet, daß sich ein schlechthin unbedingt eines Sein als Bild äußert, und zwar als ein Bild, das der Mensch selbst in Freiheit vollziehen muß. Nun gibt es allerdings keine Notwendigkeit für die Freiheit, die sich als Müssen äußert. Wenn überhaupt etwas eine Freiheit bindet, so kann dies nur im Akt einer Selbstverpflichtung auf etwas geschehen, das sie als *Sollen* erfährt. Nach unserem bisherigen Ergebnis handelt es sich bei dem Bild des Absoluten um eine Bedingung dessen, was für einen insgesamt vernünftigen, nicht von Widersprüchlichkeit durchsetzten Selbstvollzug des Daseins absolut notwendig ist. Unter dieser Voraussetzung stellt die Einlösung dieser Bedingung ein *unbedingtes Sollen* für jeden dar, der die absurd erscheinende Grundstruktur der Vernunft nicht einfach auf sich beruhen läßt und bei der Suche nach den Möglichkeitsbedingungen für einen letztgültigen Sinn, für ein rational konsistentes Vernunftwesen, auf die oben dargestellte Lösung stößt.

Zu Beginn von Kap. 6.3.2 wurde bereits betont, daß es bei allem, was hier erfragt wird, nicht um die Erschließung von *Wirklichkeit*, sondern nur um die Ermittlung von unhinterfragbar gültigen *Begriffen* geht. Wie eine *wirkliche* Sollens*erfahrung* zustande kommt, wird in Kap. 7 zu untersuchen sein. In Kap. 6 ist aber der systematische Ort für die begriffliche Bestimmung dessen, *was* ein Sollen *ist* und was es *unbedingt* macht (Kap. 6.3.3), sowie von Kriterien dafür, was legitimer Gegenstand dieses Sollens sein kann (Kap. 6.3.4-7).

Wesentliche Bedingung dafür, daß etwas unbedingt gesollt sein kann und nicht nur der offene oder versteckte Zwang des Müssens herrscht, ist, daß es *Freiheit* gibt. Wir haben zwar bereits von dem Begriff der Freiheit Gebrauch gemacht, ihn

[65] Auch hier ist Anselm v. Canterbury ein verläßlicher Wegweiser. In seinem Dialog 'De veritate' stellt er heraus, daß das Wahrsein von allem – Dingen, Sprechakten, menschlichem Handeln – nach der Rechtheit ('rectitudo') ihrer selbst als *Zeichen* (d.h. nach ihrem zum Erscheinung-Bringen von Sein, nicht schon ihrem bloßen Sein) zu bemessen ist. Zur Literatur s.o. Anm. 63.

aber noch nicht auf der Grundlage der hier allein gemachten Voraussetzung, daß der Mensch anderes *als* anderes erkennen könne, geklärt.

(1) Bei der (vermutlich) ersten Äußerung der Erkenntnis eines anderen als anderen, im '*da*'[66], ist das Dasein zwar schon im Grunde mit dem aus seiner Elementarstruktur resultierenden Streben, das über alles andere hinausgeht[67], vertraut. Es interpretiert sich selbst in dieser 'sinnlichen Gewißheit'[68] aber noch nach Maßgabe dessen, was ihm hier als eigentliche Realität begegnet: ein in sich selbst stehendes, gegenständliches Seiendes. Im Einklang mit seinem Trieb auf Selbsterhaltung und doch darüber hinausgehend, äußert sich das Dasein hier als 'Ellbogenfreiheit', die nicht nur den unmittelbaren Naturtrieb befriedigen, sondern auch über den anderen triumphieren will. Es versteht sich auch auf dieser Stufe bereits als Wahlfreiheit, ohne indes schon deren bloßen Schein zu durchschauen: Es bemerkt nicht, daß es als Vollzugsorgan von Naturtrieben und dem noch nicht reflektierten Ichtrieb unendlichen Strebens nur das wählt, was ihm die Natur oder das Konsummanagement als Vorzuziehendes melden. Das Phänomen des Sollens, das sich im Zuge der Selbsterkenntnis als 'moi' schon vor dem 'da' herausgebildet hat[69], ist ihm zwar nicht fremd. Es vermag aber noch nicht klar zwischen 'kann nicht'- und 'darf nicht'-Sätzen, zwischen Müssen und Sollen zu unterscheiden.

(2) Seiner Freiheit wirklich bewußt und unbezweifelbar gewiß wird das Dasein erst dort, wo es sich als denkendes Ich in seiner unbedingten Einheit erfaßt. Im Unterschied zur 'Ellbogenfreiheit' ist diese Freiheit nicht mehr auf eine ihr zugrunde liegende Determiniertheit zurückzuführen. (Dem Versuch des Deterministen, *alle* Freiheit als letztlich determiniert aufzuweisen, mangelt es an der hinreichenden Reflexion auf das Tun selbst, das einen solchen Beweis antreten möchte.) Während die erstgenannte Freiheit von sich aber wenigstens den Eindruck hatte, sich bei entsprechender Wahl hinreichend materialisieren zu können, weiß sich die ihrer selbst unbezweifelbar gewisse Freiheit aber als bloß *formal*. Als Akt des unaufhaltbaren Transzendierens von allem, was ihr in dieser Welt begegnen kann, scheint ihr, daß sie in keinem Engagement an irgend etwas in dieser Welt sich angemessen zu realisieren vermag.

Kann die Freiheit auf dieser zweiten Stufe ein von ihr erfahrenes Sollen erstphilosophisch als unbedingtes Sollen nachvollziehen, d. h. den ethischen Dezisionismus oder Intuitionismus überwinden, der der Gewißheit einer unbedingten sittlichen Verpflichtung solange anhaftet, wie diese bloß als 'Faktum der reinen (praktischen) Vernunft' (Kant) behauptet wird? Die Schwierigkeit, eine existentialistische

[66] Vgl. oben Kap. 6.2.2, Anm. 45.

[67] Vgl. oben 6.2.2(3).

[68] Vgl. den Ausgangspunkt in Hegels 'Phänomenologie des Geistes' und in Teil III von Blondels 'L'Action'.

[69] Wie in Kap. 7 näher zu erläutern sein wird, konstituiert sich das Phänomen des Sollens im Akt der Anerkennung durch ein anderes freies Wesen, in der sich das Ich erstmals selbst als freies Wesen 'findet' (Fichte). Für den Ausfall eines klar durchdachten Begriffs des Sollens bei Hegel ist bezeichnend, daß er die Frage nach der 'Anerkennung' erst mit dem Phänomen des Kampfes um Leben und Tod und dem daraus resultierenden Verhältnis von Herrschaft und Knechtschaft anheben läßt (Phänomenologie des Geistes, Abschnitt IV, A).

Ethik zufriedenstellend zu begründen, ist bekannt[70]. Der gründlichste, m. E. aber dennoch mißlungene Versuch einer Deduktion des von Kant thematisierten 'Faktums' aus der unbezweifelbaren Gewißheit des *Ichs* in seiner prinzipiellen Struktur, ohne Rückgang auf ein absolutes Sein, findet sich in J. G. Fichtes 'Sittenlehre' von 1798[71].

Innerhalb dieser Fragestellung ist, soweit ich erkennen kann, auch meine Diskussion mit Th. Pröpper angesiedelt. Im Rahmen eines 'Grundrisses' sollte diese, inzwischen schon recht komplexe Diskussion nicht detailliert weitergeführt werden[72]. Ich versuche nur, meine wesentlichsten Fragen noch einmal knapp, und d. h. leider auch vergröbert, zusammenzufassen:

(a) Woher weiß die formal unbedingte Freiheit, daß sie selbst *nur formal* unbedingte, insofern also eine *bedingt* unbedingte Freiheit ist, wenn sich in das Ich nicht immer schon die Spur eines *nicht nur formal* Unbedingten eingegraben hat? Hat Pröpper seinen Ausgangspunkt 'formal unbedingte Freiheit' sowohl ihrer Evidenz wie ihrem Begriff nach schon hinreichend bestimmt?

(b) Wie gelangt man von einer formal unbedingten Freiheit (ohne Explikation einer ihr zugrunde liegenden – irgendwie dialektischen – Elementarstruktur) überhaupt zu einem Begriff von *Sollen*? Dieser hat doch einen dialogischen Charakter bzw. setzt eine Differenz im Inneren der Vernunft voraus (etwa, bei Kant, die zwischen einer 'reinen' und einer empirisch praktischen Vernunft oder, beim frühen Fichte, zwischen dem 'absoluten Ich' und dem Ich im Gegenüber zu einem Nicht = Ich). Wie gelangt man überdies zu einer *bestimmten* Wahl als notwendigem Selbstvollzug rein formaler Freiheit? Warum soll die Selbstverpflichtung auf die als unbedingt zu respektierende Freiheit anderer ihrem Charakter als rein formaler Freiheit mehr entsprechen als die Wahl, auf nichts anderes als ihre eigene unbedingte Unbestimmtheit zu achten und dann mit begegnender Freiheit ebenso spielerisch umzugehen wie mit allem anderen?

(c) Pröpper zufolge ist die menschliche Freiheit "in ihrer formalen Unbedingtheit der Maßstab der wirklichen Selbstbestimmung [...]: Sie ist sich selber Gesetz, sich selbst als Aufgabe gegeben. Da ihrem unbedingten Sichöffnen aber nur ein seinerseits Unbedingtes gemäß ist, gilt die unbedingte Anerkennung anderer Freiheit als oberste ethische Norm. Zugleich zeigt sich, daß die unbedingte Bejahung wie das intendierte Seinsollen des Anderen der Vermittlung durch endliche Gehalte bedürfen und deshalb nur symbolisch, bedingt und vorläufig realisiert werden können"[73]. Pröpper glaubt sodann, "im Ausgang von der in der Symbolstruktur realer Affirmation von Freiheit beschlossenen Aporie ihre wesenhafte Hinordnung auf Gott nichtzirkulär" aufzeigen zu können: "sofern nämlich nur Gott

[70] Zu A. Camus speziell vgl. H. Verweyen, Das fremdartige Glück absurder Existenz.

[71] Vgl. dazu H. Verweyen, Einleitung zu: J. G. Fichte, Das System der Sittenlehre.

[72] Vgl. bes. H. Verweyen, Glaubensverantwortung heute; Th. Pröpper, Erstphilosophischer Begriff; ders., Sollensevidenz. Eine sorgfältige Untersuchung des Verhältnisses unserer beiden erstphilosophischen Ansätze zueinander bietet P. Platzbecker, Transzendentalphilosophische Glaubensverantwortung.

[73] Hoffnung, die Gründe nennt, 31f.

das unbedingte Seinsollen einlösen kann, das Freiheiten intendieren, wenn sie sich unbedingt anerkennen"[74].

Diese Argumentation könnte wie folgt interpretiert werden: Wenn die Freiheit ihre "oberste ethische Norm", die "unbedingte Anerkennung anderer Freiheit", nur bedingt (also letztlich nicht) realisieren kann, so wird von ihr etwas Unmögliches gefordert – was dem Begriff des Sollens widerspricht. Der Versuch, diesem unbedingten Sollen nachzukommen, verläuft sich in der von Hegel monierten "schlechten Unendlichkeit" eines "perennierenden Strebens"[75]. Ich sehe keinen legitimen Grund, von hierher Gott – gleichsam als 'Lückenbüßer' – zu postulieren. Warum soll ich die wirkliche Erfüllung meines Sollens dann nicht von vornherein Gott überlassen, wenn ich ihm den entscheidenden 'Teil', den Schritt von bedingter zu unbedingter Realisierung, ohnehin überlassen muß. Welche Funktion hat hier überhaupt noch das menschliche Handeln selbst, wenn es zur wirklichen Erfüllung des Gesollten prinzipiell nicht taugt?

Ausgehend von einer oft erprobten, fundamentalen Übereinstimmung mit Th. Pröpper in dem folgenden Satz: "Jemanden lieben [...] heißt sagen: *Du* wirst nicht sterben"[76], versuche ich eine andere Interpretation – die meiner eigenen Konzeption von 'Bild-Werden im Ikonoklasmus' (s. Kap. 6.3.6) entspricht. Liebe als unbedingte Bejahung des anderen realisiert sich dadurch, daß die Freiheit sich vorbehaltlos dazu entschließt und daß alle Akte, die die Liebe setzt – bis in den letzten Hauch des Liebenden hinein –, vom Geliebten prinzipiell als Ausdruck unbedingter Liebe erkannt werden können. Eine solche Liebe wird nicht dadurch konterkariert, daß sie nie 'an ihr Ziel kommt', weil sie Antwort auf die sich in unendlich vielen und immer wieder neuen Variationen äußernde andere Freiheit ist. Das gehört vielmehr gerade zur unbedingten Entschlossenheit der Liebe, daß sie diese unabschließbare Unendlichkeit (die *keine* "schlechte Unendlichkeit" im Sinne Hegels ist) aushält. Soweit zum ersten Teil des Satzes: 'Jemanden lieben ...'. Der Nachsatz – die in der Liebe implizierte Zusicherung, daß der andere nicht sterben wird –, entspricht strukturell dem Kantschen Gottespostulat. Das Sollen verpflichtet unbedingt, den im Sollen implizierten 'Endzweck' nach besten Kräften zu fördern. Die Hoffnung auf eine Erfüllung dieses Endzwecks (die nicht in des Menschen Hand liegt) ist wohl begründet; denn sonst läge das Sollen mit sich selbst im Widerspruch. Es bliebe zwar ein Gebot, wäre aber ein solches, das im Menschen keine Achtung hervorruft.

3) Ein klarer Begriff unbedingten Sollens läßt sich dem hier vertretenen Ansatz zufolge erst aufgrund der Bestimmung der Freiheit ermitteln, zum Bild des Absoluten zu werden. Die formal unbedingte Freiheit bleibt hier voll gewahrt. Zugleich ließe sich aber der innere Zwiespalt im Selbstbewußtsein - als denkendes Ich unbedingte und alles umfassende Einheit und dennoch radikal von Andersheit unter-

[74] Vgl. ebd. 31f. Ähnlich hatte schon H. Krings seinen 'Versuch, Gott zu denken' zusammengefaßt: "Menschliche Sittlichkeit, deren Wesen in der gehaltvollen Verwirklichung von Freiheit besteht, hat darum zur Bedingung ihrer Möglichkeit die Bejahung anderer Freiheit und den Vorgriff auf vollkommene Freiheit" (176).

[75] Vgl. Hegel, GW 4, 6f; 34ff; 387ff; bes. 399[22-30]; 21, 120ff.

[76] "Aimer un être, [...] c'est dire: toi, tu ne mourras pas" (G. Marcel, Homo Viator, 205).

wandert zu sein - als Äußerung eines in jeder Hinsicht unbedingten und einen Seins verstehen, das der Differenz mächtig ist. Der Anschein würde beseitigt, daß das Absolute durch seine Äußerung mit sich selbst in Widerspruch gerät. Damit wäre aber der systematisch (wenn auch, wie in Kap. 6.3.6-7 gezeigt werden soll, nicht der für den praktischen Vollzug von Freiheit) vordringlichste Schritt zur Behebung der absurd erscheinenden Elementarstruktur der Vernunft getan: Das Verständnis von Freiheit als Bild des Absoluten ist notwendige, wenn auch nicht hinreichende Bedingung dafür, daß die Differenz, in der sich die menschliche Vernunft immer schon gesetzt findet, ihren bedrohlichen Charakter als inneren Widerspruch der Vernunft mit sich selbst verliert.

Nur über eine an den Menschen ergehende Aufforderung, Bild des Absoluten zu werden, wäre ein unbedingtes Sollen seinem eigentlichen Begriff nach zu verstehen: als eine Aufforderung, die aus dem schlechthin unbedingten Sein selbst ergeht und es der *formal* unbedingten Freiheit ermöglicht, sich in dem ihr einzig adäquaten 'Gegenstand' auch zu *realisieren*. Lassen sich aus diesem noch rein abstrakten Begriff von Sollen Kriterien für konkretes sittliches Handeln gewinnen? Diese in Kap. 6.3.5-7 näher zu verfolgende Frage ist nach dem Gesagten gleichbedeutend mit der anderen, was es denn genauerhin heißt, 'Bild des Absoluten' zu werden.

Zunächst aber noch eine 'Nebenfrage': Gehört es zum Wesen wirklicher Freiheit, daß sie *Wahlfreiheit* ist? Diese Frage hat Anselm von Canterbury (gegen die Autorität eines Augustinus!) verneint[77]. Das geschah wohl nicht bloß um einer vollständigeren Definition willen, die selbst die Freiheit Gottes mitumschließt, sondern aus systematischen Gründen, wie aus der Gesamtanlage seines Werks hervorgeht. Wäre die Freiheit wesentlich Ambivalenz im Hinblick auf Gut und Böse, nicht ausschließlich "das Vermögen, die Rechtheit des Willens um ihrer selbst willen zu bewahren"[78], so ließe sie sich prinzipiell nicht im Rahmen dessen denken, wie etwas 'außerhalb' von Gott Bestand haben kann: als sein Bild und dessen notwendige Möglichkeitsbedingungen.

Bild des Absoluten zu werden ist unumgehbare Voraussetzung dafür, daß die menschliche Vernunft die zur Erhellung ihrer Grundstruktur notwendige Äußerung des Absoluten als diesem selbst nicht widersprechend und zugleich als sinnvolle Erklärung des Zwiespalts in ihrem eigenen Wesen verstehen kann. Wenn ihr auf diese Weise der eigentliche Sinn ihres Selbstvollzugs wirklich zur Evidenz kommt, dann verlieren alle früheren Erfahrungen von Wahlfreiheit und auch der faustische Stolz der bloß formalen Freiheit, zu keinem Augenblick 'verweile doch' zu sagen, ihren natürlichen Anschein von Freiheit. Angesichts dieser Evidenz weiter an einer Wahlfreiheit, die über die Wahl der zum Ziel notwendigen Mittel hinausgeht, oder an der grundsätzlichen Ungebundenheit bloß formaler Freiheit[79]

[77] Vgl. Anselm v. C., De libertate arbitrii, Kap. 1(ff), in: Freiheitsschriften, 66(ff).

[78] Vgl. Anselm v. C., De libertate arbitrii, Kap. 13, mit De veritate, Kap. 12.

[79] Hier wäre auf M. Blondels Auseinandersetzung mit dem 'Dilettantismus' und 'Ästhetizismus' seiner Zeit im ersten Teil von 'L'Action' (bzw. seine Darstellung der ersten Alternative im vierten Teil) zu verweisen. Vgl. dazu H. Verweyen, Maurice Blondels Kritik des 'Dilettantismus' und das 'postmoderne' Denken, und, in einer erweiterten Perspektive ders., Theologie im Zeichen der schwachen Vernunft, Kap. 2.

festhalten zu wollen, würde bedeuten, den dem Wesen der Freiheit einzig angemessenen Selbstvollzug gegen dessen bloßen Schein einzutauschen. Wahlfreiheit und formal-unendliche Freiheit sind nur als Möglichkeitsbedingungen realer Freiheit wahre Erscheinungen von Sein. Wenn in einem als gültig erkannten unbedingten Sollen sich Freiheit in ihrem eigentlichen Wesen ergreift, dann verfällt das Weiterbehaupten der anderen Erscheinungsweisen von Freiheit als wirkliche Freiheit dem Schein. Autonomie ist nach Kant - wie nach Anselm und Fichte - nur als Vermögen zum sittlich Guten real.

Worin besteht nun aber *das Bild des Absoluten*, zu dem sich die menschliche Freiheit machen soll? Sie kann sich nur zu etwas als ihrem eigentlichen, realen Vollzug 'machen', das sie immer schon, von ihrer Grundstruktur her, bestimmt[80]. Wie soll sie sich aber *zu* dem Bild eines schlechthin unbegreiflichen Seins machen, *von* dem sich der Mensch, (nicht nur) den monotheistischen Religionen zufolge, überhaupt kein Bild machen darf?

6.3.4 Exkurs: Verschmelzung mit dem Absoluten?

Die einzig konsequente Antwort auf die soeben gestellte Frage scheint in einer radikal 'negativen Theologie' bzw. einer Mystik[81] zu bestehen, wie sie etwa im neuplatonischen Denken und vor allem in östlichen Religionen zu finden ist. Diese Lösung legt sich dem Menschen immer wieder in solchen Zeiten besonders nahe, wo er an der Möglichkeit verzweifelt, in der Welt überhaupt noch etwas auf Dauer zum Guten hin verändern zu können, gleichzeitig aber apokalyptische Erwartungen - etwa eines radikalen Eingreifens Gottes, in dem er die alte, schlechte Welt, gegen eine neue Schöpfung 'austauscht' - als unbefriedigend durchschaut.

Die Grundvorstellung des hier anvisierten Lösungsversuchs besteht darin, daß das Ich so in das Absolute aufzugehen (bzw. dahin zurückzufinden) habe, daß alle nur denkbare Differenz entfällt. Diese Vorstellung kann sich zunächst durchaus auf notwendige Schritte der Freiheit zu sich selbst stützen. Den oben skizzierten Stufen von Freiheitserfahrung folgend, wäre etwa festzuhalten:

(a) Die rudimentärste Freiheitserfahrung vollzieht sich im Horizont der 'sinnlichen Gewißheit'. Auf das ihm als real, nicht als bloße Erscheinung von Sein begegnende andere angewiesen, versucht der Mensch, durch kluge Auswahl aus dem ihm Verfügbaren seine Freiheit objektiv durchzusetzen. Um wirkliche Freiheit, nicht nur deren Anschein zu erfahren, bedarf es also zumindest einer Relativierung

[80] Hier liegt ein Grundzug augustinischen Denkens: in einer 'erstphilosophischen' Reflexion aufzuweisen, daß der Mensch immer schon als das Bild angelegt ist, zu dem er sich gestalten soll. Zu Augustinus selbst vgl. oben, Kap. 5.1. Zu Anselm vgl. ebd. und besonders den systematisch ausgeführten Versuch im 'Monologion', 'Anthropologie' (und Eschatologie!) über einen im Prinzip streng philosophischen Nachvollzug des Glaubens an den dreieinen Gott zu begründen. Dazu H. Verweyen, Anthropologische Vermittlung der Offenbarung.

[81] Daß es einer sorgfältigen Unterscheidung zwischen den (oft fast synonym verwandten) Begriffen 'negative Theologie' und 'Mystik' bedarf, hat überzeugend J. Valentin aufgewiesen (ders., Atheismus in der Spur Gottes, 149-217).

dieser primären Gewißheit. Der Mensch muß sich von der Vorstellung trennen, in die ihm als real begegnende Welt prinzipiell eingeborgen zu sein, und sich von seiner ihm als selbstverständlich erscheinenden Bindung an dieses 'An-sich-Sein' der Dinge losreißen.

(b) Im Bewußtsein seiner selbst als einer formal unbedingten Freiheit greift der Mensch über alles hinaus, an das er sich zuvor klammern zu müssen meinte. Dieses unendliche Transzendieren mündet aber entweder in einen Wettlauf des Hasen mit dem Igel - wenn die über alles hinauseilende Freiheit sich unter allen Umständen gegenständlich bestätigt sehen will. Oder aber sie gesteht sich die Absurdität ihrer Grundsituation ein, daß sie in der Erhabenheit des Denkens über alles andere doch nie davon loskommt, von anderem radikal unterwandert zu sein.

(c) Der einzig mögliche Weg, mit sich selbst in Übereinstimmung zu gelangen, soll darum über die Einsicht führen, daß es in der Wirklichkeit letztlich überhaupt keine Differenz gibt. Die Welt in all ihrer Vielfalt muß nicht nur als bloße (aber immerhin nach wahr und nicht-wahr zu unterscheidende) Erscheinung von Sein, sondern grundsätzlich als Schein durchschaut werden. Vor allem muß der Mensch im Beharren auf seinem *individuellen*, von anderem (und anderen) unterschiedenen Dasein die wesentliche Wurzel des Übels erkennen. Denn gerade dies führt ihn dazu, auf der Wirklichkeit von anderem und Differenz zu bestehen. Selbst wenn der Mensch sich vorbehaltlos zum Bild des Absoluten machte, wäre dadurch noch nicht alle Differenz beseitigt. Denn mag die Freiheit auch ihre gesamte inhaltliche Bestimmung in das Bildwerden des Absoluten hineingeben[82], das Sich-zum-Bild-Machen selbst bliebe doch Akt einer bestimmten Freiheit, die sich nicht völlig in Indifferenz auflöst.

Auch hinsichtlich des hier knapp umrissenen Lösungsversuchs der Sinnfrage durch die Entlarvung aller Differenz als Schein bleiben (von religionswissenschaftlichen Detailproblemen abgesehen) einige grundsätzliche Fragen. Erstens stellt Differenz ein wesentliches Moment in der elementaren Strukturiertheit der menschlichen Vernunft dar. Wo ein solches konstitutives Moment verdrängt wird oder ausgeschaltet werden soll, besteht die Gefahr einer ideologischen Fixierung – etwa in der Unterscheidung zwischen den Erleuchteten und den an die Welt Verhafteten (mit den daraus abgeleiteten gesellschaftlichen Einstufungen). Es entfällt die Möglichkeit einer durchgehenden rationalen Überprüfung der gewählten bzw. übernommenen Weltanschauung, ja, eigentlich auch jedes wirklichen interreligiösen Dia-logs: Vernünftiges Argumentieren vollzieht sich auf dem Wege klarer Unterscheidungen.

Nimmt man all dies zugunsten eines höheren, über-rationalen Bewußtseinszustandes in Kauf, dann bleibt, zweitens, die Frage nach dem Ziel: das Sich-Auflösen in die völlige Indifferenz des (wie immer näher zu umschreibenden) Absoluten.

[82] Ich vermeide hier die (an Fichte anknüpfende) Formulierung in der Erstfassung meines 'Grundrisses' (S. 246), die (nicht von ungefähr) zu Mißverständnissen geführt hat: "Das Ich muß sich schon selbst restlos zum Bild des Unbedingten machen; es muß all seine an sich selbst festhalten wollende Freiheit vernichten, damit das Unbedingte und es selbst zugleich wirklich sein kann". Vgl. meine Replik auf einen Einwand von K. Müller, in H. Verweyen, Botschaft eines Toten? 110.

Wird dieses Absolute als eine völlig unterschiedslose Einheit im strengen Sinne verstanden, dann türmt sich die Vielzahl von Problemen auf, die in der Plotin folgenden Tradition zutage getreten sind. Wie kann aus solcher Einheit auch nur der *Schein* von Differenz jemals entspringen? Hält man aber die strenge Unterscheidung zwischen dem Einen und der Differenz für ein zu überwindendes Produkt fehlgeleiteter Vernunft, dann steht - wie im Gnostizismus - im Ursprung wie als Ziel von allem das kapriziöse, nur noch in überquellender mythischer Phantasie zu umschreibende Spiel des Absoluten. Dem entspricht die Variationsbreite zeitgenössischer religiöser Bewegungen mit fernöstlichem Einschlag. Dem Kontext einer bestimmten Kultur entrissen, in dem sie durch eine über Jahrhunderte hinweg bewährte Praxis und gesellschaftlich-politische Anerkennung einigermaßen klare Umrisse angenommen und erhalten hat, kann sich 'östliche Frömmigkeit' in ihren importierten Ablegern auf der Basis der freien Marktwirtschaft und eines durch Religionskritik und politische Maßnahmen ungezügelten weltanschaulichen Pluralismus[83] völlig ungehemmt entfalten und wird einzig an dem Kriterium des jeweils zu erwartenden heilpraktischen Nutzens gemessen.

6.3.5 Bild-Sein als 'In-karnation'

Bei unserer erstphilosophischen Frage nach einem Begriff von letztgültigem Sinn ging es auf einer 'ersten Teilstrecke' um den Aufweis einer *notwendigen* Voraussetzung dieses Sinns: Damit sich die unaufhebbar scheinende Widersprüchlichkeit in der Elementarstruktur der Vernunft (vgl. Kap. 6.2.2) als sinnvoll verstehen läßt, ist unabdingbar, *daß* sich Freiheit zum Bild des Absoluten macht (Kap. 6.3.2). Von hierher ist es möglich, den Begriff eines unbedingten Sollens zu bilden (Kap. 6.3.3). Die bisherigen Überlegungen reichen aber nicht aus. *Hinreichend* für die Ermittlung eines Begriffs von letztgültigem Sinn wäre erst, wenn sich darüber hinaus zeigen ließe, *wie* sich Freiheit zum Bild des Absoluten machen und dadurch zur Einheit mit sich selbst gelangen kann. Durch einen Lösungsansatz, der das Auslöschen jeder Differenz zum Ziel hat, ist diese Frage nicht zu klären (Kap. 6.3.4).

Ein Ich, das - anderes *als* anderes wahrnehmend - mit sich als unbedingter Einheit vertraut ist und sich dennoch immer schon von anderem unterwandert weiß: so hatten wir die Grundstruktur der menschlichen Vernunft zu umreißen versucht (Kap. 6.2.2). Was ist mit der Metapher 'unterwandert' gemeint? Dem denkenden Ich wird dieses Unterwandertsein durch Differenz spätestens (und 'ausgerechnet') dann zur Gewißheit, wenn 'ich' 'mich' reflex meiner selbst zu vergewissern suche. Ich kann mich selbst denkend nur erfassen, indem ich mich der Grundunterscheidung unterwerfe, die für alles Denken konstitutiv ist: der zwischen 'Denken' und 'Gedachtem'.

Aber der 'Einzug' von anderem in das Ich hat schon viel früher begonnen. Das ursprüngliche Vertrautsein des Ich mit sich selbst kann nur über die Anerkennung

[83] Vgl. hierzu (im Blick auf das religiöse Leben in den U.S.A.) H. Verweyen, Theologie im Zeichen der schwachen Vernunft, Kap. 1.

eines anderen freien Wesens zum Ich-*Bewußtsein* gelangen. Diese durch einen anderen vermittelte Ich-Findung liegt dem reflexen Ich-Bewußtsein voraus. Durch sie hat andere - wie in Kap. 7 näher zu zeigen sein wir - bereits das Ich als 'moi' mitkonstituiert, in dem 'ich mir' reflex bewußt werde.

Aber auch dieser, durch die ursprüngliche intersubjektive Anerkennung in mein Ich eingegrabenen Anwesenheit von anderem geht bereits eine Unterwanderung durch anderes voraus. Diese Anerkennung impliziert ja (für den anderen wie für mich, der seine Anerkennung wahrnimmt) als Bedingung ihrer Möglichkeit die Existenz meines *Leibes*, in dem ich immer schon räumlich und zeitlich an anderes ausgesetzt bin. 'Beim anderen vermittels von anderem' bin ich auch bereits vor meinem 'In-der-Welt-Sein' (im alltäglichen Sinne), nämlich während der Prägung meines Ichs im Leib der Mutter, wie dann auch in ihrem mich bejahenden Lächeln, das bei mir noch gar nicht als 'mich-Anlächeln' 'angekommen' ist.

Um mich von hier aus wieder der Frage nach dem 'Wie' des Bildes zu nähern, möchte ich an dieser Stelle den Terminus '*Inkarnation*' einführen[84], und zwar in einem passivischen Sinn als 'Eingelassensein in ein mir zugehöriges Fremdes' und im aktivischen Sinn als 'Mich-Einlassen in (bzw. auf) ein mir zugehöriges Fremdes'. Mit der passivischen Bedeutung umschreibe ich meinen Leib, mit der aktivischen meine Sinnlichkeit. In beiden Bedeutungen kann Inkarnation als Bild-Sein verstanden werden. Mein Leib ist nie bloßer Körper, sondern immer auch schon Ausdruck, Bild meines individuellen Menschenwesens, ganz abgesehen davon, ob oder ab wann ich selbst eine auch noch so rudimentäre Wahrnehmung von meiner Zugehörigkeit zu diesem Leibe habe[85].

Den Begriff 'Sinnlichkeit' verstehe ich in Anknüpfung an die transzendentale Bedeutung, die sich bei E. Levinas (in seiner Auseinandersetzung mit E. Husserl) findet[86]. Es handelt sich hier sozusagen um eine 'Intentionalität des Subjekts vor aller subjektiven Intentionalität'. Levinas lehnt (mit Recht[87]) ein Verständnis des Subjekts als adäquat und ursprünglich ab, demzufolge dem Ich anderes nur im Raster von (apriorisch oder aposteriorisch) vorentworfenen Kategorien begegnen kann[88]. Über meine Sinnlichkeit hingegen lasse ich mich immer schon (bewußt

[84] Zu diesem Gebrauch der Metapher 'Inkarnation' wurde ich durch M. M. Olivetti angeregt, vgl. ders., Avant-propos.

[85] Daraus folgt die Notwendigkeit, ein 'etwas' als Menschenwesen zu achten, solange kein vernünftiger Grund zum Ausschluß der Möglichkeit besteht, daß sich daraus unter bestimmten Bedingungen ein des Freiheitsvollzugs fähiges Individuum entwickelt.

[86] Zur Phänomenologie der Sinnlichkeit bei Levinas vgl. G. Schwind, Das Andere und das Unbedingte, Kap. 4.2.3.2.

[87] Vgl. oben Kap. 5.3(3b) zu meinem Verständnis des Staunens als ursprünglichen Vollzug der menschlichen Vernunft. - Im Unterschied zu Levinas behaupte ich allerdings eine apriorische, unvermeidbare Intentionalität, die erstphilosophisch aus der Elementarstruktur der Vernunft abgeleitet werden kann. Hier handelt es sich aber um keine Intentionalität, die der 'Geiselnahme' durch den Anderen im Sinne von Levinas im Wege steht. Auf ihrer Grundlage ist (über den Aufweis eines Begriffs unbedingt gültigen Sinns) eine behauptete sittliche Inanspruchnahme meines Ichs durch einen Anderen - als gültiges Sollen, das eine Selbstverpflichtung meiner Freiheit voraussetzt - vielmehr erst rational zu legitimieren.

[88] Von daher auch Levinas' Zurückhaltung gegenüber der Auffassung eines Subjekts, dessen fundamentalste Intentionalität immer schon *sprachlich* bestimmt sei. Vgl. bes.

oder unbewußt) auf anderes ein, das noch nicht in meinem 'Kategoriennetz eingefangen' ist bzw. dieses immer wieder auf eine ursprünglichere Weise von Anderssein hin aufbricht.

Sinnlichkeit ist nie bloß gegebener Ausdruck meines individuellen Menschenwesens. In ihr drücke ich mich (bewußt oder unbewußt) vielmehr selbst aus. Obwohl radikal durch mir nicht verfügbare Andersheit ('Natur') bestimmt, ist Sinnlichkeit doch unentrinnbar Äußerung meines Wollens, über das ich in gewisser Weise unausweichlich (wenn auch nicht im moralischen Sinne) mitverantwortlich am Geschick anderer werde[89]. In diese 'fließende Verantwortlichkeit' zeichnen sich dann die freien Entscheidungen des Ich mit moralischer Verantwortung ein.

Schon mit dem bloßen 'Vorhandensein' meiner Sinnlichkeit beginne ich also, ein Bild zu *machen*, nicht nur zu sein. Um angemessen angegangen zu werden, muß die Frage nach dem 'Wie' des Bildes des Absoluten also bereits hier ansetzen.

Dazu gibt es nun leider bitter wenig in unserer theologischen und philosophischen Literatur, woran man anknüpfen könnte. Systematisch hat, soweit ich sehe, nur Irenäus von Lyon in seinem Kampf gegen die Gnosis die Frage nach dem Bilde Gottes von dieser 'völlig irrationalen' Basis her betrieben. Im Unterschied zu der erdrückenden Mehrheit der Theologen, die das (biblisch vorgegebene[90]) Bildsein Gottes in der Rationalität des Menschen verortet haben, betont Irenäus mit Nachdruck, daß der Mensch aufgrund seines *Fleisch*-Seins Bild Gottes sei[91]. Dies ist im Zusammenhang mit seiner Auffassung der gesamten Schöpfung (und Heilsgeschichte!) als einer fortdauernden 'plasmatio' Gottes zu sehen. Von daher lautet (gegenläufig zu der biblischen Metaphorik vom festgebrannten 'Töpfergeschirr', das Gott in seinem Zorn zerschlagen kann[92]) die wichtigste Forderung an den Menschen, den 'Lehm in sich' nicht hart werden zu lassen, sich vielmehr immer (bis in den Tod hinein) für ein weiteres Formen durch 'die Hände des Vaters' (bei Irenäus als Sohn und Geist begriffen) 'feuchtzuhalten'[93].

Eine solche Auskunft ist allerdings nur im Glauben erträglich. Wenn hinter dem 'Großen Anderen' in mir, das mich inkognito immer schon mitbestimmt und schließlich all meinem Handeln ein Ende setzt, kein göttliches Du steht, das ein unbedingtes Ja zu allem von ihm geschaffenen Fleisch sagt[94], dann gibt es keine zu-

E. Levinas, La signification et le sens, in: ders., Humanisme de l'autre homme, 17-63 (Humanismus des anderen Menschen, 9-59). Vgl. dazu G. Schwind, Das Andere und das Unbedingte, Kap. 4.3.1.

[89] Wenn, kaum hat sich eine schwangere Frau zur Ruhe gelegt, 'etwas in ihr' energisch darauf besteht, daß 'das Schiff weiter schaukelt', dann hat schon diese bloße Tatsache Einfluß darauf, ob 'man' 'den Frauen' im 'Arbeitsleben' ("Arbeitet Ihre Frau?") die gleichen beruflichen Chancen einräumt oder sie nicht doch lieber darauf verweist, wo sie 'eigentlich' hingehören. Diese Anmerkung beleuchtet, mit Anm. 85 zusammen, die absurde Grundsituation des Menschen von einer anderen Seite, die bei der Frage nach einem letztgültigen Sinn nicht weniger berücksichtigt werden muß.

[90] Vgl. Gen 1,26f.

[91] Vgl. Irenäus von Lyon, Adv. haer. IV Praef., 4.

[92] Vgl. Ps 2,9; Offb 2,27.

[93] Vgl. Irenäus von Lyon, Adv. haer. IV 39,2. Dazu H. Verweyen, Frühchristliche Theologie in der Herausforderung durch die antike Welt, bes. 397f. Vgl. auch unten Kap. 10.3.

[94] Vgl. Gen 9,8-17.

friedenstellende, sondern allenfalls nur eine zynische Antwort auf die Frage, wie sich der Mensch als zum Bilde eines völlig gesichtslosen Absoluten bestimmt verstehen soll. Die Unterscheidung zwischen einem passivischen und einem aktivischen Sinn von In-karnation wird praktisch belanglos, wenn das 'Mich-Einlassen in (bzw. auf) ein mir zugehöriges Fremdes' schließlich darauf hinausläuft, daß ich mich auf ein mir im Grunde fremd Bleibendes einlasse, das, auf die Dauer gesehen, nichts als meine Auflösung betreibt. Ohne den Glauben an jenes göttliche Du wäre dann doch der östliche Versuch, alle Differenz im Grunde als Schein anzusehen, eine näherliegende Antwort auf das 'Problem Mensch'[95]. Näher läge dann auch eine philosophische Antwort im Sinne Platons (oder die mythische der Gnosis), wenn schon nicht jede Differenz, so doch die Materie letztlich als Schein zu betrachten. Beide Lösungsversuche überspielen aber ein konstitutives Moment des 'Problems Mensch' und lassen dessen elementare, widersprüchliche Verfaßtheit im Grunde ungeklärt. Gibt es eine philosophische Antwort ohne 'philosophischen Suizid' (Camus), ohne Liquidierung eines der konstitutiven Momente; läßt sich philosophisch nicht doch ein unhinterfragbarer Begriff von letztem Sinn ermitteln?

6.3.6 Bild-Werden im 'Ikonoklasmus'

In Kap. 6.3.5 wurde versucht, bei der Frage nach dem 'Wie' des absoluten Bildes eines der elementaren Momente des 'Problems Mensch', das 'Unterwandertsein' der ursprünglichen Einheit des denkenden Ichs durch Andersheit, näher zu bestimmen. Zunächst sind wir damit keinen Schritt im Blick auf eine hinreichende begriffliche Lösung der Sinnfrage weitergekommen. Eine 'Inkarnation', die letztlich nicht mehr bedeutet, als daß das Ich von einer völlig gesichtslosen Andersheit durchsetzt ist, trägt nichts zur Klärung der Frage nach dem 'Wie' des Bild-Werdens bei.

Ein gesichtsloses anderes hat sich, schon bevor ich um mich wußte, in mir eingenistet und treibt dort sein Eigenleben, ob ich ihm dafür Platz einzuräumen gewillt bin oder nicht. Es nimmt mir meine Zeit, ohne mich zu fragen, ob ich mir

[95] In der hinduistischen Tradition gibt es eine schöne – an die oben zitierte Passage bei Irenäus (Adv. haer. IV 39,2) erinnernde – Anekdote aus dem Leben eines Gurus, der als Kind von seiner Mutter einmal ein aus Lehm geformtes Bild der Göttin Kali geschenkt bekommen hatte. Lange Zeit vermochte sich sein Herz nicht von diesem Bild zu lösen. Erst als er sich dazu durchrang, das Lehmfigürchen im Wasser aufzulösen, war er der wahren Gottheit einen Schritt nähergekommen. Götterbilder werden zu dem Zweck aus Lehm geformt, daß man nach der Verehrung des in ihnen dargestellten Göttlichen sie dem Wasser übergibt. Die Auflösung der Gestalt symbolisiert die Heimkehr des Geistes vom Endlichen zum Unendlichen. Auf diesem Hintergrund wird besser verständlich, warum fromme Hindus, wenn sie das 'Große Andere' als Tod nahe spüren, zur Mündung des Ganges pilgern und dort gelassen auf ihre Auflösung harren. Dieser Tod hat keine Macht mehr über den, der alle Differenz als Schein zu durchschauen gelernt hat. Vgl. hierzu (mit Stellennachweis) die abschließenden Ausführungen in H. Verweyen, Theologie im Zeichen der schwachen Vernunft.

dafür Zeit zu nehmen bereit bin. Innerhalb des großen Spielfeldes dieses gesichtslosen anderen begegnet mir nun aber auch ein anderes mit Antlitz: der andere Mensch. Auch er beansprucht meinen Raum und meine Zeit. In Kap. 6.3.6-7 wird es um das Verhältnis zwischen diesen beiden Grundweisen von mich betreffender Andersheit gehen. Trägt die Klärung dieses Verhältnisses zu einer Antwort auf die Frage nach dem 'Wie' des Bildes bei, das zu werden, wie in Kap. 6.3.2-3 gezeigt, *notwendige* Voraussetzung für die Entwirrung meiner absurd erscheinenden Grundsituation ist?

Das Ergebnis von Kap. 6.3.6 sei in einer These vorweggenommen: Das 'Wie' des Bildes des Absoluten, zu dem ich mich in Freiheit machen soll, kann ich nur über das Antlitz der anderen Menschen erkennen, die, wie alle Freiheit, ebenfalls von ihrem tiefsten Grunde her darauf angelegt sind, Bilder des Absoluten zu werden. Wenn alle Menschen einander zum Bild jenes Bild-Werdens würden, auf das hin jedes freie Wesen auf seine Weise angelegt ist, dann entstünde so (dem strengen Begriff von 'Bild' entsprechend) 'in der Horizontalen' eine völlige Einheit in Differenz, wie sie Voraussetzung für einen letztgültigen Sinn ist. Es bliebe dann nur noch zu fragen, (a) ob bzw. wie dieses zwischenmenschliche Bild durch und über das bisher als gesichtslos erschienene andere zustande kommen kann, ohne das sich Freiheit nicht zu äußern vermag, und (b) ob die Klärung dieser beiden, das 'horizontale Bild-Werden' betreffenden Fragen ausreicht, um die Frage nach dem 'Wie' des Bildes des *Absoluten* hinreichend zu beantworten, das wir uns 'vertikal zu uns' vorzustellen gewohnt sind (Kap. 6.3.7).

Trotz der die biblischen Schriften durchziehenden Betonung, daß es ohne die Liebe zum Nächsten keine authentische Gottesverehrung gibt, hat in den auf der Tradition Israels fußenden monotheistischen Theologien die Reflexion auf das vertikal verstandene Verhältnis des Menschen zu Gott die Frage nach der zwischenmenschlichen 'Horizontale' so auf den zweiten Platz verwiesen, daß die innere Verbundenheit zwischen beiden Beziehungen kaum je kritisch bedacht wurde[96]. Dazu hat sicher die Rezeption der auf Platon und Aristoteles fußenden Philosophie beigetragen.

Merkwürdig ist jedenfalls, daß erst von dem Zeitpunkt an, wo die 'Onto-theologie' ihrem Ende entgegenlief bzw. zu Ende kam, das Problem intersubjektiver Anerkennung in den Vordergrund rückte (bei J. G. Fichte und G. W. F. Hegel) bzw. die philosophische Frage nach Gott (zunächst) zum Verschwinden brachte (bei L. Feuerbach und K. Marx). Wo dann im Rückgang auf die Grundlagen jüdischer Erfahrung – in der sog. 'Dialogischen Philosophie' (F. Rosenzweig, F. Ebner, M. Buber) und schließlich in der machtvollen Gestalt Levinasschen Denken – Gott im Zusammenhang der Frage nach einem angemessenen Verständnis der interpersonalen Beziehung wieder philosophisch zur Sprache gebracht wurde, da geschah

[96] Man kann fragen: Wann wurde der in Hos 1-3 zum Ausdruck kommende Reflexionsstand hinsichtlich des inneren Zusammenhangs zwischen Gotteserkenntnis und zwischenmenschlicher Liebe je wieder erreicht? Vgl. dazu H. Verweyen, Theologie im Zeichen der schwachen Vernunft, Kap. 3.

dies unter ausdrücklicher Absage an die Metaphysik, zumindest in ihrer traditionellen Prägung.

Diese ganze Entwicklung kann hier nicht einmal in Grundzügen dargestellt werden. Es geht in unserem Zusammenhang weiterhin allein um die systematische Frage, die aus dem zu Ausgang unserer Überlegungen festgestellten fundamentalen Widerspruch zwischen unbedingter Einheit und Differenz in der Grundstruktur menschlichen Daseins resultiert (Kap. 6.2.2): läßt sich eine unbedingte Einheit als *in Differenz* erreichbar denken? Ohne diese Möglichkeit gibt es für den Menschen nicht einmal einen *Begriff* von unhinterfragbar gültigem Sinn. Mit den Worten Fichtes:

"Der höchste Trieb im Menschen ist [...] der Trieb nach *Identität*, nach vollkommener Uebereinstimmung mit sich selbst; und damit er stets mit sich übereinstimmen könne, nach Uebereinstimmung alles dessen, was ausser ihm ist, mit seinen nothwendigen Begriffen davon. Es soll seinen Begriffen nicht nur n i c h t w i d e r s p r o c h e n werden, so daß ihm übrigens die Existenz oder Nicht=Existenz eines demselben e n t s p r e c h e n d e n Objekts gleichgültig wäre, sondern es soll auch wirklich etwas demselben entsprechendes gegeben werden. Allen Begriffen, die in seinem Ich liegen, soll im Nicht=Ich ein Ausdruck, ein Gegenbild gegeben werden. So ist sein Trieb bestimmt" [97].

Ist diese Forderung nach einem 'Ausdruck, einem Gegenbild im Nicht=Ich' bereits dann erfüllt, wenn jemand ein Werk schafft, das völlig nach den Ideen des Meisters geformt erscheint? Nein, denn unterschwellig bleibt in jedem auch noch so vollkommen gelungenen 'Bild des Meisters' ein 'widerspenstiger Rest'. Das weiß zumindest 'der Meister' (oder die Künstlerin) selbst: "Überall suche ich die Zeile / die mir sagt / wo ich mich find" [98].

Ist der Forderung dadurch Genüge getan, daß ein Mensch sich einen anderen *Menschen* völlig 'unterwirft' und ihn so zu einem 'Subjekt' macht, das ganz zum Spiegel des ihn Unterwerfenden wird?[99] Hier scheint ja eine restlose Anerkennung des Herrn gegeben. Aber auch dieser Herr und Meister weiß sehr wohl, daß da eine uneinholbare Differenz bleibt. Er muß Vorkehrungen für den Fall eines möglichen Ungehorsams des Sklaven treffen; denn dieser führt noch ganz anderes im Schilde, als im Bild-Sein für den Meister aufzugehen. Kaum anders verhält es sich in dem Fall, wo ich mir die volle Anerkennung durch einen anderen Menschen nicht erzwinge, sondern erschleiche, indem ich ihm meine ganze Güte und Fürsorge meisterhaft vorspiele. Auch wenn mir dann naiv volles Zutrauen und Anerkennung entgegengebracht wird, muß ich höllisch aufpassen, daß der andere nicht hinter meine Schliche kommt.

[97] J. G. Fichte, GA I, 3, 35. Zum Kontext dieser Stelle vgl. bes. E. Düsing, Intersubjektivität und Selbstbewußtsein, 204-239.

[98] Ulla Hahn, FAZ Magazin, 18. Juli 1986, S. 31.

[99] Zu den beiden angeführten Beispielen vgl. das berühmte Kapitel Hegels über Herrschaft und Knechtschaft (Phänomenologie des Geistes, IV,A, Bd. 9, 109-116).

All diese Bilder meiner selbst, die ich hervorbringe, genügen ebensowenig wie die Spiegel, die Menschen einander nur zu gerne vorhalten[100], dem strengen Begriff des Bildes, der oben (Kap. 6.3.2) im Anschluß an Anselm von Canterbury umrissen wurde: Ein Bild im eigentlichen Sinn kann nur im Akt einer Freiheit entstehen, die sich selbst in ihrem inhaltlichen Sein ganz zu dem Inhalt macht, den das Bild darstellen soll. Die Frage, wie die Freiheit sich *zum* Bild des schlechthin unbegreiflichen Absoluten machen könne, *von* dem sie sich kein Bild machen darf, mußte – zumindest vorläufig – offenbleiben. Wie steht es aber mit der Möglichkeit, daß Menschen einander zum Bild werden?

Aufgrund seiner paradoxen Grundverfaßtheit versucht der Mensch, in dem anderen, von dem er immer schon unterwandert ist und so im Hinblick auf das Wissen um seine unbedingte Einheit zutiefst bedroht scheint, mit sich selbst völlig zur Deckung zu kommen. Er ringt darum, sich, dieses Unbedingte, im anderen zum Ausdruck zu bringen, und das heißt zugleich, er will sich auch wirklich so ausgedrückt *finden*. Beides kann ihm nicht gelingen, insofern (zum einen) das gesichtslose andere (die 'Materie') nicht fähig ist, einen solchen Ausdruck zu empfangen, und (zum anderen) kein freies Wesen bereit ist, sich zu diesem Ausdruck *machen* zu *lassen*. Wie oben bemerkt, bleibt beim Erzwingen wie auch beim Erschleichen eines anerkennenden Blicks dahinter ein gesichtsloses anderes, diesmal als eine vorläufig noch nicht ansichtige Freiheit, die unberechenbar ist.

Nur über den freien Entschluß eines anderen Menschen könnte das um Ausdruck ringende bedingt-unbedingte Wesen Mensch sich wirklich zum Ausdruck bringen. "Hab ich dein Ohr nur, find' ich schon mein Wort", sagt Karl Kraus[101]. Das Grundproblem des Sisyphus ist ein 'sprechakttheoretisches', wie man Wolfgang Borcherts herrlicher Erzählung 'Schischyphusch oder der Kellner meines Onkels' entnehmen kann[102]. Ein völlig entsprechender Ausdruck seiner selbst könnte dem Menschen nur in einem solchen 'Bild' 'gelingen', zu dem sich ein anderer Mensch aus gänzlich freien Stücken und in Dareingabe seines ganzen Was-Seins macht.

An dieser Stelle müssen allerdings zumindest zwei Fragen beantwortet werden:

(1) Wie kann einer Freiheit in etwas so Statischem wie einem Bild Ausdruck verliehen werden? Dieser Frage haftet noch die alltägliche Vorstellung von Bild an. Ein Bild von Freiheit, *zu* dem *sich* eine andere Freiheit macht, ist alles andere als statisch. Es steht in völligem Gegensatz zu dem Bild, das ich *mir von* anderen mache – wie etwa dem oben, Anm. 100, erwähnten Spiegel in Sartres Drama. So etwas ist mir durch das Bilderverbot (Ex 20,4) im Hinblick auf Gott, aber auch auf alles Geschaffene untersagt.

'Gegensatz' bedeutet hier aber nicht, daß der Mensch sich je *zu* einem Bilde von etwas machen könnte, ohne sich ein Bild da*von* zu machen. Auch die strengste

[100] Vgl. die zentrale Stellung des Bildbegriffs im Sinne von Zerrspiegel in J.-P. Sartres Drama ‚Huis clos' (‚Geschlossene Gesellschaft') – das mit der Feststellung schließt: "Die Hölle das sind die anderen". Dazu H. Verweyen, Botschaft eines Toten? 39f.

[101] Karl Kraus, Zuflucht, in: Worte in Versen, 63.

[102] W. Borchert, Das Gesamtwerk, 285-297. Vgl. dazu meinen Interpretationsversuch in: Botschaft eines Toten? Kap. 2.

'theologia negativa' kann nicht an den Punkt kommen, wo Gott völlig bildlos gedacht bzw. verehrt wird. Das darf sie nicht einmal versuchen, ohne ihr eigentliches Ziel aus dem Auge zu verlieren[103]. Dies gilt nun auch für die 'Darstellung' von Freiheit überhaupt. Mich zu ihrem Bilde machen bedeutet die ständige Bereitschaft, das Bild, das ich mir gerade von ihr gemacht habe, zur Kompostierung freizugeben. Wir können es zwar gar nicht vermeiden, uns ein Bild vom anderen zu mache – es sei denn, wir lassen ihn einfach 'links liegen'; aber auch das wäre noch ein Bild, und zwar das schlechteste, das wir uns von ihm machen können. Aber wir müssen bereit sein, jedes unserer Bilder, auch das noch so aktuellste, immer wieder zerbrechen zu lassen, in Anerkennung der Tatsache, daß der oder die andere eben doch ganz anders ist, als wir uns vorgestellt haben.

Daraus folgt – wie bereits im Gespräch mit Th. Pröpper angedeutet – nicht, daß der Mensch nie wirklich imstande wäre, sich zum Bilde eines anderen Menschen zu machen, weil sein Bemühen sich ja (im Sinne Hegels) in 'schlechter Unendlichkeit' in ein 'perennierendes Streben' verliefe. Dieses Bemühen kommt vielmehr dann 'ans Ziel', wenn ich mich (erstens) in meinem 'Bild-Entschluß' vorbehaltlos darauf einlasse, daß der andere Mensch eben frei ist, sich in unendlich vielen und neuen Variationen zu äußern, und (zweitens) wenn genau dies dem anderen Menschen in allen von mir gesetzten Akten als mein unbeugsamer Entschluß erkennbar ist. Einer anderen Freiheit frei zum Bild werden ist gleichbedeutend mit der radikalsten Form von 'Ikonoklasmus', die man sich vorstellen kann: ohne innezuhalten Bilder zu fertigen, um sie dann zerbrechen zu lasse – ein 'Sisyphus', der seinen Fluch als Ruf begriffen hat.

(2) Wenn ich mein ganzes 'Was', die ganze Inhaltlichkeit meiner selbst, in das Bild des anderen hineingebe, heißt das am Ende nicht doch wieder, daß der andere bei seinem Verlangen, sich im anderen zu finden, in ein völlig gesichtsloses anderes hineinläuft, nämlich in meine aller Eigenschaften entleerte Freiheit? Diese Frage ist schon aufgrund konkreter Erfahrungen – etwa im Bereich der Sozialfürsorge – ernst zu nehmen. Wenn der Helfende mit seinem freundlich Hilfsbereitschaft anzeigenden Lächeln z. B. auf einen Pflegebedürftigen zukommt, dann kann es diesem zuweilen so scheinen, als ob er durch eine aufgesetzte Maske der Fürsorglichkeit hindurch völlig ins Leere blickte. Hier liegt eine Versuchung gerade für den mit ganzem Herzen zur Hilfe Engagierten: seine eigenen

[103] Darauf hat zu Recht J. Valentin in seiner Derrida-Interpretation hingewiesen (ders., Atheismus in der Spur Gottes, 149-217). Der 'wahre Mystiker' findet Gott nicht im wortlosen Verstummen. Dieses verleitet allzuoft zu Projektionen eines nicht weiter reflektierten 'Absoluten', hinter das sich das Subjekt selbst zurückziehen kann, ohne weiterem Hinterfragen ausgesetzt zu sein. Mystik in ihrem tiefsten Sinn erfährt sich vielmehr in einem ständigen 'Vokativ' (die vielleicht eindrücklichste Metapher, die Derrida für die 'Spur' des immer abwesend bleibenden Gottes verwendet): Angesprochen und unnachgiebig zum Antworten verführt, weiß sich der Mensch dennoch in jedem Wort und Bild in einem Raum von Sprache befangen, die es unmöglich macht, dem Vokativ adäquat Folge zu leisten. Derrida (der unaufhörlich redende und schreibende Philosoph) fühlt sich vielleicht gerade deswegen dem Mystiker verbunden, weil es in seinem Werk letztlich nicht um ein Spiel mit allem und jedem geht, sondern um das 'Bekenntnis zur Beschneidung', die unbarmherzig in jeden Versuch, sich 'aus'-zudrücken, sich über das Wort zu vollenden, eingegraben ist.

Bedürfnisse so hintanzustellen, daß ihn sein Dienst auf die Dauer völlig aussaugt und leerbrennt. In seinem Gesicht kann dann keine eigene Lebensfreude mehr zum Ausdruck kommen, sondern nur noch die Chiffre der reinen, und d. h. letztlich inhaltslosen Bereitschaft[104].

Zum Bild-Werden für den anderen Menschen entschieden, darf ich zwar nicht danach fragen, was ich dann überhaupt noch 'für mich' bin – im Sinne einer Restexistenz, die ich aus dem 'Bild des anderen' heraushalten möchte. Mein Ich muß ich vorbehaltlos ein-räumen, damit der andere zu dem angemessenen Ausdruck für das findet, was er ist und worauf er vom Grunde seines Daseins her angelegt ist. Hier ist kurz auf die Problematik der *'Goldenen Regel'* hinzuweisen, die in der einen oder anderen Form stets das vergleichende 'wie...' enthält – etwa in dem Gebot, den Nächsten zu lieben "wie dich selbst" [105]. Diese Regel mag ein gutes Mittel darstellen, den Menschen aus seinem Egoismus zu lösen und zu fairem Verhalten zu bewegen. Aber durch das Festhalten an dem 'wie ...' wird im Interpersonalverhältnis eine prinzipielle Unterschiedenheit von Interessensphären festgeschrieben, sosehr auch eine größtmögliche Übereinstimmung angezielt sein mag. Solange man noch unter der Perspektive des 'wie...' vergleichend zwischen dem anderen und sich selbst hin und her wechselt, kann es nicht zu dem kommen, was zur Auflösung unserer absurden Grundsituation erforderlich wäre: *unbedingte* Einheit in Differenz.

Nun muß der andere jedoch, wenn jene Absurdität schwinden soll, sich in mir *als anderem* voll und ganz ausgedrückt finden können. Wenn ich mich so in diesen Ausdruck, in dieses Bild des anderen hineingäbe, daß nichts mehr von meiner Identität als eigene und damit ihm gegenüber andere Freiheit übrigbliebe, dann wäre er doch wieder ins Leere gelaufen. Den oben skizzierten 'Ikonoklasmus' kann der andere nur dann wahrnehmen, wenn meine (bleibende!) Individualität so 'durchgerüttelt' wird, das mein ganzes Ich dabei auf dem Spiele steht.

Eine bestimmte Frau namens Jane Avril hat das Zwielicht sozialer Repression und Verachtung durchbrochen und ein für alle wahrnehmbares menschliches Antlitz gewonnen durch Bilder, die unverkennbar die Prägung Toulouse-Lautrecs tragen[106]. Allgemein gesagt: das Ausreifen meiner Individualität – wozu die Freude an meinem Selbstsein gehört – ist nicht Hindernis, sondern Voraussetzung dafür, daß

[104] Mit diesen Bemerkungen versuche ich konkreter auf Einwände einzugehen, die auf die Erstfassung meines 'Grundrisses' hin vor allem von K. Müller erhoben wurden. Vgl. dazu schon meine (allerdings in einem eher apologetischen Duktus gehaltenen) Ausführungen in: Botschaft eines Toten? 109-111. *Auf keinen Fall* sind meine hier gemachten Bemerkungen als eine *moralisch getönte Kritik* an solchen zu verstehen, die, durch aufgezwungene Überstunden völlig überlastet, Kranken und Pflegebedürftigen über die von ihnen erbrachte Hilfe hinaus sich gerade noch ein freundliches Lächeln abringen können.

[105] Ausführlicher zu dieser Problematik: H. Verweyen, Recht und Sittlichkeit, 92-94.

[106] Diesen (so schon in der Erstfassung meines 'Grundrisses' zu findenden) Satz hat G. Larcher hellsichtig kommentiert und in einen weiterführenden Zusammenhang gestellt in: Vom Hörer des Wortes als 'homo aestheticus', bes. 107. Zur Auseinandersetzung mit den dort von G. Larcher an mich gestellten Fragen vgl. H. Verweyen, Botschaft eines Toten? 98ff.

meine Freiheit zu dem Bild werden kann, worauf der andere um seiner Identität willen angewiesen ist.

Mit dieser zweiten Frage bewegen wir uns zum Teil bereits auf dem Terrain des nächsten Abschnitts. Die absurd erscheinende Grundsituation des Menschen wäre nur dann lösbar, wenn alle Menschen im freien Entschluß einander zum Bilde würden und damit eine durchgehende und unbedingte Einheit in Differenz 'in der Horizontale' gegeben wäre. Wie sollen diese freien Entscheidungen aber real, als in der Sinnenwelt erkennbare Bilder sich anerkennender Freiheit vermittelt werden können?

6.3.7 Der Stoff, aus dem das Bild gemacht

Wir hatten in Kap. 6.3.5 Bild-Sein als 'Inkarnation' aufzufassen versucht. Das unbedingt-eine Ich ist zugleich radikal von anderem 'unterwandert'. Dies kann man zum einen verstehen als 'Eingelassensein in ein mir zugehöriges Fremdes', den Leib – Inkarnation in passivischer Bedeutung. Zum anderen läßt sich in der aktivischen Bedeutung des Wortes von einem 'Mich-Einlassen in (bzw. auf) ein mir zugehöriges Fremdes' sprechen. Ein solches ist, vor aller selbstbewußten Tätigkeit, bereits mit der Sinnlichkeit gegeben, in der der Mensch mittels seines Leibes auf die gesamte Sinnenwelt als ihm irgendwie zugehörig ausgreift.

Diese Überlegungen wurden aber zunächst abgebrochen. Solange das andere, das mich immer schon unterwandert hat, völlig gesichtslos bleibt, scheinen sie zur Lösung der Sinnfrage nichts beizutragen. Das Ergebnis von Kap. 6.3.6 führt uns nun aber in die Frage nach der Bedeutung von 'In-karnation' zurück. In den einander zum Bild werdenden freien Wesen gewinnt *dem Begriff nach* Andersheit ein klares Gesicht. Dieses gegenseitige Bild läßt sich *real* aber nur in der Sinnenwelt vermitteln, näherhin über den Leib, der der Sinnenwelt angehört, dem freien Ich jedoch anders zugehört als die Sinnenwelt überhaupt.

Nun ist man bei dem Versuch, erstphilosophisch gültige Aussagen über die Sinnenwelt (und den Leib) zu machen, bald am Ende. Das, was wir mit den Sinnen (und technischen Instrumenten als deren Verlängerung) wahrnehmen können, hat dadurch in gewisser Weise bereits ein Gesicht bekommen. Dieser 'Sinnenwelt' liegt aber ein noch – und vielleicht sogar letztlich – gesichtsloses Substrat von 'Materie' zugrunde, dem sie Schritt für Schritt abgerungen wird. Den Zusammenhang zwischen diesen beiden Weisen von Andersheit vermag das Denken nicht zu durchdringen. Ja, selbst die Sinnenwelt kann es – als reines Denken – nur in abstrakten Kategorien als notwendige Möglichkeitsbedingung für die Freiheit als Bild des Absoluten erfassen[107].

[107] Ein äußerst dichter Versuch einer solchen 'Deduktion' der Sinnenwelt findet sich in J. G. Fichtes 'Die Wissenschaftslehre, in ihrem allgemeinen Umrisse' von 1810 (hier bes. § 11). Vgl. dazu H. Verweyen, Zum Verhältnis von Wissenschaftslehre und Gesellschaftstheorie beim späten Fichte.

Dennoch darf sich eine in systematischer Absicht unternommene Erste Philosophie der Aufgabe nicht entziehen, aufgrund des in Kap. 6.3.6 ermittelten Begriffs von einander anerkennender Freiheit *Kriterien* für die *Realisierung* dieses Verhältnisses zu gewinnen. Ohne den Aufweis solcher Kriterien bliebe das 'Wie' des in Kap. 6.3.2 als *notwendige* Voraussetzung für die Ermittlung eines Begriffs von letztgültigem Sinn erkannte Bild des Absoluten weiterhin unzureichend bestimmt.

Bei dem Bemühen, dieser Aufgabe gerecht zu werden, ist ein sich als erstphilosophisch verstehendes Unternehmen allerdings stets in Gefahr, sich der Lächerlichkeit auszusetzen – und diese Gefahr ist unbehebbar. Denn wie abstrakt auch immer die ermittelten Kriterien formuliert sein mögen: will man sie als *Kriterien* behaupten, so muß zumindest in Ansätzen auch ihre mögliche *Anwendbarkeit* aufgezeigt werden. Auf dem Wege dahin verläßt man aber das Umfeld des rein erstphilosophisch Ermittelbaren und betritt zumindest 'mit einem Bein' den Bereich des Empirischen, in dem sich andere besser auskennen. Die folgenden Überlegungen haben daher nicht nur (vom thematischen Rahmen dieses Buches her) einen notwendig fragmentarischen, sondern (angesichts des soeben angedeuteten Dilemmas) auch einen durchaus vorläufigen Charakter. Ich werde zunächst drei Aspekte der Frage nach den genannten Kriterien zu umreißen versuchen (1-3) und dann einige generellere Bemerkungen anschließen (4).

(1) Die gesamte Sinnenwelt müßte als potentielles Medium für das gegenseitige Zum-Bild-Werden von Freiheiten theoretisch angesehen und praktisch angegangen werden. Das ist in den modernen Naturwissenschaften und der Technik in ihrem Gefolge durchaus nicht der Fall. 'Materie' wird hier lediglich unter dem Aspekt ihrer Quantifizierbarkeit im Zusammenspiel von mathematisch-exakter Theorie und deren empirischer Verifizierung untersucht. Als Natur, die in ihrer Entwicklung auf das Aufbrechen von *Freiheit überhaupt* hinstrebt, bleibt sie außer Betracht[108]. Erst recht entfällt die Frage, wie die unter dem Aspekt ihrer Instrumentalisierung angegangene Materie Medium für das *gegenseitige Zum-Bild-Werden freier Wesen* sein könne. Der Möglichkeitsraum für Freiheit unter der Vorherrschaft dieses Zugangs zu den Phänomenen erweitert sich grenzenlos zur Enge der 'virtual reality'. Von der hart erkämpften menschlichen 'Autonomie' bleibt schließlich eine rein abstrakte Freiheit übrig, die selbst – wie die Welt der Dinge - in zunehmendem Maße instrumentalisierbar und manipulierbar erscheint.

Vor allem seit M. Heidegger und Th. W. Adorno wird der soeben skizzierte, wohl nur aus der spezifischen Geschichte des Abendlandes zu erklärende Zugang zur 'Objektwelt' philosophisch genauer analysiert und im Blick auf jene Genese[109]

[108] Im deutschen Sprachraum ist diese Fragestellung fast ausschließlich im Anschluß an die Philosophie F. W. J. Schellings verfolgt worden. Die im Hinblick auf die Methoden der 'exakten Wissenschaften' weitaus wichtigere Auseinandersetzung mit dem von A. Comte und E. Littré begründeten 'Positivismus', wie sie in der zweiten Hälfte des 20. Jh.s in Frankreich vor allem von F. Ravaisson, J. Lachelier, E. Boutroux und M. Blondel geführt wurde, hat man hier kaum wahrgenommen. Vgl. dazu jetzt die eingehende Untersuchung von Michael Conway, The Science of Life, bes. Kap. 1-7.

[109] Eigene Überlegungen dazu habe ich (in knapper Form) in 'Theologie im Zeichen der schwachen Vernunft', Kap. 2, und (ausführlicher) in der Erstfassung dieses 'Grundrisses', Kap. 7.6-7, vorgelegt.

zu identifizieren versucht. Ohne Berücksichtigung dieser geschichtlichen Bedingtheit wird es angesichts der offenbaren Effizienz solcher 'Weltbewältigung', die jedem konkurrierenden Verfahren überlegen scheint, kaum möglich sein, sie einer wirksamen Kontrolle anhand von Kriterien der hier angezielten Art zuzuführen.

(2) Die neuzeitliche Form wissenschaftlich-technischer Weltbewältigung stellt eine Variante des Versuchs dar, die Grundbedürfnisse des Menschen zu erfüllen, die er mit anderen Lebewesen teilt, vor allem den Trieb nach Selbst- und den nach Arterhaltung. Sie machen am grellsten die radikale Unterwandertheit des Menschen von anderem offenbar, vor allem von dem Zeitpunkt an, wo er zum reflexen Selbstbewußtsein gefunden hat und dieses andere *als anderes* und Fremdes *in sich selbst* wahrnimmt. Je bewußter der Mensch lebt, desto unangenehmer wird ihm diese Wahrnehmung. Darum sein Mitwirken an dem Bemühen von Herrschenden, ihn gar nicht erst zu einem wachen Selbstbewußtsein kommen zu lassen, ihn vielmehr durch klare, als sakrale Stiftung deklarierte Vorschriften hinsichtlich der Art und Weise, wie Trieberfüllung zu gestalten sei, von Eigenverantwortung zu entlasten. Darum auf der anderen Seite aber auch die Bereitwilligkeit des Menschen, nach erfolgter 'Aufklärung' radikal kritische Reflexionen auf die Konstitution des Ichs zu meiden und alles, was in ihm gegen eine ungehemmte Wunscherfüllung spricht, als Produkt einer schädlichen Verdrängung der eigentlichen Basis humaner Praxis, des Lustprinzips, anzusehen.

Soll die fundamentale Triebstruktur des Menschen potentielles Medium dafür sein, daß Menschen einander zum freien Bild ihrer Freiheit werden, dann bedarf sie in der Tat einer rationalen Kontrolle. Die erste Bedingung solcher 'Askese' – und einer wirklich ausgereiften Rationalität – besteht darin, die Wucht des 'mir zugehörigen Fremden in mir' ihrer Art und ihrem individuellen Charakter nach genau kennenzulernen und als zu mir gehörig anzuerkennen. Ohne zureichende Kenntnisnahme unterdrückt, meldet sich die Kraft des Triebes in anderen, weitaus gefährlicheren Gestalten, die das Selbstbewußtsein aber leichter als zu ihm gehörig mißverstehen kann – etwa in Macht- und Herrschsucht.

Die zweite Bedingung einer Askese, die auf das gegenseitige Bild-Werden in Freiheit hinzielt, läßt sich als *Warten-Lernen* umschreiben. Eine vorläufige Definition von Warten in diesem Sinne wäre etwa: in der vollen Wahrnehmung des (gesichtslosen) 'mir zugehörigen Fremden in mir' den anderen Menschen in seiner analogen, mit meinem eigenen Triebverlangen aber oft konkurrierenden Not (und damit in seiner mir noch bedrohlicher, weil mir nicht zugehörig erscheinenden Fremdheit) wahrzunehmen und ihm den Vortritt in der Erfüllung des Verlangens zu lassen[110].

[110] An dieser Stelle kann man recht gut die Schwierigkeit veranschaulichen, aus einem erstphilosophisch ermittelten Prinzip anwendbare Kriterien 'abzuleiten'. Der 'Vortritt' ist natürlich nicht solchen zu lassen, die sich ohnehin den Vortritt verschaffen oder dazu in der Lage sind. Das würde nur der Stabilisierung verkehrter Anerkennungsverhältnisse dienen. 'Einander zum Bild werden' ist als Prinzip auf das wechselseitige Verhältnis *aller* Menschen zu beziehen. Darum muß es primär darum gehen, zunächst einmal den Machtlosen einen ersten *Zutritt* zu einem solchen gesellschaftlichen Anerkennungsverhältnis zu ermöglichen, in dem sie dann schließlich ihre wirkliche, sinnerfüllte Freiheit ausgedrückt finden können.

(a) Der Grundtrieb zur Selbsterhaltung äußert sich in Hunger und Durst. Eine als human empfundene Erfüllung dieses Bedürfnisses im Miteinander von Menschen wird als Mahl bezeichnet. Um schließlich selbst in einem völlig fremd erscheinenden Menschen ein Antlitz wahrnehmen und entsprechend handeln zu können, wird das Warten-Lernen zunächst im Miteinander von weniger Fremden ansetzen müssen, etwa am Familientisch. Von der hier eingeübten Form, einander den Vortritt zu geben, wird dann allerdings eine Lösung in dem Maße notwendig sein, wie andere und Fremde an diesem Tisch nur bedingt als 'uns zugehörig' empfunden werden.

Damit ist schon angedeutet, daß sich ein Mahl auch in eine völlig andere Richtung als in das Bild einander bejahender freier Wesen entwickeln kann. "Ich kaufe grundsätzlich nur bei Feinkost Müller ein", sagt die edel dekorierte Gastgeberin an der üppig gedeckten und raffiniert geschmückten Tafel und verhüllt sich dabei durch Überästhetisierung die Animalität ihrer eigenen Grundbedürfnisse wie auch die fehlende Rücksichtnahme auf solche, die noch nicht einmal Brot auf dem Tisch haben. Auch mittels sakraler Mahlfeiern läßt sich die sorgsam gewahrte Kluft zwischen Armen und Reichen und das fehlende Warten-Können übertünchen[111]. Die wohl zynischste Variante des Gegenteils von Zum-Bild-Werden für den anderen stellen Wohltätigkeitsveranstaltungen wie das 'fund-raising-dinner' dar, wo das Festhalten am eigenen Überfluß mittels zur Schau getragener Almosen als Altruismus stilisiert wird[112]. Geradezu eine Verführung zu der hier zutage tretenden scheinheiligen Grundhaltung stellen 'Wohltätigkeitslotterien' dar. Eine politische (oder sogar kirchliche) Förderung dieser gewinnbringenden Maßnahmen ist ethisch nicht zu verantworten.. Ein dichterisch hervorragend dargestelltes Beispiel, wie Arme einer aus 'guten Verhältnissen' kommenden Fremden in einem kargen, aber in der Kraft des Wartenkönnens gefeierten Mahl ihr eigenes Existenzminimum einräumen und diese Fremde so das 'erste und einzige Essen' erlebt, findet sich bei Ingeborg Bachmann[113].

(b) Der 'Stoff' für das zwischenmenschlich zu vollziehende Bild ist dort am engsten, wo Mann und Frau "zu einem Fleische werden"[114]. Diese Enge kommt erst

Das bedeutet hinwieder, daß nicht eine bloße Umkehr der Machtverhältnisse angezielt werden darf.

[111] Vgl. 1 Kor 1,17-34. Hier wird der Sinn des Mahles, sich in das 'Leib-sein-für' hineinnehmen zu lassen, ins gerade Gegenteil verkehrt. Vgl. unten Kap. 19.

[112] Vgl. die von K. Marx (in: 'Die heilige Familie') zitierte Äußerung eines noblen Herrn bei einem solchen 'Wohltätigkeitsabenteuer': "Ah Madame! ce n'est pas assez d'avoir dansé au bénéfice de ces pauvres Polonais... soyons philanthropes jusqu'au bout... allons *souper* maintenant au *profit* des pauvres!" (K. Marx/F. Engels Werke, Bd. 2, 206).

[113] Vgl. I. Bachmann, Der Fall Franza, 148.

[114] Vgl. Gen 2,24 – oder, in einer etwas anderen Perspektive, K. Marx in seinen Pariser Manuskripten: "Das unmittelbare, natürliche, notwendige Verhältnis des Menschen zum Menschen ist das *Verhältnis* des *Mannes* zum *Weibe*. In diesem *natürlichen* Gattungsverhältnis ist das Verhältnis des Menschen zur Natur unmittelbar sein Verhältnis zum Menschen, wie das Verhältnis zum Menschen unmittelbar sein Verhältnis zur Natur, seine eigne *natürliche* Bestimmung ist. In diesem Verhältnis *erscheint* also *sinnlich*, auf ein anschaubares *Faktum* reduziert, inwieweit dem Menschen das menschliche Wesen zur Natur oder die Natur zum menschlichen Wesen des Menschen geworden ist. Aus diesem Verhältnis kann man

dann voll zur Erfahrung, wenn sich beide als freie Wesen gleichen Ranges begegnen und ihre gesamte leiblich-sinnliche Verfassung, bis in ihre 'animalischsten' Äußerungen hinein, vor sich selbst und miteinander als zu ihnen gehörig anerkennen. Voraussetzung dafür ist (oder: wäre), zum einen, eine Emanzipation von allen bevormundenden Tabus und geschlechtstypischen Klassifizierungen. Zum anderen dürfte als Konsequenz dieser Emanzipation nicht die billigste Problemlösung gewählt werden, daß man das Miteinander 'in puncto Sexualität' auf eine möglichst effektive Triebbefriedigung beschränkt und das Streben nach einem darüber hinausgehenden zwischenmenschlichen Verstehen auf andere Ebenen verschiebt. Dies alles vorausgesetzt, scheint Sexualität der ideale Fall zu sein, die Möglichkeit des Zum-Bild-Werdens füreinander in seiner Grundgestalt des freien und direkten Gegenübers zweier Menschen zu erkunden, ohne zugleich komplexere Verhältnisse ins Auge fassen zu müssen, in denen 'ein Dritter' oder noch andere im Spiel sind[115].

Das Gegenteil ist richtig. Sinnlichkeit ist auch als Geschlechtstrieb nicht nur biologisch je individuell bestimmt und bietet schon von daher unerwartete Anforderungen an das Wartenkönnen des Partners. Auf dem Weg zu persönlicher Reife wird ein freies Individuum darüber hinaus – im Durchgang durch einen höchst komplexen Bildungsprozeß – von einer Vielzahl anderer Menschen geprägt, die es während dieses Bildungsprozesses in seiner direkten Lebenswelt oder als geschichtliche bzw. literarische Gestalten fasziniert, abgestoßen oder gar brutal verletzt haben. Zu meinem persönlichen Reifeprozeß gehört die ständige Auseinandersetzung damit, daß ich Frau oder Mann bin, und dies nicht nur abstrakt, sondern bis in die feinsten Verästelungen meiner Leiblichkeit hinein. Das Bestreben, endlich einmal 'zu zweit alleine' zu sein, ist auf diese Weise immer schon, nicht nur akzidentell, von 'dem Dritten' durchkreuzt. Um zur unbedingten Einheit in *dieser* Differenz zu finden, müssen sich Mann und Frau anhand ihres jeweils zutage tretenden 'Sexualverhaltens' mühsam auf all das zurücktasten, was die Sinnlichkeit des anderen geprägt hat. Von hierher ergibt sich, daß, wenn der Mensch die Widersprüchlichkeit in der Elementarstruktur seiner Vernunft auflösen will, im Bereich des 'zu einem Fleische werden' die Dauer eines ganzen Lebens kaum dafür ausreicht, daß er zur vollen Einheit mit dem anderen finden und darüber mit sich selbst ins reine kommen kann.

(3) Alle in der Sinnenwelt konkretisierten zwischenmenschlichen Verhältnisse sind von der Frage nach dem 'Eigentum' (mit)bestimmt. Jedes Lebewesen bedarf zu seiner Entfaltung einer eigenen, räumlich-zeitlichen Sphäre in der Sinnenwelt. Wie ist es dem Menschen möglich, trotzdem in leiblich-sinnlicher Realität zum Bild des anderen zu werden? Reicht hierzu eine Parzellierung der Sinnenwelt

also die ganze Bildungsstufe des Menschen beurteilen. Aus dem Charakter dieses Verhältnisses folgt, inwieweit der *Mensch* als *Gattungswesen*, als *Mensch* sich geworden ist und erfaßt hat [...]". K. Marx/F. Engels, Werke, Erg.band. Schriften, Manuskripte, Briefe bis 1844, 535.

115 Selbst nach katholischer Morallehre muß die Arterhaltung als ein wesentlicher Zweck von Sexualität im 'Geschlechtsakt' selbst nicht bewußt intendiert werden.

aus?[116] Auch wenn man den Begriff Anerkennung in einem allgemeineren philosophischen Sinne, nicht von der Frage nach einer *unbedingten* Einheit in Differenz her versteht, bleibt für ihn doch konstitutiv, daß der andere Mensch sich nur in dem, was *mein* ist - in meinem Leib, in meiner sich in der Sinnenwelt objektivierenden Freiheit -, von mir als anderer anerkannt finden kann. Die rechtliche oder moralische Respektierung der Grenze zwischen meiner und seiner 'Parzelle' ist keine Anerkennung im strengen Sinne - sosehr sie auch eine dafür notwendige Voraussetzung darstellt[117]. Ein Kind braucht einige Zeit, bis es versteht, daß der ihm geschenkte Ball mehr Freude macht, wenn es ihn 'ins Spiel bringt', als wenn es ihn fest umklammert hält. "Abgeben!" schreien die Fans dem Fußballjongleur beim Endkampf gegen Obertupfingen zu. Lassen sich aus solchen für das Gelingen von Spiel nötigen Lernprozessen Lehren auch im Hinblick auf das Verhältnis von Eigentum und Anerkennung ziehen?

Eines der Hauptprobleme im Widerstreit zwischen Privateigentum und intersubjektiver Anerkennung dürfte in folgendem bestehen: In Kap. 6.3.3(1) wurde bemerkt, daß sich auf der Stufe der 'Ellbogenfreiheit' der Mensch noch nicht reflex des Widerspruchs in der Elementarstruktur seiner Vernunft - zwischen Vertrautsein mit sich als unbedingt-unendlicher Einheit und Unterwandertheit durch anderes - bewußt ist. Darum durchschaut er bei dem Versuch, das, was sein ist, zu bestimmen, seinen im Prinzip unbegrenzten Expansionsdrang nicht als Ausdruck einer 'schlechten', ihrem Begriff nach völlig ungeklärten Unendlichkeit. Erst recht fällt auf dieser Stufe die Frage nach einem Sinnbegriff aus, der jenen elementaren Widerspruch zu lösen vermöchte. Darum kann er zu keinem Frieden mit sich selbst finden, selbst dann nicht, wenn es ihm gelänge, die ganze Welt zu vereinnahmen. Andere Freiheit begegnet ihm im Grunde nur als Gegnerschaft, potentielle Konkurrenz oder als ihm bereits untergeben. Die Möglichkeit, daß ihm Einheit mit sich selbst als Geschenk eines anderen zugesprochen werden könnte, liegt außerhalb seines Gesichtskreises[118].

Diese Problematik verschärft sich in dem Maße, wie der Mensch im ausschließlichen Zugriff auf die Sinnenwelt als verfügbare Materie das Staunen verlernt und ihm so Natur nicht mehr als Gabe begegnen kann. Hinzu kommt die gegenwär-

[116] Vgl. hierzu meine Kritik an Fichtes Begriff der 'Teilung der Sinnenwelt' (in Auseinandersetzung mit dem prinzipiellen Problem des Eigentums): Recht und Sittlichkeit in J.G. Fichtes Gesellschaftslehre, 102-123.

[117] In diesem Zusammenhang ist interessant, daß Aristoteles seine Kritik an Platons Ablehnung von Privateigentum vor allem mit *sozialen* Argumenten begründet und daß Thomas v. A. bei seiner (sorgfältigen!) Rezeption der entsprechenden Passagen dieses soziale Element an einigen Stellen subtil verstärkt. Vgl. dazu H. Verweyen, Privateigentum und soziale Verantwortung nach Thomas von Aquin. Es ist nicht allgemein bekannt, daß die rechtliche Durchsetzung eines wenigstens 'dünnfädigen sozialen Netzes' in den USA nicht zuletzt den Vorleistungen von Vertretern der Thomas v. A. folgenden katholischen Soziallehre zu verdanken ist. Vgl. dazu H. Verweyen, Die Situation der Kirchen und Religionen in den USA; ders., Katholische Kirche in den USA.

[118] Hier wäre etwa an Orson Welles' Film 'Citizen Kane' zu erinnern, in dem die Hauptfigur, als Kind aus der Geborgenheit in Familie und Natur plötzlich herausgerissen und in die Welt der 'wirklich Erwachsenen' versetzt, am Ende nicht mehr das Glück, geliebt zu werden, zu erkennen vermag.

tige Entwicklung in der *zeitlichen* Dimension des Problems Eigentum-Anerkennung. E. Levinas hat eindrucksvoll die abgründige Differenz zwischen der Subjektivität im Modus des 'Sich-Zeit-Nehmens-für' und der eigentlichen Selbsterfahrung herausgearbeitet, die dann aufbricht, wenn ich mir meine Zeit vom Anderen nehmen lasse. Je rascher die Fertigung und Vervollkommnung von 'zeitsparenden' Maschinen fortschreitet und je mehr sich alle ihrer bedienen, desto weniger Möglichkeiten bleiben dem Menschen, sich für etwas Zeit zu nehmen. Seine eigene Zeit wird zum bloßen Moment eines Zeitraffer-Mechanismus[119], der ihm nicht mehr erlaubt, sich selbst wahrzunehmen, und erst recht nicht, Zeit dafür zu haben, daß ihm in anderen Menschen ein Antlitz begegnen kann.

(4) Bei der hier unter drei Aspekten skizzierten Frage nach allgemeingültigen Kriterien für ein 'inkarniertes Einander-zum-Bild-Werden' wurde ständig auf empirisch-aposteriorisch vermittelte Reflexion zurückgegriffen. Von einer 'ersten Philosophie' im strengen Sinne kann dabei also keine Rede sein. Dies träte noch offensichtlicher zutage, wenn die Rolle bedacht würde, die in all diesen Bereichen zwischenmenschlicher Anerkennung (und ihren Voraussetzungen im vorwissenschaftlichen und wissenschaftlichen Zugang zur Sinnenwelt) die *Sprache* spielt. Die Sprache fungiert hier überall nicht nur als Ausdrucksmedium. Sie hat auch über bloße Eindrücke seit dem pränatalen und frühkindlichen Stadium das leiblich-seelische Wahrnehmungs- und Ausdrucksvermögen der Individuen bereits in hohem Maße geprägt, die an den Anerkennungsprozessen teilnehmen.

Während (seit J. G. Hamann und J. G. Herder) in Sprachphilosophie und Hermeneutik die Sprache zunächst in ihrer lichtvollen Gestalt als Bildnerin des Menschengeschlechts und der individuellen Kraft zur 'Ein-bildung' untersucht wurde[120], ist in den letzten Jahrzehnten (in Anknüpfung an die Psychoanalyse, die Sprachphilosophie seit L. Wittgenstein und die bei M. Heidegger grundgelegte Hermeneutik) insbesondere im Poststrukturalismus Sprache vorwiegend als sedimentierter Ausdruck von Herrschaft und Repression ins Visier genommen worden. All dies kann hier nicht näher thematisiert werden[121].

Ist angesichts der beschriebenen Sachlage die uns in diesem Kapitel leitende Frage nach Kriterien für Letztgültigkeit, insofern es sich um *anwendbare* Kriterien handeln soll, aber nicht völlig obsolet? Nur dann nicht, wenn die streng begrenzte,

[119] Weit vorausblickend Charlie Chaplins 'Modern Times' (1936)!

[120] Vor allem wohl wegen ihres Mißbrauchs durch den Nationalsozialismus ist nur wenigen bekannt, in welchem Ausmaß J. G. Fichtes Sprachphilosophie nach 1800 Aspekte der von H.-G. Gadamer thematisierten 'Wirkungsgeschichte' bereits vorweggenommen hat. Vgl. hierzu H. Verweyen, Recht und Sittlichkeit in J. G. Fichtes Gesellschaftslehre 209-245, 292-310 (Literatur!).

[121] Ein systematisch und in seiner innovativen Kraft höchst bedenkenswerter hermeneutischer Ansatz, in dem (nicht nur) die in unserem Zusammenhang angesprochenen Aspekte von 'Anerkennung' unter Berücksichtigung ihrer sprachlichen Vermitteltheit thematisiert werden, findet sich in der Monographie von Veronika Schlör, Hermeneutik der Mimesis. Philosophiegeschichtlich knüpft V. Schlör vor allem an W. Benjamin, Th. W. Adorno, M. Foucault, J. Derrida und die sich mit J. Lacans Subjekttheorie auseinandersetzenden Poststrukturalistinnen L. Irigaray und H. Cixous an. Für die systematische Entfaltung der Theorie sind insbesondere die intensive 'relecture' der Lyrik von Christine Lavant und eigene phänomenologische Beobachtungen zum Wesen des Kunstwerks von Bedeutung.

transzendentale Aufgabe dieser Philosophie als 'ancilla hermeneuticae' im Blick bleibt. Eine Erste Philosophie im Verständnis der traditionellen Metaphysik, die unbedingt gültige Aussagen über *Realität* zu machen beansprucht, tritt unausweichlich in Konkurrenz zu dem hermeneutischen Verstehen (im weiteren, die Sprachphilosophie allgemein einschließenden Sinn). Und aus diesem Wettstreit kann sie nicht als Siegerin hervorgehen, weil uns Realität in einem unübersehbaren Ausmaß - wenn auch nicht völlig[122] - sprachlich-geschichtlich erschlossen ist.

Nun gibt es aber Wirklichkeitserfahrungen, die die davon Betroffenen *unbedingt* in Anspruch nehmen - im Bereich der Religion, der Moral, aber doch wohl auch als Grundlage jener Haltung, aus der heraus Unbedingtheitsansprüche oder -aussagen aller Art unbedingt abgelehnt werden. Diese meine bzw. unsere Unbedingtheitserfahrungen müssen rational verantwortet werden. Zunächst vor mir selbst, dem davon unmittelbar Betroffenen (vorausgesetzt, daß ich kein Reservat für Irrationales in mir umzäunen will). Sodann vor anderen (wenn ich gerade das mir als wesentlich Erscheinde nicht aus der Kommunikation ausklammern will, was einen wirklichen Dialog unmöglich machte). Vor allem aber, wenn aus jenen Unbedingtheitserfahrungen universale Ansprüche bzw. Verhaltensregeln abgeleitet werden, die also auch für solche gelten sollen, die diese Erfahrung (noch) nicht gemacht haben (oder sie anschließend als irrational erkannt zu haben glauben). Eine kommunitaristische Philosophie führt sich spätestens dort ad absurdum, wo aus den regional (für diese 'Kommunität') geltenden Regeln militärische Eingriffe zum Schutz universaler Menschenrechte außerhalb dieser Region als legitim abgeleitet werden.

Zur Legitimation von unbedingten Geltungsansprüchen (bzw. von Regeln mit universaler Geltung) sind die dem 'linguistic turn' verpflichteten Philosophien nur sehr bedingt in der Lage. Könnten sie in Zusammenarbeit mit einer 'Ersten Philosophie' wenigstens soweit kommen, daß sie für die von ihnen vertretenen Handlungsanweisungen nicht den Vorwurf des Intuitionismus oder Dezisionismus zu scheuen brauchen? Dies scheint mir in der Tat der Fall zu sein. Eine streng transzendental-apriorisch konzipierte Erste Philosophie vermag zwar lediglich die Möglichkeitsbedingungen dafür zu ermitteln, daß Wahrheitsbehauptungen bzw. universale Geltungsansprüche als rational gültig verantwortet werden können. Das führt nicht über ein abstraktes Grobraster hinaus. Es wäre einem von der sprachlich-geschichtlichen Bedingtheit der Vernunft ausgehenden Philosophieren aber nicht abträglich, dieses Grobraster - sofern es wirklich aus der apriorisch-elementaren Strukturiertheit der Vernunft gewonnen wurde - zur Orientierung heranzuziehen, nicht nur in dem Bemühen um Legitimation von Handlungsanweisungen,

[122] Zur Erläuterung dieser Unterscheidung: Kunst, die diesen Namen verdient, vermittelt eine Wahrheit über Dinge, die uns zwar bereits in sprachlicher Vermittlung zugänglich geworden sind, dies aber eben nur in unzureichendem Maße. Könnte dieses Mehr an adäquatem Erkennen durch die Kunst gewonnen werden, wenn sie keinen Zugang zu den Dingen hätte, in dem diese sich selbst, durch die von Menschen fixierte Sprache hindurch, ursprünglicher zu Wort bringen? Hier sei nochmals auf die 'Hermeneutik der Mimesis' von V. Schlör verwiesen (vgl. die vorige Anmerkung).

sondern z. B. auch zum Verständnis mentaler, psychischer, sozialer Strukturen in ihren geschichtlichen Zusammenhängen[123].

In unserem Zusammenhang ging es allein darum, die grundlegendste Möglichkeitsbedingung für die rationale Verantwortung einer als letztgültig angesehenen göttlichen Offenbarung zu ermitteln. Dabei sind wir so vorgegangen, daß wir zunächst aufgrund einer Analyse der Elementarstruktur der Vernunft eine Sinnfrage zu bestimmen suchten, von der - bewußt oder unbewußt - alle Menschen betroffen sind (Kap. 6.2). In einem zweiten Schritt wurde nach den Bedingungen dafür gefragt, wie der als unaufhebbar erscheinende Widerspruch in der elementaren Verfaßtheit unserer Vernunft - der Grund jener Sinnfrage - prinzipiell dennoch zu beheben sei. Nur auf diesem Wege ließe sich ein Begriff letztgültigen Sinns ausmachen - die vordringlichste Aufgabe für die rationale Verantwortung einer letztgültigen Offenbarung.

Hat der bisher zurückgelegte Weg bereits zu dem intendierten Ergebnis geführt? Für den elementaren Widerspruch zwischen unbedingter Einheit und Unterwandertheit durch anderes in unserer Vernunft gäbe es - so konnte gezeigt werden - nur dann eine sinnvolle Erklärung, wenn sich dieser Widerspruch als Äußerung eines in *jeder* Hinsicht unbedingt einen Seins verstehen ließe, das dennoch der Differenz mächtig wäre. Dazu müßte jene Äußerung des Absoluten aber als ein *Bild* des Absoluten aufgefaßt werden, zu dem sich die menschliche Freiheit selbst zu bilden hätte (Kap. 6.3.2-3).

Notwendige Voraussetzung dafür, einen solchen Anspruch an die Freiheit als sinnvoll zu verstehen, ist allerdings ein in sich stimmiger Begriff davon, *wie* sich der Mensch zum Bild des Absoluten machen könnte. Solange das die Vernünftigkeit der Vernunft in Frage stellende andere dem Menschen rein gesichtslos erscheint, kann er sich keinen Begriff von diesem 'Wie' bilden (Kap. 6.3.4-5). Nun ist aber der andere Mensch - wie er selbst dazu bestimmt, Bild des Absoluten zu werden - von seiner Anlage her immer schon auf dem Wege zum Bild des Absoluten. Ihm müßte er also in sich selbst Raum dafür bereiten, sich als ein solches 'Bild auf dem Wege' finden zu können. Wenn alle Menschen einander zum Bild jenes 'Bildes auf dem Wege' würden, dann erwiese sich, daß eine unbedingte Einheit in Differenz ohne Widerspruch für die Vernunft möglich ist (6.3.6).

Um sich überhaupt ausdrücken zu können, hat Freiheit nun aber keinen anderen Raum als jenes andere, das sie immer schon unterwandert hat. Der Mensch *ist* immer schon eingelassen in ein ihm zugehöriges Fremdes, einen Leib, und immer schon *hat* er sich über seine Sinnlichkeit eingelassen in bzw. auf ein darüber hinausgehendes Fremdes, das ihm dennoch irgendwie zugehört, insofern der Leib damit unlösbar verbunden ist: die Sinnenwelt und das dieser zugrunde liegende Substrat. Menschen, die einander zum Bild werden wollen, müssen diesen gesam-

[123] Jedem, den Hegels 'Phänomenologie des Geistes' fasziniert, müßte sich doch eigentlich die Frage stellen, warum so vieles an seiner dialektischen Analyse gesellschaftlicher und geschichtlicher Phänomene auch 'nach dem Ende der Metaphysik' noch zutreffend erscheint. Gibt es nicht doch apriorische Gesetze der Vernunft, die sich (a) erstphilosophisch ermitteln und (b) zum Verständnis der verschiedensten Phänomene mit Nutzen heranziehen lassen?

ten Freiheitsraum daher als potentielles Medium für jene gegenseitige Anerkennung ansehen und angehen.

Ist damit ein unhinterfragbar gültiger Begriff von Sinn – zumindest in seinen notdürftigsten Konturen – bereits umrissen? Nein, denn ein grundsätzliches Problem bleibt noch immer ungelöst. Der Raum von Andersheit, auf den Freiheit verwiesen ist, um überhaupt *da*-sein zu können, *läßt* sich nicht restlos als potentielles Medium für zwischenmenschliche Anerkennung verstehen. Wie der Mensch – aus der symbiotischen Einheit im Mutterleib heraus 'nach draußen geworfen' – über ein zunächst gesichtsloses anderes und Fremdes zu sich und anderen Menschen findet, ebenso verläuft sich sein Leben schließlich in ein gesichtsloses anderes und Fremdes hinein. Mag er selbst auch noch so fest bei dem Entschluß bleiben, sich über seinen Leib zum Bild des anderen Menschen zu machen: Leib und Sinnenwelt entziehen sich, je mehr er sich dem Tode nähert, dieser seiner Verfügung. Sein Wille, für dieses Modellieren 'feucht' zu bleiben[124], kann nicht verhindern, das sein Leib mehr und mehr austrocknet, sich verhärtet, unverfügbar wird – bis in die für freies und vernünftiges Handeln fundamentalsten biologischen Strukturen und physiologischen Prozesse hinein. Wenn die Ausdrucksmöglichkeit menschlicher Freiheit letztlich in diese Unmöglichkeit ihres als sinnvoll aufgewiesenen Ausdrucks mündet, bleibt dann die Frage nach dem Wie des Bildes des Absoluten nicht von Grund auf unbeantwortet?

Diese Frage ist nicht 'existentiell' in dem Sinne mißzuverstehen: was bleibt *mir* dann noch übrig?[125] Vor allem E. Levinas hat darauf verwiesen, wie der menschliche andere und das im Sterben offenbar werdende andere mir beide 'meine Zeit nehmen' [126]. Wer sich selbst vorbehaltlos in das Bild- und 'Ohr'-Werden[127] für den anderen hineingegeben hat, der hat sich damit auch in die 'ars moriendi' eingeübt.

Im Zusammenhang unserer Suche nach einem konsistenten Sinnbegriff ist allein von Bedeutung, daß, je mehr ich mich dem äußersten Ernstfall meines Daseins nähere, eine Antwort auf die Frage nach einem sinnvollen 'Wie' für meine Aufgabe, Bild des *Absoluten* zu werden, in immer weitere Fernen zu rücken scheint. Eine zufriedenstellende Lösung dieser Problematik wäre wohl nur über die Annahme möglich, daß den immer vergeblicher werdenden Versuchen der Freiheit, sich als Bild des Absoluten zu inkarnieren, schließlich eine Inkarnation des Absoluten selbst entgegenkommt, d. h., daß das immer gesichtsloser und fremder werdende andere selbst ein Antlitz annimmt und als Du ansprechbar wird. Dies dürfte allerdings nicht so geschehen, daß der lange Weg der Freiheit zum menschlichen Du als im Grunde gegenstandslos beiseite gefegt würde. Die Erscheinung des Absoluten als Du müßte vielmehr 'den Faden' meiner Entschiedenheit zum 'Bildwerden im

[124] Vgl. oben Anm. 93.

[125] Vgl. L. Feuerbach: "Er lebt mit ganzer Seele, mit ganzem Herzen für die Menschheit. Wie könnte er eine besondere Existenz für sich noch im Rückhalt haben, wie sich von der Menschheit scheiden? wie im Tode verleugnen, was er im Leben bekräftigte?" (Das Wesen des Christentums, in: GW V, 295).

[126] Zum Verständnis von 'Zeit' bei Levinas vgl. bes. L. Wenzler, Das Antlitz, die Spur, die Zeit.

[127] Vgl. oben Anm. 101.

Ikonoklasmus' den Menschen gegenüber aufnehmen, den Faden, den mein Sterben unerbittlich zerreißt: In dem sich vom Absoluten her zeigenden Antlitz müßte die eigentliche, von mir unerreichte Wahrheit der vielen Menschen 'auf dem Weg zum Bild des Absoluten' aufleuchten. Sich zum Bilde des Absoluten *machen* würde dann in letzter Instanz bedeuten, die zunehmende Gesichtslosigkeit meines Leibes und der Sinnenwelt als integrierenden Teil jenes 'Ikonoklasmus' zu verstehen, in dem ich allein dem 'Bilderverbot' nachkommen kann, und, indem ich mich in diese mir entschwindende Ausdrucksmöglichkeit meiner Freiheit hineinziehen lasse, mich jenem 'Namen' zu nähern, der den schlechthin unbedingten Ikonoklasmus vom Menschen fordert. Die 'Geworfenheit' meines Daseins von seinem ersten Anfang her ließe sich dann als Möglichkeitsbedingung dafür verstehen, sie schließlich als letzten *Sinn* meines Daseins zu bejahen.

7 Die Möglichkeit geschichtlicher Offenbarung

7.1 Sinnbegriff und Offenbarung

In Kap. 6.2 wurde über eine Analyse der Elementarstruktur der Vernunft die Grundgestalt der menschlichen Sinn*frage* ermittelt. Die Suche nach einer prinzipiellen Lösung dieser Frage ergab in Kap. 6.3 einen *Begriff* letztgültigen Sinns. Als Implikat diese Sinnbegriffs konnte in Kap. 6.3.3 der Grundbegriff von *Sollen* aufgewiesen werden.

Es ist wichtig, diesen erstphilosophischen Aufweis des *Begriffs* von Sollen nicht als Beweis eines real gegebenen Sollens mißzuverstehen (und auf diese Weise einen ähnlichen 'naturalistischen Fehlschluß' zu begehen, wie er in Kap. 6.1 als ungelöstes Problem des transzendentalpragmatischen Ansatzes zur Sprache kam). Die Überlegungen in Kap. 6.3 standen unter der Frage, ob jene absurde Situation, wie sie sich schon aufgrund der bloßen Elementarstruktur des Bewußtseins zeigt, als prinzipiell unaufhebbar gelten muß oder ob sich die Vernunft nicht doch insofern widerspruchsfrei zu denken vermag, daß sie wenigstens den *Begriff* eines letztgültigen Sinns ermitteln kann. Damit ist aber noch keineswegs ausgemacht, ob ein Sollen tatsächlich erfahren wird oder wie es realiter zu diesem *Phänomen* des Sollens kommen kann. Es ist ja nicht einmal zwingend aufweisbar, daß die Vernunft sich widerspruchsfrei denken solle, sich darum auf die Suche nach einem letztgültigen Sinn zu begeben und dabei alle für die Erfüllung dieses Sinns notwendigen Implikationen anzuerkennen oder ihnen auch nur nachzugehen habe. Der Entschluß zu solcher Konsistenz ist ein Akt der Freiheit, den niemand der Vernunft andemonstrieren kann.

Im Hinblick auf die uns leitende Frage nach der Vernehmbarkeit eines in der Geschichte 'ein-für-allemal' ergehenden bzw. ergangenen Wortes Gottes ist mit der Ermittlung eines Begriffs letztgültigen Sinns ein *Verstehensraster* für die Letztgültigkeit einer solchen Offenbarung gewonnen und damit eine erste Bedingung für ihre rationale Verantwortung erfüllt. Damit zugleich sind auch in ersten Umrissen Gültigkeitskriterien für den Bereich der Ethik zutage getreten. Sollen im strengen Sinn kann der Mensch nur, was durchgehend vernünftig ist. Alle anderen Verhaltensregeln sind in letzter Instanz heteronome Lasten – gleich, ob sie der Triebstruktur oder dem internalisierten gesellschaftlichen Druck eines 'Über-Ich' entspringen, ob sie als existentialistisch selbstauferlegte, aber nicht weiter begründbare Verpflichtungen erscheinen oder als Gebote Gottes. Durch den in Kap. 6.3 aufgewiesenen Begriff eines letztgültigen Sinns wurde zumindest der grobe Rahmen für das abgesteckt, was ein gültiger Gegenstand des Sollens sein kann, wenn ein Sollen erfahren wird. Dieser Rahmen umgreift den Horizont dessen, was sich diskursethisch begründen läßt, insofern wir den Modus des Argumentierens nicht als unhinterfragbare Basis aller Vernunftakte vorausgesetzt haben (vgl. Kap. 6.1). *Wenn* ein Sollen erfahren wird, so kann sich Vernunft getrost auf das einlassen, was zu dem Begriff eines letztgültigen Sinns gehört. Selbst wenn ein durchgehender Erfolg des darin als vernünftig erwiesenen Handelns nicht abzusehen ist, ja wenn alle Erfahrung gegen einen solchen Erfolg zu sprechen scheint: nur ein Einsatz in diesem Rahmen läuft nicht auf einen Selbstwiderspruch der Vernunft hinaus.

Muß man sich nun zwecks Vermeidung des 'naturalistischen Fehlschlusses' (von einer 'Ist-' zu einer 'Soll-' Aussage) mit diesem *Wenn* bescheiden, oder läßt sich über die bloße Behauptung des Sollens als eines 'Faktums der reinen Vernunft' hinaus eine philosophisch gültige Aussage über das Gegebensein bzw. das Zustandekommen dieses Faktums machen? Wie ist eine solche Frage überhaupt angemessen zu stellen?

Völlig inadäquat wäre, die Frage nach dem Zustandekommen dieses Faktums über eine 'Genealogie der Moral' im Sinne Nietzsches oder Freuds oder irgendeiner der moderneren Spielarten des Evolutionismus anzugehen. Als Ergebnis einer solchen Untersuchung kann nie ein wirkliches Sollen, d. h. der Akt einer sich selbst vernünftig verpflichtenden Freiheit, sondern allenfalls ein als Sollen verkleidetes Müssen herausspringen. Aber auch die bloße Behauptung eines 'Faktums der reinen (praktischen) Vernunft' – mit oder ohne Nachweis der Universalisierbarkeit seiner Gehalte – reicht nicht aus, die Konstitution des Sollensphänomens zu klären[1]. Hier bleibt ein Rest an 'Dezisionismus' oder 'Intuitionismus' (an rational nicht verantworteter Entscheidung oder Einsicht); erst recht bei dem bloßen Verweis auf einen Direktkontakt mit dem Absoluten, dem sich mein Gewissensspruch verdanke.

Wenn allerdings ein geschichtlicher Faktor für das Zustandekommen der Sollensevidenz namhaft zu machen wäre: wie könnte diese Erkenntnis noch der Ersten Philosophie zugerechnet werden, also einem Begründungsverfahren, das nicht der Bedingtheit hermeneutischen Verstehens und dem dort unvermeidbaren Zirkel unterworfen ist? Erstphilosophisch (im transzendentalen Sinn) könnte diese Erkenntnis nur insofern sein, als jener geschichtliche Faktor zu den notwendigen Möglichkeitsbedingungen des Selbstbewußtseins zählte. Das hier angeschnittene Problem läuft also auf die Frage hinaus, ob zur Konstitution dieses Selbstbewußtseins selbst die Evidenz eines Sollens notwendig gehört.

Bevor wir diese Frage verfolgen, ist kurz ihr Stellenwert innerhalb des hier vorgelegten 'Grundrisses der Fundamentaltheologie' anzugeben. Nach dem in Kap. 6.3 ermittelten Begriff letztgültigen Sinns kann ein Sollen, auf seinen allein adäquaten Gehalt durchreflektiert, nur das Erscheinen oder Bild-Werden des unbedingten Seins zum Gegenstand haben. Wo immer also wahres, auf seinen adäquaten Gehalt offenes Sollen erfahren wird, drängt (ohne daß dies bewußt sein müßte) das Unbedingte selbst zur Erscheinung; ja, es beginnt damit tatsächlich bereits zu erscheinen – mit anderen Worten: es *offenbart* sich. Die Frage nach dem

[1] Unbefriedigend bleibt auch J. G. Fichtes Versuch (in seiner 'Sittenlehre' von 1798), das Faktum 'Sollen' aus dem Trieb des Ichs nach völliger Kongruenz mit sich selbst zu erklären. Vgl. H. Verweyen, Einleitung zu J. G. Fichte, Das System der Sittenlehre nach den Prinzipien der Wissenschaftslehre, bes. XV-XIX.

Zustandekommen der Sollensevidenz ist in letzter Instanz also mit der nach den Möglichkeitsbedingungen geschichtlicher Offenbarung identisch.

Mit dieser Feststellung soll nicht die alte Konfusion der unterschiedlichen Phänomenbereiche 'Ethik' und 'Religion' aufgewärmt werden. Eine Thematisierung von Religion, die etwa über den Hinweis auf das Postulat der Existenz Gottes im Sinne Kants[2] hinausginge, ist keine unabdingbare Aufgabe der Ethik, und der Gegenstandsbereich der Religion umfaßt Phänomene, die in der Ethik nicht zur Sprache kommen. Wenn aber die Ermittlung eines Begriffs von letztgültigem Sinn in Kap. 6.3 richtig ist, dann wird Sollen – das Grundphänomen des Ethischen – nicht zureichend erfaßt, solange nicht als höchste Aufgabe an die Freiheit in den Blick kommt, Bild des Unbedingten zu werden, und darum als höchste Gabe an die Freiheit, von ihrem Wesen her auf dieses Bild hin angelegt zu sein. Eine Religion, in der das 'mysterium tremendum et fascinosum' sich nicht wenigstens in ersten Umrissen als jene Gabe und Aufgabe offenbart, mag zwar der Verkürzung auf den Bereich des Ethischen entgehen. Sie fällt aber unweigerlich auf Phänomenbereiche zurück, die das Spezifikum des Religiösen noch weniger adäquat erfassen.

Mit der Untersuchung, ob zur Konstitution des Selbstbewußtseins die Evidenz des Sollens notwendig gehört, wenden wir uns also der zweiten Hauptaufgabe innerhalb der Frage nach der Vernehmbarkeit von Offenbarung zu (vgl. oben Kap. 1.1). Um die Behauptung einer '*ein-für-allemal*' ergangenen Offenbarung verantworten zukönnen, mußte in Kap. 6.3 zunächst der *Begriff* eines *letztgültigen Sinns* ermittelt werden. Um eine Offenbarung als 'ein-für-allemal' *ergangen* legitim behaupten zu können, muß zuallererst einmal aufgezeigt werden, wie innerhalb der Bedingtheit geschichtlicher Wahrnehmung etwas zur Erfahrung kommen kann, das Freiheit unbedingt in Anspruch nimmt.

7.2 Die interpersonale Konstituierung des Ichs als Sollen

Den wichtigsten Beitrag zur Klärung der interpersonalen Voraussetzungen dafür, daß ein Ich seiner selbst *bewußt* werden kann, hat J. G. Fichte in seiner frühen Philosophie geleistet[3]. In Kap. 3 seiner 'Grundlage des Naturrechts' (1796) legte er

[2] Vgl. oben Kap. 4.4.

[3] Ein kurzer Forschungsbericht über die einschlägige Literatur findet sich in: H. Verweyen, Recht und Sittlichkeit, 31-35. Vgl. dort auch §§ 9, 10, 16. Zur danach erschienenen Literatur vgl. E. Düsing, Intersubjektivität und Selbstbewußtsein, 18-24, 380ff; dies., Anerkennung und Bildung des Selbstbewußtseins; dies., Sittliche Aufforderung; W. Lütterfelds, Fichte und Wittgenstein, 194-259.

Die Monographie von E. Düsing verdient besondere Beachtung, weil hier eine nüchterne (dem Denken Kants und der Fichte-Interpretation H. Heimsoeths verpflichtete) Darstellung der Argumentationslinien Fichtes (bis 1800) in den Kontext wichtiger anderer Begründungsversuche gestellt wird: G. H. Mead, A. Schütz (Husserl) und Hegel. – Angesichts dieser Forschungslage ist mir rätselhaft, wie ein Denker vom Range W. Pannenbergs noch 1988 über Fichte schreiben kann: "Die Konstitution der Subjektivität konnte Fichte aber nicht im Bereich der Welterfahrung suchen, weil diese für ihn – im Gefolge Kants – schon auf der Einheit des Ichbewußtseins beruhte. Für die Konstitution der Subjektivität als Einheit des Selbstbewußtseins kam daher nur überweltlicher Ursprung in Frage" (Metaphysik und Goterstmals transzendental stringent dar, daß ohne den Akt einer anderen Freiheit kein Selbstbewußtsein zustande kommen kann.

Alles Bewußtsein ist Erschlossenheit eines 'Subjekts' für ein 'Objekt'. Für das anfängliche Bewußtwerden seiner selbst gilt allerdings, daß – ganz im Gegensatz zu dem ursprünglichsten, hier aber noch nicht zum vollen Bewußtsein gekommenen Vertrautsein des Ichs mit sich selbst[4] – das "'Subjekt' in der Welt 'aufgeht' in dem doppelten Sinn, daß sich da auf einmal eine Welt *auftut*, aber *nicht* eigentlich *für es selbst*. Es selbst geht vielmehr noch gleichsam in der Welt auf. Soll es nun zu einem *Selbst*bewußtsein kommen, dann muß innerhalb solcher Weltunmittelbarkeit dem Subjekt etwas begegnen, womit es sich als es selbst identifizieren kann, so daß es von da ab nicht mehr schlechthin in der Welt aufgeht. Soll ich meiner selbst je bewußt werden, so muß ich mich ursprünglich *'finden*, als bestimmtes Object: und da ich nur Ich bin, in wiefern ich frei bin, muß ich mich *frei finden*: mir als frei gegeben werden; so sonderbar dies auch auf den ersten Anschein vorkommen möge" [5]. Mir als frei gegeben werden kann ich aber nicht durch irgendein reines Naturobjekt, sondern nur in der Äußerung eines anderen Subjekts, in der dieses mich als freies Wesen anerkennt. Interpersonale Anerkennung, die in Kap. 6.3.6 als *Zielbegriff* des Ichs erörtert wurde, ist also bereits *reale* Möglichkeitsbedingung dafür, daß ein Ich überhaupt zu sich *selbst* kommt. Lange vor dem 'linguistic turn' konnte daher Fichte sagen, daß "weit mehr die Menschen von der Sprache gebildet werden, denn die Sprache von den Menschen" [6].

Läßt sich von hierher nun auch ermitteln, wie die Evidenz des Sollens ein 'Faktum' der reinen Vernunft wird? Zur Beantwortung dieser Frage muß der für das Selbstbewußtsein konstitutive Akt interpersonaler Anerkennung noch genauer analysiert werden.

Beim ursprünglichen Zustandekommen des Selbstbewußtseins finde ich 'mich' im Akt einer anderen Freiheit, nämlich in dem Bild meiner selbst, zu dem jene Freiheit sich macht und in dem ich mich erkenne – etwa im Lächeln der Mutter. Darin liegt – vor aller *ausdrücklichen* Aufforderung zur Verwirklichung eines Ge-

tesgedanke, 45; ähnlich in: Anthropologie in theologischer Perspektive, 194-197). Vgl. unten Anm. 11. – Die en passant hingeworfene Kritik V. Hösles an der Fichteschen Deduktion der Interpersonalität (Hegels System, Bd. 2, 379f) wird kaum dem Gedanken Fichtes (und dem darüber erreichten Diskussionsstand) gerecht, vor allem nicht mit der Behauptung: "Dies verbindet Hegel mit Fichte" im Anschluß an die Bemerkung, *"daß* [Hegel] *letztlich den ganzen Anerkennungsprozeß nur als Mittel ansieht, das vernünftige Bewußtsein zu erlangen, daß die Bestimmungen des Denkens zugleich objektiv sind"* (ebd. 379).

Fichtes Deduktion der interpersonalen Konstitution des Selbstbewußtseins haben in einem eigenen religionsphilosophischen bzw. fundamentaltheologischen Ansatz systematisch aufgegriffen E. Simons, Philosophie der Offenbarung; und Th. Pröpper, Erlösungsglaube, bes. 182ff. Insbesondere K. Müller hat auf die Fußangeln hingewiesen, die sich mit dieser gesamten Fragestellung im Hinblick auf eine adäquate Thematisierung von Subjektivität stellen (K. Müller, Wenn ich 'ich' sage).

[4] Vgl. oben Kap. 6.2.2.

[5] Das System der Sittenlehre, in: GA I 5, 199f.

[6] Vgl. J. G. Fichte, Reden an die deutsche Nation, Vierte Rede, in: SW VII, 314. Vgl. H. Verweyen, Recht und Sittlichkeit, §§ 24, 35.

sollten[7] – die *implizite* Aufforderung, andere Vernunft als vorgegebene Möglichkeit meiner Selbstverwirklichung *an*zuerkennen, da ich ja nur vermittels anderer Vernunft zu mir selbst finden kann. Warum aber *soll* ich dieser Aufforderung nachkommen? Die Evidenz des Sollens scheint auch hier bereits vorausgesetzt, noch nicht ihr Zustandekommen erwiesen[8].

Einer genaueren Reflexion auf die interpersonale Konstituierung des Selbstbewußtseins erschließt sich allerdings, daß ich aller expliziten oder impliziten *Aufforderung* zur Anerkennung anderer Vernunftwesen voraus *andere Vernunft als meine Vernunft* bereits wirklich anerkannt habe – und zwar nicht in dem Sinn, daß ich damit andere Vernunft vereinnahmt hätte, sondern so, daß ich, um mich selbst zu finden, mich notwendig auf andere Vernunft hin aufsprenge. Dies resultiert aus dem Charakter des Wollens, ohne den es keinen Weltbezug des Vernunftwesens gibt[9], der also auch die ursprüngliche Suche, sich in der Welt zu finden, bestimmt. Indem ich 'mich' im ursprünglichen Akt des Selbstbewußtseins erstmals erkenne, bejahe ich mich auch. Dieses allererste 'mich' (das 'deklinierte Ich' oder 'moi'), das ich erkenne und bejahe, erkenne und bejahe ich nun aber zugleich als Akt einer anderen Freiheit, die über das mir vorgehaltene Bild meiner selbst mich mit mir vermittelt. In dem Bild, in dem ich ursprünglich zu mir selbst finde, sage ich also bereits ebenso 'Ja' zu anderer Freiheit, wie diese zu meiner Freiheit 'Ja' gesagt hat. Darin besteht aber der grundlegende Sinn von Sollen: mich selbst auf eine mich anrufende Vernunft als konstitutiven Teil meiner selbst hin zu verpflichten. Wegen dieses unlösbaren Zusammenhangs ist es auch unmöglich, sich selbst als *vernünftiges* Wesen (dann noch weiter) zu bejahen, wenn das Gefühl der Verantwortlichkeit für andere Menschen (völlig zerstört bzw.) mangels Anerkennung durch andere nicht entwickelt ist.

Zum richtigen Verständnis der interpersonalen Konstituierung des Selbstbewußtseins ist es nun jedoch wichtig zu beachten, daß auf seiten des zu konstituierenden Selbstbewußtseins bereits jene ursprüngliche Vertrautheit eines Ichs mit sich selbst und seiner elementaren Strukturiertheit besteht, die überhaupt Voraussetzung dafür ist, daß ich anderes *als* anderes erkenne[10]. Ebenso ist es bereits mit sich als einem *individuellen* Ich vertraut (wenn auch noch nicht dessen bewußt); denn sonst könnte es sich nicht mit dem ihm (in leiblicher Vermittlung) vorgehaltenen Bild seiner selbst identifizieren – und anderes als *anderes* erkennen[11]. Ein

[7] Diese Aufforderung setzt Fichte in § 3 der 'Grundlage des Naturrechts' als das ursprüngliche, durch ein anderes Vernunftwesen vermittelte Bild meiner selbst an.

[8] Ohne auf meine Kritik in 'Recht und Sittlichkeit', 146f, einzugehen, sagt auch E. Düsing im Anschluß an Fichte: "Ich kann nicht die genetischen Bedingungen meiner eigenen Bewußtwerdung als eines vernünftigen Individuums zerstören wollen", in: Intersubjektivität und Selbstbewußtsein, 277. Warum nicht – wenn im Akt des Selbstbewußtwerdens nicht die Evidenz des Sollens aufweisbar ist, die jenes Urteil bereits voraussetzt? Was verpflichtet mich zur religiösen Haltung einem deistischen Gott gegenüber, der lediglich die Welt in Gang setzt?

[9] Vgl. oben Kap. 6.3.3(1).

[10] Vgl. oben Kap. 6.2.2.

[11] Vgl. E. Düsing, Intersubjektivität und Selbstbewußtsein, 245: "Das Subjekt ist also – im Unterschied zu MEADs Theorie der passiven Konstitution des Selbst – auch dann schon in seiner ursprünglichen *Aktivität* mit einbezogen, wenn es in seine eigene Erfahrung und in

Entwicklungsprozeß, in dem nicht von Anfang an ein Ich auf der Suche nach seinem Selbst steckt, kann sich nie als zu einem 'Selbst' gehörig entpuppen. (Eine Menschenmutter kann ein Hominidenbaby so lange anlächeln, wie sie will. Ein Selbstbewußtsein geht nur dann daraus hervor, wenn das Gegenüber ein menschliches Wesen ist.)

Überdies ist zu beachten, daß sich beim Zustandekommen von Selbstbewußtsein das angesprochene Vernunftwesen mit dem ihm vorgehaltenen Bild seiner selbst zwar *unausweichlich*, aber doch *nicht völlig* identifiziert. Wir haben wohl erst über die Freudsche Psychoanalyse zu sehen gelernt, wie komplex die ursprüngliche Selbstidentifikation ist[12]. Einerseits identifiziert sich das Ich mit jenem ihm in der ursprünglichen Anerkennung vermittelten Bild seiner selbst wirklich so sehr, daß sein wahres Wesen durch die mannigfachen Verfremdungen zutiefst bedroht wird, die ihm die anderen zugleich mit ihrer Anerkennung seiner Freiheit suggerieren. So internalisiert das Kind mit den Grundregeln für menschliches Verhalten z.B. auch die für die Generation seiner Eltern typischen Fehlerwartungen vom Menschen. Anderseits wäre die Psychoanalyse, die solche Entstellungen des wahren Ichs aufzudecken bemüht ist, nicht möglich ohne die Voraussetzung, daß mein innerstes Vertrautsein mit meinem individuellen Ich im Prozeß der durch andere vermittelten Selbstfindung doch nicht völlig mit dem Bild der anderen von meiner Freiheit verschmilzt. Das Wissen um die eigentliche eigene Wahrheit muß vielmehr in seinem Kern erhalten bleiben – wenn es auch wiederum einer befreienden interpersonalen Anerkennung (etwa durch Psychotherapeuten) bedarf, um diesen Kern gegen die es überfremdenden Ich-Vorstellungen wirksam werden zu lassen. Es wäre also völlig verfehlt, nach Überwindung der Vorstellung, daß die Materie das 'principium individuationis' sei, nun den Akt interpersonaler Anerkennung (oder einfach 'die Sprache') an deren Stelle zu rücken[13].

die Bewußtwerdung seiner selbst zunächst als das Objekt eintritt, das es für andere ist. [...] Der andere bringt also in dem sich entwickelnden Subjekt nichts diesem Fremdes oder schlechthin Neues hervor, sondern weckt es dazu, für sich das zu werden, was es an sich und für diesen anderen schon ist – ein freies Vernunftwesen." – Zum komplexen Problem der ursprünglichen Konstitution der Ich-Du-Beziehung vgl. ferner W. Lütterfelds (Fichte und Wittgenstein), der mangels einer zureichenden Auseinandersetzung mit der Spätphilosophie Fichtes allerdings auf Aporien stößt, die nicht Fichte zuzuschreiben sind. Vgl. dazu H. Verweyen, Einleitung zu J. G. Fichte, Das System der Sittenlehre, XXXII Anm. 42.

12 Die zeitgenössische Diskussion zu dieser Problematik kommt gut zur Sprache bei V. Schlör, Hermeneutik der Mimesis, bes. 97-174.

13 Weil W. Pannenberg die skizzierten Zusammenhänge in seiner 'Anthropologie in theologischer Perspektive' (bes. 173-235; vgl. ders. Metaphysik und Gottesgedanke, 34-51) nicht berücksichtigt, fällt er hinter den seit Kant erreichten Problemhorizont in eine empirisch-evolutionistische Sicht der Subjektkonstitution zurück, besonders deutlich etwa mit der folgenden Aussage: "Während die Ablösung aus der totalen Abhängigkeit von der Mutter bei niederen Affen schon im zweiten Monat, bei Menschenaffen im vierten oder fünften Monat ausgebildet ist, erfolgt sie beim Menschen erst zwischen dem neunten und zwölften Monat. *Dadurch* werden die *Grundlagen* für die intensivere Welterfahrung des Menschen ebenso wie für sein eigentümliches *Selbstverhältnis* gelegt" (Anthropologie in theologischer Perspektive, 219). Diese Darstellung ist vor allem von F. Wagner einer scharfen Kritik unterzogen worden (Vgl. F. Wagner, Was ist Religion?, 498-522. Vgl. auch H. Fischer, Fundamentaltheologische Prolegomena zur theologischen Anthropologie). Wo Pannenberg darauf eingeht, vermißt man eine Auseinandersetzung in der Sache (vgl. bes. W. Pannenberg, Sy-

7.3 Offenbarung und ihre Vermittlung

(1) Zu Ende von Kap. 7.1 hielten wir fest, daß die Frage nach dem Zustandekommen einer realen Sollensevidenz in letzter Instanz mit der nach den Möglichkeitsbedingungen geschichtlicher Offenbarung identisch ist. In Kap. 7.2 wurde im Rückgriff auf die frühe Philosophie Fichtes skizziert, daß Selbstbewußtsein sich nur interpersonal konstituieren kann, und zwar in einem Akt, der zugleich die grundlegende Evidenz des Sollens, d. h. der Selbstverpflichtung auf eine die eigene Freiheit in Anspruch nehmende andere Vernunft, vermittelt. Wie kann aus dieser Ursprungsevidenz die Erkenntnis von Offenbarung hervorgehen? Wie kann auf der Grundlage des ursprünglich erfahrenen Sollens sich das Wort und Bild des unbedingten Seins geschichtlich zeigen?

In dem Akt interpersonaler Anerkennung, der Selbstbewußtsein und Sollensevidenz ('conscience' im Sinne von [Selbst-]Bewußtsein und Gewissen!) gründet, wird die zunächst *empfundene* Lebenseinheit (der symbiotische Zusammenhang zwischen Kind und Mutter) zur inchoativen *Vernunfterfahrung* jenes letztgültigen Sinns, dessen Begriff wir in Kap. 6.3 zu ermitteln suchten. Hier ist eine ursprüngliche, noch nicht als bedingt erscheinende Einheit von Ich und 'Nicht=Ich'[14] gegeben. Es hat gewiß seine Berechtigung, das in jenem Ursprungsakt gewonnene 'Grundvertrauen' ('basic trust' nach E. H. Erikson) mit dem Entstehen von Religion in Beziehung zu bringen[15]. Wie kann dies aber in einer vor der Religionskritik zu verantwortenden Weise geschehen?[16]

Zunächst ist an das zu erinnern, was in den Kapiteln 5.3(3) und 6.1(4) über das Hervorgehen von Vernunftvollzügen wie Fragen und Behaupten aus dem transzendental-phänomenologisch früheren Akt des Staunens gesagt wurde. Wo sich die im Staunen erfahrene ursprüngliche (nach G. Siewerth: "exemplarische") Einheit von Ich und Welt auflöst, wird die Frage nach dem jene ursprüngliche Eingeborgenheit vermittelnden, nun aber hinter die als andersartig erfahrene Welt zurückgetretenen Grund wach. Wegen der Elementarstruktur des Bewußtseins ist in jedem Fragen und Behaupten ein Vorgriff auf ein Unbedingtes unvermeidbar, wenn auch nicht bewußt gesetzt.

Unvermeidbar ist aber auch, daß sich dieser Vorgriff geschichtlich konkretisiert – in Religionen oder anderen Entwürfen des Absoluten. Die Gestalt solcher Thematisierungen des Unbedingten wird dabei von dem jeweils erreichten Stand

stematische Theologie, 171f). – Eine besonders gründliche Auseinandersetzung mit Pannenbergs Theorie findet sich bei K. Müller, Wenn ich 'ich' sage, 83-121.

[14] Es ist wichtig, diese Schreibweise Fichtes (im Unterschied zu der geläufigen Form 'Nicht-Ich') beizubehalten, sonst interpretiert man leicht 'Nicht-Ich' im Sinne von 'nicht-ein-Ich' und dichtet Fichte an, das 'Du' spiele bei ihm eine völlig untergeordnete Rolle. Zur Kritik an zwei 'klassischen' Beispielen hierfür (K. Barth und H. U. von Balthasar) vgl. H. Verweyen, Recht und Sittlichkeit in J. G. Fichtes Gesellschaftslehre 258f Anm. 23. Eine 'retractatio' von Balthasars findet sich (soweit ich sehe) nur in einem an mich gerichteten Schreiben vom 2. Juli 1987.

[15] Vgl. etwa H. Küng, Existiert Gott?, 503ff; W. Pannenberg, Anthropologie, 173ff; ders., Metaphysik und Gottesgedanke, 34ff; ders., Systematische Theologie, 125ff, 167ff.

[16] Vgl. die Kritik F. Wagners, Was ist Religion? 289ff.

zwischenmenschlicher Anerkennung abhängen, insbesondere davon, wieweit das dem einzelnen von den anderen vorgehaltene Identifikationsbild sich als bloßes 'Bild auf dem Wege'[17] zu erkennen gibt oder die gegebenen Verhältnisse als Realisierung des Absoluten suggeriert. Wo das allgemeine Kommunikationsmedium, in dem Sein je geschichtlich zum Verstehen kommt - die Sprache als das "Haus des Seins" (M. Heidegger) -, das Individuum etwa in ein durch brutale Macht als Zeichen von Transzendenz verzerrtes Bild von 'absolutem Sein' einläßt, wird sich das in fratzenhaften Götterbildern niederschlagen, die keinerlei Verwandtschaft mit dem mehr aufzuweisen scheinen, was Menschenantlitz trägt[18].

Insofern sich der Mensch von jenem Unbedingten in Anspruch genommen erfährt, wird er dies auf eine *Offenbarung* zurückführen. Wie läßt sich aber entscheiden, ob eine solche Offenbarungsbehauptung zu Recht besteht oder sich in letzter Instanz vielleicht doch nur einer Projektion verdankt - auf der Basis des aus der ursprünglichen interpersonalen Anerkennung gewonnenen Grundvertrauens oder anderer von der Religionskritik namhaft gemachter gesellschaftlicher Zusammenhänge? Wie läßt sich ausschließen, daß die im Grundvertrauen konstituierte 'Anlage zur Religion' die Menschheit nicht doch nur in eine 'natürliche Illusion' verstrickt?[19]

Mit der Ermittlung eines Begriffs von letztgültigem Sinn wurde ein Kriterium dafür gewonnen, was Offenbarung des Unbedingten *sein kann:* alles, was seinem Inhalt nach menschliche Freiheit auf jenes Ziel hin auf den Weg bringt. Wie aber läßt sich etwas als eine *tatsächlich ergehende* bzw. *ergangene* Offenbarung des Unbedingten identifizieren?

Dafür universal gültige Kriterien aufzustellen ist schwierig, weil nur in genauer Kenntnis eines geschichtlich gegebenen Zustandes ermessen werden kann, ob ein jeweils neu als Bild des Unbedingten auftretendes Wort Freiheit wirklich auf dem ihr allein angemessenen Weg weiterbringt. Allgemein wird man sagen dürfen, daß die Rede von einer Offenbarung in dem Maße verantwortbar ist, wie im Durchkreuzen dessen, was zwischenmenschlich und religiös ohne Rückhalt in der Vernunft als verbindlich gilt, Freiheit wirklich als Bild des Unbedingten zum Erscheinen kommt. Dies wäre dort der Fall, wo Freiheit als völlig von einem unbedingten Sein in Anspruch genommen begegnet, und zwar in Anspruch genommen auf die Freisetzung der als Bilder Gottes geschaffenen Menschen hin.

In dem vorliegenden 'Grundriß der Fundamentaltheologie' geht es ausschließlich um die Frage, wie die Behauptung, es sei eine Offenbarung 'ein-für-allemal' ergangen, vernünftig verantwortet werden kann. Lassen sich für die hier behauptete Erkenntnis eines definitiven Durchbruchs durch geschichtliche Kontingenz Legitimationskriterien angeben? Diese Frage ist durch theologiegeschichtliche Entwicklungen, auf die wir erst in Kap. 10 zu sprechen kommen, mit großen Schwierigkeiten belastet. Im gegenwärtigen Zusammenhang können nur die äu-

[17] Vgl. das oben, Kap. 6.3.6, zum "Bild-Werden in 'Ikonoklasmus'" Gesagte.

[18] Stehen z. B. die für das frühe Peru kennzeichnenden Bilder von Göttern und Dämonen in Zusammenhang damit, daß in jenem Kulturraum nicht nur flächige, sondern sogar dreidimensionale Labyrinthe gebaut wurden?

[19] Vgl. W. Pannenberg, Systematische Theologie, 172.

ßersten Umrisse einer Antwort skizziert werden, die erst im zweiten Teil schärfere Konturen bekommen wird.

Von einer letztgültigen Offenbarung kann dem in Kap. 6.3 ermittelten Sinnbegriff zufolge nur dort gesprochen werden, wo ein Mensch seine ganze Existenz darangibt, Wort und Bild des Unbedingten zu sein. Dieses Wort dürfte sich aber nicht als Ausdruck eines den Menschen unnahbaren Gottes darstellen, sondern müßte als Einlösung jenes Versprechens erkennbar sein, das dem Menschen bei der interpersonalen Konstituierung seines Selbstbewußtseins zugesprochen wird. Die von diesem Wort Angesprochenen müßten sich bis in die Tiefe ihres Wesens anerkannt erfahren und dabei zugleich den unbedingten Anspruch und die feste Hoffnung vernehmen, alle Menschen so als Bilder Gottes zu entdecken, daß über die gegenseitige Anerkennung dieser unendlich vielen Bilder schließlich das Bild des Absoluten selbst zur Erscheinung kommt.

(2) Die Behauptung des Glaubens, es sei eine Offenbarung 'ein-für-allemal' *ergangen*, bezieht sich auf ein Geschehen in der Vergangenheit. Die Verantwortung dieser Behauptung hat darum, wie in Kap. 1 angedeutet, vor dem Forum der historischen Vernunft zu erfolgen. Hier stoßen wir nun allerdings auf – erst in den Kapiteln 12-13 näher zu behandelnde – Mißverständnisse, die eine angemessene Problemstellung deswegen ganz besonders erschweren, weil sie bis auf den Ursprung des historisch-kritischen Fragens selbst zurückgehen. Auch im Hinblick auf dieses Problem kann im gegenwärtigen Zusammenhang daher nur ein knapper Hinweis auf eine adäquate Methode gegeben werden, die die Lösung nicht von vornherein verstellt.

Im Unterschied zu Behauptungen über früher erfolgte Offenbarungen, die keine Letztgültigkeit beanspruchen, ist mit Rücksicht auf eine 'ein-für-allemal' ergangene Offenbarung ein historisches Urteil, das sich als in der Distanz bloß theoretisch-beobachtender Vernunft gewonnen versteht, der zu beurteilenden Sache prinzipiell unangemessen. Die Frage, ob historische Urteile überhaupt ohne Wertentscheidungen ('sine ira et studio') getroffen werden, kann hier dahingestellt bleiben. Hinsichtlich einer Offenbarung, die als letztgültig ergangen vorgestellt wird, muß sich ein methodisch angemessenes Urteil aber grundsätzlich innerhalb des Bereichs sittlich-praktisch engagierter Vernunft bewegen.

Wie in Kap. 6.3.3 gezeigt, kann das Unbedingte als solches seinem Begriff nach nur in einem Sollen erscheinen, das Freiheit restlos in Anspruch nimmt. Der Ort, wo die Erfahrung eines wirklichen sittlichen Anspruchs geschichtlich grundgelegt wird, wurde in Kap. 7.2 aufgewiesen. Eine genuine Offenbarung des Unbedingten kann sich nur in der Entwicklungslinie dieser Ursprungsevidenz ereignen, als ein Geschehen, das Freiheit für sich selbst erschließt, indem diese sich auf den Anspruch anderer Vernunft verpflichtet.

Eine 'ein-für-allemal' erfolgte Offenbarung muß definitionsgemäß für mich, den historisch Fernen, ebenso gültig sein wie für den geschichtlich Gleichzeitigen. Sie muß sich also auch für mich innerhalb des interpersonalen Nexus von Anerkennung ereignen, der Wirklichkeit im Modus des Sollens vermittelt. Soll es sich nun aber nicht um punktuell je neue Offenbarungsereignisse handeln, sondern um die Vermittlung jenes in der Vergangenheit geschehenen 'Ein-für-allemal', dann muß der interpersonale Nexus, in dem das Unbedingte mich heute in Anspruch nimmt, als bloße Vermittlung der damals geschehenen letztgültigen Offenbarung erkennbar sein. Mich heute in Anspruch nehmende Freiheit muß völlig transparent werden auf jene Freiheit, in der das Bild Gottes 'ein-für-allemal' vollendet zum Durchbruch gekommen ist. Außerhalb dieses meine ganze sittlich-praktische Vernunft einfordernden Vermittlungsgeschehens kann kein historisch adäquates Urteil über eine 'ein-für-allemal' erfolgte Offenbarung getroffen werden. *Wie* ein solches Urteil innerhalb jenes Vermittlungsgeschehens historisch-kritisch verantwortet werden kann, dafür sind in Kap. 13 die Möglichkeitsbedingungen aufgrund der in den Kapiteln 6-7 gewonnenen Ergebnisse aufzuzeigen.

Mit den voraufgehenden Überlegungen wurde in knappen Umrissen der in Kap. 2 theologisch eingeführte Begriff *traditio* philosophisch nachvollzogen, genauer dessen Momente 2-4:

Der Vollzug menschlicher Freiheit erfüllt sich darin, dem Willen des unbedingten Seins, sich in der Geschichte zu äußern (2), Raum zu geben (3).

Die Wahrheit und Wirklichkeit eines solchen Geschehens wird ständig zur Gegenwart des mit unbedingtem Anspruch Ergangenen allein in einer Überlieferung, die sich als reine Transparenz auf jenes Geschehen von 'Auslieferung' erweist (4).

In den Ausführungen von Kap. 8 wird es darum gehen, den soweit philosophisch nachbuchstabierten Sinn von *traditio* unter der Annahme von sich *verfehlender* Freiheit weiterzuverfolgen.

8 Letztgültiger Sinn trotz sich verweigernder Freiheit?

8.1 Problemstellung

Es ist Sache der Freiheit, das unbedingte Sein Bild werden zu lassen (Kap. 6.3). Ein unbedingtes Sein, das erscheinen *will* – und das kündet jedes unbedingte Sollen an –, *wird* aber auch unweigerlich erscheinen, eben weil es unbedingtes Sein ist. Damit erhebt sich jedoch ein äußerst schwieriges Problem.

Der Dichter Paul Claudel läßt in seinem Drama "Der seidene Schuh" Don Camilo, auf eine einsame Insel verbannt, den abgründigsten aller Atheismen ersinnen, der nur in klarer Erkenntnis der Liebe Gottes entworfen werden kann. Camilo hat Muße, darüber nachzudenken, wie er durch eine bis ins letzte gehende Verweigerung wirklich die gesamte Weltordnung aus den Angeln heben kann: "[...] der Unendliche leidet an mir Begrenzung und Widerstand, das wird ihm durch mich wider seine Natur auferlegt, ich kann der Grund sein, daß er sich grenzenlos quält und leidet [...]. Ich [...] behaupte, der Schöpfer kann sein Geschöpf unmöglich verlassen. Wenn es leidet, leidet auch er [...]. In meiner Macht steht es, diese Gestalt zu vereiteln, zu der er mich bilden wollte [...]. Ich leide an ihm in der Endlichkeit, er aber leidet an mir im Unendlichen und in alle Ewigkeit" [1].

Gott selbst vermag er an der Durchführung seines Schöpfungsplans zu hindern, indem er die einzig von ihm, Camilo, ausfüllbare Stelle im Gesamtbilde Gottes leerstehen läßt. Der Sisyphos Camus' trotzt Göttern, die ein ihrer selbst unwürdiges Spiel mit den Menschen treiben. Claudels Camilo kennt aus dem Beichtunterricht den Grund für wirkliche Reue: "[...] weil ich dich, den unendlich guten Gott, dadurch beleidigt habe" [2]. Eben dies will er, aber ohne Reue: dem Sollen trotzen, das nur aus dem unendlich Guten an den Menschen ergehen kann.

"Die Kraft, welche die Milch im Töpfchen der armen Frau empor schwellen und übergehen macht, ist es auch, die die Lava in dem feuerspeienden Berge empor treibt, und auf den Flächen der Berge hinab gleiten läßt", sagt Adalbert Stifter in seiner Vorrede zu 'Bunte Steine' [3]. Die Last des Widerstandes, den menschliche Freiheit der göttlichen Weltordnung entgegenzubringen vermag, kann man auch an einem weniger prometheischen Gestus als dem des Camilo deutlich machen, ja vielleicht noch präzisieren. In Buch I, Kap. 21, des 'Cur deus homo' fragt Anselm von Canterbury seinen Gesprächspartner, den Mönch Boso, 'quanti ponderis sit peccatum', 'von welchem Gewicht die Sünde sei'. Der Dialog führt zu dem Ergeb-

[1] P. Claudel, Der seidene Schuh, 230f.

[2] Aus einem Gebet zur Vorbereitung auf die Beichte, Nr. 310, in: Gebet- und Gesangbuch für das Erzbistum Köln, 582.

[3] Adalbert Stifter, Werke und Briefe, Bd. 2,2: Bunte Steine – Buchfassungen, 10.

nis, daß ein einziger Seitenblick, der im Angesichte Gottes gegen dessen Willen gerichtet wäre, durch die gesamte Schöpfung nicht aufgewogen werden könnte.

Ob Camilo in einer 'perennierenden Unendlichkeit' des Trotzes sich Gott total verweigert oder Boso einen einzigen Seitenblick dem offenbaren Willen Gottes zum Trotz tut, macht im Prinzip gleichviel: Hier wie dort bleibt eine Stelle in der menschlichen Freiheit leer, einer Freiheit, die in der Evidenz des Sollens erfahren hat, daß sie restlos Gott gehört. An dieser Stelle kommt kein wahres Bild des unbedingten Seins zustande. Nichts in aller Welt kann diesen leer gebliebenen Platz der δόξα θεοῦ im Universum ausfüllen. Alle Anstrengungen zur 'Wiedergutmachung' kommen zu spät, weil alles, was Freiheit zu leisten vermag, ohnehin Gott geschuldet ist. Philosophisch ausgedrückt: die Verwirklichung letztgültigen Sinns scheint unmöglich, wenn auch nur ein einziges Vernunftwesen in klarer Erkenntnis des hier stattfindenden Selbstwiderspruchs der Freiheit dem Erscheinen des Absoluten nicht ohne jeden Vorbehalt Raum gibt[4].

Die Antwort Anselms von Canterbury auf dieses Dilemma ist bekannt: Nur Gott selbst könnte als Mensch die dunkel bleibende Stelle im Bild des unbedingten Seins hell machen, indem er durch jenen Menschen ein Tun von Freiheit an diese Stelle setzte, das von der Freiheit nicht schon von vornherein gefordert ist. Allein durch den frei übernommenen Tod eines, der nichts schuldig geblieben ist, könnte dieser Makel beseitigt werden. Denn der Tod gehört nicht zum *Wesen* endlicher Vernunft, er ist lediglich Folge *schuldig* gewordener Freiheit. Behält man den in Kap. 6.3 entfalteten Begriff eines letztgültigen Sinns im Blick, dann wird deutlich, daß die zumeist vorgebrachte Kritik an der 'Anselmschen Satisfaktionslehre' zu kurz greift. Es geht hier letztlich nicht um unbewältigte Elemente einer feudalen Vergangenheit, sondern wirklich um eine Einsicht reiner Vernunft. Selbst H. U. von Balthasar, der, unbeeindruckt von den gegen Anselm flutenden Wellen der neueren Theologie, dessen Kerngedanken immer verteidigt hat, vermerkt innerhalb seiner wohl reifsten Darstellung der Erlösungstat Christi allerdings kritisch die Bedenken, die Anselms Lösung angesichts einer umfassenderen Sicht des Heilsgeschehens im Neuen Testament und in der Patristik aufwirft[5]. Wir können hier nicht die gesamte, vielschichtige Problematik der Anselmschen Theorie und ihre kontroverse Diskussion[6] angehen, sondern müssen versuchen, allein jenen Kerngedanken richtig zu erfassen. Als ein erster Schritt dazu könnte dienen, die verschiedenen Ebenen voneinander abzuheben, auf denen sich das Phänomen von Schuld darstellt.

[4] Zum Ausfall dieser Frage bei J. G. Fichte vgl. meine Einleitung zu J. G. Fichte, Die Anweisung zum seligen Leben, LIII-LXVI (Literatur!).

[5] Vgl. H. U. von Balthasar, Theodramatik Bd. III, bes. 235-241, 459ff.

[6] Aus der weitverzweigten Forschung sei je eine Stimme 'pro' und 'contra' herausgehoben: K. Kienzler, Glauben und Denken bei Anselm von Canterbury, bes. Kap. 5.2; Th. Pröpper, Erlösungsglaube. Umfassende Überblicke über die Literatur bei H. Steindl, Genugtuung; G. Gäde, Eine andere Barmherzigkeit.

8.2 Drei Ebenen von Gemeinheit

(1) Wechselseitiger Austausch von Gemeinheiten

Im Anklang an die geläufige Formulierung 'wechselseitiger Austausch von Freundlichkeiten' kann man mit nicht weniger Recht wohl auch von einem wechselseitigen Austausch von Gemeinheiten sprechen. Beides hängt eng zusammen – man braucht nur an das vor der Fernsehkamera aufgesetzte Lächeln von Prominenten zu denken. Es handelt sich um die allgemeine Erfahrung, daß trotz der Goldenen Regel: "Was du nicht willst, daß man dir tu', das füg auch keinem anderen zu" dennoch ständig das Gegenteil davon geschieht. Auf dieser Ebene kommt zum Austrag, was man theologisch 'Erbsünde' nennt: das unentwirrbare Knäuel von Schuld und ihrer Wirkungsgeschichte, in das wir immer schon verstrickt sind, kaum daß wir selbst zu handeln anheben.

Ein beträchtlicher Teil unserer heutigen Sprachprobleme im Umfeld von Schuld und Sünde dürfte damit zusammenhängen, daß man in der kirchlichen Tradition mit dieser Ebene von Schuld, die sich der Erfahrung am meisten aufdrängt, nie so recht umzugehen gelernt hat. Nachdem es heute schwerfällt, beim Fall Adams als dem ganz zu unterst versteckten 'Fadenanfang' des Sündenknäuels haltzumachen, und man sich anstelle der listigen Schlange leichter eine unübersehbare Kette von tierischen Vorfahren vorzustellen vermag, die uns ihre Verhaltensmuster weitergereicht haben, trauen wir in zunehmendem Maße die eigentliche Kompetenz im Umgang mit Schuld eher den Humanwissenschaften als der Theologie zu. Genauer: Während sich eine frühere Theologie und kirchliche Bußpraxis stärker mit der Frage nach den *Ursprüngen* bösen Tuns beschäftigte, hier aber angesichts der Komplexität der Genese von Schuld (und Schuldgefühlen) viel Terrain an die Humanwissenschaften abtreten mußte, besinnt sich die heutige Theologie darauf, daß ihr Spezifikum gegenüber den Möglichkeiten anderer Disziplinen eher in der Kraft christlicher *Hoffnung* beruht. Sie sieht ihren eigentlichen Beitrag zur Bewältigung von Schuld heute mehr im Schritt nach vorn, den die Einzelwissenschaften nie aus eigener Kompetenz zu weisen vermögen. Dies schlägt sich besonders deutlich in der Katechese und Bußvorbereitung nieder, wo wesentliche Stichworte etwa lauten: 'einander vergeben', 'den ersten Schritt tun'. Die zentrale Frage ist hier, wie bei und trotz der letztlich unentwirrbaren Verwicklung von Menschen in wechselseitige Gemeinheit Konfliktbewältigung und Friedensarbeit möglich sind – 'Zielfelder', die in der traditionellen Bußvorbereitung weitgehend zu kurz kamen. Was in diesem Zusammenhang aber kaum verständlich gemacht werden kann, ist das Festhalten an Begriffen wie 'Sünde' oder gar 'Sühne'.

(2) Einbahn-Gemeinheiten

Als eine ganz andere Ebene innerhalb des Phänomens Schuld müssen wohl solche Gemeinheiten herausgehoben werden, die ich an einem anderen verübe, der mir nichts getan hat und auch nicht zu tun gedenkt. Diese Ebene liegt unserer Erfahrung ferner, weil wir, sobald wir so etwas tun, im allgemeinen schnellstens dafür sorgen, daß wir uns nicht mehr daran erinnern oder eine solche 'Einbahn-Gemeinheit' in einer Schublade der allgemeinen Kartothek wechselseitiger Gemeinheiten unterzubringen suchen. Zu dieser zweiten Ebene gehört das von Kant beschriebene Beispiel, das wir in Kap. 4.4 zitierten: Bringe ich, um dem mir drohenden Galgen zu entgehen, lieber einen Unschuldigen durch meine Lüge zu Tode?

Man kommt zwar nicht alle Tage in die Situation, daß man einem 'falschen Zeugnis wider einen ehrlichen Mann' nur durch den eigenen Tod entgehen kann. Aber zum einen wissen wir, daß tagtäglich irgendwo in der Welt Menschen noch immer in solche Situationen gebracht werden. Und zum anderen bringt dieses Wissen die gesamte Art und Weise, wie wir uns täglich verhalten, in eine ganz neue Perspektive. Ist das Handeln auf dieser zweiten Ebene wesentlich anders zu qualifizieren als das auf der Ebene allgemeiner Gemeinheit, dann schlägt das Wissen um die Möglichkeit eines solchen unbedingten Sollens, das auch an uns ergehen kann, ständig in die Beurteilung unseres alltäglichen Handelns hinein. Unseren 'normalen' Umgang mit der Wahrheit etwa dürfen wir dann nicht mehr allein unter der Perspektive ansehen, wie angemessen er im Hinblick auf eine Situation erscheint, in der eine relativ breite Toleranzschwelle jedem zuerkannt wird, bevor man ihn als einen Lügner bezeichnen würde. Wir haben unser Tun vielmehr auch daraufhin zu bemessen, ob wir uns mit unserem Normalverhalten nicht etwa in eine Grundhaltung hineinmanövrieren, die uns im Ernstfall nicht mehr die Kraft läßt zu tun, was unbedingt von uns gefordert ist.

(3) Niedertracht

Bereits auf der Ebene von Schuld, der das von Kant beschriebene Beispiel möglicher Verweigerung von Freiheit zugehört, stellt sich die von Anselm thematisierte Frage nach einer Wiedergutmachung, die der sündige Mensch nicht zu leisten vermag. Wenn er seine Tat nicht herunterspielt, wird er die ganze Ausweglosigkeit einer schuldig gewordenen Autonomie ohne Erlösung erfahren[7]. Doch es gibt innerhalb der 'Einbahn-Gemeinheiten' noch eine besondere Form, nämlich die Gemeinheit solchen gegenüber, die uns nicht bloß 'nichts getan', vielmehr gerade nur Gutes getan haben.

Gutes geschieht in vielerlei Form. Am deutlichsten kommt es uns von Menschen zu, denen wir nicht nur 'Zuwendung' verdanken (hier bleibt der andere im Prinzip noch immer bei sich selbst), sondern die sich so sehr von sich selbst für andere losgerissen haben, daß ihr ganzes Dasein Anruf an uns wird, uns ebenso loszulassen.

Was geschieht, wenn ich einen solchen Anruf, mich aus dem 'Natürlichen' und Vertrauten zu größerer Freiheit zu erheben, zwar höre, ihm aber nicht Folge leisten will? Es entsteht ein Widerspruch, den ich nicht ertragen kann. Er muß aus der Welt geschafft werden. Dafür gibt es viele Möglichkeiten, subtile und weniger subtile. Solange der Ruf auf den persönlichen Kontakt beschränkt bleibt, kann ich

[7] Für diesen Tatbestand hat der Agnostiker A. Camus ein besseres Gespür bewiesen als Kant und die Denker des Deutschen Idealismus. Sein Roman 'Der Fall' ist der aufrichtige Versuch darzustellen, was eine absurde Ethik nicht leisten kann. Camus ist sich dabei ganz offensichtlich des Unterschieds der Thematik 'Sühne' in diesem Zusammenhang gegenüber der Fragestellung in seinem Drama 'Die Gerechten' bewußt.

die Botschaft dadurch desavouieren, daß ich eine wirklich erfahrene Hingabe auf die Ebene von Jovialität herunterspiele oder sie tiefenpsychologisch bzw. entwicklungstheoretisch auf ihre 'eigentlichen Gründe' analysiere. Ich führe das gute Tun des anderen so auf Motive zurück, die in den Verhaltenskontext passen, den zu verlassen ich nicht bereit bin.

Erging der Ruf aber in aller Öffentlichkeit, so wird sich aus dem Widerspruch zwischen dem Ruf zu größerer Freiheit und dem Eigensinn immer wieder ereignen, was Platon in seiner 'Politeia' als notwendiges Schicksal des Gerechten herausgestellt hat. Im Staat muß man nur gerecht *scheinen*, um bei Göttern und Menschen in gutem Ruf zu stehen. Von dem wirklich Gerechten aber gilt: er wird "gefesselt, gegeißelt, gefoltert, geblendet werden an beiden Augen [...], und zuletzt, nachdem er alles mögliche Übel erduldet, wird er noch aufgeknüpft werden und dann einsehen, daß man nicht muß gerecht sein, sondern scheinen wollen" [8].

Diese Stelle wurde von Christen aller Zeiten als prophetisch empfunden. Sie hat darüber hinaus geradezu apriorischen Charakter. Diesen gilt es hier herauszuarbeiten, damit das, was in Kap. 2 theologisch als '*traditio* 1' eingeführt wurde, philosophisch nachvollzogen werden kann. Dafür ist vor allem wichtig, den Unterschied zwischen einem Wider*stand* und einem Wider*spruch* festzuhalten.

Wider*stand* begegnet in dem Zusammenhang, der in Kap. 6.3.3 als eine erste Ebene von Freiheitserfahrung beschrieben wurde: wo menschliches Wollen durch Gegenstände oder menschliches Handeln behindert wird, das noch nicht als Handeln von Freiheit gegen Freiheit begriffen ist. Erst wenn sich Freiheit als Freiheit in ihrem grundsätzlich unbeschränkten Ausgriff erfaßt hat, kann ihr Wider*spruch* begegnen. Wider*spruch* im eigentlichen Sinn (d. h. über die Äußerung einer anderen Meinung im Bereich der bloß theoretischen Vernunft hinaus) erfährt man überall dort, wo Anerkennung verweigert wird: An dem Ort, wo das Ich von seiner ursprünglichen Konstituierung her andere Freiheit als Wort oder Bild seiner selbst erwartet, trifft es auf ein 'Gegenwort' – entworfen von einer anderen Freiheit, die in einem ebenso unbeschränkten Ausgriff auf Welt steht.

In seiner schärfsten Form wird Widerspruch aber von dem erfahren, der den oben beschriebenen Ruf zum Guten als solchen erkennt, ihn jedoch abweist. Hier begegnet Freiheit einer anderen Freiheit in allernächster Nähe, nämlich in einem Akt von Anerkennung, der ihr eigenes Wesen ganz zu Wort kommen läßt. Dieses Wort will sie, in ihrem eigenmächtigen Gegenentwurf zu wirklicher Freiheit, aber nicht wahrhaben. Hier muß also die äußerste Kraft aufgeboten werden, um einen Widerspruch, der so tief in die eigene Existenz hineinragt, zu beseitigen. Ist der Ruf in der Öffentlichkeit ergangen, dann tritt nahezu unvermeidbar ein, was Platon über das Schicksal des Gerechten schreibt.

Nun hat man jedoch – mit Sokrates und anderen Propheten – im Laufe der Zeit seine üblen Erfahrungen gemacht. Die bloße Liquidation des Gerechten führt oft genug zum totalen Mißerfolg. Mag man auch den Rest des Rufenden ohne Mühe beseitigen, ein Mund, der mit glühender Kohle berührt wurde (vgl. Jes 6,6f), läßt sich nicht so schnell totschlagen. Durch Schaden klug geworden, hat man die Me-

[8] Politeia, Buch II, 361e-362a, in: Platon, Werke, Bd. 4, 107.

thoden verfeinert. O'Brien, der Vertreter der öffentlichen Liquidierer in George Orwells Roman '1984', macht seinem Opfer klar, daß die Toten auf keinen Fall mehr zu Märtyrern werden dürfen. Die widerspenstigen Propheten müssen darum vor ihrer Exekution zunächst einmal bekehrt werden: "Wir vernichten den Ketzer nicht, weil er uns Widerstand leistet: solange er uns Widerstand leistet, vernichten wir ihn nie. Wir bekehren ihn, wir ergründen sein Innerstes, wir formen ihn um. Wir brennen ihm alles Böse und jede Illusion aus; wir bringen ihn auf unsere Seite, nicht dem Anschein nach, sondern aufrichtig, mit Herz und Seele. Wir machen ihn zu einem von uns, bevor wir ihn töten" [9].

Wo dies nicht gelingt, muß man wenigstens im letzten Augenblick, wenn der unbequeme Rufer am Galgen nach seinem Gott schreit, die Chance nutzen, um ihm das Wort im Munde herumzudrehen. "Siehe, er ruft den Elija.[...] Laßt, wir wollen doch sehen, ob Elija kommt, ihn herabzunehmen" (Mk 15,35f). Sollte das ein einfacher Hörfehler gewesen sein[10]? Nein, hier gilt es, den Propheten mit letzter Konsequenz mundtot zu machen: Siehe, auch er ruft am Ende einen Helfer herbei, Elija, der, ohne sterben zu müssen, in den Himmel auffuhr (vgl. 2 Kön 2,11). Wir haben ihm den Beelzebul jetzt gründlich ausgetrieben. Das verlorene Schaf kehrt zurück zur Herde, zum natürlichen Dasein, das nur sich selbst die Ehre gibt (vgl. Joh 5,41.44; 7,18; 8,50.54; 12,43)!

Man kann die Findigkeit des Menschen im Ersinnen von immer raffinierteren Foltermethoden kaum zureichend mit Sadismus, mit einer Verirrung der Libido erklären. Stärker noch ist der unbedingte Drang der Freiheit nach 'Selbstverwirklichung', dem der Ruf des Gerechten so sehr in die Quere kommt. Ihm den ganz anderen Geist auszutreiben, ihn dazu zu bringen - oder wenigstens den Anschein zu wecken -, daß er so aussieht wie man selbst, ein Spielball natürlicher Triebe: das ist das höchste Fest der Vernunft, die sich dem Bild unbedingten Seins verschließt und doch nicht anders kann, als im anderen unbedingt das Bild des eigenen Wesens anschauen zu wollen.

Was geschieht, wenn der unerträgliche Widerspruch zum eigenen Lebensentwurf endlich beiseite geschafft ist? Die Gemeinheit auf dieser dritten Phänomenebene ist ungleich schlimmer als auf der zuvor skizzierten; sie ist die pure Niedertracht. Umso deutlicher ist die Unmöglichkeit, aus eigener Kraft die Niedertracht wiedergutzumachen. Der Weg in eine noch tiefere Finsternis der Verstockung oder, sobald nur Reue dämmert, in eine noch grellere Verzweiflung als die Ausweglosigkeit aus sonstiger Gemeinheit scheint die unmittelbare Folge.

8.3 *Traditio* als Ermöglichung letztgültigen Sinns

Ausgerechnet auf der Ebene der größten Niedertracht lassen sich nun aber Implikationen eines Phänomens aufzeigen, das Anselm nicht genügend reflektiert hat. Wir wollen diese zunächst in vorläufiger Weise umreißen und schließlich den

[9] G. Orwell, 1984, 235.
[10] Zur Exegese der Stelle s. unten Kap. 15.3.

grundsätzlichen Fehler in Anselms Theorie streng philosophisch aufzuweisen suchen.

(1) Wo immer wirkliche *Reue* angesichts dessen hervorbricht, daß ich Liebe beiseite zu schaffen suchte, daß ich einen Ruf zu der einzig angemessenen Selbstverwirklichung des Menschen ausschlug, kommt es gerade nicht zur Verzweiflung über das eigene Tun, weil ich den 'Vater des verlorenen Sohns' bereits zu mir auf dem Wege weiß. Ich weiß dies kraft, oder besser: je nach dem Maß der Entschiedenheit des anderen zu mir als einem des Guten fähigen Wesen. Ein Entschiedensein des anderen für mich, das radikal ist, läßt niemals Raum für meine Verzweiflung, selbst nicht bei größter Niedertracht auf meiner Seite. Ich weiß, der andere kann unendlich lange auf meine einzig adäquate Antwort warten und unendlich oft verzeihen. Vor dieser seiner Entschiedenheit fällt all meine Niedertracht ins Nichts zurück.

Dies gilt auch, wenn der Widerspruch mit äußerster Konsequenz beiseite geschafft, d. h. der mich Anrufende getötet wurde. Lasse ich mich erst danach von seinem Ruf aufbrechen, so weiß ich, daß dieser Ruf aus einer Kraft erging, die stärker ist als der Tod. Der Gedanke liegt zwar nahe, daß die absolute, von mir geschmähte Vernunft – theologisch: 'Gott-Vater' – nach der Liquidation des Gerechten nun erst recht mit mir ins Gericht geht und keine Instanz zu meiner Rettung mehr bleibt. Der einzige, der dem absolut gerechten Richter hätte in die Arme fallen können, ist jetzt ja nicht mehr da. Dieser Gedanke läßt sich aber nicht mit der Evidenz von Anerkennung vereinbaren, die sich mir in dem unbedingten Bejahtsein durch den anderen zugleich mit der Evidenz unbedingten Sollens vermittelt. Der ermordete Gerechte wäre auch im Tode noch stärker als der zürnende Gott; er selbst, nicht jener Richter, wäre das, 'worüber hinaus Größeres nicht gedacht werden kann'. Um Gott zu bleiben, muß der Richter den Gerechten schon hingehen lassen, muß hervortreten als der, der gerecht bleibt, auch wenn er, ja gerade indem er ausgerechnet den Tod des Gerechten hinnimmt, ohne die ewige Verdammung des Sünders als Strafe einzufordern.

(2) Kern der bisherigen Überlegungen war, daß der niederträchtig Handelnde angesichts der unbedingten Bejahung, die er von dem Opfer seiner Niedertracht erfuhr, keinen Grund hat, in *Verzweiflung* zu fallen, wenn ihm die ganze Schwere seines Tuns offenbar wird. Dabei haben wir aber einen wichtigen Aspekt von Reue ausgeklammert. Wer immer wirkliche Reue darüber empfindet, daß er auf eine ihm erwiesene Liebe völlig unangemessen reagierte, möchte sein verkehrtes, verletzendes, ja, schließlich todbringendes Handeln *wiedergutmachen*. Der Begriff 'satisfactio' hat seinen ursprünglichen, auf jeden Fall aber seinen eigentlichen Ort nicht im Rechtsdenken oder in einer primitiven Vorstellung von Moralität. Der *Wille* zum Wiedergutmachen – den keine rechtliche, moralische oder religiöse Sanktion erzeugen kann – entspringt vielmehr jedem wirklichen Gefühl der Reue über ein bewußt begangenes Unrecht. In der Reue bricht sich 'verspätet' die Evidenz Bahn, daß Freiheit durch ein unbedingtes Sollen in Anspruch genommen und darum dieser Anspruch auf jeden Fall zu erfüllen ist[11]. Mag meine Umkehr

[11] Vgl. die Ausführungen zum 'Schlüsselphänomen' der Reue in Kap. 1.2.3.

auch aus der Erfahrung bedingungslos gewährter Verzeihung resultieren: ohne das Bedürfnis, die in diesem Akt des Verzeihens ganz vor mein Bewußtsein tretende Schuld abzuarbeiten, geschieht keine wirkliche Umkehr.

Erfahre ich jedoch Verzeihung aus dem Raum einer bedingungslos geschenkten Liebe, die ich vorher verletzte, so weiß ich, daß mein Bemühen um Wiedergutmachung müßig ist. Das Tun, das die Liebe der Freiheit abfordert - nämlich alle Konsequenzen wirklicher Freiheit zu ziehen -, war mir zu schwierig erschienen. Dadurch, daß ich dieser Mühe auswich, wurde sie nur noch größer. Die Last, die ich jetzt nachholen muß, scheint unendlich schwer. Aber ich erfahre nun, daß diese gesamte Mühe und Last bereits getragen wurde. Sie wurde als Leiden von demjenigen durchgestanden, der vorher vergeblich auf meine angemessene Antwort gewartet hatte - und dieses Warten erstreckt sich über seinen Tod hinaus, weil die Antwort für meine Freiheit, die nur im Bild des Absoluten wirklich zu sich selbst finden kann, unerläßlich ist. Erkenne ich dies nun aber an, dann kann ich jetzt nur noch mit wachem Auge auf diese im Leiden verdoppelte Liebe blicken, der ich meine Befreiung, auch von der Last der Genugtuung, verdanke.

Wer sich aber von Gottes Selbstentäußerung so durchdringen läßt, daß er reine Transparenz, vollendetes Bild Gottes wird, auf den konzentriert sich der ganze Haß 'der Welt', d. h. derer, die nicht bereit sind, die vollen Konsequenzen ihrer Freiheit zu ziehen. In ihm wächst das Leiden zurückgewiesener Liebe zum völligen Unmaß, weil er für nichts als den Willen Gottes da ist und diesen geschändeten Willen bis in die letzte Faser seiner Existenz erleidet. Er wird auf diese Weise zum vollendeten Bild der *mißbrauchten* Liebe Gottes. An ihm 'tobt sich' die Sünde der ganzen Welt 'aus' - allerdings in einem doppelten Sinn! Zum einen bleibt an und in ihm wirklich nichts mehr übrig, das die Sünde nicht verheert hätte. Zum anderen aber muß der Haß erkennen, daß ihm sein Werk nicht gelingt. Er will leiden *machen*, erfährt aber, daß die ihm begegnende Liebe alles auf sie zukommende Leiden bereits aktiv entgegengenommen hat.

Zugleich vertritt der 'Repräsentant' Gottes nun aber auch die Stelle des Sünders, der nach seiner Umkehr zu erkennen vermag, daß sein ganzes Werk der Wiedergutmachung schon getan ist. Was er der unendlichen Liebe angetan, ist bereits durchgestanden. Sie ist stark genug, alles verfehlte Tun der Freiheit gleichsam in sich aufzusaugen und restlos in sich auszuleiden. Was dem Sünder nach seiner Umkehr noch zu tun bleibt, ist einzig, sich in den Raum dieses allen Mißbrauch der Liebe unterfangenden Leidens hineinführen und in ein neues Menschenwesen umschmelzen zu lassen[12].

(3) Anselm geht bei seiner Fragestellung zu Recht von dem strengen *Begriff* des Sollens (der Gerechtigkeit) aus. Diesem zufolge ist Genugtuung für die Sünde unverzichtbar, weil alle Freiheit restlos in Anspruch genommen ist, Bild Gottes zu werden, und an diesem Bilde nichts fehlen darf[13]. Aber er fragt - dem Grundzug abendländischer Metaphysik folgend - nicht, wie sich die Evidenz des Sollens *real*

[12] Vgl. die Aussagen H. U. von Balthasars über das 'purgatorium', dazu H. Verweyen, Zum gegenwärtigen Diskussionsstand der Eschatologie, 26-30.

[13] Vgl. oben Kap. 6.3.2-3.

dem Menschen in seiner Geschichte *vermittelt*[14]. Darum kommt er zu einer 'onto-theologischen' Lösung des Problems: Als Gott-Mensch ist Christus imstande, diese Genugtuung für alle Sünden zu leisten. Aufgrund der Barmherzigkeit Gottes wird sie dann dem Sünder 'imputiert', 'zugute gerechnet' – ein objektiver Akt, der sich nicht in einem interpersonalen Freiheitsgeschehen zwischen Erlöser und Erlöstem vollzieht.

Problematisch hieran ist auch die systematisch ungeklärte Zuordnung von 'Gerechtigkeit' und 'Barmherzigkeit' Gottes[15]. Der Begriff 'Gerechtigkeit' wurde von Anselm philosophisch scharf definiert[16]. Im Hinblick auf den Terminus 'Barmherzigkeit' ('misericordia') fehlt eine solche klare Definition. Von seiner Metaphorik verführt er (aus dem Kontext der hebräischen Bibel gerissen) dazu, das Gottesbild zu verstellen[17].

(4) Diese Kritik an Anselms 'Onto-theologie' führt nun allerdings sogleich in einen schwerwiegenden Einwand gegenüber den oben (1-2) gemachten Ausführungen. Aus der zwischenmenschlichen Erfahrung von Liebe – letztlich aufgrund der Begegnung mit Jesus von Nazaret – wurde aufzuzeigen versucht, daß eine vorbehaltlose Liebe die ihr zugefügte Niedertracht unbedingt zu verzeihen und dafür genug-zu-tun imstande ist. Wenn nun aber – wie es einem fundamentaltheologischen Vorgehen entspricht – die Einheit Jesu mit dem Vater nicht von vornherein als eine volle metaphysische Identität behauptet wird: was garantiert dann die Annahme, daß sich Gott selbst mit dem Tun dieses Menschen (auch wenn er sein Tun als Handeln an Gottes Statt verkündet) voll und ganz identifiziert, so daß die Verzeihung und das 'genug tun' von seiten des Menschen Jesu die göttliche Vergebung und seinen Verzicht auf eine angemessene Satisfaktion unmittelbar nach (oder mit) sich zöge?

Dieser Einwand bekommt 'Schützenhilfe' aus einer Position, von der her man diese am wenigsten erwartete. Iwan Karamasow begründet die 'Rückgabe seines Eintrittsbillets in die himmlische Harmonie' mit Berichten von entsetzlichen Greueltaten an Kindern, zuletzt der zynischen Ermordung eines kleinen Jungen durch einen Großgrundbesitzer. Er kommt zu dem Ergebnis, daß selbst die Mutter des Jungen diese Tat an einem Unschuldigen nicht vergeben dürfe: "Wenn sie

[14] Vgl. oben Kap. 7.

[15] Vgl. Cur deus homo I, 12.

[16] Vgl. De veritate, Kap. 12.

[17] Das lateinische Wort 'miseri-cordia' – und seine Verdeutschung 'Er(b)-armen/ (B)armherzigkeit' (vgl. F. Kluge, Etymologisches Wörterbuch, 183) – läßt leider nur wenig vom ursprünglichen Sinn des hebräischen Wortes für Erbarmen, 'r^{e}chamîm', zum Vorschein kommen. Im Vergleich mit der 'Grundhaltung einer Mutter dem gegenüber, was aus ihrem Schoß ('rächäm') hervorging', nimmt sich die Haltung dessen, der ein 'Herz für den Elenden' hat, ein wenig wie von oben herab aus. In der Übersetzungsgeschichte des Alten Testaments kam auf diese Weise eine weitere zentrale Möglichkeit abhanden, Gottes Wesen nicht ausschließlich durch die patriarchalische Brille zu lesen, die der jüdisch-christlichen Tradition aufgesetzt ist. (Dadurch, daß man im Laufe der Theologiegeschichte Maria die Funktion der entscheidenden Fürsprecherin vor dem Throne des zürnenden Vatergottes – und schließlich ihres Sohnes! – zuerkannte, wurde das Übel an der Wurzel der Gottesvorstellung nicht behoben, sondern eher noch weiter festgeschrieben.) Vergleichbar ist auch die Entwicklung von ἐλεημοσύνη (ursprünglich: 'Mitleid') zu 'Almosen' (F. Kluge, ebd. 21).

will, mag sie für sich selbst verzeihen, daß er ihr das maßlose Leid der Mutter zugefügt hat; aber sie hat kein Recht, ihm zu verzeihen für die Leiden ihres zerfleischten Kindes, sie darf dem Peiniger nicht verzeihen, *auch wenn das Kind selbst ihm verziehe*!"[18]

Die Position Iwan Karamasows (soweit sie hier skizziert wurde) gründet auf einer Idee von Gerechtigkeit, derzufolge das Unschuldigen (durch Menschen) zugefügte Leid von niemandem vergeben werden darf und durch keinerlei Genugtuung gesühnt werden kann[19]. Darin, daß solche Taten durch keinen bloßen *Menschen* vergeben und gesühnt werden können, stimmt Anselm mit ihm überein. Den oben (1-2) vorgelegten Überlegungen liegt der Gedanke zugrunde, daß *im* Tun einer rückhaltlosen menschlichen Liebe eine Verzeihung und Genugtuung zutage treten kann, die zugleich das Tun Gottes spiegelt. Wie ist angesichts dieser divergierenden Positionen eine klare Entscheidung möglich? Diese kann nur über eine streng erstphilosophische Reflexion getroffen werden.

(5) Eine jede Theorie über das Ob oder Wie einer notwendigen Satisfaktion oder Sühne muß, insofern sie integrierender Teil einer 'ein-für-allemal' ergangenen Offenbarung zu sein beansprucht, auch als integrierender Teil des Begriffs von letztgültigem Sinn aufweisbar sein, soll sie sich rational verantworten lassen. In Fortführung des in Kap. 6.3 Dargelegten wäre etwa folgendes zu sagen: Wenn sich das in jeder Hinsicht unbedingt eine Sein *äußert*, dann kann es sich nur dann der (hier zutage tretenden, aber in seinem eigenen Wesen wurzelnden) Differenz mächtig erweisen, wenn es sich in eine Freiheit hinein äußert, die sich selbst restlos zum Bild des Absoluten macht. Auch nur ein 'Partikelchen' geschaffener Freiheit, das dazu nicht willens ist, würde das Absolute an einer völligen Einheit mit sich selbst hindern. In demselben Akt, in dem das Absolute sich äußert (oder 'sich dazu entschließt', aus einer endlich-zeitlichen Perspektive gesprochen), muß es also auch entschlossen sein, so lange auf die völlige Einheit mit sich selbst zu warten, bis alle Freiheit sich entschlossen hat, sich zum Bild des Absoluten zu machen. Die Allmacht Gottes wäre dann so zu definieren, daß er unendlich lange auf das Ja geschaffener Freiheit zu warten vermag, ohne Angst, sich dabei selbst zu verlieren. Seine Allmacht fiele also völlig mit einer durch absolut nichts bedingten Liebe zusammen. Nur diese kann unendlich lange auf die ihr gemäße Antwort warten, soviel Leiden ihr das auch abverlangt.

Der eingangs (Kap. 8.1) zitierte Camilo hat insofern mit seiner Behauptung recht, daß er an Gott in der Endlichkeit, Gott an ihm aber "im Unendlichen" leidet. Einer Täuschung unterliegt er aber zum einen darin, daß er Unendlichkeit und Ewigkeit gleichsetzen zu können meint. Nur der durch nichts aufzuhebende Entschluß zu lieben ruht ewig in sich selbst. Die dagegen anrennende Macht kann immer nur einen Schritt nach dem anderen tun, weil jedes Nein durch ein neues Ja beantwortet wird – bis in alle nicht absehbare Unendlichkeit hinein.

[18] F. Dostojewski, Die Brüder Karamasow, II. Teil, 5. Buch, 4. Empörung, (391-)393 (meine Hervorhebung).

[19] Wir klammern an dieser Stelle die weitergehende Frage (der Theodizee) danach aus, ob bzw. wie Unschuldige treffendes Leid *überhaupt* mit der Annahme einer gerechten Weltordnung vereinbar ist.

Zum anderen täuscht sich der Neinsager darin, daß er den Liebenden leiden *machen* kann. Das ist nur im Hinblick auf die äußere Erscheinung des jeweiligen Schmerzes der Fall. Den inneren Kern der sich im Leiden verdoppelnden Liebe vermag er nicht hervorzubringen und nicht zu durchschauen, weil das Wesen dieses Leidens sich allein der Aktivität der Liebe verdankt.

Für den Gerechten hingegen, der unter allem Umständen entschlossen ist, Gott in seiner Existenz zur Erscheinung zu bringen, bedeutet die Tatsache von Sünde in der Welt nun aber – wie oben bereits angesprochen –, daß er dazu 'gesandt' ist, zum vollendeten Bild der *geschändeten* Liebe Gottes zu werden. Je mehr er gegen den die Liebe mißachtenden Haß die Geduld des Leidens setzt, desto mehr bedroht er den Hassenden in seinem Wahn, alles in seiner Macht zu haben. Dieser wird immer raffiniertere Foltermethoden ersinnen, um das Leiden des in seine Finsternis Hineinrufenden ganz in die Hand zu bekommen – bis hin zum Schrei der Gottverlassenheit des Gerechten. Aber auch diesen vermag er nur in seinem leiblichen Ausdruck mitzugestalten. Er kann nicht verhindern, daß dieser Schrei ein Gebet des Gerechten zu Gott und dieser Schrei damit zum äußersten 'Wort und Bild' des Absoluten wird, das menschliche Freiheit hervorzubringen vermag.

Hier offenbaren sich die zu Anfang (Kap. 2.1) unterschiedenen Momente von *traditio* in ihrer letzten Einheit: die Schändung (1) des Gesandten (2) veranlaßt wegen dessen restloser Hineingabe in dieses Doppelgeschehen (3) das Bekenntnis des Werkzeugs des Hasses, daß ihm hier Gottes Sohn begegnet ist (4). Es mag zwar nicht abwegig sein, mit Anselm danach zu fragen, wie in diesem gott-menschlichen Geschehen die Sühne und Genugtuung für das Gott zugefügte Unrecht zur Geltung kommen. Doch erweist sich dieses Fragen als von Kategorien bestimmt, die wie so viele Bilder Gottes in der Geschichte durch einen unüberholbar letztgültigen 'Ikonoklasmus' im Grunde überholt sind.

TEIL II

... ergangen ?

Die im christlichen Glauben behauptete Offenbarung soll vor der Vernunft verantwortet werden. Dabei geht es zum einen um die inhaltliche Seite, das *Was* der Offenbarung, zum anderen um die faktische Seite, das *Daß* ihres Ergangenseins und ihrer lebendigen Weitervermittlung. Für die vom Christen geforderte Rechenschaft gibt es daher gleichsam zwei Foren: die Verantwortung des Sinns der Offenbarung hat in Auseinandersetzung mit der philosophischen Vernunft zu erfolgen, die Frage nach ihrer Faktizität muß im Diskurs mit der historischen Vernunft ausgetragen werden. Auch diese zweite Frage hat allerdings eine philosophische Seite. Was eine historische Wissenschaft selbst nicht leisten kann, ist, den in ihr vorausgesetzten Begriff von Geschichte zu klären. Bei dem Gegenstand 'letztgültige Offenbarung' ist die Geschichtswissenschaft zudem an die äußerste Grenze ihres Horizonts gebracht. Hier geht es ja der Voraussetzung nach um ein Ereignis, das den ihr geläufigen Zusammenhang kontingenten Geschehens sprengt. Kann sie zur Erfassung eines solchen 'Objekts' überhaupt ein methodisch adäquates Instrumentar entwerfen, ohne sich selbst aufzugeben?

Die hier kurz resümierten philosophischen Probleme wurden unter der Frage nach der *Vernehmbarkeit* eines letzten Wortes Gottes im ersten Teil dieses 'Grundrisses' behandelt. Es ging zum einen um die Ermittlung eines Begriffs von letztgültigem Sinn, damit die Behauptung eines 'ein-für-allemal' ergangenen Wortes Gottes überhaupt vernünftig vertreten werden kann (vgl. die Kapitel 6 und 8). Sodann war nach den Möglichkeitsbedingungen dafür zu fragen, daß eine solche eschatologische Selbstmitteilung Gottes als geschichtliches Faktum vernommen und weitervermittelt werden kann (Kap. 7).

Die Verantwortung geglaubter Offenbarung vor dem Forum der Vernunft kann aus vielerlei Gründen mißlingen, insbesondere deshalb, weil eine Urteilsinstanz gewählt wird, die keine zureichende Kompetenz hat, über die Vernünftigkeit von Gottes Wort zu befinden. Zunächst war also die Frage nach einer adäquaten kritischen Instanz für die vom Christen geforderte Rechenschaft zu stellen und wenigstens in groben Umrissen im Vorgriff auf die Mitte des Glaubens zu beantworten (vgl. die Kapitel 1-3).

Bei der Beantwortung dieser Frage konnte nur andeutungsweise zur Sprache kommen, wie sich in der Geschichte der Theologie die Suche nach einer für die Verantwortung des Glaubens kompetenten kritischen Vernunft entfaltet hat. Ein genauerer Überblick über diese Entwicklung ist Gegenstand der beiden nächsten Kapitel. In Kap. 9 werden – nach kurzen Vorbemerkungen zum Begriff 'Offenbarung' selbst – einige Grundlinien des wechselvollen Verständnisses aufgezeigt, in dem das Verhältnis von Offenbarung und philosophischer Vernunft gesehen wurde. In Kap. 10 folgt ein chronologisch weitgehend paralleler Überblick darüber, was in der Geschichte der Theologie bzw. ihrer philosophischen Kritik jeweils als Zeichen für die Faktizität von letztgültiger Offenbarung zur Diskussion stand. Damit wird gleichzeitig der historische Hintergrund für die systematische Frage nach dem *Ergangensein* von Gottes letztem Wort umrissen, die im Zentrum des zweiten Teils unseres 'Grundrisses der Fundamentaltheologie' steht (vgl. die Kapitel 12-15).

9 Offenbarungsbegriff und philosophische Vernunft

9.1 Zum Begriff 'Offenbarung'

Wie bei allen Grundbegriffen der Theologie gibt es auch zum Begriff Offenbarung eine Fülle von Literatur. Wenn schon 1941 Paul Althaus im Titel eines Aufsatzes von einer "Inflation des Begriffs der Offenbarung in der gegenwärtigen Theologie" sprechen konnte, so ist diese Beobachtung im Hinblick auf den heutigen Forschungsstand kaum weniger berechtigt. Immerhin läßt sich feststellen, daß gerade in jüngerer Zeit eine Reihe von Arbeiten die Durchsicht durch die vielschichtige Problematik wesentlich erleichtert hat[1].

Eine einfache grammatikalische Beobachtung könnte einen ersten Einstieg vermitteln. Die theologische Rede von 'Offenbarung' verwendet einen Terminus, den man nicht leicht in den Plural setzen kann. Oder genauer: das Wort 'Offenbarung' gibt inhaltlich ebensowenig den Singular zu dem Plural 'Offenbarungen' ab wie etwa das französische 'l'amour' zu 'les amours' (die man einer bestimmten Persönlichkeit zuschreibt).

Richtig ist zwar die folgende Unterscheidung: Wo wir von 'Offenbarung' nur im Singular reden, gebrauchen wir einen theologischen Reflexionsbegriff. Wo wir hingegen von 'Offenbarung*en*' sprechen, verwenden wir den Erfahrungsbegriff der Religionswissenschaft, unter dem Offenbarungsphänomene der verschiedensten Art subsumiert werden[2]. Dabei muß allerdings im Auge behalten werden, daß der religionswissenschaftliche Offenbarungsbegriff, auch im Hinblick auf die jüdisch-christliche Tradition, der ursprünglichere ist. Weder im Alten noch im Neuen Testament gibt es einen zusammenfassenden Begriff für die verschiedenen Weisen, wie sich Gott manifestiert. Das geschieht in Träumen, Orakeln, Gottesurteilen, im Prophetenwort, in den großen Theophanien beim Bundesschluß, in Wundern, Visionen, Erscheinungen eines Auferstandenen, schließlich in mannigfachen kirchlichen Erfahrungen des Heiligen Geistes[3]. Zur Bezeichnung dieser vielfältigen Weisen göttlicher Mitteilung und Selbstbekundung wurden sehr verschiedene Termini verwendet. Einer unter diesen Ausdrücken ist ἀποκάλυψις, ein Terminus, den besonders der Apostel Paulus gebraucht. Er verwendet ihn aber durchaus nicht als

[1] Zur Literatur vgl. die Beiträge von J. Schmitz, Das Christentum als Offenbarungsreligion im kirchlichen Bekenntnis; M. Seckler/M. Kessler, Die Kritik der Offenbarung; M. Seckler, Der Begriff der Offenbarung; J. Schmitz, Offenbarung; W. Pannenberg, Systematische Theologie, Bd. 1, 4. Kapitel: Die Offenbarung Gottes, 207-281; M. Seckler, Was heißt Offenbarungsreligion?

[2] Vgl. die Unterscheidung von *'Offenbarung als Erfahrungsbegriff und als Reflexionsbegriff'* bei M. Seckler, Begriff der Offenbarung, bes. 67ff, sowie ders., Synodos der Religionen, bes. 20.

[3] Vgl. die Überblicke bei P. Eicher, Offenbarung, 28-45; J. Schmitz, Offenbarung, 31ff.

einen 'terminus technicus', schon gar nicht für das Gesamt dessen, was wir heute unter 'Offenbarung' verstehen[4]. Dennoch hat dieser Begriff schließlich in der Theologiegeschichte, vor allem in seiner lateinischen Übersetzung 'revelatio', sozusagen den Monopolanspruch für 'Offenbarung überhaupt' erworben.

Wie auch sonst beim Sich-Durchsetzen von Monopolen zu beobachten, ist es nicht unbedingt die bessere Qualität, die den Markt erobert. Eignet sich der Terminus 're-velatio' wirklich als "Chiffre für das Fundament von Glaube" [5] überhaupt? "Offenbarung (revelare, ἀποκαλύπτειν) heißt dem *Wortsinn* nach Verborgenes enthüllen. Von Offenbarung kann überall dort gesprochen werden, wo Hüllen fallen, Vorhänge weggezogen werden, verschlossene Türen sich auftun und dadurch unbekannte Wirklichkeiten zutage treten und neue Horizonte auftauchen" [6]. Hüllen fallen an mancherlei Lokalitäten, ohne daß man hier eine Offenbarung auch nur im entferntesten religiösen Sinn vor sich hätte. Doch auch dem religiösen Gebrauch des Wortes scheint etwas Voyeurhaftes, eine aus maskuliner Perspektive verengte Vorstellung von der Selbstmitteilung Gottes anzuhaften. 'Re-velatio' ist ein auf die beobachtende, 'datenverarbeitende' Vernunft zugespitzter Begriff. Auf seiten des Menschen fordert er keine ganzheitliche, die freie sittliche Entscheidung einbegreifende Antwort heraus. Er bringt kaum etwas von dem Reden und Handeln Gottes zum Ausdruck, insofern dieses den Menschen unter einen unbedingten Anspruch stellt.

In unserem Zusammenhang ist daher die Frage von Wichtigkeit, wie es zu der Monopolstellung des Wortes 'revelatio' kam und welche Probleme sich von daher für die heutige Theologie ergeben. Bei dieser Frage gibt es unterschiedliche Perspektiven, die sorgfältig voneinander abgehoben werden sollten. Zum einen wäre nach den Gründen zu fragen, die im Laufe der Theologiegeschichte dazu führten, daß die verschiedenartigsten Manifestationen Gottes in der Geschichte überhaupt unter einer *systematischen Klammer zusammengefaßt*, wenn auch zunächst nicht einheitlich *bezeichnet* wurden. Danach erst wäre die Frage zu stellen, wie und warum sich aus einer Mannigfaltigkeit von Bezeichnungen für jene göttlichen Manifestationen schließlich der Terminus 'revelatio' als Chiffre für das unter einer solchen Klammer Begriffene herauslöste. Der wichtigste Aspekt des Problems dürfte jedoch in den Veränderungen zu suchen sein, die innerhalb dieses Prozesses das systematisch Zusammengefaßte selbst erfahren hat.

Der Komplexität dieser unterschiedlichen Aspekte wird nicht immer genug Rechnung getragen. Sie kommt in theologiegeschichtlichen Untersuchungen oft besonders dann zu kurz, wenn – etwa in Handbüchern oder Lexika – bestimmte Zeitabschnitte von den verschiedensten Autoren behandelt werden, die mit recht divergierenden hermeneutischen Grundvorstellungen arbeiten. Aber auch bei P. Eicher unterbleiben wichtige Fragen, wenn er feststellt, daß (1.) in der Patristik die gesamte Heilsvermittlung als οἰκονομία, παιδεία oder παράδοσις begriffen werden konnte, (2.) für Thomas von Aquin der Offenbarungsgedanke bereits sy-

[4] Vgl. Röm 16,25; Gal 1,12; 2,2; 1 Kor 14,6.26; 2 Kor 12,1.7.
[5] P. Eicher, Offenbarung, 22.
[6] A. Lang, Fundamentaltheologie I, 47.

stembildend war, (3.) die eigentliche Konstituierung der Theologie als Offenbarungstheologie jedoch erst in Reaktion auf die Aufklärung und ihr Konzept einer natürlichen Religionsphilosophie erfolgte[7]. Zu fragen wäre z. B., was den 'systembildenden Offenbarungsgedanken' beim Aquinaten von den schon vorher vollzogenen systematischen Klammern um das Gesamt von Heilsvermittlung unterscheidet und inwieweit der bei Thomas systembildende Gedanke nicht doch schon als die entscheidende Grundlage für die spätere Offenbarungstheologie anzusehen ist.

9.2 Das Verhältnis von Theologie und Philosophie in der Patristik

Offenbarung ist ein Korrelationsbegriff. Es geht hier um die Vermittlung von etwas an jemanden, von einem 'Objektiven' an ein 'Subjektives' im weitesten Sinn. Die Frage danach, wie 'Offenbarung' zum 'Prinzip neuzeitlicher Theologie' (P. Eicher) werden konnte, wird also dem sich wandelnden Verständnis jener Korrelation nachgehen müssen, d. h. der Beziehung zwischen göttlicher Selbsteröffnung und menschlicher Offenheit dafür, oder - auf der Ebene der Reflexion - zwischen Theologie und Philosophie.

Aller christlichen Theologie gemeinsam ist ein Bewußtsein der Konkurrenz zwischen der Vernunft, die aufgrund geschichtlicher Offenbarung befreit und erhellt wurde, und der Vernunft, die außerhalb einer solchen Offenbarung steht. Das Verhältnis zwischen diesen beiden 'Befindlichkeiten' von Vernunft wird aber jeweils sehr verschieden gedacht. In der *Patristik* stellt sich diese Beziehung noch recht komplex dar. Das läßt sich schon an einem Axiom verdeutlichen, das seit der frühen Väterzeit - vor allem in der Literatur der Apologeten - bestimmend war, vorsichtig aber auch noch bei Augustinus anklingt[8]. Von jüdischen Gelehrten wie Philo und Josephus wurde die Ansicht übernommen, daß die Griechen ihre Kenntnis von theologischen Dingen weitgehend aus den Schriften Israels geschöpft hätten. Wenn dieses Wissen dann bei den Philosophen, insbesondere aber bei den Mythendichtern nur verzerrt wiederzuerkennen sei, so müsse man das auf den Einfluß lügnerischer Dämonen in ihrem Haß gegenüber allem, was aus dem Logos der Wahrheit stammt, zurückführen.

Auf dieser Basis ließ sich der Begriff einer 'natürlichen Theologie' weder in der Form, wie er für die Zeit der Aufklärung bestimmend war, fassen ('universal verbindliche Leistung der autonomen Vernunft in Fragen der Religion') noch, wie er bei Thomas von Aquin zur Geltung kam ('gemeinsame theologische Möglichkeiten aller menschlichen Vernunft als Fundament für darüber hinausgehende göttliche Belehrung'). Wenn man sich Platon als Schüler des Mose vorstellte, so bedeutete dies: In das Werk der Philosophie war über das hinaus, was 'seit Erschaffung

[7] Vgl. P. Eicher, Offenbarung, 45-48.
[8] Vgl. De civ. Dei, Lib. XVIII, cap. XXXVII (CChrSL XLVIII, 632f).

der Welt an Gottes Werken durch die Vernunft erkennbar' ist[9], schon mehr eingegangen, Wissen aus dem Bereich dessen nämlich, was zur Offenbarung im heilsgeschichtlichen Sinn gehört. Bereits bei Justin sehen wir zwar, wie diese Annahme eines 'Plagiats' in Konflikt kommt mit der Lehre vom 'λόγος σπερματικός', die dem Gedanken einer eigenständigen 'natürlichen Theologie' nähersteht[10]. Dieser Konflikt wird aber nicht systematisch ausgetragen.

Wichtiger ist die Frage, wie sich das Verhältnis von natürlicher Vernunft und geschichtlicher Mitteilung Gottes auf der Ebene wissenschaftlicher Reflexion, als Beziehung zwischen 'Philosophie' und 'Theologie' darstellte. Unser Vorverständnis dieser Begriffe ist hier wenig hilfreich. Die antike Philosophie, wie sie den patristischen Theologen begegnete, verstand sich selbst wesentlich auch als Theologie[11]. Dies gilt insbesondere für die philosophischen Entwürfe des Mittleren wie des Neu-Platonismus und der Stoa. Die christlichen Theologen sahen sich deshalb genötigt, nicht der Philosophie überhaupt erst eine Theologie, sondern einer (aus ihrer Perspektive) unzureichenden Theologie eine bessere entgegenzuhalten. Es ging im allgemeinen Kontext von reflektierten Behauptungen über Religion um "die wahre Religion" [12].

Dabei waren sich die Väter zwar bewußt, daß man zu dieser wahren Religion nur über den Gehorsam zum bezeugten Wort Gottes, d. h. letztlich zu dem in der Kirche mit Autorität verkündeten Wort Christi, gelangen könne. Man schloß daraus aber nicht, daß diese aus der Kraft von Offenbarung lebende Theologie deswegen keine Philosophie sei. Sie galt vielmehr als die wahre, die heidnische Philosophie ablösende 'philo-sophia', d. h. Suche nach Weisheit. 'Ablösung' bedeutete dabei aber keinen unbedingten Gegensatz oder völligen Neuanfang. Dies schon nicht wegen der erwähnten Annahme eines Weiterwirkens biblischer Wahrheit in der antiken Philosophie. Aber auch im Hinblick auf die 'eigenständigen Leistungen' der Philosophie wurde (von Ausnahmen wie etwa Tertullian abgesehen) im allgemeinen den antiken Philosophen, vor allem Platon, ein lebendiger Wahrheitssinn nicht abgesprochen. Obschon durch die Macht der Dämonen eingeschränkt, wußte sich der göttliche Logos auch bei den heidnischen Philosophen zu Gehör zu bringen – so etwa ließe sich die überwiegende Ansicht der Kirchenväter zusammenfassen.

In dieser Sicht ist die Rede von 'eigenständigen Leistungen' der philosophischen Vernunft allerdings anachronistisch. Den modernen Gedanken der Autonomie menschlicher Vernunft gegenüber erleuchtenden oder verdunkelnden Eingebungen eines mächtigeren Vernunftwesens darf man im patristischen Denken kaum erwarten. Wo Augustinus gegen den Zweifel der 'Akademiker' das Argument

[9] Vgl. Röm 1,20.

[10] Vgl. Apol. I 44,7ff; 59,1; 60,1 mit II 13,5.

[11] Zur Begriffsgeschichte vgl. M. Seckler, Theologie als Glaubenswissenschaft, 182ff (Literatur!).

[12] Vgl. Augustinus, De vera religione (CChrSL XXXII, 169-260). Zur Begriffsgeschichte: E. Feil, Religio; F.-J. Niemann, Jesus als Glaubensgrund in der Fundamentaltheologie der Neuzeit, 106-110; F. Wagner, Was ist Religion? 20-24.

Descartes' vorwegnimmt – 'si fallor, sum' [13] –, ist der Cartesische Gedanke, daß die menschliche Vernunft auch gegen mögliche Einflüsterungen eines allmächtigen Lügengeistes *in sich selbst* festen Stand gewinnen könnte, noch fern[14]. Gerade die den 'heidnischen' Philosophen und christlichen Theologen gemeinsame Grundüberzeugung, daß dort, wo sie Wahres sagen, sie kraft eines dem Menschen übergeordneten 'logos' oder 'nous', nicht aus sich selbst reden, ermöglichte den fließenden Übergang im Verständnis von 'Philosophie' und 'Theologie'.

Diese allgemeine Grundüberzeugung hat, auf der Basis der neuplatonischen Erkenntnislehre, aber im Blick auf das Neue und Gnadenhafte der Heilsoffenbarung in Christus, am schärfsten Augustinus reflektiert. Der fleischgewordene Logos nimmt über die Eingießung des Heiligen Geistes nun voll den Platz ein, der ihm schon immer gebührt. Er ist es, der 'intus docet', der von innen her lehrt und die Tatsachen der Heilsgeschichte aufschließt, wie besonders aus einem Kommentar zu Joh 8,25 deutlich wird: "So hat [das Wort] im Evangelium durch Vermittlung des Fleisches gesagt, und das ertönte äußerlich in den Ohren der Menschen, damit man es glaube und es innen in sich suche und es finde in der ewig feststehenden Wahrheit, dort, wo der gute und 'einzige Meister' (vgl. Mt 23,8) alle Schüler belehrt" [15].

Dabei erhebt sich allerdings zum einen die Frage, ob nach Augustinus das geschichtliche Geschehen, insbesondere das der Inkarnation, für den Offenbarungsvorgang nicht eine untergeordnete Rolle spielt, wenn der im Innern des Gläubigen anwesende Christus die eigentliche Instanz der Offenbarung ist[16]. Diesem Problem werden wir in Kap. 10.6 weiter nachgehen. Zum anderen ergibt sich für den gegenwärtigen Zusammenhang, daß in der Perspektive Augustins eine methodisch adäquate Abgrenzung von 'Offenbarung und Vernunft' bzw. 'Theologie und Philosophie' kaum möglich ist. Redet die menschliche Vernunft erst dann authentisch, wenn der geoffenbarte Christus selbst (nicht nur der allen Menschen grundsätzlich gemeinsame Logos) aus ihr spricht, dann ist alles andere Reden bestenfalls ein defizienter oder vorläufiger Modus von Vernunft. Philosophie ist auf diese Weise nicht als eine Disziplin mit prinzipieller Eigenberechtigung auch im Kontext eines vom Glauben erhellten Denkens zu konzipieren. Nach der für die Patristik leitenden Vorstellung erscheint die Philosophie aufgehoben in die Theologie als das Reden aus dem sich nun voll vernehmlich machenden Logos[17]. Daß dabei die 'Leistungen' antiker Philosophie und Wissenschaft überhaupt ins theologische Denken einfließen und, insbesondere was Platon angeht, dankbar anerkannt werden, er-

[13] Vgl. De lib. arb., Lib. II, III, 7 (CChrSL XXIX, 239f). De vera rel. XXXIX, 73 (CChrSL XXXII, 234f). De trin., Lib. X, X, 14 (CChrSL L, 327f). De civ. Dei, Lib. XI, cap. XXVI (CChrSL XLVIII, 345f).

[14] Vgl. oben Kap. 6.1(5).

[15] "Sic in euangelio per carnem ait, et hoc insonuit foris auribus hominum, ut crederetur et intus quaereretur et inueniretur in aeterna ueritate, ubi omnes discipulos bonus et solus magister docet" [Conf., Lib. XI, VIII, 10 (CChrSL XXVII, 199)].

[16] Vgl. P. Stockmeier, 'Offenbarung' in der frühchristlichen Kirche, bes. 83.

[17] Die unzureichende Lösung des Verhältnisses von Theologie und Philosophie in der Patristik kennzeichnet mit knappen Strichen L. Honnefelder, Wissenschaftliche Rationalität und Theologie, 289-314, bes. 295-297.

scheint nicht als ungereimt: der 'ganze Logos' ist doch wohl berechtigt, die vorher von ihm ausgestreute Saat auch zu ernten.

9.3 'Fides quaerens intellectum' bei Anselm von Canterbury

Zu einer *methodischen* Abgrenzung von geschichtlicher Offenbarung und natürlicher Vernunft und dementsprechend zu einem Gegenüber von Theologie und Philosophie als zwei, wenn auch nicht *gleich*-, so doch auf ihrem je spezifischen Feld *eigen*berechtigten Disziplinen kommt es erst im Mittelalter, und zwar über eine Neueinschätzung der von der Antike und Patristik überkommenen 'artes liberales'[18].

Wir können hier nicht die gesamte mittelalterliche Entwicklung nachzeichnen, von der ersten Verselbständigung des Studiums der 'artes liberales' bis zu der Zeit, wo die 'Artistenfakultät' einen bereits sehr eigenwilligen 'Philosophenclan' bildete – wie etwa an der Pariser Universität in der zweiten Hälfte des 13. Jahrhunderts. Nur zwei Kristallisationspunkte, die für die in unserem Zusammenhang zu behandelnde Offenbarungsthematik besonders wichtig sind, sollen näher ins Auge gefaßt werden: die Konzeption des Verhältnisses von Theologie und Philosophie einmal bei Anselm von Canterbury, zum anderen bei Thomas von Aquin[19].

Anselm von Canterbury trat 1060 in das noch recht junge Benediktinerkloster zu Bec in der Normandie ein, vor allem um Lanfranc zu hören. Damit ist bereits ein entscheidender Anknüpfungspunkt seines wissenschaftlichen Bemühens mar-

[18] Hierzu hat R. W. Southern wertvolle Beobachtungen aus der Überlieferungsgeschichte patristischer Texte beigetragen. Augustins 'De Doctrina Christiana' gab noch für die Scholaren des 10. Jahrhunderts den umfassendsten christlichen Studienplan ab. Dieses Buch ist von der Überzeugung inspiriert, daß auch alle Wissenschaften der heidnischen Welt in einen streng christlichen Ausbildungsgang gehören, und zwar als Hilfswissenschaften für die Bibelauslegung. Von solcher Grundüberzeugung ist auch ein weiteres für das Gestaltwerden mittelalterlicher Wissenschaft maßgebendes Werk bestimmt: Cassiodors aus der Mitte des 6. Jahrhunderts stammende Schrift 'Institutiones divinarum et saecularium lectionum'. Cassiodor gliederte seine Abhandlung allerdings in einer Weise, daß sich Bibelstudium und wissenschaftlich-säkulare Forschung leicht voneinander trennen ließen. Der erste Teil behandelte ausschließlich die eigentliche Wissenschaft von der Bibel, der andere die zu ihrer Interpretation erforderlichen 'freien Künste'. Wenn dem Ganzen auch der Charakter eines einheitlichen Studienplans gegeben ist, so stehen die beiden Teile doch völlig unverbunden nebeneinander. Dementsprechend scheint man auch in der Zeit vom 6. bis zum 11. Jahrhundert von dem Lehrbuch Gebrauch gemacht zu haben: indem man sich je nach Bedarf des Buchs II über die 'saeculares lectiones' für das Studium der 'artes liberales', des Buchs I über die 'divinae lectiones' für das Studium der biblischen Wissenschaft bediente. Jedenfalls finden sich zahlreiche Einzelhandschriften von jedem der beiden Bücher, aber nur drei Handschriften, in denen beide zusammen nach dem ursprünglichen Plan enthalten sind. Das weltliche wissenschaftliche Studium hatte ein Eigenleben begonnen, unabhängig von den Theorien, die es in das System der christlichen Wissenschaft eingliederten (vgl. R. W. Southern, The Making of the Middle Ages, 151-154).

[19] Vgl. den kurzen Überblick über 'Modelle fundamentaltheologischer Problematik im Mittelalter' bei G. Larcher in: HFth IV, 334-346.

kiert: die Auseinandersetzung mit der 'Dialektik' seiner Zeit, in die Lanfranc durch seine Kontroverse mit Berengar im Eucharistiestreit wortmächtig eingegriffen hatte. 'Dialektik': das war der Titel, unter dem sich im 11. und 12. Jahrhundert der wirkliche Stand von Freiheit der 'artes liberales' beschreiben ließ. Hier zeichnete sich erstmals ein Verständnis von 'Philosophie' ab, ohne dessen Hintergrund der Begriff von Offenbarung, wie er sich in der Neuzeit herausschälte, kaum möglich geworden wäre. Schon damals begann eine methodisch weitgehend eigenständige – und dabei kirchlich als solche anerkannte! – Philosophie sich als soziale Institution zu etablieren, und zwar zunächst an den seit Beginn des 11. Jahrhunderts aufblühenden Kathedralschulen, die die bis dahin führenden Klosterschulen an Rang und Berühmtheit bald hinter sich ließen.

Diese neue Situation von Forschung und Lehre muß man im Blick behalten, um das Besondere des Anselmschen Programms einer 'fides quaerens intellectum' gegenüber dem Augustinischen 'credo, ut intelligam' wahrzunehmen, trotz der tiefgreifenden Gemeinsamkeiten, die das theologisch-philosophische Fragen der beiden Denker verbindet. *Gemeinsam* ist beiden im Unterschied zu Thomas von Aquin einmal die Überzeugung, daß dem geoffenbarten Wort – und zwar in seiner gesamten Erstreckung bis ins Mysterium der Trinität hinein – im Inneren der menschlichen Vernunft eine Hörfähigkeit entspricht, die den Sinn des geschichtlich ergehenden Wortes aufzunehmen vermag. Beide Denker sind darüber hinaus überzeugt, daß diese Offenheit der Vernunft prinzipiell auch ohne Rückgriff auf theologische Vorgaben rein rational aufgewiesen werden kann: Der dreifaltige Gott hat der menschlichen Vernunft so sehr sein Wesen eingeprägt, daß sie sich auch noch im skeptischen Zweifel als Gottesbild erweist[20].

Während Augustinus von dieser über das Verhältnis von Theologie und Philosophie entscheidenden Voraussetzung aber einen eher sporadischen Gebrauch macht, weiß sich Anselm hier vor eine aus dem theologischen Diskurs selbst erwachsende *systematische* Aufgabe gestellt. Im Vorwort zum 'Monologion' sagt er, daß seine Ordensbrüder ihn nicht nur zur Abfassung dieser Schrift gedrängt, sondern ihm auch die Methode dafür vorgeschrieben hätten. Es dürfe darin nämlich durchaus nichts unter Rückgriff auf die Autorität der Schrift glaubhaft gemacht werden. Vielmehr sollten die Ergebnisse der einzelnen Argumentationsgänge sich jeweils als rational zwingend erweisen[21]. Noch lapidarer heißt es dann in der schon zitierten[22] Vorrede zu 'Cur deus homo' über das Vorgehen in dessen erstem Buch: "Unter Einklammerung Christi (remoto Christo), so als ob es nie etwas von ihm gegeben hätte, beweist es mit zwingenden Gründen die Unmöglichkeit, daß je ein Mensch ohne ihn gerettet wird" [23].

Was sich bei Augustinus als grundsätzliche Möglichkeit andeutete, wird bei Anselm zum systematischen Programm: der philosophisch zwingende Aufweis des Sinnrasters, in dem sich christliche Offenbarung der Vernunft erschließt. Und

[20] Vgl. bes. Augustinus, De civ. Dei, Lib. XI, cap. XXVI (CChrSL XLVIII, 345f).
[21] Vgl. Monologion, Prologus, in: Op. omn., Vol. I, 7, Z. 5-11.
[22] Vgl. oben Kap. 5.1.
[23] Cur Deus Homo, Praefatio, in: Op. omn., Vol. II, 42, Z. 12f.

zwar erwächst dieses Programm aus dem Fragekontext von Glaubenden, die der Auffassung sind, daß ein solches philosophisches, alle theologischen Vorgaben einklammerndes Verfahren legitim und geboten sei. Von diesem Kontext her stellt sich das Problem nicht – oder erst aufgrund sekundärer Überlegungen[24] –, ob ein *philosophisches* Ermitteln des Sinnrasters für *Offenbarung* nicht schon von seinen Prämissen her der Ungeschuldetheit von Gnade widerspricht. Anselm behauptet ja ebensowenig wie seine christlichen Gesprächspartner, daß dieses 'Werk der autonomen Vernunft' jedem Menschen (oder *überhaupt* nur einem Menschen) aus eigener Kraft möglich sei. Nicht nur der in cap. II-IV des 'Proslogion' angesprochene 'Tor' wird vermutlich auch nach dem erbrachten Gottesbeweis keine Einsicht zeigen. Cap. I setzt ja vor allem mit einer Klage Anselms darüber ein, daß ihn seine eigenen Sünden daran hindern, das Bild Gottes, das von der Schöpfung her jede menschliche Vernunft ist, wahrzunehmen und angemessen zu betätigen – es sei denn, Gott selbst stelle es wieder her[25].

Im Anselmschen Fragehorizont geht es also zwar durchaus um ein philosophisches Forschen, nämlich um ein rational überzeugendes Ermitteln der allgemeinmenschlichen Verstehensstruktur, die von Offenbarung vorausgesetzt wird, damit sie sinnerschließend sein kann. Dieses Forschen geschieht aber nicht primär in einem Diskurs mit Kollegen aller möglichen 'Couleur', in dem die Frage nach der Relevanz von Offenbarung für das authentische Philosophieren selbst grundsätzlich außer Betracht bleibt. Es handelt sich vielmehr um ein philosophisches Fragen, das sich erst aufgrund der Gnadeninitiative Gottes befreit weiß, durch die aufgehäuften Schichten selbstverschuldeter Unerleuchtetheit hindurch zu dem ursprünglichen, allen Menschen gemeinsamen Boden von Rationalität zurückzufinden.

9.4 Das 'Übereinander' von natürlicher Vernunft und Offenbarung bei Thomas von Aquin

Der Fragehorizont bei Thomas von Aquin ist ein wesentlich anderer. Den wichtigsten Grund für die gewandelte Perspektive wird man in der Wiederentdeckung des 'ganzen Aristoteles' sehen müssen, die sich für das christliche Abendland seit der Mitte des 12. Jahrhunderts vollzog. Vor allem zwei Faktoren dürften hier zusammengewirkt haben.

(1) Einmal ist der *Vermittlungsvorgang* im Blick zu behalten. Es waren jüdische und besonders muslemische Kommentatoren, über deren Hilfe die christlichen Gelehrten in ein Verständnis des Aristoteles hineinfanden, das zur Zeit Anselms aufgrund der Quellenlage noch nicht möglich war. Wie bereits in Kap. 1.2.2 skizziert, kam dadurch eine ganz neue Gesprächssituation zustande. Philosophie er-

[24] S. unten Kap. 9.6.3.

[25] Vgl. Proslogion, cap. I, in: Op. omn., Vol. I, 100, Z. 12-15. – Zum Verhältnis von Gebet und rationaler Spekulation im 'Proslogion' vgl. Y. Cattin, La prière de S. Anselme dans le *Proslogion*.

schien nicht mehr, wie noch die Dialektik des 11. und 12. Jahrhunderts, primär als eine Weiterentwicklung des Freiheitsraums für weltliche Wissenschaft innerhalb des Gesprächs von christlichen Theologen, die über die kirchliche Vermittlung der Vätertradition *auch* auf vor-christliches Gedankengut stießen. Vielmehr fanden sich jetzt die Vertreter der drei großen Offenbarungsreligionen - Judentum, Christentum und Islam - gleichsam an einen Tisch gesetzt, auf dem als gemeinsames philosophisches Textbuch Aristoteles vor ihnen aufgeschlagen lag. Und dieses Textbuch enthielt selbst eine Theologie: Aussagen über einen letzten Grund des geordneten Kosmos, die die Vertreter der drei genannten Religionen als prinzipielles Gemeingut aller, auch der von geschichtlicher Offenbarung nicht erleuchteten Vernunft verstanden. Sie betrachteten es als Basis für ihr im übrigen sehr kontroverses Gespräch über Gott, insbesondere seine geschichtlichen Veranstaltungen zum Heil der Menschen. Bot sich schon von diesen wissenschaftsgeschichtlich neuen Rahmenbedingungen her das Konzept einer Theologie 'auf zwei Stockwerken' - auf der Ebene von Philosophie und der von geoffenbarter Wahrheit - nicht geradezu an?

(2) Der zweite Grund für die gegenüber Anselm geänderte Perspektive des Thomas liegt in der *Philosophie des Aristoteles selbst*. Fragte man in der platonisch-augustinisch geprägten Tradition vornehmlich nach dem aus dem Inneren der Vernunft leuchtenden Licht, so war der Blick des Aristoteles primär auf die 'phantasmata', auf die sinnlich vermittelten Gegebenheiten als Erkenntnisquelle gerichtet. Dementsprechend ging es in der Philosophie nach Aristoteles vor allem um Gegenstandswissen, nicht so sehr um eine Erkenntnis der apriorischen Möglichkeitsbedingungen dafür, wie solche Gegenstände selbst der Vernunft erschlossen werden.

Damit war für das Problem des Verhältnisses von Vernunft und Offenbarung eine ganz andere Ausgangslage als bei Anselm gegeben. Eine philosophische Aussage über Erkenntnis*objekte*, die wesentlich erst durch eine geschichtliche Offenbarung gegeben werden, ist entschieden anders zu bewerten als ein philosophisches Bemühen, das lediglich den *Raster* ermittelt, in dem solche gnadenhaft geoffenbarten Objekte als sinngebend erkannt werden können. Philosophische Erkenntnis von strikten Glaubensgeheimnissen: das ist als *Objekt*erkenntnis schlichthin ein hölzernes Eisen, da hier als Produkt autonomer Vernunft behauptet wäre, was der Definition nach eine heilsgeschichtliche Gabe ist.

Wie stellt sich in diesem neuen Fragehorizont das Verhältnis von Vernunft und Offenbarung bzw. von Philosophie und Theologie für Thomas dar? Seine wichtigsten Aussagen hierzu finden sich in den einleitenden Kapiteln des ersten Buchs der 'Summe gegen die Heiden' [26] und in der ersten 'Quaestio' der 'Summe der Theologie' [27]. Wir gehen zunächst von dem erstgenannten Werk aus, da hier die Gedankenfolge unserer Fragestellung näher liegt als die in der 'Summe der Theologie'.

Die Suche nach der Wahrheit ist die vornehmste Aufgabe des Weisen, nach Auskunft der Schrift wie des Aristoteles (CG I 1). Thomas selbst möchte die Wahrheit darlegen, die der katholische Glaube bekennt, und dabei entgegenste-

[26] Contra Gentiles I, cap. I-IX.
[27] STh I, q. 1 a. 1-8.

hende Irrtümer ausschließen. Letzteres sei nun besonders erschwert in der Diskussion mit dem Islam und den Heiden, weil diese nicht – wie die Juden und Häretiker – wenigstens partiell die Heilige Schrift anerkennen. Hier 'ist es notwendig, auf die natürliche Vernunft zurückzugreifen, der beizustimmen alle gezwungen sind' (cap. II). In bezug auf das, was wir von Gott bekennen, bestehe nämlich ein 'duplex modus veritatis', nicht zwar von seiten Gottes selbst, aber von seiten unserer Erkenntnis. Zum einen gebe es eine Gotteserkenntnis, die jedem Menschen zumindest prinzipiell möglich ist, darüber hinaus aber ein Wissen aufgrund von Offenbarung, zu dem die menschliche Vernunft wesentlich unfähig ist (cap. III; IX). Wie nun ein Bauer die Überlegungen der Philosophie nicht begreifen kann, aber töricht wäre, wenn er aus diesem Grunde behauptete, das vom Philosophen Vorgetragene sei falsch, 'so und noch viel mehr ist der Mensch von übergroßer Torheit, wenn er das, was von Gott her durch den Dienst der Engel offenbart wird, deshalb für falsch hält, weil es mit der Vernunft nicht erforscht werden kann' (cap. III). Auch hinsichtlich jener Gegenstände der Religion, die die natürliche Vernunft an sich erfassen kann, ist es aber angemessen, daß sie als aufgrund einer übernatürlichen Eingebung zu glauben vorgelegt werden ('supernaturali inspiratione credendum traditum'). Denn diese an sich allgemein zugänglichen Wahrheiten werden nur von wenigen, erst nach langer Zeit und zumeist mit Irrtümern vermischt erkannt (cap. IV). Von der Gotteserkenntnis hängt aber doch das ganze Heil des Menschen ab[28].

Von solchen Gegenständen, hinsichlich derer man nur von einer (aufgrund menschlicher Schwäche) bedingten Notwendigkeit "übernatürlicher Offenbarung" [29] sprechen kann, sind diejenigen Glaubenswahrheiten abzuheben, die die menschliche Vernunft prinzipiell nicht zu erkennen vermag und die darum überhaupt nur durch Offenbarung zugänglich sind. Unbedingt notwendig ist ihre Offenbarung, weil der Mensch auf Gott hingeordnet ist als ein Ziel, welches das Begreifen der Natur wesentlich übersteigt. Das Ziel muß dem Menschen ja bekannt sein, wenn er sich darauf ausrichten soll (cap. V)[30].

In der 'Summe gegen die Heiden' läßt Thomas noch weitere Begründungen folgen, die er nicht in den ersten Artikel der 'Summe der Theologie' aufgenommen hat. An dem ersten dieser Argumente tritt der Unterschied zum Denken Anselms besonders deutlich zutage, und es wird verständlich, warum eine moderne, um die Autonomie der Vernunft ringende Philosophie am thomistischen Ansatz zum Offenbarungsbegriff Anstoß nehmen mußte. Nach Thomas ist es auch deshalb notwendig, eine der menschlichen Vernunft nicht zugängliche Wahrheit über Gott als zu glaubende vorzulegen, weil der Mensch so eine adäquatere Gotteserkenntnis bekommt. Gott ist ja etwas, das über das hinausgeht, was gedacht werden kann (aliquid supra id quod cogitari potest). In dieser Auffassung von Gott werde der Mensch nun dadurch bestärkt, daß man ihm einiges über Gott vorlegt, das die

[28] Vgl. STh I, q. 1 a. 1.

[29] Ein mehr als beiläufiger Gebrauch des Terminus 'supernaturalis' findet sich überhaupt erst bei Thomas v. Aquin, vgl. A. Vanneste, Saint Thomas et le problème du surnaturel, bes. 369.

[30] Vgl. STh I, q. 1 a. 1.

Vernunft übersteigt. Die Offenbarung von prinzipiell dem Menschen Unverständlichem über Gott soll seiner besseren Einsicht in das Wesen Gottes und (wie dann im nächsten Argument gesagt wird) seiner größeren Demut im Erforschen der Wahrheit helfen.

Ganz anders das Vorgehen Anselms im 15. Kapitel seines 'Proslogion': "Herr, Du bist also nicht nur, worüber hinaus Größeres nicht gedacht werden kann, sondern bist etwas Größeres, als gedacht werden kann. Weil nämlich etwas derartiges gedacht werden kann: wenn Du das nicht bist, so kann etwas Größeres als Du gedacht werden; was nicht geschehen kann." Hier wird nicht über die Vorlage von Unverständlichem in bezug auf Gott in die Erkenntnis seiner Transzendenz über alles Denken eingeführt, sondern durch tieferes Verstehen des 'id quo maius cogitari nequit'.

Die Zustimmung zu einer strikt übernatürlichen Glaubenssache ist nun allerdings, wie Thomas fortfährt (cap. VI), kein Zeichen für Leichtfertigkeit. Was die Schrift zu glauben vorlegt, wurde durch Wunder und erfüllte Weissagungen legitimiert, vor allem aber durch die Tatsache, daß noch immer Menschen unter Verachtung des Sichtbaren sich allein nach dem Unsichtbaren ausstrecken. "Diese so wunderbare Bekehrung der Welt zum christlichen Glauben ist [...] die sicherste Bestätigung für die vorausgegangenen Zeichen, so daß es nicht notwendig ist, sie fernerhin zu wiederholen, da sie in ihrer Wirkung sichtbar vor Augen stehen. [...] Dennoch säumt Gott auch zu unseren Zeiten nicht, zur Festigung des Glaubens durch seine Heiligen Wunder zu wirken" [31].

Über diese sinnenfällige Legitimation der übernatürlichen Offenbarung hinaus gibt es für die menschliche Vernunft noch die Möglichkeit zu einem Negativbeweis für die Stimmigkeit der Offenbarung: Alle ihr entgegenstehenden Behauptungen, die als Wahrheiten der natürlichen Vernunft ausgegeben werden, müssen sich als nichtig entlarven lassen, da von Gott nichts *gegen* die natürliche Vernunft offenbart wird (cap. VII). Da die sinnenfälligen Dinge in sich eine gewisse Spur der Nachahmung Gottes enthalten, lassen sich schließlich selbst für Offenbarungslehren, die die Vernunft prinzipiell übersteigen, bestimmte Wahrscheinlichkeitsgründe beibringen (cap. VIII).

Folgende Prinzipien ergeben sich also für das Argumentieren: (1) Im Bereich der 'natürlichen', der Vernunft allgemein zugänglichen Theologie sind klare philosophische Beweisgründe zu liefern. (2) Hinsichtlich der nur durch Offenbarung erschließbaren Glaubensgegenstände sind zum einen (negativ) alle entgegenstehenden Vernunftargumente zu widerlegen, darf im übrigen aber (positiv) nur aus der durch Wunder und erfüllte Weissagungen legitimierten Autorität der Schrift argumentiert werden. (3) Einige Wahrscheinlichkeitsgründe soll man zur Übung und zum Trost der Gläubigen anführen, nicht aber als Argumente 'nach draußen', damit die Gegner nicht etwa meinen, der christliche Glaube sei auf solch schwache philosophische Gründe gestützt (cap. IX).

Mit diesen Ausführungen in der 'Summe gegen die Heiden' war *in nuce* bereits zu einem guten Teil die neuzeitliche Offenbarungsproblematik wie auch die Me-

[31] Summe gegen die Heiden, 23.

thode der scholastisch-neuscholastischen Apologetik vorgezeichnet. Dies läßt sich durch den Blick auf einige Überlegungen in der 'Summe der Theologie' noch deutlicher machen. Thomas stellt in der einleitenden Quaestio dieses Werks die Theologie als eine Lehre, die auf göttlicher Offenbarung beruht ('doctrinam quaedam secundum revelationem divinam'), den philosophischen Disziplinen gegenüber, die durch die menschliche Vernunft erforscht werden (Art. 1). Diese Offenbarungslehre sei aber eine wirkliche Wissenschaft (scientia), auch wenn sie von Glaubensartikeln, nicht von vernunftevidenten Prinzipien ausgehe. Es gebe ja auch sonst Wissenschaften, die ihre Prämissen einem übergeordneten Wissen entlehnten, ohne sie innerhalb ihres eigenen Gegenstandsbereichs zu hinterfragen. Wie etwa die Musik ihre Prämissen der Arithmetik entlehnt und 'glaubt' ('credit principia tradita sibi ab arithmetica'), so entlehne die Theologie ihre Prämissen, die ihr von Gott offenbart wurden, der 'scientia Dei et beatorum' (Art. 2). Aus diesem Grund überrage die Theologie auch alle anderen Wissenschaften nicht nur an Würde (wegen ihres Gegenstandes), sondern auch an Gewißheit (certitudo), 'weil die anderen Wissenschaften ihre Gewißheit aus dem natürlichen Licht der menschlichen Vernunft haben, die irren kann, sie selbst aber ihre Gewißheit aus dem Lichte des göttlichen Wissens (scientia) hat, das sich nicht täuschen kann' (Art. 5).

Die Frage, wie sich das göttliche Wissen an menschliches Wissen vermittelt und wie die Gewißheit Gottes zur subjektiven Gewißheit des Menschen wird, bleibt bei Thomas allerdings ohne befriedigende Antwort. Dies läßt sich besonders an dem ersten Argument aufweisen, das der Aquinate auf die Frage: 'Mußte Christus Wunder wirken?' anführt. Der Hauptgrund, warum Gott einem Menschen die Macht, Wunder zu wirken, verleiht, sei die "Bekräftigung der Wahrheit, die jemand lehrt. Denn der Gegenstand des Glaubens übersteigt die menschliche Vernunft; er kann darum nicht durch menschliche Gründe, sondern muß durch ein Zeichen göttlicher Macht bewiesen werden, so daß man jemandem, der Werke vollbringt, die nur Gott wirken kann, glaubt, daß auch seine Worte von Gott stammen, ebenso wie man dem Überbringer eines mit dem Siegelring des Königs gezeichneten Briefs glaubt, daß dessen Inhalt den Willen des Königs ausdrückt" [32].

Offenbarung, das ist also gleichsam der Inhalt eines Pakets, das durch äußere Zeichen als von Gott stammend erkannt werden kann. Auch wenn das Paket geöffnet wird, versteht die Vernunft nicht mehr vom Inhalt als vorher. Ihr kommt es nur zu, nach dem königlichen Siegel zu suchen, das die Glaubensgeheimnisse als für die Vernunft verpflichtend ausweist. Schon hier sind die Prinzipien grundgelegt, die dann später eine 'extrinsezistische' Apologetik entwickelt hat: Zunächst der Beweis für das Dasein Gottes und für die Möglichkeit, daß er sich offenbart; sodann der Erweis der historischen Glaubwürdigkeit der Botschaft Jesu als 'königlicher Botschaft' und des Gegründetseins der kirchlichen Lehrverkündigung in dieser Botschaft. Eine anthropologische Vermittlung des 'Offenbarungsguts' mit Blick auf die Fragestruktur der menschlichen Vernunft entfällt.

[32] STh III, q. 43 a. 1.

9.5 Offenbarung als Problem in der Neuzeit[33]

Wenn im vorigen Abschnitt in knappen Strichen die für die künftige Glaubensverantwortung schwierige Hypothek umrissen wurde, die der Aquinate mit seiner Auffassung des Verhältnisses von Offenbarung und Vernunft hinterließ, so sollte dabei nicht aus dem Blickfeld geraten, was diesen Ansatz von der weiteren Entwicklung noch deutlich unterscheidet. Im aristotelischen Denkhorizont war es wohl nur durch die von Thomas aufgerichtete Schranke zwischen Vernunft und 'übernatürlicher Offenbarung' möglich, der natürlichen Vernunft einen angemessenen Spielraum auch hinsichtlich der in der Theologie zu behandelnden Sachverhalte einzuräumen. Dieser befreiende Charakter für das philosophische Denken bei gleichzeitiger konsequenter Wahrung des Eigenraums der Theologie im Werk des Aquinaten springt in die Augen, wenn man es mit zeitgenössischen Ansätzen, etwa der "*Glaubensreflexion von innen*" [34] bei Bonaventura einerseits und andererseits der Selbstgenügsamkeit der Philosophie bei den 'Averroisten' [35] vergleicht.

Ganze Welten hingegen liegen zwischen der Sicht des Thomas und der Perspektive, aus der Ignatius von Loyola sein berühmtes Diktum formulieren konnte: "Wir müssen immer festhalten, um in allem das Rechte zu treffen: Von dem Weißen, das ich *sehe*, *glauben*, daß es schwarz ist, wenn die hierarchische Kirche es so bestimmt [...]" [36]. Aus dem *Supranaturalismus* bei Thomas war über die nominalistische Auffassung von einer 'doppelten Wahrheit' ein *offenbarungstheologischer Absolutismus* geworden, "welcher das Begründungsdefizit von Offenbarungsbehauptungen auf unbegreifliche Willensdekrete der potentia absoluta Gottes zurückführt und eine fraglose Unterwerfung fordert", und ein "*Offenbarungspositivismus*, welcher für das durch Tradition und Autorität Gesetzte und Gesatzte Glauben fordert allein um seines Gegebenseins willen, durch Gleichsetzung von Positivität und Geltung" [37].

Dieser Offenbarungspositivismus begegnete im 17. Jahrhundert - der Zeit der unerbittlichen Glaubenskriege - im abstoßenden Kontext der verschiedensten miteinander streitenden kirchlichen bzw. kirchlich engagierten politischen 'Absolutheiten'. Die Art und Weise, wie diese Gegensätze in der jeweiligen gesellschaftlichen Situation ausgetragen wurden, bestimmte auch weitgehend die unterschiedliche Schärfe der Auseinandersetzung der Philosophie mit dem Offenbarungsproblem im Zeitalter der Aufklärung. Den in *England* entstehenden 'Deismus' kenn-

[33] Vgl. M. Seckler, Aufklärung und Offenbarung; M. Seckler/M. Kessler, Die Kritik der Offenbarung; G. Heinz, Divinam christianae religionis originem probare; F.-J. Niemann, Jesus als Glaubensgrund; J. Schmitz, Offenbarung, 56-60, 147-163; ferner: Religionskritik und Religiosität in der deutschen Aufklärung.

[34] Vgl. G. Larcher, Modelle, 343.

[35] Die epochale Leistung des Aquinaten gegenüber einer sich von Aristoteles her nahelegenden selbstgenügsamen Philosophie hat eindringlich G. Greshake unterstrichen: Gottes Heil - Glück des Menschen, 357ff. Zum Streit um den Pariser Averroismus vgl. auch: Aufklärung im Mittelalter?, bes. 13-86.

[36] Geistliche Übungen, Nr. 365, zit. nach: P. Knauer, Der Glaube kommt vom Hören, 141 Anm. 181.

[37] Vgl. M. Seckler, Aufklärung und Offenbarung, 33.

zeichnet eine relativ gemäßigte Kritik, die vor allem von der Forderung nach einer Erschließbarkeit der Offenbarung für die Vernunft ausging. In *Frankreich* nahm in dem Maße, wie die absolutistische Verschmelzung von Thron und Altar sich als unerträglich erwies, die Kritik grundsätzlich offenbarungsfeindliche und antikirchliche Züge an, in der eine vernünftige Legitimation für eine gesellschaftlich als Institution anzuerkennende Offenbarungsreligion kaum noch erwogen wurde[38]. In *Deutschland* trat nach dem Dreißigjährigen Krieg eine Ermattung hinsichtlich des öffentlich ausgetragenen Konflikts kirchlicher Rivalitäten ein. Erst nach dem Aufstieg Preußens zur europäischen Großmacht konnte sich die Aufklärung in Deutschland wirklich durchsetzen. Vor allem an den Universitäten des protestantischen Preußens entwickelten sich Voraussetzungen, die es erlaubten, das Verhältnis von Offenbarung und Vernunft in einer Gründlichkeit zu reflektieren, für die andernorts kein vergleichbar günstiger Boden gegeben war[39]. Die folgenden knappen Hinweise beschränken sich auf einige repräsentative Vertreter einmal für das Entstehen des englischen 'Deismus', zum anderen für die Spätphase der Aufklärung in Deutschland.

9.5.1 Herbert von Cherbury und John Toland[40]

Der 'philosophierende Gentleman' und 'great patron of deism', *Herbert von Cherbury* (1583-1648), "darf als Vater der Religions- und Offenbarungskritik der Aufklärung gelten" [41]. Für ihn stellte sich "die Geschichte aller verfaßten Religionen als Geschichte des Abfalls vom reinen Ursprung dar, als Prozeß der Überwucherung und Verdunkelung des Wesentlichen infolge der List und des Truges der Priester, die um ihres Vorteils und ihrer Macht willen die wahre Religion durch Einführung von allerlei Aberglauben und Zeremonien, dazu einer diese exklusiv verwaltenden Hierarchie verdarben" [42]. Nach ihm läßt sich die grundlegende Wahrheit der Religion in fünf Fundamentalsätzen zusammenfassen: (1) Es ist ein höchstes Wesen. (2) Dieses Wesen ist zu verehren; und zwar (3) vornehmlich durch Übung von Tugend und Frömmigkeit. (4) Sünde ist durch Reue und Buße zu tilgen. (5) Nach diesem Leben erwartet uns Lohn oder Strafe.

Diese Fundamentalsätze fungieren zugleich als Kriterien zur Beurteilung aller geschichtlich existierenden Religionen. Dabei werden übernatürliche Offenbarungen nicht grundsätzlich ausgeschlossen. Außergewöhnliche religiöse Erfahrungen wie Inspirationen oder Illuminationen können durchaus Indiz eines offenbarenden Gottes sein. Die Verbindlichkeit des in solchen Offenbarungen Mitgeteilten ist inhaltlich aber an den aufgestellten Grundwahrheiten der Religion zu überprüfen,

[38] Vgl. Ch. J. Betts, Early Deism in France.

[39] Vgl. meine knappe Gegenüberstellung der geistigen Situation im angelsächsischen Raum, in Frankreich und in Deutschland im Zeitalter der Aufklärung: H. Verweyen, Theologie im Zeichen der schwachen Vernunft, Kap. 1.

[40] Wir stützen uns im wesentlichen auf G. Heinz, Divinam...originem, 90-104.

[41] So M. Seckler, Aufklärung und Offenbarung, 41.

[42] Vgl. G. Heinz, Divinam...originem, 97.

die damit in die Stellung von exklusiven, sachlich durch keine Offenbarung überbietbaren Inhaltskriterien einer universal verpflichtenden Religion rücken.

Mit seinem 1696 erschienenen Buch 'Christianity not Mysterious' wurde *John Toland* (1670-1722) zum "Hauptanreger der deistischen Bewegung in England um die Wende vom 17. zum 18. Jahrhundert" [43]. Wie für Herbert von Cherbury ist auch für Toland die Vernunft die einzige Grundlage aller Gewißheit. Nichts, auch keine Offenbarung, darf von der Prüfung durch sie ausgenommen werden. Schärfer als Herbert – der bei Offenbarungen auch mit Wahrheiten rechnet, die die Fassungskraft der Vernunft übersteigen – tilgt Toland jedoch die Kategorie des Geheimnisses im durchschnittlichen theologischen Verständnis völlig, wie schon der Titel des genannten Buches unmißverständlich unterstreicht. Nur das vermag zur Überzeugung zu werden, was wirklich verstanden werden kann. "And as of what is not knowable we can have no Idea, so it is nothing to us" [44].

Dennoch nimmt Toland innerhalb der oft pauschal als offenbarungsfeindliche 'Rationalisten' und 'Naturalisten' abgestempelten Kritiker eine positive Stellung zur Offenbarung ein, die über das Konzept einer pädagogischen Maßnahme bzw. bloßen Introduktion, wie es z. B. bei Lessing, Kant oder dem frühen Fichte bestimmend ist, entschieden hinausweist. Er nimmt im Gegensatz zu Herbert eine von allen Menschen mit Gewißheit wahrnehmbare und deshalb allgemein verbindliche, sogar heilsnotwendige Offenbarung an, die zu einem bestimmten historischen Zeitpunkt ergeht. Dabei handelt es sich um die Kundgabe von geschichtlichen Tatsachen oder Ereignissen, die von keinem Menschen aus eigener Kraft hätten entdeckt werden können. Offenbarung wird hier also nicht nur, wie bei Herbert, als prozedural übernatürlich, sondern auch inhaltlich als Erschließung eines vom Menschen aus Unerreichbaren verstanden. Das entscheidende Kennzeichen wahrer Offenbarung ist aber, daß sie dem Menschen tatsächlich etwas *erschließt*, nicht ein Mysterium im Sinn eines prinzipiellen Fremdkörpers für die Vernunft bleibt.

9.5.2 Gotthold Ephraim Lessing[45]

Lessing hat sich mit Fragen der Religion kaum weniger intensiv als mit den Problemen einer deutschen Literatur auseinandergesetzt. 1753 erschien seine Schrift 'Das Christentum der Vernunft', 1755 'Über die Entstehung der geoffenbarten Religionen'. Am bekanntesten ist sein Streit mit dem Hamburger Pastor J. M. Göze, in den Lessing durch seine Herausgabe der radikal rationalistischen 'Wolfenbütteler Fragmente eines Ungenannten' (1774-1778) verwickelt wurde. Diese Fragmente (des Orientalisten H. S. Reimarus) darf man mit Albert Schweitzer als den eigent-

[43] Vgl. ebd. 98.

[44] Ebd. 100, Anm. 123. Die deutsche Wiedergabe des Satzes dort ist ungenau.

[45] Vgl. bes. A. Schilson, Geschichte im Horizont der Vorsehung; ders., Lessings Christentum; B. Testa, Rivelazione e storia; H. Thielicke, Glauben und Denken in der Neuzeit, 121-155; ferner J. v. Lüpke, Wege der Weisheit.

lichen Beginn der kritischen Leben-Jesu-Forschung betrachten[46]. In der Auseinandersetzung mit Göze – aus dieser Zeit stammen auch die wenigen Seiten 'Über den Beweis des Geistes und der Kraft' (1777) – konnte sich Lessing nicht behaupten: der Herzog von Braunschweig entzog ihm die Zensurfreiheit. So mußte der theologische Kritiker den Rückzug auf seine eigentliche 'Kanzel' antreten: 1778 holte Lessing einen schon 1750 begonnenen Dramen-Entwurf hervor, 1779 erschien 'Nathan der Weise'. Das Fazit der berühmten Ringparabel – Kernstück des Dramas – lautet, daß über die Wahrheit der Religionen allein die authentischere humane Lebenspraxis, nicht die Frage nach einer geschichtlich ergangenen Offenbarung entscheidet.

Doch Lessing blieb bei dieser Aussage nicht stehen. 1780 erschien als sein letztes bedeutendes Werk der in hundert Paragraphen vorgetragene Traktat 'Die Erziehung des Menschengeschlechts'. Hier wird der bleibende Wert der geschichtlichen Offenbarung – in ihren verschiedenen Stadien – für die Entwicklung der Menschheit festgehalten. Sah es im 'Nathan' so aus, als ob sich die Wahrheit des echten Rings nur im menschlichen Tun selbst erweise, abgesehen von jedem göttlichen Einfluß, so wird nun deutlich, daß die Zukunft der Menschen, 'die Zeit eines neuen ewigen Evangeliums' (§ 86), in der Fortgestaltung des durch Offenbarung Gewährten zu erwarten ist, also dessen, was, durch geschichtliche Tradition vermittelt, aus der Hand göttlicher Autorität hervorging.

"Was die Erziehung bei dem einzelnen Menschen ist, ist die Offenbarung bei dem ganzen Menschengeschlechte", so setzt Lessing in § 1 ein[47]. Nachdem die ursprüngliche Offenbarung an den ersten Menschen in ihrer Lauterkeit getrübt worden war, wählte sich Gott ein einzelnes Volk zu seiner besonderen Erziehung, und zwar 'das ungeschliffenste' und 'verwildertste, um mit ihm ganz von vorne anfangen zu können' (§ 8). In diesem Volk erzog er 'die künftigen Erzieher des Menschengeschlechts' (§ 18), wozu ihm ein 'Elementarbuch' an die Hand gegeben wurde (§ 26). 'Aber jedes Elementarbuch ist nur für ein gewisses Alter' (§ 51). Darum mußte schließlich ein 'beßrer Pädagog [...] kommen, und dem Kinde das erschöpfte Elementarbuch aus den Händen reißen. – Christus kam' (§ 53)[48].

Wie sieht Lessing in dieser Schrift nun prinzipiell das Verhältnis zwischen Offenbarung und Vernunft? Bedarf die Vernunft grundsätzlich der Offenbarung, um zu ihrer eigentlichen Bestimmung zu finden? Seine Antwort bleibt zwiespältig[49]. In § 21 betont Lessing, daß die glücklicheren 'Autodidakten' nichts gegen die Notwendigkeit der Erziehung beweisen. In § 77 stellt er die Frage: "Und warum sollten wir nicht auch durch eine Religion, mit deren historischer Wahrheit, wenn

[46] Vgl. den ursprünglichen Titel seiner berühmten 'Geschichte der Leben-Jesu-Forschung': 'Von Reimarus zu Wrede' (1906).

[47] Wir zitieren nach G. E. Lessing, Die Erziehung des Menschengeschlechts, in: ders., GW Bd. 8, 591.

[48] Das enthebt den Christen aber nicht der Notwendigkeit, immer wieder zum Elementarbuch zurückzukehren (§ 68f): Das delikate Verhältnis von Judentum und Christentum, aber auch das von der Offenbarung Israels und der sich frei (etwa bei Persern und Griechen) entwickelnden Vernunft wird von Lessing mit großer Vornehmheit behandelt.

[49] Auch der Versuch eines Ausgleichs, den H. Thielicke, Glauben und Denken, 145-148 vorgelegt hat, vermag mich nicht zu befriedigen.

man will, es so mißlich aussieht, gleichwohl auf nähere und bessere Begriffe vom göttlichen Wesen, von unserer Natur, von unseren Verhältnissen zu Gott, geleitet werden können, *auf welche die menschliche Vernunft von selbst nimmermehr gekommen wäre*?" [50] Und doch heißt es in § 4 unmißverständlich: "Erziehung gibt dem Menschen nichts, was er nicht auch aus sich selbst haben könnte: sie gibt ihm das, was er aus sich selber haben könnte, nur geschwinder und leichter. Also gibt auch die Offenbarung dem Menschengeschlechte nichts, worauf die menschliche Vernunft, sich selbst überlassen, nicht auch kommen würde: sondern sie gab und gibt ihm die wichtigsten dieser Dinge nur früher" [51].

9.5.3 Offenbarung im Horizont der Kantischen Kritik: Johann Gottlieb Fichte

Das Offenbarungsproblem, wie es die Philosophie der Aufklärung in ihren verschiedenen Ausprägungen bewegt, spitzt sich im Horizont der Kantischen Kritik am schärfsten zu, weil hier die Frage nach der autonomen Vernunft am nachdrücklichsten von der *sittlichen* Autonomie her reflektiert wird.

Eine wirklich sittliche Verpflichtung gibt es nur dort, wo sich meine individuelle Vernunft meiner reinen Vernunft beugt, wo sich mein *Wünschen* dem als von Naturtrieben befreiend erfahrenen *sittlichen Wollen* unterordnet. Beuge ich mich einer anderen als dieser inneren Autorität der Vernunft, so ergibt sich eine Heteronomie, die das sittliche Handeln zerstört. Grundsätzlich macht es hinsichtlich solcher Heteronomie keinen Unterschied, ob ich mich einem Gebot Gottes oder der Anweisung eines Duodezfürsten füge, ob ich eine geltende Tradition aufgrund ihrer wirkungsgeschichtlich zustandegekommenen Autorität als verbindlich übernehme oder mich 'nolens volens' in evolutionär eingespielten Verhaltensmustern bewege. Will ich sittlich handeln, so darf ich mich nur dem beugen, was mir meine 'reine praktische Vernunft' von innen her als Gesetz auferlegt. Solange ich unbefragt stehenlasse, ob ich nicht doch letztlich aus anderen Motiven heraus handele (etwa über eine bloße Internalisierung von Fremdbestimmungen durch Natur oder Gesellschaft), handele ich nicht wirklich sittlich.

In der konkreten Entscheidungssituation mag es zwar schwer sein auszuschließen, daß nicht doch zumindest ein Rest von Heteronomie mein Tun bestimmt – etwa in der unbesehenen Übernahme traditionell geltender Maßstäbe. Erst recht wird es *nach* einer Tat zumeist unmöglich sein, sicher zu sagen, ob ich wirklich frei im Sinne der reinen sittlichen Vernunft gehandelt habe oder doch aufgrund anderer Motive. Aber 'Aufklärung' impliziert nach Kant die unermüdliche Suche, dem Anspruch von *Geltung*, den Normen bzw. Maximen erheben, auf den letzten Grund ihrer *Gültigkeit* nachzugehen.

Wie läßt sich von hierher Offenbarung, d. h. ein auf geschichtlichem Wege an mich herangetragener verbindlicher Anspruch Gottes, überhaupt als der sittlichen Autonomie nicht widersprechend oder gar notwendig verstehen? Die Annahme

[50] G. E. Lessing, Die Erziehung des Menschengeschlechts, 610f (meine Hervorhebung).
[51] Ebd. 591.

einer Offenbarung stellt kein Problem dar, insofern ich einen als vernünftig erkannten sittlichen Anspruch *sekundär* auf Gott zurückführe als den Urheber nicht nur der Natur, sondern auch der sittlichen Ordnung. Ähnlich wie Lessing Offenbarung als Erziehungsmaßnahme Gottes auf dem Wege des Menschengeschlechts zur Emanzipation versteht, läßt zudem auch Kant Offenbarung als zu bestimmten Zeiten notwendige 'Introduktion' einer höheren sittlichen Einsicht gelten – etwa die Offenbarung Jesu als Ablösung der ritualverhafteten Religion Israels (die Kant allerdings weniger positiv einschätzt als Lessing)[52]. Das alles ergibt aber bestenfalls eine akzidentelle Notwendigkeit von Offenbarung, die letztendlich immer als bloße 'Leiter' anzusehen ist. Nach Erklimmen der höheren Ebene kann diese Leiter abgestoßen werden, und prinzipiell bedarf die Vernunft ihrer auch nicht.

Offenbarung im Sinn von Judentum, Christentum und Islam meint aber etwas grundsätzlich anderes, nämlich die Kundgabe eines göttlichen Anspruchs als *von außen* an meine Vernunft herangetragen, nicht aus ihrer eigenen Intentionalität gezeugt oder produzierbar. Sie wird hier als Gabe eines Anderen verstanden, die diesen Charakter als Gabe unauslöschlich behält. In diesem Sinn war Offenbarung für Kant nicht akzeptabel. Erst Fichte hat eine entscheidende Brücke zu diesem Offenbarungsverständnis im eigentlichen Sinn geschlagen. Dies soll im folgenden in knappen Umrissen gezeigt werden[53].

Es ist nicht ganz von ungefähr, daß die – durch Absicht oder Versehen des Verlegers – anonym erschienene Erstausgabe des 'Versuchs einer Kritik aller Offenbarung' von 1792 für eine (langerwünschte) Religionsschrift aus der Feder Kants gehalten wurde. Fichte geht in diesem Erstling das Offenbarungsproblem konsequent auf der Grundlage der drei Kantischen Kritiken an. Worin liegt sein über Lessing und Kant hinausweisender Beitrag?

Zumindest für einen bestimmten Fall glaubt Fichte die Notwendigkeit einer Offenbarung aufzeigen zu können, nämlich wenn es zu einem völligen Verfall vernünftiger Wesen in Rücksicht auf Sittlichkeit käme. Unter diesen Umständen könnte der der Ruf des Sittengesetzes nur durch eine besondere Initiative Gottes in der Sinnenwelt an solche Menschen herangebracht werden. In der Tat läßt sich nach Fichte "a priori wol denken, daß die Menschheit entweder von ihrem Ursprunge an, oder durch mancherley Schicksale in so eine Lage habe kommen können, daß sie, in beständigem harten Kampfe mit der Natur um ihre Subsistenz, genöthigt gewesen sey, alle ihre Gedanken stets auf das, was vor ihren Füßen lag, zu richten, auf nichts denken zu können, als auf das Gegenwärtige, und kein ander Gesetz hören zu können, als das der Noth" [54]. Auf diese Weise vermag Fichte im Ausgang von den Prinzipien Kants, aber über die Konzeption von Offenbarung als einer bloßen Erziehungs- bzw. introduktorischen Maßnahme bei Lessing und

[52] Vgl. etwa I. Kant, Die Religion innerhalb der Grenzen der bloßen Vernunft (1793), 2. Aufl., Akad.-Ausg. VI, 125ff.

[53] Vgl. meine ausführlichere Darstellung in der Einleitung zu: J. G. Fichte, Versuch einer Kritik aller Offenbarung (1792) (Literatur!). Zur Monographie von M. Kessler, Kritik aller Offenbarung, vgl. meine Besprechung in: ThRv 83 (1987) 217f. Die aktuellste, alle neuere Literatur einbeziehende Darstellung findet sich bei M. M. Olivetti, Introduzione.

[54] J. G. Fichte, Kritik aller Offenbarung, in: GA I,1, hier 56f.

Kant hinausgehend, wirklich eine strikte, wenn auch bedingte Notwendigkeit von Offenbarung aufzuweisen, indem er die unter dem Sittengesetz stehende Freiheit als universales Prinzip systematisch, d. h. unter Einbezug auch ihrer größten Entfremdungsmöglichkeit in der Geschichte, denkt.

Allerdings bleibt auch dieser Versuch im Hinblick auf das zentrale Problem von Offenbarung aporetisch. Gott dürfte wohl seine ganze Macht einsetzen, um die (der Voraussetzung nach) jedem sittlichen Gefühl entfremdeten Menschen dazu zu bewegen, ihn wenigstens *anzuhören*. Die Anforderung, ihm zu *gehorchen*, darf aber nur an die neu geweckte autonome Einsicht appellieren. Offenbarung bliebe auch so nur äußerer Anstoß zum moralischen Handeln, wäre nicht für dieses selbst konstitutiv.

Der entscheidende Schritt zur prinzipiellen Lösung des Offenbarungsproblems findet sich in Fichtes Deduktion von Interpersonalität in §§ 1-3 der 'Grundlage des Naturrechts' (1796), von der wir bei unserer systematischen Erörterung der Frage in Kap. 7.2 ausgegangen sind. Fichte weist als transzendentale Bedingung der Möglichkeit jedes individuellen Selbstbewußtseins den anerkennend-auffordernden Akt eines anderen Vernunftwesens auf, in dem sich das angesprochene Ich erstmals seiner Freiheit bewußt werden kann: Die mich in Anspruch nehmende Anrede eines anderen Vernunftwesens behindert nicht notwendig meine Freiheit; sie ist vielmehr unabdingbar, damit meine Autonomie sich überhaupt entfalten und die Evidenz des Sollens konstituiert werden kann.

Diesen wichtigen Gedanken macht Fichte zunächst aber nur bei der Grundlegung der Naturrechtslehre und der Ethik fruchtbar. Ab 1800 wird er dann im Rahmen der Philosophie der Geschichte aufgenommen, zunächst allerdings im Zusammenhang einer recht abstrusen Theorie von zwei konkurrierenden 'Urvölkern' - einem 'Normalvolk', das die inhaltliche Komponente in die geschichtliche Dialektik eingeführt habe (die naiv erfaßte Materie der Sittlichkeit, ohne alles Freiheitsbewußtsein), und einem Volk 'roher, erdgeborener Wilder', das das nackte Prinzip der Freiheit ohne jede inhaltliche Bindung beisteuert.

Eine dem Gedanken von 1796 adäquate Durchdringung des Offenbarungsproblems deutet sich erst in den beiden letzten Jahren des Fichteschen Schaffens an, vor allem in seiner neugefaßten 'Sittenlehre' von 1812 und der 'Staatslehre' von 1813. In seiner Sittenlehre von 1798 hatte Fichte Kirche als die grundlegende Institution begriffen, in der die moralischen Überzeugungen aller zur Wechselwirkung gebracht werden können. Als notwendigen gemeinsamen Ausgangspunkt dieser Wechselwirkung sah er ein kirchliches Bekenntnis an, ein 'Symbol', in dem sich die Überzeugung von einer übersinnlichen Wahrheit in eine sinnliche Hülle kleidet, das aber prinzipiell nur 'Notsymbol' sein dürfe, d. h. stets möglicher Veränderung und Verbesserung offenstehen müsse. Völlig im dunkeln blieb 1798 noch, wie ein Symbol zustande kommt und was ihm Geltung verleiht.

1812 führt Fichte das Entstehen eines solchen Symbols nun ausdrücklich auf Offenbarung zurück: Der Begriff davon, daß alles erscheinende Sein Bild Gottes werden soll, "bricht eben irgendwo in der Welt durch zum Bewußtsein, und zwar, so gewiß es der absolute Begriff ist, in einem sittlichen Bewußtsein, mit dem Auftrage: mitgetheilt zu werden und verbreitet, soweit es irgend möglich ist. Dies geschieht, so gewiß es ein ursprüngliches Durchbrechen ist, dessen, was in der Welt noch nirgends vorhanden ist, auf eine unbegreifliche, an kein vorheriges Glied anzuknüpfende Weise; g e n i a l i s c h, als O f f e n b a r u n g" [55].

In diesem Zusammenhang kommt Fichte dann auch zu einer Neubestimmung des prinzipiellen Verhältnisses von Offenbarung und autonomer, philosophischer Vernunft. Offenbarung spricht die freie sittliche Vernunft an und drängt letztlich darauf, nicht nur glaubend angenommen, sondern in eigener Kraft der Vernunft reflektiert zu werden. Philosophie ist wesentlich Nachvollzug des durch Offenbarung eröffneten sittlichen Glaubens. "Philosophie setzt ihn voraus: sie muß schon h a b e n das Objekt, das sie sehen will im klaren Lichte. Aber der sittliche Glaube kommt in das faktische Dasein nur durch Offenbarung, Inspiration. Alle Philosophie darum, obwohl sie in Absicht der Form weghebt durchaus über alle Kirche, geht dennoch ihrem faktischen Sein nach aus von der Kirche und ihrem Princip, der Offenbarung. Der Philosoph ist darum und bleibt Mitglied der Kirche, denn er ist im Schooße der Kirche nothwendig erzeugt, und von ihr ausgegangen" [56].

Vom Systemansatz Fichtes aus - dies versuchten wir im relativ engen Anschluß an Fichte in den Kapiteln 6-7 zu zeigen - läßt sich das Verhältnis von autonomer Vernunft und geschichtlicher Offenbarung angemessen bestimmen. Seine eigenen, über den ersten Lösungsversuch von 1792 hinausgehenden Ausführungen zu diesem Problem sind allerdings fragmentarisch geblieben und wurden in der Fundamentaltheologie noch nie systematisch aufgegriffen[57]. Als die oben zitierten Erörterungen in der Sittenlehre von 1812 erstmals aus dem Nachlaß publiziert wurden, beherrschte das Denken Hegels die Diskussion. Von dieser Warte her nahm sich das Problem einer geschichtlichen Offenbarung, wie es die Zeit der Aufklärung bewegte, als im Prinzip falsch gestellt aus. Die Weltgeschichte insgesamt schien nach dem Ansatz der Identitätssysteme Schellings und Hegels überhaupt nur als fortschreitende Offenbarung Gottes philosophisch faßbar zu sein. Der Preis für diese Lösung war allerdings hoch: weder die Autonomie von Subjekten, die erst im sittlichen Anspruch zu wirklicher Freiheit finden, noch die Souveränität eines sich im unbedingten Wort äußernden Gottes dürften sich von diesem Systemansatz her wahren lassen. Überdies scheint gerade die jüngere Forschung der alten Frage neues Gewicht zu verleihen, ob nicht D. F. Strauß und L. Feuerbach als die rechtmäßigen Erben der Hegelschen Religionsphilosophie insgesamt anzusehen sind[58].

[55] SW XI, 105.

[56] Ebd. 115.

[57] Die Gesamtentwicklung der Fichteschen Religionsphilosophie wurde bisher überhaupt nur von einem Autor gründlich untersucht: Emanuel Hirsch (vgl. die in meinem Beitrag 'Sein, Bild, Interpersonalität, 116 Anm. 1 genannten Arbeiten). Seine schon lange zurückliegenden Studien könnten im Licht der neueren Forschung, vor allem aufgrund des jetzigen Editionsstands, entschieden weiter geführt werden. Einen beachtenswerten Versuch in dieser Richtung hat D. Schmid unternommen (vgl. ders., Religion und Christentum; vgl. dazu auch meine Rezension in: ThPh 94 (1998) 279-281).

[58] Vgl. W. Jaeschke, Vernunft in der Religion (vgl. dazu meine Besprechung in: ThRv 85 (1989) 145-148).

Der Stand der kritischen Edition zumindest der Werke Fichtes und Hegels – die Spätphilosophie Schellings, deren rein philosophischer Charakter umstritten bleibt[59], nimmt ohnehin eine Sonderstellung ein – erlaubt es mittlerweile, die für das Offenbarungsproblem entscheidenden Fragen in einer adäquateren Weise anzugehen, als dies bisher möglich war. Die Dringlichkeit einer solchen Aufgabe braucht kaum eigens hervorgehoben zu werden.

9.6 Die Antwort der Apologetik und Fundamentaltheologie

9.6.1 Die Frage nach der Notwendigkeit von Offenbarung im sich entwickelnden Offenbarungstraktat

Wie in Kap. 9.4 gezeigt, gibt Thomas von Aquin vor allem zwei Gründe für die Notwendigkeit einer Offenbarung an. Der eine Grund – der nicht die Notwendigkeit einer übernatürlichen Offenbarung an sich betrifft – resultiert aus dem faktischen Unvermögen der menschlichen Natur, Gott so zu erkennen, wie es an sich in ihrer Reichweite liegt. Um diesen Mangel zu beheben, bedarf es einer Instruktion durch göttliche Offenbarung. Der zweite Grund zielt auf die übernatürliche Offenbarung als solche. Der Mensch ist auf Gott hin als ein Ziel ausgerichtet, das die Fassungskraft der Vernunft grundsätzlich übersteigt. Um diesem Ziele entsprechend handeln zu können, muß ihm darüber eine übernatürliche Offenbarung im strikten Sinn zuteil werden. In der 'Summe gegen die Heiden' (CG I, 5) fanden wir darüber hinaus das Argument, der Mensch werde durch über die Vernunft hinausreichende Wahrheiten deutlicher darauf gestoßen, daß Gottes Wesen alles menschliche Erkennen übersteigt.

Der neuzeitliche Offenbarungstraktat der Apologetik und späteren Fundamentaltheologie bewegt sich bei der Frage nach der Notwendigkeit von Offenbarung weitgehend im Rahmen dieser Vorgaben, mit einer bemerkenswerten Abweichung allerdings. Besonders am Beginn der Entwicklung des apologetischen Traktats über die Offenbarung waren Denker reformatorischer Herkunft führend, und hier wurde die Satisfaktionstheorie Anselms von Canterbury vielfach als zentral angesehen. So argumentiert etwa der hugenottische Staatsmann Philippe Duplessis-Mornay, dessen 1581 publiziertes Werk 'De veritate religionis christianae' für die Folgezeit von großem Einfluß war, ganz im Sinne Anselms, daß durch die Sünde des Menschen Gottes Schöpfungsplan vereitelt würde, wenn er sich nicht selbst als Retter offenbarte[60]. Wir können diese Seitenlinie übergehen, insofern hier ein Offenbarungsbegriff vorausgesetzt wird, der nicht im Zentrum der Kritik der Aufklärung stand.

Kennzeichnend für den Hauptstrang der anti-deistischen bzw. anti-naturalistischen Apologetik ist ein Hin-und-Her-Gehen zwischen dem Sekundärargument

[59] Vgl. ebd. 434.
[60] Vgl. G. Heinz, Divinam...originem, 37ff; zum Weiterwirken dieser Argumentation noch im 18. Jhdt. vgl. ebd. 149 (zu Fr. Lami) und 221 (zu J. Carpov).

bei Thomas (aus der Unvollkommenheit der menschlichen Vernunft) und einer gegenüber Anselm stark reduzierten Wiederherstellungslehre, daß nämlich die Vernunft durch den Sündenfall unfähig zur Erkenntnis der ihr eigentlich nicht unzugänglichen Forderungen der Religion geworden sei und darum eine Offenbarung nötig wurde[61]. Auch diese Argumentation trifft aber nicht die Kritik am Begriff einer Offenbarung von etwas, das die Vernunft schlechthin übersteigt. Denn wenn Gott dem gefallenen Menschen lediglich das klarmacht, was ihm durch seine Sünde entfallen war, dann müßte zumindest nachträglich die Vernunft das ihr eigentlich schon immer Mögliche wiedererkennen können.

So bleiben zwei Argumente, die nun wirklich auf das Übernatürliche als solches zielen. Das erste ist das genannte 'Transzendenz'-Argument des Aquinaten, das jetzt aber nominalistisch im Sinne der 'potentia absoluta' Gottes verschärft erscheint: Gott beweist seine Majestät und sein höchstes Recht uns gegenüber am besten, "wenn er uns Dinge zu glauben und zu tun vorschreibt allein um seiner selbst und seiner Autorität willen ohne Einsicht in die inneren Gründe" [62]. Das andere Argument ist eigentlich nur eine Konkretisierung desselben positivistischen Grundgedankens: Der natürlichen Vernunft sei sozusagen nur eine 'Erstausstattung' mitgegeben worden. Damit war der Mensch aber noch nicht in der Lage, Gott angemessen zu verehren. Dazu mußte Gott die entsprechenden Kultanweisungen durch eine über das von der Vernunft selbst Erkennbare hinausgreifende Offenbarung nachschicken[63].

Solche Argumente waren natürlich alles andere als geeignet, die Bedenken der Kritiker des Offenbarungspositivismus zu zerstreuen. Dies wurde auch mehr und mehr von den führenden Apologeten selbst erkannt, die schließlich vermieden, von einer *Notwendigkeit* der Offenbarung schlechthin übernatürlicher Lehren zu reden. So spricht schon Joseph Hooke in seinem Werk 'Religionis naturalis et revelatae principia' (1752-54) nur von einem Beweis der Möglichkeit und Wünschbarkeit jener Offenbarung[64]. Entschiedener wird diese Position seit der zweiten Hälfte des 18. Jahrhunderts vertreten[65] und dann vor allem an der Schwelle zum Ersten Vatikanischen Konzil, im Anschluß an Bruno F. L. Liebermanns 'Institutiones theologicae' (1819-27), denen zufolge a priori bestenfalls die höchste Nützlichkeit einer schlechthin übernatürlichen Offenbarung, nicht aber deren Notwendigkeit erwiesen werden kann[66].

Damit ergab sich allerdings die Frage, ob im Blick auf eine übernatürliche Offenbarung der Erwartungshorizont des Menschen nicht von einem Moment der Beliebigkeit bestimmt sei, ob er nicht im Prinzip auch ohne sie auskommen

[61] Vgl. ebd. 70f (zu Elizalde), 167 (zu Hooke), 180 (zu Gerbert), 233, 250 (zu Gazzaniga); zum Argument aus der verdorbenen Vernunft speziell ebd. 30f (zu Vives), 114f (zu Amyraut), 115 (zu Musäus), 120 (zu Abbadie), 139f (zu Nösselt), 148 (zu Lami), 249 (zu Gazzaniga), 277 (zu Liebermann).

[62] Vgl. ebd. 139 (zu Nösselt).

[63] Vgl. ebd. 155 (zu Pichler), 161 (zu Buffier), 174 (zu Valsechi), 180 (zu Gerbert), 233, 249 (zu Gazzaniga), aber auch 192 zur scharfen Kritik Stattlers an diesem Standardargument.

[64] Vgl. ebd. 163, 167.

[65] Vgl. ebd. bes. 259 (zu St. Wiest).

[66] Vgl. ebd. bes. 277.

könne. Aus dieser Sackgasse der traditionellen Apologetik bei der Frage nach der inneren Verwiesenheit aller menschlichen Vernunft auf eine übernatürliche Offenbarung im strikten Sinn hat erst Maurice Blondel mit seiner 'Immanenzmethode' herausgeführt.

Wenn wir im folgenden nur auf Blondel und den anthropologischen Ansatz Karl Rahners, nicht aber auf für die Fundamentaltheologie so wichtige Autoren wie J. S. von Drey, A. Günther und J. N. Ehrlich eingehen[67], so einmal aus dem naheliegenden Grund, daß eine Diskussion dieser 'Gegenströmung' zur scholastischen Tradition im 19. Jahrhundert den Rahmen eines 'Grundrisses der Fundamentaltheologie' sprengen würde. Sie könnte nur unter Einbezug der Hegelschen und Schellingschen Philosophie über eine oberflächliche Information hinausführen. Eine wenigstens kurze Darstellung der Neuaufbrüche zur Bestimmung des Verhältnisses von Offenbarung und Vernunft bei M. Blondel und K. Rahner ist hingegen schon wegen ihres großen Einflusses auf die Entwicklung der katholischen Theologie des 20. Jahrhunderts unverzichtbar. Systematisch sind sie im Rahmen unserer Fragestellung überdies von größerer Wichtigkeit als etwa die Ansätze der sog. 'Tübinger Schule', deren Schwerpunkt in einer – heute, wie mir scheint, kaum noch assimilierbaren – universalgeschichtlichen Thematisierung der Offenbarungsfrage liegt.

9.6.2 Der Neuaufbruch bei Maurice Blondel

Man wird im Frühwerk Blondels[68] den Niederschlag der vielleicht abenteuerlichsten Unternehmung innerhalb der Geschichte der Fundamentaltheologie sehen dürfen. Selbst im wohlbehüteten Raum katholischer Glaubensüberzeugung aufgewachsen, aber mit einem sich schon früh schärfenden Blick für die Radikalität antikirchlicher Grundhaltungen im nachrevolutionären Geistesleben Frankreichs, entscheidet sich Blondel dafür, den tiefgreifenden Widerstreit nicht durch halbherzige Assimilationsversuche oder ängstliches Abblocken von Fragen, sondern an der Wurzel auszutragen. Den Weg über die École Normale Supérieure, die damals berühmteste Schule des säkularen Denkens, zum Doktorat an der Sorbonne geht er in dem Bewußtsein, daß die Wahrheit des fleischgewordenen Wortes sich nur bewähren kann, indem die Spuren dieses Wortes immer wieder am Ort der äußersten Entfremdung von seiner tradierten Gestalt aufgesucht werden.

[67] Vgl. die Einführungen bei F.-J. Niemann, Jesus als Glaubensgrund, 301-358; L. Scheffczyk, Die Tübinger Schule, zu J. S. v. Drey: 86-92; J. Reikerstorfer, A. Günther und seine Schule; ders., Fundamentaltheologische Modelle der Neuzeit. § 2. Unter den neueren Monographien vgl. bes. E. Tiefensee, Die religiöse Anlage und ihre Entwicklung; Ch. Kronabel, Die Aufhebung der Begriffsphilosophie; B. Osswald, Anton Günther.

[68] Zur Einführung vgl. bes. den ausgezeichneten Artikel von P. Henrici, Maurice Blondel (1861-1949) und die 'Philosophie der Aktion', (Literatur!); vgl. auch H. Verweyen, Logik der Tat, 311-320; ders., Methodik der Religionsphilosophie. Zum aktuellen Stand der Literatur vgl. die Datenbank http://www.ub.uni-freiburg.de/referate/02.

'L'Action' von 1893 ist die Frucht dieses Weges, dessen Methodologie Blondel in der 'Lettre' von 1896[69] mit großer Präzision expliziert. Von diesen Überlegungen wollen wir zunächst ausgehen (1), um dann einen kurzen Blick auf 'L'Action' selbst zu werfen (2).

(1) Ein wohlmeinender Rezensent hatte die Annahme vertreten, Blondel wolle 'die christliche Apologetik auf den Boden der Psychologie' zurückverlegen[70]. Dieses fundamentale Mißverständnis nimmt Blondel zum Anlaß, um in der 'Lettre' seine eigene Methode zunächst in sechs Schritten von unzureichenden Versuchen, Vernunft und Offenbarung in Beziehung zu setzen, abzugrenzen.

(a) In einer Schärfe, die an entsprechende Aussagen des Aquinaten erinnert[71], distanziert sich Blondel zunächst von aller Pseudophilosophie ('fausse philosophie'), die sich mit nur 'ad hominem' gültigen Argumenten im Dienst der Apologetik zufriedengibt[72].

(b) Ebenso konsequent weist er den Versuch zurück, Ergebnisse der empirischen Wissenschaften in eine strikt philosophische Beweisführung einzubringen[73]: Entstehungsgrund und Funktion der positiven Wissenschaften lassen sich – dies hatte Blondel in 'L'Action' (Teil III, 1. Schritt) gezeigt – innerhalb eines Gesamtsystems des menschlichen Handelns genau bestimmen[74]. Dann darf man ihre Kategorien aber nicht als Stützpfeiler einer Philosophie benutzen, der es um den Sinn des Menschen im ganzen geht.

(c) Mit seiner dritten Abgrenzung[75] rührt Bondel an den Nerv der traditionellen Apologetik. Im Offenbarungstraktat hatte man sich zunehmend darauf beschränkt, zunächst bloß den Aufweis der Nicht-Unmöglichkeit einer übernatürlichen Offenbarung von seiten Gottes zu führen und dann sogleich den historischen Tatsachenbeweis (aus Wundern und erfüllten Weissagungen) folgen zu lassen, daß eine solche Offenbarung wirklich ergangen sei. Blondel markiert genau den Mangel dieser, wie er sie in 'Histoire et Dogme' (1904) nennen wird, 'extrinsezistischen' Argumentation:

"Nein, es reicht nicht, daß es einerseits keine anerkannte Unmöglichkeit und anderseits reale Tatsachen gibt, damit die Verbindung dieses Möglichen mit jenem Wirklichen sich meinem Bewußtsein aufdrängt, meine Vernunft verpflichtet und mein ganzes Leben beherrscht. Wieso muß ich denn dieses Faktum zur Kenntnis nehmen, da ich doch an so vielen nicht weniger realen Fakten kein Interesse zu zeigen brauche? Wieweit kann ich bei einer freien Enthaltung zur Verantwortung gezogen werden? Lauter unbeantwortete Fragen, denn es genügt nicht, auf getrennten Wegen die *Möglichkeit* und die *Wirklichkeit* zu begründen, man muß dar-

[69] Vgl. Kap. 5 Anm. 13. Wir zitieren nach der deutschen Übersetzung in: M. Blondel, Zur Methode der Religionsphilosophie.

[70] Vgl. ebd. 103.

[71] Vgl. STh I, q. 46, a. 2.

[72] Vgl. Zur Methode der Religionsphilosophie, 106-108.

[73] Vgl. ebd. 108-111.

[74] Zur Intensität von Blondels Auseinandersetzung mit den positiven Wissenschaften auf dem Hintergrund der wissenschaftstheoretischen Diskussion im 19. Jh. vgl. die sorgfältige Untersuchung von M. Conway, The Science of Life.

[75] Vgl. Zur Methode der Religionsphilosophie, 111-115.

über hinaus noch die *Notwendigkeit für uns* erweisen, uns an diese Wirklichkeit des Übernatürlichen zu binden" [76].

Allerdings findet sich in diesem Zusammenhang eine Einseitigkeit, die das ganze Programm einer 'Immanenzapologetik' in den Augen der 'Fundamentaltheologen vom Fach' auf lange Zeit suspekt machen wird. Blondel erweckt den Anschein, als ob die Frage nach der Feststellbarkeit einer tatsächlich ergangenen Offenbarung sekundärer Natur sei. Vor allem seine Bemerkungen zum Wesen der Wunder – "Die Wunder sind [...] nur in den Augen derer wirklich wunderbar, die bereits reif genug sind, das göttliche Handeln in den gewöhnlichsten Ereignissen zu erkennen" [77] – scheinen anzudeuten, daß die ganze Frage, wie ein Offenbarungsfaktum sich von der begegnenden Wirklichkeit selbst her auszuweisen vermag, im Grunde nicht methodisch adäquat angegangen werden kann und strenge Wissenschaftlichkeit nur dem philosophischen Aufweis der Hingeordnetheit des Menschen auf Offenbarung zukommt.

(d-e) Die Frage nach der rechten Methode einer Apologetik, die nicht bloß extrinsezistisch argumentieren, sondern eine Hinordnung auf Offenbarung vom Innern des Menschen her aufweisen möchte, beschäftigt Blondel in den beiden nächsten Abgrenzungen[78]. Für die heutige Diskussion, in der im Anschluß an Paul Tillich oft allzu unbefangen eine Methode der 'Korrelation' propagiert wird, ist noch immer Blondels Kritik an einem 'Konvenienzbeweis' aktuell, der (im Anschluß an den Romantizismus Chateaubriands) das Christentum als Erfüllung der höchsten Regungen des Menschenherzens empfehlen wollte. Blondel sieht klar, daß, wenn das Christentum als eine passende Ergänzung zum Menschlichen erscheint, es in dieser Akkommodierbarkeit zum bloßen Humanismus wird. Der Anspruch der Übernatürlichkeit der Offenbarung und Ungeschuldetheit der Gnade fällt dahin.

(f) Blondels Kritik an der scholastisch-neuscholastischen Apologetik[79] (die im Zusammenhang mit dem dritten Teil der 'Lettre' gelesen werden sollte) gehört zu den mutigsten und erfrischendsten Aussagen des im Hinblick auf die geltende katholische Lehre eher skrupulösen Philosophen, hat aber auch wesentlich zu dem Aufbau einer starren Front beigetragen, die dann bald im Kampf gegen den 'Modernismus' die katholische Theologie für ein halbes Jahrhundert ins Getto manövrierte.

Auf dem Hintergrund dieser Abgrenzungen umreißt Blondel dann im zweiten Teil der 'Lettre' die in 'L'Action' verfolgte Methode – mit einer Präzision, die es nahelegt, hier einfach einige Zitate für sich sprechen zu lassen. Auf der einen Seite, so stellt er gleich zu Eingang heraus, ist Grundbedingung des modernen Denkens der Begriff der *Immanenz*, der Gedanke,

"nichts könne in den Menschen eingehen, was nicht aus ihm hervorgeht und nicht in irgendeiner Weise seinem Expansionsbedürfnis entspricht. Es gibt für ihn weder als historisches Fakum noch als tradierte Lehre noch als von außen aufer-

[76] Ebd. 112f.
[77] Ebd. 114.
[78] Vgl. ebd. 116-128.
[79] Vgl. ebd. 128-135.

legte Verpflichtung etwas Wahres, das zählt, ein Gebot, das annehmbar wäre, falls es nicht in irgendeiner Weise autonom und eingeboren ist. – Auf der anderen Seite aber ist christlich oder katholisch nur, was *übernatürlich* ist – nicht bloß transzendent im einfach metaphysischen Wortsinn (denn schließlich kann man auch Wahrheiten und Wirklichkeiten annehmen, die höherer Art sind als wir, deren Bejahung trotzdem immanent ist, insofern sie aus dem Grund unseres Selbst hervorgehen) –, sondern im eigentlichen Sinn übernatürlich; d. h. daß es dem Menschen unmöglich ist, das aus sich hervorzuholen, was dennoch seinem Denken und Wollen auferlegt werden soll" [80].

"[...] nicht das Objekt oder das Geschenk, sondern die Form und das Faktum des Geschenktseins [ist] das eigentliche Hindernis [...]. Selbst wenn wir (das Unmögliche einmal vorausgesetzt) aufgrund einer wahrhaft genialischen Anstrengung fast den gesamten Buchstaben und Inhalt der geoffenbarten Lehre einholen würden, hätten wir noch nichts, schlechterdings nichts vom christlichen Geist, denn der ist nicht aus uns. Ihn nicht als empfangen und geschenkt, sondern als von uns gefunden und ausgegangen zu besitzen, heißt, ihn überhaupt nicht besitzen. Das eben ist das Ärgernis der Vernunft. Genau darauf muß man im Gespräch mit unseren Zeitgenossen, die sich vom Denken leiten lassen, achten, um an den wunden Punkt des philosophischen Bewußtseins zu rühren" [81].

Gerade für dieses dem Menschen völlig Ungeschuldete und Unverfügbare muß man nun aber, um das Offenbarungsproblem angemessen zu behandeln, im Menschen eine strenge philosophische Notwendigkeit aufweisen.

"Handelte es sich bei dem Christlichen nur um eine beliebig auf unsere Natur und Vernunft aufgesetzte Überzeugung oder Praxis, könnten wir uns ohne diese Zugabe in unserer ganzen Fülle entfalten und stünde es uns frei, uns überlegt und ungestraft dem Bedrängenden der übermenschlichen Gabe zu versagen, so gäbe es keinerlei einsichtige Kommunikation zwischen den beiden Stockwerken, deren eines, vom Standpunkt der Vernunft her betrachtet, immer noch so wäre, als bestünde es nicht. [...] Auf diese Weise ließe sich für die Philosophie angesichts einer Offenbarung überhaupt kein Problem stellen. Wenn aber die Offenbarung uns sozusagen bei uns selber aufsucht und uns bis in unser Innerstes hinein verfolgt [...]: dann erfolgt Begegnung, dann bricht die Schwierigkeit auf und ist das Problem gestellt. Wenn die Forderungen der Offenbarung wirklich begründet sind, dann kann man nicht sagen, daß wir bei uns selber völlig im Eigenen weilten. Und von dieser Unzulänglichkeit, dieser Unfähigkeit und diesem Angefordertsein muß es im Menschen als bloßem Menschen eine Spur geben und einen Widerhall noch in der autonomsten Philosophie" [82].

Dies gilt es nun aber nicht nur sporadisch an einzelnen Phänomenen des Geistes, sondern in einer systematischen Analyse des gesamten Spielraums menschlichen Handelns aufzuweisen:

[80] Ebd. 137f.
[81] Ebd. 139.
[82] Ebd. 141f.

"Es gilt, den Gesamtzusammenhang (série intégrale) unserer unvermeidlichen Ideen und zusammengehörigen Begriffe zu entfalten [...]. Die Immanenzmethode wird [...] darin bestehen, im Bewußtsein selbst das, was wir anscheinend denken, wollen und tun, in Beziehung zu bringen mit dem, was wir wirklich tun, wollen und denken; dergestalt daß sich noch in den künstlichen Negationen oder den künstlich gewollten Zielen die tiefen Setzungen und unzähmbaren Bedürfnisse, die darin impliziert sind, wiederfinden lassen" [83].

(2) Das so umrissene Projekt hat Blondel in 'L'Action' durchgeführt: Die gesamte Dynamik menschlichen Handelns wird hier als fortschreitende Dialektik zwischen einer Ursprungsbewegung des Wollens ('volonté voulante') und den je bewußten Setzungen des Willens ('volonté voulue') ans Licht gebracht. Zunächst einmal müssen aber der 'Dilettantismus' (eine Haltung, die das ganze Leben als ein amüsantes Spiel betrachtet, in dem man sich nirgends festlegen muß)[84] und der 'Nihilismus' als nur verdeckte willentliche Affirmationen von 'etwas' (letztlich: des eigenen Ichs) entlarvt werden (Teil I und II), bevor Blondel dann in Teil III die Analyse der 'série intégrale' faktischer Affirmationen durchführen kann.

Schon die unmittelbarste, scheinbar in sich ruhende sinnliche Gewißheit erweist sich, Blondel zufolge, als ein dialektisches Geschehen von Objektivität und Subjektivität, als eine 'Wahr-nehmung', die zur Sicherung des Wahrgenommenen die positiven Wissenschaften hervortreibt. Gerade dieses höchste Objektivität versprechende Zusammenspiel zwischen der modernen, mittels des Infinitesimalkalküls auf Naturverfügung hin funktionalisierten Mathematik und der experimentellen Verifikation mathematisch formulierter Theoreme führt aber bei näherem Hinsehen auf ein 'erkenntnisleitendes Interesse'. Die damit schon im Feld des Theoretischen als wirksam aufgewiesene praktische Vernunft verfolgt Blondel dann Schritt für Schritt über ihre Selbstorganisation in leiblich-individueller Existenz und intersubjektivem Wollen bis zu den höchsten Formen von Gemeinschaft. Die Bewegung auf eine immer umgreifendere Totalität hin verleitet schließlich zum 'abergläubischen Handeln', zu Versuchen des Menschen, die Dynamik der 'Action' innerhalb des ihm selbst verfügbaren Seins zur Vollendung zu bringen – etwa den mannigfachen Formen von Ideologie und Fetischismus im gesellschaftlichen und kultischen Bereich. Als Fazit der gesamten Analyse ergibt sich schließlich die Erkenntnis eines weiterdrängenden Bedürfnisses, das sich in der natürlichen Ordnung nicht zufriedenstellen läßt. "*Es ist notwendig*; und *es ist undurchführbar*. Das ist, ganz brutal, der letzte Schluß aus dem Determinismus menschlichen Handelns" [85].

Diesen Konflikt zwischen einem ebenso unzerstörbaren wie vom Menschen her unerfüllbaren Weiter-Wollen arbeitet Blondel in Teil IV zunächst scharf heraus, um schließlich die Alternative zu formulieren, vor die der Mensch unausweichlich gestellt ist. Die eine 'option', die sich ihm anbietet, ist, sich trotz der Evidenz, daß das Endliche seinem Streben nicht genügt, endgültig im Endlichen einzurichten.

[83] Ebd. 143f.
[84] Vgl. hierzu H. Verweyen, Maurice Blondels Kritik des 'Dilettantismus'.
[85] M. Blondel, L'Action, ŒC I, 353 (eigene Übersetzung).

Indem der Mensch so, "anstatt die Zeit in die Ewigkeit zu setzen, die Ewigkeit in die Zeit setzt" [86], tötet er aber den lebendigen Dynamismus der 'Action' im geschlossenen Kreis. In den unendlichen Möglichkeiten des zeitlichen Daseins, der Wahrheit dieses selbstzerfleischenden Widerspruchs auszuweichen, nicht aber mehr im Zuendekommen der Zeit kann sich der Mensch die Hölle verbergen, die er sich damit zugezogen hat, ja, die er in diesem Widerspruch selber ist.

Die andere 'option', die diesem Selbstwiderspruch entginge, wäre, sich auf eine Freiheit zu bereiten, die in unserem eigenen Wollen ganz andere Ziele verfolgt, als in den Phänomenen des ausdrücklich gesetzten Willens bisher deutlich wurde. Dies hieße zu leiden, daß jedes aktuell von uns gesetzte Engagement von einer anderen Freiheit durchbrochen wird, die in der Immanenz unseres Wollens unseren Eigenwillen transzendiert. In diesem Zusammenhang findet Blondel zu äußerst dichten, über das unmittelbare Ergebnis von 'L'Action' hinausweisenden Aussagen über die 'Identität zwischen der wirklichen Liebe und dem aktiven Leiden': "Denn ohne die Belehrung durch den Schmerz gelangt man nie zum uneigennützigen und mutigen Handeln. Die Liebe übt dieselben Wirkungen auf die Seele aus wie der Tod auf den Leib: sie verwandelt den Liebenden in das, was er liebt, und das Geliebte in den, der liebt. Lieben heißt daher lieben zu leiden, weil es bedeutet, die Freude und das Handeln des anderen in uns zu lieben [...]" [87].

In Teil V versucht Blondel, noch einen Schritt weiter zu gehen. Er bemüht sich hier um den Aufweis, daß die Entsprechung zu der als zweite Alternative definitiven Handelns charakterisierten Öffnung des Menschen auf die Freiheit Gottes gerade in dem Anstößigsten zu finden sei, das den katholischen Glauben zum allgemeinen Ärgernis hat werden lassen: in den definierten Dogmen und offenbarten Geboten sowie der buchstäblich vorgeschriebenen Praxis (pratique littérale).

"Wenn es sie gibt, so muß die göttliche Offenbarung sich als unabhängig von der menschlichen Initiative darbieten. Sie muß notwendig einen Akt der Unterwerfung des Denkens und des Willens fordern, ein Zugeständnis der Ohnmacht der Vernunft; dergestalt, daß die Vernunft sie sogar für falsch ansehen würde aufgrund der bloßen Tatsache, daß sie von uns nicht dieses unausweichliche Opfer forderte" [88].

Mit dieser Betonung des vom Menschen unausweichlich verlangten Opfers ist jedoch nur ein notwendiges, nicht schon das hinreichende Kriterium für die Erkennbarkeit *sinnstiftender* Offenbarung gegeben und bleibt die berechtigte Forderung der Aufklärung nach einer anthropologischen Vermittlung des Glaubensmysteriums, was dessen objektiven Gehalt angeht, unerfüllt. Der positivistisch-extrinsezistische Kontext des Offenbarungsbegriffs, wie er eben erst auf dem Ersten Vaticanum formuliert worden war, war zu stark, als daß Blondel die tiefe Durchdringung des christlichen Opferverständnisses, von der besonders seine Tagebücher zeugen, in Richtung auf eine hermeneutische Vermittlung von Dogma und kirch-

[86] Ebd. 401.
[87] Ebd. 416. Blondel fährt fort: "[...] douleur aimable et chère elle-même, à laquelle consentent ceux qui la sentent et qu'ils n'échangeraient point contre toute la douceur de l'univers." (ebd.).
[88] Ebd. 432.

licher Praxis zu nutzen gewagt hätte[89]. Hier konnte erst die sogenannte 'Nouvelle théologie', nicht zuletzt auf dem Boden von 'L'Action' und vor allem des Verständnisses lebendiger Tradition, wie es Blondel in 'Histoire et Dogme' (1904) entfaltet hat, den eigentlichen Durchbruch für das Offenbarungsverständnis des Zweiten Vatikanischen Konzils leisten.

9.6.3 Der transzendentale Ansatz Karl Rahners

Es ist kein Ruhmesblatt der Geschichte der katholischen Theologie (bzw. der sie bedingenden Kirchenpolitik), daß ein halbes Jahrhundert nach dem Erscheinen von 'L'Action' K. Rahner mit seiner ersten Auflage von 'Hörer des Wortes' noch einmal so gut wie neu ansetzen muß und mit ähnlichen Worten wie Blondel[90] die in der Fundamentaltheologie unberücksichtigte Forderung nach einer anthropologischen Vermittlung der übernatürlichen Offenbarung unterstreicht. Rahner stellt fest, man pflege die Hinordnung des Menschen auf diese Offenbarung

"damit zu begründen, daß einerseits eine solche Offenbarung tatsächlich ergangen sei und anderseits der Mensch aus seiner allgemeinen Pflicht des Gehorsams Gott gegenüber auch die Pflicht habe, seinen Befehlen zu gehorchen, also in unserem Fall seine Offenbarung gläubig anzunehmen. Nun geht aber logisch die metaphysische Begründung des Horchenmüssens, des Rechnenmüssens mit einer möglicherweise ergehenden Offenbarung dem tatsächlichen Ergehen einer solchen Offenbarung voraus. Und eine solche Begründung ist doch nur in einer äußerst formalen Allgemeinheit geleistet, wenn sie ausschließlich aus der ganz allgemeinen Gehorsamspflicht Gott gegenüber abgeleitet wird. Denn es müßte auch grundsätzlich und von vornherein (also logisch vor der Überzeugung des tatsächlichen Ergangensein[s] der Offenbarung) gezeigt werden, daß eine so geartete Inanspruchnahme seiner Gehorsamspflicht, wie sie gerade der Glaube an die ergangene Offenbarung darstellt, wesentlich und apriori und für den Menschen von vornherein erkenntlich zu den notwendigen Formen dieser menschlichen Gehorsamsbetätigung Gott gegenüber gehören kann. [...] Denn nur wenn ein solches Horchen auf einen Befehl Gottes zur Konstitution des Menschen gehört, und zwar auf einen Befehl, der über den durch die Weltschöpfung in der lex naturae schon ergangenen hinausgeht, nur dann kann das Gehorchen auf einen tatsächlich ergangenen Befehl für den Menschen überhaupt eine konkrete Möglichkeit und Pflicht darstellen" [91].

Auf Unterschiede zwischen den philosophischen Ansätzen Blondels und Rahners wurde bereits in Kap. 5.3 hingewiesen. Im gegenwärtigen Zusammenhang muß noch näher, als dies in Kap. 5.4 möglich war, auf die Wende im Verständnis des Verhältnisses von Vernunft und Offenbarung eingegangen werden, die sich durch die Einführung des Begriffs 'übernatürliches Existential' ergab.

[89] Vgl. hierzu bes. A. Raffelt, Spiritualität und Philosophie.
[90] Vgl. M. Blondel, Zur Methode der Religionsphilosophie, 112f.
[91] Hörer des Wortes, in: SW 4, 34/36; vgl. die 2. Auflage ebd. 35/37.

Wie Tuomo Mannermaa und Nikolaus Schwerdtfeger nachgewiesen haben[92], hatte Rahner der Sache nach bereits zur Zeit der ersten Auflage von 'Hörer des Wortes' eine rudimentäre Theorie des 'übernatürlichen Existentials' entwickelt. Dennoch versteht er seine Aufgabe in diesem Werk eindeutig als eine rein philosophische, nicht etwa 'transzendentaltheologische' – was durch die Metzsche Bearbeitung in der zweiten Auflage nicht mehr so leicht zu erkennen ist[93].

"[...] ob außer der in einer metaphysischen Anthropologie feststellbaren menschlichen Empfänglichkeit für diese Botschaft noch eine innere gnadenhafte Erhöhung des Menschen wesentlich erfordert sei, damit die gehörte Botschaft wirklich Theologie sei, diese Frage bleibt außerhalb unserer Betrachtung. Es ist dies eine bis heute in der katholischen Theologie strittige Frage nach der Bedeutung des übernatürlichen Lichtes der Gnade für den Glauben und damit für eine auf dem Glauben und seinen Prinzipien gründende Theologie" [94].

Mit seiner Theorie des 'übernatürlichen Existentials' entscheidet Rahner die zunächst noch offengelassene Frage eindeutig in dem Sinne, daß eine solche gnadenhafte Erhöhung des Menschen durch ein übernatürliches Licht notwendig sei, und zwar schon zur Konstitution der bloßen *Hingeordnetheit* des Menschen auf Offenbarung, die er 1941 noch ohne Rückgriff auf theologische Vorgaben zu erweisen versuchte. Mit dieser Theorie löst er allerdings zugleich das Problem der Prädestination, das bislang bei der Annahme eines zusätzlichen Glaubenslichts unvermeidlich schien, indem er das 'übernatürliche Existential' als eine Mitgift für ausnahmslos *alle* Menschen versteht.

Bei der Ausformung dieser für den transzendentaltheologischen Ansatz Rahners zentralen Theorie wurde vor allem ein Gedanke wichtig, den Rahner 1947 in einer Interpretation der Enzyklika 'Mystici Corporis' entwickelt hat[95]. Hinsichtlich der Frage nach der Heilsmöglichkeit der Menschen außerhalb der Kirche möchte Rahner hier die traditionelle Lehre vom 'votum Ecclesiae' durch eine '*quasi-sakramentale Sichtbarkeit*' konkretisieren, "die wir zur Sichtbarkeit der Kirche rechnen können und müssen" [96]. Dafür verweist Rahner zunächst auf das Einbezogensein jedes Menschen in die Einheit einer Menschennatur, die mehr ist als die gedankliche Summation der vielen einzelnen. Diese Menschennatur liegt dem persönlichen freien Tun des Menschen als etwas voraus, zu dem er in seinen Freiheitstaten immer schon Stellung nimmt. Rahner fährt dann in einem zweiten Schritt fort: "Die reale Einheit der Menschheit [...] als eine in der Freiheitstat des Menschen zu übernehmende naturale Dimension dieser personalen Entscheidung des Menschen ist nun konkret auch bestimmt durch die *Menschwerdung* des Wor-

[92] Nähere Angaben in meinem Beitrag: H. Verweyen, Wie wird ein Existential übernatürlich?

[93] Vgl. ebd. 117-119.

[94] Hörer des Wortes, in: SW 4, 18. Der letzte Satz ist in der 2. Auflage (vgl. ebd. 21) fortgelassen.

[95] K. Rahner, Die Zugehörigkeit zur Kirche nach der Lehre der Enzyklika Pius' XII. Der Beitrag erschien, leicht verändert, 1955 unter dem Titel "Die Gliedschaft der Kirche nach der Lehre der Enzyklika Pius XII'.

[96] Vgl. K. Rahner, Die Gliedschaft in der Kirche, 84.

tes Gottes" [97]. "Vollzieht somit der Mensch als geistige Person in der totalen Entscheidung über sich selbst seine 'Natur', so ist diese personale Entscheidung konkret immer auch unvermeidlich eine Stellungnahme für oder gegen die übernatürliche Berufung des Menschen zur Teilnahme am Leben des dreifaltigen Gottes selbst" [98]. Alle Menschen sind, so bemerkt Rahner weiter, auf diese Weise Glieder des 'Volkes Gottes' – das "seiner rechtlichen und gesellschaftlichen Organisation in dem, was wir Kirche nennen, in ähnlicher Weise voraus[liegt] wie ein bestimmtes geschichtliches Volk in der Ebene der innerweltlichen Wirklichkeit seiner Organisation im Staat vorausgeht" [99].

Hiermit war die wesentliche Grundlage für die Theorie vom 'anonymen Christen' entwickelt, aber auch bereits der Grundgehalt dessen umschrieben, was das 'übernatürliche Existential' konstituiert. Explizit vorgetragen hat Rahner seine Theorie des 'übernatürlichen Existentials' allerdings erst am Höhepunkt der Auseinandersetzung um das Verständnis des 'desiderium naturale', wie es in der 'Nouvelle Théologie' entwickelt, in der Enzyklika 'Humani generis' vom 12. August 1950 aber schließlich zurückgewiesen wurde. Der entscheidende Passus dort lautet:

"Andere machen die wahre *'Gnadenhaftigkeit' der übernatürlichen Ordnung* zunichte, da sie behaupten, Gott könne keine vernunftbegabten Wesen schaffen, ohne sie auf die seligmachende Schau hinzuordnen und zu berufen" [100].

Zwei Monate zuvor hatte Rahner seine Theorie als Antwort auf einen Aufsatz vorgelegt, in dem Emile Delaye (unter dem Anonym 'D.') "kurz und klar die Auffassung (H. de Lubacs und anderer) moderner Theologen über das Verhältnis von Natur und Gnade [darlegte]" [101]. Den springenden Punkt der von ihm im Sinne der Enzyklika entschiedenen Frage[102] hat Rahner bei der Überarbeitung seines Beitrags durch einen Zusatz zu verdeutlichen gesucht, indem er zunächst die Gegenposition durch ein zentrales Argument unterstreicht. Rahner bemerkt, die Verteidiger der Ungeschuldetheit der Gnade zögen nicht immer genug den interpersonalen Ansatz im neueren Verständnis des 'desiderium naturale' in Betracht. Ist es nicht "gerade das Wesen des personalen Seienden (seine Paradoxie, ohne die man es gar nicht verstehen kann), daß es auf die personale Gemeinschaft mit Gott in Liebe hingeordnet ist (von Natur aus) und eben diese Liebe als freies Geschenk empfangen muß? Ist es nicht so schon bei der irdischen Liebe: sie ist (als die Tat des Partners) das, worauf der liebende und Liebe empfangende Mensch sich eindeutig hingeordnet erfährt, so daß er sich unglücklich und verloren vorkäme, wenn er diese Liebe nicht empfinge, und doch nimmt er eben diese Liebe als das 'Wunder' und das unerwartete Geschenk der freien (also ungeschuldeten) Liebe entgegen?" [103]

[97] Ebd. 87.
[98] Ebd. 88.
[99] Ebd. 89.
[100] DH 3891.
[101] Ein Weg zur Bestimmung des Verhältnisses von Natur und Gnade, Zitat 141 (vgl. zu H. de Lubac ebd. 143). Eine überarbeitete Fassung dieses Beitrags erschien unter dem Titel 'Über das Verhältnis von Natur und Gnade'.
[102] Vgl. Über das Verhältnis von Natur und Gnade, 329f, mit Ein Weg zur Bestimmung, 143.
[103] Über das Verhältnis von Natur und Gnade, 331f, vgl. Ein Weg zur Bestimmung, 143.

Rahners ausschlaggebendes Gegenargument, mit dem er die These vom 'übernatürlichen Existential' begründet, lautet:

"Entscheidend aber ist dieses: kann derjenige, der eine solche Hinordnung auf die personale und intime Liebesgemeinschaft zweier Personen (in unserem Fall: der Mensch und Gott) *selber geschaffen* hat, unter dieser Voraussetzung diese noch gleichzeitig verweigern, ohne gegen den Sinn dieser Schöpfung und seiner schöpferischen Tat selbst zu verstoßen? Diese Frage ist aber mit Nein zu beantworten, ganz gleichgültig, ob man immer noch sagen könnte, der so Geschaffene müsse und könne diese Liebe als Geschenk und Gnade ansehen, wenn sie seiner unbedingten Hinordnung auf sie tatsächlich gegeben wird. Ist dieses Nein aber richtig, dann folgt daraus, daß unter Voraussetzung einer solchen Hinordnung (in sensu composito mit ihr) die tatsächliche Gewährung des Zieles dieser Hinordnung nicht mehr frei und ungeschuldet sein kann. Ist also die Hinordnung nicht von der Natur abhebbar, dann ist die Erfüllung dieser Hinordnung, gerade von *Gott* her gesehen, geschuldet. Und eben das ist, wie alle zugeben, falsch. Also muß es auch die Voraussetzung sein" [104].

Bei der Beurteilung der Rahnerschen Theorie darf nicht aus dem Blick verloren werden, wie befreiend sie in theologiegeschichtlicher Hinsicht zunächst gewirkt hat. Die im neuscholastischen Denkhorizont kaum lösbare Problematik des Verhältnisses von Natur und Gnade wurde durch diese Theorie wenigstens so weit neutralisiert, daß der Weg für eine anthropologische Vermittlung der Theologie auch nach dem Erscheinen von 'Humani generis' frei blieb. Der wichtige Beitrag, den K. Rahner etwa zur Wende im Offenbarungsverständnis auf dem Zweiten Vaticanum geleistet hat[105], wäre wohl kaum möglich geworden, hätte Rahner in der Frage des 'desiderium naturale' eine ähnliche Position wie H. de Lubac oder H. Bouillard vertreten.

Damit ist aber noch nicht in der Sache entschieden, zum einen nämlich, ob das oben zitierte Hauptargument Rahners (gegen den 'Anonymus D.') zwingend ist (1), zum anderen, ob seine Theorie vom 'übernatürlichen Existential' einem zureichenden Begriff des Verhältnisses von Vernunft und Offenbarung letztlich nicht doch im Wege steht (2).

(1) Interessant ist, daß sich bereits Anselm von Canterbury im zweiten Buch seines 'Cur deus homo' mit der Logik des von Rahner vorgelegten Arguments auseinandergesetzt hat. Auf die Behauptung Anselms, Gott werde mit der menschlichen Natur vollenden, was er begonnen (nämlich sie zur seligen Anschauung Gottes führen), sonst sei sein Werk vergebens[106], wendet sein Dialogpartner Boso ein: Welchen Dank schulden wir Gott dann für das, was er um seiner eigenen Konsistenz willen tut? Wie sollen wir unser Heil seiner Gnade zuschreiben, wenn er uns mit Notwendigkeit zu diesem Heil führt?[107]

[104] Über das Verhältnis von Natur und Gnade, 332.
[105] S. unten Kap. 11.
[106] Vgl. Cur Deus Homo, Lib. II, Cap. IV, in: Op. omn., Vol. 2, 99.
[107] Vgl. Cur Deus Homo, Lib. II, Cap. V, ebd. 99-100.

Anselm erwidert: Wer sich freiwillig der Notwendigkeit, Gutes zu tun, unterwirft, verdient um so größeren Dank. Als Beispiel verweist Anselm auf die mönchischen Gelübde: Einmal abgelegt, müssen sie mit Notwendigkeit eingehalten werden. Heißt dies aber, das spätere Tun des Mönches sei weniger frei als das von Leuten, die ohne solche Gelübde leben? Im Gegenteil! Der Ordensmann entsagte ja um Gottes willen nicht nur dem gewöhnlichen Lebenswandel, sondern auch der *Erlaubnis dazu*. Darum darf man nicht sagen, daß er aus Nötigung heilig lebt, sondern mit derselben Freiheit, mit der er es gelobt hat[108].

Auch Rahner behauptet nicht, daß Gott je faktisch eine Menschennatur ohne Hinordnung auf die volle Gemeinschaft mit ihm geschaffen oder konzipiert habe. Aufgrund der Ungeschuldetheit der Gnadenordnung hält er es aber für zwingend, zumindest die hypothetische Möglichkeit einer solchen 'Restnatur' annehmen zu müssen.

Liegt hier aber nicht ein unbewältigter Rest nominalistischen Denkens – von der 'potentia absoluta' Gottes her – vor? Warum sollte Gott bei der Schöpfung eines auf die Gnadenordnung hin entworfenen Menschen dadurch an Freiheit gewinnen, daß er sich die Schöpfung einer nicht auf die volle Gemeinschaft mit ihm angelegten Menschennatur gleichsam 'in petto' vorbehält? Kann eine durch den göttlichen Logos geschaffene Vernunft anders als von diesem Logos durch und durch geprägt begriffen werden – wie es die Vätertradition und dann vor allem Anselm von Canterbury bedacht haben? Auch die bloß hypothetische Annahme einer 'natura pura' führt in beträchtliche systematische Schwierigkeiten. Wie in Kap. 5.4 gezeigt, ergeben sich zum einen kaum lösbare Fragen im Hinblick auf das Wesen einer solchen Restvernunft, die auf Gott nur noch als "asymptotisch angezieltes Ziel" [109] hingeordnet wäre. Zum anderen läßt sich vom Wesen unbedingten Seins her eine Schöpfung, die nicht völlig auf die Verherrlichung Gottes angelegt wäre, überhaupt nicht widerspruchsfrei konzipieren. Solche Kreatürlichkeit zielt aber – wie in Kap. 6.3 entwickelt wurde – letztlich auf den Akt einer Freiheit, die sich vorbehaltlos zum Bilde Gottes macht (bzw. formen läßt). Auch von hierher ist die Vorstellung einer auf Gott hin bloß asymptotisch angelegten Vernunft nicht zu halten. – So nützlich die Einführung des 'übernatürlichen Existentials' seinerzeit gewesen sein mag, weil sie das Umsichgreifen einer erneuten 'Modernismuskrise' einzudämmen half: zur Klärung des Verhältnisses von Natur und Gnade dürfte sie nicht wirklich beigetragen haben[110].

(2) Die Problematik des 'übernatürlichen Existentials' im Hinblick auf die in unserem Zusammenhang leitende Frage nach dem Verhältnis von Vernunft und Offenbarung zeigt sich auch an Konsequenzen innerhalb des Rahnerschen Denkens selbst.

(a) Auf der einen Seite hatte die Einführung dieses Begriffs eine *Unterbestimmung* der transzendentalen Hingeordnetheit des Menschen auf Offenbarung zur

[108] Vgl. ebd.

[109] Vgl. Über das Verhälnis von Natur und Gnade, 343.

[110] Für eine eingehendere Diskussion der Problematik von Natur und Gnade bei K. Rahner vgl. F. Greiner, Die Menschlichkeit der Offenbarung, bes. 152-249 (Literatur!); Th. Pröpper, Erlösungsglaube, bes. 277-282.

Folge. In Kap. 5.4 wurde auf den dadurch bedingten Ausfall einer erstphilosophischen Thematisierung dieser transzendentalen Bestimmtheit der menschlichen Vernunft hingewiesen. Auch wenn nach Rahner die naturgegebene apriorische Verfaßtheit der Vernunft durch das 'übernatürliche Existential' in einer Weise erhöht ist, daß er von einer 'transzendentalen *Offenbarung*' (nicht nur der transzendentalen Möglichkeitsbedingung von Offenbarung) spricht: die Struktur dieser durch Gnade aufgelichteten Subjektivität wird von ihm doch kaum näher bestimmt. Daraus ergibt sich ein Mißverhältnis in dem von Rahner inaugurierten anthropologischen Ansatz. Die von Blondel noch nicht gewagte Frage nach der hermeneutischen Vermittelbarkeit auch der objektiven Seite der Offenbarung (Dogma und Glaubenspraxis) auf das menschliche Subjekt hin wurde von Rahner erstmals konsequent und in einer für die weitere Entwicklung der systematischen Theologie vorbildlichen Weise durchgeführt: jeder Inhalt des Glaubens ist darauf zu befragen, welcher anthropologischen Struktur er entspricht, welchen Sinn er innerhalb des Fragehorizonts menschlichen Daseins erschließt[111]. Diesem hermeneutischen Aufbruch dogmatischer Theologie korrespondiert aber bislang kein zufriedenstellender fundamentaltheologischer Versuch, die an den Einzelgehalten des Credos aufgewiesenen Elemente anthropologischer Relevanz über die Bestimmung eines Begriffs letztgültigen Sinns, auf den der Mensch grundsätzlich angelegt ist, als Momente seines prinzipiellen 'Hören-Könnens' zu erfassen. Hieraus resultiert die Gefahr, die anthropologische Relevanz des Geoffenbarten im Zuge einer zu kurz greifenden Korrelations- bzw. Korrespondenzmethode nur an den jeweils anstehenden, 'aktuellen' Fragen aufzuweisen und damit über ein bloßes 'Aggiornamento' des Glaubens nicht hinauszukommen.

(b) Auf der anderen Seite ist immer wieder (und aus sehr verschiedenen theologischen Blickwinkeln) auf eine *Überfrachtung* der transzendentalen Verfaßtheit des Menschen infolge der Einführung des 'übernatürlichen Existentials' hingewiesen worden. Bleibt bei dem Rahnerschen Verständnis der 'transzendentalen Offenbarung' für das Kategoriale, Geschichtliche noch genügend Raum? Auf das breite Spektrum der Kritik (insbesondere am 'anonymen Christen') kann hier nicht näher eingegangen werden[112]. Wichtig ist aber, im Auge zu behalten, daß der entscheidende systematische Schritt in der Entwicklung des Begriffs 'übernatürliches Existential', wie oben gezeigt, von Rahner in einer Neuinterpretation des Leib-Christi-Gedankens gewonnen wurde. Hierbei ist eine zweifache Ontologisierung eines von Paulus als wesentlich *akthaft* verstandenen Sachverhalts zu beobachten.

[111] Vgl. Th. Pröpper, Erlösungsglaube, 124f: "Daß sich die katholische Theologie der mit der Verurteilung des Modernismus verdrängten Herausforderung durch das neuzeitliche Bewußtsein doch noch gestellt hat, daß sie die Anliegen der 'nouvelle théologie' nach 'Humani generis' weiter bedachte, daß sie Anschluß an die hermeneutische Diskussion der Gegenwart fand, daß sie sich auf die 'Selbstmitteilung Gottes' als ihr zentrales Thema besann – dies alles ist ja so wesentlich und unbestritten mit dem Namen Karl Rahners verbunden, daß es nicht nochmals herausgestellt werden muß."

[112] Die wohl kompetenteste Auseinandersetzung mit dieser Kritik findet sich bei N. Schwerdtfeger, Gnade und Welt; Zur Kritik von J. B. Metz vgl. insbesondere oben Kap. 5.4(2).

Für Paulus[113] ist 'Leib Christi' die geschichtliche Präsenz der Hingabe Jesu Christi, die Gegenwart seiner *traditio* im Akt kirchlicher *traditio*. Von den Vätern, insbesondere Irenäus von Lyon, konnte Rahner die Verlagerung dieses sich im Tod Jesu vollendenden und in der Eucharistie präsenten Akts der *traditio* auf das Ereignis der *Menschwerdung*, in der die Geschichte allen Fleisches 'rekapituliert' ist, übernehmen: in der Menschwerdung des Wortes wird alles geschaffene Sein vom Heil unterfangen. Rahner ontologisiert aber noch weiter, indem er alle Menschennatur – von Adam an – durch die Inkarnation zum 'Volk Gottes' werden läßt. Diese 'realontologische Bestimmung des Menschen selbst' wird dann als übernatürliche Ausstattung der transzendentalen Subjektivität begriffen[114]. Sosehr Rahner auch betont, daß es sich hier um eine von der Tat Christi herkommende *geschichtliche* Mitgift aller Menschen handelt, wird der Begriff 'geschichtlich' dabei doch geradezu äquivok gebraucht; denn der sich wirklich für das Subjekt 'kategorial' ereignenden Geschichte liegt diese geschichtlich-realontologische Verfaßtheit immer schon voraus.

(c) Aus dieser ontologischen Überfrachtung der transzendentalen Hingeordnetheit des Menschen auf Offenbarung ergibt sich leicht die Gefahr einer Vermischung fundamentaltheologischer Frageebenen, die methodisch unbedingt auseinandergehalten werden müssen. Im Anschluß an Kafkas Erzählung 'Eine kaiserliche Botschaft' stellten wir in Kap. 1.1 heraus, daß die Frage nach dem transzendentalen Raster für eine geschichtliche Offenbarung (die träumende Person am Fenster) und die nach dem wirklichen Ergangensein bzw. Ankommen dieser Offenbarung (das Schlagen der Fäuste des Boten an der Tür) nicht miteinander vermengt werden dürfen. Die erste Frage (nach dem *Sinn* der Botschaft) ist vor dem Forum der philosophischen Vernunft zu verantworten. Die zweite Frage (nach der *Faktizität* der Botschaft) gehört vor das Forum der historischen Vernunft.

Eine zentrale Stelle im 'Grundkurs des Glaubens' zeigt, wie leicht vom Rahnerschen Ansatz her diese wichtige Unterscheidung übersehen werden kann. Der traditionellen fundamentaltheologischen Beweisführung entsprechend macht auch K. Rahner die Manifestation des Auferstandenen zum springenden Punkt der Verifikation wirklich ergangener letztgültiger Offenbarung – mit dem Unterschied allerdings, daß er in diesem Zusammenhang ein Argument aus der transzendentalen Verfaßtheit des Menschen dort zur Hilfe nimmt, wo die historische Beweisführung nicht genügend herzugeben scheint.

Aus dem Selbstbehauptungstrieb des Menschen hatte Rahner zunächst eine 'transzendentale Auferstehungshoffnung' abzuleiten versucht[115]. Diese transzendentale Zurüstung des Menschen ist nun nach Rahner dazu dienlich, die an sich nicht absolut überzeugenden Berichte der Apostel über Erscheinungen des Auferstandenen zu einem absolut Überzeugenden zu erheben:

[113] S. unten Kap. 19.

[114] Vgl. K. Rahner, Existential, übernatürliches.

[115] "Jeder Mensch vollzieht mit transzendentaler Notwendigkeit [...] den Akt der Hoffnung auf seine eigene Auferstehung. Denn jeder Mensch will sich in Endgültigkeit hinein behaupten [...]." (K. Rahner, Grundkurs des Glaubens, in: SW 26, 256f).

"Würde [...] nach dem profanen Modell der Zeugenaussage *allein* das Auferstehungszeugnis der Apostel beurteilt, müßte es als unglaubwürdig abgelehnt werden, selbst wenn man nicht erklären könnte, wie es bei der nicht zu bestreitenden Ehrlichkeit und Selbstlosigkeit der Zeugen zustande gekommen ist. Aber die Voraussetzung für die Anwendung dieses Modells auf unsere Frage trifft nicht zu. Wir selber sind nicht einfach und schlechterdings außerhalb der Erfahrung der apostolischen Zeugen. Denn weiter und *anderseits* (und das ist hier entscheidend) hören wir dieses Zeugnis der Apostel mit jener transzendentalen Auferstehungshoffnung, von der schon die Rede war [...]. Und in diesem (frei vollzogenen) Mut bezeugt sich der Auferstandene selbst als lebendig in der geglückten und nicht auflösbaren Korrespondenz zwischen transzendentaler Auferstehungshoffnung und der kategorial-realen Gegebenheit solcher Auferstehung. In diesem Zirkel trägt sich beides gegenseitig und bezeugt sich uns als wahr" [116]. Näher scheint mir (mit Feuerbach) der Einwand zu liegen, der Wunsch – wie so oft Vater des Gedankens – lasse auch hier ein bloß relativ Gewisses zum unbedingt Glaubwürdigen werden.

Wenn schon bei einem Denker vom Range Karl Rahners die fundamentaltheologische Verantwortung der behaupteten Faktizität letztgültiger Offenbarung mit einem Argument aus der Verantwortung der Sinnhaftigkeit solcher Offenbarung verquickt erscheint, dann ist zu erwarten, daß in der zeitgenössischen Theologie auch sonst diese Problemstellungen in ihrem je besonderen Gewicht nicht immer differenziert genug gesehen werden. So wird vor allem die nach 1 Petr 3,15 geforderte Verantwortung des 'Logos der Hoffnung' oft zu einseitig auf die Verantwortung des *Sinns* der christlichen Offenbarung ausgerichtet[117]. Dieser Schritt ist gewiß vorrangig. Wer den seit 1933 berichteten Erscheinungen eines bis dato unbekannten Wassertiers in Loch Ness keine vernünftige Bedeutung abzugewinnen vermag, wird sich kaum in den Strom der Touristen einreihen, die immer wieder zur Verifikation jenes Geschehens vor Ort aufbrechen. Aber selbst wenn die Annahme einer Gestalt wie 'Nessie' als prinzipiell sinnvoll erwiesen würde, wäre damit die Frage, ob das Seeungeheuer je wirklich aufgetaucht ist, noch keinen Schritt weitergebracht.

Wegen des Gewichts, das der klaren Unterscheidung zwischen jenen beiden Frageebenen zukommt, legt sich nahe, vor der systematischen Behandlung der Frage nach dem Ergangensein von Gottes letztem Wort (Kapitel 12-15) dem geschichtlichen Überblick über das Verständnis der Relation von Offenbarung und philosophischer Vernunft (Kap. 9) einen – diachronisch weitgehend parallelen – Durchblick folgen zu lassen, in dem das sich wandelnde Verständnis einer möglichen Legitimation des behaupteten Offenbarungs*faktums* zur Sprache kommt (Kap. 10). Danach soll in Kap. 11 der Fragestand festgehalten werden, wie er im Hinblick auf beide Problembereiche (*Sinnhaftigkeit* und *Faktizität* der Offenbarung) auf dem Zweiten Vatikanischen Konzil gewonnen wurde.

[116] Ebd. 262f.
[117] Vgl. dazu meine Kritik in ThRv 85 (1989) 42-44.

10 Zeichen wirklich ergangener Offenbarung

Wie kann die Behauptung des Glaubens, daß eine letztgültige Offenbarung wirklich ergangen ist, vor der Vernunft verantwortet werden? Zur Beantwortung dieser Frage wurde in der Geschichte der Apologetik und Fundamentaltheologie immer wieder auf *Wunder* und *Weissagungen* verwiesen, die das Erste Vatikanische Konzil schließlich als "sicherste Zeichen göttlicher Offenbarung" [1] bestimmt hat. Demgegenüber scheint sich die heutige Fundamentaltheologie gerade in diesem Punkt eher reserviert zu verhalten. Um die Gründe für diese veränderte Bewußtseinslage zu verstehen und schließlich zu einem angemessenen Urteil in der Sache selbst zu finden, bedarf es zunächst eines zumindest groben Überblicks darüber, wie man jene Zeichen wirklicher Offenbarung in der Geschichte der christlichen Theologie und ihrer Kritik verstanden hat.

10.1 Wunder in den neutestamentlichen Apokryphen

Wunder als 'äußere Erweise' und 'der Fassungskraft aller akkommodierte Zeichen' der Offenbarung: dieses Stichwort des Vaticanums I[2] scheint nirgendwo konsequenter beherzigt als in den neutestamentlichen Apokryphen. Das soll im folgenden an drei Texten veranschaulicht werden, die man als besonders exemplarisch betrachten darf: (a) an einer apokryphen Darstellung des Ostergeschehens, (b) an einem Bericht über Wunder aus der Kindheit Jesu, (c) an der Erzählung von einem durch den Apostel Petrus gewirkten Mirakel.

(a) In der Geschichte der Apologetik hat man die Auferstehung Jesu bzw., wo man präziser dachte, die Erscheinungen des Auferstandenen weitgehend unter dem Obergriff 'Wunder' behandelt und als die überzeugendste Legitimation des Offenbarungsanspruchs Jesu angesehen. Explizit oder heimlich kam da häufig genug der Wunsch auf, ein ähnliches 'Protokoll' als historisch glaubwürdiges Dokument in Händen zu haben, wie es der Bericht über die Auferstehung Jesu im sogenannten *Petrusevangelium*[3] zu sein vorgibt, von dem uns ein Fragment erhalten ist. Hier wird – unter Verwendung von Motiven aus allen vier kanonischen Evangelien – eindrücklich dargelegt, wie nicht nur einige ohnehin an Christus Engagierte – bestenfalls 'fünfhundert Brüder zugleich' (vgl. 1 Kor 15,6) –, sondern Ungläubige in Scharen zu Zeugen der Ereignisse werden. Und zwar geht es nicht nur um Er-

[1] Eigene Übersetzung vgl. DH 3009: "externa [...] revelationis [...] argumenta, facta scilicet divina, [...] imprimis miracula et prophetia[e], quae cum Dei omnipotentiam et infinitam scientiam luculenter commonstrent, divinae revelationis signa sunt certissima et omnium intelligentiae accomodata."

[2] Vgl. ebd.

[3] Hennecke-Schneemelcher I, 180-188; zur Datierung: "vor ca. 190 entstanden" ebd. 184.

scheinungen des bereits Auferstandenen. Alle können vielmehr das Geschehen der Auferstehung selbst mit eigenen Augen wahrnehmen. Das, was nach Mk 15,39 der heidnische Hauptmann angesichts des *Todes* Jesu bekannte, testieren nun die vielen (im wissenschaftlichen Sinn 'neutralen', unverdächtigen) Augenzeugen der *Auferstehung*: 'Wahrhaftig, dieser Mensch war Gottes Sohn' [4]. Schon in den kanonischen Ostertexten begegnen wir der Tendenz, die Wirklichkeit der Auferstehung Jesu immer kompakter manifestiert zu bekommen - etwa in der Erzählung vom 'ungläubigen Thomas' (Joh 20,24-29). Während in den kanonischen Evangelien dieser Tendenz aber durchaus kritisch begegnet wird[5], ist hier der Phantasie, die den Glauben durch handfeste Beweise sichern möchte, völlig freier Raum gelassen.

(b) Im sogenannten *Thomasevangelium*[6] sollen "all die Kindheits- und Großtaten unseres Herrn Jesus Christus bekannt [gemacht werden], die er in unserem Lande, wo er geboren wurde, vollbrachte" [7]. So wird etwa berichtet, wie der fünfjährige Jesus zwölf Spatzen aus Lehm formt und sie zum Fliegen bringt, den Sohn des Schriftgelehrten Annas wie einen Baum verdorren läßt, weil er ihn beim Spielen stört, einen anderen Jungen, der ihn beim Laufen anstößt, erbittert anherrscht und dadurch zu Tode bringt. Ein Zwischenresümee lautet: "Jedes Wort, das er redete, ob gut oder böse, war eine Tat und wurde zum Wunder" (5,2)[8].

Am Ende nimmt der apokryphe Text die lukanische Erzählung vom zwölfjährigen Jesus auf. Es soll also eine Lücke gefüllt werden, die die kanonischen Evangelien gelassen hatten. Daß dabei - trotz Verwendung verschiedener biblischer Motive - eine theologische Verwandtschaft mit dem Jesusbild der kanonischen Evangelien nicht mehr auszumachen ist, wird schon auf den ersten Blick deutlich. Weitaus näher steht die Erzählung bestimmten Krishna- und Buddhalegenden. Man wird aus der historischen Distanz heute einige Nachsicht mit solchen folkloristisch getönten Glaubenszeugnissen haben - vor allem angesichts der Tendenzen gegenwärtiger 'Volksfrömmigkeit', die eine ganz ähnliche Richtung aufweisen. Unter theologiegeschichtlichen Gesichtspunkten sollte auch nicht vergessen werden, daß die Apokryphen selbst nach ihrer offiziellen Verwerfung in der Kirche so allgemein verbreitet waren, daß man sich noch im 8/9. Jahrhundert gezwungen sah, ein 'Matthäus-Evangelium' herauszubringen, das die bekannten Stoffe unter Bereinigung der allzu groben Wundererzählungen aufnahm[9].

(c) Schon in der Apostelgeschichte erfahren wir von einem Zauberer namens Simon, der den Aposteln ihre Wunderkraft neidet (8,9-25). Dieser Simon begegnet uns in der frühchristlichen Literatur auf Schritt und Tritt. Am unterhaltsamsten sind wohl seine Begegnungen mit Simon Petrus, wie sie in den sogenannten *Pe-*

[4] Petrusevangelium 11.45. Vgl. ebd. 187.
[5] Vgl. unten Kap. 15.3.
[6] Hennecke-Schneemelcher I, 349-361; zur Datierung: "Ende des 2. Jh." (ebd. 350).
[7] Vgl. ebd. 353.
[8] Ebd. 354.
[9] Das sogenannte 'Pseudo-Matthäusevangelium'; vgl. Hennecke-Schneemelcher I, 367-369.

trusakten[10] beschrieben werden[11]. An einem Höhepunkt des Wunder-Wettstreits zwischen den beiden Namensvettern ergreift Petrus einen geräucherten Thunfisch und sagt zum Volk:

"'Wenn ihr jetzt diesen im Wasser wie einen Fisch schwimmen seht, werdet ihr dann an den glauben können, den ich predige?' Jene aber sagten einmütig: 'Wahrlich, wir werden dir glauben!' Da ein Fischteich dabeilag, so sagte er nun: 'In deinem Namen, Jesus Christus, an den bis jetzt (noch) nicht geglaubt wird, (und er wandte sich zu dem Thunfisch und sprach): werde vor allen diesen hier lebendig und schwimme wie ein Fisch!' Und er warf [...] den Thunfisch in den Teich und er lebte und er begann zu schwimmen. Als aber die Menge den Fisch schwimmen sah, ließ er ihn, damit es nicht heiße, es sei ein Phantasiegebilde, nicht nur gerade eine Stunde, sondern noch länger schwimmen, sodaß [sic!] er von allen Seiten Scharen herbeilockte und zeigte, daß der Thunfisch ein richtiger Fisch geworden sei; und (es kam) soweit, daß mancher aus dem Volk ihm Brot zuwarf, und alles fraß er auf [...]. Als sie das sahen, folgten ihm sehr viele und glaubten an den Herrn, und sie kamen Tag und Nacht im Hause des Presbyters Narcissus zusammen. Petrus erklärte ihnen die prophetischen Schriften und was unser Herr Jesus Christus vollbracht hatte in Wort und Taten" [12].

Der Text wurde hier im Wortlaut zitiert, weil er deutlich macht, daß der hohe 'Medienwert' apokrypher Erzählungen nicht immer eine Einbuße auf seiten der theologischen Aussage mit sich bringen mußte. Im Gegensatz zum Autor des Thomasevangeliums versucht der Verfasser der Petrusakten sein großes erzählerisches Talent durchaus in den Dienst der kerygmatischen Intention zu stellen, die er aus der kirchlichen Verkündigung kennt.

Aufs Ganze gesehen, standen angesichts des reichen 'journalistischen Umfeldes' der apokryphen Wunderliteratur die großen Theologen der ersten christlichen Jahrhunderte aber offenbar vor ganz anderen Problemen, als sie das Erste Vatikanische Konzil bewegten. Die 'äußeren Argumente für die Offenbarung' schienen hier so sehr "der Fassungskraft aller akkommodiert" [13], daß man ihren Zusammenhang mit dem Werk und der Botschaft Jesu kaum noch erkennen konnte. Wir wählen wiederum drei Beispiele zur Veranschaulichung der Auseinandersetzung, die die Apologeten der ersten Jahrhunderte mit diesem Phänomen zu leisten hatten: Justin den Märtyrer, Irenäus von Lyon und Origenes.

[10] Vgl. Hennecke-Schneemelcher II, 243-289; zur Datierung: "vermutlich in dem Jahrzehnt 180-190" (ebd. 255).

[11] Ausführlich dazu und zu ähnlichen Erzählungen (Literatur!): P. J. Achtemeier, Jesus and the Disciples as Miracle Workers in the Apocryphal New Testament.

[12] Hennecke-Schneemelcher II, 270.

[13] Vgl. Anm. 1.

10.2 Der Vorrang des Weissagungsbeweises bei Justin dem Märtyrer

Justins Auseinandersetzung mit der Wunderfrage erfolgt an einer zentralen Stelle seiner Ersten Apologie[14]. Nachdem er zuvor auf die Wirksamkeit der Dämonen eingegangen ist, die die Wahrheit des Logos auf mannigfache Weise verdunkelt – hierzu rechnet er auch die von dem Samariter Simon vollbrachten Zauberkünste[15] –, macht er sich folgenden Einwand:

"Damit aber niemand uns entgegenhalte: Was steht im Wege, daß nicht auch der, den wir Christus nennen, ein Mensch von Menschen geboren, durch Zauberkunst das vollbracht hat, was wir Machttaten nennen, und daß man deswegen gemeint hat, er sei Gottes Sohn, so wollen wir nun den Beweis führen. Dabei schenken wir nicht den Berichtenden Glauben; vielmehr werden wir mit Notwendigkeit von denen überzeugt, die vorhergesagt haben, bevor es geschehen ist, weil wir mit Augen die Prophezeiungen erfüllt oder sich erfüllen sehen – ein Beweis, der, wie wir denken, auch euch als der größte und wahrste erscheinen wird" [16].

Hier werden nicht – wie auf dem Ersten Vaticanum – Wunder und Weissagungen nebeneinander als Argumente aufgeführt, noch ist – wie dann bei Origenes – im Hinblick auf Weissagungen und Wunder von 'Beweisen des Geistes und der Kraft' die Rede. Vielmehr erhalten die 'sogenannten Machttaten' des 'sogenannten Christus' erst dadurch Offenbarungscharakter, daß sie zuvor angekündigt worden waren. Das heißt, erst durch den 'Beweis des Geistes' (bzw. des Logos) werden sie zu gesicherten 'Beweisen der Kraft'. Noch genauer: die Machttaten Jesu haben bei Justin überhaupt keine herausragende Beweisfunktion. Sie erscheinen als ein integrierendes Moment des christlichen Credo, das im Detail durch Prophezeiungen ausgewiesen wird:

"In den Büchern der Propheten finden wir nun vorherverkündigt, daß Jesus, unser Christus, in die Welt kommen, von einer Jungfrau geboren, zum Manne herangewachsen jede Krankheit und jede Schwachheit heilen und Tote auferwekken werde, daß er gehaßt, verkannt und gekreuzigt werde, sterben, auferstehen und in den Himmel auffahren werde, daß er Sohn Gottes sei und heiße, daß von ihm zu allen Völkern Sendboten mit dieser Botschaft geschickt und daß die Menschen aus den Heidenvölkern mehr an ihn glauben werden" [17].

[14] Zum Kontext vgl. H. Verweyen, Weltweisheit.

[15] Vgl. Justin d. M., Apol. I 26, 55-101, hier 91f.

[16] Apol. I 30,1. Der Originaltext (E.-J. Goodspeed, Die ältesten Apologeten, 45f) lautet: Ὅπως δὲ μή τις εἴπῃ ἀντιτιθεὶς ἡμῖν, τί κωλύει καὶ τὸν παρ' ἡμῖν λεγόμενον Χριστόν, ἄνθρωπον ἐξ ἀνθρώπων ὄντα, μαγικῇ τέχνῃ ἃς λεγόμεν δυνάμεις πεποιηκέναι καὶ δόξαι διὰ τοῦτο υἱὸν θεοῦ εἶναι, τὴν ἀπόδειξιν ἤδη ποιησόμηθα, οὐ τοῖς λέγουσι πιστεύοντες, ἀλλὰ τοῖς προφητεύουσι πρὶν ἢ γενέσθαι κατ' ἀνάγκην πειδόμενοι, διὰ τὸ καὶ ὄψει ὡς προφητεύθη ὁρᾶν γενόμενα καὶ γινόμενα· ἥπερ μεγίστη καὶ ἀληθεστάτη ἀπόδειξις καὶ ὑμῖν, ὡς νομίζομεν, φανήσεται. Die deutsche Übersetzung von G. Rauschen, 95f, ist an dieser Stelle ungenau.

[17] Apol. I 31 – nach der Übertragung von G. Rauschen, 97.

So listet Justin die von ihm dann als erfüllt zu dokumentierenden alttestamentlichen Vorhersagen auf, nachdem er zuvor in kurzen Strichen den Text der Septuaginta als zuverlässige Argumentationsgrundlage ausgewiesen hat.

Darüber hinaus fällt auf, daß schon Justin offenbar recht deutlich das Problem des 'Schülers zweiter Hand' [18] gesehen hat: "Dabei schenken wir nicht den Berichtenden Glauben...". Dieser durch bloßen Bericht vermittelten Evidenz stellt Justin als Überzeugtwerden "mit Notwendigkeit" [19] die Tatsache gegenüber, daß man sich 'mit eigenen Augen' von der Erfüllung der Weissagungen vergewissern kann[20].

10.3 Wunder im Kontext von Heilsgeschichte: Irenäus von Lyon

Justins Schwierigkeit mit den im Neuen Testament berichteten Wundern war, daß solche Berichte seinen Adressaten im Kontext von höchst zwielichtigen Parallelen zur Kenntnis gelangten, nämlich einmal von buntschillernden Wundererzählungen im antiken Raum allgemein, zum anderen von apokryphen Berichten, in denen Christliches auf phantastische Art weitergesponnen wurde.

Irenäus hat es in seinem Hauptwerk 'Adversus haereses' [21] vorwiegend mit einem wesentlich anderen Problem zu tun. Es geht ihm um die Widerlegung der Gnosis. In diesem Zusammenhang war die Unterscheidung zwischen Wundern, die als Erweise des Wirkens Gottes glaubhaft, und solchen, die unglaubwürdig waren, fast irrelevant, weil es der Gnosis überhaupt nicht um das geschichtliche *Faktum* von Wundern ging. Eine göttliche Machttat, die eine Umwandlung im materiellen Bereich bewirkte, konnte allenfalls solche Leute interessieren, die sich noch nicht von den Bereichen des Materiellen und Psychischen durch Gnosis zu der allein wesentlichen Sphäre des Pneumatischen aufgeschwungen hatten. Für den Gnostiker waren Wundererzählungen im allgemeinen nur als sinnliche Einkleidungen für das pneumatische Geschehen bedeutsam, konnten bei angemessener Interpretation ihres Symbolgehalts (die dann recht phantasievoll ausfallen durfte) etwa an den eigentlichen Akt gnostischer Erleuchtung heranführen[22].

Eine Apologie der christlichen Wunder findet sich bei Irenäus nur in einem relativ untergeordneten Zusammenhang[23], wo seine Gegner nicht Gnostiker im eigentlichen Sinn sind, sondern insbesondere die Anhänger des Zauberers Simon (den Irenäus zu den Vorvätern der valentinischen Gnosis rechnet). Hier begegnen

[18] Vgl. unten Kap. 10.9.

[19] Κατ᾽ ἀνάγκην (Apol. I 30). Dabei ist der philosophisch bewußte Gebrauch dieses Terminus bei Justin zu beachten.

[20] Dem entspricht, wenn Justin in Apol. II 6,6 feststellt, daß die Christen im Namen Jesu Besessene "heilten *und auch jetzt noch heilen.*"

[21] Enstehungszeit ca. 180-190, so datiert auch E. Klebba in der Einleitung zu seiner Übersetzung des Textes im Rahmen der BKV: Irenäus v. Lyon, Ausgewählte Schriften, Bd. II.

[22] Vgl. etwa die gnostische 'Vermarktung' der Erzählung von der blutflüssigen Frau (Mk 5,25-34 parr.), wie sie von Irenäus, Adv. haer. I 3,3, kritisch beleuchtet wird.

[23] Adv. haer. II 31,2-3; 32,3-5.

wir einmal einem Argument, das bei den frühen Apologeten weit verbreitet ist und dann von Origenes in besonderer Weise theologisch entfaltet wird: Andere angebliche Wundertaten außerhalb des christlichen Bereichs sind Dämonenwerke, magische Tricks, die mehr Nachteil als Nutzen bringen. Man muß auf den Kontext der Lebenspraxis achten, um hier klar unterscheiden zu können. Die Zauberer und Gaukler handeln aus eigensüchtigen Motiven, nehmen z. B. Geld für ihre Kunst. Die Christen hingegen verlangen nicht nur kein Geld, sie geben vielmehr das Ihrige sogar hin. Wunder zum Wohlergehen der Menschen geschehen hier unter Fasten und Gebet im Zusammenhang mit vielen anderen Gnaden, die die Kirche auf der ganzen Welt von Gott empfängt und zum Heil der Völker Tag für Tag im Namen des Gekreuzigten austeilt. Diese außerordentlichen Machttaten sind nur besonders markante Verwirklichungen der Präsenz des Herrn, der dabei ist, über den Geist in der Kirche die ganze Schöpfung an ihr Ziel zu führen ἀνακεφαλαιώσασθαι τὰ πάντα ἐν τῷ Χριστῷ, wie das Schlüsselwort für Irenäus im Anschluß an Eph 1,10 heißt.

Mit dem Verweis auf Totenerweckungen führt Irenäus sodann ein Argument der Überbietung ins Feld: So etwas vermögen die Gegner nicht vorzuweisen! Diese Argumentation verbindet sich allerdings mit einem ganz anderen Gedanken: "sie glauben nicht einmal, es zu können. Vielmehr behaupten sie, die Auferstehung von den Toten sei nichts anderes als die Erkenntnis der sogenannten Wahrheit" [24]. Hier hat Irenäus offenbar nicht mehr 'Anhänger der Zauberzunft', sondern Gnostiker im eigentlichen Sinn vor Augen, Gegner, die in einer materiellen Auferwekkung bestenfalls einen symbolischen Ausdruck für das Aufleuchten der Gnosis erblicken.

Interessant ist, daß Irenäus auch die Auferstehung Jesu und deren Manifestation vor den Jüngern in den Kontext von Wundern rückt. Hier stellt er sich auch der Tatsachenfrage: Waren die Erscheinungen des Auferstandenen etwa nur 'Scheingebilde' [25]? Wie Justin verweist Irenäus zunächst auf die Prophezeiungen, die solches angekündigt haben, und verbindet dieses Argument dann mit dem Hinweis auf Wunder, die sich jetzt noch in der Kirche ereignen[26].

Wichtig ist allerdings, die apologetischen Ausführungen über Wunder und Weissagungen in diesem engen Zusammenhang nicht losgelöst vom Grundduktus des Irenäischen Werks zu betrachten. Das Alte Testament dient Irenäus anders als Justin nicht vornehmlich als Beweismaterial für die Präsenz des Logos im christlichen Heute. Sein gesamtes Werk wird vielmehr von *einem* Thema beherrscht: der Einheit der Bundesschlüsse Gottes und dem Nachweis, daß damals wie heute ein einziger, ja der einzige Gott spricht – nicht ein subalterner Demiurg im Alten und eine in der Psyche erschienene Rettergestalt im Neuen Testament, wie die Gnosis behauptet. Es geht um den Aufweis, daß Gott, der am Anfang durch seine Hände, d. h. den Sohn und den Geist, das Fleisch des Menschen nach Gottes Ähnlichkeit

[24] Vgl. Adv. haer. II 31,2.
[25] 'per phantasma' – 'd'une manière fantômatique', vgl. SC 294, 340 f.
[26] Vgl. Adv. haer. II 32,5.

geformt hat[27], auch nach dem Sündenfall unablässig weiter um diese seine 'plasmatio' besorgt ist, bis der Sohn alles Fleisch wieder 'unter das Haupt gebracht' hat, ja, bis schließlich das Gebilde des Ursprungs "dem Christus völlig gleichgestaltig und eines Leibes mit ihm wird" [28].

In dem Zusammenhang eschatologischer Aussagen findet sich dann auch die wohl bedeutsamste Aussage des Irenäus über die Wunder, genauer: über ihren eigentlichen heilsgeschichtlichen Sinn. Irenäus betont, daß bei der Blindenheilung es dasselbe Auge war, das nun sehend wurde, daß überhaupt alle, die von Jesus geheilt wurden, keine neuen Glieder empfingen, sondern dieselben Glieder wiederhergestellt wurden, die sie 'von Anfang an bei der Geburt' hatten, und fährt dann fort:

"Denn der Künstler aller Dinge, der Logos Gottes, der am Anfang den Menschen gebildet hatte, heilte ihn auf alle mögliche Weise, als er fand, daß sein Werk durch Arglist zu Fall gebracht worden war. Hier stellte er ein bestimmtes Glied wieder her, so wie es am Anfang geformt worden war, dort gab er mit einem Schlage dem Menschen volle Gesundheit und Unversehrtheit, um sich ihn im Blick auf die Auferstehung vorzubereiten. Denn welchen Grund hätte er gehabt, die Glieder des Fleisches zu heilen und sie in ihre ursprüngliche Form zurückzuversetzen, wenn das von ihm Geheilte nicht gerettet werden sollte? War der Nutzen nämlich nur ein zeitlicher, dann erwies er denen keine besondere Wohltat, die er geheilt hatte. Oder wie können die Häretiker sagen, daß das Fleisch nicht des Lebens fähig sei, das von ihm stammt, wo es doch von ihm geheilt wurde? [...] Wer die Heilung bringt, verleiht auch das Leben, und wer das Leben verleiht, gibt dem Gebilde, das er gemacht, auch die Unverweslichkeit" [29].

Wunderheilungen werden von Irenäus also nicht primär als Zeichen für das jetzt schon in Jesus Gegenwart gewinnende Reich Gottes gewertet, sondern als Angeld auf die eschatologische Gestalt der 'plasmatio' Gottes, das Eingegliedertwerden allen Fleisches in den vollendeten Leib Christi, der die ganze Schöpfung und Geschichte in sich 'rekapituliert', unter sein Haupt bringt[30].

10.4 Der 'Beweis des Geistes und der Kraft' nach Origenes

Wenn im Zusammenhang von 'Adversus haereses' an die Notwendigkeit erinnert wurde, den Gesamtduktus der Theologie des Irenäus bei der Frage nach seiner Beurteilung von Wundern und Weissagungen im Auge zu behalten, so ist dies nicht

[27] Vgl. Adv. haer. IV Praef.,4.
[28] Ebd. V 36,3: τὸ πλάσμα αὐτοῦ σύμμορφον καὶ σύσσωμον τῷ Υἱῷ ἀποτελεῖται. (Gr. Text nach SC, Bd. 153, 465-67).
[29] Ebd. V 12,6.
[30] Zur besonderen Stellung der Theologie des Irenäus innerhalb der Geschichte des Leib-Christi-Begriffs vgl. S. Mirbach, Ihr aber seid Leib Christi, 26-40.

weniger bei dem folgenden Blick auf Origenes' 'Contra Celsum' [31] angebracht. Hier haben wir zwar eine detaillierte Auseinandersetzung mit der bedeutendsten gegen das Christentum gerichteten Schrift eines Philosophen aus den ersten Jahrhunderten der Kirche vor uns[32]. Origenes selbst betont in diesem Werk aber immer wieder, daß er an wichtigen Punkten die eigentlich theologische Dimension der behandelten Thematik ausblenden muß, um von seinem Gegner verstanden zu werden.

Im Unterschied zu Irenäus hat es Origenes nicht mit einem Feind des Christentums zu tun, dem man erst die pseudobiblischen Kleider vom Leibe zerren muß[33]. Kelsos ist im Gegenteil stolz darauf, dem Unsinn jüdischen und christlichen Glaubens einen 'Gott der kritischen Vernunft' entgegenhalten zu können. Origenes ist sich bewußt, demgegenüber auf dem Stand griechischer Dialektik argumentieren zu müssen, betont allerdings, daß es für das göttliche Wort noch einen besonderen Beweis gibt, der göttlicher ist als die griechische Dialektik.

"Diesen 'Beweis nennt der Apostel 'den Beweis von Geist und Kraft' (vgl. 1 Kor 2,4): den Beweis 'von Geist' wegen der Weissagungen, die geeignet sind, in dem Leser besonders an Stellen, die von Christus handeln, den Glauben zu erzeugen; den Beweis 'von Kraft' wegen der außerordentlichen Wunder, deren Tatsächlichkeit sich sowohl durch vieles andere als auch besonders durch den Umstand erweisen läßt, daß sich Spuren davon noch bei denen erhalten haben, die ihr Leben nach dem Willen des Wortes einrichten" [34].

Dieser Zugang zum Offenbarungsfaktum über die 'via empirica', d. h. über die Transparenz der Zeugen Christi auf seine fortlebende Wirklichkeit hin, steht in der Mitte der Argumentation von 'Contra Celsum'. Mag nach den Prinzipien wissenschaftlichen Disputierens der dialektischen Beweisführung an sich der Vorrang vor dem unreflektierten Glauben gebühren: *de facto* hat die griechische Weisheit angesichts des christlichen Kerygmas bisher immer versagt und muß sich daher durch die Torheit der Verkündigung des Kreuzes beschämen lassen[35].

[31] Das Werk wurde wohl 248 beendet (so auch P. Koetschau in der Einleitung zu seiner Übersetzung des Werkes im Rahmen der BKV: Des Origenes Ausgewählte Schriften, Bd. II u. III. Origenes, Acht Bücher gegen Celsus, Teil I, VIII). Kritische Ausgabe von M. Borret, SC 132; 136; 147; 150 (227). Deutsch nach P. Koetschau.

[32] Vgl. aus der Sekundärliteratur bes. K. Pichler, Streit um das Christentum. (Literatur!); Ch. Reemts, Vernunftgemäßer Glaube. Zur Wunderfrage in 'Contra Celsum' vgl. F. Mosetto, I miracoli evangelici nel dibattito fra Celso e Origene.

[33] Vgl. dagegen die Intention des ersten Buchs von Irenäus' 'Adversus haereses', bes. Adv. haer. I, praef.

[34] Contra Celsum I 2 (Koetschau 8f). Vgl. schon die programmatische Stelle im Prooemium: Jesus schwieg, als man falsche Zeugnisse wider ihn erhob. Er wird auch fortan "immer von falschem Zeugnis bedroht und jederzeit angeklagt, solange die Bosheit unter den Menschen herrscht. Er selbst schweigt diesen Anschuldigungen gegenüber auch jetzt und redet zu seiner Verteidigung kein Wort. *Es verteidigt ihn aber das Leben seiner wahren Jünger* und redet laut für ihn und ist kräftiger als jedes falsche Zeugnis und widerlegt und vernichtet die falschen Zeugnisse und Anklagen" (Prooem. 1f; Übersetzung in Anlehnung an P. Koetschau 2).

[35] Vgl. Contra Celsum I 13; 27.

Es ist bemerkenswert, mit welcher Konsequenz Origenes diesen Grundgedanken bei der Behandlung aller klassischen 'Beweisorte' der Apologetik durchhält, sei es im Blick auf Wunder im allgemeinen, die Auferstehung Jesu oder die Weissagungen. Ausführlich setzt sich der Kirchenvater mit der Reduzierung von *Wundern* auf Zauberei und dem Versuch des Kelsos auseinander, die Machttaten Jesu und der Apostel durch den Verweis auf andere antike Wunderberichte zu relativieren. Zentral bleibt immer der Verweis auf die lebendige *traditio*. Wie kommt Kelsos dazu, Herodot oder Pindar Glauben zu schenken, ohne nach einem Beweis für die Wahrheit ihrer Berichte zu fragen:

"[...] jene Männer aber, die für die Lehre Jesu sterben wollten und solche Aufzeichnungen über das, wovon sie selbst überzeugt waren, der Nachwelt hinterließen, die führen nach deiner Meinung um 'Erdichtungen und Sagen und Faseleien' einen so gewaltigen Kampf, daß sie ihretwegen in Not und Verfolgung leben und einen gewaltsamen Tod erleiden!" [36]

Im Hinblick auf die Glaubwürdigkeit der *Auferstehung Jesu* hat Kelsos bereits manche Argumente vorweggenommen, die dann in der Neuzeit immer wieder zum Gegenstand der Kritik und Apologetik wurden[37]. Schon viele, so meint der Philosoph, sind angeblich aus der Unterwelt zurückgekehrt. Zu prüfen sei aber, "ob einmal jemand, der in Wahrheit gestorben war, mit demselben Leibe auferstanden ist" [38]. Wer ist Zeuge der Erscheinungen des Auferstandenen gewesen?

"Ein halbrasendes Weib, wie ihr sagt, und vielleicht noch ein anderer von derselben Gaunerbande, der entweder die Anlage zu solchen Träumen in sich trug und, ein Opfer irregeleiteter Phantasie, sich nach Belieben ein solches Trugbild schuf [...] oder der [...] die andern Menschen mit dieser Gaukelei in Erstaunen setzen und durch solche Lüge andern Schwindlern einen Anhalt geben wollte" [39].

Schon hier werden äußerst geschickt die Frage nach dem wirklichen Tode Jesu und die Halluzinationshypothese mit einer Betrugshypothese verbunden.

Der wirkliche Tod Jesu am Kreuz wurde im Angesicht des ganzen Volkes offenbar, so antwortet Origenes – während die von Kelsos angeführten antiken Helden sich ganz nach Belieben aus den Augen der Menschen wegstehlen und, wenn es ihnen gefiel, zurückkehren konnten[40]. Anzeichen für Irrsinn oder Schwermut als Grundlage für halluzinatorische Wahrnehmungen lassen sich nach den Berichten der Schrift bei den Erscheinungsempfängern nicht ausmachen[41]. Entscheidend aber ist auch hier: Hätten die Jünger "die Auferweckung Jesu von den Toten nur erdichtet, so hätten sie diese Lehre nicht so kräftig verkündet; sie hätten auch dementsprechend weder andere dazu vorbereitet, den Tod gering zu achten, noch wären sie diesen selbst mit ihrem Beispiel vorangegangen" [42].

[36] Ebd. III 27 (Koetschau 234). Vgl. I 38; 43; 68; II 44; 48; 50-53; 77; 79.
[37] Vgl. den Überblick von P. Hoffmann, Die historisch-kritische Osterdiskussion von H. S. Reimarus bis zu Beginn des 20. Jahrhunderts.
[38] Vgl. Contra Celsum II 55.
[39] Ebd. II 55 (Koetschau 173f).
[40] Vgl. ebd. II 56.
[41] Vgl. ebd. II 60.
[42] Ebd. II 56 (Koetschau 176). Vgl. II 77; 79; III 23; VII 35.

Bei der Frage nach der Beweiskraft prophetischer *Weissagungen* ist sich Origenes besonders schmerzlich bewußt, daß er im Disput mit Kelsos die ganze Tiefendimension des inneren Zusammenhangs der Testamente, wie er sie in seinen exegetischen Schriften dargelegt hat, ausblenden muß. Trotz dieser methodischen Beschränkung auf den bloß apologetischen Aspekt zeigt sich ein erheblicher Fortschritt der Reflexion etwa gegenüber Justin, z. B. schon an der klaren Definition des 'Beweises des Geistes': "Denn das sichere Kennzeichen der Gottheit ist die Aussage über die Zukunft in einer Weise, welche außerhalb der menschlichen Natur liegt, und die so beschaffen ist, daß man nach dem Ausgang auf den Geist Gottes als den Urheber der Verkündigung schließen muß" [43].

Wie bei der Wunderfrage kann Kelsos auch in diesem Zusammenhang mit mannigfachen Parallelen aus dem antiken Orakelwesen aufwarten. Hier zeigt sich nun besonders deutlich die Konsistenz in der Argumentation des Origenes. Wie Wunderberichte sind nach ihm auch Prophezeiungen an sich ambivalent. Ihre Authentizität muß anhand von Kategorien sittlicher Lebensführung überprüft werden. Da stehe es nun schlecht um Pythia, die große Priesterin des Apoll zu Delphi, als Musterbeispiel griechischer Orakelkunst. Sie erhalte ja, wie man sagt, ihre Weissagungen über einen Geschlechtsverkehr mit dem Gott und werde dabei in rasende Verzückung versetzt[44]. Was dagegen die jüdischen Propheten betrifft, "so waren die einen von ihnen bereits vor ihrem Prophetentum und ihrer göttlichen Eingebung weise Männer, während die anderen erst durch die Berufung zum Prophetenamt Erleuchtung des Geistes und Weisheit empfingen. Sie wurden von der Vorsehung auserwählt, um mit dem göttlichen Geiste betraut zu werden und die von ihm erteilten Weissagungen zu vermitteln, weil sie ein beispiellos standhaftes und freimütiges Leben führten und sich durch die Furcht vor Tod und vor Gefahr durchaus nicht erschrecken ließen" [45].

'Wunder und Weissagungen': das sind nach Origenes nicht eigentlich verschiedene Klassen von 'äußeren Argumenten der Offenbarung'. Ihre Zeichenhaftigkeit und Beweiskraft für das Erscheinen Gottes hat nach ihm vor allem in der Umwandlung durch den Geist Gottes ihren Ort, die jeweils im Leben der Zeugen wahrnehmbar wird, sei es im Vorverweis auf die Fleischwerdung des Wortes oder in der fortdauernden Gegenwart seiner todüberwindenden Macht.

Für die Entwicklung der Frage nach den Zeichen wirklich ergangener Offenbarung sind in der Theologiegeschichte die bisher skizzierten Ansätze allerdings weit weniger wirksam geworden als die Zugänge zur Wunderthematik bei Augustinus und Thomas von Aquin, denen wir uns nun zuwenden wollen. Es ist dennoch wichtig, die früheren Ansätze nicht aus dem Auge zu verlieren. Von hierher könnten sich vielleicht Wege zeigen, die Problematik, die in der Moderne immer aporetischer wurde und sich auch heute noch recht verfahren darstellt, aus neuen Blickwinkeln anzugehen.

[43] Ebd. VI 10 (Koetschau 107).
[44] Vgl. ebd. VII 3; III 25.
[45] Ebd. VII 7 (Koetschau 215).

10.5 Die Theologie der Zeichen bei Augustinus

Ein Text aus dem 'Gottesstaat' zeigt recht plastisch den Wandel der ge-schichtlichen Situation zwischen der Zeit der frühen Apologeten und der Ära nach Konstantin, die Augustin von diesen – aber auch von uns! – abhebt:

"Man fragt uns, warum diese Wunder [...] jetzt nicht mehr geschehen. Ich könnte zur Antwort geben, sie seien notwendig gewesen, bevor noch die Welt glaubte, damit sie zum Glauben käme. Wer heutzutage noch Wunder braucht, um zu glauben, *ist selbst so etwas wie ein großes Wunder, weil er in einer gläubig gewordenen Welt ungläubig geblieben ist*" [46].

Schon von diesem Hintergrund her wird verständlich, daß die Frage nach Wundern als Legitimation einer zu glaubenden Offenbarung (die vom jeweiligen 'Heute' aus immer neu zu stellen ist) für Augustinus völlig zurücktritt gegenüber der Frage nach ihrem Sinn im Ganzen der Heilsgeschichte.

"Durch den Kanon der heiligen Schriften, der ein abgeschlossenes Ganzes werden mußte, wird dafür gesorgt, daß die ersten Wunder überall verlesen werden und sich dem Gedächtnis aller Völker einprägen; die späteren Wunder hingegen, wo immer sie auch geschehen, kennt oft nicht einmal die ganze Stadt, geschweige denn die Gegend, wo sie sich zugetragen haben" [47].

Es geht vor allem um die richtige Auslegung der in den kanonischen Schriften bezeugten Ereignisse; die Verifikation aktueller Wundernachrichten, die Augustinus dem Bereich der Privatoffenbarung zuweist, ist demgegenüber sekundär.

Die oft zitierte 'Definition' des Kirchenvaters – "Ein Wunder geschieht [...] nicht wider die Natur, sondern nur gegen das, was als Natur bekannt ist" [48] – wird häufig so verstanden, als ob es für Augustinus grundsätzlich nur 'relative Wunder' im modernen Sinn gäbe, d. h. bezogen auf den jeweiligen Stand naturwissenschaftlicher Erkenntnis, der stets durch neue Ergebnisse überholbar ist. Der Begriff 'Natur' hat im zitierten Zusammenhang aber einen streng theologischen Stellenwert. Er ist auf das Wirken Gottes im gesamten Heilsplan bezogen. Konkret geht es um das Wesen von Körperlichkeit, das sich im eigentlichen Sinn erst bei der Auferstehung der Toten enthüllt. Von hierher ist dann auch Augustins etymologische Auslegung der einzelnen Termini für Wunder zu verstehen[49]: Der Sinn des Wunders besteht letztlich in seinem Charakter als Vorausverweis auf die eschatologische Macht Gottes, wie sie sich fortschreitend in der Heilsgeschichte enthüllt.

Auch Augustinus setzt sich mit der Unterscheidbarkeit von Wundern, die auf Gott zurückgehen, gegenüber den Werken böser Geister auseinander. Die Mög-

[46] "[...] magnum est ipse prodigium, qui mundo credente non credit" [De civ. Dei, Lib. XXII, cap. VIII (CChrSL XLVIII, 815)]. Deutsche Übersetzung nach C. J. Perl (eigene Hervorhebung).

[47] Ebd.

[48] "Portentum [...] fit non contra naturam, sed contra quam est nota natura" [De civ. Dei, Lib. XXI, cap. VIII (CChrSL XLVIII, 771)].

[49] "Nobis [...] ista, quae [...] contra naturam fieri dicuntur [...] et monstra ostenta, portenta prodigia nuncupantur, hoc monstrare debent, hoc ostendere vel praeostendere, hoc praedicere, quod facturus sit Deus, quae de corporibus hominum se praenuntiavit esse facturum, [...] nulla praescribente lege naturae" (Ebd.).

lichkeit der letzteren erscheint aufgrund seiner Schöpfungstheorie besonders plausibel. Auch böse Mächte können sich der 'verborgenen Samen' bedienen, die Gott in die Natur hineingelegt hat: "Denn wie die Mütter schwanger sind des jungen Lebens, so ist die Welt schwanger der Ursachen des Werdenden" [50]. Bei der Frage nach den Kriterien zur rechten Unterscheidung geht Augustinus allerdings über die frühen Väter hinaus. Ob böse oder gute Mächte die Urheber von Wundern sind, entscheidet sich daran, ob jene für sich oder nur für den alleinigen Gott zu opfern befehlen. Aber, so fährt er fort:

"Wenn nur die einen, die für sich Opfer beanspruchen, auf die menschlichen Gemüter durch Wundertaten einwirkten, die anderen aber, die dies[e Opfer] verbieten und nur dem Einen Gott zu opfern befehlen, sich keineswegs herbeiließen, sichtbare Wunder zu wirken: dann müßte – nicht aufgrund sinnlicher Wahrnehmung, sondern aus Vernunftüberlegung – den letzteren die höhere Glaubwürdigkeit zugesprochen werden" [51].

Damit deutet sich nun aber eine viel grundsätzlichere Relativierung an als das Beziehen des Wunderbaren auf den jeweiligen Stand der Naturerkenntnis: die Notwendigkeit von Wundern überhaupt ist nach Augustinus nur als sekundär anzusehen. Das geht z. B. auch aus einer Schriftauslegung hervor, wo das Verwandeln des Stabs Aarons durch Engelmacht in eine Schlange (vgl. Ex 7,10) mit dem Aufrichten eines Gedenksteins durch Jakob (vgl. Gen 28,18) verglichen wird. Beides geschieht, um ein Zeichen zu setzen ('ad significationem'), mit dem Unterschied, daß das eine Bewunderung und Verständnis, das andere aber nur Verständnis verlangt[52].

"Es ist so, wie wenn der Name des Herrn einmal mit Gold, ein andermal mit Tinte geschrieben würde. Jenes ist kostbarer, dieses billiger. Was beide aber zum Ausdruck bringen, ist ein und dasselbe" [53].

Worauf es letztlich ankommt, ist allein die Zeichenfunktion der Wunder. Sie dienen dazu, den nur sinnlich ansprechbaren Menschen aus seiner dumpfen Gewohnheit aufzuwecken – wie etwa die Leute staunen, wenn sie zwei zum Verwechseln ähnlichen Gesichtern begegnen, nicht aber die Einzigartigkeit des menschlichen Antlitzes bewundern, mit der Gott die Vielen ausgestattet hat[54]. Auch Jesus wirkte Wunder nicht bloß, um Aufsehen zu erregen, vielmehr: "was er auf körperliche Weise tat, sollte seinem Willen nach auch auf geistliche Weise verstanden werden" [55].

[50] Vgl. De trin., Lib. III, VIII, 16 (CChrSL L, 143).
[51] De civ. Dei, Lib. X, cap. XVI (CChrSL XLVII, 289f).
[52] "Illud et mirandum est et intellegendum, hoc autem tantummodo intellegendum" [De trin., Lib. III, IX, 20 (CChrSL L, 147)].
[53] Ebd. 148.
[54] Vgl. De civ. Dei, Lib. XXI, cap. VIII (CChrSL XLVIII, 770ff).
[55] Vgl. Sermo XCVIII, 3, PL 38, 592.

10.6 Das Wunderverständnis bei Thomas von Aquin

Wie die Theologie des Augustinus überhaupt so blieb auch seine Auffassung der Wunder bis ins Hochmittelalter maßgebend[56]: 'Ob mit Tinte oder mit Gold geschrieben, entscheidend ist die jeweils damit zum Ausdruck gebrachte Wahrheit'. Dieses auf den Zeichencharakter der Ereignisse abhebende Wunderverständnis hatte einen entscheidenden Mangel. Bei einer *inkarnatorischen* Offenbarung kommt es wesentlich darauf an, ob das sinnlich-geschichtlich begegnende Geschehen selbst Gott wirklich gegenwärtig werden läßt, nicht nur – wie bei einer *inspiratorischen* Offenbarung (z. B. mystische Erfahrungen, prophetische Visionen) – okkasioneller Anstoß für den Kontakt mit dem Göttlichen ist. Das Problem des Wunders ist insofern mit dem Problem einer inkarnatorischen Offenbarung überhaupt strukturell eng verwandt: *wie ist es möglich, daß ein mit den Sinnen wahrnehmbares Ereignis als solches die Anwesenheit Gottes manifestiert, nicht erst durch Zutun des wahrnehmenden Subjekts oder aufgrund einer inneren Erleuchtung auf Gottes Gegenwart hin aufgewertet wird?* Wir merkten schon in Kap. 9.2 an, daß Augustinus hier eine wichtige Frage offengelassen hat.

Den von Augustinus vernachlässigten Aspekt hat erst Thomas von Aquin – im Zusammenhang einer umfassenden systematischen Reflexion über das Wesen des Wunders – herausgearbeitet, leider allerdings in einer Weise, daß dabei der von Augustinus betonte Zeichencharakter der Wunder fast völlig in den Hintergrund trat.

Der grundlegende Unterschied im Ansatz zeigt sich schon bei der etymologischen Erklärung, die auch Thomas versucht. Das Substantiv 'miraculum' komme von 'admiratio' bzw. 'mirari' – 'Wunder' von 'wundern' bzw. 'bewundern'. So ist dem einen etwas Anlaß zum Wundern, ein 'mirum', was dem anderen nicht so erscheint – wie die Sonnenfinsternis für den Bauern, aber nicht für den Sternkundigen. "Miraculum autem dicitur quasi admiratione plenum, quod scilicet habet causam simpliciter et omnibus occultam" [57] – das Wunder im Vollsinn hat eine Ursache, die schlechthin und allen verborgen ist.

Noch deutlicher hebt sich Thomas von Augustinus bei der Frage nach der Möglichkeit von durch böse Mächte gewirkten Wundern ab. Ein Wunder im strengen Sinn geschieht 'an der Ordnung der gesamten geschaffenen Natur vorbei' – 'praeter ordinem totius naturae creatae' –, ist also nur Gott möglich[58]. Engeln und Heiligen werden Wunder zugeschrieben, insofern Gott auf ihr Bitten hin Wunder wirkt[59]. Böse Mächte und Menschen können sich solcher Naturkräfte bedienen,

[56] Eine merkwürdige Ausnahme bildet das Werk 'De mirabilibus Sacrae Scripturae', das (auch unter dem Namen des Augustinus verbreitet) nach neueren Forschungen im 7. Jahrhundert von einem irischen Theologen verfaßt wurde und einen eher aristotelischen Horizont in der Naturbetrachtung aufweist. Es wurde folgerichtig auch erst seit dem 12. Jahrhundert, nach der Wiederentdeckung des 'ganzen Aristoteles', populär. Vgl. die kritische Edition (mit engl. Übersetzung) von F. P. MacGinty, The Treatise 'De mirabilibus sacrae scripturae; dazu C. S. Anderson, Divine Governance, Miracles and Laws of Nature in the Early Middle Ages.

[57] Vgl. STh I, q. 105 a. 7 corp.

[58] Vgl. STh I, q. 110 a. 4 corp.

[59] Vgl. ebd., ad 1.

die uns unbekannt sind, und daher etwas 'an der Ordnung der geschaffenen Natur vorbei, sofern sie uns bekannt ist', bewirken[60]. Die Frage nach Unterscheidungskriterien verschiebt sich hier von der sittlich-praktischen Vernunft, deren Urteil den Vätern zufolge das entscheidende Kriterium abgab, auf das Feld der beobachtenden, theoretischen Vernunft. Dieser wird prinzipiell zugetraut, der Naturgesetzlichkeit auf den Grund gehen zu können, zu erkennen, was innerhalb des als wunderbar Erscheinenden nur auf Gott und was auf Sekundärursachen zurückzuführen ist. Dem letzteren entspricht, was nach Augustinus 'gegen den gewohnten Lauf der Natur' - 'contra solitum cursum naturae' geschieht[61].

Dem neuen, auf die aristotelische Philosophie zurückgehenden Ansatz entspricht auch die Einteilung der Wunder in Klassen, je nach dem Maß, wie die Möglichkeiten der Natur überstiegen werden. Der höchsten Klasse sind (vom Blickwinkel der theoretischen Vernunft aus!) solche Geschehnisse zuzurechnen, die die *Substanz* der Dinge selbst betreffen ('quantum ad substantiam facti') - z. B. wenn die Sonne rückwärts geht oder der menschliche Leib verklärt wird. Zur zweiten Klasse gehört der Überstieg über die Möglichkeiten der Natur im Blick auf das *Worin* oder *Woran* des Geschehens ('quantum ad id in quo fit') - z. B. die Auferweckung von Toten oder Blindenheilungen; denn die Natur kann zwar Leben verursachen, aber nicht in einem Toten, und Augenlicht verleihen, aber nicht in einem Blinden. Die unterste Klasse bestimmt sich nach der bloßen *Art* des Wirkens ('quantum ad modum et ordinem faciendi') - z. B. wird bei einer plötzlichen Heilung von Fieber der gewohnte Naturverlauf verkürzt. Bei einer solchen Klassifizierung kommt es also gerade auf den 'Schreib*stoff*', nicht primär auf das damit zum Ausdruck Gebrachte an[62].

Thomas sucht Antwort auf eine Frage, die bei Augustinus keine zureichende Klärung erfuhr: Wenn erkennbar werden soll, daß in dieser unserer Geschichte Gott selbst sich uns mitteilt, dann muß das durch sinnlich wahrnehmbare Ereignisse geschehen, die sich grundsätzlich nicht auf natürliche Kräfte allein zurückführen lassen. Das ist eine adäquate Folgerung aus dem Glauben an die Fleischwerdung des göttlichen Wortes. Die Antwort, die der Aquinate findet, belastet die Folgezeit jedoch mit einer doppelten Hypothek. *Theologisch* fragwürdig ist vor allem das Abheben eines 'Mirakulösen als solchen' von der Zeichenfunktion des Wunders. Von seinem Begriff einer übernatürlichen Offenbarung her ist Thomas dieses Problem kaum voll zum Bewußtsein gekommen[63]. Ein adäquater Zugang zum Verständnis insbesondere der Wunder Jesu ist von hierher aber nicht zu gewinnen. Zum anderen ist durch den Versuch einer Verifikation des Wunderbaren über das Urteil der theoretisch-beobachtenden Vernunft ein unnötiger Konflikt mit den *Naturwissenschaften* geradezu vorprogrammiert. Im platonisch-augustini-

[60] Vgl. ebd., ad 2; q. 114 a. 4 ad 2.
[61] Vgl. STh I, q. 105 a. 6 corp.
[62] Vgl. dagegen allerdings den Argumentationsgang in Contra Gentiles Lib. I, cap. VI, wo Thomas die aristotelische Perspektive im Sinne der Vätertradition aufbricht auf das christliche Martyrium als das größte Wunder.
[63] Vgl. die in Kap. 9.4 zitierte 'klassische' Stelle bei Thomas für die Auffassung von Wundern als 'externa revelationis argumenta': STh III, q. 43 a. 1 corp.

schen Horizont hatte die Natur ohnehin im wesentlichen nur Symbolcharakter. Der gläubige Naturwissenschaftler, der von der Rezeption der aristotelischen Schriften herkam, mußte aber fast unausweichlich in eine kaum lösbare Spannung geraten zwischen einerseits seinem Bemühen, den Lauf der Natur im immer gründlicheren Erkennen von Gesetzen auf die Weisheit des Schöpfergottes zurückzuführen, und auf der anderen Seite einem Offenbarungsglauben, der zu seiner vernünftigen Legitimation Phänomene nötig hat, die jene mühsam ermittelten Wegzeichen der Weisheit des Schöpfers auf den Kopf zu stellen schienen[64].

10.7 Wunder als Widerspruch gegen Gott: Baruch de Spinoza

Der Konflikt zwischen einer Wissenschaft, die vom Glauben an den in der Natur manifesten Gott geleitet ist, und einem Offenbarungsglauben, der sich auf Wunder stützt, tritt besonders deutlich im sechsten Kapitel von Baruch de Spinozas 'Theologisch-politischem Traktat' [65] zutage. Die Natur gilt ihm als Attribut Gottes selbst, der einen und einzigen Substanz. Daraus folgt mit Notwendigkeit eine feste und unveränderliche Ordnung der Natur, gegen die nichts geschehen kann. Gottes Wesen, Existenz und Vorsehung lassen sich daher nicht aus Wundern, vielmehr besser aus der unwandelbaren Ordnung der Dinge erkennen[66]. Wunder anzunehmen hieße, sich Gott als einen schlechten Werkmeister vorzustellen, der wegen mangelhafter Arbeit dauernd mit Flickschusterei in den Lauf der Welt eingreift[67]. Mit diesem grundsätzlichen Einwand gegen die metaphysische Möglichkeit von Wundern verbindet Spinoza ein Argument der sittlich-praktischen Vernunft: Wunder werden – wie vor allem die Geschichte Israels zeige – gern aufgrund eines persönlichen oder gruppenspezifischen Egoismus angenommen[68].

Vor allem dieses ethische Argument geht in den Kernbestand der Offenbarungskritik der Aufklärung ein. Auch die Rückführung des Wunderglaubens auf ein unbeschränktes Sich-behaupten-Wollen bei Ludwig Feuerbach ist im Grunde nur eine Variante jenes Arguments. Darüber hinaus haben die Ausführungen im 'Theologisch-politischen Traktat' nachhaltig die Entwicklung der modernen Bibelexegese beeinflußt. Da es keine Wunder geben kann, müssen die in der Schrift berichteten Wunder – will man sie nicht als bloße Produkte der Phantasie, des Wunschdenkens oder gar einer betrügerischen Intention verstehen – sich auf natürliche Ursachen zurückführen lassen. Spinozas Beispiele einer solchen naturalistischen Wundererklärung beziehen sich vor allem auf das Alte Testament. In der Folgezeit wurde diese Interpretationslinie aber systematisch – und nicht zuletzt in apologetischem Interesse! – auf die Auslegung auch der neutestamentlichen Wun-

[64] Vgl. zur weiteren Entwicklung B. Bron, Das Wunder; E. u. M.-L. Keller, Der Streit um die Wunder. vgl. G. Heinz, Divinam...originem und F.-J. Niemann, Jesus als Glaubensgrund.

[65] Tractatus Theologico-Politicus (1670).

[66] Vgl. ebd. 94.

[67] Vgl. ebd. 95f.

[68] Vgl. ebd. 93, 102.

derberichte ausgedehnt. Im Zuge dieser Entwicklung kam es zu Deutungen wie jener, daß beim Seewandel Jesu sich der Herr auf einem umhertreibenden Bauholz fortbewegt habe, das den Jüngern nicht wahrnehmbar war[69].

10.8 Die Unerkennbarkeit von Wundern: David Hume

Nach Spinoza sind Wunder metaphysisch unmöglich, weil dem Wesen Gottes, das sich in der Konsistenz der Natur offenbart, widersprechend. Diese metaphysische Naturbetrachtung wurde einmal durch die sich in der Neuzeit zuspitzende Theodizeeproblematik in Frage gestellt. Darüber hinaus ging die Entwicklung der modernen Naturwissenschaften (nicht zuletzt auch aufgrund des Problems der Theodizee bei jeder metaphysischen Rückführung der Natur auf Gott) in eine andere Richtung. Nominalismus und Empirismus führten zu einer rein phänomenalistischen Betrachtung der Natur, in der die Frage nach ihrem Wesen und ihren letzten Ursachen ausgeklammert wurde. Einen Höhepunkt in der erkenntnistheoretischen Legitimation dieser Betrachtungsweise stellt die Philosophie David Humes dar.

Nach Hume kommt ein Naturgesetz dadurch zustande, daß Menschen aufgrund einer Vielzahl gleichartiger Beobachtungen den Schluß ziehen, es zeige sich hinsichtlich eines bestimmten Kontextes von Phänomenen so gut wie sicher ein konsistenter Naturzusammenhang, den man darum als 'Gesetz' bezeichnen dürfe. Ob die Natur 'an sich' wirklich nach ehernen Gesetzen aufgebaut ist, kann der Mensch nicht erkennen – und dies ist auch für seinen praktischen Umgang mit den Dingen, in dem es nur auf die Zuverlässigkeit von Prognosen ankommt, ohne Bedeutung. In einer solchen Perspektive haben metaphysische Behauptungen über die Möglichkeit oder Unmöglichkeit von Wundern keinen Sinn. Hume beschränkt sich daher auf erkenntnistheoretische Erwägungen darüber, ob Wunder *feststellbar* sind. Seine wichtigsten Ausführungen dazu finden sich in dem vieldiskutierten zehnten Abschnitt seiner 'Untersuchung über den menschlichen Verstand' [70].

Nach dem Humeschen Verständnis eines Naturgesetzes steht der Behauptung eines Wunders immer eine vielerprobte Erfahrung des Gegenteils entgegen:

"Ein Wunder ist eine Verletzung der Naturgesetze, und da eine feststehende und unveränderliche Erfahrung diese Gesetze gegeben hat, so ist der Beweis gegen ein Wunder aus der Natur der Sache selbst so vollgültig, wie sich eine Begründung durch Erfahrung nur irgend denken läßt" [71].

[69] Vgl. E. u. M.-L. Keller, Streit um die Wunder, 61f.

[70] D. Hume, An Inquiry Concerning Human Understanding (1748); dt.: Eine Untersuchung über den menschlichen Verstand. Aus der jüngeren Literatur vgl. bes. J. Buchegger, David Humes Argumente gegen das Christentum, Kap. VI (S. 63-81); M. P. Levine, Hume and the Problem of Miracles; F. J. Beckwith, David Hume's Argument against Miracles. R. Lüthe, David Hume; G. Stremminger, David Hume, bes. 310-329.

[71] Eine Untersuchung, 134.

Hume könnte eigentlich bereits damit seine Argumentation abschließen. Wenn nämlich der Beweis gegen die Existenz eines Wunders in der Gleichförmigkeit der gegen ein solches Einzelereignis sprechenden durchgängigen Erfahrung beruht, dann müßte seine Verteidigung sich auf eine entsprechende Zahl von Gegenerfahrungen berufen. Das würde aber nicht zu dem Beweis für ein Wunder führen, sondern nur zu einer Aufgabe bzw. Modifikation des bisher angenommenen Naturgesetzes. Außerhalb einer metaphysischen Betrachtung von Natur ist eine Rede von Wundern im strengen Sinn müßig.

Dennoch setzt sich Hume mit einem Argument auseinander, das aus der anderen großen Quelle unserer Erkenntnis (neben der der Eigenbeobachtung) erhoben werden könnte: dem Zeugnis anderer. Das Zeugnis anderer über ein erfahrenes Wunder könnte nach Hume dann Anspruch auf meine Zustimmung erheben, *wenn die Falschheit dieses Zeugnisses wunderbarer wäre als das bezeugte Ereignis*[72]. Diese Möglichkeit entfällt aber, wie Hume mit sichtlicher Freude am Detail ausführt, wegen (1) des Mangels an glaubwürdigen Zeugen hinsichtlich einer solch verdächtigen Sache, wie sie im Falle eines Wunders behauptet wird, (2) unserer Neigung, gerade Staunenerregendes für interessant und damit auch wahr zu halten[73], (3) der Übernahme von Wunderberichten meist von barbarischen Völkern, (4) des Widerspruchs unter den Religionen, die alle auf ihre je eigenen, sie angeblich legitimierenden Wunder verweisen.

So vernichtend das Urteil Humes ausfällt: unbeabsichtigt hat er den Finger auf die entscheidende Frage zumindest im Hinblick auf *berichtete* Wunder gelegt. Gegenstand seiner Kritik ist wesentlich die Qualität des 'Zeugnisses' über Wunder. Weil Hume unter dem Begriff 'Wunder' ausschließlich solche Sachverhalte versteht, die im Horizont einer aufgeklärten Vernunft von vornherein indiskutabel sind, kann das Urteil über die Qualität der 'Zeugen' allerdings nur negativ ausfallen. Würde die Frage nach einer möglichen Glaubwürdigkeit des Zeugnisses nicht ein ganz anderes Gewicht bekommen, wenn der Bedeutungsgehalt des als Wunder Bezeugten diskussionswürdig wäre? Es wäre dann zu fragen, ob zwischen 'Bericht' und 'Zeugnis' (im strengen Sinne) nicht ein erheblicher Unterschied besteht und wie dieser Unterschied erkenntnistheoretisch näher qualifiziert werden könnte. Hier führt zumindest die Problemstellung bei Lessing einen wichtigen Schritt weiter.

10.9 'Wunder aus zweiter Hand': Gotthold Ephraim Lessing

Schon bei D. Hume hatte sich die Erörterung der Wunderproblematik auf den 'Schüler zweiter Hand' zugespitzt. Es ging nicht um die (für Hume offenbar abwe-

[72] Vgl. ebd. 135.

[73] Das ist nach Hume nur eine Frage der Beredsamkeit, die wenig Raum für Vernunft und Überlegung läßt: "Was [...] ein Cicero oder Demosthenes kaum bei einer römischen oder athenischen Versammlung fertig brachten, das gelingt bei der Mehrzahl der Menschen und in noch höherem Grade jedem Kapuziner [...]" (ebd. 138).

gige) Frage, ob ein kritischer Mensch *selbst* ein Wunder *erfahren* kann, sondern darum, ob das *Zeugnis* über angeblich erfahrene Wunder je zur Annahme eines tatsächlichen Wundergeschehens ausreichen könne. Auch Lessing fragt in seiner berühmten Schrift 'Über den Beweis des Geistes und der Kraft' [74] nach dem Legitimationswert von Zeugnissen, aber unter ganz anderen Vorzeichen.

"Ein andres sind Wunder, die ich mit meinen Augen sehe, und selbst zu prüfen Gelegenheit habe: ein andres sind Wunder, von denen ich nur historisch weiß, daß sie andre wollen gesehn und geprüft haben" [75].

Origenes sei noch in einer glücklicheren Lage gewesen, denn "noch war zu seiner Zeit, 'die Kraft wunderbare Dinge zu thun, von denen nicht gewichen', die nach Christi Vorschrift lebten; und wenn er ungezweifelte Beispiele hiervon hatte, so mußte er nothwendig, wenn er nicht seine eigenen Sinne verleugnen wollte, jenen Beweis des Geistes und der Kraft anerkennen" [76].

Er, Lessing hingegen, lebe in einer Zeit, in der es keine Wunder mehr gebe, und so sei der Beweis des Geistes und der Kraft "zu menschlichen Zeugnissen von Geist und Kraft herabgesunken" [77]. Er zögere zwar nicht, die Nachrichten von Wundern und (erfüllten) Weissagungen für ebenso zuverlässig zu halten, wie historische Wahrheiten nur immer zu sein vermögen. Aber: "zufällige Geschichtswahrheiten können der Beweis von nothwendigen Vernunftswahrheiten nie werden" [78]. Die Zumutung, "mit jener historischen Wahrheit in eine ganz andere Klasse von Wahrheiten herüber [zu] springen, und [zu] verlangen, daß ich alle meine metaphysischen und moralischen Begriffe darnach umbilden soll": "wenn das nicht eine μετάβασις εἰς ἄλλο γένος ist; so weiß ich nicht, was Aristoteles sonst unter dieser Benennung verstanden" [79]. "Das, das ist der garstige breite Graben, über den ich nicht kommen kann, so oft und ernstlich ich auch den Sprung versucht habe" [80].

Sosehr Lessing hier wie Hume die Beweiskraft von Zeugnissen über Wunder verneint, zielt seine Argumentation doch in eine ganz andere Richtung. Zunächst einmal disqualifiziert Lessing anders als Hume Wunder-Zeugnisse nicht gegenüber sonstigen Zeugnissen, sondern rechnet sie einfach der Klasse 'Berichte über historische Begebenheiten' zu, die allgemein in mehr oder minder hohem Grade zuverlässig sind, aber nie den Evidenzcharakter einer Demonstration haben können. Der Grund für diese weniger skeptische Einschätzung von Wunderberichten dürfte darin liegen, daß Lessing vornehmlich an die im Neuen Testament berichteten Wunder, insbesondere das der Auferstehung Christi, denkt. Es stehen ihm im Unterschied zu Hume nicht primär mirakulöse, die menschliche Phantasie anregende Phänomene vor Augen, vielmehr Zeichen, die die Botschaft des Neuen Testaments transparent machen – eine Botschaft, der Lessing einen entschieden höhe-

[74] In: G. E. Lessing, Werke und Briefe, Bd. 8, 437-445.
[75] Ebd. 439.
[76] Ebd. 440.
[77] Vgl. ebd.
[78] Vgl. ebd. 441.
[79] Ebd. 443.
[80] Ebd.

ren Stellenwert hinsichtlich der Gründung wahrer Humanität einräumt als der Agnostiker Hume.

Vor allem aber fragt Lessing letztlich gar nicht nach Zeugnissen, die die Annahme *speziell von Wundern* als rational gerechtfertigt erscheinen lassen. Es geht ihm im wesentlichen um einen Glaubwürdigkeitsausweis für das, worauf sich eine religiöse Entscheidung gründen kann. Der zu legitimierende 'Gegenstand' ist das *Wagnis* von etwas, das "von großem dauerhaften Belange [ist], dessen Verlust nicht zu ersetzen wäre" [81]. Er gehört jener Klasse von Wahrheiten zu, in der "alle meine metaphysischen und moralischen Begriffe" gebildet werden[82]. Eben dafür können aber, Lessing zufolge, zufällige Geschichtswahrheiten nie eine hinreichende Beweisgrundlage abgeben.

So wichtig diese Ausführungen für die – bis heute im Grunde unausgestandene – Frage nach dem fundamentaltheologischen Stellenwert historischer Forschungsergebnisse bleiben[83], merkwürdig berührt doch, wie Lessing in diesem Zusammenhang mit Origenes umgeht. Er zitiert den Kirchenvater so, als ob die zu dessen Zeit noch zu beobachtenden *Wunder* den wesentlichen Unterschied zur "wunderlosen Zeit des 18. Jahrhunderts" [84] ausmachten. Origenes hatte doch aber, wie wir in Kap. 10.4 sahen, insbesondere *den* Beweis für die Wahrheit des christlichen Kerygmas hervorgehoben, der in der Lebenspraxis der Zeugen Jesu liegt. Hier scheint der Unterschied gegenüber Lessings eigener Position, wie er sie in der 'Ringparabel' vertritt, gar nicht so groß. Auch nach Lessing soll die Wahrheit des Rings doch im Tun dessen zutage treten, der ihn seiner eigentlichen Kraft entsprechend trägt. Drängt sich da nicht die Frage auf, ob dieses lebendige Zeugnis, das eine die Existenz gründende Wahrheit in der Geschichte vermittelt, eigentlich noch angemessen unter der allgemeinen Rubrik 'historische Berichte' behandelt werden kann?

Von dieser Frage her ließe sich zugleich ein Zugang zu der Problemstellung gewinnen, in die *Sören Kierkegaard* Lessings Aussagen über die prinzipielle Schwäche historischer Wahrheiten geführt hat[85]. Nach Kierkegaard hat Lessing mit Recht die Unmöglichkeit hervorgehoben, das Wagnis der Existenz auf historische Gewißheit zu gründen, den Begriff der 'zufälligen Geschichtswahrheiten' aber nicht konsequent genug weitergedacht. Er umfaßt dem dänischen Philosophen zufolge nicht bloß Geschichts*berichte* – die nur den Nachgeborenen zum 'Schüler zweiter Hand' werden lassen –, sondern ebenfalls die Wahrnehmung der Augenzeugen, so daß das Problem der 'Gleichzeitigkeit mit Christus' für ausnahmslos alle Jünger gilt. Die Wahrheit über Jesus Christus läßt sich grundsätzlich nicht geschichtsimmanent, durch eine sinnlich begegnende Gestalt, vermitteln. Diese läßt den Jünger –

[81] Vgl. ebd. 442.
[82] Vgl. ebd. 443.
[83] S. unten Kap. 12-13.
[84] Vgl. Beweis des Geistes und der Kraft, 440.
[85] Vgl. die Auseinandersetzung mit Lessing implizit in den 'Philosophischen Brocken' und explizit in der 'Abschließenden unwissenschaftlichen Nachschrift', dazu bes. K. Kienzler, Der garstige Graben zwischen Vernunft und Offenbarung; Th. Pröpper, Erlösungsglaube, 115; H. Fischer, Die Christologie des Paradoxes, 31-47.

'gleichzeitig' oder nachgeboren – immer vor dem 'garstigen breiten Graben' (Lessing), dem Paradox des Bettlers stehen, dem man den König nicht ansehen kann ('Philosophische Brocken'). Hier muß gesprungen werden, um wahre Existenz zu gewinnen. Wir werden auf diese Option Kierkegaards, wie sie in der 'Dialektischen Theologie' wiederbegegnet, in den Kapiteln 12-13 zurückkommen[86].

10.10 Radikalisierung der Wunderkritik: von Immanuel Kant bis David Friedrich Strauß

Lessing hatte weder die Sinnhaftigkeit einer Annahme von Wundern überhaupt noch deren Beweiskraft wenigstens für den Augenzeugen prinzipiell bestritten. In beiden Hinsichten ist die Kantische Kritik radikaler[87]. *Kant* verweigert zwar den biblischen Berichten von Wundern und Weissagungen nicht grundsätzlich jede Anerkennung. Diese bewegt sich aber in dem engen Rahmen seines allgemeinen Zugeständnisses von Offenbarung als einer zu bestimmten Zeiten möglicherweise adäquaten Maßnahme Gottes, um die Erkenntnis des Wesens von Moralität in die Geschichte einzuführen. Eine solche "Introduction" mag dann "in der Geschichte noch mit Wundern begleitet und gleichsam ausgeschmückt" werden[88]. Außerhalb dieses Rahmens hat die Annahme von Wundern aber keine vernünftige Basis.

Neben dieser aus Gründen der reinen praktischen Vernunft äußerst eng gezogenen Grenze für die Annahme von Wundern ergibt sich aus der 'Kritik der reinen Vernunft' die Unmöglichkeit einer sicheren *Erkennbarkeit* von Wundern selbst für den Augenzeugen: das Kausalgesetz in seiner auf die empirische Welt beschränkten Geltung gestattet keine Rückschlüsse auf überweltliche Ursachen. Unter dem Wort "W u n d e r" sind "Begebenheiten in der Welt" zu verstehen, "von

[86] Was die Interpretation Lessings angeht, so ist gegen H. Fischer (vgl. ders., Christologie des Paradoxes, 32-39) geltend zu machen, daß es sich bei Kierkegaard nicht einfach um ein konsequentes Zuendedenken der 'zufälligen Geschichtswahrheiten' handelt, sondern um eine erkenntnistheoretische Position, die nicht im Horizont Lessings lag. Fischer sieht zwar richtig, daß Lessing die Behauptung der Beweiskraft von Wundern für den Augenzeugen durch starke Kautelen einschränkt: "*hätte ich keine Ursache zu zweifeln gehabt, daß es wahre Wunder gewesen*: so würde ich zu einem, von so langeher ausgezeichneten, wunderthätigen Mann, allerdings so viel Vertrauen gewonnen haben, daß ich willig meinen Verstand dem Seinigen unterworfen hätte; daß ich ihm *in allen Dingen* geglaubt hätte, *in welchen eben so ungezweifelte Erfahrungen ihm nicht entgegen gewesen wären*" (Beweis des Geistes und der Kraft, 439, meine Hervorh.). Mit diesen Einschränkungen kommt Lessing der Skepsis des Empirikers Hume in der Tat recht nahe. Sie führen aber nicht zu dem durch sinnlich-geschichtliche Erfahrung prinzipiell nicht legitimierbaren Sprung, wie ihn Kierkegaard als einzige Möglichkeit zur Gründung religiöser Existenz versteht. Wenn Origenes unbezweifelte Beispiele von Wundern vor Augen hatte, so mußte er nach der Ansicht Lessings, "nothwendig, wenn er nicht seine eigenen Sinne verleugnen wollte, jenen Beweis des Geistes und der Kraft anerkennen" (vgl. ebd. 440).

[87] Vgl. bes. 'Die Religion innerhalb der Grenzen der bloßen Vernunft' (1793), Allgemeine Anmerkung zum Zweiten Stück, in: I. Kant, Akad.-Ausg., Bd. VI, 84-89.

[88] Ebd. 84.

deren Ursache uns die W i r k u n g s g e s e t z e schlechterdings unbekannt sind und bleiben müssen" [89].

Was in Kap. 9.5.3 mit Rücksicht auf den Offenbarungsbegriff über *Fichte* gesagt wurde, gilt auch im Hinblick auf sein Wunderverständnis. Während sein 'Versuch einer Kritik aller Offenbarung' noch ganz im Horizont der Kantischen Kritiken verbleibt, eröffnet sich ihm ab 1796 ein angemessenerer Zugang über die Frage, wie uns ein *Handeln aus Freiheit* innerhalb der Empirie sicher erkennbar ist. In der Spätphase seiner Philosophie finden sich im Rahmen einer Neubesinnung auf das Wesen von Offenbarung interessante Ansätze auch zu einer vertieften Reflexion auf Wunder, im Zusammenhang der Frage nämlich, wie eine sittlich verpflichtende, die Menschheit weiterführende Einsicht in geschichtlicher Wahrnehmung vermittelt werden könne[90].

Hegel ist vor allem in seinen 'Vorlesungen über die Philosophie der Religion' [91] wiederholt auf die Wunderthematik eingegangen. Dabei fällt auf, wie sehr er zwar einerseits gängige Topoi der Wunderkritik der Aufklärung übernimmt, sie zugleich aber im Rahmen seiner Systemkonzeption radikalisiert.

Durchaus traditionell mutet der Verweis auf das Zeichenverbot durch Jesus selbst[92] oder die Betonung des bloß introduktorischen Charakters von Wundern[93] an. Auch die Kritik Spinozas kann Hegel in den Horizont seines Naturverständnisses transponieren[94].

Weitaus radikaler als in der Aufklärung wird das Sinnlich-Empirische bei Hegel aber als eine Sphäre verstanden, die grundsätzlich das Geistige nicht adäquat vermitteln kann.

"Das Geistige als solches kann nicht direkt durch das Ungeistige, Sinnliche beglaubigt werden. [...] Der Hauptstandpunkt der Vernunft [...] ist in Ansehung der Wunder der, daß das Geistige nicht äußerlich beglaubigt werden kann. Denn das Geistige ist höher als das Äußerliche; es kann nur durch sich und in sich beglaubigt werden, nur innerlich durch sich und an sich selbst sich bewähren" [95]

Sosehr die Menschwerdung Gottes (und seine Erniedrigung bis zum Tod) im Zentrum des Hegelschen Denkens steht: auch diese sinnliche Gestalt des Göttlichen hat keine begründende Funktion für den Glauben der Gemeinde, der erst nach Beseitigung jener inkarnatorischen Gestalt als reine Gabe des Geistes entspringt[96] und die höchste Vorstufe des sich selbst wissenden Geistes darstellt[97].

Wenn *Kierkegaard* sich auch vehement gegen diese Konsequenz der Aufhebung des Glaubens in Wissenschaft wendet und mit Recht in Lessing einen ihm verwandteren Denker entdeckt, so dürfte seine grundsätzliche Behauptung der Unfä-

[89] Vgl. ebd. 86.
[90] Vgl. bes. das Fragment II aus den 'Excurse[n] zur Staatslehre' (1813) in: J. G. Fichte, SW Bd. VII, 590-596. Dazu die in Kap. 9 Anm. 53 genannten Arbeiten.
[91] Wir zitieren nach: G. W. F. Hegel, Vorlesungen, Bde. 3-5.
[92] Vgl. ebd. Bd. 5, 81.151.182.
[93] Vgl. ebd. Bd. 3, 238; Bd. 5, 82.285f.
[94] Vgl. ebd. Bd. 4, 331.568f; Bd. 5, 151f.
[95] Ebd. Bd. 5, 182.
[96] Vgl. ebd. Bd. 5, 84.
[97] Vgl. ebd. Bd. 3, 285.

higkeit sinnlich-geschichtlicher Wahrnehmung (nicht nur von historischen Berichten darüber) zur Vermittlung von unbedingten Existenzentscheidungen doch eher auf der Hegelschen Philosophie als auf der Vorgabe Lessings basieren[98].

Die weitere Radikalisierung der Wunderkritik im atheistischen Denken, insbesondere bei *L. Feuerbach*, kann hier übergangen werden. Im Rahmen unserer Fragestellung ist nur von Interesse, in welchem Maß im Horizont neuzeitlicher Offenbarungskritik, sofern sie die Vernünftigkeit von Religion nicht grundsätzlich ausschließt, sinnlich wahrnehmbare Zeichen einer göttlichen Offenbarung noch als diskutabel erscheinen. In diesem Zusammenhang läßt sich angesichts der zunehmend radikalisierten Wunderkritik die Frage nicht umgehen, was der Kritiker bei seiner im übrigen fortdauernden Wertschätzung der Bibel als eines für die Humanisierung des Menschen zentralen Dokuments mit den dort zu findenden Wundererzählungen überhaupt noch anzufangen vermag, wenn eine supranaturalistische Deutung auf Gott entfällt. Wir hatten in Kap. 10.7 kurz darauf hingewiesen, wie die naturalistische Interpretation Spinozas auch mehr und mehr in die Apologetik eindrang. Durch eine Aufdeckung der den Augenzeugen nicht bekannten 'wahren Ursachen' der erzählten Ereignisse hoffte man wenigstens die Glaubwürdigkeit der Zeugen zu retten: sie wußten es nicht besser.

Hegel ist über diesen Horizont im wesentlichen nicht hinausgekommen, wenn er auch für die naturalistische Auslegung von Wundergeschichten kein Interesse aufzubringen vermag. Als Alternative weiß er nur vorzuschlagen, die Beschäftigung mit den Berichten einfach "auf die Seite zu stellen" [99]. Hier hat erst *D. F. Strauß* mit seinem 1835 erschienenen Werk: 'Das Leben Jesu, kritisch bearbeitet von Dr. David Friedrich Strauß' eine entscheidende Wende gebracht. Strauß nimmt (was keine entscheidende Neuerung ist) an, daß viele der berichteten Wunder, insbesondere solche, deren natürliche Erklärung an Lächerlichkeit grenzt, reine Fiktionen oder Mythen sind. Er gibt aber (und darin besteht seine bahnbrechende Leistung) zugleich eine positive Begründung und Rechtfertigung für diese Fiktionen aus dem Glauben der Gemeinde. Man hat Jesus als Messias und als eschatologischen Propheten verstanden. Dann mußte er aber auch in seinem Wirken den Erwartungen entsprechen, die man mit dieser eschatologischen Gestalt verband. So seien viele Wunderberichte – etwa die von der Brotvermehrung und den Totenerweckungen – als Versuch einer Überbietung dessen zu verstehen, was man von Mose und den Propheten her kannte. Das heißt nicht, daß man bewußt Lügenmärchen erzählt hätte. Es handelte sich vielmehr um "einen Prozeß, der sich unabhängig von einzelnen Erzählern in der Weitergabe und Ausschmückung der Jesustradition im Volke vollzog" [100]. "Mythos in seiner ursprünglichen Gestalt ist [...] nicht bewußte Erdichtung eines einzelnen, sondern Erzeugnis des Gemeindebewußtseins eines Volkes oder religiösen Kreises" [101]. Auch nach anderen Autoren hat der Glaube des Volkes an Jesus zahlreiche Heilungen hervorgebracht. Erst

[98] Vgl. oben Kap. 10.9.
[99] Vgl. G. W. F. Hegel, Vorlesungen 5, 182.82f.
[100] Vgl. E. u. M.-L. Keller, Streit um die Wunder, 87f.
[101] Vgl. ebd. 88.

recht – so erweitert Strauß die Perspektive – ist dieser Glaube dann fähig gewesen, die erwartete Heilsgestalt in den Farben zu schildern, die das Hoffnungspotential des Volkes dafür bereithielt. Fernab davon also, daß – wie Hegel meinte – mit dem Einbruch des vom Geist gewirkten Glaubens der Gemeinde die Wundergeschichten alles Interesse verlören, sind sie nach Strauß eine wichtige Gestalt dieses sich konkret reflektierenden Glaubens.

Soweit ich sehe, hat im Blick auf die von Strauß dargelegten Auslegungsprinzipien für Wundergeschichten die nach ihm folgende kritische Exegese nur noch geringfügige Modifikationen eingebracht. Wenn man heute wirklich gewirkte Exorzismen und Heilungen einer besonderen charismatischen Begabung Jesu zuschreibt und im übrigen ähnlich wie Strauß mit der Kategorie von Überbietungswundern u. ä. als Bildungen der Gemeinde operiert, führt man im Grunde die Tradition naturalistischer und mythischer Wundererklärung weiter. Offen bleibt die Frage, was Jesus als das letztgültige, im Fleisch erschienene Wort Gottes ausweist. Wo diese Frage nicht einfach übergangen wird, verschiebt sie sich auf das Problem, worin der Osterglaube gründet. Der eigentliche Kern des *Wunder*problems, die grundsätzliche Frage nämlich, ob und wie ein sinnlich-geschichtlich begegnendes Faktum Offenbarung manifest zu machen vermag, ist nicht schon damit behoben, daß man die Unvernunft des Glaubens an *Mirakel* von allen Seiten beleuchtet hat.

11 Begriff und Zeichen der Offenbarung nach der Lehre des Zweiten Vatikanischen Konzils

Wer eine in der Geschichte ergangene Offenbarung Gottes mit Anspruch auf Rationalität behauptet, muß zum einen auf die Frage nach dem Sinn eines solchen Geschehens gefaßt sein und zum anderen angeben können, wie dieses Wirken Gottes in der Kontingenz geschichtlicher Faktizität erkennbar sein soll. In den Kapiteln 9 und 10 gingen wir diesen beiden Aspekten der Offenbarungsthematik in ihrer geschichtlichen Entwicklung nach. Wir konnten beobachten, daß die Weichen für die neuzeitliche Problematik im Hinblick auf die rationale Verantwortung sowohl des Sinns wie des faktischen Ergangenseins von Offenbarung weitgehend bereits bei Thomas von Aquin gestellt wurden. Charakteristisch für das Erste Vatikanische Konzil ist das Bemühen, der vielfältigen und teilweise radikalen Offenbarungskritik der Neuzeit mit einer auf dem Boden thomistischen Denkens gewonnenen verbindlichen Lehraussage zu begegnen. Demgegenüber verblüfft die Kraft, mit der jene nun auch autoritativ formulierte Engführung katholischer Offenbarungstheologie auf dem Zweiten Vatikanischen Konzil überwunden wurde. Dadurch, daß dieses Konzil im Vorwort zur Dogmatischen Konstitution über die göttliche Offenbarung 'Dei Verbum' seine Lehre ausdrücklich als 'in den Spuren des Trienter und des Ersten Vatikanischen Konzils' gewonnen[1] erklärt, gibt es zudem implizit eine wichtige hermeneutische Anweisung für das Verstehen von lehramtlich verbindlichen Aussagen überhaupt. Wir haben es hier, wie J. Ratzinger in seinem Kommentar bemerkt, geradezu mit einem "Anschauungsbeispiel dogmatischer Entwicklung, der inneren relecture des Dogmas in der Dogmengeschichte" [2] zu tun.

Der auf dem Zweiten Vaticanum zutage getretene Wandel in der Offenbarungstheologie kann hier nur an einigen besonders markanten Punkten durch den Vergleich der Endfassung von 'Dei Verbum' mit den entsprechenden Vorgaben deutlich gemacht werden[3]. Dabei versuchen wir, unserem bisherigen Vorgehen entsprechend, die beiden Aspekte '*Sinn*' (1) und '*Faktizität*' (2) von Offenbarung auch bei der Analyse der Konzilsaussagen auseinanderzuhalten.

(1) Nach dem 'instruktionstheoretischen' *Offenbarungsbegriff* der Scholastik bzw. Neuscholastik war Offenbarung wesentlich ein Depositum von göttlichen

[1] "[...] Conciliorum Tridentini et Vaticani I inhaerens vestigiis, [Sacrosancta Synodus] genuinam de divina revelatione ac de eius transmissione doctrinam proponere intendit" ('Dei Verbum', Kap. I Art 1); vgl. DH 4201.

[2] Vgl. J. Ratzinger, Kommentar zu Kap. I u. II von 'Dei Verbum', 505.

[3] Vgl. die ausführlichen Analysen bei H. Waldenfels, Offenbarung; H. Pfeiffer, Gott offenbart sich; Comentarios a la constitución sobre la divina revelación (mit einer wertvollen Synopse der Schemata, 46-99). Weitere Literatur bei J. Schmitz, Das Christentum als Offenbarungsreligion; G. Lafont, La Constitution 'Dei Verbum' et ses précédents conciliaires.

Lehren, das Christus zu unserer Unterweisung der Kirche hinterlassen habe. Ihre Aufgabe bestand eher darin, dieses 'Lehrgut' zwecks unverfälschter Weitergabe vor allen Destruktionsversuchen durch Unglaube und Häresie zu bewahren, als es in den Fragehorizont der jeweiligen Zeit zu übersetzen.

Schon der Titel, 'Über die Quellen der Offenbarung', zeigt, wie sehr der erste Entwurf der Offenbarungskonstitution noch diesem Denken verhaftet war. Abgesehen von der problematischen Zuordnung von Schrift und Tradition, die damit zum Ausdruck kam, war Offenbarung auf diese Weise ja nicht als Ursprung und tragender Grund von Schrift und Tradition, sondern eben als eine geordnete Menge von Wahrheiten aufgefaßt, die in jenen Quellen aufbewahrt wurde. Die Arbeit, die die Konzilsväter von der Zusendung jenes ersten Entwurfs (1962) bis zur Verabschiedung des Endtexts (1965) geleistet haben, gehört zu den wichtigsten Wegzeichen der neueren Theologiegeschichte.

Offenbarung war von dem die Kirche gründenden und in Anspruch nehmenden *Wort* Gottes zu einer vom kirchlichen Lehramt zu verwaltenden Fülle von *Wörtern* herabgesunken. In deutlicher Abhebung davon beginnt die Konstitution in ihrer Endfassung: 'Dei verbum religiose audiens et fideliter proclamans, Sacrosanctus Synodus ...': die Heilige Synode ist selbst zunächst einmal in Ehrfurcht hörende, bevor sie zur verbindlichen Verkündigung des Wortes schreitet. Das einseitige Verständnis von Offenbarung als Offenbarungs*rede* wird darüber hinaus durch die Zuordnung der Hinweise auf das fleischgewordene Wort in Art. 2 und 4 zu dem Wort, durch das Gott 'alles erschafft und erhält' (Art. 3), korrigiert: das Wirken jenes Wortes umgreift die ganze Heilsgeschichte, von der Schöpfung bis zur endgültigen Selbstmitteilung Gottes.

Die Dogmatische Konstitution über den katholischen Glauben 'Dei Filius' von 1870 hatte im zweiten Kapitel, 'Über die Offenbarung', zunächst feierlich die Möglichkeit sicherer natürlicher Gotteserkenntnis aufgrund der geschaffenen Dinge eingeschärft und dann neu eingesetzt: "Doch hat es [Gottes] Weisheit und Güte gefallen [placuisse], auf einem anderen, und zwar übernatürlichen Wege sich selbst und die ewigen Beschlüsse seines Willens dem Menschengeschlecht zu offenbaren" [4].

In 'Dei Verbum' wird diese Vorstellung von 'zwei Stockwerken' göttlicher Selbstmitteilung vermieden[5]. Das erste Kapitel beginnt: "Es hat Gott in seiner Güte und Weisheit gefallen [Placuit Deo], sich selbst zu offenbaren und das Geheimnis [sacramentum] seines Willens bekannt zu machen [...], daß die Menschen durch Christus, das Fleisch gewordene Wort, im Heiligen Geist Zugang zum Vater haben und der göttlichen Natur teilhaftig werden [consortes: eigentlich 'Gefährten'] [...]. In dieser Offenbarung redet also der unsichtbare Gott [...] aus dem Übermaß seiner Liebe die Menschen wie Freunde an [...] und verkehrt mit ihnen [...], um sie in die Gemeinschaft mit sich einzuladen und in sie aufzunehmen" [6].

[4] DH 3004.
[5] Dies ist selbst in Art. 6 gelungen, wo durch eine Reihung von Zitaten die Kontinuität mit 'Dei Filius' offenbar unterstrichen werden sollte.
[6] Die Verbum, Art. 2; DH 4202.

Hier wurde offensichtlich in engem Anschluß an die Vorgabe des Ersten Vaticanums und doch ganz anders formuliert. Die 'Güte' wird vor der 'Weisheit' Gottes, Gott selbst vor seinen abstrakten Prädikaten genannt. Schon damit ist der sekundäre Charakter der Offenbarung als 'Lehre' angedeutet. An die Stelle der 'ewigen Beschlüsse (decreta) seines Willens' tritt 'das Geheimnis seines Willens' – das sogleich in seiner inhaltlichen Relevanz erklärt wird. Statt des abstrakten 'Menschengeschlechts' als Offenbarungs- bzw. Befehlsempfänger sind es nun 'die Menschen', die 'wie Freunde angeredet' und zur Gemeinschaft mit Gott selbst eingeladen werden.

Diesem erneuerten Begriff von Offenbarung als persönliche Anrede und Umgang Gottes mit den Menschen entspricht das gewandelte Verständnis der Glaubensantwort. Im dritten Kapitel von 'Dei Filius', 'Über den Glauben', hieß es: "Da der Mensch ganz von Gott als seinem Schöpfer und Herrn abhängig und die geschaffene Vernunft der ungeschaffenen Wahrheit völlig unterworfen ist, sind wir gehalten, dem offenbarenden Gott im Glauben vollen Gehorsam des Verstandes und des Willens zu leisten" [7]. Dieser Glaube wird sodann als eine übernatürliche Tugend bezeichnet, durch die wir glauben, "daß das von [Gott] Geoffenbarte wahr ist" [8].

Auch diese Aussage wird in 'Dei Verbum' (Art. 5) aufgegriffen, aber in einer wesentlich anderen Perspektive gedeutet: "Dem offenbarenden Gott ist der *Gehorsam des Glaubens* (Röm 16,26; vgl. Röm 1,5; 2 Kor 10,5-6) zu leisten, durch den der Mensch sich ganz Gott frei anvertraut, indem er 'dem offenbarenden Gott vollen Gehorsam des Verstandes und Willens' leistet[...] und der von ihm gegebenen Offenbarung freiwillig zustimmt" [9]. Die Formulierung "plenum revelanti Deo intellectus et voluntatis obsequium" [10] (eine Glaubensleistung, die nach can. 1, De Fide, von Gott 'befohlen' werden kann[11]) ist hier zwar wörtlich übernommen, aber in einen neuen Kontext gerückt. Vorab verdeutlicht die Berufung auf den Römerbrief, was unter Glaubensgehorsam ('*oboeditio* fidei': hierin steckt das 'fides ex auditu') zu verstehen ist. Die 'volle Unterwerfung von Verstand und Willen' wird sodann als freie Ganzhingabe des Menschen an Gott und willige Zustimmung zur Offenbarung gedeutet. In diesem Zusammenhang würde ein Hinweis auf Glauben als 'Für-wahr-Halten von geoffenbarten Sachverhalten' keinen Sinn mehr geben.

Während von einer wirklichen Korrespondenz zwischen der Offenbarungsgabe und ihrem Adressaten im scholastisch-neuscholastischen Denkrahmen kaum noch gesprochen werden konnte, ist diese nun zu einem zentralen Thema von 'Dei Verbum' geworden: das Offenbarungsgeschehen wird als ein Kommerzium begriffen zwischen Gott, der die Menschen in Liebe anspricht und zu seiner Gemeinschaft ruft, und den Menschen, die ebenso ganzheitlich auf diese Einladung Antwort geben. Im Hinblick auf die Theologie ergibt sich damit implizit als Konsequenz, den von M. Blondel und dann der 'Nouvelle théologie' beschrittenen Weg beherzt

[7] DH 3008.
[8] Vgl. ebd.
[9] Dei Verbum, Art. 5; DH 4205.
[10] Vgl. 'Dei Filius' Cap. 3 (DH 3008).
[11] Vgl. DH 3031.

weiterzugehen: die Offenheit des Menschen auf eine so verstandene Offenbarung aufzuzeigen und die Offenbarung in ihrer überlieferten Gestalt auf diese Anlage des Menschen hin auszulegen.

(2) Die neue Position, die in 'Dei Verbum' gegenüber den Aussagen des Ersten Vaticanums hinsichtlich der Frage nach *Zeichen wirklich ergangener Offenbarung* bezogen wird, ist schwieriger zu erkennen und hat in der Literatur bislang auch weniger Interesse gefunden. Zum genaueren Verständnis ist nicht nur ein sorgfältiger Vergleich von 'Dei Verbum', Art. 5, mit dem dritten Kapitel von 'Dei Filius' erforderlich, sondern auch eine Analyse der Entstehungsgeschichte von 'Dei Verbum', Art. 4.

In 'Dei Filius', Kap. 3, wird nach den bereits zitierten Ausführungen über den Glauben[12] unterstrichen, daß der geforderte Gehorsam durchaus nicht blind zu leisten sei.

"Damit nichtsdestotrotz der Gehorsam unseres Glaubens mit der Vernunft übereinstimmend [...] sei, wollte Gott, daß mit den inneren Hilfen des Heiligen Geistes äußere Beweise seiner Offenbarung verbunden werden [externa iungi revelationis suae argumenta], nämlich göttliche Taten und vor allem Wunder und Weissagungen, die, da sie Gottes Allmacht und unendliches Wissen klar und deutlich [luculenter] zeigen, ganz sichere und dem Erkenntnisvermögen aller angepaßte Zeichen der göttlichen Offenbarung sind" [13].

Danach kommt das für das Zustandekommen des Glaubens notwendige Wirken des Heiligen Geistes noch einmal ausführlicher zur Sprache und wird das beim Glaubensakt wichtige Zugleich von Gnade und freier Willensentscheidung unterstrichen[14]. Es folgen Ausführungen über den Umfang des zu Glaubenden und die für das Beharren im Glauben notwendige Stiftung der Kirche durch den Gottessohn sowie deren Ausstattung mit offenkundigen Merkmalen dieser Stiftung (manifestis *notis* institutionis), damit sie von allen als Hüterin und Lehrerin des geoffenbarten Wortes erkannt werden kann. Der Abschluß des Kapitels ist durch die Aufnahme der sogenannten 'via empirica' bestimmt: Die Kirche ist "durch sich [...] ein mächtiger und fortdauernder Beweggrund der Glaubwürdigkeit und ein unwiderlegbares Zeugnis ihrer göttlichen Sendung. So kommt es, daß sie als Zeichen, das aufgerichtet ist für die Völker [...] <jene> zu sich einlädt, die noch nicht geglaubt haben" [15].

Vergleicht man damit 'Dei Verbum', Art. 5, so fällt auf, daß nach der schon besprochenen Neuinterpretation des Glaubensgehorsams aus der Vorgabe von 'Dei Filius' nun nur noch die beiden Aussagen über das Wirken des Heiligen Geistes, die zuvor gleichsam den Rahmen um die Erwähnung der 'äußeren Argumente der Offenbarung' bildeten, aufgenommen und zu *einer* Aussage zusammengefaßt werden: "Damit dieser Glaube geleistet wird, bedarf es der zuvorkommenden und helfenden Gnade Gottes und der inneren Hilfen des Heiligen Geistes, der das Herz

[12] Vgl. DH 3008.
[13] DH 3009.
[14] Vgl. DH 3010.
[15] DH 3013-3014.

bewegen und zu Gott umkehren, die Augen des Verstandes öffnen und 'allen die Freude verleihen soll, der Wahrheit zuzustimmen und zu glauben'" [16]. Es entfällt jeder Hinweis auf jene 'äußeren Argumente' selbst und die dann in 'Dei Filius' aufgeführten Zeichen für die Präsenz der göttlichen Offenbarung in der Kirche. Hat das Zweite Vatikanische Konzil diese Thematik der Zeichen der Offenbarung völlig ausklammern wollen?[17]

Daß dies nicht der Fall ist, läßt sich mit Deutlichkeit nur über eine sorgfältige Lektüre von Art. 4 auf dem Hintergrund der vorausgehenden Schemata der Konstitution erkennen. Der erste vorkonziliare Entwurf 'De Deposito fidei pure custodiendo' (1962) sah in Kap. 4 ('Über die öffentliche Offenbarung und den katholischen Glauben') drei Abschnitte, nr. 23-25, vor, die die Gedanken von 'Dei Filius' hinsichtlich der 'äußeren Argumente der Offenbarung' voll aufnahmen, ja teilweise sogar apologetisch verschärften[18]. In nr. 23 wurde mit derselben Begründung wie in 'Dei Filius' betont, daß Gott "mit den inneren Hilfen des Heiligen Geistes vielfache Zeichen der Offenbarung verband, und zwar vor allem äußere, die dem Charakter einer öffentlichen Offenbarung und der sozialen Natur der Menschen, die zum Glauben gerufen werden, angepaßt sind. Diese Zeichen bewirken, daß eine rechtgeleitete Vernunft [recta ratio] den göttlichen Ursprung der Offenbarung mit sicheren Argumenten beweisen [probare] kann." In nr. 24 unterstrich man mit ausdrücklicher Berufung auf das Vaticanum I den Vorrang der Wunder und Weissagungen. Deren häufig zu beobachtender Geringschätzung wurde Joh 5,36 entgegengehalten: "[...] Die Werke, die mein Vater mir übertragen hat, [...] legen Zeugnis dafür ab, daß mich der Vater gesandt hat."

Nr. 25 machte eine Rangordnung innerhalb der äußeren Zeichen geltend. Die Kirche habe die leibliche Auferstehung Christi stets als das größte Zeichen (maximum in genere signorum) gewertet und tue dies immer noch. Von Jesus deutlich vorhergesagt, sei diese wegen des leer aufgefundenen Grabes und der Erscheinungen des Wiedererweckten (Redivivi!) ein leuchtendes geschichtliches Zeichen (fulgens signum historicum) geworden. Nach Ausführungen über die Erfüllung der messianischen Weissagungen folgt schließlich ein Hinweis auf das Zeichen, das Jesus selber ist: "Nicht übergangen werden darf aber, daß das hell leuchtende [praefulgens] göttliche Zeichen, das durch seine Klarheit vor allem die von Herzen Demütigen anzuziehen vermag, Jesus der Meister selber ist, dessen hervorragende Weisheit und höchste Heiligkeit das Zeugnis, das er über sich darbietet, so fest bekräftigen [confirmant], daß er selbst, zwischen sich und seinen Wundern unterscheidend, versichern konnte: 'Wenn ihr mir nicht glauben wollt, so glaubt den Werken' (Joh 10,38)". Dazu wurde in einer Fußnote gesagt: "Es wird auch etwas über das Zeichen hinzugefügt, das Jesus selbst [...] darstellt, damit man nicht meint,

[16] 'Dei Verbum', Art. 5; DH 4205.

[17] Vgl. J. Ratzinger, Kommentar zu 'Dei Verbum', 513: "der Glaube scheint verinnerlicht".

[18] Acta Synodalia Sacrosancti Concilii Oecumenici Vaticani II, Vol. II Pars IV, Rom 1971, 663-694, hier 665f.

das Konzil vernachlässige dieses Zeichen, das vielen Gläubigen, die von der Gnade auf Christus hingezogen sind, so viel bedeutet" [19].

Höchst interessant ist nun, was aus dieser ursprünglichen Vorgabe im Verlauf des Konzils geworden ist. Den genannten drei Abschnitten des ersten Entwurfs entsprechen im zweiten Schema nur noch zwei Sätze, die im wesentlichen aber noch den apologetischen Duktus beibehalten. Der entscheidende Perspektivenwechsel erfolgt (was für das Werden von 'Dei Verbum' allgemein gilt) im dritten Schema, von dem die Endfassung nur noch geringfügig abweicht. Den durchgreifenden Wandel der Sichtweise kann man recht gut anhand einer Gegenüberstellung des ersten Satzes von Schema II 'De Divina Revelatione' (22.4.1963), nr. 4, mit der entsprechenden Passage in Art. 4 des Endtextes aufzeigen[20].

Schema II	**Dei Verbum**
Die Werke [opera] Christi,	Jesus Christus [...] vollendet das Heilswerk [opus salutare],
die ihm der Vater zu tun aufgetragen hat,	dessen Durchführung der Vater ihm aufgetragen hat
legen Zeugnis über ihn ab	
(vgl. Joh 5,36),	(vgl. Joh 5,36; 17,4).
	Wer ihn sieht, sieht auch den Vater (vgl. Joh 14,9);
da Christus seine Gottheit nicht nur durch Worte behauptete [affirmaverit], sondern auch	
	er ist es also, der
durch ein ganz heiligmäßiges Leben,	durch seine ganze Gegenwart,
	durch Worte und Werke, durch Zeichen und
durch Wunder, Weissagungen	Wunder,
und am meisten [maxime] durch	vor allem [praesertim] aber durch seinen Tod und
seine glorreiche Auferstehung von den Toten	seine glorreiche Auferstehung von den Toten,
	schließlich durch die Sendung des Geistes der Wahrheit die Offenbarung erfüllt und somit abschließt und durch
bekräftigt hat [confirmaverit].	göttliches Zeugnis bekräftigt [confirmat],

[19] Ebd. 671.

[20] Die vollständigen Textausgaben finden sich: für Schema II 'De Divina Revelatione' (22.4.1963) in: Acta Synodalia, Vol. III Pars III, 782-791; für Schema III 'De Divina Revelatione' (20.11.1964) in: Acta Synodalia, Vol. IV Pars I, 336-374; für die Dogmatische Konstitution 'Dei Verbum' (18.11.1965) in: Acta Synodalia, Vol. IV Pars VI, 597-609. Zur lateinischen Vorlage der Textsynopse vgl. Acta Synodalia, Vol. III Pars III, Rom 1974, 71f.

daß Gott wirklich mit uns ist, um uns aus der Finsternis der Sünde und des Todes zu befreien und zu ewigem Leben zu erwecken.

Vom ersten Entwurf bis in die Endfassung durchgehalten hat sich der Verweis auf Joh 5,36. Während aber noch in Schema II von den '*Werken* Christi' die Rede war, die 'Zeugnis über ihn ablegen', spricht der Endtext von dem durch Jesus Christus vollendeten 'Heils*werk*'. Im ersten Entwurf war das Zeichen, das Jesus selber ist, offenbar nur zögernd aufgenommen und auf den letzten Platz verwiesen worden. Schon in Schema II wurde es der Aufzählung der traditionellen 'äußeren Argumente der Offenbarung' mit den Worten 'durch ein ganz heiligmäßiges Leben' vorangestellt. Im Endtext wählte man die abstraktere Formulierung 'durch seine ganze Gegenwart' (tota suiipsius praesentia ac manifestatione) als umfassenden Ausdruck für die dann folgenden Einzelaussagen. Innerhalb dieser Aufzählung kommen dann zwar auch die 'Werke' zur Sprache – aber in Verbindung mit den zuerst genannten 'Worten', wie ebenfalls die hinter den 'Zeichen' aufgeführten 'Wunder' offenbar in Einheit mit diesen interpretiert werden sollen.

Der Verweis auf 'Weissagungen' unterbleibt. Der Ausdruck 'maxime', der vom ersten Entwurf an die Auferstehung als größtes Glaubwürdigkeitsargument kennzeichnete, wird durch 'praesertim' ersetzt, das nun aber *Tod und* Auferstehung zusammen hervorhebt – für eine apologetische Sicht der Dinge höchst befremdlich! Die Gegenüberstellung (durch Worte) 'behaupten' (affirmare) – 'bekräftigen' (confirmare) entfällt. Mit der Formulierung 'durch göttliches Zeugnis bekräftigt' scheint wenigstens ein kleines Stück der früheren Argumentation in den Endtext hinübergerettet[21]. Wegen des (grammatikalisch fragwürdigen) Doppelbezugs des 'confirmare' auf 'Offenbarung' und auf den heilsgeschichtlich orientierten Nachsatz ('Deum nempe nobiscum esse ...') ist aber nicht einmal dies mit Sicherheit festzumachen. Aus einer apologetischen Gedankenführung, so darf man zusammenfassen, ist eine durchgehend kerygmatische Rede geworden.

Die traditionellen Topoi 'Wunder und Weissagungen' wurden auf diese Weise zwar nicht fallengelassen, aber völlig aus der früheren, extrinsezistischen Perspektive befreit. Was die *Wunder* angeht, kann man in aller Kürze sagen: es findet eine Umkehr des Blicks von den Mirakeln auf *das Zeichen*, Jesus Christus, statt. Die *Weissagungen* werden zwar nicht mehr ausdrücklich genannt. Man muß aber die beiden Ausdrücke 'vollendet das Heilswerk' (opus salutare consummat) und 'die Offenbarung erfüllt und somit abschließt' (revelationem complendo perficit) im Zusammenhang der gesamten Ausführungen von Art. 3 und 4 lesen, die mit dem Schöpfungswerk durch das Wort einsetzen und mit dem Hinweis auf die 'oeconomia' schließen. Damit findet eine Rückkehr an den ursprünglichen Ort statt,

[21] "Le Concile souligne le *double rôle* que remplissent les mêmes réalités de la vie du Christ. Paroles, actions, miracles, vie, passion, mort et résurrection du Christ appartiennent à l'économie même de la révélation et, d'autre part, ils ont une valeur *apologétique.*" (R. Latourelle, La Révélation et sa transmission selon la Constitution 'Dei verbum', 20f; vgl. ders., Le Christ Signe de la révélation selon la constitution 'Dei verbum'.

von dem der 'Weissagungsbeweis' seinen Ausgang nahm: in der Interpretation des Christusereignisses auf dem Hintergrund des Umgangs Jahwes mit Israel. Bereits im Neuen Testament teilweise durch antijüdische Polemik verzerrt, aber noch in der Väterzeit in eine Gesamtschau der göttlichen 'Ökonomie' eingebettet, geriet das Schema 'Weissagung – Erfüllung' schließlich so sehr in den Sog einer abstrakt-apologetischen Beweisführung, daß die Prophetien Israels zusammen mit heidnischen Quellen wie den Sibyllinischen Büchern als 'loci apologetici' gehandhabt werden konnten[22]. Mit 'Dei Verbum' entfällt jede Legitimation, den 'Beweis des Geistes und der Kraft' durch 'Wunder und Weissagungen' führen zu wollen, die losgelöst von dem Integral der Geschichte Jesu und der gegenseitigen Erhellung von Altem und Neuem Bund betrachtet werden.

Durch Klärung dessen, was als wahres Zeichen christlicher Offenbarung zu verstehen ist, hat das Konzil viele Einwände beiseite geräumt, die sich gegen die Annahme von Wundern als Machtdemonstrationen Gottes in Außerkraftsetzung der natürlichen Ordnung richteten. Mit dieser Neubesinnung auf die zentrale Bedeutung der Zeichen ist aber noch nicht das Problem angeschnitten, wie in der Kontingenz geschichtlicher Ereignisse Gott wirklich manifest zu werden vermag, wie der Satz: 'Wer ihn sieht, sieht auch den Vater', der gleichsam die Mitte von Art. 4 bildet, keine bloße Versicherung bleibt. Die Konstitution berücksichtigt weder die Frage Lessings nach der Evidenz jenes Sehens für uns, die Nachgeborenen, noch die Ansicht Kierkegaards, daß selbst den Augenzeugen Jesu dessen wahrnehmbare Gestalt nicht zur Gründung glaubenden Sehens verhilft. In dieser Hinsicht war die Perspektive von 'Dei Filius' durch den Verweis auf die 'manifestae notae', die bleibenden Merkmale für die Herkunft der Kirche von Jesus Christus, und auf das 'für die Völker aufgerichtete Zeichen', welches die Kirche in ihrer Transparenz auf Christus ist, umfassender. Nimmt man die erwähnte Beschränkung auf die *inneren* Hilfen des Heiligen Geistes in Art. 5 von 'Dei Verbum' hinzu, so läßt sich als Ergebnis festhalten, daß das Zweite Vatikanische Konzil zwar den Extrinsezismus im Gefolge der thomistischen Wunderkonzeption zugunsten einer eher augustinischen Betrachtungsweise überwunden hat. Es vermochte aber nicht, den wichtigen Schritt im Hinblick auf die wirkliche Transparenz eines sinnlich wahrnehmbaren Geschehens für die Vermittlung göttlicher Gegenwart, den – wie in Kap. 10.6 gezeigt – Thomas über Augustinus hinaus wies, in ein nicht-extrinsezistisches Verständnis zu übersetzen. Hier, bei der Frage nach einem methodisch adäquaten Zugang zur Wirklichkeit Jesu von Nazareth als bleibendem Grund eines vor der historischen Vernunft zu verantwortenden Glaubens, steht die Fundamentaltheologie bis heute vor Schwierigkeiten, für die eine befriedigende Lösung noch kaum in Sicht ist.

[22] Vgl. F.-J. Niemann, Jesus als Glaubensgrund, 121-123.

12 Die Rückfrage nach dem 'historischen Jesus'

Einer lange dominierenden Tradition, die den dogmatisch verkündigten Christus durch Berufung auf 'äußere Argumente göttlicher Offenbarung' apologetisch abzusichern bemüht war, wurde auf dem Zweiten Vaticanum die entschiedene Konzentration von *den* Zeichen auf *das* Zeichen entgegengehalten, das Jesus Christus selbst in seiner integralen Erscheinung ist. Eine ähnliche Konzentration findet nun schon seit langem innerhalb der sogenannten 'Rückfrage nach dem historischen Jesus' statt, einer Bewegung historisch-kritischer Forschung, die zwar im Laufe der Zeit erhebliche Modifikationen erfahren hat, aber noch immer höchst lebendig und aktuell ist. Wie läßt sich die implizite Anweisung des Konzils zu einer Neuorientierung der Fundamentaltheologie mit dieser historisch-kritischen Rückfrage in Verbindung bringen, die seit den fünfziger Jahren unseres Jahrhunderts fast allgemein als ein notwendiger Teil fundamentaltheologischer Arbeit verstanden wird? Von der Beantwortung dieser Frage dürfte wesentlich abhängen, wie die Behauptung des Glaubens, daß in Jesus von Nazaret Gottes letztgültiges Wort tatsächlich ergangen ist, heute vor der Vernunft verantwortet werden kann. Um diese Frage angemessen stellen zu können, scheint es aber unumgänglich, die Rückfrage nach dem historischen Jesus – als selbst schon teilweise historisches Phänomen, vor allem aber im Hinblick auf ihre fortdauernde hermeneutische Problematik – zunächst wenigstens in groben Umrissen nachzuzeichnen.

12.1 Die 'alte Frage' nach dem historischen Jesus und ihre Überwindung

Das Entstehen der Rückfrage nach dem historischen Jesus ist wohl nur als Teil eines umfassenden Entfremdungsprozesses begreiflich zu machen[1]. Der mittelalterliche Mensch fühlte sich eingeborgen in eine durch die Fleischwerdung des göttlichen Wortes bleibend bestimmte Wirklichkeit, die in ihren objektiv-sakralen Strukturen durch kirchliche Autorität verbindlich vorgestellt wurde. Umstürzende Ereignisse vor allem im 14. Jahrhundert haben dieses Geborgenheitsgefühl schwer erschüttert. In der Mitte des Jahrhunderts kommt der "schwarze Tod" zu einem Höhepunkt: nahezu ein Drittel der europäischen Bevölkerung fällt der Beulenpest zum Opfer. 1309 zieht Papst Clemens V. nach Avignon um. Seine Nachfolger richten sich in diesem "babylonischen Exil" häuslich ein. 1378 beginnt das große abendländische Schisma: die als 'mystischer Leib Christi' verstandene christ-

[1] Vgl. hierzu H. Verweyen, Theologie im Zeichen der schwachen Vernunft, Kap. 2.

liche Gesellschaft hat jetzt zwei Häupter auf Erden. Wo gibt es noch verläßliche Wahrheit auf dieser Welt?

Die Natur und das hierarchisch strukturierte Gemeinwesen hatten dem Menschen gleichermaßen eine dämonische Fratze gezeigt. Er selbst versucht sich nun als 'zweiter Schöpfer'. Wenn das unmittelbar Gegebene sich als unzuverlässig erwiesen hat, gilt es jedem möglichen Einbruch des Chaos zuvorzukommen. Analyse und Synthese werden zum methodischen Leitprinzip der Moderne: Alles Begegnende ist zu zerlegen, bis es sich nicht mehr weiter teilen läßt. Es beginnt die Suche nach dem 'A-tomon' in der Natur und dem 'In-dividuum' in der Gesellschaft. Aus diesen analytisch destillierten Letztelementen will der Mensch dann eine bessere Welt erstellen. Kein Kräutlein war der Pest gewachsen – die moderne Medizin sucht das Heil in der Chemie. Für sakrosankt erklärte Gesellschaftsordnungen zerfielen – die moderne Staatstheorie fragt nach der bestmöglichen Organisation der aus "freien Menschenatomen" bestehenden Masse. Das Prinzip von Analyse und Synthese wird schließlich auch konsequent auf die Heilige Schrift angewandt. So kommt es zum Entstehen der historisch-kritischen Rückfrage nach Jesus.

Was das Entstehen dieser Rückfrage angeht, so ist zunächst an den Perspektivenwechsel (oder vielleicht besser: die Entdeckung der 'Per-spektive') zu erinnern, der mit Humanismus und Renaissance eintrat. Galt zuvor die römisch-kirchliche Tradition als selbstverständlich-sachgemäße Verwalterin und Vermittlerin der sie speisenden Quellen, insbesondere der darin weitergetragenen Wahrheit über Jesus von Nazaret, so wurde das Nicht-Selbstverständliche dieser Grundannahme mit dem Großen Schisma von 1378-1415 der gesamten abendländischen Christenheit vor Augen geführt. Humanismus und Renaissance mit ihrem Schlachtruf 'Zurück zu den Quellen!' lassen sich zwar nicht einfach auf diese Kirchenkrise zurückführen. Als Stein des Anstoßes galten hier zunächst eher die mittelalterliche Scholastik und Kirchenkunst, denen man eine Entstellung des antiken Erbes vorwarf. Aber es ist kaum von ungefähr, wenn auf dem römischen Kapitol Francesco Petrarca zur gleichen Zeit (1341) zum 'Dichterkönig' gekrönt wurde, als Benedikt XII. den Papstpalast in Avignon baute und Marsilius von Padua und Wilhelm von Ockham in den Diensten König Ludwigs IV. von Bayern, eines der profiliertesten Gegner der Avignoneser Päpste, standen. Wer die historische Kritik, wie sie sich von nun an in der westlichen Welt entwickelte, in ihrer ganzen Schärfe erfassen will, muß auf das Schisma zurückgehen, das hier zwischen der geltenden Autorität der Überlieferung und dem wissenschaftlichen, säkular auf sich gestellten Bewußtsein aufbrach.

Auf das Ganze des damit anhebenden Prozesses gesehen, stellt die Reformation nur eine – wenn auch die theologisch und politisch markanteste – Etappe dar. Bei Luthers Rückgang auf die biblischen Quellen galten im Prinzip noch die kanonischen Schriften als letzte Einheiten für die Orientierung an der reinen Wahrheit des Evangeliums im Gegensatz zu ihrer Entstellung durch die papistische Tradition. Die historische Kritik machte hier nicht halt. Sie beargwöhnte bald schon die Dokumente des Neuen Testaments selbst als Produkte eines kirchlichen Bewußtseins, das den Jesus, wie er wirklich historisch existiert hatte, nicht mehr in seiner Ursprünglichkeit darstellte.

Damit ist bereits ein erstes Charakteristikum angegeben, durch das sich aus dem Gesamt des kritischen Prozesses ein Teilstück als die 'alte Frage' nach dem historischen Jesus herausheben läßt. Albert Schweitzer, der mit dem Titel der ersten Auflage seiner berühmten 'Geschichte der Leben-Jesu-Forschung' [2], 'Von Reimarus zu Wrede' (1906), den Zeitraum dieses früheren Frageansatzes abzustecken versucht hat, unterstreicht: "Die geschichtliche Erforschung des Lebens Jesu ging nicht von dem rein geschichtlichen Interesse aus, sondern sie suchte den Jesus der Geschichte als Helfer im Befreiungskampf vom Dogma" [3].

Man wollte Jesus "darstellen als einen einfachen Menschen, ihm die Prachtgewänder, mit denen er angezogen war, herunterreißen und ihm die Lumpen wieder umwerfen, in denen er in Galiläa gewandelt hatte" [4].

Ein zweites Charakteristikum war, daß man nicht nur Einzeldaten ermitteln, sondern bis zu so etwas wie einer Biographie, eben einem 'Leben Jesu' vorstoßen wollte. Dabei stellte sich als Resultat nun allerdings kein letztes Objektives in reiner Abstraktion von aller Überformung, sondern eine Fülle von höchst divergierenden Jesus-Porträts heraus: "[...] nicht nur die Epochen fanden sich in ihm [Jesus] wieder: jeder einzelne schuf ihn nach seiner eigenen Persönlichkeit. Es gibt kein persönlicheres historisches Unternehmen, als ein Leben-Jesu zu schreiben" [5].

Die bunte Vielfalt, der man da begegnete, beleuchtet recht plastisch eine autobiographische Notiz A. Schweitzers: "Große Schwierigkeiten bereitete es mir, die vielen Leben-Jesu, nachdem ich sie durchgearbeitet hatte, in Kapitel zu gruppieren. Nachdem ich es vergeblich auf dem Papier versucht hatte, schichtete ich alle Leben-Jesu in der Mitte meines Zimmers zu einem großen Haufen auf, gab jedem geplanten Kapitel seinen Platz in einer Ecke oder zwischen den Möbeln und warf dann, nach gründlichem Überlegen, die Bücher in entsprechender Weise zu Haufen zusammen, mich vor mir selber verpflichtend, in dem betreffenden Kapitel alle Bücher jenes Haufens auf irgendeine Weise unterzubringen und jeden Haufen an seiner Stelle zu lassen, bis das entsprechende Kapitel in der Skizze fertig wäre [...]" [6].

Schon vor A. Schweitzers kritischer Durchsicht der Leben-Jesu-Bewegung hatte M. Kähler deren hermeneutische Naivität auf den Nenner gebracht. Sie besteht im Übersehen der Systematik, die unausweichlich zum Tragen kommt, wenn die Einzelstücke, die man auf den historischen Jesus zurückführen zu können glaubt, zu einer integralen Gestalt zusammengefügt werden.

"Der ausmalende Biograph Jesu ist immer irgendwie Dogmatiker im verdächtigen Sinne des Wortes. [...] Vor einem Dogma, wenn es ehrlich als solches geboten wird, ist heute [1892!] jedermann auf seiner Hut. Erscheint aber die Christologie

[2] So der Titel seit der 2. Auflage, 1913. Wir zitieren nach dem Nachdruck der 6. Auflage (1950).
[3] Ebd. 47.
[4] Ebd. 48.
[5] Ebd.
[6] A. Schweitzer, Aus meinem Leben und Denken, 61.

als Leben Jesu, dann sind nicht sehr viele, welche den dogmatisierenden Regisseur hinter dem fesselnden Schauspiel des farbenreich gemalten Lebensbildes spüren" [7].

Zur Überwindung der Leben-Jesu-Bewegung trugen vor allem zwei Entwicklungen bei, die – wenn auch aus sehr verschiedenen 'Himmelsrichtungen' – beide auf eine Neuentdeckung der Kirche hinausliefen.

(1) Als wichtigstes Instrument der hinter den Glauben der Kirche zurückgehenden Frage nach dem wahren Jesus der Geschichte hatte sich zunächst die Methode der *Literarkritik* erwiesen. Sie erlaubte es, in Analogie zur Arbeit am Alten Testament auch die Schriften des Neuen Testaments auf frühere Quellen zu hinterfragen. Diese selbst ließen sich bei näherem Hinblick allerdings als Kompositionen von sehr verschiedenartigen Überlieferungsstücken und -schichten erkennen, in denen ihrerseits bereits Jesu Wort und Werk unter bestimmten Verkündigungsintentionen weitergestaltet worden war. Wollte man die Kluft zwischen den ältesten Quellen und dem historischen Jesus überbrücken, so mußte das Instrumentarium über die Literarkritik hinaus erweitert werden. Dazu diente die *formgeschichtliche* Methode, die unmittelbar nach dem Ersten Weltkrieg durch Martin Dibelius, Karl Ludwig Schmidt und Rudolf Bultmann begründet wurde[8]. Sie zielte ursprünglich – als Suche nach 'unzerstörbaren Letztelementen' – auf die Identifizierung der kleinsten Einheiten und frühesten Schichten der Überlieferung, um von hier aus in eine möglichst unmittelbare Nähe zu Jesus zu gelangen.

Die zentrale Frage dieser formkritischen Arbeit war nun allerdings die nach dem 'Sitz im Leben' der Gemeinde, nach der besonderen Verkündigungssituation, aus der dem Überlieferungsgut seine je neue Prägung gegeben wurde. Damit war innerhalb der historischen Rückfrage eine Umorientierung vorprogrammiert, die der 'kopernikanischen Wende' Kants von der Suche nach dem 'Ding an sich' zu der Frage nach der Konstitution von dessen Erscheinung vergleichbar ist. Die formgeschichtliche Methode war zunächst aus dem Bemühen erwachsen, einen 'Jesus an sich' zu destillieren. Auch weiterhin wurde immer wieder versucht, sie als 'Sprungbrett' von der 'Erscheinung' dieses Jesus in der Verkündigung der Gemeinden zu jenem 'an sich' zu benutzen. Ihrem Selbstverständnis als *Form*kritik zufolge war sie aber wesentlich auf die Untersuchung der Konstitutionsbedingungen für die Gestaltung der Jesusüberlieferung nach den jeweiligen kerygmatischen Bedürfnissen der Gemeinden gerichtet, war also Fragen *in* die Tradition und Gemeinde hinein, auch wo das Ideal eines 'dahinter zurück' bestimmend blieb.

(2) Die Leben-Jesu-Bewegung war – abgesehen von radikal kirchenfeindlichen Vertretern wie Hermann Samuel Reimarus, ihrem Begründer, oder Ernest Renan, ihrem ersten Exponenten in der katholischen Welt – vor allem ein Phänomen der liberalen protestantischen Theologie, die es sich zur Aufgabe gemacht hatte, den christlichen Glauben mit der modernen säkularen Vernunft und Kultur zu versöhnen. Der Geist dieser Theologie kommt treffend in dem Satz zum Ausdruck,

[7] M. Kähler, Der sogenannte historische Jesus und der geschichtliche, biblische Christus (1892), 28f.

[8] Aus der Fülle der einschlägigen Literatur vgl. K. Haacker, Neutestamentliche Wissenschaft, bes. 52ff; K. Berger, Einführung in die Formgeschichte, bes. 247f; G. Eichholz, Das Rätsel des historischen Jesus und die Gegenwart Jesu Christi, bes. 102ff.

mit dem Adolf von Harnack seine berühmte Vorlesung über 'Das Wesen des Christentums' im Wintersemester 1899/1900 an der Berliner Universität abschloß:

"Wenn wir [...] mit festem Willen die Kräfte und Werte bejahen, die auf den Höhepunkten unseres inneren Lebens als unser höchstes Gut, ja, als unser eigentliches Selbst aufstrahlen, wenn wir den Ernst und den Mut haben, sie als das Wirkliche gelten zu lassen und nach ihnen das Leben einzurichten, und wenn wir dann auf den Gang der Geschichte der Menschheit blicken, ihre aufwärts sich bewegende Entwicklung verfolgen und strebend und dienend die Gemeinschaft der Geister in ihr aufsuchen - so werden wir nicht in Überdruß und Kleinmut versinken, sondern wir werden Gottes gewiß werden, des Gottes, den Jesus Christus seinen Vater genannt hat und der auch unser Vater ist" [9].

Im Gemetzel des Ersten Weltkriegs war dieser Optimismus hinsichtlich einer fortschreitenden Übereinkunft der christlichen Botschaft mit dem Weltgeschehen zusammengebrochen. Die Zeit war reif für eine Wiederbesinnung auf die Versöhnung durch das Wort, das sich nicht säkular assimilieren läßt.

Von solcher Wiederbesinnung ist jene Neuorientierung am Kerygma der Kirche geprägt, die, unter dem Titel 'Dialektische Theologie' bekannt geworden[10], die theologische Forschung zwischen den Weltkriegen und noch bis in die zweite Hälfte unseres Jahrhunderts hinein am nachhaltigsten bestimmt hat. Als klassischer Ausdruck dieser Theologie gilt die zweite Ausgabe von Karl Barths 'Römerbrief' (1922) mit ihrem an Kierkegaard orientierten Verständnis der Offenbarung als paradoxer Gegensatzeinheit von Ewigkeit und Zeit. Als ihre bedeutendsten Vertreter dürfen Karl Barth und Rudolf Bultmann angesehen werden.

Bei allen tiefgreifenden Unterschieden zwischen Barth und Bultmann haben beide stets unbeirrt daran festgehalten, daß das Kerygma keiner Legitimation von außerhalb des bezeugten Wortes bedürfe und die theologische Wissenschaft nicht nach Maßstäben zu fragen habe, die eine andere Wissenschaft liefern könnte[11]. Unter dieses Verdikt über jegliche Anleihe der Theologie bei einer säkularen Wissenschaft fällt auch die Absage an die Frage nach dem historischen Jesus als eine fundamentaltheologische Legitimationsfrage, die hinter das Kerygma zurückgeht. Barth wie Bultmann haben nicht nur mit der älteren Leben-Jesu-Bewegung gebrochen, sondern auch entschieden die 'neue Suche' nach dem historischen Jesus abgelehnt, die seit der Mitte dieses Jahrhunderts zu einer zentralen Frage der Theologie erhoben wurde. Wir beschränken uns hier auf einige Hinweise zur Konzeption Bultmanns, da sich bei diesem der methodische Stellenwert seiner Absage präziser erheben läßt[12].

[9] A. von Harnack, Das Wesen des Christentums (1900), 178.

[10] Zur ersten, kritischen Einführung ist noch immer der Artikel 'Dialektische Theologie' von W. Pannenberg, besonders geeignet.

[11] Vgl. oben Kap. 1.2.2.

[12] Zu Barths Ablehnung der historischen Rückfrage vgl. etwa ders., Die protestantische Theologie im 19. Jahrhundert, 504-506; ders., KD IV/1, 353, und seine Verwunderung über die Neutestamentler, die sich "aufs neue, mit Schwertern und Stangen bewehrt, auf die Suche nach dem 'historischen Jesus' begeben haben, an der ich mich nach wie vor lieber nicht beteiligen möchte" (How my mind has changed, 104).

Die Position Bultmanns ist schon deswegen besonders bemerkenswert, weil er nicht nur ein führender Vertreter der formgeschichtlichen Methode war, sondern auch selbst ein Jesusbuch verfaßt hat[13] – als ersten Band einer Reihe, welche 'Die geistigen Heroen der Menschheit in ihrem Leben und Wirken' überschrieben ist. Bultmann bestreitet nicht, daß der Historiker zu plausiblen Aussagen über Jesus von Nazareth kommen kann. Aber er spricht diesem Ergebnis historisch-objektiver Forschung jede Relevanz im Hinblick auf die Basis des christlichen Glaubens ab. Um besser zu verstehen, wieso ausgerechnet aus dem Kreis von Bultmann-Schülern dann doch eine 'neue Suche' nach dem historischen Jesus aufbrach und mit welchen Schwierigkeiten dieser Ansatz bis heute behaftet ist, tut man gut daran, sorgfältig zwischen einer formal-methodischen und einer material-inhaltlichen Seite der Position Bultmanns zu unterscheiden.

(a) In *formal-methodischer* Hinsicht übernimmt Bultmann wie Barth die Kierkegaardsche Interpretation des Lessingschen 'Grabens' zwischen historischer und existenzbegründender Gewißheit[14]. Diesen Graben hatte aus der Perspektive des Historikers Ernst Troeltsch in seinem Beitrag 'Ueber historische und dogmatische Methode in der Theologie' (1898)[15] weiter präzisiert, indem er 'drei wesentliche Stücke' der historischen Methode heraushob, "die prinzipielle Gewöhnung an historische Kritik, [...] die Bedeutung der Analogie und [...] die zwischen allen historischen Vorgängen stattfindende Korrelation" [16].

"Das e r s t e besagt, daß es auf historischem Gebiet nur Wahrscheinlichkeitsurteile gibt [...]. Damit ist die ganze Stellung zu dem ungeheuren Erinnerungs- und Traditionsstoff unserer Gesittung prinzipiell verändert, auch da, wo die inhaltliche Auffassung selbst noch gar nicht berichtigt worden ist" [17]. Das *zweite* Stück, "das Mittel, wodurch Kritik überhaupt erst möglich wird, ist die Anwendung der A n a l o g i e. [...] Die Uebereinstimmung mit normalen, gewöhnlichen oder doch mehrfach bezeugten Vorgangsweisen und Zuständen, wie wir sie kennen, ist das Kennzeichen der Wahrscheinlichkeit für die Vorgänge, die die Kritik als wirklich geschehen anerkennen oder übrig lassen kann. [...] Diese Allmacht der Analogie schließt aber die prinzipielle Gleichartigkeit alles historischen Geschehens ein" [18]. Den *dritten* historischen Grundbegriff sieht Troeltsch in der "W e c h s e l w i r k u n g aller Erscheinungen des geistig-geschichtlichen Lebens, wo keine Veränderung an einem Punkte eintreten kann ohne vorausgegangene und folgende Aenderung an einem anderen, so daß alles Geschehen in einem beständigen korrelativen Zusammenhange steht und notwendig einen Fluß bilden muß, indem Alles und Jedes zusammenhängt und jeder Vorgang in Relation zu anderen steht" [19].

[13] R. Bultmann, Jesus.
[14] Vgl. oben Kap. 10.9.
[15] Wir zitieren nach E. Troeltsch, Zur religiösen Lage, Religionsphilosophie und Ethik.
[16] Ebd. 731.
[17] Ebd.
[18] Ebd. 732.
[19] Ebd. 733.

Auf diesem Hintergrund hat Bultmann schon sehr früh das Verhältnis von historischer und theologischer Erkenntnis als ein dialektisches bestimmt. Es kann sich nicht darum handeln, die historische Kritik abzusetzen. Sie bringt aber zum Bewußtsein, "daß die Welt, die der Glaube erfassen will, mit der Hilfe der wissenschaftlichen Erkenntnis überhaupt nicht erfaßbar wird" [20]. Bultmann wendet sich gegen den "Geschichtspantheismus der liberalen Theologie" [21], die "gerade *in diesem Relationszusammenhang die Offenbarung Gottes in der Geschichte* wahrnehmen zu können glaubte" [22]. Was innerhalb des Relationszusammenhangs steht, wie ihn Troeltsch beschreibt, kann auf absolute Geltung keinen Anspruch erheben. "Auch der historische Jesus ist eine Erscheinung unter anderen, keine absolute Größe. Diese Konsequenz hat die liberale Theologie freilich bis zu einem gewissen Grade gezogen. Sie redet zwar vom historischen Jesus mit großer Plerophorie, aber doch sehr deutlich so, daß sie ihm keine absolute Geltung zuschreibt" [23]. Es liegt auf derselben Ebene, wenn Bultmann später gegenüber Schniewind betont, daß "nach der historischen Zuverlässigkeit des Überlieferten überhaupt nicht gefragt werden darf. Sonst würde ja auch das eschatologische Geschehen, von dem das Kerygma redet, in die Relativität alles historischen Erkennens hineingerissen werden" [24]. Wenn Bultmann schließlich auch die 'neue Suche' nach dem historischen Jesus abweist, so ist es dieselbe, im wesentlichen unveränderte Position, aus der er argumentiert. Der Historiker mag eine einzigartige Nachwirkung des irdischen Jesus konstatieren. Aber: "Auch eine einzigartige Nachwirkung kann nicht einen *absoluten* Anspruch begründen. Und wenn Jesus selbst einen solchen erhoben hat, so ist doch über dessen Gültigkeit nicht durch geschichtliche Feststellung zu befinden" [25]. Erst das Kerygma hat "das 'Einmal' des historischen Jesus in das 'Ein-für-allemal' verwandelt" [26].

(b) Im Hinblick auf die eben skizzierte formal-methodische Perspektive gibt es zwischen Bultmann und Barth – und Kierkegaard als hierin für beide maßgeblichem Gewährsmann – keine wesentliche Differenz. Bultmann hat darüber hinaus zur Frage nach dem historischen Jesus aber *material-inhaltliche* Aussagen gemacht, mit denen er durchaus eigene Wege ging.

Was die Frage einer material-inhaltlichen Kontinuität zwischen dem historischen Jesus und dem verkündigten Christus angeht, so trifft Bultmann als Theologe zunächst eine grundsätzlich negative Bestimmung. Das Kerygma ist nur am 'Daß des Gekommenseins Jesu' interessiert[27]. Dieses nackte 'Daß' – ohne jede Ent-

[20] R. Bultmann, Die liberale Theologie, 4.

[21] Ebd. 5.

[22] Ebd.

[23] Ebd. 4.

[24] Vgl. R. Bultmann, Zu J. Schniewinds Thesen, das Problem der Entmythologisierung betreffend, 147.

[25] Vgl. R. Bultmann, Das Verhältnis der urchristlichen Christusbotschaft zum historischen Jesus, 24f, wo Bultmann zustimmend H. Conzelmann (Art. 'Jesus Christus', Sp. 648) zitiert.

[26] Vgl. ebd. 25.

[27] Zur Formel vgl. etwa R. Bultmann, Zu J. Schniewinds Thesen, 134. An dieser Position hat Bultmann bis zuletzt festgehalten, vgl. ders., Das Verhältnis, 9f.

faltung des 'Was' und 'Wie' – ist der einzige Angelpunkt historischer Gewißheit, auf den sich das Kerygma bezieht (wobei Bultmann allerdings, nicht nur im Hinblick auf das Kerygma des Paulus, ergänzen kann: "das Daß *und die Tatsache der Kreuzigung Jesu*" [28]).

Streng davon abzuheben sind dann die konkreten inhaltlichen Aussagen, die Bultmann als Historiker macht. Hier lassen sich in der Auseinandersetzung mit seinen Schülern durchaus Gemeinsamkeiten feststellen. So implizieren etwa auch nach Bultmann Jesu Auftreten und seine Verkündigung eine Christologie, "insofern er die Entscheidung gegenüber seiner Person als dem Träger des Wortes Gottes gefordert hat, die Entscheidung, von der das Heil oder das Verderben abhängt" [29]. Von dorther kann Bultmann eine formale Identität zwischen dem Wirken Jesu und dem Kerygma konzedieren, die darin besteht, "daß Jesu Wirken in Wort und Tat den Menschen in gleicher Weise vor die Entscheidung stellt wie das Christus-Kerygma" [30].

Scheint sich in dieser Hinsicht eine große Nähe zwischen dem Jesus der Historie und dem Christus des Kerygmas zu ergeben, so klaffen in der Frage danach, wie Jesus sich seinem Tod gegenüber (bzw. in seinem Tod) verhalten hat, nach Bultmann historische Forschung und Kerygma weit auseinander. Er registriert als "Tatsache, daß wir nicht wissen können, *wie Jesus sein Ende, seinen Tod, verstanden hat*" [31]. "Ob oder wie Jesus in ihm [seinem Schicksal] einen Sinn gefunden hat, können wir nicht wissen. Die Möglichkeit, daß er zusammengebrochen ist, darf man sich nicht verschleiern" [32].

Es sind vor allem Aussagen der letztgenannten, material-inhaltlichen Art, die zum Aufkommen einer erneuten Rückfrage nach dem historischen Jesus geführt haben. Bei der Beurteilung dieser Bewegung darf aber die formal-methodische Seite der Position Bultmanns nicht aus dem Auge verloren werden.

12.2 Die 'neue Suche' nach dem historischen Jesus und ihre ungelösten Probleme

Das Einsetzen einer 'neuen Suche' nach dem historischen Jesus[33] wird allgemein auf einen 1953 von Ernst Käsemann gehaltenen Vortrag, 'Das Problem des histo-

[28] Vgl. R. Bultmann, Das Verhältnis, 9 (eigene Hervorhebung); ders., Neues Testament und Mythologie, hier 47.

[29] R. Bultmann, Das Verhältnis, 16.

[30] Ebd. 22.

[31] Ebd. 11.

[32] Ebd. 12.

[33] Der vielgebrauchte Titel dieser sich von der 'Dialektischen Theologie' abhebenden Bewegung geht auf J. M. Robinson, A New Quest of the Historical Jesus, zurück. Zur Literatur (die sich quantitativ mittlerweile mit den von A. Schweitzer beschriebenen Bergen messen kann, vgl. oben Anm. 5) s. bes. die Forschungsberichte: P. Biehl, Zur Frage nach dem historischen Jesus; W. G. Kümmel, Jesusforschung seit 1950; ders., Ein Jahrzehnt Jesusforschung (1965-1975); ders., Jesusforschung seit 1950: Nachträge 1975-1980; ders., Jesusforschung seit 1981. I. Forschungsgeschichte, Methodenfragen. Die Berichte W. G. Kümmels

rischen Jesus' [34], zurückgeführt, wenn auch sonst schon mehrfach zu Beginn der fünfziger Jahre auf die Notwendigkeit der Frage nach dem historischen Jesus hingewiesen worden war[35]. Diese Zuweisung hat insofern ihr Recht, als erst über die Auseinandersetzung mit Bultmann die Konturen einer methodisch wirklich neuen Frage gegenüber der früheren Leben-Jesu-Forschung hervorgetreten sind.

Lag das Gewicht der alten Rückfrage auf der Feststellung der Differenz zwischen Jesus und dem Kerygma, so geht die neue Suche gerade in die umgekehrte Richtung: "das Interesse liegt auf der Herausarbeitung der Einheit des historischen Jesus und dem Christus des Kerygmas" [36]. Dabei wird entschieden an der Einsicht der formgeschichtlichen Methode festgehalten, daß an den historischen Jesus nur über die sorgfältige Analyse der Gemeindetraditionen auf die jeweils in ihnen zum Ausdruck gelangende Verkündigungsintention heranzukommen ist. Aufgegeben wird der Versuch, das wahre Leben Jesu gegenüber seinen von Tradition und Dogma verzerrten Bildern zu rekonstruieren. Generell entfällt das Bemühen, eine Biographie Jesu zu erstellen – wenn auch der Versuchung dazu nicht immer schon im Keime gewehrt wird.

Ein Gesamtüberblick über diese 'neue Suche' kann nicht Gegenstand unserer Darstellung sein. Es geht hier allein um ihre fundamentaltheologisch relevanten Momente. Diese dürften sich besser erheben lassen, wenn wir zunächst unabhängig von dem Verlauf der Kontroverse um Bultmann versuchen, die in seiner Position offenbleibenden Fragen zu umreißen.

Was die *formal-methodische* Seite der Position Bultmanns angeht, so zeichnet sie – gegenüber der 'alten' und 'neuen' Rückfrage wie auch den meisten Ansätzen innerhalb des fundamentaltheologischen Offenbarungstraktats – das entschiedene Festhalten an der Einsicht Lessings in den unüberbrückbaren 'Graben' zwischen den Wahrscheinlichkeitsurteilen historisch-kritischer Forschung und der Gewißheit aus, die allein ein unbedingtes existentielles Engagement zu gründen vermag: eine auch noch so wahrscheinliche Gewißheit kann nie der ausschlaggebende Grund für eine vorbehaltlose Existenzentscheidung sein. Bultmann übernimmt diese Erkenntnis aber (wie Barth) in der von Kierkegaard modifizierten Form, und damit entsteht ein fundamentales Problem, wie sich an einem von Bultmann selbst vorgetragenen Beispiel veranschaulichen läßt.

"Der liebende Blick in ein geliebtes und liebendes Auge ist grundsätzlich verschieden von dem objektivierenden Blick, mit dem ein Augenarzt das Auge eines von ihm zu behandelnden Menschen beobachtet. Aber wenn der Augenarzt selbst der Liebende ist, der das erkrankte Auge zu behandeln hat, so stehen die beiden

bis zum Jahr 1982 sind gesammelt erschienen in: W. G. Kümmel, Dreißig Jahre Jesusforschung (1950-1980). Weitere Literatur bei C. A. Evans, Life of Jesus Research.; J. Gnilka, Jesus von Nazareth; J. P. Meier, The Historical Jesus, bes. Anm. 1. Einen kritischen Überblick über die Jesusforschung im jüdischen Raum gibt W. Vogler, Jüdische Jesusinterpretationen in christlicher Sicht. Eine beachtenswerte Darstellung der in der 'alten' und 'neuen' Rückfrage zutage tretenden hermeneutischen Probleme bietet E. Hurth, In His Name.

[34] In: E. Käsemann, Exegetische Versuche und Besinnungen, Bd. I, 187-214.

[35] Vgl. W. G. Kümmel, Jesusforschung seit 1950, 19.

[36] Vgl. R. Bultmann, Das Verhältnis, 6.

Sehweisen in einem dialektischen Verhältnis; gerade in seiner Liebe muß er objektivierend das Auge des anderen in den Blick fassen" [37].

Das, was der 'liebende Blick' sieht, kann nicht zum Gegenstand des 'objektivierenden Blicks' werden. Jeder Versuch, mit dem 'Auge des Augenarztes' über seine Wirklichkeit zu befinden, müßte scheitern, wäre eine "μετάβασις εἰς ἄλλο γένος", wie Lessing sagt[38]. Unter bestimmten Umständen mag es allerdings für den Liebenden, wenn er Augenarzt ist, geboten sein, einen objektivierenden Blick auf das 'geliebte und liebende Auge' zu werfen: das Recht des Kerygmatheologen zur historischen Kritik, solange er jene 'μετάβασις' vermeidet.

Bultmann läßt hier allerdings eine Frage unberücksichtigt, die sich auch und vielleicht besonders dem Augenarzt stellen kann, sofern er ein Liebender ist. Der Blick wirklicher Liebe vermag einen Menschen auf den Kopf zu stellen. Aber nicht jedem, der auf dem Kopfe steht, ist wirkliche Liebe widerfahren. Angesichts der Erfahrung, daß 'Liebe blind macht' – eine Sehschwäche, die nicht in den Kompetenzbereich des Augenarztes gehört –, ist die Frage berechtigt, ob es wirkliche Liebe ist, was mich da plötzlich getroffen hat. Was begründet die Gewißheit, daß ich hier nicht getäuscht werde oder mich selbst nur zu gern täuschen lasse, weil ich den ungestillten Hunger nach Liebe nicht mehr ertragen kann?

Diese Gewißheit liegt sicher nicht auf dem Wege jenes Bräutigams, der vor seinem Jawort die Treue seiner Braut über Aufträge an Privatdetektive oder zentrale Datenbanken objektiv absichern möchte. Das Okular des Augenarztes muß vom Augenarzt abgelegt werden, wenn er Liebe erfahren will. Damit ist aber die Frage nach dem Grund der Erfahrung wirklicher Liebe bzw. nach der Legitimation der Annahme, Liebe erfahren zu haben, noch nicht beantwortet. Diese Frage wird auch durch Kierkegaards Aufforderung zum Sprung nicht beiseite geschafft. Mein subjektiver Sprung ist zwar eine notwendige, nicht aber die hinreichende Bedingung für die authentische Evidenz von wahrer Liebe. Den Sprung legitimieren kann nur die Authentizität der Liebe selbst, die mir wirklich, als sinnlich-geschichtlich vermitteltes Faktum, begegnet. So richtig die Dialektische Theologie mit Kierkegaard erkannt hat, daß ein Zugang zu Grund und Legitimation einer unbedingten Existenzentscheidung nicht von außerhalb des 'Blicks der Liebe' zu gewinnen ist, verkürzt sie doch das von Lessing aufgeworfene Problem dadurch, daß sie "Geschichtlichkeit bzw. Zeitlichkeit [...] zum Zeit- und Lebensraum der Innerlichkeit der subjektiven Existenz" [39] werden läßt.

Was die *material-inhaltliche* Seite der Bultmannschen Position betrifft, so steht seine Reduktion des theologischen Interesses am historischen Jesus auf das bloße 'Daß seines Gekommenseins' zunächst einmal in der Konsequenz formgeschichtlichen Methodenbewußtseins: Jesu Worte und Werke begegnen uns auch bei radikalster Analyse der neutestamentlichen Schriften immer nur im verkündigenden Wort der Gemeinde: in der 'kerygmatischen Erscheinung' jenes von der Rückfrage nach dem historischen Jesus gesuchten 'Dings an sich'. So gute Kriterien es auch

[37] R. Bultmann, Der Gottesgedanke und der moderne Mensch, 344.
[38] Vgl. Kap. 10.9.
[39] Vgl. K. Kienzler, Der garstige Graben, 53; Th. Pröpper, Erlösungsglaube, 115.

für Rückschlüsse von jenem durch die Gemeinde geprägten Wort auf 'ipsissima facta et verba' Jesu geben mag, vollziehen solche Rückschlüsse doch stets eine 'μετάβασις εἰς ἄλλο γένος' von Evidenz, nämlich den Übergang aus der Dimension unbedingten existentiellen Engagements an das 'Ein-für-allemal' Jesu Christi, in der sich das Kerygma bewegt, in den Raum bloß wahrscheinlicher historischer Gewißheit. Aber auch gegenüber jener Reduktion Bultmanns erheben sich gewichtige Fragen. Impliziert, zum einen, nicht schon die Behauptung des puren 'Daß' des Gekommenseins Jesu, sofern sie sich auf eine *historische* Gewißheit jenseits des Kerygmas bezieht, die zu vermeidende 'μετάβασις' [40]? Der gut reformatorische Einwand legt sich nahe, mit der Voraussetzung des bloßen 'Daß' als historisch-objektiver Gewißheit klammere sich der Glaube letztlich doch noch an einen Rest von Menschenwerk – und dieser theologische Einwand verliefe parallel zu der Kritik, die Kants Festhalten am Ding-an-sich durch die Philosophie des Deutschen Idealismus erfahren hat.

Wie läßt sich, so ist weiter mit Ernst Käsemann zu fragen, überhaupt eine Verbindung konkreter Aussagen zu einem 'punctum mathematicum' herstellen[41]? Besteht bei der von Bultmann aufgerichteten Kluft zwischen einem nackten historischen 'Daß' und dem 'Was' und 'Wie' des Kerygmas nicht die Gefahr, "daß wir mit dem Prädikat 'christlich' ein Existenz- und Weltverhältnis decken, für das Jesus nur der auslösende Faktor und Christus nur die mythologische Chiffre bildet" [42]?

Vor allem aber vermag Bultmanns Behauptung eines puren 'Daß' ohne 'Was und Wie' [43] nicht zu überzeugen. Schon der Name 'Jesus' impliziert eine inhaltliche Aussage, erst recht der Hinweis auf das historische Faktum von Jesu Kreuzigung[44]. Damit erhebt sich die Frage, ob es Bultmann gelingt, jeglichen Konflikt zwischen dem vom Historiker festgestellten 'Was' Jesu und der ihm vom Kerygma zugesprochenen Inhaltlichkeit zu vermeiden.

Diese Frage wird zumindest angesichts der Aussage verneint werden müssen, man dürfe sich die Möglichkeit, daß Jesus am Ende zusammengebrochen ist, nicht verschleiern[45]. Bestünde der historische Anknüpfungspunkt für das Kerygma in einem möglicherweise derart gescheiterten Jesus, dann wäre die kerygmatische Rede von der erlösenden Bedeutsamkeit des Kreuzes (das existentiale Fazit der mythischen Rede von der Auferstehung Jesu[46]) an einen Menschen angehängt, der möglicherweise zuletzt seinen Kontakt mit Gott abbrach. Die Erhöhung Jesu zum Vater käme in diesem Fall der Adoption eines verlorenen Sohnes gleich. "Jesu eigener Tod [wäre] nur als Anlaß für den neuen Offenbarungsakt Gottes, nicht aber selbst als Offenbarungs- und Heilsereignis verstehbar" [47]. Die spätere Verkündi-

[40] Vgl. W. Joest, Fundamentaltheologie, 43f.
[41] Vgl. E. Käsemann, Sackgassen im Streit um den historischen Jesus, 49.
[42] Ebd. 50.
[43] Vgl. Anm. 27.
[44] Vgl. Anm. 28.
[45] Vgl. Anm. 32.
[46] Vgl. R. Bultmann, Neues Testament und Mythologie.
[47] Th. Pröpper, Erlösungsglaube, 50.

gung hätte dann "gleichsam über den Kopf Jesu hinweg dessen Sterben eine Bedeutung gegeben, [...] die ihm nicht zukam, da sie Jesus in keiner Weise vollzog. Denn wie schon in seinem Leben konnte auch in seinem Sterben Gottes Zuwendung zu den Menschen nur durch die ihr entsprechende Freiheit Jesu geschehen: Ohne diese Vermittlung wäre sein Tod nicht Heilshandeln Gottes, wäre die Kontinuität seiner (durch Jesu Dasein für die anderen vermittelten) Zuwendung zu den Menschen unterbrochen" [48].

Die aufgezeigten Probleme der Position Bultmanns lassen deutlich werden, daß das Kerygma einer historisch-kritischen Verantwortung bedarf, die über das von Bultmann zugestandene Maß hinausgeht. Hier liegt die Legitimation der 'neuen Suche' nach dem wahren Jesus der Geschichte, einer Suche, die zu Recht auch nicht bei dem Zweifel Käsemanns daran haltgemacht hat, "daß sich ausmachen läßt, ob Jesus wissend in den Tod gegangen ist" [49].

Eine andere, und zwar die fundamentaltheologisch entscheidende Frage ist, ob diese die ältere Leben-Jesu-Forschung ablösende Suche schon zu einem der angezielten Sache adäquaten Methodenverständnis gefunden hat. Dies wird man verneinen müssen, insofern mit der Betonung der theologischen Notwendigkeit, sich am 'historischen Jesus' zu orientieren, weiterhin vorausgesetzt wird, daß eine solche Orientierung über ein Rückschlußverfahren hinter das Kerygma zurück (also aus dem 'Blick der Liebe' heraustretend) in einem Evidenzbereich gewonnen werden soll, in dem bestenfalls wahrscheinliche Gewißheit zu erreichen ist. Es wird zwar zumeist – im Einklang mit der Kerygmatheologie – energisch bestritten, daß sich der Glaube auf die Ergebnisse historischer Forschung stützt oder gar gründet. Aber die historisch-kritische Rückfrage soll doch zu *Kriterien* führen, an denen die Sache des Kerygmas zu messen ist.

Für diese weitgehende 'communis opinio', die sich bei mancher Variation im Detail duchhält, hier nur zwei Belege. E. Käsemann unterstreicht: "Nicht daß das Kerygma sich historisch verifizieren läßt, ist mir wichtig. Im Gegenteil, ich würde das angesichts des Inhaltes des Kerygmas absurd nennen und sogar als blasphemisch empfinden" [50]. "Es geht nicht darum, historisch Glauben zu begründen. Es geht darum, kritisch rechte von falscher Botschaft zu trennen, und das geschieht eben mit Hilfe dessen, der damals der historische Jesus war und sein mußte" [51]. H. J. Pottmeyer betont: "Die historisch-kritische Methode [...] gestattet es [...], hinter die Überlieferung zurückzufragen nach den geschichtlichen Ursprüngen der Tradition, nach der Geschichte Israels und der Geschichte Jesu. Da sich der christliche Glaube auf geschichtliche Personen und Widerfahrnisse bezieht, stellt die *historische Rückfrage ein Sachkriterium* des Glaubens dar [...]. [Sie erlaubt es,] [...] die Überlieferung auf ihre Treue zum geschichtlichen Ursprung zu prüfen [...]" [52].

[48] Ebd. 50f.

[49] Vgl. E. Käsemann, Sackgassen, 56. Zur historischen Frage nach dem Verhältnis Jesu zu seinem Tode s. Kap. 13.3(3).

[50] Ebd. 53.

[51] Ebd. 55.

[52] H. J. Pottmeyer, Normen, Kriterien und Strukturen der Überlieferung, hier 145. Zu der zurückhaltenden Position F. Hahns vgl. Kap. 13.3(5).

Sosehr die meisten Autoren diese Konsequenz auch vermeiden möchten, wird auf solche Weise die Sache des Glaubens doch in ein Verhältnis der Abhängigkeit von dem jeweiligen Stand einer historischen Forschung gebracht, die nach ihrem eigenen Selbstverständnis grundsätzlich nicht den Bereich des Wahrscheinlichen übersteigt. Wie soll unter dieser Voraussetzung aber ein vor der Vernunft verantworteter Glaubensvollzug geleistet werden? Was ergibt sich daraus für die Situation des Laien auf dem Gebiet der historisch-kritischen Exegese? Sofern er sich nicht in eine fundamentalistische Nische flüchtet, sondern bewußt die Herausforderungen des Glaubens durch die wissenschaftlichen Leitbilder seiner Zeit zur Kenntnis nimmt, wird er als erstes zu dem Urteil kommen, daß eine bloße Lektüre der neutestamentlichen Schriften ihm nicht jenen Jesus vermittelt, an dem der Glaube letztlich seinen Maßstab zu nehmen hat. Die Konsequenz, die sich daraus fast unvermeidlich ergibt, hat anschaulich G. Lindbeck, evangelisch-lutherischer Professor an der Yale University, beschrieben:

"Nach meinen eigenen Erfahrungen verfügen die katholischen Christen, die heute an der Universität, an der ich lehre, Religion studieren, über schlechtere Bibelkenntnisse, als dies vor etwa zwanzig Jahren der Fall war, als sie anhand vorkonziliarer Katechismen ausgebildet worden waren. Selbst für Protestanten und Katholiken, die sich um ein besseres Verständnis der Bibel bemühen, wird sie zunehmend zu einem 'Buch mit sieben Siegeln'. Insofern sich diese Unterweisung von der historischen Kritik leiten läßt, wie es bei den meisten gebildeten Laien heutzutage der Fall ist, zieht man daraus die Lehre, daß die Interpretation der Bibel ein technisches Unterfangen sei, das eine langjährige fachliche Ausbildung voraussetze. Wenn ihr Interesse an der Bibel diese Entmutigung übersteht, greifen gebildete Laien (und auch Geistliche) mit Vorliebe zu populärwissenschaftlichen Kommentaren, deren Verfasser, Berufsexegeten und Theologen [,] man für fähig hält, den Text auszulegen. [...] Nun hält die wissenschaftliche und nicht mehr die hierarchisch klerikale Elite die Bibel in Beschlag, so daß sie für das allgemeine Volk weithin unzugänglich ist" [53].

Unter solchen Voraussetzungen kommt es dann leicht zu einem Phänomen, wie es analog bereits in den Tagen E. Renans zu beobachten war: an die Stelle der großkirchlichen Orientierung an einer hierarchisch verfaßten Autorität oder der kongregationalistisch-fundamentalistischen Sammlung um einen charismatischen Sektenführer tritt als weitere Alternative eine Gemeinde von gebildeten Randsiedlern der Kirchen, die sich in dem Maße um den mediengewandten Theologen schart, wie dieser eine am 'historischen Jesus' gewonnene Form von Christ-sein populär zu machen vermag. Gerät auch diese neugewonnene Autorität in die Krise, so bleibt auf weiten Strecken nur noch das sich ausbreitende Gefühl von Frustration zurück und wird auf diese Weise der Raum frei für mannigfache esoterische Strömungen, innerhalb derer eine Verantwortung der jeweiligen 'Heilsangebote' vor der geschichtlichen Vernunft nicht mehr zur Debatte steht. Dabei ist, was die Frage der geschichtlichen Verantwortung angeht, von sekundärer Bedeutung, worauf sich solche Alternativen stützen – sei es die Suche nach Geborgenheit

[53] G. Lindbeck, Heilige Schrift, Konsens und Gemeinschaft, 64f.

in der Wiederentdeckung des Archetypischen, sei es die reiche Auswahl an Importen 'fernöstlich' geprägter Meditationspraxis oder einfach der Rückfall in krasse Formen der Magie und des Aberglaubens.

Ein Phänomen besonderer Art ist, wie im letzten Jahrzehnt phantasiebegabte Forschungskraft, mit dem klassischen Instrumentar der historisch-kritischen Methode wohl ausgerüstet, zu einem neuen Boom von Leben-Jesu-Literatur geführt hat[54]. Auch die wissenschaftlich anspruchsvollen Erzeugnisse dieses neuerlichen 'New Quest' unterscheiden sich von dem jetzt schon etwas alt aussehenden 'New Quest' der 'Post-Bultmannianer' dadurch, daß sie sich der Frage nach dem Zusammenhang zwischen kirchlichem Kerygma und historischem Jesus völlig enthoben haben. Selbst in der ursprünglichen, nicht binnenkirchlich motivierten Leben-Jesu-Forschung wurde vorrangig noch nach dem wahren Jesus der Geschichte als Maßstab - wenn auch nicht immer für authentisches Christsein, so doch wenigstens für den Weg zu mehr Humanität - gefragt. Das zeitgenössische Durchforsten kanonischer wie nichtkanonischer Texte weist in weit geringerem Maße Interesse an der Frage nach der eigentlichen Substanz der von Jesus in Gang gesetzten Dynamik auf. - Was die uns hier leitende fundamentaltheologische Problematik angeht, ist die Beobachtung zu machen, daß unter Nutzung desselben historisch-kritischen Instrumentars beim Befragen der Jesus thematisierenden Texte nach ihrer letzten Basis die unterschiedlichsten Ergebnisse herauskommen können, im Grunde also nichts Sicheres im Hinblick auf die rationale Verantwortung unseres Glaubens zu gewinnen ist.

[54] Vgl. bes. J. D. Crossan, Der historische Jesus; J. P. Meier, A marginal Jew; G. Theissen/A. Merz, Der historische Jesus. Einen guten Überblick des aktuellen Stands der Forschung bieten: B. Chilton/C. A. Evans (Hrsg.), Studying the historical Jesus; B. Witherington III, The Jesus Quest.

13 Auf dem Weg zu einer neuen Hermeneutik der Rückfrage

13.1 Das Problem: Letztgültigkeit in geschichtlicher Kontingenz

Die Rückfrage nach dem 'historischen Jesus' entstand aus dem Mißtrauen in die Zuverlässigkeit kirchlicher Tradition im Hinblick auf die Vermittlung ihres Ursprungs. Wird sie als Korrektiv des kirchlichen Kerygmas verstanden, so ist der Konflikt zweier Ebenen von Evidenz unvermeidlich. Auf der einen Seite fordert das 'Ein-für-allemal' christlicher Offenbarung das unbedingte Engagement des Menschen. Auf der anderen Seite gelangt die historisch-kritische Wissenschaft ihrem eigenen Selbstverständnis nach bestenfalls zu wahrscheinlichen Gewißheiten, nie zu einer unbedingt gültigen Evidenz. Aus der Unmöglichkeit eines kontinuierlichen Übergangs von einem prinzipiell relativen Wissen zu einer letztgültigen Evidenz folgt das von Lessing aufgezeigte Problem des unüberbrückbaren Grabens.

Im klaren Bewußtsein dieses Problems versuchte die Dialektische Theologie im Anschluß an Kierkegaard, den Konflikt durch das Verbot jeglicher Kontamination des Kerygmas mit der weltlichen Wissenschaft zu vermeiden. Die 'Sackgassen', in die Bultmanns Position hinsichtlich der Rückfrage nach dem historischen Jesus führt, wurden in Kap. 12.2 angedeutet. Über diese spezielle Frage hinausgreifend, hat W. Pannenberg jenes Kontaminationsverbot einer prinzipiellen Kritik unterzogen: es führe zu einer schlimmeren Bedrohung durch den Subjektivismus als die von Barth bekämpften Versuche der 'liberalen Theologie', Glaube und säkulare Wissenschaft zu vermitteln[1]. In der richtigen Einsicht, daß sich der Glaube insgesamt, insofern er sich auf ein Faktum der Geschichte beruft, vor der historischen Vernunft verantworten muß, stellt Pannenberg (hierin der traditionellen katholischen Fundamentaltheologie nahekommend) über die Rückfrage nach dem 'vorösterlichen Jesus' hinaus ausdrücklich auch die Frage nach der vernünftigen Basis des Osterglaubens. Aber auch er bleibt diesseits des 'garstigen breiten Grabens' stehen:

"Wenn die Erscheinungsüberlieferungen einerseits und die Grabesüberlieferung andererseits unabhängig voneinander entstanden sind, dann lassen sie durch ihre gegenseitige Ergänzung die Behauptung der Tatsächlichkeit der Auferweckung Jesu in dem oben erläuterten Sinne als *historisch sehr wahrscheinlich* erscheinen, und das heißt in historischen Untersuchungen immer: es ist *bis auf weiteres vorauszusetzen*" [2].

[1] Vgl. oben Kap. 1.2.2.
[2] W. Pannenberg, Grundzüge der Christologie, 103 (meine Hervorhebung).

Damit gerät der Glaube auch im Hinblick auf die faktische Seite seiner Unbedingtheitsbehauptung in jene 'schlechte Unendlichkeit' einer stets vorläufig bleibenden, auf den (von der Vernunft her gesehen) Nimmerleinstag verschobenen Legitimation, deren Problematik hinsichtlich der Sinnbehauptung des christlichen Glaubens in Kap. 3.3 herausgestellt wurde[3].

Der seit der historisch-kritischen Hinterfragung der kirchlichen Tradition unausweichlich und unlösbar scheinende Konflikt der beiden Evidenzebenen, der jede adäquate rationale Verantwortung einer unbedingten Glaubensaffirmation unmöglich zu machen droht, konnte noch nicht in seiner ganzen Schärfe hervortreten, solange die Fundamentaltheologie von einer im Prinzip ungebrochenen Kirchlichkeit umfangen war und darüber hinaus auch im profanen Raum mit indiskutablen Basisannahmen rechnen durfte.

"[...] in einer geistigen Situation, in der auch sonst die feste und indiskutable Aussage [...] die Normalgestalt menschlicher Erkenntnis war, war auch der absolute Glaubensassens keine besonders auffallende und ungewöhnliche Erscheinung im Gesamtbewußtsein eines Menschen. Er erschien als Höhepunkt, der nicht sehr verwunderlich ist, in einem Gesamtsystem von sicher, ruhig und unveränderlich gegebenen Aussagen profaner Art. In einem Bewußtsein aber, in dem ein skeptischer Relativismus profaner Art mit seinen immer nur vorläufig bis zum Widerruf gegebenen Erkenntnissen normal ist, muß ein solcher absoluter Glaubensassens wie ein Fremdkörper empfunden werden, wie eine Forderung, die ernsthaft gar nicht realisiert werden kann [...]" [4].

Jeder Versuch, die Frage nach den Möglichkeitsbedingungen der Erkenntnis eines letztgültigen *Geschehens* in der Kontingenz von Geschichte einer grundsätzlichen Lösung zuzuführen, wird in der heutigen Situation mit ähnlichen Widerständen rechnen müssen wie die in Teil I diskutierte Frage nach einem Begriff letztgültigen *Sinns*.

Diese aktuellen Widerstände verbinden sich im Hinblick auf die Frage nach der Möglichkeit einer letztgültigen *geschichtlichen* Evidenz allerdings mit zwei anderen Schwierigkeiten, die bereits seit langem die Fundamentaltheologie belasten. *Zum einen* hat, wie in Kap. 10 deutlich wurde, die Vorherrschaft platonisch-augustinischen Denkens über weite Strecken der Theologiegeschichte verhindert, die Basisvoraussetzung des Inkarnationsglaubens, daß nämlich ein sinnlich-geschichtlich Begegnendes Gott wirklich gegenwärtig zu setzen vermag, zureichend zu reflektieren. Wenn innerhalb dieser Tradition die erstphilosophische Sicherstellung von geschichtsunabhängiger Wahrheit (zu Recht) entschieden betrieben wurde, so geschah dies zumeist verbunden mit der (nicht legitimierten) Annahme, daß das geschichtlich Wahrnehmbare selbst niemals 'capax infiniti' sei, d. h. daß es Unbedingtes nie wirklich vermitteln könne.

Zum anderen führte – und hier war vor allem der thomistische Extrinsezismus in der Frage nach den Zeichen von Offenbarung maßgebend – eine falsch gestellte 'analysis-fidei'-Problematik dazu, wenigstens einen Rest von unüberwindlicher

[3] Vgl. bes. Kap. 3 Anm. 8-11.

[4] K. Rahner, Bemerkungen zur Situation des Glaubens heute, 337f.

Kontingenz auf seiten des geschichtlich Wahrnehmbaren geradezu zu fordern. Auf diesen Punkt muß hier etwas näher eingegangen werden.

In den 'analysis-fidei'-Theorien[5] geht es wesentlich darum, drei Faktoren beim Zustandekommen des Glaubensaktes angemessen zu berücksichtigen: 1) eine rational begründete Glaubwürdigkeitserkenntnis, 2) das Gnadenwirken des Hl. Geistes, 3) den freien Zustimmungsakt des Menschen[6]. Sofern nun die rationale Begründung der Glaubwürdigkeit des Offenbarungsfaktums als eine Leistung der theoretisch-objektivierenden Vernunft angesehen wird, darf ihr Ergebnis nicht unmittelbar in den Glauben führen. Der Glaube könnte dann nicht als freies Gnadengeschenk Gottes und Akt menschlicher Freiheit aufrechterhalten werden. Zieht man daraus den Schluß, die der Vernunft über die sinnlich-geschichtliche Wahrnehmung des Offenbarungsereignisses vermittelte Gewißheit könne niemals eine unbedingte sein, sondern müsse dazu erst durch die Wirkung des inneren Gnadenlichtes bzw. den freien Akt der Zustimmung erhoben werden, so ergibt sich allerdings hinsichtlich des von Lessing aufgeworfenen Problems ein versteckter Fideismus. Von seiner offenen Gestalt, wie sie bei Kierkegaard und der Dialektischen Theologie begegnet, ist dieser Fideismus nur graduell verschieden. Das Gefährliche an ihm ist, daß er den Sprung über den garstigen Graben, der letztlich auch hier gefordert wird, zu kaschieren verführt.

Als ein Ausweg aus dieser Schwierigkeit wird von vielen die von *J. H. Newman* entwickelte *Zustimmungslehre*[7] angesehen[8]. Die von seiten des Objekts mögliche Evidenz geht zwar auch nach Newman im Bereich der Erkenntnis von Tatsachen nie über einen bestimmten Grad von Wahrscheinlichkeit hinaus. Dabei müsse aber berücksichtigt werden, daß wir unser Urteil über die Gewißheit eines Faktums im allgemeinen nicht aufgrund einer bloßen Akkumulation von Erfahrungsdaten abgeben, sondern daß das Moment *konvergierender Wahrscheinlichkeiten*

[5] Vgl. den wertvollen Überblick von E. Kunz, Glaubwürdigkeitserkenntnis, 414-449.

[6] Vgl. DH 3009-3010.

[7] J. H. Newman, An Essay in Aid of a Grammar of Assent (1870). Wir zitieren nach der Übersetzung von Th. Haecker, Entwurf einer Zustimmungslehre. – Über die Entwicklung der Zustimmungslehre im Denken Newmans informiert zuverlässig L. Kuld, Lerntheorie des Glaubens, bes. 97-138. Eine eingehende erkenntnistheoretische Analyse des Konvergenzarguments findet sich bei J. de Vries, Grundfragen der Erkenntnis, 73-101, zu Newman insbesondere 86ff.

[8] Vgl. etwa H. Fries, Fundamentaltheologie, 289f; ders., Konvergenzargumentation; A. Kolping, Fundamentaltheologie I, 287f; W. Kasper, Der Gott Jesu Christi, 148f; A. Dulles (ders., Die Kirche: Sakrament und Grund des Glaubens, 315), mit Verweis auf die Parallelität von Newmans Konvergenzlogik zu M. Polanyis Theorie personalen Erkennens, vgl. ders., Faith, Church, and God. Auf Polanyi verweist (ohne Rückgriff auf Newman) bei der Skizze einer Theorie 'kumulativer Glaubensbegründung' auch J. Meyer zu Schlochtern, Glaube – Sprache – Erfahrung, bes. 260ff. – Die positive Würdigung des Newmanschen Konvergenzarguments bei H. U. v. Balthasar, Theodramatik, Bd. II,1, 116-122, ist *nicht* im Zusammenhang der Frage nach der hinreichenden Begründetheit des Glaubens in einem Geschichtsfaktum zu verstehen. Auf meine diesbezügliche Bemerkung: "ich war eigentlich erstaunt, wie weit Sie bei der Frage nach der Glaubensbegründung Newmans 'converging probabilities' folgen" (Brief v. 6. Juni 1977), antwortete mir v. Balthasar: "Die Beiziehung der 'Konvergenz' Newmans ist erfolgt für die Glaubens-Gestalt (nicht für die rationalen Grundevidenzen), für mich ist es ein Ausdruck für die Freiheit des *Sehenkönnens*" (Brief vom 9. Juni 1977).

hierbei eine wichtige Rolle spielt. Das Gesamtbild, das sich bei einer sorgfältigen Beobachtung von empirischen Gegebenheiten oder der Überprüfung von Zeugnissen ergibt, ist nicht summativ gewonnen, sondern aus dem gemeinsamen Richtungssinn vieler Einzelerfahrungen. Über den Grad von Wahrscheinlichkeit hinaus, der diesen als Einzeldaten zukommt, ergibt sich so in vielen Fällen eine Konvergenz auf eine Gewißheit hin, deren Unbedingtheit vernünftigerweise nicht bestritten werden kann.

Diesen den Einzeldaten immanenten, viele Erfahrungen auf eine integrale Einsicht hinführenden Richtungssinn kann nun allerdings kein Computer feststellen. Die adäquate 'Schlußfolgerung' ist nur über eine hermeneutische Leistung möglich, die eben nicht in einem formalen Schlußverfahren aufgrund von als Propositionen gespeicherter Information besteht. Das Vermögen, das diese Leistung vollbringt, nennt Newman den 'illative sense' [9]. Er meint damit eine menschliche Wahrnehmungsfähigkeit, von deren Grad der Entwicklung abhängt, wieweit sie in einer (von allen wahrnehmbaren) Wirklichkeit die feinen Fäden wechselseitiger Verweisung (die vielen durchaus verborgen bleiben können) zu erkennen vermag.

Der Beitrag, den Newman mit seiner Zustimmungslehre angesichts einer in formalistischer Beweisführung erstarrenden Apologetik geleistet hat, ist kaum hoch genug zu veranschlagen. Er hat wesentlich zur Überwindung der für den Bereich geschichtlich-interpersonaler Erkenntnis fatalen Gleichsetzung der Alternative 'wahrscheinliche' und 'unbedingte Gewißheit' mit 'wahrscheinliche' und 'demonstrative Gewißheit' beigetragen. Seine Betonung der subjektiven Verstehungsbedingungen für das Zustandekommen glaubensrelevanter Erkenntnis war zusammen mit der 'Immanenzmethode' Blondels eine entscheidende Hilfe auf dem mühevollen Weg, der schließlich aus der extrinsezistisch orientierten Fundamentaltheologie herausgeführt hat.

Dennoch stellt die Newmansche Zustimmungslehre keine Lösung unseres Problems dar, wie eine letztgültige Offenbarung sich in der Kontingenz geschichtlichen Geschehens zu vermitteln vermag. Newman weist auf, wie auch im Bereich der verschiedensten Formen von Tatsachenwissen – nicht nur im Raum streng beweisbaren Wissens – eine so gut wie unbedingte Evidenz[10] zustande kommen kann, dergegenüber ein skeptischer Vorbehalt schlechthin unangemessen wäre[11]. Die in unserem Zusammenhang entscheidende Frage lautet aber: Wie läßt sich eine

[9] Zur Schwierigkeit der Übersetzung (etwa durch 'Folgerungssinn') vgl. J. H. Newman, Entwurf einer Zustimmungslehre, 407 Anm. 220a, zum Versuch einer Definition ebd. 412 Anm. 243. Ausführlich zum 'illative sense' (Literatur!): L. Kuld, Lerntheorie des Glaubens, 134-138. Zur hermeneutischen Leistung des 'illative sense' vgl. D. Hammond, Imagination and Hermeneutical Theology, bes. 23ff; ders., Imagination in Newman's Phenomenology of Cognition.

[10] Newman vermeidet im allgemeinen den Ausdruck 'moralische Evidenz', weil er einen zu vagen Sinn habe, meint aber den damit angezielten Sachverhalt, vgl. Entwurf einer Zustimmungslehre, 223.

[11] "Wir sind alle absolut gewiß, jenseits aller Möglichkeit des Zweifels, daß Großbritannien eine Insel ist. [...] Wir sind so wenig dem Verdacht ausgesetzt: 'Vielleicht leben wir am Ende nicht auf einer Insel', wie der Frage: 'Ist es ganz gewiß, daß der Winkel in einem Halbkreis ein rechter ist?'" Ebd. 206.

Behauptung rational verantworten, daß im Bereich geschichtlicher Kontingenz sich ein *letztgültiges* (und darin von allen anderen Tatsachen verschiedenes) Geschehen zugetragen hat? Auf ein Unbedingtes in diesem strengen Sinn kann eine Konvergenz aus dem Bereich bedingter Wirklichkeit nicht stattfinden: von hier nach dort gibt es keinen fließenden Übergang – wie Lessing und Kierkegaard richtig gesehen haben.

In diesem Zusammenhang ist interessant, daß Newman sich ausdrücklich auf den in der modernen Mathematik angenommenen Übergang vom (der Tendenz nach 'unendlichen') Vieleck zum Kreis als exemplarisch für sein Konvergenzargument beruft[12], ein Beispiel von 'schlechter Unendlichkeit', das uns bereits beschäftigt hat[13]. Schon die Orientierung an dem genannten Beispiel des neuzeitlichen, im Grunde pragmatischen Umgangs mit reinen geometrischen Formen kann dazu verführen, aus einem subjektiven Vorentwurf heraus die Lücken an Evidenz schließen zu wollen, die auf seiten des wirklich begegnenden Faktums bleiben. Eine solche projektive Substitution von unvollkommener faktischer Evidenz durch das immer schon vom Begriff des Unbedingten geprägte Subjekt, wie wir sie bei K. Rahner beobachtet hatten[14], findet sich in der Tat auch in Newmans Apologie der Glaubwürdigkeit christlicher Offenbarung. Der 'illative sense' des religiösen Menschen, der die Verfallenheit seines sündhaften Zustands erkennt, ist von einer großen Erwartungshaltung und dem drängenden Wunsch nach einer erlösenden Offenbarung geprägt[15], von einer "Vorahnung, es werde eine Offenbarung geben" [16]. Im Lichte dieser starken Präsumtion werden Phänomene, die an sich nur einen hohen Grad von Wahrscheinlichkeit aufweisen, "einem religiösen Geist fast zu einer Gewißheit" [17].

Angesichts des unüberbrückbar scheinenden Lessingschen Grabens könnte man schließlich einwenden: "Wenn aber auch die Zustimmung zum Glauben keineswegs eine blinde Regung des Herzens ist [...]" [18], so gehört es vielleicht doch zur Bedingtheit der menschlichen Natur, wenigstens die letzte Strecke des Wegs in den Glauben sozusagen im Blindflug zurücklegen zu müssen, wie wir ja auch sonst nicht umhinkönnen, Grundentscheidungen unseres Lebens auf der Basis von nur wahrscheinlicher Gewißheit zu fällen. So stellt schon Newman lapidar fest, "daß moralische Evidenz und moralische Gewißheit alles ist, was wir erreichen können, und zwar nicht nur im Bereich des Ethischen und Geistlichen [spiritual], wie in der Religion, sondern auch bei irdischen und kosmischen Fragen" [19]. Im gleichen Sinne unterstreicht K. Rahner unter der Überschrift "*Die unvermeidliche Inkongruenz zwischen relativer geschichtlicher Sicherheit und absolutem Engagement*", "daß

[12] Vgl. ebd. 225, 252.
[13] Vgl. oben Kap. 4 Anm. 55 und Kap. 6.2.2.
[14] Vgl. oben Kap. 9.6.3 und die zusammenfassende Darstellung bei E. Kunz, Glaubwürdigkeitserkenntnis, 439.
[15] Vgl. J. H. Newman, Entwurf einer Zustimmungslehre, 292f.
[16] Vgl. ebd. 296.
[17] Vgl. ebd. 308, 301.
[18] DH 3010.
[19] J. H. Newman, Entwurf einer Zustimmungslehre, 223.

grundsätzlich und im allgemeinen der Mensch sein Dasein nicht vollziehen kann, ohne eine solche Inkongruenz zwischen der relativen Sicherheit seiner geschichtlichen Erkenntnis einerseits und der Absolutheit seines Engagements anderseits gelassen als unvermeidbar anzunehmen und in seiner Existenz durchzutragen. [...] Immer und überall läßt sich der Mensch in den absoluten und unrevidierbaren Entscheidungen seines Lebens auf geschichtliche Tatsachen ein, über deren Existenz und Natur er theoretisch keine absolute Sicherheit besitzt, überall besteht im Leben unvermeidlich die Inkongruenz zwischen absolutem Engagement, das einem unvermeidlich abverlangt wird, einerseits und der theoretischen Sicherheit über die Tatsachen, auf die man sich in einem solchen Engagement einläßt, andererseits. Diese Situation gehört unweigerlich zum Wesen der Freiheit" [20].

Überlegungen dieser Art haben auf den ersten Blick einen hohen Grad von Plausibilität, insofern sie den in der Tat unausweichlichen Wagnischarakter existentieller Grundentscheidungen hervorheben. Sie können dennoch nicht befriedigen, da sie den prinzipiellen Unterschied zwischen allgemeinen unbedingten (insbesondere moralischen) Entscheidungen und der unbedingten Bejahung eines Geschichtsfaktums als Vermittlung von letztgültigem Sinn nicht beachten. Im Falle des moralischen Handelns geht die unbedingte Entschiedenheit zum Guten dem nur relativ gewissen Urteil hinsichtlich eines Geschichtsfaktums voraus und wird das Handeln im Hinblick auf seinen Wert auch nicht an der Richtigkeit der Beurteilung des Faktums gemessen (sofern diese Beurteilung nur ernsthaft statthat). Der christliche Glaubensassens hingegen behauptet das Faktum selbst als die entscheidende Basis der unbedingten Zustimmung. Dies ist ja gerade der Stein des Anstoßes für Denker wie Lessing und Kant, denen der Sinn moralischen Handelns im Gegensatz zu der Möglichkeit einer die autonome Freiheit unbedingt in Anspruch nehmenden positiven Offenbarung in der Geschichte durchaus nicht zweifelhaft ist.

Aus dem moralischen Imperativ: 'Rette einen Ertrinkenden!' z. B. kann auch bei einer nur wahrscheinlichen Gewißheit, daß es sich um einen Ertrinkenden handelt, der unbedingte Anspruch folgen, ins Wasser zu springen. Auf einer absoluten Gewißheit hinsichtlich der faktischen Feststellung zu bestehen (die letztlich erst durch das eingetretene Ertrinken sichergestellt werden könnte), wäre unsittlich. Der Forderung: 'Folge mir als dem eschatologischen Repräsentanten Gottes!' vor der unumstößlichen Evidenz nachzukommen, daß hier wirklich der eschatologische Repräsentant Gottes begegnet, wäre hingegen leichtfertig[21]. Die

[20] K. Rahner, Grundkurs des Glaubens, in: SW 26, 252.

[21] Anders würde das Urteil natürlich in der Perspektive Pascals ausfallen, der Newman sich in einer seiner frühen Predigten nähert: "[...] in einer so bedeutungsvollen und praktischen Frage wie der nach dem Heil der Seele wird der Weise mit seinem Handeln nicht warten, bis er die vollste Sicherheit gewonnen hat. Er wird seine Vorsicht nicht dadurch zeigen, daß er unbeeindruckt bleibt durch das umlaufende Gerücht [uninfluenced by the existing report] von einer göttlichen Botschaft, sondern dadurch, daß er ihr gehorcht, selbst wenn sie klarer bezeugt werden könnte. Auch wenn es nur ziemlich [slightly] wahrscheinlich wäre, daß die Verwerfung des Evangeliums seinen ewigen Untergang zur Folge haben kann, dann ist es am sichersten und weisesten, so zu handeln, wie wenn es gewiß wäre" J. H. Newman, Predigten, 2. Predigt, 30f [Parochial Sermons, vol. II, Sermon II, p. 23]. Zur Verwandtschaft

Gegenprobe: 'Springe nur dann, wenn du unbedingt sicher bist, daß ...' ist eine zutiefst unsittliche Forderung. 'Folge mir nur dann, wenn du unbedingt sicher bist, daß ...' ist ein höchst sinnvoller Satz, vgl. Joh 10,37.

13.2 *Traditio* als Grundgestalt letztgültiger Offenbarung und ihrer Vermittlung

Im vorigen Abschnitt hat sich als Kern der prinzipiellen Schwierigkeit einer rationalen Verantwortung der Glaubensaffirmation, daß sich eine letztgültige Offenbarung geschichtlich ereignet hat, die Aufgabe gezeigt, das Verhältnis dreier Momente angemessen zu bestimmen. Als wesentliche Grundlage der Affirmation ist (1.) die Evidenz gefordert, daß ein geschichtlich Begegnendes tatsächlich Träger der eschatologischen Selbstmitteilung Gottes ist. Diese Evidenz muß zugleich aber von der Art sein, daß sie (2.) frei von Gott geschenkt, nicht durch eine rationale Begründungsleistung des Menschen erbracht ist und (3.) nur im Wagnis der ganzen menschlichen Existenz erfaßt wird. Die bisher erwähnten Versuche zur Lösung der grundsätzlichen Problematik tendieren dazu, die beiden letztgenannten Momente auf Kosten des ersten sicherzustellen. Entweder weist man (wie die Dialektische Theologie) in unverhohlenem Fideismus jede Verantwortung vor der historischen Vernunft ab. Oder man beläßt – wo eine solche Verantwortung versucht wird – die Evidenz von seiten des geschichtlichen Faktums grundsätzlich im Bereich des Wahrscheinlichen und behält den Überstieg vom bloß approximierten Unbedingten zum Unbedingten selbst dem (gnadenhaft erleuchteten) wagenden Subjekt vor.

Wichtige Beiträge zur Überwindung der Problematik haben vor allem Bernhard Welte und Hans Urs von Balthasar geleistet.

(1) In einem erstmals 1954 veröffentlichten Aufsatz, 'Vom historischen Zeugnis zum christlichen Glauben' [22], hat *B. Welte* in Auseinandersetzung mit dem von Lessing und Kierkegaard formulierten Dilemma herausgestellt, daß das problematische Verhältnis von geschichtlicher Bedingtheit und unbedingter Offenbarung "nicht durch Approximation aus der Welt geschafft werden kann. [...] Die unendliche Zuverlässigkeit in bezug auf ein unendlich Wichtiges, welche der Glaube der historischen Erscheinung Jesu beimißt, kann niemals durch ein 'so gut wie' beigeschafft werden [...]" [23]. Damit erhebt sich die Lessingsche Frage in aller Schärfe: "[...] wie kommt man in den Glauben hinein, ohne das historische Faktum trügerisch heraufzusteigern und ohne andererseits den Glauben zu einem unbegründeten und darum leichtsinnigen Sprung zu machen, da ihm das Historische doch keine absolute Stütze geben kann?" [24]

dieser Stelle mit der 'Pascalschen Wette' vgl. J. M. Cameron, Newman and the Empiricist Tradition, 88f.

[22] Zuerst in: ThQ 134 (1954) 1-18. Wieder abgedruckt in: B. Welte, Auf der Spur des Ewigen, 337-350.

[23] Ebd. 339.

[24] Ebd.

Als Modell für eine mögliche Lösung der alten Frage zieht Welte die Art und Weise heran, wie wir einer Person innewerden. Die Erkenntnis eines Du ist in der personalen Begegnung unmittelbar als ein Ganzes da, nicht aus Teilen - etwa physiologischen Einzelbeobachtungen - zusammengesetzt[25]. Im Raum dieses personalen Verhältnisses können wir dann auch des tragenden Grundes innewerden, der uns möglicherweise aus dem freien Selbstbesitz des Du entgegenkommt. "Wir können sehen, was uns Grund gibt zu sagen: Ich kann mich verlassen, ich darf vertrauen" [26]. Dieser Grund zeigt sich in Worten und Taten.

"Aber auch er kann nicht synthetisch aus der Aufsammlung und Kombination der zunächst je einzeln genommenen Worte und Taten zustande gebracht werden. Durch Verrechnung des einzelnen kommt man nie zum Vertrauen noch auch zum Sehen seines Grundes. Vielmehr nur dort, wo wir gar nicht das einzelne als einzelnes ergreifen, vielmehr in allem einzelnen das Eine, Ganze, als Ganzes, was uns da anspricht und entgegenkommt [...]: Da ist die Möglichkeit, die Tatkraft des personalen Grundes zu sehen" [27].

Die besondere Weise personalen, nicht aus der Komposition von Einzeldaten gewonnenen Erkennens zeichnet nun aber nicht nur die Begegnung von Gleichzeitigen aus, sondern hält sich auch in geschichtlicher Vermittlung durch, wo das Erfassen eines personalen Gegenübers durch Zeugnisse ermöglicht wird. *Als Zeugnisse genommen*, werden diese geschichtlichen Vermittlungen (etwa Texte) gar nicht als sie selbst in ihrem gesonderten Bestand thematisch; sie sind vielmehr in diesem zeugnisnehmenden Hören "durchaus selber nichts als das Erscheinende, Hervortretende und sich Bezeugende selber in seinem Sich-Bezeugen, nichts als dessen direktes und wirkliches Da" [28].

Was B. Welte in diesem Zusammenhang zum grundsätzlichen Verhältnis zwischen personaler Bezeugung und historisch-objektivierender Wissenschaft, schließlich auch zur "*Anwendung auf den Fall des christlichen Glaubens*" [29] sagt, darf man als eine Skizze des vorläufigen Resultats von tiefgreifenden Überlegungen zum Problem von Geschichtlichkeit allgemein und besonders der Verantwortung des christlichen Glaubens als einer geschichtlich begründeten Affirmation betrachten, von Reflexionen, die Welte ständig in seinen Vorlesungen beschäftigt haben[30]. Welte geht es in diesem Ringen - vor allem in Auseinandersetzung mit K. Jaspers und M. Heidegger - zunächst um den Aufweis, *daß* zum Wesen geschichtlichen Seins die Offenheit auf ein Hervortreten der unbedingten Wahrheit des Seins notwendig gehört[31]. Für unsere gegenwärtige Fragestellung sind vor allem Weltes methodologische Ausführungen über die grundsätzliche Möglichkeit des *Wie* eines

[25] Vgl. ebd. 339-341.
[26] Ebd. 342.
[27] Ebd.
[28] Vgl. ebd. 345.
[29] Vgl. ebd. 348(ff).
[30] Diesen lange Zeit nur wenigen bekannten Hintergrund hat mit großer historischer und systematischer Sorgfalt I. Feige erschlossen: dies., Geschichtlichkeit.
[31] Vgl. bes. B. Welte, Der philosophische Glaube; ders., Heilsverständnis.; I. Feige, Geschichtlichkeit, bes. 336-344.

solchen 'Ein-für-allemal', d. h. über die Bedingungen der Erkenntnis unbedingter Offenbarung in der Relativität geschichtlichen Geschehens bedeutsam.

Von besonderer Wichtigkeit sind in diesem Zusammenhang Weltes Erörterungen über die Inadäquatheit der historisch-objektivierenden Analyse und Synthese zur Erkenntnis solcher geschichtlicher Wahrheit, die sich wesentlich nur im personalen Mitvollzug erschließt. Im bloß theoretischen historischen Erkennen ist zwar die Erkenntnis der Wahrheit der Wirklichkeit intendiert, diese Wahrheit bleibt aber hinsichtlich der Bedeutsamkeit für das eigene Selbstsein völlig unentschieden. "Darin zeigt sich, daß in einem rein historischen Verhältnis zu einem Geschichtlichen ein möglicherweise in ihm liegender Anspruch als ein den Betrachter einfordernder gerade nicht aufleuchten kann, da ein solcher [Anspruch] in der Definition des Historischen als des Objektivierbaren, vom Selbstsein des Betrachters Unabhängigen nicht vorkommt, sondern schon in der methodischen Bestimmung der Historie als Historie als ein möglicher Gegenstand ausgeschlossen ist" [32]. "Die Historie ist Mittel einer geschichtlichen Theologie, aber von dieser durch den Ernst geschichtlichen Selbstseins getrennt, in welchem die Wahrheit des Ereignisses Jesu den Ort ihres Aufgangs hat" [33].

Die Art und Weise, wie ein unbedingt in Anspruch nehmendes Ereignis der Geschichte adäquat vermittelt wird, heißt *Tradition.* "Tradition geschieht als Gespräch, in welchem die Wahrheit des Gewesenen sich im Wahrheitsgeschehen der Gegenwart ereignet, so daß sich das Gewesene je neuer Gegenwart zuspricht und die Gegenwart Antwort gibt auf den herkünftig gründenden Zuspruch" [34]. Tradition ist so zwar Bewahrung von Wahrheit, nicht aber durch die Sammlung eines materialen Bestandes, die allenfalls die Bewahrung der Möglichkeit wirklichen Vollzugs der Wahrheit des Gewesenen darstellt, sondern als "Ereignis und Geschichte, insofern die Wahrheit des Gewesenen als Wahrheit nur aufgeht im je neuen Geschehen wahrheitsfähigen geschichtlichen Daseins" [35].

(2) Einen entschiedenen Neuansatz hinsichtlich der Zuordnung der drei genannten Momente beim Zustandekommen der Glaubensaffirmation (die vom geschichtlich Begegnenden selbst ausgehende Evidenz, das Wirken des Gnadenlichts, der freie Zustimmungsakt des Menschen) hat vor allem *H. U. von Balthasar* in seiner 'Theologischen Ästhetik' [36] vertreten, mit der er sich nicht nur von der traditionellen theologischen Erkenntnislehre, sondern weitgehend auch von der jüngeren Fundamentaltheologie abhebt[37].

[32] I. Feige, Geschichtlichkeit, 349f. Vgl. ebd. 445 Anm. 20 zu Weltes 'Unterscheidung von ästhetischem, theoretischem und entscheidendem oder ernstem Verstehen'.

[33] Ebd. 355.

[34] Ebd. 356.

[35] Vgl. ebd.

[36] Herrlichkeit; vgl. ders., Glaubhaft ist nur Liebe; vgl. auch die Bemerkung in ders., Rechenschaft, 28: "Der Einstieg durch die Ästhetik mag ungewohnt, willkürlich scheinen, er ist nichtsdestoweniger [...] der einzig sachgerechte."

[37] Diesen Tatbestand hat, vor allem auch im Hinblick auf den Unterschied zu K. Rahner, prägnant E. Kunz, Glaubwürdigkeitserkenntnis, 430-440, herausgearbeitet. – Wie sich von Balthasars Ansatz einer 'Theologischen Ästhetik' in seinem Verständnis von *Zeugnis* als zen-

"Die Plausibilität des Christentums steht und fällt mit derjenigen Christi, was grundsätzlich immer anerkannt worden ist; denn auch die Lehre von den notae Ecclesiae ist ja nie ernsthaft als von der Christologie abgelöst gemeint worden: es sind die Eigenschaften, die sich aus der Verheissung Christi fordern und in der Geschichte als Erfüllung Christi und Erweis seiner lebendigen Macht aufzeigen lassen.

Um ein solches Gebäude zu tragen, muss das Fundament von unüberwindlicher Stärke sein. Es kann auf keinen Fall so beschaffen sein, dass auf ihm nur Wahrscheinlichkeiten gebaut werden können, es muss Evidenz bieten. Und zwar nicht subjektive Evidenz, sondern objektive. An diesem Kreuzweg werden viele geneigt sein, sich von uns zu trennen, deshalb gilt es, genau zu bestimmen, was wir unter objektiver Evidenz verstehen. Es ist solche Evidenz, die vom Phänomen selbst her auf- und einleuchtet, und nicht solche, die auf Grund von Bedürfnisbefriedigung des Subjekts festgestellt wird. Die geschichtlich begegnende Gestalt ist an sich selbst überzeugend, weil das Licht, wodurch sie einleuchtet, von ihr selbst ausstrahlt und sich evidentermassen als ein solches, von der Sache her leuchtendes erweist" [38].

Damit leugnet v. Balthasar nicht die Notwendigkeit transzendentaler Möglichkeitsbedingungen für das Erfassen dieser von ihr selbst her einleuchtenden Offenbarungsgestalt; "das ist der sogenannten 'Immanenzmethode' Blondels und der Seinen, wie heute der Schule Bultmanns ohne weiteres zuzugestehen" [39].

"Aber hier liegt auch die scharfe Grenze: die subjektive Bedingung der Möglichkeit des Ansichtigwerdens (die sehr umfassend sein kann) darf nie und nimmer in die Konstitution der objektiven Evidenz des Gegenstandes miteingreifen oder diese einfach bedingen und damit ersetzen; jede noch so existentielle Form von Kantianismus in der Theologie muss das Phänomen verfälschen und verfehlen" [40].

Ebenso unmißverständlich wie die unbedingte Priorität des 'Objektiven' an der inkarnierten Selbstmitteilung Gottes gegenüber allen Konstitutionsleistungen von seiten des Subjekts betont v. Balthasar aber auch die Abhängigkeit des von innen her leuchtenden Glaubenslichts vom Licht der begegnenden Offenbarungsgestalt

traler Kategorie der gesamten Christologie und Ekklesiologie auswirkt, wird besonders von Marcello Neri, La Testimonianza, herausgestellt.

[38] H. U. v. Balthasar, Herrlichkeit, Bd. I: Schau der Gestalt, 445f. In diesem speziellen Punkt ist im Raum protestantischer Theologie die Position vergleichbar, die W. Pannenberg bereits mit seiner dritten 'dogmatischen These zur Lehre von der Offenbarung' (in: Offenbarung als Geschichte, 98-102) umrissen und im ersten Band seiner 'Systematischen Theologie' näher präzisiert hat: "Das Wort der apostolischen Verkündigung [...] tritt nicht ergänzend zu einem von sich aus stummen und glanzlosen Geschehen hinzu, verleiht nicht erst dem Heilsgeschehen seinen Glanz, sondern verbreitet den Glanz, der von der Herrlichkeit Christi selber ausgeht [...]. Die These von der Erkennbarkeit der eschatologischen Offenbarung ohne besondere zusätzliche Inspiration [...] wendet sich nur gegen Auffassungen, die den Geist ergänzend und gleichsam äußerlich zum Inhalt des Wortes hinzutreten lassen, so als ob das apostolische Kerygma nicht schon selber von seinem Inhalt her geisterfüllt wäre. Die eschatologische Offenbarung Gottes bedarf als Manifestation keiner äußerlich hinzutretenden Inspiration als Deutungsprinzip, weil die Wirklichkeit des Auferstandenen selber den Geist ausstrahlt, der ihn als die Erfüllung der Verheißungen Gottes erkennen läßt" (Systematische Theologie, Bd. 1, 273).

[39] Ebd. 446.

[40] Ebd. 447.

selbst. Dies wird besonders deutlich, wo v. Balthasar nach eingehender Würdigung der für den Fortschritt der Theologie wichtigen Beiträge von J. H. Newman und P. Rousselot[41] schließlich doch anmerkt, "dass Rousselot, das Rechte sehend, in seiner Ausdrucksweise und Denkgewohnheit noch immer zu nah dem Kantianismus, den er überholen will, bleibt. Auch er spricht von 'Zeichen', statt von Gestalt. Auch für ihn bleibt die synthetische Kraft einseitig eine solche der subjektiven von der Gnade getragenen Dynamik; er lässt diese Synthese zuwenig von der objektiven Evidenz der Offenbarungsgestalt her erwirkt sein. Es ist allerdings richtig, dass diese objektive Evidenz nur einem auf sie zu bereiteten und proportionierten Geist einleuchten kann, und dass man die subjektiven Bedingungen der Möglichkeit dieses Einleuchtens mit kantischen Kategorien beschreiben kann. Aber die aktiv-konstruktive systematische Kraft darf nicht zuungunsten der sich selbst in ihrem historischen Zeugnis ausdrückenden und durchsetzenden Kraft Gottes überschätzt werden. Im Evangelium ist die Glaubenskraft der Jünger ganz getragen und erwirkt von der offenbarenden Person Jesu" [42].

Dafür, wie v. Balthasar die Möglichkeit einer solchen 'Erwirkung' des inneren Gnadenlichts durch die von außen her einstrahlende Offenbarungsgestalt denkt, findet sich ein schönes Beispiel an anderer Stelle:

"Wenn die Mutter viele Tage und Wochen das Kind angelächelt hat, erhält sie einmal das Lächeln des Kindes zur Antwort. Sie hat im Herzen des Kindes die Liebe geweckt, und indem das Kind zur Liebe erwacht, erwacht es zur Erkenntnis: die leeren Sinneseindrücke sammeln sich sinnvoll um den Kern des Du. Erkenntnis (mit ihrem ganzen Apparat von Anschauung und Begriff) beginnt zu spielen, weil das Spiel der Liebe, von der Mutter her, vom Transzendenten her, vorgängig begonnen hat. So legt sich Gott als Liebe vor dem Menschen aus: von Gott her leuchtet die Liebe auf und stiftet dem Menschenherzen das Liebeslicht ein, das gerade diese – die absolute – Liebe zu sehen vermag [...]. [...] wie kein Kind ohne Geliebtwerden zur Liebe erwacht, so kein Menschenherz zum Verstehen Gottes ohne die freie Zuwendung seiner Gnade – im Bild seines Sohnes" [43].

Die tiefgreifende Neubelebung der Theologie, die von diesem Ansatz beim lange vergessenen 'Schönen' als (im scholastischen Sinn) transzendentaler Bestimmung des Seins ausging und weiterhin ausstrahlt, wurde kaum ernsthaft von jemandem bestritten. Immer wieder hat man aber die Frage erhoben, "ob die Offenbarungsgestalt von den Erwartungen, Sehnsüchten, Erfahrungen und Bedürfnissen der Menschen in der radikalen Weise unabhängig ist, wie von Balthasar [...] betont" [44], ob die aktive Konstitutionsleistung des Subjekts bzw. des geschichtlichen Kommunikationszusammenhangs, die in die Erkenntnis einer objektiven Gestalt eingeht, bei v. Balthasar nicht doch zu sehr außer acht gelassen wird.

[41] Vgl. ebd. 168ff.
[42] Ebd. 170.
[43] Glaubhaft ist nur Liebe, 49f, vgl. auch Herrlichkeit, Bd. III/1: Im Raum der Metaphysik, 945f.
[44] Vgl. E. Kunz, Glaubwürdigkeitserkenntnis, 433; vgl. schon P. Eicher, Offenbarung, 341f, und, diesem folgend, L. Honnefelder, Phänomenologie oder Hermeneutik, 13; J Reikerstorfer, Fundamentaltheologische Modelle, 371.

Bei dieser zentralen Frage, die (im wesentlichen noch immer unaufgearbeitet) auch das Verhältnis zwischen H. U. v. Balthasar und K. Rahner verdunkelt hat, müssen wohl verschiedene Aspekte sorgfältig unterschieden werden. Im Hinblick auf die geschichtliche Weitervermittlung des 'Ein-für-allemal' etwa hat v. Balthasar die Reflexion auf das jeweilige Vorverständnis durchaus als notwendig zugestanden ("damit wir nicht relative Denkformen und -schemen einer kirchengeschichtlichen Vergangenheit wie Wandschirme vor der Gestalt Christi stehen lassen" [45]), diese Reflexion 'an der zentralen Stelle' aber für 'gänzlich unwichtig' erklärt[46].

Woher das Recht zu solcher Unterscheidung? Hier wird man auf die enge Verwandtschaft der Wahrnehmungslehre v. Balthasars mit der Erkenntnismetaphysik G. Siewerths verweisen müssen. Den Unterschied zwischen Siewerths Erkenntnismetaphysik und dem transzendentalen Ansatz K. Rahners und der Maréchalschule allgemein habe ich in 'Ontologische Voraussetzungen des Glaubensaktes' darzulegen versucht[47], wobei ich vor allem die Abkünftigkeit der in der Maréchalschule als grundlegend angenommenen Erkenntnisvollzüge des Fragens und Urteilens vom Staunen als dem ursprünglichen Vollzug der Vernunft hervorhob. Allein im Akt des Staunens vermag sich ein sinnlich-geschichtlich Begegnendes unverstellt von der auf Erkenntnisziele vorgreifenden Subjektivität transzendental (im scholastischen wie Kantischen Sinn) zur Geltung zu bringen, bzw. vermag es diese subjektiven Vorkonstruktionen von Objektivität von Grund auf umzustürzen.

Von hierher dürfte sich der Angelpunkt der Theologischen Ästhetik v. Balthasars genauer bestimmen lassen. Es geht nicht darum, in der tatsächlich mit der Wahrnehmung einer Offenbarungsgestalt immer schon verbundenen Interpretation den Anteil der fragend-urteilend vorgreifenden Subjektivität bzw. der Heil thematisierenden Sprachgemeinschaft zu leugnen. Zentral ist vielmehr die Frage, wie trotz und in dieser subjektiven Konstitution des Objektiven sich Gottes Wort in der Geschichte als ein unbedingtes vernehmen läßt. Dies kann es nur, wenn der bedingenden Interpretation gnoseologisch (nicht chronologisch) voraus bzw. diese definitiv durchkreuzend ein wirklicher Akt des Staunens[48] stattgefunden hat, in dem alle subjektiv-intersubjektiven Möglichkeitsbedingungen der Erkenntnis in ihrem *bedingenden* Charakter außer Kraft gesetzt werden. Die fundamentaltheologische Frage nach der Faktizität eines geschichtlich ergangenen 'Ein-für-allemal' läuft von hierher auf die Aufgabe hinaus, in der Geschichte der tradierten Offenbarungsgestalt Jesu Christi den Niederschlag eines Staunens auszumachen, in dem sich die alle subjektive Intentionalität umstürzende Evidenz jenes 'Ein-für-allemal' zur Geltung bringt[49].

[45] Vgl. H. U. v. Balthasar, Herrlichkeit, Bd. I, 447.

[46] Vgl. ebd.

[47] Vgl. auch H. U. v. Balthasar, Theodramatik, Bd. II/1, 20f und oben Kap. 5.3(3).

[48] Im Sinne des Ineinanders von Erblickung, Entrückung und Erwählung, wie es v. Balthasar in Theodramatik [s. Anm. 8], Bd. II/1, 28f skizziert. – Vergleichbar ist die Schärfe, mit der E. Levinas gegenüber der transzendentalen Phänomenologie Husserls betont, daß die Gründung eigentlicher Existenz allein durch die vom Antlitz des anderen ausgehende Evidenz geschieht und dafür die Intentionalität des Subjekts unwesentlich ist.

[49] Sieht man, daß der entscheidende Stellenwert der theologischen Erkenntnislehre v. Balthasars in dem Aufweis der Möglichkeit eines sich in der geschichtlichen Gestalt selbst

(3) Unsere an die Philosophie J. G. Fichtes anknüpfende Reflexion auf einen Begriff letztgültigen Sinns und auf die Möglichkeitsbedingungen für das Erkennen einer in der Geschichte 'ein-für-allemal' ergehenden Offenbarung (Kapitel 6-7) hatte zu folgendem Ergebnis geführt: Ein Weg zu letztgültigem Sinn führt nur über die restlose Inanspruchnahme von Freiheit dafür, daß in wechselseitiger Anerkennung alle Freiheit als Bild des unbedingten Seins hervortritt (Kap. 6.3). Unbedingte Inanspruchnahme von *Freiheit* (ein 'Sollen' im strengen Sinn) kann aber nur innerhalb eines Aktes geschehen, in dem sich die angesprochene Freiheit selbst auf den an sie ergehenden Anspruch verpflichtet. Eine Offenbarung von letztgültigem Sinn muß sich also in die Spur jener gegenseitigen Anerkennung einzeichnen, in der sich ein von anderer Freiheit bejahtes individuelles Ich ursprünglich als *selbstbewußtes* Ich konstituiert (Kap. 7.2).

In dieser Spur treten Geltungsansprüche der verschiedensten Art an die Freiheit heran, von denen sich viele nicht als auf letzten Sinn weisend vor der Vernunft legitimieren lassen. Zur Erkenntnis einer letztgültigen Offenbarung ist vorausgesetzt, daß eine mich zu unbedingtem Gehorsam auffordernde Freiheit wirklich als Bild des Unbedingten transparent wird. Dies wäre dort der Fall, wo diese Freiheit selbst als völlig von einem unbedingten Sein in Anspruch genommen begegnet, und zwar in Anspruch genommen auf die Freisetzung der als Bilder Gottes geschaffenen Menschen hin.

Wie läßt sich eine solche 'ein-für-allemal' ergehende Offenbarung in ihrer geschichtlichen Wahrheit weitervermitteln? Dies ist nur innerhalb eines Geschehens möglich, in dem Freiheit fortgesetzt in demselben unbedingten Maße in Anspruch genommen wird und diesem Anspruch folgt. Ein historisch-objektivierender Zugriff, der von solchem Engagement der Freiheit methodisch abstrahiert, hat zu jener geschichtlichen Wirklichkeit keinen adäquaten Zugang (vgl. Kapitel 7.3; 13.2.[1]). Die damit grob umrissenen Leitlinien müssen nun im Blick auf die in Kap. 12 herausgearbeite Problematik der Rückfrage nach dem 'historischen Jesus' thematisiert werden[50].

tatsächlich zeigenden Unbedingten liegt, dann wird man seine sich in gelegentlichen Pauschalisierungen transzendentalen Philosophierens äußernde mangelnde Sensibilität für die Frage nach der zur *Erschließung des Sinns* einer konkret ergehenden Offenbarung vorausgesetzten Vernunftstruktur nicht überbewerten. Vgl. z. B. das Urteil v. Balthasars: "Für das *unterscheidend* Christliche gibt es überhaupt keine philosophische Substruktur, es verschlägt wenig, ob man die philosophische Anthropologie nach dem Modus Plotins, Thomas', des Nikolaus von Kues oder Fichtes (wie Maréchal und seine Nachfolger) aufbaut. Das alles 'tun auch die Heiden'." (Gott begegnen in der heutigen Welt, 274). Dazu meine Kritik in: Recht und Sittlichkeit, 258f, die v. Balthasar m. W. nicht berücksichtigt hat. Erst auf meine Fichte-Darstellung 'Sein, Bild, Interpersonalität. Zur Bedeutung des späten Fichte' hin bemerkte er in einem persönlichen Schreiben vom 2. Juli 1987: "Ich hatte die Interpersonalität erst viel später angesetzt. Auch 'Bild' nicht so gefüllt gesehen."

[50] Bei der Neubearbeitung des 'Grundrisses' stellte sich mir die Frage, inwieweit die aufgrund der intensiven Diskussion meines Ansatzes erfolgte Präzisierung von Grundkategorien wie z. B. 'Zeugnis', 'Tradition', 'Kanonprinzip' in die neue Auflage aufgenommen und entsprechend der Text der Erstfassung verändert werden sollte. Ich habe mich dazu entschieden, die Grundgestalt des ursprünglichen Textes weitgehend beizubehalten und nur anmerkungsweise auf die Arbeiten zu verweisen, wo ich in Auseinandersetzung mit meinen Gesprächspartnern zu einer genaueren Darstellung gefunden zu haben glaube, da sonst De-

(4) Wie in Kap. 12.2 an dem durch R. Bultmann eingeführten Beispiel vom 'Augenarzt' aufgezeigt, geht es um die Frage, inwieweit die Behauptung eines unbedingt in Anspruch nehmenden Faktums ('Liebe'), dessen Wahrnehmung sich dem Zugriff historisch-objektivierender Forschung entzieht, dennoch in seiner geschichtlichen Wahrheit vor der historischen Vernunft verantwortet werden kann. Bleiben wir bei diesem Wort 'Liebe' – womit sich wohl auch heute noch, allem (nicht nur) sprachlichen Mißbrauch zum Trotz, ein schöpferischer Akt freier Selbsthingabe bezeichnen läßt, der in letzter Instanz nicht als biologisch, sozial oder sonstwie determiniertes Verhalten verrechenbar ist. Die Gewißheit einer wirklich ergangenen Liebe kann begründet nur über die Wahrnehmung eines Faktums der Geschichte gewonnen werden, gehört materialiter also durchaus zum Gegenstandsbereich des Historikers. Würde die historische Wissenschaft ihre Kompetenz in dieser Sache für prinzipiell überschritten erklären, so könnte es nie eine vor der kritischen Vernunft verantwortete Wahrnehmung von Liebe geben, sondern immer nur eine grundsätzlich naiv bleibende Evidenz. Man könnte dann aber auch die Frage erheben, mit welchem Recht sich der Historiker als 'Geisteswissenschaftler' im Unterschied zum 'Naturwissenschaftler' versteht. Bleibt es hinsichtlich eines für den menschlichen Geist so entscheidenden Phänomens ungewiß, ob es letztlich nicht doch dem Fachbereich der determinierte Kausalzusammenhänge untersuchenden Naturwissenschaften zuzuordnen ist: was bleibt dann noch von den 'humanities'?

Das Problem besteht nun darin, daß der Historiker Phänomene wie Liebe zwar nicht geradezu aus seinem Kompetenzbereich ausschließt, aber mit grundsätzlich demselben wissenschaftlichen Instrumentar an sie herangeht, mit dem er Objekte wie ökonomische Umwälzungen, Kriegsvorbereitungen oder dergleichen untersucht. Dieses Problem macht sich besonders gravierend in der historischen Theologie bemerkbar, die es definitionsgemäß vor allem mit dem ursprünglichen Ereignis und der Weitergabe eines Faktums von mindestens dem Range dessen zu tun hat, wofür das Wort Liebe steht, sich vorwiegend aber doch mit dem kaum entwirrbaren Knäuel säkularer Geschichte beschäftigen muß, in das jenes Faktum nun einmal verwickelt ist. Bei dieser Lage der Dinge scheint es nicht unangemessen, das allgemein anerkannte Okular historisch-objektivierender Forschung auch auf den Kern des vom christlichen Glauben als 'ein-für-allemal' behaupteten Geschichtsfaktums zu richten, vor allem etwa in der Rückfrage nach dem 'historischen Jesus'. Daß dabei interessante Resultate zu verzeichnen sind, denen etwa im Gespräch mit Nichtchristen ein hoher Stellenwert zuerkannt wird, mag gerade dieser Arbeit des historischen Theologen großen Auftrieb geben.

Der Vertreter der Fundamentaltheologie darf sich jedoch, insofern es ihm um die Verantwortung der christlichen Affirmation einer geschichtlich ergangenen *letztgültigen* Offenbarung vor der historischen Vernunft geht, bei dieser Rechenschaft über das geschichtliche Fundament des Glaubens nicht auf die Ergebnisse

tailfragen die Lektüre des Buches unnötig erschwert hätten. Im Hinblick auf die Diskussion der hier einschlägigen Fragen sind vor allem heranzuziehen: H. Verweyen, Botschaft eines Toten? Kap. 5, und ders., Theologische Hermeneutik heute.

historisch-objektivierender Forschung stützen. Diese bekommt ja die für die unbedingte Evidenz entscheidende Wirklichkeit der geschichtlichen Gestalt aufgrund ihrer methodischen Beschränkung gerade nicht in den Blick, da sich solche Evidenz nicht außerhalb einer ebenso unbedingten Entscheidung der Existenz vermittelt. Liebe wird als vorbehaltloses Sich-loslassen auf den anderen hin nur in einem Akt erkannt, in dem der andere sich ebenso vorbehaltlos von sich selbst losreißen läßt. Geschieht dieser wagende Sprung auf seiten des Empfängers nicht, dann wird diesem die vom Liebenden her aufleuchtende Evidenz schlechthin unerträglich. Er wird sie sogleich auf die Verständnisebene herunterdeuten, auf der er sich selbst bewegt. Solange sich kein anderer Adressat findet, der sich ganz in jene Weise von Existenz hineinnehmen läßt, die wir als *traditio* beschrieben haben, wird Liebe, auch wenn sie als wirkliches Faktum der Geschichte ergeht, nicht 'geschichtsnotorisch', kommt nicht als Offenbarung an – es sei denn in Form einer weiteren Verdunkelung von Humanität, die aus der Verweigerung von Anerkennung, dem 'Bleiben in der Finsternis', unweigerlich folgt.

Wie läßt sich aber ein in der Geschichte 'angekommenes' Faktum von Liebe als geschichtliche Wahrheit weitervermitteln, und wie kann darüber verantwortlich vor der historischen Vernunft befunden werden? Soweit es nicht nur um Randerscheinungen dieses in Anspruch nehmenden Geschehens geht (etwa um die physische Beschaffenheit des Auges, in dem der Augenarzt Liebe erblickt), sondern um seinen Kern: dieser entscheidende Kern kann nicht außerhalb der fortlaufenden Kette sich selbst entrissener Freiheit erkannt werden, sondern nur in der fortgesetzten Bezeugung der umstürzenden Tat, die ursprünglich die Bewegung auslöste.

Nur wer die Arbeit des Historikers von vornherein auf solche Gegenstände beschränkt, deren Wahrnehmung keinen ganzen persönlichen Einsatz erfordert, wird den beschriebenen Akt lebendiger *traditio* als den eigentlichen geschichtlichen Ort für die Erkenntnis eines die Existenz radikal einfordernden Ereignisses in Frage stellen. Teilt man diese rational kaum zu rechtfertigende Vorentscheidung nicht, dann muß man aber mit paradoxen Situationen für die Beurteilung dessen, was historische Gewißheit beansprucht, rechnen. Je anspruchsvoller die Sache ist, deren Erkenntnis geschichtlich weitervermittelt werden soll, desto geringer wird die Möglichkeit sein, für den behaupteten Tatbestand im wissenschaftlichen Diskurs von Historikern der verschiedensten Couleur einen Konsens zu finden.

Das mindert aber nicht das Recht des innerhalb eines lebendigen Zusammenhangs von Bezeugung Erkennenden, diese seine Erkenntnis als historisch, im Sinne von: dem tatsächlichen Faktum adäquat, zu qualifizieren. Wenn nämlich die in Frage stehende Evidenz nur deswegen nicht generell kommunikabel ist, weil aufgrund des tödlichen Ernstes des hier begegnenden, den Menschen total einfordernden Ereignisses nur wenige bereit sein werden, sich darauf einzulassen, wird der aufgrund seiner Bereitschaft zu sehen wirklich sehende Zeuge sich nicht durch den mangelnden Konsens der Mit-Historiker verwirren lassen. Auch andere geistige Phänomene können nur vermittelt werden, wenn der Angesprochene hierfür nicht schlechthin 'unmusikalisch' ist[51]. So gibt es auch im Bereich des Geschichtswissens Fakten, über deren Wirklichkeit nicht durch Akkumulation von Wahrscheinlichkeiten befunden werden kann, sondern die den Charakter eines Blitzes haben, der, wenn und wohin er fällt, unbedingt trifft. Diesen Charakter der Nichtverrechenbarkeit mit sonstiger empirischer Erfahrung hat jedenfalls seiner Definition nach jenes Ereignis, auf das sich die an Jesus Christus Glaubenden als Grund ihrer Existenz berufen.

13.3 *Traditio* und Schrift: historisch-kritische Exegese im Rahmen der Fundamentaltheologie

(1) Ein geschichtliches Ereignis, das die Freiheit des Menschen unbedingt in Anspruch nimmt, kann nur innerhalb des Akts von *traditio*, einer vorbehaltlosen Freigabe eigener Existenz zum Empfang und zur Bezeugung jenes Ereignisses, erkannt und beurteilt werden, nicht in einer objektivierenden Sicht, die aus diesem Geschehenszusammenhang heraustritt und dahinter zurückfragt. Wie kann solche Überlieferung dann aber, wenn sie im Hinblick auf ihren Kern, das sie in Kraft setzende und in Gang haltende Unbedingte, schon nicht von außen, historisch-objektiv adäquat überprüfbar ist, ihre entscheidende Wahrheit überhaupt kritisch verantworten, nicht bloß behaupten? Auch die radikalste Selbstverleugnung des Zeugen, bis hin zum Martyrium, steht ja nicht außerhalb von Projektionsverdacht - sei es im Sinne Feuerbachs oder Freuds -, ist nicht schon als solche Indiz dafür, daß Gott selbst in dieser Welt erschienen ist und die menschliche Freiheit unbedingt eingefordert hat.

Unserem fundamentaltheologischen Ansatz zufolge sind die Kriterien zur Beurteilung eines Geschehens, das als 'ein-für-allemal' bezeugt wird, aus der autonomen Vernunft selbst zu ermitteln (vgl. Kap. 3.3), hier also im Anschluß an den in Kap. 6 entwickelten Begriff letztgültigen Sinns, der es ermöglichen soll, einen geschichtlich vermittelten Sinnanspruch als letztgültig zu identifizieren. Zur Entwicklung einer solchen Kriteriologie können im Rahmen dieses 'Grundrisses' nur einige Hinweise gegeben werden[52].

[51] "Die Erfahrung, die man in der Geisteswissenschaft braucht, um einen Text oder eine historische Aktion zu verstehen, ist die innere Erfahrung von eben derjenigen Art menschlichen Erlebens und Handelns, aus der dieser Text oder diese Aktion hervorging." (C. Fr. Freiherr v. Weizsäcker, Die Zukunft der Wissenschaft, 53). P. Stuhlmacher, der diesen Satz innerhalb einer Auseinandersetzung mit dem Verständnis historischer Methodik bei E. Troeltsch zitiert, bemerkt in diesem Zusammenhang hinsichtlich der 'kerygmatischen Christusgeschichte', "daß wir ihr wirklich vom Standpunkt ihrer Doxologie her, also in der Bereitschaft begegnen müssen, daß sich u. U. gerade das kerygmatische Christuszeugnis als das zumindest im Ansatz auch historisch zutreffende erweist" (Kritische Marginalien zum gegenwärtigen Stand der Frage nach Jesus, 361; vgl. ders., Vom Verstehen des Neuen Testaments).

[52] Vgl. zum Folgenden meine in einigen Punkten präzisierten Ausführungen in: Botschaft eines Toten?, 131-134; Theologische Hermeneutik heute, 186-189.

Auszugehen ist dabei von der doppelten Bedeutung, in der Freiheit zum 'Bild des unbedingten Seins' bestimmt ist. Freiheit kann nur dadurch das Bild Gottes hervortreten lassen, daß sie vorbehaltslos auf das wechselseitige Erkennen aller Menschen als Bilder Gottes hin wirkt. Zum Zeugen einer letztgültigen Offenbarung vermag für mich daher nur zu werden, wer das Innerste meiner eigentlichen Möglichkeiten anspricht und diesen Möglichkeiten Raum gibt. Dazu kann seine Hingabe bis in den biologischen Tod nötig werden. Sie reicht aber keineswegs aus. Der Fanatiker (etymologisch: der vom Göttlichen bis auf den Grund Erfaßte und davon Aufgewühlte) etwa gibt lieber sein Leben auf als seine Meinung, sein vorgefaßtes Bild von anderen. Von hierher wird bereits deutlich, daß Überlieferung in dem beschriebenen Sinne von '*traditio* 4' die herkömmlichen Begriffe 'Tradition' und 'Innovation' umfaßt: Treue zur Überlieferung einer letztgültigen Offenbarung heißt zunächst, die Schranken des Fremdartigen zu überwinden, die hindern, in anderen das Bild Gottes zu entdecken.

Diese Offenheit auf den je neu Begegnenden muß sich im Zeugen als *Zeugen* damit verbinden, daß er reine Transparenz für die geschichtlich ergangene eschatologische Selbstzusage Gottes ist. Wer als Träger einer letztgültigen Offenbarung angenommen werden soll, muß an sich erweisen, daß das Wesen des Menschen in seiner Durchlässigkeit für das Erscheinen Gottes in dieser Welt besteht. Der wahre Zeuge muß darum das an sich, was noch nicht reine Transparenz geworden ist, als seine Sünde oder Unvollkommenheit entlarven. Er muß mich von sich losreißen, wenn ich mich an ihn klammern möchte; denn damit falle ich, der Empfangende, aus der Wahrheit und mache ihn, den ich voreilig als Guru verehre, zum falschen Zeugen, der sich selbst die Ehre gibt. Wenn bzw. in dem Maße, wie letztgültige Offenbarung wirklich bei mir angekommen ist, werde ich zur radikalen, auf die Wurzel zielenden Kritik auch der Zeugen fähig[53]. Ich erweise mich als dankbares Kind der Kirche nur dann, wenn ich diese Kirche, die stets unvollkommene Vergegenwärtigung des Leibes Christi, auf den wahren Leib Christi hin durchschaue[54].

(2) Das bisher zur formalen Struktur von Überlieferung und ihrer kritischen Exegese Gesagte muß nun auf die konkrete Gestalt christlicher Überlieferung, insbesondere ihren Niederschlag im Kanon der neutestamentlichen Schriften, angewandt werden. Welche Rolle spielt die Heilige Schrift im Rahmen jener Tradition ('*traditio* 4'), die wir als einzig authentischen Ort für die Vermittlung einer letztgültigen Offenbarung herausgestellt haben?

Von den vorausgeschickten prinzipiellen Erwägungen her kann es sich nur um eine bedingt notwendige Rolle der Schrift handeln. Denn dafür, daß das geschichtlich getreue Wissen von Jesu eschatologischer Botschaft auch über die ersten Zeugen hinaus wirklich und authentisch weitergetragen wurde, ist die Tatsache, daß unter den weiteren Zeugen Jesu einige (und bis auf den heutigen Tag sind es nur

[53] Vgl. S. Wiedenhofer, Grundprobleme des theologischen Traditionsbegriffs, 20: "Zu echtem religiösem Glauben gehört daher [...] auch die Revolte gegen jede Verabsolutierung und Vergötzung endlicher Erscheinungen, die Kritik jedes Zeichens und Zeugnisses, das sich selbst mit der Wahrheit der göttlichen Gabe verwechselt und so seinen bloßen Zeichen-, Bild- und Zeugnischarakter verfehlt".

[54] Vgl. unten Kap. 19.

einige!) des Schreibens und Lesens mächtig waren, keine absolut notwendige Vorbedingung. Wäre es anders, dann würde die Erkenntnis einer letztgültigen Offenbarung nur etwas für die Mitglieder der gehobenen Klassen sein. Die große Mehrzahl der übrigen, Analphabeten, müßte sich mit den Brocken zufriedengeben, die vom Tisch der Literaten fallen.

Die Entstehung und definitive Umgrenzung eines Kanons der für Christen verbindlichen biblischen Schriften wirft eine Vielzahl von historischen und systematischen Problemen auf. Im gegenwärtigen Zusammenhang braucht 'die Kanonfrage' nur insoweit bedacht zu werden, als es für die Gewinnung einer adäquaten Methodik der Rückfrage nach Jesus nötig ist. Die hier entscheidende Frage lautet nicht primär: 'Wie *kam es* zum Kanon?', sondern: 'Wie *komme ich*, der vom Anspruch Jesu Christi Getroffene, zum Kanon?'[55]

Der für die Wahrheit letztgültiger geschichtlicher Offenbarung entscheidende Ort ist zunächst das lebendige Zeugnis, in dem jener die menschliche Existenz treffende Blitz in mein Dasein einfällt. Als authentisches *Zeugnis* ist es notwendig reiner Verweis auf das ursprüngliche Licht. Als *christliches* Zeugnis ist es nun aber seit etwa 1800 Jahren dadurch gekennzeichnet, daß sein Verweis auf das ursprüngliche Licht zugleich mit dem Hinweis auf ein Prisma ergeht, in dem sich seine Strahlen brechen. Allein über diese Brechung in ein vielfältiges Farbenspektrum, so sagt das Zeugnis, kann das Ursprungslicht angemessen erblickt werden.

Wie werde ich diesem, dem christlichen Zeugnis immanenten Verweis auf einen Kanon von Schriften als den authentischen und verbindlichen Ausdruck letztgültiger Offenbarung gerecht? Wie kann ich angesichts dieser unbestreitbaren faktischen Implikation des mich vor das 'Ein-für-allemal' stellenden Zeugnisses jenen Schriften so begegnen, daß die für die Vermittlung einer unbedingten geschichtlichen Wahrheit entscheidende Bewegung von *traditio* nicht außer Kraft gesetzt wird?

Die Wahrheit des unbedingt einfordernden Ursprungs vermag sich nur in dem Maße bei der Auslegung der mir als verbindlich bezeugten Schriften zu zeigen, wie ich in diesen Schriften selbst lebendiger *traditio* begegne. Das bedeutet, daß die Suche nach dem wahren Ursprung primär nicht auf einen von Anfang an möglichst unveränderten Traditions*stoff* – und darin auf den möglichst spiegelbildlichen Abdruck des Redens und Wirkens Jesu – zielen darf, sondern sich auf den Niederschlag des Totalumbruchs der Existenz richten muß, den der Verfasser der jeweiligen Schrift, von der Wirkmacht jenes 'Ein-für-allemal' getroffen, erfahren hat. Diese radikale Umwandlung wird sich am ehesten in dem je 'neuen Lied' entdekken lassen (das dem Jahwe erfahrenden Psalmisten in den Mund kommt: Ps 40,4), in der je spezifischen theologischen Perspektive des Autors, in der er dem Traditionsstoff eine neue *Form* gibt und ihn so weitervermittelt.

Auf diese Sicht der Dinge, die im Hinblick auf eine nur im interpersonalen Engagement vermittelbare geschichtliche Wahrheit allein angemessen ist, sind wir al-

[55] Zu meinem fundamentaltheologischen Verständnis des Kanon-Begriffs vgl. unten Kap. 19.2 sowie meine Antwort auf Einwände von H. Kessler in: Botschaft eines Toten?, 137f.

lerdings schlecht vorbereitet. Die Beobachtung B. Weltes aus dem Jahre 1958, "daß der Theologie im Hinblick auf die Geschichtlichkeit als transzendentale Wirklichkeit ihre eigentliche Methodik noch bevorsteht" [56], hat kaum an Aktualität verloren. Schon in der Zeit, wo der Kanon der neutestamentlichen Schriften erst im Entstehen begriffen war, hat man die Evangelien (vor allem das Matthäusevangelium) vorwiegend so benutzt, daß einzelne Jesusworte unter Vernachlässigung ihres Kontextes herausgebrochen wurden[57]. Abgesehen von einigen großen Theologen ist dies in der römischen Kirche, zumindest für den allgemeinen Gebrauch, die übliche Vorgehensweise geblieben[58]. Über die Liturgie kam der katholische Christ mit der Hl. Schrift zumeist nur in Form von kleingehackten, aus den biblischen Schriften bunt zusammengewürfelten Perikopen in Berührung; in der theologischen Argumentation herrschte die Suche nach Belegstellen für die scholastisch ausformulierte Lehre vor. Renaissance und Reformation brachten einen entscheidenden Anstoß zum Wahrnehmen der Schriften in ihrer je spezifischen Theologie, zumindest im Hinblick auf Paulus. Die dann entstehende Leben-Jesu-Forschung war zwar der Intention nach wiederum eine Bewegung zum 'Kleingehackten' (wenn auch diesmal die Synthese der Elemente nicht nach scholastischer Systematik, sondern nach dem Rezept des einzelnen Forschers selbst betrieben wurde). Das methodische Instrumentar, das auf diesem Weg der historischen Kritik an den neutestamentlichen Theologen entwickelt wurde, setzte schließlich aber bisher ungeahnte Möglichkeiten frei, diesen Autoren der neutestamentlichen Schriften in ihrer je eigenen Theologie zu begegnen. Dies hat sich vor allem in der Herausbildung der redaktionskritischen Methode niedergeschlagen.

(3) Besonders deutlich wird der Unterschied der Rückfrage nach Jesus über die Theologie der neutestamentlichen Zeugen gegenüber der traditionellen Frage hinter dieses Zeugnis zurück wohl am Problem des Zugangs zu dem Verhältnis, das Jesus zu seinem Tode hatte. Wie in Kap. 12.2 erwähnt, ist in dieser Frage die neuere historische Forschung entschieden über die Position Bultmanns hinausgegangen, der die Möglichkeit stehenließ, daß Jesus am Ende zusammengebrochen sei. Auf die kontroverse Forschungslage braucht hier nicht näher eingegangen zu werden[59]. Von besonderem Interesse hinsichtlich unserer Methodenfrage scheint mir ein von Th. Pröpper (im Anschluß an H. Schürmann) formuliertes Urteil: "Da [...] die hohen sittlichen Forderungen Jesu, die von seinen Jüngern Martyriumsbereitschaft, radikalen Gehorsam gegenüber Gottes Willen und ebenso entschiedenes Vertrauen verlangten, nach Ostern gewiß nicht weiterverkündet worden wären, wenn sie Jesus nicht an sich selber gerichtet und ihnen entsprochen

[56] Vgl. I. Feige, Geschichtlichkeit, 357.

[57] Vgl. W.-D. Köhler, Die Rezeption des Matthäusevangeliums in der Zeit vor Irenäus, bes. 527-536.

[58] Vgl. H. Verweyen, Der Weltkatechismus, Kap. 1 und 4.4.

[59] Vgl. den knappen Überblick bei Th. Pröpper, Erlösungsglaube, 47-56, darüber hinaus A. Vögtle, Grundfragen der Diskussion um das heilsmittlerische Todesverständnis Jesu, (Literatur!).

hätte, ist auch seine *Bereitschaft* für ein mögliches Todesgeschick wahrscheinlich"[60].

Bedeutsam scheint mir an diesem Satz insbesondere der implizite Rückgriff auf die Argumentationsweise früherer Apologetik, genauer: die Argumentation im Sinne einer 'via empirica', die auch in unserem fundamentaltheologischen Verständnis von *traditio* vertreten wird. Eine noch so intensive historisch-kritische Untersuchung der Abendmahlstexte wird in der Tat nie zu einem solch eindeutigen Ergebnis führen, könnte zudem auch nur Jesu Haltung beim Abschiedsmahl klären, nicht aber die im Anschluß an R. Bultmann von Th. Pröpper selbst aufgeworfene Frage, ob Jesus später, schließlich am Kreuz, möglicherweise nicht doch an seinem Gott gescheitert sei[61]. Diese Frage ist – hier bleibt R. Bultmann im Recht – mit den Mitteln einer historisch-objektiven Wissenschaft nicht zu beantworten.

Fragt man jedoch in das Zentrum der *traditio* hinein, nicht hinter diese zurück, dann wird evident, daß Jesus bis zuletzt dem von ihm selbst erhobenen Anspruch entsprochen haben muß. Zur Bezeichnung dieser Evidenz ist allerdings die aus der historisch-objektiven Forschung entlehnte (und in dem oben zitierten Text neben das Wort 'gewiß' gesetzte) Kategorie 'wahrscheinlich' unangemessen. Bei der Evidenz, die aus der meine Selbstverfallenheit aufbrechenden Weitergabe der *traditio* Jesu ergeht, handelt es sich um eine Gewißheit todentmachtender Hingabe, eine Gewißheit, die unbedingt einfordert. Daß am Ursprung dieser Bewegung von *traditio* keine im entscheidenden Augenblick abgebrochene Hingabe gestanden haben kann, ist nicht nur wahrscheinlich, sondern mit jener Unbedingtheit gewiß, in der sich sittlich-praktische Vernunft eingefordert weiß.

Man könnte einwenden, das oben zitierte Argument Th. Pröppers (wie die herkömmliche Apologetik in ähnlichen Fällen) bediene sich lediglich des 'common sense' und bewege sich damit sehr wohl im Bereich einer historisch-objektiven Wissenschaft, wo man über wahrscheinliche Gewißheit nicht hinausgelange. Es ist aber leicht zu sehen, daß auch eine solche abgeflachte Gewißheit des 'common sense' ihre Kraft einzig aus der Erfahrung sittlich-engagierter Vernunft bezieht. Setzt man diese Evidenz nicht voraus, so bieten sich mancherlei Motive zur Erklärung dafür an, warum die Jünger 'die Sache Jesu' auch nach dem Scheitern ihres Anführers weitergehen ließen, man denke etwa an die Art der Kritik eines Kelsos oder Reimarus.

(4) Im Zusammenhang der Frage nach dem Todesverständnis Jesu ist auch auf die mißliche Lage hinzuweisen, in die man kommt, wenn man sich um historisch-kritischer Objektivität willen an Mk 14,25 – "Amen, ich sage euch: Ich werde nicht mehr von der Frucht des Weinstocks trinken bis zu dem Tag, an dem ich von neuem davon trinke im Reich Gottes" – als das letzte in seiner Authentizität so gut wie unangefochtene (wenn auch "nachösterlich stilisiert[e]"[62]) Jesuswort

[60] Th. Pröpper, Erlösungsglaube, 53.
[61] Vgl. ebd. 48f.
[62] So P. Fiedler, Vorösterliche Vorgaben für den Osterglauben, 25.

klammert und von hierher den endgültigen Verstehenshorizont Jesu zu fassen sucht.

Könnte ein ähnlicher 'eschatologischer Ausblick' nicht von jedem beliebigen Zeloten zur Zeit Jesu stammen, von jenen "früheren Blutzeugen", die "mit einem Gebet auf den Lippen [starben] und glaubten[,] sich den Himmel erworben zu haben" [63]? Manchmal kann ich mich des Eindrucks nicht erwehren, als hätte ausgerechnet dieses Jesuswort die Flammen der Kritik unbeschadet überlebt, weil es – aus dem Kontext der übrigen Abendmahlsworte und -handlungen herausgenommen – sich so gut dem Klischee einfügt. Was bleibt hier von der sonst auch im Rahmen der historischen Jesusforschung vielzitierten 'Proexistenz' Jesu?

Diese Frage stellt sich in aller Härte, wenn man die Umformung jenes Wortes bei Matthäus (26,29) – "Von jetzt an werde ich nicht mehr von der Frucht des Weinstocks trinken, bis zu dem Tag, an dem ich *mit euch* von neuem davon trinke im Reich meines Vaters" – als eine im Hinblick auf die geschichtliche Realität weniger authentische 'vox Jesu' ansieht. Dann würde der berühmte Kommentar, den Origenes dazu gibt, zur frommen Legende abgestempelt:

"Was besagt es, wenn er spricht: 'Ich werde nicht mehr trinken' [...] ? [...] Mein Heiland trauert auch jetzt über meine Sünden. Mein Heiland kann sich nicht freuen, solange ich in Verkehrtheit bleibe. [...] 'Mit euch', sagt er, 'werde ich trinken im Reiche meines Vaters.' Solange wir nicht so handeln, daß wir zum Reiche aufsteigen, kann er den Wein nicht allein trinken, den er 'mit uns' zu trinken versprach [...]. Der also 'unsere Wunden auf sich nahm' und unsertwegen litt als ein Arzt der Seelen und der Leiber, er sollte sich nichts mehr machen aus den schwärenden Wunden? [...] Noch haben [...] auch die Apostel selbst ihre Freude nicht erhalten, sondern auch sie warten, daß ich ihrer Freude teilhaft werde. Denn auch die von hinnen scheidenden Heiligen erhalten nicht sogleich den vollen Lohn ihrer Verdienste, sondern sie warten auf uns, auch wenn wir verzögern, auch wenn wir träge bleiben. [...] Es warten auch Isaak und Jakob, und alle Propheten warten auf uns, um mit uns zusammen die vollendete Glückseligkeit zu erreichen. Darum denn auch jenes Geheimnis des bis zum letzten Tag verschobenen Gerichts. 'Ein Leib' nämlich ist's, der der Rechtfertigung harrt, 'Ein Leib', der zum Gerichte aufersteht. 'Sind es viele Glieder, so doch Ein Leib; es kann das Auge nicht zur Hand sagen: ich brauche dich nicht.[...] Du wirst also [zwar] Freude haben, wenn du als Heiliger aus diesem Lande scheidest; dann aber erst wird deine Freude voll sein, wenn dir kein Glied mehr fehlt. Warten [[64]] wirst nämlich auch du, wie du selbst erwartet wirst" [65].

[63] "Der kommunistische Held dagegen [...] opfert sich ohne Hoffnung auf Auferstehung [...] – dennoch aber stirbt dieser Materialist, als wäre die ganze Ewigkeit sein. Das macht: er hatte vorher schon aufgehört, sein Ich so wichtig zu nehmen [...]" (E. Bloch, Das Prinzip Hoffnung, 1378f).

[64] Zur Kategorie des 'Wartens' vgl. oben Kap. 6.3.6-7, 8.3 und 'Botschaft eines Toten?' Kap. 2.

[65] Origenis in Leviticum Homilia VII 2, 308-322; zitiert nach H. de Lubac, Glauben aus der Liebe, 368-373.

Die Frage nach dem 'fundamentum in re' dieser Tradition ist von äußerster Relevanz, weil sich an ihr entscheidet, ob die Offenbarung Jesu Christi beanspruchen darf, wirklich 'Gottes letztes Wort' zu sein. Wäre dieses Kerygma nicht durch den wirklichen Jesus der Geschichte gedeckt, dann müßte man sich wohl anderen Heilsgestalten zuwenden. So heißt es z. B. in der Bodhisattva-Tradition des Mahayana-Buddhismus von Avalokiteshvara, er habe zwar die Erleuchtung erreicht, jedoch auf das Eingehen in das Nirvana verzichtet, um allen Menschen, die sich an ihn wenden, zu helfen[66].

In der jüdischen Theologie wird die folgende Legende berichtet: Dem Rabbi Hayim von Volozhyn wurde aufgrund seiner Gerechtigkeit sofort nach seinem Tode Einlaß in den Himmel gewährt. Er lehnte es aber ab einzutreten, bis er die Garantie erhielte, daß auch die Schüler und Lehrer der Talmudschule Yeshivah zugelassen würden. Danach dehnte er seine Forderung auf alle Juden und schließlich auch die Heiden aus. Es wurde ihm gesagt, daß zur Zeit diese Zusicherung noch nicht möglich sei, weil der Beschluß über das Kommen des Messiah noch ausstehe. Und so weigerte sich Rabbi Hayim, das Paradies zu betreten, und es wartet seine große Seele noch immer geduldig an dessen Pforten, im Gebet für die schließliche Erlösung aller Menschen[67].

In ihrer (an die Philosophie von E. Levinas anknüpfenden) 'Theologie nach Auschwitz' hat Cathérine Chalier diese Legende zu einem Angelpunkt ihrer eigenen Überlegungen gemacht und den Schluß gezogen, Rabbi Hayim habe nicht nur den Genuß eines ewigen Glücks verweigert, solange auf Erden das Leiden seinen Fortgang nimmt, sondern die höchste Belohnung in der Fähigkeit gesehen, selbst ganz, ohne die leiseste Abschweifung, zum Gebet für die anderen zu werden[68]. In Auseinandersetzung mit einer solchen Theologie zu argumentieren, der Messiah sei doch längst gekommen und labe sich seit seiner Auferweckung wieder an dem Nektar des göttlichen Weinstocks, würde nur Kopfschütteln hervorrufen.

(5) Soweit die Suche nach dem 'historischen Jesus' aus dem Traditionszusammenhang heraustritt bzw. hinter diesen zurückgeht, vermag sie im Hinblick auf die fundamentaltheologische Frage nach der unbedingten geschichtlichen Evidenz, die allein den Glauben an Jesus Christus legitimieren kann, nichts Wesentliches beizutragen. Wie steht es aber mit dem form- bzw. traditionsgeschichtlichen Bemühen, die ältesten Schichten der Überlieferung selbst zu erkunden und auf diese Weise möglichst nahe an den wirklichen Jesus der Geschichte heranzukommen, ohne die gesamte Tradition an rekonstruierten 'ipsissima verba et facta Jesu' kritisch messen zu wollen?

Sosehr der traditionsgeschichtliche Nachvollzug der Überlieferung von ihren ersten Anfängen an eine wichtige Aufgabe der Theologie- und Kirchengeschichte darstellt, ist er dennoch nur in dem Maß von fundamentaltheologischer Relevanz, wie er zum Verständnis der neutestamentlichen Schriften selbst beiträgt. Das mich

[66] Vgl. G. Mensching, Die Weltreligionen, 85. Vgl. auch J. Ratzinger, Kleine Katholische Dogmatik, wo der Hinweis auf den Bodhisattva (155f) unmittelbar im Anschluß an den Text von Origenes (152-154) gegeben wird.

[67] Nach L. Jacobs, A Jewish Theology, 322.

[68] Vgl. C. Chalier, La persévérance du mal, bes. 163f.

unbedingt in Anspruch nehmende Zeugnis verweist allein auf diese Schriften als authentischen und verbindlichen Niederschlag dessen, was sich durch und mit Jesus ereignet hat. Die von den neutestamentlichen Zeugen rezipierten Traditionsstoffe hingegen sind nur in der je besonderen theologischen Perspektive jener Zeugen Teil der verbindlichen *traditio.*

Auch diese Feststellung läuft gegen den Strich der 'communis opinio', derzufolge gerade die frühesten Schichten und Elemente des Kerygmas der geschichtlichen Gestalt Jesu am nächsten kommen. Was rechtfertigt aber diese Annahme selbst? Steht hier nicht immer noch das (aus der Profanhistorie und juristischen Praxis entlehnte) Modell der 'Augenzeugen' Pate, das in der Geschichte der selektiven Aneignung der kanonischen Schriften des Neuen Testaments eine so unheilvolle Rolle gespielt hat?

Im Hinblick auf die authentische Weitergabe eines unbedingt einfordernden Geschehens gibt es apriori keinen Grund dafür, ein von einem 'Jünger erster Hand' stammendes Traditionsstück einer Überlieferung 'aus zweiter Hand' vorzuziehen. Gewiß ist das Zeugnis 'zweiter Hand', um authentisch zu sein, darauf angewiesen, daß die 'Jünger erster Hand' zuverlässig Zeugnis gegeben haben (vgl. Lk 1,1-4). Wo und wie dieses verläßliche Zeugnis aufbewahrt wurde, kann aber nur im Prozeß engagierter *traditio* selbst entschieden werden. Und hier verweist das mich in die eschatologische Entscheidung rufende Zeugnis eben auf den Kanon der neutestamentlichen Schriften als den Ort, wo das von Anfang an verläßliche Zeugnis authentisch spricht. In diesen Schriften kommt zwar frühere Tradition zu Wort. Die Rekonstruktion von deren 'ursprünglichem' Sinn im Rückgang hinter das Zeugnis der neutestamentlichen Autoren verläßt aber den Zusammenhang der Gewähr für die wahre Weitergabe dessen, was fundamentaltheologisch allein von Belang ist.

Wenn ich schon, um z. B. über das Matthäusevangelium dem wahren Jesus der Geschichte zu begegnen, nicht den von Matthäus verwendeten 'Markusstoff' aus der Sicht der markinischen Theologie gegen die Interpretation bei Matthäus ausspielen darf, wo ich hier doch immerhin ein *kanonisiertes* Früheres in der Hand habe, dann ist dies um so mehr hinsichtlich der von Matthäus wahrscheinlich benutzten Logienquelle zu beachten, für die wir keinerlei Gewähr haben, daß sie Jesu Geschichte authentisch weitergab. Ähnliches gilt mit Rücksicht auf die von Markus aufgenommenen Quellen und mündlichen Traditionen, von deren ursprünglicher Aussageintention wir nicht wissen, ob sie dem wirklichen Jesus der Geschichte gerecht wurde. Das kritische Licht, das von der redaktionellen Arbeit des Markus auf zumindest einige Züge dieser Traditionen fällt, mahnt hier eher zur Vorsicht[69].

Bei der Suche nach den ursprünglichsten Elementen der Tradition zwecks Annäherung an das, 'was sich mit Jesus von Nazareth zugetragen hat' (vgl. Lk 24,18f), sollte man auch einige sozialpsychologisch anerkannte Einsichten nicht aus den Augen verlieren. Wer und was kommt nach einem Ereignis, das Menschen von Grund auf die Sprache verschlägt, erstmals wieder zu Wort? Gewöhnlich sind es

[69] Vgl. hierzu Kap. 18.

solche Leute, die in einer bestimmten Gruppe ohnehin das erste und letzte Wort haben. Sie pflegen eine neue Erkenntnis, welche sie die Sprachlosigkeit überwinden läßt, in eingefahrenen Sprachmustern geltend machen, die am ehesten geeignet sind, einen gemeinsam erfahrenen Schock gemeinsam zu bewältigen. Ein 'neues Lied', das der Tiefe der erlittenen Erfahrung im Umsturz akzeptierter sprachlicher Klischees Raum gibt, wird zumeist erst nach und nach Gestalt gewinnen, in einer Arbeit, die alle geistigen Kräfte des Menschen in Anspruch nimmt[70].

(6) Die Bedeutung einer geschichtlichen Gestalt erschließt sich stets nur in einem zusammenfassenden, viele Momente integrierenden Blick. Der wesentliche Unterschied zwischen dem historisch-objektivierenden Rückgang auf Jesus und der Rückfrage, die wir hier als fundamentaltheologisch allein angemessen vertreten, besteht in der Art und Weise, wie jener integrale Blick gewonnen wird. Beim Rückgang hinter das neutestamentliche Zeugnis werden – gleichsam durch Abklopfen des kerygmatischen Mörtels, der um das 'Urgestein' herumgelegt worden ist – zunächst Einzelelemente ('ipsissima verba et facta') sondiert. Die Synthese dieser Elemente zu einem Gesamtbild (das in jedem Fall entworfen wird, gleich ob es sich um den Versuch einer Rekonstruktion des 'Lebens Jesu' oder um ein viel bescheideneres Unternehmen handelt) erfolgt auf Rechnung des Historikers. Dabei wird gerade über den systematischen Fundus, dem sich jene synthetisierende Leistung verdankt, zumeist keine Rechenschaft abgelegt.

Die von uns als fundamentaltheologisch bezeichnete Rückfrage geschieht über ein Rücktasten, ausgehend von dem heute begegnenden Blick des Zeugen an der Kette der Überlieferung entlang, auf den als verbindlich bezeugten Blick der neutestamentlichen Autoren und das darin bereits gegebene integrale Bild Jesu. Diese theologische Synthese, Ausdruck der je persönlichen 'conversio', der 'Umgestaltung' des Zeugen unter dem Eindruck von Jesu Wort und Werk, wird als der ursprüngliche Ort angesehen, an dem sich die wahre Bedeutung der Gestalt Jesu erschließt.

Die hier vorgelegten Überlegungen zielen auf die Entwicklung einer 'Historik' ab, die aufgrund der Hermeneutik interpersonal beanspruchender Wahrheit einen angemesseneren Umgang mit dem 'Ein-für-allemal' Jesu Christi erlaubt als die in der historisch-kritischen Exegese bisher eingeführten Methoden[71]. Damit ist natürlich kein negatives Urteil über die Adäquatheit einer historisch-objektivierenden Rückfrage nach der Geschichte Jesu verbunden, soweit sie *nicht* als ein 'Ein-für-al-

[70] Vgl. hierzu die Kapitel 14 und 15. Vgl. auch S. Fowl, Reconstructing and Deconstructing the Quest of the Historical Jesus, bes. 330: "[...] even if we could isolate the earliest accounts there is no necessary reason for the earliest accounts to be the most accurate." Dazu ebd. Anm. 16: "[...] In fact, those acquainted with A. Danto's *Analytic Philosophy of History* (Cambridge: CUP, 1965) might go on to assert that the earliest account is the least likely one to be accurate."

[71] Über die philosophisch-hermeneutische Legitimation dieses Konzepts habe ich in der Auseinandersetzung mit dem großangelegten Versuch zur Begründung einer fundamentaltheologisch angemessenen 'Historik' von Georg Essen (vgl. ders., Historische Vernunft und Auferweckung Jesu; ders., 'Letztgültigkeit in geschichtlicher Kontingenz') in 'Botschaft eines Toten?' Kap. 5.1-2 nähere Angaben gemacht.

lemal' zur Debatte steht. Das bisher Ausgeführte ist jedoch kaum mehr als die Skizze eines Programms. Es sagt noch wenig über seine Durchführbarkeit aus.

(a) Gegen die Praktikabilität, ja den Sinn einer solchen 'fundamentaltheologischen' Rückfrage überhaupt erhebt sich unmittelbar der Einwand, daß jede Rückfrage nach dem 'Jesus der Geschichte' - auch die hier als 'fundamentaltheologisch' apostrophierte - sich per definitionem allein auf den 'irdischen' oder 'vorösterlichen' Jesus richte[72]. Das neutestamentliche Zeugnis stellt den irdischen Jesus aber unzweifelhaft im Licht der Osterereignisse dar. Um den wahren Jesus der Geschichte zu erreichen, bedürfe es daher notwendig der Abstraktion von jenem - vor Ostern nicht gegebenen - Licht. Das gelte auch dann, wenn man - im Gegensatz etwa zu der früheren Leben-Jesu-Forschung - das neutestamentliche Zeugnis nicht für eine verstellende dogmatische Zutat, sondern für das letztlich authentische, weil von Gott selbst gesprochene Wort über Jesus von Nazareth hält.

Dieses Argument ist in der Tat nur aus dem Weg zu räumen, wenn das Licht, das von Ostern her auf Jesus fällt, nicht auf einer 'inhaltlichen Zusatzinformation' über das hinaus beruht, was am vorösterlichen Jesus erkennbar war, sondern lediglich den Durchbruch dieses zwar schon am irdischen Jesus Erkennbaren, aber vor Ostern noch nicht voll Wahr-genommenen bedeutet. Dieses Problem wird in Kap. 15 zur Sprache kommen.

(b) Kaum weniger nahe liegt der Einwand, bei der hier propagierten 'fundamentaltheologischen Rückfrage' gelange man zunächst nur zu sehr verschiedenartigen, ja teilweise kaum miteinander in Einklang zu bringenden Jesus-Bildern. Um die Frage nach dem wahren Jesus der Geschichte nicht relativistisch einzuebnen, müsse schließlich doch die Synthese auf eine einheitliche Gestalt hin gewagt werden - und werde diese auch faktisch immer schon vollzogen, etwa über die Bevorzugung bestimmter neutestamentlicher Zeugen, selbst wenn man sich das nicht eingesteht. Auf wessen Rechnung erfolgt aber diese Synthese?

Die mit diesem Einwand angesprochenen Probleme sind nicht durch eine generelle methodische Absicherung zu beseitigen, sondern gehören zu den der gestellten Aufgabe immanenten Schwierigkeiten und Versuchungen. Der Leitfaden für den ständigen Umgang mit diesen Schwierigkeiten läßt sich aus der allgemeinen Hermeneutik engagierten zwischenmenschlichen Erkennens gewinnen. Die wahre Ausstrahlungskraft eines Menschen, dem ich nicht unmittelbar, sondern nur über die von ihm in ihrer Existenz Getroffenen begegne, kann ich nur so erfassen, daß ich in dieser mich selbst einfordernden Begegnung die je verschiedenartige 'conversio' der mir Begegnenden in ihrem Kern, und d. h. auf das ursprünglich eingefallene Licht hin, zu verstehen suche.

Bei dieser fundamentaltheologischen Rückfrage nach Jesus ist gewiß nicht weniger historisch-kritische Sorgfalt erfordert als beim Rückgang *hinter* den 'Fächer der Stile' (H. U. v. Balthasar), der sich schon im Neuen Testament ausbreitet.

[72] Selbst bei der Annahme, es habe nach der Auferstehung Jesu über vierzig Tage hin ein irdisch-geschichtlich manifester Kontakt des Auferstandenen zur Jüngergemeinde bestanden, könnte man diesen 'Zeitraum' irdisch-geschichtlicher Präsenz des Auferstandenen doch nicht zur 'Geschichte' oder zum 'Erdenleben' Jesu hinzurechnen.

Dennoch ergibt sich auf diesem Weg nicht die gegen Ende von Kap. 12 angemerkte wachsende Kluft zwischen der wissenschaftlichen Exegese und einem Lesen der Schrift, wie es auch dem Laien möglich ist – sofern sich dieser nur von angestammten Vorurteilen wie 'Verbalinspiration', 'protokollarische Niederschrift der Ereignisse' usf. gelöst hat. Nehme ich die neutestamentlichen Schriften als je nach der persönlichen Erfahrung und geschichtlichen Verkündigungssituation der Zeugen anders getönte Jesusbotschaft, darin aber als adäquaten Zugang zu der in der Geschichte Jesu eröffneten Wahrheit auf, dann werde ich durch den unendlich verzweigten Apparat historisch-kritischer Exegese nicht mehr von der Hl. Schrift entfremdet, sondern erfahre ihn als Hilfe bei meiner eigenen, laienhaften Lektüre – vorausgesetzt, der Exeget selbst versteht diese seine Arbeit als Schritte auf dem Weg zum Verständnis der letztlich über die Wahrheit Jesu entscheidenden Theologie der einzelnen neutestamentlichen Autoren[73].

[73] Als schönes Beispiel für eine sich so verstehende Exegese sei – neben den Anm. 52 zitierten Arbeiten von P. Stuhlmacher – auf den Beitrag von K. Stock, Christus in der heutigen Exegese, verwiesen.

14 Zur Rückfrage nach den Wundern Jesu

Der in Kap. 13 erörterte Unterschied zwischen einer historisch-objektivierenden und einer fundamentaltheologischen Rückfrage nach dem Jesus der Geschichte soll in Kap. 14 zunächst am Beispiel des in der Geschichte der Apologetik und Fundamentaltheologie immer wieder als zentral angesehenen Problems der Wunder Jesu konkretisiert werden, und zwar durch die Gegenüberstellung von zwei Modellen der Rückfrage nach diesen Wundern. In Kap. 15 wird die Frage nach einer angemessenen Hermeneutik der Rückfrage dann im Blick auf die Auferstehung Jesu weiterverfolgt.

14.1 Zwei Modelle der Rückfrage

(1) Der heutige Stand der historischen Rückfrage nach den Wundern Jesu läßt sich etwa folgendermaßen skizzieren. In der vom Exegeten zu rekonstruierenden Wundertradition, die schließlich zu den in den Evangelien zu findenden Berichten geführt hat, unterscheidet man im wesentlichen drei Ebenen. Einer *ersten* Ebene werden in die früheste Zeit zurückreichende Wunderberichte zugerechnet, die – obzwar weitgehend nach den damals allgemein vertrauten Erzählmustern gestaltet – nach Ansicht der Mehrzahl der Forscher im Kern auf wirkliche Wunderhandlungen des historischen Jesus zurückgehen. Hierunter fallen vor allem Exorzismen und zumindest einige der berichteten Heilungen.

Auf einer *zweiten* Ebene wären solche Wundergeschichten anzusetzen, die als spätere Gemeindebildungen betrachtet werden, insofern sie z. B. eine schon fortgeschrittene christologische Reflexion oder eine zur Zeit des Auftretens Jesu noch nicht gegebene pastorale Situation der jungen Kirche erkennen lassen. Hierzu zählt man weitgehend etwa die Berichte über die Speisungswunder, die Totenerweckungen, die Stillung des Sturms und den Seewandel Jesu, da hinter solchen Erzählungen offensichtlich die Intention steht, Jesu Hoheit im Vergleich mit Gestalten des Alten Testaments und schließlich mit Jahwe selbst ans Licht zu bringen. Solche Wundergeschichten ließen sich nicht auf tatsächlich von Jesus gewirkte Wunder zurückführen. Allenfalls könnte man sagen, sie seien von anderen Taten und Worten des historischen Jesus "provoziert" [1], hätten in seiner gesamten Person und Wirksamkeit ein gewisses historisch-sachliches Fundament.

Als eine *dritte* Ebene kann man dann die Entstehung von schriftlichen Sammlungen ansehen, aus denen die Evangelisten einen wesentlichen Teil ihres Verkün-

[1] Vgl. G. Theißen, Urchristliche Wundergeschichten, 42, zu den Wundergeschichten allgemein: "Sie sind symbolische Handlungen, die durch den historischen Jesus provoziert wurden. Sie geben aber nicht die historische Wirklichkeit wieder, sondern deren gesteigerte Gestalt."

digungsstoffes schöpften. So nehmen heute viele Forscher ein vorjohanneisches 'Buch der Zeichen' und manche eine bereits vormarkinische Wundersammlung an, in denen Stoffe der beiden ersten Überlieferungsebenen zusammengetragen wurden. Doch auch in anderen Quellen befanden sich offenbar vereinzelt Wundergeschichten, in der sogenannten Logienquelle 'Q' etwa die in Mt 8,5-13 // Lk 7,1-10 (vgl. Joh 4,46b-53) wiedergegebene Erzählung vom Hauptmann von Kafarnaum oder die Geschichte vom verdorrten Feigenbaum, die Markus (11,12-14.20-25 // Mt 21,18-22) wohl in der ihm schriftlich vorliegenden Passionsgeschichte vorfand.

Was für die zweite Ebene angenommen wird, gilt entsprechend auch für die Weiterprägung, die die Wundergeschichten innerhalb der späteren Tradition, insbesondere dann durch die *'Redaktion'* der Evangelisten erfahren haben. Da nach heute allgemein geltender Ansicht keiner der vier Evangelisten Augenzeuge Jesu gewesen ist, könnten Änderungen, die sie an den ihnen überlieferten Wundererzählungen vorgenommen haben, keiner besseren Sachkenntnis über die wirklichen Taten Jesu entspringen, sondern lediglich ihrer je besonderen schriftstellerischen bzw. theologischen Intention. Hierbei ist die Frage, in welchem Maße weitere Wundergeschichten, die sich nur im Sondergut eines Evangelisten finden, auf die genannten Traditionsebenen zurückgehen oder aber als Neuschöpfungen des Autors anzusehen sind, noch jeweils eigens zu prüfen.

Betrachtet man diese fast allgemein akzeptierten Ergebnisse heutiger kritisch-exegetischer Wunderforschung in fundamentaltheologischer Perspektive, so liegen zwei Tatbestände vor Augen. Auf der einen Seite werden die Jesus zugeschriebenen Mirakel, die früherer Apologetik als Glaubensstütze erschienen, mit der neuzeitlichen Kritik an der Annahme von göttlichen Eingriffen in den natürlichen Verlauf der Dinge aber suspekt geworden waren, nicht mehr als historische Fakten angesehen. Ein Stein des Anstoßes ist damit aus dem Wege geräumt. Als historisch 'harter Kern' der neutestamentlichen Wunderberichte bleiben Exorzismen und Heilungen Jesu, die er mit anderen charismatisch begabten Persönlichkeiten gemein hat. Diese 'Machttaten' erschienen den antiken Zeitgenossen zwar als Wunder, können aber nach heutiger Ansicht den Wundern im traditionellen Verständnis eines Geschehens 'contra', 'praeter' oder 'supra naturam' nicht zugeordnet werden. Damit sind andererseits Jesu Machttaten nun allerdings so weit relativiert, daß sie nichts mehr im Hinblick auf die Frage herzugeben scheinen, was Jesus denn eigentlich von anderen charismatischen Heiltätern unterscheidet.

Das hier begegnende Dilemma hat man im Dialog zwischen Exegese und Fundamentaltheologie zu klären versucht[2], etwa durch den Hinweis, daß Jesu 'Machttaten' zwar nicht mehr als isolierbare 'signa revelationis' für einen apologetischen Erweis der Faktizität der Offenbarung nutzbar sind, sich aber durchaus verstehen

[2] Vgl. insbesondere die seinerzeit zwischen R. Pesch und M. Seckler ausgetragene Kontroverse: R. Pesch, Jesu ureigene Taten?; M. Seckler, Plädoyer für Ehrlichkeit im Umgang mit Wundern; R. Pesch, Zur theologischen Bedeutung der 'Machttaten' Jesu.

lassen als "integrale Teile eines faszinierenden Wirkens, das als ganzes darauf zielt, 'Glauben' und damit 'letzten' Sinn anzubieten" [3].

Die Frage bleibt allerdings, wie es zu einer solchen integralen Erfassung des Wirkens Jesu kommen soll, wenn in der historisch-kritischen Analyse einerseits im Rückschluß von urchristlichen Wunderberichten auf den historischen Jesus nur isolierte Wunderhandlungen in den Blick kommen, andererseits bei der Rückfrage nach authentischen Jesusworten sich jeweils nur einzelne Herrenworte oder gar bloß "Satzteile" [4] ermitteln lassen. Will man über solcherart aus dem Ganzen des neutestamentlichen Zeugnisses sezierte Fragmente schließlich doch ein 'Integral der Faszination Jesu' erschließen, dann begibt man sich aus dem Raum des Bezeugten in die Sphäre hypothetischer Rekonstruktion.

(2) Eine 'integrale' Betrachtungsweise ließe sich aber über die folgende Überlegung erreichen. Bisher ist man fast allgemein von einer verhängnisvollen Voraussetzung ausgegangen, und selbst heute hält man noch daran fest, wo doch eine im Grunde analoge Prämisse längst in ihrer Fragwürdigkeit zutage getreten ist.

Die Tradition der Apologetik ging mit einem verengten Wunderbegriff an das Neue Testament heran und bekam so das eigentliche Phänomen nur verkürzt in den Blick. Kamen aber nicht schon die urchristlichen Wundererzählungen aufgrund einer ähnlich verkürzten Perspektive zustande? Was deckt eigentlich die Generalvoraussetzung, die von Verteidigern wie Kritikern der in der Bibel berichteten Wunder gleichermaßen gemacht wird, daß diese nämlich ihren sachgerechten Ausdruck in der Erzählform von *Wundergeschichten* gefunden haben? Wer sagt denn, daß ausgerechnet die früheste Formulierung des Erstaunens über Jesu Wirkmacht in einer Wundergeschichte sein Wirken am angemessensten wiedergibt?

Besonders in dem Maße, wie sich die Erzählform(en) der Wundergeschichten als religionsgeschichtlich durch den allgemeinen Kinderglauben jener Zeit geprägt erwies(en) und man selbst diesen kindlichen Schuhen entwuchs, hätte man sich doch fragen müssen, ob die Wunder des Alten und Neuen Bundes in solchen im Grunde 'von den Heiden' vorgegebenen Begriffs- und Erzählschemata überhaupt zureichend zur Sprache kommen konnten, ja nicht eher verstellt wurden. Müßte, wenn Jesus wirklich Taten vollbracht hat, über die sich auch heute noch zu staunen lohnt, deren sprachlicher Niederschlag nicht in etwas anderem gesucht werden als innerhalb der Gattung 'Wundergeschichte'? In deren Raster kommen doch bestenfalls Mirakel, d. h. aus dem Integral des Wirkens Jesu herausgerissene Handlungsfragmente zur Sprache, die sich mit analogen Beobachtungen in der antiken Welt vergleichen lassen.

In Richtung dieser Frage gibt es in der heutigen Exegese zwar bereits wichtige Ansätze[5]. Die Entwicklung verlief hier ähnlich wie nach dem Auffinden von altorientalischen Parallelen zu den biblischen Schöpfungs- und Sintflutberichten.

[3] Vgl. R. Pesch, Zur theologischen Bedeutung, 210.

[4] Vgl. z. B. J. Gnilka, Wie urteilte Jesus über seinen Tod?, 21: "Es ergibt sich die Notwendigkeit, das einzelne Herrenwort [...] zu prüfen, ob es nicht einen authentischen nucleus enthält, einen Satzteil oder Gedanken, der uns den Weg zurück eröffnet".

[5] Vgl. bes. die Anm. 1 angegebene Arbeit von G. Theißen.

Dem Erschrecken, wie sehr auch die Bibel kulturell bedingt ist, folgte bald die Entdeckung gerade anhand des Vergleichsmaterials, wie einzigartig der Gottesglaube Israels inmitten seiner Umwelt steht. So hat auch die gattungs- bzw. formkritische Erforschung der neutestamentlichen Wundergeschichten gezeigt, wie sehr sich die Berichte über Jesus von denen über andere Wundertäter abheben, trotz Verwendung der allgemein üblichen Stilmittel und Erzählschemata.

Muß man aber nicht noch einen beherzten Schritt darüber hinaus tun, um wirklich die Machttaten Jesu im Integral seines gesamten Redens und Handelns wahrzunehmen? Wie dies geschehen könnte, läßt sich vielleicht anhand einer lukanischen Wundererzählung verdeutlichen. Nach Lk 17,11-19 heilte Jesus zehn Aussätzige. Während diese hingingen, um sich auf Jesu Geheiß den Priestern zu zeigen, wurden sie *rein.* Nur "einer von ihnen aber kehrte um, [...] lobte Gott mit lauter Stimme. Er warf sich vor den Füßen Jesu zu Boden und dankte ihm". Diesem sagte Jesus: "Dein Glaube hat dich *gerettet.*"

Wären die übrigen Neun – 'rein' Gewordenen – von einem zeitgenössischen Wunderreporter auf ihre plötzliche Genesung hin befragt worden, so hätten sie vermutlich eine Heilungsgeschichte nach dem üblichen Muster erzählt. Diese Geschichte wäre dann vielleicht auch in das Werk eines Evangelisten gelangt. Der Zehnte – der 'gerettete' Samariter – hingegen hätte wahrscheinlich dem Reporter gesagt, das, was ihm da widerfahren sei, lasse sich nicht so richtig in Worte fassen. Bei anderer Gelegenheit aber, die ihm die Möglichkeit bot, sich in ähnlicher Weise auszudrücken, wie er dies Jesus gegenüber bereits getan hatte, würden ihm sehr wohl Worte und auch Taten gekommen sein. Daraus hätten Dritte nun aber ein historisch weit sachgerechteres Bild über die Macht gewinnen können, die von Jesus ausgegangen war, als aus einem Wunderreport der Neun.

Die Überlegung sollte deutlich machen, daß wir im Bereich der urchristlichen Tradition mit qualitativ sehr verschiedenen Überlieferungssträngen zu rechnen haben. Was die Wundergeschichten insbesondere angeht, so standen die Verfasser der Evangelien sicher nicht nur unter dem Einfluß jener, die Jesu Worte und Taten in den Klischees zeitgenössischer Wunderreports weitervermittelt haben. Fragen wir danach, wie in den neutestamentlichen Schriften ein *authentisches* Bild Jesu zustande kam, dann werden wir auch und vor allem die 'Traditionslinie des Samariters' im Auge behalten müssen. Die Begegnung mit jener lebendigen Verkündigung Jesu hat es den Evangelisten ermöglicht, ihnen überkommene Wundergeschichten kritisch in den Blick zu nehmen, ihrem Ursprung gemäßer zu gestalten oder die 'Samariter-Erfahrung' eventuell auch in eine neue Geschichte zu fassen (wie man vielleicht sogar für die lukanische Aussätzigengeschichte annehmen darf, die geradezu den Charakter einer Gleichniserzählung hat).

Die Frage nach der Historizität der Wunder Jesu müßte dann aber von der *formgeschichtlichen* Suche nach deren jeweils frühestem Niederschlag auf die Untersuchung der *redaktionellen Bearbeitung* solcher Berichte durch die Evangelisten verlagert werden. Nicht ausschließlich, aber doch primär, wenn die Frage nach der Authentizität der Jesusüberlieferung sich vor allem an der je größeren Sensibilität für die Person und Sache Jesu und die Rückfrage nach seinen Wundern sich an dem diesen angemessenen Staunen auszurichten hat. Gerade in der Gestalt, die die

Evangelisten den ihnen überkommenen Wundergeschichten gemäß der ihnen je besonderen Glaubenserfahrung gegeben haben, ist am ehesten der sprachliche Niederschlag eines der Wirkmacht Jesu adäquaten Staunens zu suchen. Nur in ihrer je besonderen theologischen Gesamtschau kommt die Tiefe der Faszination zum Ausdruck, die ursprünglich von Jesus ausging und die dann in jenen weiterleuchtet, die sich von diesem Blitz treffen ließen.

Aufgrund der Erkenntnis, in welch verengte Perspektive schon der bloße Gebrauch typischer Muster von Wundererzählungen führt, dürfte bei der Suche nach dem wirklichen Jesus der Geschichte der Rückfrage nach der frühesten Schicht von Wunderberichten zumindest kein methodischer Vorrang eingeräumt werden vor der redaktions- bzw. theologiekritischen Frage nach der Weiterverarbeitung jener Berichte in den Evangelien. Die Theologie der Evangelisten, in der diese Weiterverarbeitung geschieht, wird man vielmehr als den Schlüssel zur eigentlichen Bedeutung des Tuns Jesu ansehen dürfen.

14.2 Ein Testfall: die Heilung der blutflüssigen Frau (Mk 5,25-34 parr)

Für ein 'Plädoyer' zugunsten der hier vertretenen Neuorientierung dürfte sich die Wundergeschichte von der Heilung der Blutflüssigen besonders eignen. Obwohl diese Erzählung ursprünglich (vielleicht schon in einer Vorlage des Markusevangeliums) nur als ein retardierendes Moment innerhalb der Komposition einer größeren Wundergeschichte zu fungieren scheint, wurde sie doch von allen Synoptikern mit großer theologischer Sorgfalt redigiert. Bei der Interpretation der drei synoptischen Darstellungen drängt sich die Frage geradezu auf, ob man den wahren Jesus der Geschichte wirklich 'hinter dem Rücken' der Evangelisten über das Aufspüren der ursprünglichen Gestalt des von ihnen bearbeiteten Traditionsstoffs findet oder doch eher im Blick auf die je verschiedene theologische Form, in die sie diesen Stoff gebracht haben.

Mt 9,20-22	**Mk 5,25-34**	**Lk 8,43-48**
(20) Und siehe, eine Frau, die seit zwölf Jahren blutflüssig war,	(25) Und (da war) eine Frau, die seit zwölf Jahren an Blutfluß litt (26) und von vielen Ärzten viel ausgestanden und ihr ganzes Vermögen darauf gewendet	(43) Und eine Frau, die seit zwölf Jahren an Blutfluß litt
	hatte, und nichts hatte es ihr genutzt, es war vielmehr schlimmer mit ihr geworden.	und von niemandem hatte geheilt werden können,
	(27) Als sie von Jesus gehört	

trat	hatte, kam sie unterm Volk	(44) trat
von hinten herzu und berührte die Quaste seines Gewandes.	von hinten und berührte sein Gewand.	von hinten herzu und berührte die Quaste seines Gewandes,
(21) Denn sie sagte bei sich selbst: "Wenn ich auch nur sein Gewand berühre, werde ich heil werden."	(28) Denn sie sagte (sich): "Wenn ich auch (nur) seine Kleider berühre, werde ich heil werden."	
	(29) Und sofort versiegte der Quell ihres Blutes,	und im gleich Augenblick kam ihr Blutfluß zum Stillstand.
	und sie spürte am Leibe, daß sie von dem Leiden geheilt war.	
	(30) Und sogleich erkannte Jesus an sich selbst die Kraft, die von ihm ausgegangen war;	
(22) Jesus aber wandte sich um	und er wandte sich um unterm Volke	
	und sagte:	(45) Und Jesus sprach:
	"Wer hat mich an den Kleidern berührt?"	"Wer ist es, der mich berührt hat?"
		Als aber alle es verneinten,
	(31) Und es sagten ihm seine Jünger:	sagte Petrus:
	"Du siehst das Volk, das dich umdrängt,	"Meister, die Volksscharen umdrängen und stosßen dich!"
	und sagst: 'Wer hat mich berührt'"	
		(46) Jesus aber sprach: "Es hat mich jemand berührt. Ich habe nämlich gemerkt, daß eine Kraft von mir ausgegangen ist."
	(32) Und er blickte umher,	
sah sie	um die zu sehen, die das getan hatte.	
	(33) Die Frau aber, voll Furcht und zitternd, weil sie wußte, was ihr geschehen war, kam und fiel vor ihm nieder	(47) Als aber die Frau sah, daß sie nicht verborgen bleiben konnte, kam sie zitternd, fiel vor ihm nieder

	und sagte ihm die ganze Wahrheit.	und verkündigte vor dem ganzen Volk, warum sie ihn berührt hatte und wie sie sofort geheilt worden war.
und sprach: "Sei getrost, Tochter, dein Glaube hat dich heil gemacht!"	(34) Er aber sprach zu ihr: "Tochter, dein Glaube hat dich heil gemacht.	(48) Er aber sprach zu ihr: "Tochter, dein Glaube hat dich heil gemacht.
	Gehe hin in Frieden und sei gesund von deinem Leiden!"	Gehe hin in Frieden
Und die Frau war von jener Stunde an geheilt.		

Mk 5,25-34

Daß Matthäus und Lukas die im Markusevangelium vorgefundene, wohl auf sehr frühe Überlieferungsschichten zurückgehende Wundererzählung stark überarbeitet haben, fällt ins Auge. Welche Stellung aber nimmt Markus selbst dieser Geschichte gegenüber ein, die stark an Mirakelvorstellungen der antiken Umwelt anknüpft? Ratifiziert er in seiner Komposition des ihm vorliegenden Stoffs die Intention der frühen Erzählung, oder muß man ihn auf die Seite derer rechnen, die den überlieferten Stoff nicht ohne Kritik an dem naiv-magischen Kern der Geschichte weitergeben?

Diese Frage wird bis in die jüngeren Kommentare hinein verschieden beantwortet. "Die Darstellung des Evangelisten entspricht der naiv-volkstümlichen, 'magischen' Vorstellung der Frau, die auch von Jesus nicht korrigiert wird", schrieb J. Schmid[6]. Ähnlich urteilen aber auch K. Kertelge[7], G. Theißen[8] und R. Pesch[9], wobei der letztere ein "positives Urteil über die Historizität der vom Erzähler vorgestellten Heilung" [10] für möglich hält. Die Erzählung bezeuge "Jesu ungebrochenes, wenn auch geläutertes, im Glauben aufgehobenes Verhältnis zur thaumaturgisch-therapeutischen Praxis der damaligen Zeit" [11]. Nach J. Gnilka hingegen

[6] Das Evangelium nach Markus, 113. Von dieser Interpretationslinie weicht auch J. Ernst in der Neubearbeitung des Kommentars nicht ab.

[7] "Damit [mit der Betonung des Glaubensmotivs] wird [...] nicht ein Gegensatz zu dem magischen Wunderglauben der Frau konstatiert, sondern Jesus vermag in dem primitiven Verhalten dieser Frau das zu entdecken, was er den 'Glauben' nennt, der 'rettet' [...]" (K. Kertelge, Die Wunder Jesu im Markusevangelium, 115).

[8] "Korrektur eines magischen Glaubens sollte man darin nicht sehen [...]" (G. Theißen, Urchristliche Wundergeschichten, 137).

[9] "Jesu Zuspruch bringt nicht Glaube und Magie in Widerstreit, sondern hebt magisches Denken im Glauben auf [...]" (R. Pesch, Das Markusevangelium I, 305).

[10] Ebd. 306.

[11] Ebd.

hat der Evangelist durch redaktionelle Eingriffe den "Tenor der Geschichte entscheidend verändert. Eine durch Kontakt erfolgte Heilung, die auf Jesus den heilmächtigen Thaumaturgen abhebt, wird auf den menschlichen Glauben hin ausgelegt. Steht das erste in der Nähe eines hellenistischen Wunderbegriffs, nach dem der Wundertäter von heilender Kraft erfüllt ist, so verrät das zweite die Intention des Evangelisten" [12].

Die Frage nach Anteil und Intention der markinischen Redaktion wird zunächst von offensichtlichen Spannungen in der Wundergeschichte auszugehen haben. Fast allgemein wird beobachtet, daß die Erzählung sich in zwei recht verschiedene Abschnitte gliedert, VV. 25-29 und VV. 30-34. R. Pesch spricht von einer 'Heilungsgeschichte' und einer 'Nachgeschichte' [13], betont aber die Einheit der beiden Teile. Im Sinne der gattungsspezifisch notwendigen Stilmomente einer Heilungsgeschichte könne die Erzählung mit V. 29 nicht als abgeschlossen gelten. Es fehle eine Demonstration, die das bisher rein privat konstatierte Wunder auch öffentlich beglaubigt. Diese biete die 'Nachgeschichte' in VV. 30-34[14].

Damit ist allerdings noch nicht die Spannung erklärt, die zwischen den beiden Teilen der Erzählung herrscht und besonders auffallend im abschließenden V. 34 zum Ausdruck kommt. "Etwas nachgetragen wirkt der abschließende Satz: 'Sei gesund von deinem Leiden', da ja schon in V. 29 die eingetretene Gesundung festgestellt wurde" [15]. Nachgetragen wirkt aber auch schon das Wort: "Dein Glaube hat dich heil gemacht", besonders im Vergleich mit Mk 10,52, wo dieser Satz *vor* der Konstatierung der Heilung erzählerisch eher sinnvoll erscheint[16].

Dem Versuch, redaktionelle Eingriffe des Evangelisten im einzelnen nachzuweisen, haftet notwendig ein stark hypothetischer Charakter an. Gegenüber dem Bemühen von Autoren wie R. Pesch und G. Theißen, die Wundererzählungen bei Markus möglichst weitgehend nach den Stilgesetzen der antiken Wundergattungen zu entschlüsseln, ist allerdings ein hermeneutisches Prinzip in Erinnerung zu rufen, das im Zuge gattungskritischer Entdeckerfreude nicht immer genug beachtet wird: Auch da, wo sich eine redaktionelle Bearbeitung durch den Evangelisten nicht mit Sicherheit ausmachen läßt, ja selbst dort, wo ein Text vermutlich unverändert weitergegeben wurde, ist der tradierte Stoff grundsätzlich zunächst aus dem Sinnzusammenhang des Evangeliums zu interpretieren, in das er Aufnahme gefunden hat. Wie plausibel sich etwa Einzelmotive von Wundergeschichten auch immer aus früheren Erzählzusammenhängen oder nach den gattungsspezifischen Vorlagen erklären lassen: für ihre Interpretation im Rahmen eines Evangelien-

[12] J. Gnilka, Das Evangelium nach Markus I, 213.
[13] Vgl. R. Pesch, Das Markusevangelium I, 298.
[14] Vgl. ebd. 303.
[15] K. Kertelge, Die Wunder Jesu, 115. Vgl. H. Baarlink, Anfängliches Evangelium, 122f: "Auch das abschließende Wort Jesu 'Gehe in Frieden, und sei heil von deiner Plage!' klingt so, als ob durch den zweiten Teil dieses Satzes die Wundertat noch nachträglich von dem Eindruck einer objektivierten Heilkraft befreit und die personale Sphäre der rettenden Machttaten Jesu betont werden sollte, bei der das heilende Wort entscheidend ist."
[16] Vgl. D.-A. Koch, Die Bedeutung der Wundererzählungen für die Christologie des Markusevangeliums, 136; L. Schenke, Die Wundererzählungen des Markusevangeliums, 200ff.

kommentars ist entscheidend, welcher Ort ihnen in dem neuen theologischen Zusammenhang zukommt.

Beachtet man diesen Zusammenhang, so wird man den zweiten Teil der Erzählung kaum als 'Nachgeschichte' charakterisieren. Hebt hier doch eigentlich erst das Drama der Begegnung mit Jesus an, demgegenüber der Abschnitt VV. 25-29 eher als bloße Exposition erscheint[17].

Diese Wende wird zunächst an einem Wechsel in der 'Gnoseologie' deutlich. Die Frau erkennt ihre Heilung 'am Leibe' (ἔγνω τῷ σώματι: V. 29). Demgegenüber wird Jesu Konstatierung der von ihm ausgegangenen Kraft – eingeleitet durch das markinische 'καὶ εὐθύς' – durch eine Formel hervorgehoben, die den Leser des Markusevangeliums aufhorchen läßt: ἐπιγνοὺς ἐν ἑαυτῷ (V. 30). Ähnlich wurde in Mk 2,8 – innerhalb einer Folge von Streitgesprächen und Handlungen, die zur ersten, aber schon endgültigen Verurteilung Jesu durch die Autoritäten führt (vgl. 3,6) – das Hoheitsvolle des die Herzen durchdringenden Erkennens Jesu unterstrichen[18]. Der Neuansatz in V. 30 macht deutlich, daß das im Verborgenen Geschehene nun ins grelle Licht des Blicks Jesu gerückt wird.

Diesem Übergang entspricht zunächst die schrittweise Konzentrierung von den Kleidern Jesu auf seine Person selbst. Jesu Frage: "Wer hat mich an den Kleidern berührt?" (V. 30) wird in der Jüngereinrede weiter präzisiert: "Du [...] sagst: 'Wer hat mich berührt?'" (V. 31)[19]. Vor allem läßt sich Jesus durch diese Einrede nicht davon abhalten, diejenige nun auch zu *sehen*, die er schon vorher erkannt hatte[20]. Im Kontext der Markuskomposition dient der skeptische Einwand der Jünger Jesu kaum dem Ziel, die "Sicherheit seiner Wahrnehmung nur stärker heraus[zustellen]" [21]. Vielmehr versuchen die unverständigen Jünger hier – wie oft bei Markus –

[17] Vgl. E. Lohmeyer, Das Evangelium des Markus, 101: "[...] hier [steht] nicht der Vollzug des Wunders im Mittelpunkt [...], sondern das Gespräch Jesu mit der Frau", oder R. E. Clements, The Gospel of Mark, 153: "It is Jesus' *look* that sets things in motion. His eagerness for encounter makes encounter possible, and paves the way for a dialogue in which *faith* is shown to be something more, or other, than merely trust in the miracle-worker". Vgl. auch Ch. D. Marshall, Faith as a theme in Mark's narrative, 101-103.

[18] Zu 2,8 hatte R. Pesch, Das Markusevangelium I, 159 bemerkt: "Jesus verfügt über überlegene Erkenntniskraft (vgl. 5,30; 8,17), er kennt die Gedanken der Gegner. Man wird eher mit Anwendung des Theologumenons von Gott als dem Herzenskenner [...] bzw. vom Durchschauen als prophetischer Kraft [...] auf den Menschensohn Jesu als mit Übertragung eines θεῖος ἀνήρ-Motivs rechnen". Im Zusammenhang unserer Wundergeschichte hingegen verweist R. Pesch zwar auf 2,8, denkt aber nur an ein 'besonderes Wissen' des 'Wundertäters' (vgl. ebd. 303).

[19] Die Deutung: "Das 'Berühren der Gewänder' wird durch die vierfache Wiederholung [...] als Akt der Kraftübertragung stark herausgestellt" (R. Pesch/R. Kratz, So liest man synoptisch, 61) scheint mir zu sehr dem Faden des Gattungsspezifischen zu folgen.

[20] Vgl. E. Lohmeyer, Das Evangelium des Markus, 103 Anm. 1: "Der Gebrauch des Fem [...] ist entweder antizipatorisch oder deutet dem Geist dieser Erzählung wohl gemäßer an, daß Jesus schon weiß, wer es ist."

[21] Vgl. R. Pesch/R. Kratz, So liest man synoptisch, 61; ähnlich R. Pesch, Das Markusevangelium I, 303f.

vergebens, Jesus auf der Ebene des 'natürlichen' Erkennens festzuhalten, wo er schon längst zu einem Darüberhinaus aufgebrochen ist[22].

Furcht und Zittern als Reaktion der Frau auf den (vom Evangelisten theologisch akzentuierten) Blick Jesu dürfen nicht psychologisiert werden[23]. Aber auch die gattungstopische Interpretation als "Admirationsmotiv" [24], ja selbst die biblisch gut fundierte Deutung als "menschliche Reaktion auf göttliche Epifanie" [25] vermögen angesichts der Tatsache nicht zu befriedigen, daß Markus Äußerungen von Furcht-Staunen-Erschrecken nicht nur im Zusammenhang der Wundergeschichten, sondern auch im zweiten Teil seines Evangeliums – bis hin zum Schlußvers! – einer Haltung zuweist, die noch auf dem *Weg* zur Umkehr ist[26].

Wenn die Frau schließlich, vor Jesus niederfallend, ihm 'die ganze Wahrheit' sagt, so bringt sie damit sicher nicht nur das zu Wort, was ihr auf der VV. 25-29 geschilderten Ebene widerfuhr. Die Frau hat vielmehr unter dem souveränen Auge Jesu einen weiten Weg zurückgelegt. Sie hat erfahren, daß Jesus nicht gleichsam wie eine magische Kraftquelle angezapft werden darf[27], daß vielmehr das von ihm zu Recht erhoffte Heil nur in der offenen Begegnung mit seinem auf den Grund des Herzens dringenden Blick und Wort geschehen kann[28]. Dem durch solche Um- und Einkehr gegangenen Glauben gilt dann die Heilszusage Jesu (V. 34)[29], die

[22] Vgl. E. Lohmeyer, Das Evangelium des Markus, 102: "[Die Jünger] sondern sich von dem Meister, wie die Frau sich von der Menge gesondert hat, so daß diese beiden immer stärker aus der Umgebung heraustreten."

[23] Weil der Erzähler die 'guten Absichten' der Frau unterstreiche, könne "der antike Leser [...] jetzt weder an Liebeszauber noch an Krankheitsübertragung denken" (G. Theißen, Urchristliche Wundergeschichten, 137; vgl. R. Pesch, Das Markusevangelium I, 304). W. Grundmann spricht von der berechtigten Furcht vor dem Synagogenvorsteher, weil sie Jesus verunreinigt hat und dieser das Haus des Jairus nun nicht mehr betreten kann (Das Evangelium nach Markus, 151).

[24] Vgl. R. Pesch, Das Markusevangelium I, 304.

[25] Vgl. J. Gnilka, Das Evangelium nach Markus I, 216.

[26] Vgl. unten Kap. 18.

[27] Vgl. D. F. Strauß, Das Leben Jesu, Bd. 2, 89: Jesus erscheint hier "wie eine geladene elektrische Batterie, die beim Betasten sich entladet".

[28] Damit ist keine Korrektur an der Vorstellung angebracht, daß schon die bloße Berührung der Kleider Jesu tatsächlich zu heilen vermag. Das zeigt ja noch einmal der Sammelbericht Mk 6,56: "[...] man [...] bat ihn, er möge sie wenigstens den Saum seines Gewandes berühren lassen. Und alle, die ihn berührten, wurden geheilt." Auch hier ist aber vorausgesetzt, daß man vorher bittend, also in offener Begegnung, an Jesus herantritt.

[29] Vgl. V. K. Robbins, The Woman who touched Jesus' Garment, 513: "[it is] her turning toward Jesus with her total self, which is called 'faith' by Jesus". – Eigentümlich mutet die Interpretation bei E. Drewermann, Das Markusevangelium I, 370, an. Der Autor zitiert zunächst die schöne Stelle aus Kierkegaards Tagebüchern (in: S. Kierkegaard, GW IV, 198): Christus "will diese heimliche Verbindung mit sich nicht zulassen. Deshalb zieht er das Weib ans Licht. Dies ist dann als etwas Richtendes zu verstehen. Aber vielleicht geschieht es gerade aus Mitleid, göttlichem Mitleid, um ihr zu zeigen, er habe keine Angst davor, daß ein blutflüssiges Weib ihn anrühre und unrein mache. Ein bloßer Mensch an Christi statt wäre, selbst wenn er das Wunder tun könnte und es getan hätte, mit dem Weibe darauf bedacht gewesen, daß sie verborgen bliebe; es wäre zu viel, von ihm zu verlangen, daß er sich obendrein dem Urteil der Leute aussetzen solle." In seiner eigenen Deutung übergeht Drewermann dann aber das kritische Moment, das am ursprünglichen Verhalten der Frau angebracht wird.

darum weder Wiederholung des früher bereits Konstatierten noch bloße Bestätigung der Gesundheit auf Dauer[30] ist.

Mt 9,20-22

Bei Matthäus wird die Heilung der Blutflüssigen in einer frappierenden Kurzfassung wiedergegeben. Man hat "hier den Eindruck, daß [Matthäus] von dem, was Markus [...] berichtet, nur das nackte Gerippe übrigbehalten hat" [31].

'Seit zwölf Jahren blutflüssig' – das erinnert im Vergleich zu der breiten Darstellung bei Markus an die Notiz auf der Karteikarte eines überlasteten Arztes nach der ausführlichen Schilderung des Leidens durch die Patientin. Volksmenge und Jüngerkreis sind von der Bildfläche verschwunden. Der magische Zug einer automatischen Kraftübertragung, der der ursprünglichen Wundergeschichte zugrunde lag, ist getilgt. Dem entspricht, daß statt des variierenden Sprachgebrauchs bei Markus – σωθῆναι (V. 28), ἰᾶσθαι (V. 29), σώζειν (V. 34b), ὑγιής (V. 34d) – Matthäus sich auf das eine zentrale Wort 'heilen/retten' (σώζειν, σωθῆναι: V. 21, zweimal in V. 22) beschränkt. Hier ist alles auf den Grund der Not und auf das Zentrum der Heilsmacht Jesu konzentriert. Die offene Begegnung zwischen der Leidenden und dem Rettenden braucht nicht erst über eine Wende in der Szene herausgearbeitet zu werden. Die Darstellung bei Matthäus ist von vornherein darauf angelegt.

Trotz bewußter Tilgung der Atmosphäre von Aberglaube und Magie scheint Matthäus zwar so etwas wie ein 'redaktionelles Mißgeschick' unterlaufen zu sein. Daß Jesus sich umwendet und die Frau ansieht, sind hier nicht mehr wie bei Markus Momente, die einen Vorwurf von seiten Jesu implizieren und auf seiten der Frau den Schritt zu einem vertieften Glauben hin einleiten. So könnte der Spruch: 'Dein Glaube hat dich gerettet!' geradezu wie eine direkte Anerkennung des Mirakelglaubens erscheinen, der nicht erst durch einen Prozeß der Umkehr hindurchmuß. Wie H. J. Held gezeigt hat, ist der Glaube bei Matthäus, auch an dieser Stelle, aber anders gewertet. Jesu Zuspruch vom rettenden Glauben nimmt hier weder einen unmittelbaren Mirakelglauben auf, noch setzt er, wie bei Markus, eine Umkehr auf die Person des Offenbarers hin voraus. Er beantwortet vielmehr eine Bitte, einen Gebetsglauben. Schon der innere Vorgang des vertrauenden Gedankens der Frau ist bei Matthäus schärfer herausgehoben (V. 21). In Richtung der *bittenden* Haltung dürfte hier auch das 'von hinten' (V. 20) zu verstehen sein, das zunächst (wegen des Fortfalls der Menge) wie ein übersehenes Relikt aus der Markusfassung anmutet[32]. Es unterstreicht im Zusammenhang mit der Akzentuierung

[30] Vgl. R. Pesch, Das Markusevangelium I, 305: "Die 'Kur' (V. 29) war und ist eine Gesundung aus dem Glauben, die bleiben soll."

[31] Vgl. H. J. Held, Matthäus als Interpret der Wundergeschichten, 168.

[32] Vgl. ebd. 204 und J. Gnilka, Das Matthäusevangelium I, 340f. Abwegig erscheint mir die Deutung bei R. Pesch/R. Kratz, So liest man synoptisch, 63: "Das Hinzutreten [...] der Kranken 'von hinten' [...] deutet bei Matthäus nur noch darauf hin, daß sich die Blutflüssige infolge ihrer Unreinheit *heimlich* an den Wundertäter heranmachen muß".

des *Heran*tretens (προσελθοῦσα: Mt 9,20/ἐλθοῦσα: Mk 5,27) und der Betonung der Distanz (die Frau berührt nur die *Quaste* des Gewandes, wie Matthäus - wohl im Vorgriff auf Mk 6,56 - präzisiert) die ehrfürchtige Zurückhaltung der Bittstellerin.

Bei alldem bleibt gewiß der Glaube an die selbst durch bloßes Anrühren seiner Kleider wirkende Kraft Jesu vorausgesetzt. Entscheidend für Matthäus ist aber die achtungsvolle Scheu, mit der hier die Frau in ihrer Not an Jesus herantritt. Der mühevolle Schritt vom Mirakelglauben zur offenen Begegnung mit Jesus, wie er bei Markus dramatisch in zwei Abschnitten entfaltet wird, ist hier bereits von Anfang an getan (wie Matthäus ja überhaupt lieber flächig-systematisch darstellt, anstatt den Hörer über einen klimatisch-dramatischen Aufbau in den Bann zu ziehen). Der zurückhaltenden Bitte entspricht dann Jesu ausdrückliche Zuwendung (V. 22), der Matthäus eine Aufmunterung näherzutreten - 'Sei getrost!' - voranstellt.

Lk 8,43-48

Auch der dritte Evangelist hat den ersten Teil der Wundergeschichte, insbesondere den Krankheitsbericht, stark verkürzt. Im Unterschied zu Matthäus erwähnt Lukas allerdings, daß die Frau von niemandem hatte geheilt werden können, und behält vor allem die umgebende Szenerie - Volksmenge und Jüngerkreis - bei. Auffällig ist, wie auf seiten der Frau die subjektiven Momente hinter die objektive Berichterstattung zurücktreten. Fortgelassen ist, daß die Frau von Jesus gehört hat, ebenso ihre Reflexion über den Grund ihrer Berührung und ihre eigene Wahrnehmung der Heilung. Im Hinblick auf Jesus dagegen tritt der Berichterstatter selbst in den Hintergrund. Jesus fragt sogleich, wer *ihn* berührt habe, und stellt selbst fest, er habe bemerkt, wie eine Kraft[33] von ihm ausging. Die zweimalige Bemerkung über sein Umherblicken entfällt.

Dadurch ist einmal dem ersten Teil der Erzählung - "syntaktisch in einem Satz untergebracht" [34] - der Charakter einer fast eigenständigen, um die magische Perspektive der Frau kreisenden Novelle genommen. Zum anderen wird die souveräne Hoheit Jesu nicht erst schrittweise von diesem Hintergrund abgehoben. Jesus nennt die Dinge gleich beim Namen. Wenn Petrus als Sprecher für alle Jünger[35] Jesus die unüberschaubare Situation entgegenhält, so beweist schon seine Anrede 'Meister' [36], daß die Jünger hier nicht mehr (wie bei Markus) auf der Ebene einer

[33] Zur Interpretation dieser 'Kraft' sollte nicht auf hellenistische 'Parallelen' verwiesen werden. Für das lukanische Verständnis dieses Begriffs vgl. die Eintragung Lk 5,17 gegenüber Mk 2,1f im Zusammenhang mit der Diskussion um die Vollmacht Jesu (Lk 5,20-25); ferner Lk 4,14; 24,49; Apg 1,8; 10,38. Vgl. hierzu H. Schürmann, Das Lukasevangelium I, 491; ausführlich M. H. Miller, The Character of Miracles in Luke-Acts, 90ff.

[34] Vgl. R. Pesch/R. Kratz, So liest man synoptisch, 65.

[35] Wie oft bei Lukas, vgl. z. B. 5,1-11; 12,41; 22,8.61.

[36] Vgl. auch Lk 5,5; 8,24; 9,33.49; 17,13.

ungemäßen Vorstellung von Jesus befangen sind, von der sich dieser erst absetzen müßte.

Der entscheidende Punkt für Lukas ist die Anknüpfung an Mk 5,33: "[...] und sagte ihm die ganze Wahrheit". Lukas arbeitet die bei Markus eher verhalten bleibende Bekehrungsgeschichte nun ausdrücklich heraus. Die Frau wollte verborgen bleiben (V. 47), hatte offenbar zunächst mit 'allen' anderen die Tat abgestritten (V. 45). Nun tritt sie zitternd vor den Offenbarer und "verkündigt vor dem ganzen Volk" den Grund ihres Tuns und das Wunder ihrer sofortigen Heilung (V. 47).

Wie bei Markus bezieht sich auch hier Jesu Wort vom Glauben, der rettet[37], nicht auf die magisch-abergläubische Vorstellung der Frau, sondern setzt ihre Hinkehr zur offenen Wahrheit voraus[38]. Über den Markustext hinaus – und anders als bei Matthäus, der auf den *bittenden* Glauben abhebt – richtet sich das Bekenntnis der Frau aber nicht mehr an Jesus selbst, sondern ist zugleich dankbare Verkündigung der rettenden Tat vor dem ganzen Volk[39].

14.3 Der Zeichencharakter der Wunder Jesu nach den Evangelien

Trotz aller Verschiedenheit im Detail weisen die drei synoptischen Darstellungen der Heilung der blutflüssigen Frau einen erstaunlichen Gleichklang in der grundlegenden Intention auf. Bei keiner von ihnen konzentriert sich das Interesse auf die 'eigentliche' wunderbare Heilung der Frau durch bloßen Kontakt mit dem Gewand Jesu, auf den mirakulösen Vorgang, der ursprünglich wohl im Zentrum einer 'urchristlichen Wundergeschichte' gestanden hatte. Kennzeichnend für die kompositionelle Arbeit, der die Erzählung durch die Evangelisten unterworfen wurde, ist vielmehr eine je verschieden pointierte Distanz zu solchem Mirakelglauben. Im Hintergrund dieses Vorgehens dürfte das Bewußtsein eines fundamentalen traditionsgeschichtlichen Problems gestanden haben. Einerseits schien über jeden Zweifel erhaben, daß Jesus wunderbare Heilungen gewirkt hatte. Die *Form*, in der Berichte über solche Heilungen kursierten, schien anderseits der Grunderfahrung weitgehend ungemäß, der die Evangelisten im Zeugnis über Jesus begegnet waren. Es galt daher, im Prozeß der weiteren Überlieferung der 'urchristlichen

[37] Wie der Unterschied von 'rein werden' und 'retten' in Lk 17,11-19 wohl bewußt hervorgehoben ist (vgl. W. Bruners, Die Reinigung der zehn Aussätzigen und die Heilung des Samariters Lk 17,11-19. Ein Beitrag zur lukanischen Interpretation der Reinigung von Aussätzigen, Stuttgart 1977), so dürfte auch hier mit Bedacht zwischen ἰᾶσθαι in V. 47 und σῴζειν in V. 48 differenziert sein.

[38] Vgl. J. Ernst, Das Evangelium nach Lukas, 282: "Glaube und Rettung haben den letzten Rest des Magischen überwunden."

[39] Vgl. G. Theißen, Urchristliche Wundergeschichten, 139: "Die beiden entscheidenden Eingriffe des Lk: anfängliches Leugnen, Akzentuierung des öffentlichen Bekenntnisses, zeigen: Die Pointe liegt für ihn darin, daß die Frau von der Lüge zum Dank durchdringt. Glaube ist für Lk dankbarer Glaube. Gegenüber Mt, wo das als Glaube bezeichnete Verhalten seinen kompositionellen Ort vor der Heilung, in der Bitte hat, gehört hier der Glaube ans Ende, als Dank für erfahrene Wohltat." Die Kritik U. Busses hierzu (Die Wunder des Propheten Jesus, 228) verkürzt die Aussage auf die Kraft und das Wissen Jesu.

Wundergeschichten' die wirkliche Wundermacht Jesu von den sie einengenden und verstellenden Zügen zu befreien, denen sie durch die Vermittlung in allgemein verbreiteten Erzählschemata unterworfen worden war. Im vorliegenden Fall lösen die Synoptiker das Problem so, daß sie die Perspektive von dem objektiv konstatierbaren Mirakel auf Jesus selbst, die Mitte des Geschehens, wenden, indem sie zeigen, daß sich erst von seinem Blick und Wort her entscheidet, ob das, was der Mensch durch ihn erfährt, wirkliche Rettung ist.

Die in den kanonischen Evangelien zu beobachtende redaktionelle Arbeit stellt auf diese Weise eine bemerkenswerte 'Episode' dar zwischen einer frühen Schicht christlicher Wunderverkündigung und der im Kern damit recht verwandten Wiederaufnahme des am antiken 'common sense' orientierten Wunderjournalismus in den apokryphen Evangelien. Die theologische, aber auch für die Rückfrage nach dem wahren Jesus der Geschichte bedeutende Leistung, die jene redaktionelle Arbeit darstellt, läßt sich erst über die Vermittlung der modernen historisch-kritischen Exegese, insbesondere die Entwicklung der formgeschichtlichen Methode, in klareren Konturen erfassen. Dabei muß man allerdings, wie in Kap. 14.2 bemerkt, vor einer mit dieser Entwicklung einhergehenden Versuchung auf der Hut sein. Bei der Zuordnung von Einzelmotiven der Wundererzählungen zur gattungsspezifischen Typik darf man nicht den neuen Sinnzusammenhang übersehen, in den die Erzählungen innerhalb des jeweiligen Evangeliums gerückt sind.

Die Untersuchung der Einordnung der Wundergeschichten in die Evangelien führt aber noch einen entscheidenden Schritt weiter, von dem her ein kritisches Licht auf nahezu den gesamten Umgang mit den neutestamentlichen Wunderberichten in der theologischen Tradition, insbesondere im liturgischen und apologetischen Bereich, fällt. Bei genauerer Kenntnisnahme der redaktionellen Arbeit der Evangelisten erhebt sich nämlich die Frage, ob es in ihrem Sinne überhaupt angemessen ist, die Bedeutung der Wunder Jesu im Ausgang von jeweils einzelnen Wunderberichten erheben zu wollen.

Auch die von R. Pesch zu Recht getroffene Feststellung, die Wunder Jesu seien nicht aus dem Integral seines gesamten Redens und Wirkens zu isolieren[40], bedarf angesichts des Integrals, das die jeweiligen Evangelien darstellen, einer Nuancierung. Hier erscheint nämlich nicht der 'Charismatiker Jesus' *neben* dem 'Prediger' und 'Provokateur', sondern die charismatischen Machttaten Jesu sind so wiedergegeben, daß zum Verständnis ihres Sinns im allgemeinen auf einen größeren Kontext verwiesen wird. Die eigentliche Zeichenhaftigkeit der 'Machttaten' oder 'Zeichen' erschließt sich nicht aus den einzelnen Zeichen, je für sich genommen, sondern erst aus einem Verweisungszusammenhang, der durch die Redaktion der übernommenen Wundererzählungen hergestellt wird.

Dies kann hier nicht ausführlich belegt werden. Wir beschränken uns zunächst auf einige Hinweise zu den Evangelien nach Matthäus, Lukas und Johannes. In

[40] "Der Charismatiker Jesus, der Kranke und Besessene heilt, der Prediger Jesus, der Gleichnisse formuliert, der prophetische Provokateur Jesus, der mit Zöllnern Tischgemeinschaft hält und den Tempel demonstrativ reinigt, der Missionar Jesus, der Jünger in seiner Nachfolge beruft – Jesus in seinem gesamten Wirken ist Ort und Träger der Offenbarung [...]" (R. Pesch, Zur theologischen Bedeutung, 212).

Kap. 18 wird die Rezeption der Wundererzählungen im Markusevangelium aus ekklesiologischer Perspektive zur Sprache kommen.

Matthäus

Der theologisch reflektierte Umgang mit der Wundertradition, wie er sich in der matthäischen Redaktion der Perikope von der blutflüssigen Frau besonders deutlich manifestiert, läßt sich auch sonst in seinem Evangelium beobachten. H. J. Held[41] hat detailliert herausgearbeitet, mit welchen Mitteln es dem ersten Evangelisten gelingt, die Wundererzählungen auf den in seiner Perspektive entscheidenden Kern zu konzentrieren: das Wortereignis, das sich zwischen bittendem Glauben und souveräner Anrede durch den Herrn abspielt.

Über solche redaktionelle Arbeit an den einzelnen Wundergeschichten hinaus fällt vor allem die systematische Zuordnung von Worten und Machttaten Jesu ins Auge, die Matthäus im Zusammenhang mit der Einfügung der Bergpredigt vornimmt. Schon Markus hatte das Staunen der Menge angesichts des ersten von ihm berichteten Wunders auf die 'neue Lehre voll Macht' bezogen und damit die Machttat dem Wort Jesu zu- bzw. untergeordnet (vgl. Mk 1,27). Matthäus läßt der Bergpredigt nur eine Sammelnotiz über Jesu Verkündigung, Heilungen und Exorzismen, noch keinen ausgeführten Wunderbericht vorausgehen (vgl. 4,23) und faßt erst im Anschluß an die Bergpredigt eine erste Reihe von Wundererzählungen zusammen (8,1-9,34). Das bei Markus innerhalb der ersten Wundergeschichte berichtete Staunen über die 'Lehre voll Macht' bezieht Matthäus ausdrücklich auf die Bergpredigt (vgl. 7,28f).

Bereits bei Markus werden Wunder berichtet (z. B. die Geschichten von Seesturm und Seewandel Jesu, die Brotvermehrungen), deren Bedeutung erst auf dem Hintergrund des Alten Testaments hervortritt. Matthäus hat Wunder ausdrücklich durch Zitate aus den Gottesknechtsliedern interpretiert (vgl. Mt 8,17 mit Jes 53,4 und Mt 12,18-21 mit Jes 42,1-4). Die Annahme, nach Ansicht des Evangelisten erhielten die Wunder Jesu erst über diese Beglaubigung durch das Prophetenwort *Beweis*kraft[42], geht wohl zu weit. Deutlich wird aber, daß der *Sinn* der Wunder, Matthäus zufolge, sich nur im Verweisungszusammenhang des gesamten alt- und neutestamentlichen Wortgeschehens erschließt.

Lukas

Beim dritten Evangelisten ist der integrale Bedeutungszusammenhang, in dem er die Wunder interpretiert wissen will, schwieriger zu ermitteln als bei dem 'Syste-

[41] H. J. Held, Matthäus als Interpret.
[42] Vgl. ebd. 242.

matiker' Matthäus[43]. Daß etwa auch Lukas Jesu Wort den Wundertaten vorordnet[44], fällt nicht so unmittelbar ins Auge wie beim ersten Evangelisten, ist aber doch deutlich zu erkennen. So richtet sich in der wichtigen 'Ouvertüre' zum lukanischen Werk (Lk 4,16-30) das Staunen der Zuhörer in Nazareth auf die *Worte* Jesu 'voller Anmut' (V. 22), noch bevor ein einzelnes Wunder zur Sprache gebracht wurde. Wo Markus von einer großen Menge spricht, die kommt, weil man von Jesu *Wirken gehört* hatte, 'korrigiert' Lukas: "Sie alle *wollten ihn hören* und von ihren Krankheiten geheilt werden" [45]. Der vom Dämon befreite Gerasener sitzt "Jesus zu Füßen" (8,35 diff. Mk 5,15) - wie Maria in 10,39. Simon gehorcht dem Worte Jesu wider alle Berufserfahrung, bevor das Wunder vom reichen Fischfang gewirkt ist (5,5). Dieses selbst hat seinen eigentlichen Gehalt als Illustration der Berufung zum 'Menschenfischer' (5,10) - wie Lukas auch sonst gern ein konkretes Wunder erzählt, um den jeweils zur Diskussion stehenden Sachverhalt anschaulicher einzuführen[46].

Bei Lukas, 'dem Arzt', steht Jesu Wundertätigkeit als *Heilen* im Vordergrund. Dies zunächst durchaus im Sinne einer konkreten Zuwendung Jesu zu den vom Übel Betroffenen. Im Unterschied zu Markus begreift Lukas auch die Exorzismen als Heilungsakte[47]. Hierbei tritt die harte Direktkonfrontation Jesu mit den Dämonen zurück zugunsten einer persönlichen Zuwendung zu den Leidenden selbst. So bemerkt Lukas beim Exorzismus in Kafarnaum eigens, daß der Dämon ausfährt, "ohne (den Betroffenen) zu verletzen" (4,35 diff. Mk 1,26). In einem Sammelbericht von Heilungen fügt er hinzu, daß Jesus "jedem Kranken die Hände auf[legte]" (4,40 diff. Mk 1,32-34). Jesus gibt den geheilten Knaben "seinem Vater zurück" (9,42 diff Mk 9,27) wie den auferweckten Jüngling von Nain seiner Mutter (7,15). Vater und Mutter dürfen bei der Auferweckung ihrer 'einzigen Tochter' [48] dabeisein (8,51 diff. Mk 5,37).

Über einen reflektierten Gebrauch des Terminus 'heilen/retten' (σώζειν) konzentriert Lukas zugleich aber auch die Wundertätigkeit auf das in seiner Perspektive ausschlaggebende Heilswirken Jesu. In Kap. 14.2 wurde deutlich, daß der

[43] Das schlägt sich auch in der kontroversen Forschungslage nieder. Wichtige Klärungen hat vor allem die Arbeit von U. Busse, Die Wunder des Propheten Jesus, erbracht.

[44] Weithin ist die Auffassung verbreitet, Lukas gehe es vor allem um die *Taten* Jesu. Vgl. M. H. Miller, The Character of Miracles, 5; P. J. Achtemeier, The Lucan Perspective on the Miracles of Jesus, bes. 559; R. H. Fuller, Die Wunder Jesu in Exegese und Verkündigung, 92 - ganz zu schweigen von Interpretationen, die Lukas völlig ins Feld der θεῖος ἀνήρ-Theologie verweisen, vgl. bes. J. M. Hull, Hellenistic Magic and the Synoptic Tradition, 87-115. Die *Einheit von Wort und Werk* bei Lukas betonen U. Busse, Die Wunder des Propheten Jesus, bes. 71; ders., Das Nazareth-Manifest Jesu, 78ff; M. D. Hamm, This Sign of Healing, 91; A. George, Le miracle dans l'oeuvre de Luc.

[45] Vgl. Lk 6,18 diff. Mk 3,8, ferner Lk 5,17 diff. Mk 2,1f.

[46] So dient der Lk 11,14 knapp geschilderte Exorzismus zur Vorbereitung auf die darauf folgende Auseinandersetzung Jesu mit dem Vorwurf, er treibe die Dämonen durch deren Obersten aus. Ähnlich wird in Lk 13,10-13 und 14,1f je ein Wunder zur Einführung eines Streitgesprächs über den Sabbat berichtet.

[47] Vgl. θεραπεύειν in Lk 6,18 und 7,21; ἰᾶσθαι in 9,42 für die 'Heilung' des besessenen Knaben, ferner 8,2; 13,11.14; Apg 5,16.

[48] Lk 8,42 diff. Mk 5,23; vgl. Lk 7,12.

dritte Evangelist die Heilung der Blutflüssigen noch klarer als Markus in eine Bekehrungsgeschichte münden läßt. Auf diesem Hintergrund fällt auf, daß der bei Markus vorgefundene Zuspruch "Dein Glaube hat dich gerettet. Gehe hin in Frieden!" von Lukas schon vorher als Abschluß einer typischen, wohl weitgehend von ihm selbst komponierten Bekehrungsgeschichte verwandt wurde: der Begegnung Jesu mit der Sünderin im Hause des Pharisäers Simon (7,36-50). In dieser Erzählung sind für die Heilsthematik bei Lukas entscheidende Motive zusammengezogen, insbesondere Jesu Hinwendung zu den 'Zöllnern und Sündern'. Der Abschluß des 'mißglückten' Pharisäermahls bildet einen Kontrast zu dem Gastmahl im Hause des Zöllners Levi (5,27-32), das mit dem im Sinne des Evangelisten wichtigen Jesuswort schließt: "Nicht die Gesunden brauchen den Arzt, sondern die Kranken. Ich bin gekommen, um die Sünder *zur Umkehr* zu rufen, nicht die Gerechten" (5,31f diff. Mk 2,17). Die Bekehrung der Sünderin gibt ihrerseits die Folie für die Notiz über die nachfolgenden Frauen ab, die Lukas schon hier (8,2f vgl. Mk 15,40f) einbringt.

Den Zuspruch 'Dein Glaube hat dich gerettet' hat Lukas noch einmal am Ende des schon erwähnten 'Wundergleichnisses' von den zehn Aussätzigen verwendet (17,19). An der letzten Stelle, wo das Wort bei Lukas vorkommt, war es ihm wieder von Markus her vorgegeben (18,42 par. Mk 10,52). Hier fallen aber wichtige redaktionelle Änderungen auf. Der Zusatz zur Blindenheilung: "(und er folgte ihm nach) und pries Gott. Und das ganze Volk, das zusah, gab Gott die Ehre" (18,43 diff. Mk 10,52) bereitet schon den Lobpreis der 'ganzen Menge der Jünger' beim Einzug in Jerusalem vor (19,37f). Vor allem aber hat Lukas dadurch, daß er die Blindenheilung auf den *Weg nach* Jericho vorverlegt (18,35 diff. Mk 10,46), Platz geschaffen für die Begegnung mit dem Oberzöllner Zachäus in Jericho (19,1-10), die gleichsam die mit dem Levi-Mahl geöffnete Klammer schließt. In den Endversen: "[...] Heute ist diesem Hause Heil widerfahren, wie denn auch er ein Sohn Abrahams ist. Denn der Menschensohn ist gekommen, um das Verlorene zu suchen und zu retten" (19,9f) darf man ein Resümee des lukanischen Heilsverständnisses sehen[49].

Bei dieser Entschiedenheit, mit der Lukas das Verständnis von 'heilen/retten' vertieft und zu einem Leitfaden für die Komposition seines Evangeliums werden läßt, wird man wohl doch das enigmatische 'Arzt, heile (θεράπευσον) dich selbst!' in der Nazarethperikope (4,23) auf den 'Exodus' Jesu in bzw. von Jerusalem aus (vgl. 9,31) beziehen müssen[50]. Dies legt sich einmal von dem weitausgreifenden Ausgang der Perikope her nahe[51]. Zum anderen fällt auf, daß Lukas das 'Rette (σῶσον) dich selbst!' in der Kreuzigungsszene zwar von Markus (15,30) aufgegriffen, aber dreifach variiert hat[52]. Dabei wird jedesmal ausdrücklich (in Anpassung

[49] Vgl. bes. G. Schneider, Das Evangelium nach Lukas, 376-378.

[50] So deuten z. B. R. Glöckner, Die Verkündigung des Heils beim Evangelisten Lukas, 147; J. Ernst, Das Evangelium nach Lukas, 173; A. Büchele, Der Tod Jesu im Lukasevangelium, 85 mit Anm. 449 und 109 mit Anm. 653.

[51] Vgl. 4,29 mit 4,9; 20,15; Apg 7,58; 13,50; sowie 4,30 mit Apg 17,33. Vgl. dazu W. Radl, Paulus und Jesus im lukanischen Doppelwerk, 109, 120f, 234f (Literatur!).

[52] Vgl. 23,35 diff. Mk 15,29-32; 23,36f diff. Mk 15,36.16-20a; 23,39 diff. Mk 15,32b.

an den bzw. die jeweiligen Sprecher) auf den Christus-Titel Bezug genommen. Behält man im Blick, daß der dritte Evangelist (im Unterschied zu den übrigen) das Verb 'salben' betont christologisch verwendet[53], und berücksichtigt man den bewußten Kontrast zwischen Augustus und dem 'Retter' Christus in der Kindheitsgeschichte (vgl. 2,1.11), dann erschließt sich der letzte Verweisungszusammenhang für die Machttaten Jesu nach Lukas: Im Gegensatz zu den Erwartungen von Juden und Heiden im Hinblick auf ihre Könige und Wundermänner, die zunächst um ihr eigenes Heil besorgt sind, geht Jesu Tun ganz in der Rettung der Verlorenen auf – wie zuletzt noch der mitgekreuzigte Verbrecher, der sich bekehrt, erfahren darf (23,43).

Johannes

Um den eigentlichen Bedeutungszusammenhang der 'Zeichen' im vierten Evangelium zu erfassen, bedarf es einer Einübung ins Paradox. Das erste und das letzte der Phänomene, die hier ausdrücklich als 'Zeichen' verstanden werden, scheinen stärker als alles sonst in den Evangelien Vergleichbare bereits in die Welt der Apokryphen zu verweisen: Das 'Weinwunder' zu Kana (2,1-11) läßt ähnlich wie die unter die Zeichen Jesu einbegriffene (vgl. 20,30) Erscheinung des Auferstandenen vor Thomas (20,24-29) nichts an kompakter Konkretion zu wünschen übrig. Wenn der Erwartungshorizont des Thomas hinsichtlich eines weiteren, manifesteren Zeichens aber ausdrücklich als unangemessen kritisiert wird, so legt sich schon von hierher die Vermutung nahe, daß auch die Herrlichkeit (δόξα) Jesu, die sich in Kana offenbart (2,11), den Rahmen der dionysisch gefärbten Wundererzählung sprengt.

Der eigentliche Bezugspunkt dieser Geschichte – die 'Erhöhung' Jesu am Kreuz (vgl. 3,14; 8,28; 12,32) – ist wohl schon mit dem Verweis auf die noch nicht gekommene 'Stunde' Jesu (2,4) angedeutet[54]. Dafür spricht insbesondere die sicher nicht zufällige Parallelität der beiden Worte Jesu an seine Mutter zu Beginn wie bei der Vollendung seines Wirkens (2,4; 19,26). Vor allem aber läßt die für Johannes zentrale Thematik der gegenseitigen Verherrlichung von Vater und Sohn, auf deren Vollendung am Kreuz das gesamte Evangelium in einer der markinischen Theologie verwandten Dynamik angelegt ist, nicht zu, daß man aus diesem Verweisungszusammenhang ein Wunderzeichen als partiellen Herrlichkeitserweis herausbricht.

Dem entspricht, daß bei aller detaillierten Ausführung von Wundererzählungen diese bei Johannes doch oft kaum mehr als die Kulissen abgeben für das Drama der Entscheidung zwischen Glauben und Unglauben angesichts des fleischgewordenen

[53] Vgl. 4,18f; Apg 4,27; 10,38. Dazu R. Glöckner, Verkündigung, 134; M. Dömer, Das Heil Gottes, 6-69; M. D. Hamm, This Sign, 234ff.

[54] Wobei sicher zu beachten bleibt, daß jene "'Stunde' im engeren Sinn nur die Verdichtung jenes im ganzen Wirken Jesu spürbaren Gesetzes, daß der Vaterwille das Tun des Sohnes bestimmt", ist; vgl. R. Schnackenburg, Das Johannesevangelium I, 335.

Wortes, ein Drama, das unerbittlich auf die Verstoßung des Wortes der Wahrheit durch die Welt drängt. Dies zeigt sich deutlich an der Komposition der Heilung des Blindgeborenen (9,1-41) und der Lazarusperikope (11,1-53), aber auch an der Art und Weise, wie der vierte Evangelist aus den Synoptikern bekannte Stoffe aufgreift, etwa in der Verschränkung von Brotvermehrung und Seewandel Jesu in Kap. 6. Die Sättigung wird nur in einem Nebensatz erwähnt (6,12), der Seewandel bereitet szenisch die Auseinandersetzung über den eigentlichen Sinn der Sendung Jesu vor (6,22-66). Im Hinblick auf diese Offenbarung des wahren Brots des Lebens haben die beiden wunderbaren Geschehnisse als solche kaum einen größeren Stellenwert als die Begegnung Jesu mit der Samariterin am Jakobsbrunnen, die Johannes als Bühne für die Offenbarungsrede über das lebendige Wasser dient (4,5-42).

Angesichts dieser Beobachtungen erhebt sich nun allerdings eine ganz andere Frage. Sowenig man die johanneischen Berichte über Jesu Zeichen trotz Ähnlichkeit im Kolorit mit apokryphen Wundererzählungen verwechseln kann: kommt der vierte Evangelist über eine bloß symbolische Ausdeutung der Zeichen nicht in die Nähe der gnostisch-doketistischen Reduktion der Offenbarung auf einen rein pneumatischen Gehalt? Ist zumindest nicht die existentiale Interpretation R. Bultmanns im Recht, daß das Sehen des Glaubens eigentlich keines Zeichens bedarf, dieses vielmehr nur unter Umständen der menschlichen Schwäche zugestanden wird[55] – was ja abschließend noch einmal die Seligpreisung derer, die glauben, ohne zu sehen, zu bestätigen scheint (20,29)?

Mit einer solchen Deutung des Johannesevangeliums sind aber die häufigen Verweise auf die 'Werke' – ohne deren Sichtbarkeit der Unglaube entschuldbar bliebe[56] – schwer zu vereinbaren. Man wird der Theologie des vierten Evangelisten[57] wohl nur gerecht, wenn man sieht, auf wie schmalem Grat sich dieser bewegt. Er rezipiert die urchristliche Wundertradition, aber zu einer Zeit, in der ihr apologetischer bzw. journalistischer Mißbrauch bereits zu großer Zurückhaltung Anlaß gibt. Auf dem Hintergrund eines eher der Gnosis verwandten Denkens scheut er sich nicht, auch kraß mirakelhaftes Material aufzugreifen, hinterfragt dieses aber in äußerster Konsequenz auf den Kern der Jesusoffenbarung. Dabei wird vieles tatsächlich symbolisch gedeutet – im Bultmannschen Sinne: 'entmythologisiert'. Der Kern der Jesusoffenbarung ist aber, und hierin liegt die entscheidende Abgrenzung gegenüber der Gnosis, kein rein pneumatisches Geschehen, sondern ein Ereignis von Worten und Werken, das sich im Fleisch Jesu allen sichtbar, wenn auch nur vom Glauben richtig gesehen, zuträgt[58].

[55] Vgl. R. Bultmann, Das Evangelium des Johannes, 173, ferner 92, 152f. 539f.

[56] Vgl. Joh 10,25f.37f; 14,10f; 15,24 – und die Schwierigkeit, die solche Stellen einer Interpretation im Gefolge Kierkegaards bereiten.

[57] Auf die kontroverse Frage der verschiedenen Redaktionsstufen des vierten Evangeliums kann hier nicht näher eingegangen werden. Nach der gegenwärtigen Forschungslage scheint es mir jedenfalls berechtigt, von 'der Theologie des vierten Evangelisten' zu reden. Für plausibel halte ich den Lösungsvorschlag von H. Thyen, Aus der Literatur zum Johannesevangelium; ders., Johannesevangelium, bes. 211, dazu vgl. E. Ruckstuhl, Jesus im Horizont der Evangelien, 400f.

[58] Diesen eigentlichen 'Ort' der Offenbarung nach Johannes hat überzeugend J. Rahner in: 'Er aber sprach vom Tempel seines Leibes' (Joh 2,21) herausgearbeitet: "Jesus ist als das

Das entscheidende Stichwort, mit dem Johannes dieses Ereignis in immer neuen Anläufen umkreist und das auch die Wundererzählungen von Anfang an 'ausrichtet', ist 'δόξα' bzw. 'δοξάζειν' ('Ehre, Herrlichkeit'; 'die Ehre geben, verherrlichen'). Dieser Begriff erlaubt es dem vierten Evangelisten nicht nur, die Jahweoffenbarung im Glauben Israels einzubringen - von der Sinaiepiphanie bis hin zum vierten Gottesknechtslied[59]. Über ihn wird auch der Zusammenhang zwischen dem letzten Ort der gegenseitigen Verherrlichung von Vater und Sohn mit dem Verhalten der Welt sichtbar. Weil Jesus kompromißlos keine von Menschen gewährte Ehre annimmt, sondern nur die Ehre des Vaters sucht, bricht er in den circulus vitiosus derer ein, die einander die Ehre geben, und wird seine Liquidierung damit unvermeidlich - denn wer läßt sich schon aus den Rückhalt versprechenden Selbstverständlichkeiten der ihn tragenden Gruppe herausreißen? Der Sinn der Wundergeschichten im vierten Evangelium erschließt sich nur im Blick auf diesen Gesamtzusammenhang des einzigartigen Verhältnisses zwischen Sohn und Vater, einerseits in seiner Konfrontation mit der Welt, zum anderen als Quelle einer Liebe, die auf die vollendete Einheit aller mit dem Vater zielt (Joh 13-17).

menschgewordene Wort Gottes, als der zur Rettung der Welt hingegebene Sohn *der Tempel Gottes*, die sichtbare und - weil Fleisch geworden - greifbar-reale Gegenwart Gottes unter den Menschen. Verbindet man diesen Ansatz mit der zentralen Staurozentrik des Johannesevangeliums, so kennzeichnet sich gerade von dieser Pointierung der Doppelszene von Tempelaktion und Tempelwort Jesu eine ausgearbeitete Theologia crucifixi als die eigentliche christologische Mitte der gesamten Darstellung des vierten Evangelisten." (ebd. 311).

[59] Vgl. die für das vierte Evangelium zentralen Termini ὑψοῦσθαι, δοξάζειν, δόξα ἀπὸ (παρὰ) τῶν ἀνθρώπων, ἀμνός in Jes 52,13f; 53,7 [LXX].

15 Zur Basis des Osterglaubens

Noch im ersten Entwurf zur Dogmatischen Konstitution über die göttliche Offenbarung des Zweiten Vatikanischen Konzils wurden Wunder und Weissagungen zu den hervorragendsten unter jenen äußeren Zeichen gerechnet, dank deren die rechtgeleitete Vernunft den göttlichen Ursprung der Offenbarung mit sicheren Argumenten zu beweisen vermöge. Die leibliche Auferstehung Christi aber habe die Kirche stets als das größte Zeichen gewertet und tue dies immer noch. Von Jesus deutlich vorhergesagt, sei sie wegen des leer aufgefundenen Grabes und der Erscheinungen des Wiedererweckten ein leuchtendes geschichtliches Zeichen geworden[1].

Wir haben in Kap. 11(2) die entschiedene Umorientierung von *den* Zeichen zu *dem* Zeichen, das Jesus Christus selber ist, erörtert, die dann auf dem Wege zur Endfassung der Konstitution stattfand. In Kap. 14 konnten wir zeigen, wie sehr dieser für die Fundamentaltheologie wichtige Perspektivenwechsel der redaktionellen Arbeit entspricht, in der die Evangelisten die ihnen überlieferten Wunderberichte in ihre Darstellung von Wort und Werk Jesu integriert haben. Wie steht es in der gegenwärtigen Diskussion mit jenem 'größten' und 'leuchtenden geschichtlichen Zeichen', das nach traditioneller Ansicht die österliche Manifestation der Auferstehung Jesu ist?

Hier läßt sich zunächst ein eigentümliches Phänomen beobachten. Während in der theologischen Diskussion schon seit einigen Jahrzehnten fast alle Kernthemen der traditionellen Apologetik, sofern sie um den Einbruch des Supranaturalen in unsere Welt kreisen, nur noch ein marginales Interesse finden, wird der Disput um den fundamentaltheologischen Stellenwert der Ostererscheinungen mit nahezu unverminderter Heftigkeit weitergeführt[2]. Zum besseren Verständnis dieses Phänomens ist es wichtig, den Paradigmenwechsel ins Auge zu fassen, der in der Christologie insgesamt stattgefunden hat.

15.1 Ein Paradigmenwechsel

Schon in der Zeit der frühen Kirche wurde zunehmend ein christologisches Grundmuster vorherrschend, das man wegen der Tendenz, bereits im irdischen

[1] Vgl. Kap. 11 Anm. 18 und die Synopse S. 275f.

[2] Man müßte hinzufügen: auf der akademischen Etage. Denn das 'religiöse Fußvolk' beschäftigt seit geraumer Zeit schon längst mehr die Frage nach 'Reinkarnation' u. dergl. als das theologische Detail, das sich um das klassische Thema 'Auferstehung' herumrankt. Eine ähnliche Beobachtung ist hinsichtlich der Wunderfrage zu machen. Während diese in der Fundamentaltheologie mehr oder weniger 'abgehakt' scheint, erfreut sie sich in neueren religiösen Bewegungen eines zunehmenden Interesses (wenn auch kaum als *Frage*, auf die man eine rational verantwortbare Antwort zu geben hat).

Jesus die Züge des Menschlichen zugunsten seiner Offenbarung göttlicher Macht zurücktreten zu lassen, als im Prinzip 'monophysitisch' bezeichnen darf. Mehr und mehr wurde dann die Ausdrucksweise johanneischer Christologie als die für die Darstellung Jesu adäquateste Sprache empfunden. In solcher (nicht gerade johanneischer) Sichtweise galt die Auferstehung Jesu nur als die triumphale Fortsetzung der Wunder, mit denen der Gottessohn sich schon in seinem Erdenleben machtvoll legitimiert hatte. Im katholischen Raum konnte sich dieses christologische Grundmuster noch bis in die Zeit unmittelbar vor dem Zweiten Vaticanum erhalten. In dem von den deutschen Bischöfen 1955 herausgegebenen 'Katholischen Katechismus der Bistümer Deutschlands' heißt es z. B.: "Jesus zeigte durch g r o ß e W u n d e r, daß das Reich Gottes nahe war [...]" [3]. Auf die Merkfrage: "Welches Wunder hat Jesus am dritten Tag nach seinem Tode gewirkt?" folgte die Antwort: "Am dritten Tage nach seinem Tode vereinigte Jesus seine Seele wieder mit dem Leibe und stand glorreich von den Toten auf [...]" [4]. Im gleichen Duktus heißt es dann weiter: "Die Himmelfahrt Jesu war ein T r i u m p h z u g [...]. Im Himmel bestieg Jesus den Thron zur Rechten des Vaters. Er nahm jetzt auch als Mensch Besitz von der Macht und Herrlichkeit, die er als Sohn des Vaters von Ewigkeit her besitzt" [5].

Mit solchen lehramtlich abgesicherten Formulierungen wurde in Wirklichkeit aber nur ein Paradigmenwechsel verdrängt, der sich schon seit dem Beginn der kritischen Rückfrage nach dem 'historischen Jesus' angebahnt hatte. Das neue christologische Grundmuster, das sich hier seit der Aufklärung herauskristallisierte, kann man am treffendsten vielleicht als das 'Dogma vom Ostergraben' bezeichnen. Dem Selbstverständnis der historisch-kritischen Rückfrage nach dem irdischen Jesus zufolge müßte man zwischen Christen und Anhängern anderer Weltanschauungen eigentlich zu einem nüchternen Einvernehmen darüber kommen können, wer der wirkliche Jesus der Geschichte gewesen ist: der Mensch Jesus von Nazareth, abgehoben von allem dogmatischen Beiwerk und selbst von seinen kerygmatischen Überkleidungen schon in den neutestamentlichen Traditionen. Das Spezifikum des Christlichen bestünde dagegen wesentlich im Glauben an den Herrn, wie er österlich offenbart wurde. Während in der traditionellen Sicht eine klar zutage tretende Kontinuität zwischen dem vorösterlichen und dem österlichen Gottessohn angenommen wurde, beruht das paradigmatisch Neue also in der Annahme einer tiefen erkenntnistheoretischen Kluft zwischen Karfreitag und Ostern. Es liegt auf der Hand, daß bei der rationalen Rechtfertigung des Spezifikums christlichen Glaubens damit der Frage, was 'Ostern geschah', im Verhältnis zu dem, was sich im Hinblick auf den irdischen Jesus verifizieren läßt, ein erdrückendes Gewicht zukommt.

So bemerkt I. Broer: "Die Auferstehung soll, muß und kann – wenigstens nach Meinung vieler Theologen – leisten, was früher die Evangelien insgesamt, insbe-

[3] Ebd. 42.

[4] Ebd. 62. – Zur Wiederbelebung dieser Theologie in jüngerer Zeit vgl. H. Verweyen, Der Weltkatechismus, 91f.

[5] Katholischer Katechismus, 65.

sondere aber Wunder, Auferstehung und Jungfrauengeburt zusammen leisteten: dem Glauben einen Grund zu geben. Je schwieriger das historische Verständnis der Wunder und der Jungfrauengeburt wurde, um so mehr konzentrierte man sich auf die Auferstehung, und hier wiederum insbesondere auf die Erscheinungen, und meinte, hier den Punkt der Punkte zu finden" [6].

Auch in diesem neuen christologischen Paradigma kann man eine Tendenz zum Monophysitismus feststellen, diesmal allerdings in umgekehrter Richtung: der irdische Jesus erscheint als bloßer Mensch, mit dem sich Gott erst nachträglich zu dessen abgeschlossenem Lebenswerk, eben 'österlich', identifiziert.

Innerhalb des generellen Vorstellungsmusters vom 'Ostergraben' gibt es nun allerdings eine große Variationsbreite von theologischen Konzeptionen. Für *R. Bultmann* etwa, demzufolge unser historisches Wissen über Jesus mit dem nackten Faktum des Kreuzes am Ende ist, hat die Rede von Jesu 'Auferstehung' als mythologische Einkleidung der existentiellen Bedeutsamkeit des Kreuzes zwar ihren Sinn. Diese Rede wurde aber allein in der Kraft des Geistes möglich, der Kerygma und Kirche stiftet[7].

Während für Bultmann die Frage nach Erscheinungen des Auferstandenen, historisch gesehen, hoffnungslos und, theologisch betrachtet, ohne Relevanz ist, kommt im theologischen Konzept von *W. Pannenberg* der historischen Verifizierbarkeit solcher österlicher Manifestationen eine zentrale Bedeutung zu. Nach Pannenberg hat Jesus im Rahmen seines Zugehens auf die nahe bevorstehende Enthüllung der Wahrheit aller Geschichte einen Vollmachtsanspruch erhoben, der völlig in der Luft gehangen hätte, wären die Ostererscheinungen nicht tatsächlich erfolgt. Diese machten manifest, daß die apokalyptisch für das Ende dieser Weltzeit erwartete Auferstehung der Toten in Jesu Auferweckung exemplarisch vorweggenommen wurde und Jesu Anspruch somit legitim war. Die Verantwortung des Osterglaubens angesichts der historisch-kritischen Vernunft ist nach Pannenberg dadurch gewährleistet, daß jene Selbstbekundungen des auferweckten Jesus vor den Jüngern (wie auch das leere Grab) zumindest mit hoher Wahrscheinlichkeit als historisches Faktum aufgewiesen werden können[8].

In jüngerer Zeit ist die Notwendigkeit von Ostererscheinungen als dem entscheidenden Grund für den Christenglauben zumeist mit einem anderen Akzent als bei Pannenberg betont worden. Als zentrales Problem gilt nun nicht mehr das apokalyptische Angelegtsein des Redens und Wirkens Jesu auf eine Legitimation, die erst mit dem Anbruch des Endes der Geschichte offenbar werden konnte. Vielmehr habe Jesu Tod am Schandpfahl seinen Jüngern wie jedem gläubigen Juden ihrer Zeit die Mission Jesu fast zwangsläufig als gescheitert erscheinen lassen. "[...] denn ein Gehenkter ist ein von Gott Verfluchter", las der Gläubige im Buche Deuteronomium (21,23b). Um den durch Jesu Kreuzestod gegen seinen öffentlich

[6] I. Broer, 'Seid stets bereit, jedem Rede und Antwort zu stehen, der nach der Hoffnung fragt, die euch erfüllt' (1 Petr 3,15), 48.

[7] Vgl. bes. R. Bultmann, Neues Testament und Mythologie.

[8] Vgl. bes. W. Pannenberg, Grundzüge der Christologie, 47-112. Zu weiteren einschlägigen Arbeiten Pannenbergs und der Sekundärliteratur vgl. G. Wenz, Ostern als Urdatum des Christentums, 135f; W. L. Craig, Pannenbergs Beweis für die Auferstehung Jesu.

erhobenen Vollmachtsanspruch gesetzten Widerspruch aus der Welt zu schaffen, habe Gott nach dem Karfreitag eine neue Offenbarungsinitiative ergreifen müssen. Dies sei eben in den österlichen Begegnungen des Auferweckten mit seinen Jüngern geschehen.

Diese Position hat meines Wissens erstmals U. Wilckens prägnant formuliert[9]. Mit Entschiedenheit vertreten wurde sie dann besonders von H. Kessler[10] und L. Oberlinner[11], hat aber auch Eingang in den Katholischen Erwachsenenkatechismus gefunden: "Die Auferweckung Jesu, als Machttat Gottes verstanden, beseitigte vor allem den für die Juden sonst unüberwindlichen Anstoß, daß der am Kreuz Getötete *der verheißene Messias*, der Christus Gottes sein soll" [12].

Anhebend mit einer kleinen Schrift von W. Marxsen aus dem Jahre 1964[13], hat es allerdings auch eine Reihe von Versuchen gegeben, den 'Ostergraben' zu überwinden. Am meisten Aufsehen erregte dabei eine 1973 von R. Pesch publizierte, inzwischen jedoch von ihm selbst stark modifizierte These zur Entstehung des Osterglaubens[14]. Diesen Versuchen kann hier nicht im einzelnen nachgegangen werden[15]. Ich beschränke mich darauf, meinen eigenen, seit 1977[16] vertretenen Beitrag zur Überwindung jenes Grabens weiter zu präzisieren und etwas eingehender auszuführen[17].

15.2 Die fundamentaltheologische Kernfrage Drei Thesen

Bei der Frage nach der Basis des Osterglaubens sind exegetische und systematische Probleme eng miteinander verschränkt. Um sich nicht völlig im Gestrüpp der Kontroversen zu verlieren, ist es jedoch wichtig, die zentrale fundamentaltheologi-

[9] Vgl. U. Wilckens, Die Überlieferungsgeschichte der Auferstehung Jesu, 53f.

[10] Vgl. bes. H. Kessler, Sucht den Lebenden nicht bei den Toten.

[11] Vgl. L. Oberlinner, Zwischen Kreuz und Parusie.

[12] Katholischer Erwachsenenkatechismus, 208.

[13] W. Marxsen, Die Auferstehung Jesu als historisches und theologisches Problem, Gütersloh 1964.

[14] R. Pesch, Zur Entstehung des Glaubens an die Auferstehung Jesu. Ein Vorschlag zur Diskussion; ders., Zur Entstehung des Glaubens an die Auferstehung Jesu. Ein neuer Versuch. Hierzu (wie zu weiteren einschlägigen Arbeiten von Pesch und der Diskussion um seine erste These) vgl. bes. J. P. Galvin, Resurrection as *Theologia crucis Jesu*; ders., The Origin of the Faith in the Resurrection of Jesus; ferner H. Giesen, Zu Entstehung und Inhalt des Osterglaubens.

[15] Aus der Fülle der Forschungsberichte vgl. W. G. Kümmel, Das Urchristentum. II.; A. Schmied, Fragen um die Auferstehung Jesu; bes. J. P. Galvin, Resurrection as *Theologia crucis Jesu*; ders., The Resurrection of Jesus in Contemporary Catholic Systematics; ders., The Origin of the Faith.

[16] Christologische Brennpunkte, dort, 135-144.

[17] Diese Ausführungen in der Erstfassung meines 'Grundrisses' sind in den letzten Jahren sehr lebhaft diskutiert worden. In dieser Neufassung beschränke ich mich auf Korrekturen meiner Position, insoweit mir dies als notwendig erscheint. Zur Diskussion selbst - in ihren weitverzweigten Detailfragen - vgl. H. Verweyen, Botschaft eines Toten?, bes. Kap. 3-5.

sche Problematik von solchen historisch-kritischen Einzelfragen abzugrenzen, die nicht unmittelbar mit ihr zusammenhängen.

In der neutestamentlichen Exegese mag sich Übereinstimmung hinsichtlich der Frage erzielen lassen, in welcher Form sich ursprünglich der Osterglaube artikuliert hat – etwa in Sätzen wie: 'Gott hat Jesus von den Toten auferweckt' –, Einvernehmen auch darüber, welcher Sinn mit solchen Sätzen verbunden wurde, insbesondere im Horizont apokalyptischer Erwartungen. Damit ist die Frage aber noch nicht einmal angeschnitten, ob *wir heute* mit dem Stichwort 'Auferweckung' oder 'Auferstehung' Vorstellungen verbinden können, die im Horizont unserer eigenen Sinnerwartungen noch so etwas wie eine Schlüsselfunktion haben, oder, wenn nicht, ob jene seinerzeit sinnerschließenden Kategorien sich wenigstens in Grundbegriffe heutigen Glaubens und Hoffens übersetzen lassen.

Ähnlich steht es mit der historischen Frage nach den Fakten, auf die das Entstehen des Osterglaubens zurückgeführt wird. Bei aller Schwierigkeit, die im Neuen Testament behaupteten österlichen Widerfahrnisse näher zu bestimmen, mag sich schließlich doch ein exegetischer Konsens etwa darüber erzielen lassen, daß erst durch Begegnungen mit dem auferstandenen Herrn die Jünger Jesu und schließlich der Apostel Paulus zum Osterbekenntnis gefunden haben. Damit ist aber noch nicht ausgemacht, ob solche Phänomene der ausschlaggebende Grund für den Osterglauben waren, nicht nur der auslösende Anlaß, wo eine schon vorher hinreichend begründete, aber verdrängte Erkenntnis zum Durchbruch kam. Erst recht wäre mit jenem exegetischen Konsens noch nicht die Frage beantwortet, was uns selbst als entscheidender Grund für den Glauben an Jesus als die letztgültige Selbstmitteilung Gottes an den Menschen zu dienen vermag.

Unter den Voraussetzungen des Paradigmas vom 'Ostergraben' läuft gerade diese fundamentaltheologische Kernfrage Gefahr, von vornherein verstellt zu werden. Das sollen die folgenden Thesen verdeutlichen.

15.2.1 Der 'Ostergraben' im Lichte der Religionskritik

These I: Die Kategorie 'Auferweckung' bzw. 'Auferstehung' kann heute nicht mehr als Schlüsselbegriff für eine letzte Sinnerwartung verständlich gemacht werden, wenn erst nach dem Tode Jesu *Gott den für den Glauben an seine letztgültige Selbstmitteilung entscheidenden Offenbarungsakt gesetzt hat.*

Was wird durch eine im Anschluß an den Tod Jesu gleichsam 'nachgeschobene' Manifestation göttlicher Macht eigentlich gewonnen? Es resultiert ein merkwürdiges Amalgam, eine Mischung von zwei ganz unterschiedlichen Gottesvorstellungen. Die gänzlich neue, erstmals vom Kreuz Jesu her mögliche Gotteserkenntnis geht eine Verbindung ein mit dem alten Gottesbild eines machtvoll thronenden Herrschers, wie es sonst die Religionsgeschichte bestimmt und auch noch im Glauben Israels die Oberhand hat. 'Das Grab ist leer, der Held erwacht'. 'Erschalle laut, Triumphgesang!' – so klingt es in Osterliedern[18]. Ist bei einer solchen Sicht

[18] Vgl. Gotteslob, Nr. 862 und 864.

der Auferstehung und ihrer Manifestation die Lebenshingabe Jesu am Ende nicht doch nur ein Zwischenspiel, das sich die zweite göttliche Person in 'hypostatischer Union' mit einer menschlichen Natur leistet? (Im Rückhalt bleiben die beiden anderen Personen, und nach dem Karfreitag wird auch die zweite Person heimgeholt in den nie ernsthaft angefochtenen Glanz ewiger Herrlichkeit.) Was ist eine solche Erniedrigung des göttlichen Logos bis zum Tode am Kreuz dem gegenüber, was ein Mensch aufs Spiel zu setzen vermag? – so wäre etwa im Anschluß an Ludwig Feuerbach zu fragen. Wer sein einziges, unwiederbringliches Leben in die Waagschale wirft, mit nichts in petto (nicht einmal einem Freifahrschein in den Himmel, der den christlichen Märtyrern, oder einer einbehaltenen Mantelhälfte, die St. Martin blieb): erweist der nicht eine vorbehaltlosere Liebe als der christliche Erlöser?

Mit Albert Camus könnte eingewendet werden: Selbst wenn im Nachhinein zum Tode Jesu Gott den geschundenen Gerechten durch einen Hoheitsakt inthronisiert; im Marionettentheater der Weltgeschichte gibt es damit doch nur ein unschuldiges Opfer mehr. Mit nachträglichen Inthronisierungen bringt man einen Iwan Karamasoff nicht davon ab, sein 'Eintrittsbillet in die ewige Harmonie' zurückzugeben. Diese Harmonie ist zu teuer erkauft mit den Tränen der Unschuldigen. Als alles darauf ankam, an jenem furchtbaren Balken, war nichts von Gott wahrzunehmen. Wie will er uns dann klarmachen, daß es *seine* Liebe ist, die alles wendet – nicht bloß seine souveräne österliche Geste, die *menschliche* Liebe belohnt?

Wenn die österliche Erfahrung von Kraft und Herrlichkeit etwas anderes wäre als reine Entfaltung dessen, was der Hingang Jesu bis in seinen letzten Schrei hinein deutlich gemacht hat, so setzte sich unsere Gotteserkenntnis letztlich doch wieder zusammen aus der Torheit des Kreuzes und einer ganz anderen Erfahrung von Macht, die die Selbstoffenbarung Gottes am Kreuz zu einem Vorläufigen abstempelt. Die entscheidende Frage heißt: Wird das, was der Christ letztlich über Kraft und Herrlichkeit weiß, im Vollbringen jener Liebe selbst sichtbar, die stärker ist als der Tod, oder bedarf es darüber hinaus einer nachträglichen Demonstration, daß solcher Hingang 'bei Gott angekommen' ist?

Ein solches 'Amalgam' zwischen Gottes Offenbarung in der Ohnmacht des Kreuzes und hoheitlicher Inthronisation liegt natürlich nicht in der Absicht der Theologen, die die Erfahrung von 'Jesu Scheitern' am Kreuz erst durch einen nachträglichen Offenbarungsakt Gottes für überwindbar halten. Dies hat etwa H. Kessler in einer Replik[19] auf meine Rezension seines Buchs[20] nachdrücklich unterstrichen. Nur scheinen mir *fundamentaltheologisch* die beiden Aussagen unvereinbar, daß einerseits Gottes Intention und Handeln in der äußersten Dahingabe Jesu am Kreuz "am allertiefsten verborgen sind" [21], anderseits aber sich Gott in der Auferweckung des Gekreuzigten als derjenige offenbart, "der mitten im Leiden und Kreuz präsent ist [,... und] offenbar [wird], daß Gott seine Macht und

[19] H. Kessler, Irdischer Jesus, Kreuzestod und Osterglaube.
[20] In: ZKTh 108 (1986) 70-74.
[21] Vgl. H. Kessler, Sucht den Lebenden, 290.

Herrschaft über Leiden und Tod nicht von irgendwo außerhalb ausübt, sondern indem er selbst ins Leiden eintaucht" [22].

15.2 2 Inkarnation oder Inspiration des eschatologischen Wortes Gottes?

These II: Wenn Gott erst nach dem Tode Jesu *den entscheidenden Offenbarungsakt gesetzt hat, dann wird der Glaube an die Inkarnation des göttlichen Wortes unterhöhlt.*

Die soeben im Anschluß an moderne religionskritische Fragen angestellten Erwägungen legen sich im Grunde bereits vom Zentrum der frühen kirchlichen Christologie her nahe. Gegenüber der gnostischen Vorstellung von einem Scheinleib Jesu, den das Gottwesen gleichsam als Maskerade angenommen habe, hat die frühe Kirche zäh am Grunddogma der Inkarnation festgehalten: Gott hat es vermocht, sein ganzes Wesen 'im Fleische' zu offenbaren, d. h. in jener ohnmächtigen Spanne menschlichen Lebens zwischen Empfängnis und Tod, die der Christus mit uns allen gemein hat. Wäre das 'Ein-für-allemal' Jesu erst in Ereignissen *nach* dem Tode Jesu begründet, dann würde der entscheidende Offenbarungsakt doch wieder von der In*karnation* in Richtung In*spiration* verschoben. Dabei macht es keinen wesentlichen Unterschied, ob man die Osterevidenz auf einen reinen Akt des das Kerygma begründenden Geistes oder auf die Manifestation eines verklärten Geist-Leibs zurückführt.

Daß diese grundlegende Frage in der Theologiegeschichte nie in aller Schärfe durchreflektiert wurde, hat vermutlich mit der Eigenart der johanneischen Jesus-Darstellung zu tun. Auf der einen Seite ist offensichtlich, daß nach dem vierten Evangelisten die Kreuzigung die Stunde der Verherrlichung und in dieser Stunde 'alles vollbracht' ist. Auf der anderen Seite trägt, bei allem klaren Anti-Doketismus, den der vierte Evangelist setzt, sein im Fleische wandelnder Jesus doch Züge, die in Richtung des Doketismus weisen. Die zentrale Aussage von Chalcedon, daß Jesus Christus 'gleichen Wesens mit uns' ist, erschließt sich bei der Lektüre des Johannesevangeliums kaum unmittelbar. Wie im Blick auf das erste Paradigma vermerkt, ist in solchem Vorstellungshorizont der Übergang vom 'irdischen Jesus' zum sich in österlicher Herrlichkeit zeigenden Christus ein fließender. Die christologisch zentrale Frage nach dem Ernst der Inkarnation als des entscheidenden Offenbarungsakts Gottes konnte in der Theologiegeschichte darum immer wieder quasi-monophysitisch verdrängt werden. Genauer gesagt: Inkarnation wurde bis hin zu Chalcedon und darüber hinaus wesentlich onto-theologisch – unter der leitenden Frage nach dem Seinsbestand zweier Naturen in Jesus – reflektiert. Dabei

[22] Vgl. ebd. 308. Von den kritischen Bemerkungen Kessler gegenüber glaube ich auch nach Erscheinen der Neuausgabe seines Buchs (Würzburg 1995) nichts zurücknehmen zu müssen. Zu Kesslers Kritik an meinem Ansatz vgl. zuletzt H. Verweyen, Botschaft eines Toten?, bes. 65-67. – Schon 1979 hatte J. P. Galvin in einer Besprechung des Osterverständnisses bei W. Kasper und H. Küng gefragt: "Is it [...] consistent to understand the Resurrection as inseperable from Jesus' death, while assessing the Crucifixion in negative terms and attributing to the Resurrection the function of legitimating the (implicit) claims of the historical Jesus [...]?" (The Ressurection of Jesus, 143).

blieb die fundamentaltheologische Frage unbeantwortet im Hintergrund, *in welchem Geschichtsakt* Gott sich den Menschen *letztgültig erkennbar gemacht* hat[23].

Wie wenig diese Frage wirklich ausgestanden ist, zeigen häufig anzutreffende Aussagen, in denen einmal der Tod Jesu am Kreuz als Akt vollendeter Gottesoffenbarung, zum anderen aber doch die Auferweckung als das höchste Legitimationszeichen begriffen wird. So schreibt etwa H. Fries: "Der *Tod Jesu am Kreuz* ist nicht die Widerlegung seiner Sendung und seines Anspruchs, sondern dessen Vollendung. [...] Eine höhere Form und Weise von Offenbarung ist nicht denkbar. Deshalb ist sie einmalig und zugleich nicht überbietbar.[...] In der *Auferweckung Jesu von den Toten* hat Gott den Weg Jesu legitimiert und glaubwürdig gemacht. Sie ist deshalb das Zeichen und Kriterium schlechthin, in dem die Taten Jesu konvergieren und von dem sie ihre Bedeutung und Funktion empfangen" [24].

Die Problematik tritt besonders im theologischen Ansatz von Th. Pröpper zutage, gerade weil er die Zeichenhaftigkeit des Offenbarungshandelns Gottes entschieden durch das Geschehen menschlicher *Freiheit* vermittelt zu denken sucht[25]. Auf der einen Seite kann Pröpper von daher – H. U. v. Balthasar und J. Werbick zitierend – sagen: "Gottes Allmacht ist 'Überlegenheit über den Zwang, herrschaftlich [...] auftreten zu müssen' [...]. 'Gott läßt es tatsächlich auf die Liebe ankommen; und er greift nicht zu anderen Mitteln, wenn er mit ihr nicht durchzukommen scheint'" [26], und selbst feststellen, daß "Liebe nur sich selbst hat, um für sich zu sprechen" [27]. "Was denn sonst will man Wunder nennen, und wo will man sie finden, wenn nicht dort, wo eine Freiheit sich unbedingt und ursprünglich zu anderer Freiheit entschließt und ihr als schöpferische Liebe begegnet?" [28] "Daß er [Jesus] Liebe als definitiven göttlichen Willen verkündet, ist seine Vollmacht; daß er sie in seinem Wirken realisiert, indem er liebt bis zum Ende – das ist das Wunder schlechthin" [29]. Auf der anderen Seite heißt es: "Schenkt man ihm [Jesus], seiner Verkündigung, seinen Taten und seinem Sterben, dennoch [sc. trotz seines Scheiterns am Kreuz] den Glauben, daß sie den Anfang der definitiven Zuwendung Gottes darstellen, dann ist dies durch das Zeugnis ermöglicht, Gott selber

[23] Ein schönes Beispiel für den latenten Doketismus in der dominierenden theologischen Tradition findet sich bei Thomas v. A. Im Dritten Teil der 'Summa theologiae' (q. 44 a. 2) stellt er sich die Frage: "Waren die Wunder Christi, die er an Himmelskörpern wirkte, angemessen?" Der dritte Einwand lautet, es wäre für Christus angemessener gewesen, während seines Lebens und während seiner Lehrtätigkeit solche Wunder zu wirken, als bei seinem Tod. Die Antwort: "Gerade dann mußte die Gottheit Christi besonders durch Wunder bewiesen werden, als die Schwachheit seiner menschlichen Natur am meisten hervortrat. Deshalb erschien auch bei der Geburt Christi ein neuer Stern am Himmel. [...] Beim Leiden aber trat noch mehr die Schwäche der menschlichen Natur Christi zutage. Deshalb mußten noch größere Wunder an den wichtigsten Leuchten der Welt zu sehen sein [...]."

[24] H. Fries, Fundamentaltheologie und ökumenische Theologie, hier 138f. Vgl. auch W. Kern, Das Kreuz als Offenbarung Gottes, hier bes. 204, 211, 214ff; H. U. v. Balthasar, Epilog, 71; 83; 85.

[25] Vgl. bes. Th. Pröppers bedenkenswerte 'Thesen zum Wunderverständnis'.

[26] Vgl. ders., Erlösungsglaube, 237.

[27] Ebd.

[28] Ders., 'Thesen zum Wunderverständnis', 87.

[29] Ebd. 89.

habe sich mit dem Gekreuzigten identifiziert und an ihm vollendet, was er in ihm für uns begann. Erst durch seine Auferweckung vom Tod, die als Zeichenhandlung Gottes selbst gelten darf [...], ist das Versprechen der Liebe, aus der Jesus lebte, für die er einstand und die er als Liebe Gottes identifizierte, in der denkbar äußersten Situation eingelöst worden. Erst durch sie hat sich Gott als die schlechthin unbedingte und schöpferische Liebe, als die ursprüngliche Liebe selbst für uns erwiesen" [30].

Gewiß wurde erst im Licht der 'Osterevidenz' das Leben und Sterben Jesu als unüberholbar erfahren. Ist diese Evidenz aber erst in einem Geschehen *nach* dem Karfreitag zugänglich geworden und war zuvor Gottes 'Selbstidentifikation' mit Jesus grundsätzlich noch nicht voll erkennbar, dann kommt der gesamten Freiheitsgeschichte (dem 'Fleisch') Jesu im Hinblick auf jenes Geschehen nur ein vorläufiger Stellenwert zu; sie ist nicht selbst das entscheidende Medium der Gottesoffenbarung.

15.2.3 Zwei Klassen von Offenbarungsempfängern?

These III: Wenn Erscheinungen des Auferstandenen nach dem Karfreitag den ausschlaggebenden Grund für den 'Osterglauben' bilden, dann bleibt das von Lessing aufgeworfene Problem der 'Jünger erster und zweiter Hand' unlösbar.

Fungieren Ostererscheinungen ursprünglich als unabdingbare Einstiegsmöglichkeit in das 'Ein-für-allemal' Jesu, dann wäre dieser Einstieg den 'Jüngern erster Hand' noch durch eigene Wahrnehmung zugänglich gewesen. Wir hingegen wären auf bloße Berichte über jene behauptete Basisevidenz verwiesen, Berichte, die – wie alles historisch Dokumentierte – bestenfalls zu wahrscheinlicher Gewißheit führen. Eine Evidenz mit bloßem Wahrscheinlichkeitscharakter kann aber, wie in Kap. 13 näher erörtert wurde, nicht den Legitimationsgrund für eine Existenzentscheidung mit Unbedingtheitscharakter abgeben.

Anders liegen die Dinge, wenn nicht erst in Ereignissen nach dem Karfreitag, sondern bereits im 'Hingang' Jesu selbst (als Kurzformel für sein ganzes, 'proexistentes' Leben) der zureichende Grund für den Glauben zu sehen ist. Dann korrespondiert der Basisevidenz der Jünger – die in der Konfrontation mit diesem 'Hingang' gegeben war – auf unserer Seite ebenfalls die Erfahrung eines Hingangs: die Konfrontation mit dem Zeugnis derer, die in ihrem Leben und Sterben Jesu todverschlingenden Tod gegenwärtig machen. Der Qualitätsunterschied zwischen Jüngern erster und zweiter Hand fällt auf diese Weise dahin, weil der Weg in den Glauben für alle gleich weit ist. Alle Jünger Jesu müssen – vor den Ernstfall gestellt – entscheiden, ob sich ihre Angst durch eine solche Hingabe des Lebens entmachten läßt oder ob es zusätzlicher Zeichen bedarf.

Dieser Zugang zur Osterevidenz unterscheidet sich von der durch Kierkegaard und die Kerygmatheologie vertretenen 'Gleichzeitigkeit' dadurch, daß er wirklich eine Verantwortung vor der historischen Vernunft impliziert. Es wird nicht ledig-

[30] Th. Pröpper, Erlösungsglaube, 198, vgl. ders., 'Thesen zum Wunderverständnis', 89f.

lich eine methodisch inadäquate historische Rückfrage nach Jesus und seiner Auferstehung zurückgewiesen. Im Grunde wird hier ein bekanntes Argument aufgenommen, das die ganze Geschichte christlicher Glaubensverantwortung durchzieht: In der Bereitschaft der Zeugen Jesu zur Hingabe ihres Lebens ist die Entmachtung des Todes durch Jesus selbst transparent. Dieser 'Beweis der Kraft' ist das wirkmächtigste aller Wunder[31]. Nur wird in der Tradition nicht kritisch genug gefragt, welches der entscheidende Ort göttlicher Selbstmanifestation in Jesus von Nazareth ist, die sich hier und jetzt in der Lebenshingabe der Zeugen zur Geltung bringt. Stellen diesen entscheidenden Ort von Jesus gewirkte supranaturale Machttaten, die Gestirnsveränderungen bei seinem Tode, die Erscheinungen des Auferstandenen dar – mirakulöse Geschehnisse, über die man, weil der theoretisch-beobachtenden Vernunft zugehörig, eigentlich nur *berichten* kann? Oder ist es schlicht das 'Fleisch' Jesu, d. h. die Freiheitsgeschichte des irdischen Jesus bis in seinen Gott verherrlichenden Tod, die sich bleibend als todentmachtend erweist – ein Geschehen, das, weil zu seiner Wahrnehmung die sittlich-praktische Vernunft in Anspruch genommen ist, *bezeugt* werden muß?

15.3 Die Basis des Osterglaubens nach dem Zeugnis des Neuen Testaments

Bei dem folgenden kurzen Überblick[32] geht es nicht um die traditionsgeschichtliche Frage, wie der 'Osterglaube' ursprünglich entstanden ist und sich dann bis in die spätesten Schriften des Kanons hinein entwickelt hat, sondern allein um die nach den Ausführungen von Kap. 13 fundamentaltheologisch zentrale Frage, was dem Zeugnis der neutestamentlichen Autoren zufolge den entscheidenden Grund für den Glauben an das 'Ein-für-allemal' Jesu darstellt.

Matthäus

Blickt man aus der Perspektive des 'Ostergrabenparadigmas' auf das erste Evangelium, so fällt auf, wie wenig hier von einer scharfen Zäsur zwischen Karfreitag und Ostern die Rede sein kann. Matthäus unterstreicht vielmehr durch redaktionelle Eingriffe den engen Zusammenhang zwischen Kreuzigung und Auferstehung Jesu. Das Epiphaniemotiv des Erdbebens, mit dem der Evangelist den Ostermorgen einleitet (28,2), trägt er auch bereits in den Bericht über die Geschehnisse beim Tode Jesu ein[33]. Schon am Karfreitag "öffneten sich die Grüfte, und viele Leiber der entschlafenen Heiligen wurden auferweckt" (27,52). Wenn Matthäus dann fortfährt:

[31] Vgl. etwa Origenes, Contra Celsum II, 56. 77, aber auch Thomas v. A., CG I, 6 – im Kontrast mit STh I, q. 105 a. 8 und dem in Anm. 24 zitierten Text.

[32] Zur Auseinandersetzung mit der Kritik an meiner 'Bibellektüre' vgl. 'Botschaft eines Toten?', 88-95.

[33] Vgl. 27,51 diff. Mk 15,38 und früher 8,24 diff. Mk 4,37; 21,10 diff. Mk 11,11.

"und sie kamen nach seiner Auferweckung in die heilige Stadt und erschienen vielen" (V. 53), so ist dieses Zuwarten auf den 'Erstling unter den Entschlafenen' wohl aus der in der Tradition bereits festverankerten Chronologie der 'drei Tage' (und im Zusammenhang des zur Feststellung des wirklichen Todes notwendigen Berichts der Grablegung Jesu) zu verstehen.

In den Berichten über die Manifestationen des Auferstandenen lassen sich drei Aussageebenen unterscheiden. Auf der ersten wird der schon zur damaligen Zeit aufgekommenen 'Betrugshypothese' - die Jünger hätten den Leichnam Jesu entwendet und dann seine Auferstehung behauptet - mit der gleichen groben Münze heimgezahlt[34].

Die zweite Ebene ist deutlich von der ersten abgehoben: "*Ihr* (aber) fürchtet euch nicht!" (28,5) Die knappe Erklärung des Jünglings über Jesu Auferstehung (und die Suche der Frauen nach ihm am falschen Ort: Mk 16,6) hat Matthäus in einen Trostzuspruch des Engels mit Verweis auf die Vorhersage der Auferstehung durch Jesus umgewandelt (28,5f). Der Verkündigungsauftrag ist auf die Auferstehung von den Toten bezogen und als 'eilig' unterstrichen (28,7 diff. Mk 16,7). Die Frauen sind schon auf dem Wege, diesem Auftrag 'eilig' Folge zu leisten, bevor ihnen Jesus selbst erscheint (28,8-10 diff. Mk 16,8). Diese Umgestaltung der Szene entspricht der Änderung des markinischen Vorwurfs des *Un*glaubens in einen Tadel des *Klein*glaubens bei Matthäus, wie sie besonders in seiner Redaktion der Wundergeschichten deutlich wird. Grundthema ist dort wie hier, bei der Erscheinung vor den Frauen, nicht die Dokumentation von Macht, sondern die Stärkung des Glaubens der Kirche[35].

Der (zweimalige) Verweis auf Galiläa (28,7.10) leitet die dritte Ebene, die Erscheinung Jesu auf dem Berg in Galiläa - als 'Finale' des matthäischen Werks - ein (28,16-20). Auch diese Erscheinung dient aber nicht dem Aufweis der Auferstehungswirklichkeit Jesu, ist nicht als ein Geschehen konzipiert, das "erst den Ostergraben überbrückt" [36]. Die Proskynese der Jünger (28,17a) entspricht der der Frauen (28,9) wie der 'vorösterlichen' Unterwerfung der Jünger, die Matthäus in den Seewandelbericht und die Verklärungsgeschichte eingetragen hat[37]. Gegenüber der Proskynese und Glaubensbekundigung in 14,33 fällt die Huldigungsnotiz in 28,17 eher zurückhaltend aus und wird auch noch durch den Hinweis auf den Zweifel einiger Jünger eingeschränkt. Hier kann es also nicht um die Schilderung des primären Orts der endgültigen Evidenz über Jesu Hoheit gehen. Mit seiner abschließenden Erscheinung 'auf dem Berge' (28,16) setzt Jesus vielmehr sein letztes Siegel unter das, was ihn schon während seines Erdenlebens als Gottes Sohn ausgewiesen hatte: sein weltenwendendes Wort (vgl. 5,1).

[34] 27,62-66; 28,4.11-15. Dem entspricht die matthäische Sicht des Hauptmanns und seines Bekenntnisses in 27,54 diff. Mk 15,39. Zum Aufbau der matthäischen Ostergeschichte vgl. bes. P. Hoffmann, Das Zeichen für Israel.

[35] Vgl. H. J. Held, Matthäus als Interpret, bes. 278ff.

[36] Vgl. A. Sand, Das Evangelium des Matthäus, das Evangelium der Kirche, hier 65.

[37] Vgl. 14,33 diff. Mk 6,51f; 17,6 diff. Mk 9,7 und schon die Huldigung der Weisen vor dem Kinde (2,11).

Lukas

Der dritte Evangelist wertet unzweifelhaft die Erscheinungen des Auferstandenen 'während vierzig Tagen' als Beweise des Lebens Jesu nach seinem Leiden[38]. Von hierher drängt sich der Schluß auf – und diese Folgerung wurde in der Theologiegeschichte als nahezu selbstverständlich angesehen –, daß solche Erscheinungen zur Begründung des Osterglaubens notwendig waren. Es darf aber nicht übersehen werden, daß jene Selbstbekundungen des Auferstandenen nach Lukas zwar *de facto* erst den Osterglauben hervorgerufen haben, aber nicht *de iure* eine notwendige Evidenz für den Glauben an die Auferstehung Jesu darstellen. Die Frauen am Grabe erfahren den – im synoptischen Vergleich auffallenden – Tadel: "Was sucht ihr den Lebenden bei den Toten!" (24,5) Dem entspricht der harte Vorwurf der Unverständigkeit und Herzensträgheit an die Emmausjünger – noch vor jedem Selbstausweis des Auferstandenen – angesichts der Tatsache, daß sie trotz der Voraussagen von Mose und den Propheten nicht daran geglaubt haben, der Messias werde nach dem ihm auferlegten Leiden in seine Herrlichkeit eingehen (24,25-27). Daß der Glaube an die Erhöhung Jesu schon am Karfreitag möglich und geboten ist, ergibt sich auch aus dem vorletzten Wort Jesu am Kreuz: "Amen, ich sage dir: Heute noch wirst du mit mir im Paradies sein" (23,43).

Wie ist diese differenzierte Perspektive des dritten Evangelisten aber mit der 'apologetischen Absicht' zu vereinbaren, die offensichtlich in der Perikope 24,36-43 verfolgt wird[39]? Ähnlich wie bei der Redaktion der Wundergeschichten muß auch hier der Unterschied der theologischen Aussage des Lukas gegenüber der ursprünglichen Erzählintention der ihm aus der Tradition vorgegebenen Erscheinungsgeschichte (vgl. Joh 20,19-23) beachtet werden. Auszugehen ist dabei von der kompositionellen Einheit des in Lk 24 berichteten Ostergeschehens, genauer: von dem Gesamtgeschehen, das Lukas (damit dem Begriff von 'Erhöhung' bei Johannes nahekommend) als 'Exodus' (9,31) bzw. 'Hinweg-und-Hinaufnahme' (9,51: ἀνάλημψις) Jesu bezeichnet und das in seinem Verständnis Tod, Auferstehung und Himmelfahrt Jesu – und wohl auch Pfingsten als Ausgang des 'Weiterschreitens' Jesu von Jerusalem her im Zeugnis der Apostel – umfaßt[40]. Der theologische Angelpunkt für die Interpretation dieses Gesamtzusammenhangs ist – darüber bestehen kaum Meinungsverschiedenheiten – in der offenbar von Lukas weitgehend frei gestalteten Emmausgeschichte (24,13-35) zu suchen. Man könnte sogar von der Art und Weise her, wie Lukas hier die österliche Anwesenheit des Herrn im Wort und im Mahl darstellt und darauf vor- und rückverweist, von der Mitte des gesamten Doppelwerks sprechen[41].

[38] Vgl. Apg 1,3; 10,40f; 13,30f.

[39] So etwa J. Ernst, Das Evangelium nach Lukas, 666.

[40] Vgl. 24,47-49 mit 4,30.

[41] Dazu hier nur einige Hinweise: Schon die Erzählung von der Speisung der Fünftausend durch Jesus (9,10-17) ist durch die Formulierung "Der Tag aber begann sich zu neigen" (9,12 diff. Mk 6,35) eng mit dem Mahl in Emmaus verknüpft (24,29). Wortverkündigung und 'Brotbrechen' gehören zu den hervorstechenden Merkmalen der frühen nachösterlichen Gemeinde (Apg 2,42). Sehr pointiert hat Lukas dann in seinen Bericht über das Ende

Beachtet man diese Zusammenhänge, dann wird man in dem Essen des gebratenen Fischs (Lk 24,42f) nicht nur das in der Erscheinungserzählung ursprünglich dominierende Demonstrationsmotiv sehen, sondern zugleich wahrnehmen, daß mit der Erwähnung von Brot (24,30) *und* Fisch erst die Erinnerung an die Speisungsgeschichte (9,10-17) komplettiert ist. Vor allem aber darf diese 'Demonstration' nicht losgelöst werden von der anschließenden Belehrung (24,44ff), durch die Jesus den Jüngern den Sinn für das rechte Schriftverständnis (insbesondere den Zusammenhang von Leiden und Auferstehung) öffnet (VV. 45-47). Die Bedeutung der Verse 36-43 erschließt sich erst von hierher, wie die Emmausgeschichte beweist.

Man muß im Hinblick auf den Stellenwert der Erscheinungen auch im Blick behalten, daß Lukas zufolge der Osterglaube der Jünger hinsichtlich seiner Adäquatheit vor Pfingsten noch durchaus in einer kritischen Schwebe bleibt. Noch unmittelbar vor der Himmelfahrt Jesu fragen ihn die Versammelten: "Herr, stellst du in dieser Zeit das Reich für Israel wieder her?" (Apg 1,6) und beweisen damit, daß sie im wesentlichen noch nicht über den vor den österlichen Ereignissen geäußerten Verständnishorizont (Lk 19,11) hinausgekommen sind. Sie halten weiterhin nach einer apokalyptischen Manifestation des Messias 'von oben' her Ausschau, wo der Ort der österlichen Präsenz Jesu doch das in seinem Geiste abgelegte Zeugnis der Kirche sein wird.

Johannes

Es wurde bereits auf die terminologische Zusammenfassung von Kreuz und Auferstehung Jesu durch den Begriff 'Erhöhung' im vierten Evangelium (vgl. 3,14; 8,28; 12,32.34) hingewiesen, die im Gebrauch der Begriffe 'ἔξοδος' und 'ἀνάλημψις' bei Lukas eine Parallele hat. Aber auch im Blick auf die theologische Wertung der Erscheinungstradition lassen sich Ähnlichkeiten zwischen den beiden Autoren feststellen. Die Erscheinungen des Auferstandenen führen auch nach Johannes zwar *faktisch* zum Osterglauben, ohne daß sie dazu aber *de iure* als notwendig angesehen werden.

Das wird schon durch den Einschub des Wettlaufs von Petrus und 'dem anderen Jünger' (20,3-10) in den traditionellen Stoff von Maria von Magdala am Grabe deutlich. Der Lieblingsjünger findet bereits angesichts des leeren Grabes zum Glauben an die Auferstehung[42] gemäß der Schrift, die die Jünger bislang noch

der Paulusmission Motive einfließen lassen, die an die bleibende Gegenwart des Herrn im (Wort und) Brotbrechen erinnern, so etwa in der Erzählung von der Wiedererweckung des Eutychus (Apg 20,7-12, bes. V. 11), die eng im Zusammenhang mit dem (auf Jesu Abschiedsreden transparenten) Abschied des Paulus von den Vorstehern von Ephesus zu sehen ist (20,17-38, bes. V. 28). Dazu gehört ebenfalls die Erinnerung an die Speisungsgeschichte(n), die Lukas in die Erzählung von der Überfahrt nach Rom eingeflochten hat (27,33-38).

[42] Die Deutung, daß es sich hier noch nicht um einen vollen Osterglauben handele, scheint mir nicht haltbar. Vgl. meine Bemerkungen in: ThRv 82 (1986) 308; ausführlich zur Stelle: K. Quast, Peter and the Beloved Disciple, 117-119.

nicht verstanden hatten (20,8f) – wobei das leere Grab als solches keine 'Beweisgrundlage' bietet, wie V. 15 zeigt[43].

Davon deutlich abgesetzt ist die Schilderung, wie die übrigen zum Osterglauben kommen: (dem vorgegebenen Stoff entsprechend) über Erscheinungen Jesu vor Maria von Magdala am Grabe und vor den versammelten Jüngern. Maria steht noch auf der Stufe einer 'natürlichen' Erklärung des leeren Grabes[44], ihre Augen sind ähnlich 'gehalten' wie die der Emmausjünger bei Lukas. Sie hat noch nicht den zweifachen Sinn der Erhöhung Jesu begriffen. Ihr wie den übrigen Jüngern muß das Hingehen Jesu zum Vater noch einmal angesagt werden[45]. Der deutlichste Gegensatz zum Sehen des Lieblingsjüngers wird schließlich in der Thomasperikope markiert, auf die wir schon kurz in Kap. 14.3 eingegangen sind.

Markus

Im Hinblick auf die Frage nach der Basis des Osterglaubens nimmt Markus eine Sonderstellung unter den Evangelisten ein. Er läßt nicht nur – wie Lukas und Johannes – deutlich werden, daß die Jünger eigentlich (*de iure*) schon vor den Erscheinungen des Auferstandenen hätten zum Osterglauben kommen können und sollen, obwohl sie *de facto* (abgesehen von dem 'Lieblingsjünger' bei Johannes und den Frauen bei Matthäus) erst über solche Manifestationen zu diesem Glauben gefunden haben. Der zweite Evangelist verlegt schon das faktische Entstehen des vollgültigen Christusbekenntnisses zeitlich auf den Abschluß des Erdenlebens Jesu: in den Mund des Hauptmanns am Kreuz. Darüber, daß das Wort des römischen Hauptmanns (15,39) das einzige vollgültige Bekenntnis zu Jesus Christus im ganzen Markusevangelium darstellt, zeichnet sich in der heutigen Exegese ein wachsender Konsens ab[46]. Umstritten bleiben die Fragen, welchen Sinn auf diesem Hintergrund die markinische 'Ostergeschichte' (16,1-8) hat (1) und aufgrund welcher Evidenz der Hauptmann zu seinem Bekenntnis findet (2).

(1) Erst in dem Nachtrag (16,9-20), der später von anderer Hand an die Botschaft des Evangelisten angehängt wurde, werden Erscheinungen des Auferstande-

[43] Eher läßt sich an einen Rückverweis auf die Lazarusgeschichte (bes. Joh 11,44) denken, der dem Lieblingsjünger die Augen öffnet. Vgl. S. M. Schneiders, 'Das Tuch auf dem Antlitz Jesu'; J. Winandy, Les vestiges laissés dans le tombeau et la foi du disciple (Jn 20,1-9); J. Kügler, Der Jünger, den Jesus liebte, 335-337.

[44] Vgl. 20,2.13.15 mit der Wächtererzählung bei Matthäus.

[45] Vgl. 20,17 mit 14,1ff.

[46] Vgl. etwa E. Schweizer, Das Evangelium nach Markus, 206: "Markus sieht [...] in diesem Ausspruch sicher nicht nur die Ahnung eines Heiden von irgend etwas Göttlichem, sondern ein vollgültiges Bekenntnis"; J. Gnilka, Das Evangelium nach Markus II, 325: "Seine Äußerung hat als vollgültiger Ausdruck des christlichen Glaubens zu gelten." Besonders deutlich unterstreicht J. Ernst, Das Evangelium nach Markus, 474, das Bekenntnis des Hauptmanns als "die Spitze des Ev, wie es Mk versteht". R. Pesch bezeichnet das Bekenntnis im ersten Teil seines Markus-Kommentars (Das Markusevangelium I, 61) als "noch unzureichend". Im 2. Teil (1980), 500, hält Pesch ein "volleres Verständnis des Bekenntnisses des Hauptmanns [für] möglich". Vgl auch die bei E. S. Johnson, Jr., Is Mark 15.39 the Key to Mark's Christology?, 17f Anm. 3 genannte Literatur.

nen berichtet. Der Evangelist selbst läßt nur den Grabesboten unter Aufnahme einer Ankündigung Jesu selbst (14,28) die Frauen auf eine Erscheinung vor Petrus und den Jüngern in Galiläa verweisen (16,7). Dabei ist der Bezug auf das, was sonst neutestamentlich als Ostererscheinungen bekannt ist, aber so undeutlich, daß einige Exegeten an einen Verweis auf die Parusie denken konnten[47]. Von der Ankündigung einer 'Bestätigungsvision' [48] wird man aufgrund von 15,39 und der Anlage des gesamten Evangeliums kaum sprechen dürfen.

Es gibt zwar neuerdings Ansätze, Markus wegen seiner Aufwertung der Frauen als Erstzeuginnen der Auferstehung zu loben und in diesem Zeugnis das eigentliche Finale des Evangeliums zu sehen[49]. Sosehr aber die Annahme eines Erstzeugnisses der Frauen historisch plausibel sein mag[50]: als Aussage des Markus läßt sie sich nicht vertreten[51]. Die ihn in 16,1-8 leitende Intention dürfte am ehesten - in Fortsetzung seiner kreuzestheologisch motivierten kritischen Ekklesiologie - das Bemühen sein zu zeigen, wie trotz der Osterbotschaft und Anweisung zum Kerygma der Glaube der etablierten Kirche in der Schwebe (und hinter dem Bekenntnis von Heiden zurück) bleibt[52].

(2) Zentrale Bedeutung kommt der Frage zu, was in der Perspektive des Markus der ausschlaggebende Grund für das Bekenntnis des römischen Hauptmanns ist. Sind es die supranaturalen Begleitumstände des Todes Jesu, oder ist es die Besonderheit dieses menschlichen Sterbens selbst - und worin wäre dann diese Besonderheit zu sehen? Die Brisanz dieser Frage blieb so lange außerhalb theologischer Sichtweite, wie man in 16,9-20 [53] den Evangelisten selbst zur Sprache gekommen glaubte bzw. sich nach einem verlorengegangenen 'Markusschluß' umsah. Sobald aber in dem abrupten Ende (V. 8) zusammen mit dem Verweis auf das Sehen des Auferstandenen in Galiläa (V. 7) die klare Aussageabsicht des Evangelisten erkannt wird, konzentriert sich der Blick auf das Bekenntnis des Heiden angesichts des Kreuzes - und auf den Weg des Evangeliums dorthin.

[47] Im deutschen Sprachraum vor allem E. Lohmeyer (Von Galiläa nach Jerusalem; ders., Das Markusevangelium, 356) und W. Marxsen (erstmals in: Der Evangelist Markus, 47-77). Vgl. R. Pesch, Das Markusevangelium II, 534f; J. Gnilka, Das Evangelium nach Markus II, 343f; J. Ernst, Das Evangelium nach Markus, 488f, zur Stelle.

[48] So z. B. R. Pesch, Das Markusevangelium II, 335.

[49] Vgl. etwa E. Schüssler-Fiorenza, Zu ihrem Gedächtnis, 391-393; E. Drewermann, Das Markusevangelium II, 695 Anm., 697-722. Vgl. aber auch die Gegenfrage von J. F. Cassel bezüglich der Frauen am Grabe: "Are they the hidden heroines of Mark? [...] What they mean to do would integrate Jesus' life and death into the ordinary world where even the best of men die and are buried and women mourn for them. [...] they want to give him a 'proper' burial" (The Reader in Mark, 234. 236).

[50] Zu Maria von Magdala als möglicher Erstzeugin vgl. etwa J. Gnilka, Jesus von Nazareth, 319f.

[51] Der Versuch von E. Schüssler-Fiorenza, Zu ihrem Gedächtnis ..., an Mk 16,8 vorbeizukommen, erscheint mir wenig überzeugend.

[52] S. unten Kap. 18.

[53] Dieses apologetisch kompakteste Stück neutestamentlicher Ostertheologie verstellt nicht nur den Blick auf das Markusevangelium, sondern deutet z. B. auch den lukanischen Tadel, trotz des Zeugnisses der Schrift noch nicht an die Auferstehung Jesu geglaubt zu haben, um in den Vorwurf, trotz erfolgter *Erscheinungen* noch nicht dahin gekommen zu sein, vgl. Mk 16,14 mit Lk 24,25f.

Als mögliche Grundlage für das 'Sehen' des Centurions werden näherhin in Betracht gezogen: die Finsternis, die von der sechsten bis zur neunten Stunde über das ganze Land kam (15,33), der Gebetsschrei Jesu nach Ps 22,2 (V. 34), der laute Todesschrei Jesu (V. 37), das Zerreißen des Tempelvorhangs (V. 38). Bei der verwirrenden Vielfalt von Deutungen, die angeboten werden, haftet jedem Versuch, auf dem Weg zu einer vertretbaren Interpretation die Diskussion wenigstens der wichtigsten Argumente zu berücksichtigen, unausweichlich ein fragmentarischer Charakter an.

Mit großer Zurückhaltung wird man solchen Deutungsversuchen begegnen müssen, denen letztlich unausweisbare Hypothesen über die tatsächlichen Vorgänge bei der Kreuzigung Jesu bzw. über die Redaktionsgeschichte des Markustexts zugrunde liegen[54]. Eine Abmilderung des Gebetsschreis Jesu (V. 34)[55] durch die Annahme, daß Jesus den ganzen Psalm 22 – ein Klage- und Danklied – rezitiert habe, ist vom Markustext her kaum zu begründen[56], sosehr der von Markus rezipierte Passionsbericht diese Annahme auch nahegelegt haben mag. Sie ist zur Abwehr des Gedankens, Jesus sei als Verzweifelter gestorben, unnötig, würde sogar eher die hier zum Ausdruck kommende Kraft der bis ins Äußerste durchgehaltenen Gottesverbundenheit Jesu abschwächen. Diese liegt ja gerade darin, daß Jesus "im vollen Bewußtsein, vom Vater verlassen worden zu sein, den 'Glauben' an den Vater nicht verloren [hat], den er ja als 'Mein Gott, mein Gott' anruft, mit dem er also den einseitigen Dialog aufrechterhält und sich somit den 'nicht mehr gefühlten Händen' des Vaters überantwortet" [57].

Was die Interpretationen angeht, denen zufolge das Bekenntnis des Hauptmanns in den mirakulösen Begleitumständen des Todes Jesu begründet ist, so besteht zwischen der eher zurückhaltenden Auffassung: "Das Sehen des Hauptmanns kann sich [...] nicht auf die Stimme Jesu, sondern nur auf die Vorgänge beim Tod Jesu insgesamt, besonders auf die wunderbare Finsternis, zurückbeziehen" [58], und der Annahme, der Centurion habe von Golgotha aus (nach Markus möglicher-

[54] So schließt z. B. G. Lohfink aus der besonderen Rolle, die Psalm 22 schon sehr früh bei der theologischen Deutung des Sterbens Jesu spielt, daß Jesus diesen Psalm tatsächlich am Kreuz gebetet hat. Es ließe sich dann leichter erklären, wie 'einige der Umstehenden' den Schrei: 'Eloi, Eloi, lema sabachtani' als ein Rufen nach Elija verstehen konnten. Dieses Mißverständnis habe sich auf die Stelle 'Eli atta' ('Mein Gott bist du!' Ps 22,11) bezogen, an die Jesus noch beim Beten gekommen sei und die in der Tat (zumal aus dem Munde eines physisch total Ermatteten) leicht mit dem Ruf 'Elijja ta' ('Elija, komm!') verwechselt werden konnte. Hier wird letztlich aufgrund eines originellen Gedankens eine Textkorrektur vorgenommen, mit deren Hilfe man dann die Spötter entlasten und Jesu Ruf der Gottverlassenheit zum Ausdruck eines Gottvertrauens umdeuten kann, das durchaus nicht singulär dasteht. (G. Lohfink, Der letzte Tag Jesu, 74-76. Vgl. schon X. Léon-Dufour, Der Todesschrei Jesu, und die positive Aufnahme der Deutung bei J. Auer, Jesus Christus, 263f).

[55] Zu dem breiten Spektrum der Deutungen in Theologie und Literatur vgl. den schönen Beitrag von X. Tilliette, Der Kreuzesschrei.

[56] Besonders ausgewogen erscheint mir das Urteil von J. Gnilka, Das Evangelium nach Markus II, 322.

[57] Vgl. H. U. v. Balthasar, Ist der Gekreuzigte 'selig'?, 108.

[58] J. Gnilka, Das Evangelium nach Markus II, 313. Nicht ganz damit ausgeglichen ist die Aussage (ebd. 324): "Anlaß für [des Hauptmanns] Wort sind der Todesschrei Jesu und die übrigen Begleitumstände seines Sterbens."

weise auf dem Ölberg lokalisiert) sehr wohl beobachten können, wie der riesige (äußere) Tempelvorhang entzweiriß[59], in theologischer Hinsicht kaum ein wesentlicher Unterschied: in beiden Fällen wird – wie schon bei Thomas v. A.[60] – vorausgesetzt, daß den Augen des Heiden angesichts der Ohnmacht Jesu supranaturale Ereignisse zur Hilfe kommen mußten.

Dem Wortlaut von Mk 15,39 nach – "Als aber der Hauptmann, der dabeistand, ihm gegenüber, sah, daß er so den Geist aufgegeben hatte, sagte er: 'Wahrhaftig, dieser Mensch war Gottes Sohn'" – ist nun aber gerade das *Gegenüber* des Hauptmanns zu *Jesus* betont. Von dorther kommt zunächst nur die besondere Weise des 'Aushauchens' Jesu als Gegenstand des 'Sehens' des Hauptmanns in Betracht. Der Hinweis auf das Zerreißen des Tempelvorhangs (V. 38) ist im Sinne des Evangelisten wohl eher als eine Hilfe für den *Leser* gedacht, das Bekenntnis des Hauptmanns recht zu verstehen, denn als Erkenntnisgrundlage für dieses Bekenntnis selbst[61]. Eine ähnliche Funktion dürfte auch V. 33 haben: die von der sechsten bis zur neunten Stunde währende Finsternis signalisiert dem Leser die eschatologische Bedeutung der danach einsetzenden Sterbestunde Jesu.

Auch das 'Aushauchen' Jesu ist nun allerdings im Sinne einer mirakulösen Basis des Gottessohn-Bekenntnisses verstanden worden. Von der Patristik bis heute wird die Auffassung vertreten, der Hinweis auf 'die laute Stimme', mit der Jesus den Todesschrei ausstößt (V. 37), unterstreiche dessen übermenschliche Kraft[62]. Damit ist allerdings schwer zu vereinbaren, daß "mit lauter Stimme" Jesus auch den Gebetsschrei ausstößt (V. 34)[63], der doch gerade seine Gottesverlassenheit zum Ausdruck bringt[64].

Zum richtigen Verständnis der Stelle wird man im Auge behalten müssen, daß das Bekenntnis des heidnischen Hauptmanns im Markusevangelium nicht völlig unvorbereitet dasteht. Einmal ergibt sich aus der Darstellung der Jordantaufe und

[59] Vgl. H. M. Jackson, The Death of Jesus in Mark and the Miracle from the Cross, bes. 23f; F. J. Matera, The Prologue as the Interpretative Key to Mark's Gospel, bes. 19f Anm. 40; W. Schmithals, Das Evangelium nach Markus II, 695.

[60] Vgl. Anm. 24.

[61] Eine plausible Deutung des umstrittenen V. 38 legt meines Erachtens J. Ernst, Das Evangelium nach Markus, 473, vor: "Wahrscheinlich hat Mk, wie V. 39 zeigt, die Symbolik der Trennung (konkret durch den äußeren Vorhang) im Auge gehabt und auf die Offenbarung des Ev für die Heidenwelt anspielen wollen. Der Tod Jesu hat das letzte Hindernis beseitigt, jetzt haben die Völker freien Zutritt."

[62] Zur Literatur vgl. H. M. Jackson, Death of Jesus, 17f, Anm. 6-9. Jackson selbst führt das Zerreißen des Tempelvorhangs auf den göttlichen Sturm zurück, der von Jesus im Todesschrei ausgeht, vgl. ebd. 27f.

[63] Dieser Sachverhalt wird in den deutschen Übersetzungen häufig dadurch verdeckt, daß 'φωνῇ μεγάλῃ' in V. 34 zwar durch "mit lauter Stimme" wiedergegeben wird, man in V. 37 jedoch einen anderen Ausdruck wählt – etwa "schrie laut auf" (Einheitsübersetzung), "stieß einen lauten Schrei aus" (J. Gnilka, Das Evangelium nach Markus II, 310; J. Ernst, Das Evangelium nach Markus, 463).

[64] Vgl. J. Schreiber, Der Kreuzigungsbericht des Markusevangeliums Mk 15,20b-41, 1986, 177: "Daß er, der gleich in V 37 diese Welt und ihre Mächte (Vv 33.38) durch seinen Gerichtsruf vernichten wird, hier in V 34b so hilflos und unwissend nach Gott und dem Warum seiner Leiden fragt, ist ebenso unbegreiflich wie die Tatsache, daß der Gerichtsruf von V 37 zugleich sein Todesschrei ist." Allerdings versteht Schreiber diese 'Unbegreiflichkeit' nicht als ein exegetisches Danebengreifen, sondern als christliches Paradox.

des Todes Jesu – von diesem selbst als Taufe gedeutet (10,38) – bei Markus so etwas wie eine große Klammer um die Offenbarung des Gottessohns: Bei der Herabkunft des Geistes zerreißen die Himmel und wird Jesus von seinem Vater als Sohn angeredet (1,10f). Als Jesus den Geist an Gott zurückgibt, zerreißt der Tempelvorhang und proklamiert der Hauptmann den Gottessohn. Dieser Jesus gegebene und im Gehorsam zurückgegebene Geist des Vaters darf aber kaum nach mythologischen Vorbildern als mirakulöser Gottessturm verstanden werden[65]. Kraft dieses Geistes vollbringt Jesus zwar Machttaten. In der markinischen Darstellung laufen diese Machtbeweise aber deutlich auf die Offenbarung des Gottesknechts als Kulminationspunkt hinaus, des Menschensohns, der gekommen ist, "zu dienen und sein Leben hinzugeben als Lösegeld für viele" [66]. Sollte dieser Geist des Dienens und der Selbstentäußerung, der bis zum Tode Jesu die Nähe des Sohns zum Vater offenbart, bei diesem Tode sich plötzlich im Sinne der religionsgeschichtlich eingespielten Verstehensweisen vom Gottessturm gebärden?

Zum anderen sollte als Hintergrund für das Bekenntnis des Hauptmanns der Gegensatz zwischen verstehenden Heiden und nichtverstehenden Juden und Jüngern Jesu beachtet werden, der sich schon in Galiläa abzeichnet. Nach dem harten Urteil über das Unverständnis der Jünger im Anschluß an den Seewandel Jesu (6,52) und der programmatischen Streitrede mit den Juden über nur scheinbare und wahre Unreinheit (7,1-23) begegnet Jesus dem großen Glauben einer Heidin (7,25.28). Angesichts der Heilung eines Taubstummen verstehen Heiden, daß Jesus 'alles gut gemacht hat' und daß die von Jesaja verheißene Heilszeit angebrochen ist (vgl. 7,37 mit Gen 1,31 LXX und Jes 35,5f) – während die Jünger weiterhin nicht begreifen (8,14-21) und selbst nach der darauffolgenden Blindenheilung (8,22-26) noch nicht zu einem angemessenen Messiasbekenntnis finden (8,27-33)[67].

Behält man den Hintergrund, auf dem das Bekenntnis des römischen Hauptmanns zu lesen ist, im Blick – insbesondere die das Evangelium durchziehende Thematik des Gegensatzes von Unverständnis und Unglaube auf seiten der Juden und Jünger und Glaube und Verstehen auf seiten der Heiden –, dann legt sich nahe, den wortlos-lauten Todesschrei (15,37) nicht von dem lauten Gebetsschrei (15,34) zu trennen. Der Einschub über das Elija-Mißverständnis (VV. 35-36) ist im

[65] Vgl. H. M. Jackson, Death of Jesus, 27ff.

[66] Vgl. 10,45; 14,24 (und wohl auch 1,11).

[67] Die Betonung des Glaubens von Heiden setzt noch früher im Evangelium an. Im Vergleich zum Abschluß der von Jesus im jüdischen Kontext gewirkten Wunder fällt der Ausgang der ersten Machttat Jesu im Heidenland auf, insbesondere die Art und Weise, wie der vom unreinen Geist befreite Gerasener Jesus in der Dekapolis als den verkündigt, von dem Jesus selbst als 'dem Herrn' gesprochen hatte (5,19f). "Der geheilte Besessene ist der Heidenmissionar" (J. Ernst, Das Evangelium nach Markus, 158) . Hier ergibt sich ein deutlicher Zusammenhang mit der erwähnten Verkündigung durch Heiden in 7,36f – und ein scharfer Kontrast zu dem geschwätzigen Reden und seinen Folgen, wie sie in 1,44f geschildert werden. Aufgrund dieses Abschlusses der Gerasenergeschichte wird man ihren Beginn von Jes 65,1 her interpretieren müssen: "'Ich lasse mich suchen von denen, die nicht nach mir fragen, und lasse mich finden von denen, die mich nicht gesucht. [...] Ich breite aus meine Hände den ganzen Tag zu einem abtrünnigen und widerspenstigen Volk, die einen Weg gehen, der nicht gut ist'. – Der Besuch Jesu im heidnischen Gebiet ist von grundsätzlicher Art" (J. Gnilka, Das Evangelium nach Markus I, 203f).

Sinne des Markus nötig, um abschließend noch einmal dem Glauben des Heiden schärfere Konturen zu geben[68]. Diejenigen, die täglich die Psalmen im Munde führten, konnten nur bei verstopften Ohren diesem Schrei des Gerechten zu Gott einen Ruf nach dem Nothelfer Elija unterlegen[69]. Das wahre Verständnis der Erfüllung der Schriften in diesem letzten Hauch Jesu fällt einem der biblischen Sprache nicht mächtigen Barbaren und Vertreter der Israel feindlichen Besatzungsmacht zu[70].

Paulus

Dem Osterzeugnis der Evangelisten läßt sich nicht entnehmen, daß erst Erscheinungen des Auferstandenen den von der Sache her hinreichenden Grund für den Glauben an Jesus als das letztgültige Wort Gottes abgegeben hätten – wenn auch faktisch erst durch solche österliche Erfahrungen dieser Glaube zustande kam. Bei Markus, Lukas und Johannes wird darüber hinaus eine Kritik dieser faktischen Ausgangslage gegenüber deutlich: eigentlich hätten auf dem Hintergrund der Schriften Israels die Jünger den Tod Jesu nicht als Scheitern seiner eschatologischen Sendung interpretieren dürfen.

Wie stellt sich im Vergleich damit das Osterzeugnis des Apostels Paulus dar? Seitdem die in den Evangelien vorliegenden Berichte über das Ostergeschehen nach allgemeinem exegetischen Konsens nicht mehr im Sinne einer protokollarischen Niederschrift historischer Ereignisse verstanden werden (Berichte, die dann allenfalls im Hinblick auf einige Differenzen im Detail zu harmonisieren wären), hat sich die Forschung vor allem auf eine traditions- und redaktionsgeschichtliche Rekonstruktion von 1 Kor 15,3-8 konzentriert. Hier findet sich das literarisch früheste Dokument über Erscheinungen des Auferstandenen und wird offensichtlich auch älteres Traditionsgut weitergegeben. Dadurch, daß Paulus die früheren Erscheinungen mit der von ihm selbst erfahrenen in eine Reihe bringt, bezieht darüber hinaus hier an der einzigen Stelle im Neuen Testament ein Augenzeuge zu diesem Phänomen Position.

Im Hinblick auf eine fundamentaltheologische Wertung von Ostererscheinungen als die für den Glauben letztlich ausschlaggebende Erkenntnisbasis ergeben sich von diesem Text her allerdings beträchtliche Probleme. Die Zusammenfassung von offenbar doch recht verschiedenartigen Phänomenen (Einzelbegegnung,

[68] Unter Hinweis auf die Formulierung des Bekenntnisses im Imperfekt bemerkt Th. Söding, Glaube bei Markus, 271: "Muß aber nach markinischem Verständnis das Centurio-Bekenntnis im Grunde als Antwort auf Jesu Kreuzesruf Mk 15,34 verstanden werden, so folgt daraus: Für Markus 'sieht' der Hauptmann – im Glauben – *letztlich* die ganze Geschichte Jesu bis zu diesem Punkt seines Todes".

[69] Der Annahme von R. Zwick, Montage im Markusevangelium, 441ff, es habe sich bei den Jesu Ruf Mißverstehenden um römische Soldaten gehandelt, wird man kaum folgen können.

[70] "I was a stranger, could not read these people / Or this outlandish deity. Did a God / Indeed in dying cross my life that day / By chance, he on his road and I on mine?" E. Muir, The Killing, 225 (zit. nach J. L. Houlden, Backward into Light, 34).

Massenmanifestation) unter der einen Klammer des 'ὤφθη' läßt vermuten, daß Paulus diesen Terminus für einen ziemlich dehnbaren Begriff hält. Die größte Schwierigkeit ergibt sich hinsichtlich der zentralen Rolle, die man zumeist den Erscheinungen als Ereignissen zuspricht, in denen sich der auferstandene Herr als identisch mit dem irdischen Jesus gezeigt habe (in dieser Reihenfolge!). Gerade das Moment, daß hier Augenzeugen im erhöhten Herrn den irdischen Jesus wiedererkannt hätten, kann für Paulus, der aller Wahrscheinlichkeit nach dem irdischen Jesus nie begegnet ist, nicht zentral gewesen sein. Mit Rücksicht auf den irdischen Jesus ist dieser Apostel, der solchen Wert darauf legt, in die Reihe der ursprünglichen Zeugen des Auferstandenen zu gehören, 'Schüler zweiter Hand'.

Zweifellos vermittelt (auch) Paulus zufolge das 'ὤφθη' die Erkenntnis, daß der Gekreuzigte der Erhöhte ist (in dieser Reihenfolge!). Wie soll man diese Evidenz im Hinblick auf Paulus aber verstehen, ohne abstruse Vorstellungen zu Hilfe zu nehmen (etwa von der Erscheinung eines stigmatisierten Verklärten, der behauptet, er sei identisch mit dem irdischen Jesus)? Sowenig die Apostelgeschichte in ihren Berichten Niederschriften von historischen Ereignissen vermittelt, dürfte sie doch den entscheidenden Sachverhalt richtig wiedergeben. Die Erscheinung des Auferstandenen bietet dem Apostel keine (johanneisch gesprochen) 'postkarnale Evidenz von oben' mit Bezugnahme auf die geschichtliche Wirklichkeit Jesu, von der er bislang nur auf dem Wege historischen Berichtens Kenntnis hatte. Sie erschließt ihm vielmehr den Sinn einer 'karnalen' Erfahrung, die ihm schon vorher zuteil geworden war, gegen deren Wahrheit er sich aber bislang gewehrt hatte. Das "Saul(us), Saul(us), warum verfolgst du mich?" (Apg 9,4; 22,7; 26,14) läßt das Eigentliche seiner Erfahrung mit den verfolgten Zeugen Jesu zum Durchbruch kommen, an denen Jesu Sieg über den Tod transparent wird, oder, in der Begrifflichkeit des Apostels: christliche Gemeinde wird ihm als 'Leib Christi' (ohne Artikel, vgl. 1 Kor 12,27) auf den Leib Christi durchsichtig, der durch seinen Tod zur umfassenden Heilssphäre für alle Menschen geworden ist[71], so daß von nun an Paulus das Gesamt seiner Erfahrungen mit Jesus Christus als 'Wort vom Kreuz' zusammenfassen kann (1 Kor 1,18; vgl. 2,2).

15.4 Der geschichtliche 'Ort' der Osterevidenz

Die heute weitverbreitete Annahme, aus theologischen Gründen sei für den Glauben der Jünger Jesu an die Letztgültigkeit seiner Gottesoffenbarung eine neue Initiative von seiten Gottes *nach dem Karfreitag* unabdingbar gewesen, findet am Osterzeugnis der neutestamentlichen Autoren keinen Anhalt. Doch auch im hermeneutischen Horizont der heutigen historischen Rückfrage nach Jesus, wo dem Zeugnis der neutestamentlichen Autoren selbst keine kritische Funktion beigemessen wird, erheben sich Bedenken gegen die These von der Widerlegung des Heilsmittleranspruchs Jesu durch den Kreuzestod. Abgesehen von den erwähnten Interpretationsansätzen R. Peschs stellt I. Broer im Hinblick auf die Glaubenssi-

[71] S. unten Kap. 19.

tuation der Jünger angesichts des Kreuzestodes heraus: "Diese Botschaft war nicht die eines Gescheiterten, sondern sie trug sogar noch im Scheitern selbst; sie war in der Lage, das Scheitern bestehen zu helfen" [72]. P. Fiedler kommt zu dem Ergebnis: "Der durch die Römer verursachte Kreuzestod mußte keineswegs als radikale Widerlegung des Heilsmittleranspruchs Jesu, seiner Sendung durch Gott, seiner Gottes- und Gottesreich-Verkündigung und damit als völlige Infragestellung der Jüngerschaft seiner Jünger wirken, so schockierend das Ereignis für sie auch gewesen sein muß" [73].

Im Hinblick auf die drei oben (Kap. 15.2) vorgetragenen Thesen bin ich auch in der engagierten Diskussion der letzten Jahre auf keinen überzeugenden Einwand gegen meine Bedenken hinsichtlich einer 'Osterevidenz' gestoßen, die erst nach dem Abschluß des Lebens Jesu erfolgt sein könne. Im Neuen Testament nun gibt es zumindest ein Zeugnis, das als den geschichtlichen Ort für die Erkenntnis der letztgültigen Bedeutung Jesu den Augenblick seines 'Aushauchens' angibt: Mk 15,34-39. Dieses Zeugnis mutet so paradox an, daß man es in der christlichen Tradition immer wieder zu entschärfen versucht hat. Dies ist bereits bei den Markus aufnehmenden Evangelisten der Fall. Matthäus berichtet zwar den Verlassenheitsschrei (27,46), begründet das Bekenntnis des Hauptmanns aber ausdrücklich mit dem von diesem wahrgenommenen Beben (27,54). Lukas ersetzt den Schrei durch ein vertrauensvolles Gebet (23,46)[74].

Markus steht in gewisser Weise aber auch schon quer zu der ihm bekannten Tradition. Erst der Auferstehungsglaube hatte es der Gemeinde ermöglicht, dem am Kreuz Hingerichteten 'in die Augen zu sehen' – über die Interpretation seiner Passion als Erfüllung des im Alten Bund verkündeten göttlichen Willens. Markus setzt in beider Hinsicht neue Akzente. Er nimmt zwar nichts vom Bekenntnis zur Auferstehung Jesu zurück, bestimmt als den eigentlichen Ort für die diesem Bekenntnis zugrunde liegende Evidenz – genauer: für die Erkenntnis der Hoheit Jesu und seiner intimsten Verbindung mit Gott – aber den Schrei der Gottverlassenheit. Wie der ihm vorliegende Passionsbericht versteht zwar auch Markus den Gang Jesu zum Kreuz als Erfüllung des göttlichen Willens. Indem er aber den Verlassenheitsschrei 'für sich sprechen läßt', nicht von der Fortsetzung des darin zitierten Psalms her abmildert, verfolgt er vermutlich eine ganz andere Intention als der Verfasser der Passionsgeschichte. Er macht Geschichte wieder zu dem, was sie war (und ist): das absolut Grauenvolle für den, der gerecht ist, nicht nur so scheinen will[75].

[72] I. Broer, 'Der Herr ist wahrhaft auferstanden' (Lk 24,34), hier 61; vgl. ders., 'Seid stets bereit ...'; ders., 'Der Herr ist dem Simon erschienen' (Lk 24,34), 81-100.

[73] P. Fiedler, Vorösterliche Vorgaben für den Osterglauben, hier 26.

[74] Im Unterschied zu späteren 'christlichen Entschärfungen' haben wir es hier allerdings mit kanonischen Vorgaben für unser Verständnis von Jesus Christus zu tun. Darum muß nach guten Gründen des ersten und des dritten Evangelisten gefragt werden, die sie zu diesen Änderungen auf der Basis ihrer besonderen, für uns maßgebenden theologischen Perspektive veranlaßt haben – allerdings so, daß von der harten Botschaft des Markus nichts hinweggenommen wird. Zum speziellen Problem des (ebenfalls 'kanonischen') Nachtrags zum Markusevangelium vgl. unten Kap. 19.2 und 'Botschaft eines Toten?', 137f.

[75] Vgl. die oben, Kap. 8. Anm. 8 zitierte Stelle aus Platons 'Politeia'.

In dieser Geschichte der Menschen markiert Markus nun aber so etwas wie einen 'archimedischen Punkt', erzählt er eine Geschichte, für die es nirgendwo sonst in der Weltliteratur eine wirkliche Parallele gibt. Man wird sie als Nacherzählung einer wirklichen Erfahrung bezeichnen müssen, weil sie von Menschen schlechthin nicht erfindbar ist. Ich habe in den letzten Jahren verschiedentlich versucht, diese Nacherzählung nachzuerzählen[76], und will hier nur einige wesentliche Momente festhalten:

Mk 15,34-39 ist nur auf dem Hintergrund der Geschichte Israels angemessen zu verstehen, auf der Folie dessen, was Gott seinen Propheten zumutet und wie sich diese im vorbehaltlosen Befolgen des Wortes Gottes dem Sinn seines namenlosen Namens nähern[77]. Jesus sprach *seinen* Vater im Bewußtsein seiner besonderen Nähe zu ihm als 'Abba' an – wie ein Kind seinen Vater. Auch andere ermordete Gerechte sterben an qualvollen Foltern – von denen manche wohl noch ausgeklügelter sind als die Erfindung des Pfahls. Aber ihnen bleibt, selbst wenn sie mit keinem Gott und keinem Jenseits rechnen, wenigstens noch etwas: die Gewißheit, für die richtige Sache, in Befolgung eines 'kategorischen Imperativs' (oder wie immer das Grundgefühl der 'Bewahrung der Rechtheit um der Rechtheit willen' [78] zu benennen ist) in den Tod zu gehen. Dem Sohn wird in seinem Sterben auch noch das für ihn spezifische Bild Gottes zerbrochen – und damit das, wofür er sein ganzes Leben in die Waagschale geworfen hatte. Es vollzieht sich hier ein 'Ikonoklasmus, über den hinaus kein größerer gedacht werden kann'.

Aber gerade darin wird der mit dem Tetragram YHWH bezeichnete Name wie nie zuvor geheiligt: Im nackten Du, auf das hin Jesus in seinem Gebetsschrei 'aushaucht', *ist* Gott so da, wie er *da ist*, propositionslos, prädikatslos, in der reinen 'Sprachpragmatik' dieses letzten Schreis. Angesichts dieser aller Gewißheit entblößten Humanität läßt Markus den heidnischen Exekutor das einzige österliche Bekenntnis sprechen, das sich in seinem Evangelium findet. Doch was ist das für ein Gott? Bestünde seine einzige Entschuldigung nicht darin, nicht zu existieren (Stendhal)?

Andererseits aber: Gäbe es einen Gott, der diese Bezeichnung verdient, wie könnten wir von ihm eine wirkliche, nicht nur vermeintliche Kenntnis erhalten? Dieser Frage sind wir in Kap. 6-8 bei der Suche nach Kriterien dafür nachgegangen, wie die Rede von einer letztgültigen Offenbarung Gottes rational zu verantworten sei. Wir kamen zu dem Ergebnis, daß Gott sich nur dann ohne Beeinträchtigung seiner unbedingten Einheit in ein anderes, nichtgöttliches Sein äußern könne, wenn sich freie Wesen vorbehaltlos zu seinem Bilde machten bzw. formen ließen. Von daher ließe sich die Allmacht Gottes als die Fähigkeit verstehen, unendlich lange warten zu können. Denn solange auch nur eines seiner freien Geschöpfe nicht Bild Gottes werden will, kann Gott nicht ganz mit sich eins sein.

[76] Vgl. bes. 'Botschaft eines Toten?' 81-88.
[77] Vgl. meine Nacherzählung von Hos 1-3 in: Theologie im Zeichen der schwachen Vernunft, Kap. 3.
[78] Vgl. Anselm von Canterbury, De veritate, Kap. 12

Die Allmacht Gottes ist so aber schlechthin identisch mit Liebe. In dem Augenblick, wo ich beginne, einen anderen Menschen wirklich und vorbehaltlos zu lieben, schaffe ich mir ein Gegenüber, von dem ich auf immer abhängig bin, lasse ich mich auf ein potentiell unendliches Leiden daran ein, daß meine Liebe nicht erwidert wird. Als ein auf unbedingte Einheit nur angelegtes Wesen bin ich immer schon in anderes, in Differenz hineingeworfen, und mein Lieben entspringt anfänglich zumeist auch dem Verlangen, über diese Differenz hinwegzukommen. Im Entschluß zu wirklicher Liebe setze ich aber selbst aus freien Stücken eine Differenz, die nur vom anderen her überwunden werden kann.

Gott in seiner unendlichen Torheit entfremdet sich in dieser Weise von sich selbst, ohne je einen äußeren Anlaß dazu erfahren zu haben. Solange sich auch nur ein einziges freies Wesen dem Ruf Gottes verweigert, sich in sein Bild hineinziehen zu lassen, leidet Gott nicht nur an seiner Liebe. Er leidet Gottverlassenheit, weil er nur über die andere Freiheit in seine eigene, göttlich-unbedingte Einheit zurückfinden kann. Wer sich also unter den Bedingungen sich verweigernder Freiheit zum Bilde Gottes formen läßt, in dessen Antlitz darf sich nicht nur die Not eines Menschen spiegeln, der von allen Menschen verlassen ist. Zumindest sein letzter Hauch muß Gottverlassenheit zum Ausdruck bringen, damit 'Gottes letztes Wort' an die Menschen ergehen kann. Jesu Schrei der Gottverlassenheit bringt eine Differenz zur Sprache, wie sie größer nicht gedacht werden kann. Jesu *Gebets*schrei bringt eine Einheit in dieser Differenz zu Wort, wie sie größer nicht gedacht werden kann.

Im gleichen – letzten – Atemhauch macht Jesus aber auch den Weg frei für die vielen auf Gottes Bild hin angelegten Menschen, die ihre Gotteserfahrung nicht zu Wort bringen konnten (und trotz des von ihm her aufgebrochenen Zauns immer noch nicht können), weil wir (nicht nur) die religiöse Sprache durch unsere Bilder von dem, was unbedingt wahr, moralisch oder vernünftig ist, besetzt halten. Er schafft Raum in der menschlichen Sprache für Frauen, Homosexuelle oder etwa Menschen, wie sie Helen Prejean in 'Dead Man Walking' beschreibt, Menschen, deren Angelegtsein auf das ihnen zugedachte Bild Gottes erst aus vielem Schutt herausgegraben werden muß.

Die 'historisch-kritische' Rückfrage nach Jesus hat bei ihrem Bemühen um eine rationale Verantwortung unseres Glaubens als letztes authentisches Jesuswort aus dem Bericht über die Selbsthingabe Jesu im Abendmahlssaal ausgerechnet jenen Ausspruch destilliert, der unserem 'common sense' am nächsten kommt: "Amen, ich sage euch: Ich werde nicht mehr von der Frucht des Weinstocks trinken bis zu dem Tag, an dem ich von neuem davon trinke im Reich Gottes" (Mk 14,25). Der 'historisch verifizierbare' Jesus verläßt uns als einer, der *abwartet*, bis er zu seinem Recht kommt. Das nächste, woran sich dieselbe Exegese klammert, ist das österliche ὤφθη, also die Vergewisserung, daß er sein Recht bekommen hat. Der Jesus des Evangelisten Markus hingegen ist in seinem letzten Hauch Ausdruck eines Wartenkönnens, das geradezu 'praeter naturam (humanam)' zu sein scheint und doch nicht völlig menschenunmöglich ist. Vielleicht findet sich der angemessenste Kommentar dazu erst im Dogma von Chalkedon über das wahre Gottsein und Menschsein Jesu: "Eben daß er Gott ist, wirkt sich auf sein Menschsein in nichts anderem aus als darin, daß er nicht mehr aus der Angst um sich selbst lebt und auch andere Menschen aus der Macht ihrer Angst um sich selbst erlöst. Das gesamte Erlösungshandeln Jesu ist in dem [in allem uns gleich] außer der Sünde' bereits enthalten" [79].

Jesu Sterben als Befreiung von unserer Philosophie des Habens, vom Glauben, an uns selbst festhalten zu müssen, hat auf seine Weise sehr eindringlich Eugen Drewermann zu Wort gebracht: "All die großen Worte, welche die unfreiwillige Bosheit der Angst normalerweise legitimieren sollen, entbehren vor Gott jedes Sinns. 'Die historische Notwendigkeit', hätte *Kaiphas* gesagt; 'die politische Vernunft der Machterhaltung', hätte *Pilatus* gesagt; 'mein bloßes Überleben', hätte *Petrus* gesagt; 'das Gesetz', sagen die *Sadduzäer*, 'die Religion', sagen die *Pharisäer*, 'die Moral', sagen die *Wohlanständigen;* 'der Gehorsam', sagen die *Soldaten;* und jeder weiß damals wie heute: all diese Worte kaschieren nur die eigene Angst; [...] sie bilden die ewige Ausrede gegen die Macht des Schuldgefühls, gegen das widerliche Gefühl, sich für die nackte Armseligkeit seiner Angst im Grunde schäbig fühlen zu müssen" [80].

Auch nach Drewermann ist die tödliche Konsequenz der vollendeten Freiheit Jesu Grund genug, in dieser 'gescheiterten Existenz' den endgültigen Sieg über den Tod zu erkennen. "Bis zu diesem Ende der Sackgasse mußte Jesus uns offensichtlich führen [...]" [81]. "Es durfte dieses eine Mal für Gott kein Pardon geben, und zwar gerade in bezug auf diesen einen einzigen Unschuldigen nicht. Es mußte in der ganzen Kraßheit einmal deutlich werden, wie wir uns selbst durch unsere Angst zugrunderichten, und daß sich diese Angst vor Gott nicht lohnt. Gott *hier* um einen Ausweg anzuflehen, das hieße nur, die Angst noch einmal in den Himmel zu erheben. Einmal muß diese grausame Angst vor allem, was uns Menschen zur Unmenschlichkeit verführt, in all ihren Facetten durchgestanden werden. Einzig deshalb bedeutet der Tod Jesu gerade nicht, daß wir endgültig in Verzweiflung verfallen müßten; sein Tod verleiht uns, recht verstanden, in der Tat die entscheidende Kraft gegen unsere Angst und gegen unsere Ohnmacht, mit der wir immer von neuem ins Böse taumeln" [82].

Auf dem Hintergrund dieser Ausführungen läßt sich noch einmal der Gedanke herausheben, der in den in Kap. 15.2 vorgetragenen Thesen leitend war. Selbstmanifestationen des Auferstandenen als unabdingbar für die Begründung des Glaubens an das 'Ein-für-allemal' der Offenbarung Jesu Christi zu erklären, widerspricht nicht nur dem neutestamentlichen Zeugnis. Eine solche Sicht der Dinge verführt auch dazu, den eigentlichen Halt für menschliche Existenz außerhalb jenes Tuns zu suchen, das uns von der Verhaftetheit an uns selbst befreit hat: Jesu völlige Selbsthingabe für unsere Befreiung in untrennbarer Einheit mit dem Willen des Vaters. Nur der 'Blick auf den Durchbohrten' (vgl. Joh 19,37), den keine Macht der Welt dem Leben in und aus Gott entreißen konnte, vermag uns der

[79] P. Knauer, Der Glaube kommt vom Hören, 141.
[80] E. Drewermann, Das Markusevangelium II, 635.
[81] Ebd. 638.
[82] Ebd. 639.

Verfallenheit an 'das Fleisch' (im paulinischen Sinn), an das über sich selbst zusammengekrümmte Häuflein Mensch zu entreißen. Alles Warten auf ein Mehr und Danach würde ablenken von jener Freiheit, die auch im Zerfleischtwerden durch die wütendste Menschengewalt und in der schrecklichsten Gebetsklage der Gottverlassenheit ganz im Willen Gottes ruht. Diese Freiheit setzt nur 'in actu exercito' wirklich frei. Jede nachträgliche, klein- oder großgeschriebene Bekundung ihrer Wirksamkeit wäre ein schwächeres Zeichen dafür, daß Gottes Leben tatsächlich in unsere todverfallene Geschichte hineinragt. Und setzt man kerygmatheologisch den ausschlaggebenden Grund für den Osterglauben in einem durch den Geist zu Jesu Hingang dazugesagten Wort an, so schwebt dieses gleichsam über unserer Geschichte, in der die Fleischwerdung des Wortes stattgefunden hat.

Die entschiedene Betonung, daß bereits mit Abschluß des Lebens Jesu seinen Jüngern *hinreichende Evidenz* für den Glauben an die Letztgültigkeit seiner Offenbarung und seine unzerstörbare Geborgenheit im Leben Gottes gegeben war, steht der durch das neutestamentliche Zeugnis und die historisch-kritische Forschung gedeckten Auffassung nicht entgegen, daß die *faktische Entstehung* des Osterglaubens auf 'Widerfahrnisse' (W. Marxsen) nach dem Tode Jesu zurückzuführen ist, wie sie etwa durch den Terminus 'ὤφθη' umschrieben wurden. Mit E. Schillebeeckx (der allerdings noch andere, schwer damit zu vereinbarende Interpretationen der Erscheinungen gibt[83]) kann man diese österlichen Widerfahrnisse als Bekehrungserlebnisse zu verstehen suchen. Oft halten Angst oder 'Herzensträgheit' die Kraft einer Begegnung zunächst zurück, die mächtig genug ist, die eigene Existenz von Grund auf umzustürzen. Es kann dann Stunden, Tage, manchmal Jahre dauern, bis sich ein solches Ereignis schließlich doch in einem Erleben Bahn bricht, das wie der Einschlag eines Blitzes erfahren wird. Bei der Begegnung mit Jesus ging (und geht) es um den Entscheidungskampf mit der Sorge um uns selbst, die uns die Augen für das, was Gottes Leben bedeutet, verschließt. Der Vorgang, in dem jene Sorge durch die Evidenz besiegt wurde, daß Jesus 'durch sein Sterben unseren Tod vernichtet' hat, ist dann durchaus nicht als eine österlich halluzinierte Fiktion zu verstehen, sondern als Durchbruch jener eschatologischen Wahrheit, die die Jünger in der Begegnung mit dem 'irdischen' Jesus erfahren und doch nicht wahr-genommen hatten. Unannehmbar erscheint mir lediglich, daß in jenen österlichen Widerfahrnissen eine Zusatzinformation zu dem gegeben wurde, was Jesu Leben und Sterben offenbar gemacht hat. In jenen Ereignissen trug vielmehr die Macht dieser Hingabe selbst den Sieg davon, die man zunächst aus Angst vor den persönlichen Konsequenzen zurückzudrängen versucht hatte. Mit anderen Worten, die Fortsetzung in dem zitierten Text aus der Osterpräfation – 'qui mortem nostram moriendo destruxit, et vitam resurgendo reparavit' – wäre als ein 'et explicativum' zu verstehen: die Erkenntnis, daß der Hingang Jesu die 'Negation der Negation' des Lebens schlechthin ist, wurde insbesondere im Rückgriff auf die Kategorie 'Auferweckung' bzw. 'Auferstehung' zum Ausdruck gebracht, die im apokalyptischen Denkhorizont dieses 'Ein-für-allemal' zu sagen erlaubte.

[83] Vgl. E. Schillebeeckx, Jesus, bes. 335-340 mit ebd. 576 und mit ders., Christliche Identität und kirchliches Amt, 47f.

TEIL III

... gegenwärtig ?

16 Zur Legitimation von Kirche

16.1 Die Kirche im Plural von Kirchen

Ausgangspunkt der Fundamentaltheologie ist nach Kap. 2 das Geschehen von *traditio*, in dem das 'Ein-für-allemal' der *Aus*lieferung Jesu immer wieder neu transparent wird. Insofern diese Durchsichtigkeit der *Über*lieferung auf ihren Grund Kirche allein zu legitimieren vermag, stand die Frage nach der Kirche auch im ersten und zweiten Teil dieses 'Grundrisses' immer schon im Hintergrund der Überlegungen. Darüber hinaus sind unserem Ansatz zufolge die Aufgaben, die traditionell den Traktaten 'demonstratio christiana' und 'demonstratio catholica' zufallen, aufs engste miteinander verschränkt, wie sich bei der Erörterung der historischen Rückfrage nach Jesus zeigte: Darüber, daß ein letztgültiges Wort Gottes tatsächlich ergangen ist, kann kritisch adäquat nur innerhalb der Gegenwärtigsetzung dieses Wortes im lebendigen Zeugnis befunden werden (Kap. 13).

Nun ist Gottes Wort allerdings in sehr verschiedenen kirchlichen Traditionen präsent, die in dem Maße alle als wahre Vermittlungen des 'Ein-für-allemal' Jesu Christi erfahren werden, wie sich der einzelne Christ von dem ihn hier treffenden Wort unbedingt in Anspruch genommen weiß. Wenn nach langem Zögern schließlich auch die römisch-katholische Kirche seit dem Zweiten Vatikanischen Konzil in offiziellen Lehrdokumenten von "Kirchen oder kirchlichen Gemeinschaften" [1] spricht, so kommt dieser bewußten Anerkennung eines Plurals von Kirchen eine wichtige Signalfunktion für die Fundamentaltheologie zu.

Diese notwendige Neuorientierung der Fundamentaltheologie hat besonders deutlich K. Rahner unterstrichen: "[...] aus der Gemeinde, aus der Predigt des Wortes, aus dem Vollzug der Sakramente, ganz gleich, in welcher christlichen Gemeinschaft er diese Erfahrung macht, kommt ihm [dem konkreten Christen] diese innere Erfahrung des Christentums zu, und er hat daraus auch das Recht, dieses ihm geschichtlich zugeschickte, konfessionelle Christentum als das mindestens einmal für ihn legitime zu präsumieren. [...] Wenn eine katholische Theologie trotzdem den Anspruch macht, daß die römisch-katholische Kirche die Kirche Christi ist, dann muß sie nicht nur in einer theoretischen Weise mit historischen Argumenten nachzuweisen suchen, warum im römisch-katholischen Christentum die legitime Sukzession der Kirche Christi gegeben sei, sondern eine Apologetik muß auch mit der Tatsache einer solchen echten, wirklichen, christlichen Erfahrung, die aus einem anderen konfessionellen Kirchentum herkommt, fertig werden" [2].

Auf der Grundlage der Anerkennung einer Pluralität von Kirchen, in denen sich Christen zu Recht als von Gottes eschatologischem Wort in Anspruch ge-

[1] Vgl. bes. die Dogmatische Konstitution über die Kirche 'Lumen gentium', Art. 15.
[2] K. Rahner, Grundkurs des Glaubens, in: SW 26, 332f.

nommen erfahren, wird in der Tat eine Neuorientierung notwendig, die der traditionellen Richtung des fundamentaltheologischen Kirchentraktats, wie er sich kontroverstheologisch nach den großen Kirchenspaltungen herausgebildet hat, geradezu entgegenläuft. Kirche läßt sich in dem Maße fundamentaltheologisch verantworten, wie sie Gegenwärtigsetzung von Gottes letztem Wort bzw. deren notwendige Möglichkeitsbedingung ist. Wenn diese kirchliche Vermittlung der unbedingten Inanspruchnahme durch das 'Ein-für-allemal' Jesu Christi als in einer Pluralität von Kirchen gegeben anerkannt wird, dann muß die primäre Frage des fundamentaltheologischen Kirchentraktats lauten: Was ist die *gemeinsame kirchliche Gestalt*, die es möglich macht, daß jenes eschatologische Ereignis in verschiedenen Kirchen und kirchlichen Gemeinschaften tatsächlich Gegenwart wird? Die Frage nach dem je Unterscheidenden der einzelnen Kirchen und seiner Berechtigung kann demgegenüber nur von untergeordneter Bedeutung sein. Ein solches Spezifikum vermag bestenfalls die Begegnung mit Christus zu erleichtern, etwa ein Wegzeichen für die noch fehlende Einheit oder eine Stütze dafür zu sein, daß die anderen Kirchen schließlich nicht doch der von Gott gesetzten eschatologischen Wahrheit entgleiten. Es darf aber nicht mehr als Gegeninstanz gegen jenes Gemeinsame an kirchlicher Gestalt ins Feld geführt werden, das heute schon die Präsenz von Gottes letztem Wort tatsächlich vermittelt.

Insbesondere für die katholische Fundamentaltheologie ergeben sich aus dieser Umorientierung neue Fragestellungen, die sich zwar schon längst in der tatsächlichen Behandlung des Kirchentraktats niedergeschlagen haben, methodisch aber noch nicht zureichend reflektiert sind. Auch die folgenden Überlegungen werden kaum mehr als einige Schritte auf eine noch ausstehende Klärung dieser Probleme hin erbringen. Wie bei der Frage, ob die Behauptung, daß Gottes letztgültiges Wort in Christus tatsächlich ergangen ist, in dem wirklichen Jesus der Geschichte ihren Grund hat, werden wir auch bei der Frage nach der Legitimation von Kirche zunächst versuchen, in knappen Strichen die Entstehung des gegenwärtigen Diskussionsstands und seiner Aporien nachzuzeichnen (Kap. 16.2), bevor wir die Möglichkeit eines neuen methodischen Zugangs erörtern (Kap. 16.3) und uns exemplarisch der Behandlung einiger zentraler inhaltlicher Themen zuwenden (Kap. 17ff).

16.2 Kirchenstiftung durch Jesus?

In der Fundamentaltheologie wird – traditionell und bis in die jüngste Zeit hinein – die Frage nach einer Begründung der Kirche durch Jesus als Teil der allgemeinen Rückfrage nach dem historischen Jesus angesehen. Wie man die geschichtliche Fundierung des Kerygmas von Jesus Christus an den historisch-kritisch gesicherten 'ipsissima verba et facta' Jesu zu überprüfen sucht, so gilt als Grundproblem für die Legitimation von Kirche zunächst einmal die Frage, inwieweit eine Kirchenstiftung durch den historischen Jesus erfolgt ist oder zumindest in seinem intentionalen Horizont gelegen haben kann.

Die erste Zeit der kontroverstheologischen Behandlung dieser Frage läßt sich – etwas vergröbert – so charakterisieren, daß bei der Auslegung des Wortes: '[...] und auf diesen Felsen werde ich meine Kirche bauen' (Mt 16,18) zwar das nähere Verständnis des 'Felsens' strittig war, nicht aber, daß Jesus überhaupt eine Kirche bauen wollte. Eine gänzlich neue Perspektive ergab sich durch einen markanten Umbruch in der Leben-Jesu-Forschung. Seit der Mitte des 19. Jahrhunderts war die Gedankenwelt der jüdischen Apokalyptik erstmals in ihren Grundzügen erforscht worden, und es boten sich von daher neue Möglichkeiten, den geschichtlichen Hintergrund der Vorstellungen, die Jesus leiteten, näher zu bestimmen[3]. Eine die gesamte traditionelle Christologie und Ekklesiologie erschütternde Wende rief aber erst das kleine Büchlein von Johannes Weiß, 'Die Predigt Jesu vom Reiche Gottes', hervor. In Jesu Basileia-Botschaft hat es nach J. Weiß keinen Platz für eine innerweltliche Entwicklung des Reiches Gottes und für die Stiftung einer Kirche gegeben. Jesus habe das Reich als eine rein zukünftige Wirklichkeit angesehen, die unmittelbar nach seinem Tode von Gott heraufgeführt werde[4].

Wie sehr diese neue Sicht der Dinge auch der etablierten protestantischen Theologie in die Quere kam, zeigt exemplarisch der große Widerhall, den Adolf von Harnacks im Wintersemester 1899/1900 an der Berliner Universität gehaltene öffentliche Vorlesung über 'Das Wesen des Christentums' hervorrief[5]. A. v. Harnack leugnet zwar nicht den apokalyptischen Vorstellungshorizont Jesu, betrachtet ihn aber einfach als die Schale für einen Kern, der allein in einem rein innerlichen Verständnis des Reiches Gottes gelegen habe. "Gott und die Seele [...], die Seele und ihr Gott": das sei das Eigentliche am Evangelium Jesu gewesen[6].

Auf diesem Hintergrund und angesichts des großen Maßes an Fremdheit gegenüber der historisch-kritischen Exegese, das damals die katholische Theologie fast allgemein charakterisierte, war das Erscheinen von Alfred Loisys 'L'Évangile et l'Église' ein geradezu revolutionäres Ereignis. A. Loisy, der zu seiner Zeit wohl qualifizierteste katholische Exeget, verfolgte in diesem ersten seiner berühmten 'kleinen roten Bücher' [7] vor allem ein apologetisches Ziel. In Auseinandersetzung mit A. v. Harnack wollte er auf dem Höhepunkt der durch J. Weiß ausgelösten Diskussion die Plausibilität der katholischen Kirche nachweisen, ohne sich an der naheschatologischen Interpretation des Selbstverständnisses Jesu vorbeizudrücken. Loisys berühmt gewordenes Wort "Jésus annonçait le royaume, et c'est l'Église qui est venue" [8] ist zunächst also im Zusammenhang seines Versuchs zu werten, die

[3] Vgl. hierzu und zum Folgenden A. Schweitzer, Geschichte der Leben-Jesu-Forschung, 245-256.

[4] Bes. in seit der 2. Auflage aus dem Jahr 1900.

[5] Vgl. K.-H. Neufeld, Adolf v. Harnacks Konflikt mit der Kirche.

[6] Vgl. A. v. Harnack, Das Wesen des Christentums, 92.

[7] Das zweite 'petit livre rouge', 'Autour d'un petit livre', erschien gleichzeitig mit der 2. Aufl. des ersten, Paris 1903. Zu der durch A. Loisy ausgelösten sogenannten 'Modernismuskrise' vgl. bes. E. Poulat, Histoire, dogme et critique dans la crise moderniste; G. Larcher, Modernismus als theologischer Historismus; D. Bader, Der Weg Loisys; J. Hulshof, Wahrheit und Geschichte; Ch. Theobald, Maurice Blondel und das Problem der Modernität; C. Izquierdo, Blondel y la crisis modernista.

[8] L'Évangile, 1. Aufl., 111 (Paris ^{5}1930, 153).

Kontinuität zwischen Jesu Botschaft und der katholischen Kirche gegen A. v. Harnack zu betonen, war aber aufgrund seiner bereits vorausgegangenen Schwierigkeiten mit kirchlichen Institutionen[9] doch wohl bewußt so pointiert formuliert, daß man es in dem Sinne lesen konnte: 'Jesus verkündigte das Reich, und was kam, war die Kirche.'

Nach A. Loisy besteht eine fundamentale Kontinuität zwischen der Reichsverkündigung Jesu und dem Werden der Kirche insofern, als die Existenz der Kirche eine notwendige Möglichkeitsbedingung dafür ist, daß die Reichsverkündigung weitergehen kann. Diese Kontinuität wird von ihm in Kategorien organischer Entfaltung beschrieben, etwa als Entwicklung der von Jesus bereits gepflanzten Samen. So sei aus der Unterscheidung zwischen dem Apostelkollegium und den übrigen Jüngern, die Jesus vorgenommen habe, schließlich eine kirchliche Hierarchie geworden; aus der Vorrangstellung des Petrus gegenüber den Zwölfen habe sich der päpstliche Primat entfaltet. Die gegenwärtige Kirche setzt, A. Loisy zufolge, nicht nur die Predigt vom Gottesreich fort, sondern entfaltet dabei zugleich das Ordnungsschema, das bereits zur Zeit Jesu angelegt war. "Die heutige Kirche gleicht der Gemeinde der ersten Jünger nicht mehr und nicht weniger als ein erwachsener Mensch dem Kinde gleicht, das er früher gewesen ist" [10]. Allerdings gab Loisy der Auffassung den Abschied, daß Jesus die Kirche in dem Sinne gegründet habe, daß er ihr gleichsam eine Verfassungs-Charta hinterließ. Daß Jesus eine Kirchengründung intendiert habe, ließ sich nach A. Loisy nicht weiter mit historisch stichhaltigen Argumenten verteidigen.

A. Loisys unverblümte Übernahme der naheschatologischen Interpretation des Erwartungshorizonts Jesu, die auch in der protestantischen Theologie nur zögerlich rezipiert wurde, konnte in der katholischen Kirche kaum ohne massiven Widerstand bleiben. Hier hatten die Erklärungen des Ersten Vatikanischen Konzils über den Primat und die Unfehlbarkeit des Papstes dazu geführt, daß sich die historische Frage nach der Legitimation der Kirche noch stärker auf den Beweis der Gründung der päpstlichen Gewalt durch den irdischen Jesus konzentrierte. Die Annahme einer apokalyptischen Ausrichtung der Verkündigung Jesu schien der gesamten, auf der Frage nach den Intentionen des historischen Jesus basierenden Legitimation von Kirche den Boden zu entziehen. Daß A. Loisys eigener, auf dem biologistischen Modell einer Entwicklung der Kirche aus den Samen eines als rein zukünftig konzipierten Gottesreiches fußender apologetischer Versuch die Schwierigkeiten nicht befriedigend zu lösen vermochte, war nur zu deutlich.

Eine kurze Zeit schien es zwar, als ob sich die Diskussion auch im katholischen Raum relativ frei entfalten könnte. Leos XIII. im Prinzip offene Haltung gegenüber den im nachrevolutionären Frankreich aufbrechenden liberalen katholischen Strömungen hatte auch in Theologie und Philosophie Kräften zur Entfaltung geholfen, die auf eine Aussöhnung von Kirche und neuzeitlichem Denken drängten. Mit den wachsenden Spannungen zwischen Staat und Kirche in Frankreich (Affäre

[9] Vgl. A. Loisy, Choses passées; ders., Mémoires pour servir à l'histoire religieuse de notre temps.
[10] A. Loisy, Evangelium und Kirche, 116.

Dreyfus, völlige Trennung von Staat und Kirche 1905) und unter dem Pontifikat Pius X. (1903-1914) wurde die Haltung der restaurativen Kräfte in der Kirche aber zunehmend kompromißloser. In dem Dekret *Lamentabili* vom 3. Juli 1907 und der Enzyklika *Pascendi dominici gregis* vom 8. September 1907 wurden schließlich die 'modernistischen Irrtümer' verurteilt. In dem 1910 durch ein 'Motu proprio' promulgierten 'Antimodernisteneid' - der noch bis 1967 in Kraft blieb! - mußten alle kirchlichen Amtsträger und Theologen bekennen, daß "die *Kirche*, die Hüterin und Lehrerin des geoffenbarten Wortes, durch den wahren und geschichtlichen Christus selbst, als er bei uns lebte, unmittelbar und direkt eingesetzt und daß sie auf Petrus, den Fürsten der apostolischen Hierarchie, und seine Nachfolger in Ewigkeit erbaut <wurde>" [11].

Angesichts solcher lehramtlicher Vorgaben läßt sich verstehen, daß die seit dem Ende des 19. Jahrhunderts offenkundigen Probleme der traditionellen Frage nach einer Kirchenstiftung durch Jesus in der katholischen Theologie bis in die zweite Hälfte unseres Jahrhunderts hinein nicht mit der nötigen Freiheit diskutiert werden konnten. Erst langsam wurden auch in den systematischen Fächern Ergebnisse der historisch-kritischen Exegese verarbeitet, zu deren Rezeption und Entfaltung die Enzyklika Pius XII. 'Divino afflante Spiritu' von 1943 Mut gemacht hatte. Auf dem Zweiten Vatikanischen Konzil ist das Verhältnis von Basileia-Botschaft und Kirchengründung sehr zurückhaltend umschrieben:

"Das Geheimnis der heiligen Kirche wird in ihrer Gründung offenbar. Denn der Herr Jesus machte den Anfang seiner Kirche, indem er frohe Botschaft verkündigte, nämlich die Ankunft des Reiches Gottes, das von alters her in den Schriften verheißen war [...]" [12].

Es gab nun keinen triftigen Grund mehr, sich gegen die inzwischen sehr differenzierte Diskussion in der exegetischen Forschung zu sperren. Wir beschränken uns hier auf einige knappe Hinweise[13].

In der neueren katholischen Diskussion kam verschiedentlich A. Vögtle eine gewisse Vorreiterrolle zu. Es gehörte schon Mut dazu, wenn A. Vögtle bereits 1957 hinsichtlich der seit Jahrhunderten als besonders zentral empfundenen Primatsworte Mt 16,18f[14] die Auffassung vertrat, Jesus habe diese "möglicherweise [...] erst als der Auferstandene" [15] gesprochen - was ihre Echtheit als Jesusworte allerdings nicht im geringsten berühre[16]. 1961 trug Vögtle dann eine Theorie vor, die

[11] DH 3540: "Tertio: firma pariter fide credo *Ecclesiam*, verbi revelati custodem et magistram, per ipsum verum atque historicum Christum, cum apud nos degeret, proxime ac directo institutam eandemque super Petrum, apostolicae hierarchiae principem, eiusque in aevum successores aedificatam".

[12] 'Lumen gentium', Art. 5; DH 4105.

[13] Die Entwicklung der Frage nach der Kirchenstiftung durch Jesus in den letzten hundert Jahren skizziert unter historischem wie systematischem Aspekt mit Präzision F. Schüssler-Fiorenza, Fundamentale Theologie, 73-137.

[14] Dies trifft aber nicht auf die Zeit der frühen Kirche und auch noch nicht für Thomas von Aquin zu, vgl. J. Ludwig, Die Primatsworte Mt XVI, 18-19 in der altkirchlichen Exegese; K. Froehlich, Formen der Auslegung von Mt 16,13-18 im lateinischen Mittelalter.

[15] Vgl. A. Vögtle, Messiasbekenntnis und Petrusverheißung, 103.

[16] Ebd. 253.

bald von verschiedenen katholischen Exegeten und Systematikern aufgegriffen wurde und eine Zeitlang die dominierende Position in der Frage nach einer Kirchengründung durch Jesus darstellte[17]: Jesus habe an ein 'Interim' zwischen seinem Tod und dem endgültigen Anbruch des Gottesreiches gedacht und für diese Zwischenzeit eine Kirche vorgesehen[18]. Eine heilsökonomisch völlig neue Situation habe sich damit ergeben, daß Jesus den von ihm erwarteten gewaltsamen Tod als gottgewolltes Sühnesterben für 'die Vielen' von bundstiftender Kraft verstand. In dem von Jesus konstituierten Zwölferkreis, dem er den Sinn seines Sterbens offenbarte, erfolgte "[...] – gleich ob jetzt oder früher, jedenfalls ebenso sach- und situationsgemäß – die Verheißung vom künftigen Neubau 'seiner Kirche', vom Neubau der durch seinen Tod entsündigten Gemeinschaft der Heilserben!" [19]

A. Vögtle betonte schon damals: "Der Nachweis dieses Todesverständnisses Jesu ist der eigentlich entscheidende Punkt in der Frage der Kirchenstiftung" [20]. Gerade diese Vorstellung von Jesu Todesverständnis hat Vögtle aber in der Folgezeit aufgegeben und konsequenterweise dann auch den Gedanken an eine von Jesus für ein 'Interim' gestiftete Kirche. Abgesehen von solchen exegetischen Einzelfragen wird durch die Annahme der Stiftung einer Kirche für die Zeit zwischen Jesu Tod und nahe bevorstehender Parusie das Legitimationsproblem für die tatsächlich entstandene Kirche nur verschoben. Ja, es wird so eigentlich noch schwieriger, als wenn Jesus überhaupt nicht ausdrücklich Grundlagen für eine Gemeinde gelegt hätte. Denn jetzt erhebt sich die Frage nach der Berechtigung der Entwicklung über das von Jesus ausschließlich vorgesehene bloße Provisorium eines Interimsplans hinaus.

Muß man dann mit H. Küng – der ebenfalls zunächst A. Vögtle gefolgt war[21] – schließlich doch zu dem ernüchternden Ergebnis kommen: "Nicht von Jesus gegründet, sondern nach seinem Tod mit Berufung auf ihn als den Gekreuzigten und doch Lebendigen entstanden: die *Gemeinschaft derer, die sich auf die Sache Jesu Christi eingelassen haben und sie als Hoffnung für alle Menschen bezeugen*" [22]? H. Fries meint demgegenüber differenzieren zu müssen. Auch er erkennt mit der Mehrzahl der Forscher an: "Es gibt keinen im Leben des irdischen Jesus erkennbaren einzelnen Stiftungsakt, gleichsam eine Stiftungsurkunde der Kirche" [23]. Dennoch hält er daran fest, daß Jesus eine Kirche intendiert habe: "Es gibt aber eine Reihe von Tatsachen, Ereignissen und Handlungen, an denen abgelesen werden kann, daß der irdische Jesus an eine Kirche im Sinne einer mit ihm verbundenen Gemeinschaft gedacht und sie intendiert hat" [24]. So hat H. Fries zufolge Jesus z. B. den Beinamen

[17] Zu Geschichte und Tragweite dieser Position vgl. F. Schüssler-Fiorenza, Fundamentale Theologie, 126-131.

[18] Vgl. A. Vögtle, Der einzelne und die Gemeinschaft in der Stufenfolge der Christusoffenbarung.

[19] Vgl. ebd. 90.

[20] Ebd.

[21] Vgl. H. Küng, Die Kirche, bes. 96.

[22] H. Küng, Christ sein, 583.

[23] H. Fries, Fundamentaltheologie, 376.

[24] Ebd. 376f. Diese Ansicht steht kaum in gleicher Linie mit den Ausführungen von G. Lohfink, Jesus und die Kirche, wie S. Pié i Ninot (Tratado, 312 Anm. 8) annimmt; vgl.

'Kephas/Fels' selbst an Simon ('Petrus') verliehen zur Bezeichnung der besonderen Aufgabe, für die er bestimmt wurde[25]. Mt 16,17-19 betrachtet H. Fries weiterhin als ein echtes Jesus-Logion[26]. Für solche Annahmen kann er sich allerdings kaum noch auf den Konsens der zeitgenössischen Forschung stützen[27].

In neuester Zeit beginnt sich die Erkenntnis durchzusetzen, daß die traditionelle Frage nach einer Kirchengründung durch Jesus im Ansatz falsch gestellt war und schon darum nicht zufriedenstellend beantwortet werden konnte[28]. Auf zwei Beiträge, die mir besonders bemerkenswert in dieser Hinsicht erscheinen, werde ich etwas näher eingehen, in Kap. 16.3 zunächst auf F. Schüssler-Fiorenzas Vorschlag zu einer neuen hermeneutischen Perspektive, in Kap. 17 sodann auf die inhaltliche Neuorientierung der Frage, die Gerhard Lohfink präzise dargestellt hat.

16.3 Ein neuer Frageansatz. Kirche und Kanon

(1) Bei der Frage nach der Kirchengründung durch Jesus geht es wesentlich darum, wie man die Kontinuität zwischen den Intentionen und der Praxis Jesu und deren Aufnahme durch die Kirche zu verstehen habe. Kennzeichnend für den traditionellen Frageansatz ist, daß man eben nach den *Intentionen* Jesu fragt(e) und nicht nach der *Bedeutung*, die seine Worte und Taten in einem umfassenden Sinn gehabt haben. Die Rückfrage ist am Leitfaden der Kategorie einer 'Gründergestalt' orientiert[29].

Demgegenüber betont F. Schüssler-Fiorenza, auf neuere Entwicklungen in Sprachphilosophie und Hermeneutik gestützt, daß die Frage nach der expliziten Intention von Sätzen und Handlungen deren Bedeutung oft in einem nur sehr eingeschränkten Rahmen ans Licht kommen läßt[30]. Man hat sich in der Vergangenheit zu sehr auf die Analyse des propositionalen Gehalts von Sätzen beschränkt und dabei den pragmatischen Aspekt ihres Sinnes als Sprech*akte* vernachlässigt. Dieser ist sehr verschieden zu veranschlagen, je nachdem, ob es sich um Akte bloßer Lokution (wie schlichte Feststellungen), der Illokution (z. B. Informieren, Anordnen) oder der Perlokution (Überzeugen, Abschrecken usw.) handelt. Je mehr

unten Kap. 17.2. Auf der anderen Seite ist das Verständnis der 'Kirchenstiftung' durch Jesus bei A. Kolping (Fundamentaltheologie III/1, 367ff) weit differenzierter, als S. Pié i Ninot andeutet (Tratado, 311).

[25] Vgl. ebd. 383.

[26] Vgl. ebd. 385f.

[27] Zur Frage nach dem Ursprung von Mt 16,17-19 vgl. etwa A. Vögtle, Das Problem der Herkunft von 'Mt 16,17-19'; F. Schüssler-Fiorenza, Fundamentale Theologie, 111-115; zum Problem der jesuanischen Herkunft der Kepha(s)-Bezeichnung vgl. A. Vögtle, Das Problem der Herkunft von 'Mt 16,17-19', 117f, 139f.

[28] Vgl. J. Werbick, Die Kirche, bes. 76-95; M. Kehl, Die Kirche, 267-319.

[29] Hiergegen ist schon aus einer allgemein religionsphänomenologischen Perspektive Bedenken anzumelden. Vgl. J. Wach, Religionssoziologie, 388: "Wie man genau weiß, beabsichtigte keiner der großen Stifter 'eine Religion zu stiften'."

[30] Vgl. F. Schüssler-Fiorenza, Fundamentale Theologie, 138-155.

Momente der Illokution und Perlokution ins Spiel kommen, desto mehr muß die interaktive Dimension der Rede berücksichtigt werden.

Dies bedeutet, auf die Reichsverkündigung Jesu angewandt, daß es nicht ausreicht, nach dem Gehalt zu fragen, den die Metapher vom Gottesreich im zeitgenössischen Horizont Jesu annehmen kann. Zum Sinn seiner Basileia-Botschaft gehört ebenso wesentlich hinzu, daß sie die Wertvorstellungen einer Gesellschaft herausfordert und beim Hörer auf Entscheidung drängt. So erfahren sich die Angeredeten, deren geltende Klischees in Frage gestellt werden, plötzlich als eine Gruppe von Herausgerufenen. Auch eine rein eschatologische Botschaft kann auf diese Weise notwendig zur Bildung einer Gemeinde führen, obwohl die direkte Intention des Verkündigenden nicht darauf abzielte.

Das heißt aber, die Bedeutung der Botschaft vom Gottesreich läßt sich sachgemäß gar nicht unabhängig von einer Analyse der *Aufnahme* dieser Botschaft ausmachen. Um die Bedeutung von Wort und Werk Jesu zu verstehen, muß man sehen, wie er mit diesem Wort und Werk die Erwartungsmaßstäbe seiner Zeitgenossen sprengt, ja nicht nur den unmittelbaren Horizont seiner Jünger, sondern auch seines eigenen thematischen Selbstbewußtseins überschreitet. Versuche, Jesus primär von der Kategorie des 'religionsgeschichtlichen Hintergrundes' oder der Perspektive der angestammten religiösen Traditionen her zu interpretieren, tendieren dazu, die Bedeutung der Botschaft Jesu auf diesen Horizont zu reduzieren und damit auf die Normerwartungen seiner Zeit zu beschränken. Ein solches Vorgehen verkennt, in welchem Ausmaß die Bedeutung von Jesu Wort und Werk gerade darin besteht, daß er Erwartungshorizonte gewandelt und neue Horizonte eröffnet hat.

Für die Beschränkung auf die Frage nach der ausdrücklichen Intention von Wort und Werk Jesu legt sich der Vergleich mit dem Vorgehen eines Archäologen nahe, der im Bemühen, die Wucht eines vor langer Zeit einmal geschleuderten Steins festzustellen, bloß nach dem Stein fahndet, nicht aber die Mauern ausgräbt, in denen der geworfene Stein seine Spuren hinterlassen bzw. die er zum Einsturz gebracht hat. Die Bedeutung der Reichsverkündigung Jesu ist adäquat nur im Blick auf deren sprachlichen Niederschlag im Zeugnis der von Jesu Botschaft Herausgerufenen - der " im ursprünglichen Sinn des Wortes - zu ermitteln.

Die sprechakttheoretischen Überlegungen F. Schüssler-Fiorenzas laufen auf ein ähnliches Ergebnis hinaus wie unsere Reflexion auf eine neue Hermeneutik der fundamentaltheologischen Rückfrage nach der Basis des christlichen Glaubens (Kap. 13): Die geschichtliche Wahrheit einer 'ein-für-allemal' ergehenden Offenbarung vermittelt sich nur innerhalb eines Geschehens, in dem Freiheit eschatologisch in Anspruch genommen wird. Ein historisch-objektivierender Zugriff, der von der Rezeption des ursprünglichen Ereignisses in unbedingt engagierter Freiheit methodisch abstrahiert, hat zu jener geschichtlichen Wahrheit keinen Zugang. Dies gilt nicht nur für die Frage nach der ursprünglich ergangenen Offenbarung, sondern auch für die Frage nach den Möglichkeitsbedingungen ihrer Weitervermittlung, und das bedeutet: die Frage nach der Legitimation der Kirche durch Jesus kann außerkirchlich nicht angemessen entschieden werden.

(2) Mit der Feststellung der unumgehbaren Ekklesialität der Zeugnisse, aufgrund derer sich die Frage danach, inwieweit sich Kirche zu Recht auf Jesus zurückführt, adäquat entscheiden läßt, ist allerdings noch kein Kriterium dafür gewonnen, *wie* diese Legitimationsfrage innerkirchlich einer rational verantwortbaren Entscheidung zugeführt werden kann. Ähnlich wie oben in Kap. 13.3(5) unterstrichen, betont auch F. Schüssler-Fiorenza, daß die Suche nach der traditionsgeschichtlich frühesten, dem ursprünglichen Ereignis möglichst synchronen Rezeption kein angemessenes Kriterium abgibt: "Es kann nur in einer Reihe von diachronen Rezeptionen begriffen werden, was paradigmatisch für Jesus ist und was nicht, was den unmittelbaren Erwartungshorizont transzendiert und was nicht. Nur mittels der Geschichte der fortschreitenden (sukzessiven) Rezeption mit ihrer Überwindung vorhergehender Konzeptionen und Begriffe kann die Bedeutung Jesu und seine Verbindung zur Kirche umfassender erschlossen werden" [31]. F. Schüssler-Fiorenza bemerkt an dieser Stelle, daß eine solche Rezeptionshermeneutik eigentlich eine Analyse der verschiedenen Konkretisierungen im Verlaufe der gesamten Geschichte des Christentums erforderlich mache, geht dann aber etwas unvermittelt zu einer knappen Darstellung lediglich von neutestamentlichen Ekklesiologien über, ohne die Frage aufzuwerfen, wie innerhalb der Diachronie der verschiedenen, sich jeweils auf Jesus berufenden kirchlichen Selbstverständnisse adäquate von inadäquaten Rezeptionen unterscheidbar sind.

In Kap. 13.3 hatten wir einige grundsätzliche Überlegungen zum fundamentaltheologischen Stellenwert des *Kanons* der für den christlichen Glauben verbindlichen Schriften angestellt, die nun im Versuch einer vorläufigen Antwort auf die bei F. Schüssler-Fiorenza offenbleibende Frage fortzuführen sind. Auch hier müssen allerdings, dem Rahmen dieses 'Grundrisses' entsprechend, die mannigfaltigen historischen Detailprobleme hinsichtlich der Entstehung des Kanons und viele systematische Fragen bezüglich seiner Rolle im Gesamt der Wirklichkeit von Kirche weiterhin ausgeklammert bleiben.

Zur grundlegenden Struktur der diachronen Rezeption von Jesu Wort und Werk gehört eine kritische Unterscheidung, die die christliche *traditio* in bezug auf sich selbst getroffen hat. Diese *traditio* stimmt darin überein, daß sie innerhalb ihres fortwährenden lebendigen Zeugnisses auf eine bestimmte, objektiv umgrenzte Gestalt ihres eigenen Zeugnisses als die bleibend authentische und maßgebliche Form christlicher Überlieferung verweist.

Was die Festlegung dieses Kanons angeht, so fasziniert bei aller Problematik dieses Vorgangs im einzelnen die Kraft, mit der die frühe Kirche bei der Frage nach den Möglichkeitsbedingungen ihres Bleibens in der Wahrheit Jesu Christi zu einer Einheit in der Pluralität des Zeugnisses gefunden hat. Angesichts der sehr verschiedenartigen Versuchungen – etwa der markionitischen Reduktion der Vielfalt, der gnostischen Auflösung apostolisch verbürgter Überlieferung ins rein Metaphorische oder der Zersetzung ihrer vom Wort und Werk Jesu ermächtigten Wahrheit in der 'journalistischen' Narrativität der neutestamentlichen Apokryphen – hat die Kirche vermocht, innerhalb der vorliegenden Vielfalt von Traditio-

[31] Vgl. ebd. 155.

nen die sie bleibend legitimierende plurale Gestalt des Ursprungszeugnisses zu identifizieren. Bemerkenswert ist diese Fähigkeit kritischer Unterscheidung vor allem im Hinblick darauf, wie sehr damals schon die apokryph-christliche Narrativität zur Geltung gekommen war und dann im weiteren Verlauf der Überlieferung die kirchliche Realität in Frömmigkeit und Lehre geprägt hat.

Der Stellenwert der kritischen Leistung, die die christliche *traditio* im Hinblick auf sich selbst durch jene Umgrenzung eines Kanons der Schriften für alle Zukunft verbindlich vollbracht hat, ist bis heute im ökumenischen Gespräch kontrovers[32]. Auf der einen Seite hat die katholische Kirche mit Recht immer wieder (und heute im zunehmenden Einklang mit evangelischen Theologen) gegen ein zu eng gefaßtes 'sola-scriptura'-Prinzip auf einer 'transzendentalen Reflexion' dieses Prinzips insistiert: Die Anerkennung der lehramtlichen Autorität einer die Schriften umgreifenden *traditio* war Voraussetzung für die Festlegung eines Kanons der Schriften. Sie bleibt dies auch in gewisser Weise für deren angemessene Auslegung, damit diese nicht doch wieder den Versuchungen zu Reduktionismus, gnostisch-metaphorischer Verflüssigung oder populär-aktualisierender Medialisierung der verbindlichen Überlieferung unterliegt. Auf der anderen Seite wurde das verhängnisvolle Nebeneinander von 'Schrift und Tradition' selbst auf dem Zweiten Vatikanischen Konzil nicht wirklich überwunden.

Diesen Mangel hat J. Ratzinger präzise in seinem Kommentar zum Kapitel II von 'Dei Verbum' hervorgehoben:

"[...] die nachdrückliche Betonung der Einheit von Schrift und Überlieferung [in Artikel 9 und 10 hat auf protestantischer Seite] stärkste Bedenken ausgelöst und deutlich werden lassen, daß es beim protestantischen Sola scriptura weniger um die materiale Herkunft der einzelnen Glaubensaussagen geht als um das Problem der richterlichen Funktion der Schrift gegenüber der Kirche. Dies scheint nun aber durch die Betonung des unlöslichen Ineinanders von Schrift und Überlieferung bzw. (nach Artikel 10) von Schrift, Überlieferung und Lehramt noch vollständiger ausgeschaltet als bei einer mehr mechanischen Konzeption, die immerhin den Unterschied der einzelnen Größen wahrt. So kam es zu dem paradoxen Ergebnis, daß heute gerade jene Formulierungen unseres Textes, die aus dem Versuch einer möglichst weitgehenden Aufnahme der reformatorischen Anliegen hervorwuchsen und dazu bestimmt waren, den Raum für ein katholisches Sola scriptura freizuhalten, auf den stärksten Widerspruch reformatorischer Theologen stoßen und als die gefährlichste Entfernung von Sinn und Meinung des reformatorischen Sola scriptura erscheinen" [33].

Bei aller nötigen Modifizierung dieser Einwände ist nach J. Ratzinger der Kritik zuzugestehen, "daß die ausdrückliche Nennung der Möglichkeit entstellender Tradition und die Herausstellung der Schrift als eines *auch* traditionskritischen Elements im Inneren der Kirche praktisch fehlen und daß damit eine nach dem Aus-

[32] Zum Diskussionsstand vgl. M. Limbeck, Die Heilige Schrift; D. Wiederkehr, Das Prinzip der Überlieferung, ebd. 100-123; H. J. Pottmeyer, Normen, Kriterien und Strukturen der Überlieferung; G. Hintzen, Die Selbstbezeugung des Wortes Gottes; W. Künneth, Art. 'Kanon', (Literatur!).

[33] J. Ratzinger, Kommentar zu 'Dei Verbum', 524.

weis der Kirchengeschichte höchst wichtige Seite des Traditionsproblems, vielleicht der eigentliche Ansatzpunkt der Frage nach der ecclesia semper reformanda, übergangen worden ist. Gerade ein Konzil, das sich bewußt als Reformkonzil verstand und damit implizit Möglichkeit und Wirklichkeit entstellender Tradition einräumte, hätte hier ein wesentliches Stück theologischer Grundlegung seiner selbst und seines eigenen Wollens reflex vollziehen können" [34].

Die zentrale Schwierigkeit des zweiten Kapitels von 'Dei Verbum' liegt in einem nicht ausgeglichenen Verhältnis verschiedener Begriffe von Tradition. Mit Recht hat J. Ratzinger hervorgehoben: "Die Funktion der Tradition wird hier [in Artikel 9] auf der Ebene der Vergewisserung, also im formal-gnoseologischen Bereich, gesehen, und in der Tat dürfte dies die eigentliche Ebene sein, auf der der Sinn von Tradition gesucht werden muß" [35].

Diese Sichtweise kommt deutlich zunächst in Artikel 8 zur Geltung, wo "die Funktion der Tradition ganz auf die Schrift rückbezogen" erscheint[36]. "Zunächst gewährleistet sie den Kanon, und dies nicht bloß im Sinne eines vergangenen heilsgeschichtlichen Aktes, sondern doch auch in dem Sinn, daß den Kanon annehmen immer auch notwendig heißt Überlieferung annehmen und daß da, wo Überlieferung – und zwar Überlieferung als dynamischer Vollzug von Glaube, nicht als satzhafte apostolische Nachricht – grundsätzlich verneint würde, auch der Kanon als solcher aufhören würde zu bestehen und nichts mehr begründen könnte, wieso man gerade diese Auswahl von Schriften als 'Schrift' ansieht. Des weiteren ist Tradition beschrieben als der Vorgang, kraft dessen 'Litterae' 'colloquium' sind. Diese Doppelbeschreibung der Tradition zeigt sie gänzlich in Funktion zur Schrift hin, sie weist freilich zugleich die Schrift in den Raum von Überlieferung ein" [37].

Ganz ähnlich wird das Verhältnis von Schrift und Tradition dann aber auch in Artikel 9 bestimmt, wo "nur über die Schrift eine eigentliche 'Ist'-Definition gegeben wird: Von ihr wird gesagt, daß sie schriftlich festgehaltenes Sprechen Gottes *ist*. Die Tradition wird dagegen nur funktional beschrieben, von dem her, was sie tut: Sie vermittelt Wort Gottes, 'ist' es aber nicht. Kommt schon auf diese Weise der Vorrang der Schrift deutlich zum Vorschein, so zeigt er sich noch einmal bei der näheren Charakterisierung des Vorgangs der Überlieferung, deren Auftrag das 'Bewahren, Auslegen und Verbreiten' ist; sie ist nicht produktiv, sondern 'konservativ', dienend einem Vorgegebenen zugeordnet" [38].

Tradition als dynamischer Glaubensvollzug, in dem "der Kirche der vollständige Kanon der Heiligen Bücher bekannt" wird und in dem "die Heiligen Schriften selbst tiefer verstanden und unaufhörlich wirksam gemacht" werden, als Möglichkeitsbedingung dafür, daß "Gott, der einst gesprochen hat, ohne Unterlaß im Gespräch mit der Braut seines geliebten Sohnes" [39] bleibt. Dies ist Überlieferung im Sinne von '*traditio* 4', wie wir sie in Teil I und II dieses 'Grundrisses' zu umreißen

[34] Ebd. 524f.
[35] Ebd. 526.
[36] Vgl. ebd. 523.
[37] Ebd.
[38] Ebd. 525.
[39] Vgl. 'Dei Verbum', Art. 8; vgl. DH 4211.

versucht haben. Hat Tradition wesentlich diese formal-funktionale Bedeutung, dann ist selbstverständlich, daß alle ekklesialen Strukturen, bis hin zur höchsten Autorität des kirchlichen Lehramtes, sachgemäß nur als Moment an bzw. in dieser *traditio* begriffen werden können. Indem sie anfänglich und beständig auf den Kanon der Schriften als den wesentlichsten (materialen) Fundus christlicher Verkündigung, vor allem aber als den Maßstab verweist, von dem her die Authentizität der Vielfalt ihrer Einzelobjektivierungen ('Traditionen', Lehrentscheidungen) kritisch zu bemessen ist, rückt sie den grundlegenden Ausgangspunkt für die Frage nach der Legitimation von Kirche in den Blick, ohne dabei selbst je aus dem Blick zu geraten.

Nun verbindet sich allerdings in 'Dei Verbum', Kap. II, mit dieser formal-funktionalen Sicht von Tradition ein materiales Verständnis, das systematisch nur schwer damit in Einklang zu bringen ist. Schrift und Tradition werden wie zwei Ströme vorgestellt: "Demselben göttlichen Quell entspringend, fließen beide gewissermaßen in eins zusammen und streben demselben Ziel zu" [40]. Sie "sind beide mit dem gleichen Gefühl der Dankbarkeit und der gleichen Ehrfurcht anzunehmen und zu verehren" [41]. Beide zusammen "bilden die eine der Kirche anvertraute heilige Hinterlassenschaft [depositum] des Wortes Gottes" [42].

In dieser Perspektive eines materialen Neben- und Ineinanders von Schrift und Tradition kann das Lehramt natürlich nicht als bloßes Moment der *traditio* begriffen werden. Es wird vielmehr im Gegenüber zu dem gesamten Depositum aus Schrift und Tradition verstanden. Sosehr es auch "nicht über dem Wort Gottes [ist], sondern [...] ihm [dient], indem es nur lehrt, was überliefert ist", bleibt in diesem Horizont die kritische Frage offen, inwiefern "all das, was es als von Gott geoffenbart zu glauben vorlegt", indem es "aus dieser einen Hinterlassenschaft des Glaubens schöpft" [43], eine wirklich adäquate Auslegung des Ursprungszeugnisses[44]

[40] Ebd., Art. 9; vgl. DH 4212.
[41] Vgl. ebd.
[42] Vgl. ebd., Art. 10; DH 4213.
[43] Vgl. ebd; DH 4214.
[44] Einen wichtigen Schritt zur Klärung des Verhältnisses der einzelnen Momente kirchlicher *traditio* erbringt demgegenüber Artikel 12 von 'Dei Verbum' mit seiner Aussage über die adäquate Auslegung der Hl. Schrift. "Cuncta enim haec, de ratione interpretandi scripturam, ecclesiae iudicio ultime subsunt, quae verbi Dei servandi et interpretandi divino fungitur mandato et ministerio." Mit dieser abschließenden Feststellung wird auf die Lehre des Vaticanum I zurückgegriffen (vgl. DH 3007) und damit implizit auf das Dekret des Tridentinum (vgl. DH 1501), dessen Zitation ("[...] pari pietatis affectu ac reverentia suscipienda et veneranda [...]") am Ende von Artikel 9 in 'Dei Verbum' das Verständnis der dort entfalteten Aussagen über die Tradition so erschwert.

Der 'Rückgriff' auf 'Dei Filius' stellt nun allerdings eine beachtliche 'relecture' des entsprechenden Textes dar. Dort hieß es: "[...] Nos [...] declaramus, ut [...] is pro vero sensu sacrae Scripturae habendus sit, quem tenuit ac tenet sancta mater Ecclesia, cuius est iudicare de vero sensu et interpretatione Scripturarum sanctarum; atque ideo nemini licere contra hunc sensum aut etiam contra unanimem consensum Patrum ipsam Scripturam sacram interpretari." Von einem 'einhelligen Konsens der Väter', auch von einer 'sancta mater [Ecclesia]' ist nun nicht mehr die Rede. Vor allem wird das 'tenuit et tenet' jetzt in eine ganz andere Perspektive gerückt. Die Feststellung hinsichtlich des 'ultimum iudicium ecclesiae' bezieht sich über das 'Cuncta enim haec [...]' auf die *gesamte* exegetische Arbeit, die relativ ausführlich in Artikel 12 beschrieben wird: Zunächst sind die anerkannten Methoden kritischim Sinne des bereits angedeuteten vierten Schrittes eines neutestamentlich orientierten traditio-Geschehens darstellt.

exegetischer Forschung bei der Ermittlung der Aussageabsicht der einzelnen Autoren der Hl. Schrift anzuwenden. Dann ist aber 'mit nicht geringerer Sorgfalt auf den Inhalt und die Einheit der ganzen Schrift unter Berücksichtigung der lebendigen Überlieferung der Gesamtkirche und der Analogie des Glaubens' zu achten. Diese gesamte wissenschaftlich-theologische Arbeit soll dazu dienen, daß 'das Urteil der Kirche gleichsam zur Reife komme'. Bei dieser 'relecture' ist auch im Auge zu behalten, daß im Schema II durch den mit 'Cuncta [...]' anhebenden Satz speziell die historisch-kritische Arbeit den hermeneutischen Normen und dem endgültigen Urteil der katholischen Kirche unterstellt werden sollte. Davon kann nun keine Rede mehr sein. Darüber hinaus fällt auf, daß nach Artikel 10 von 'Dei Verbum' das *Lehramt* das *Überlieferte 'custodit'* und *'exponit'*, während nach Artikel 12 von der *Kirche* gesagt wird: '[...] verbi Dei *servandi* et *interpretandi* divino fungitur mandato et ministerio'. Überlieferung ist in diesem Kontext wieder als 'viva traditio', nicht als ein 'traditum' (Artikel 10) verstanden. – Leider haben die Verfasser des "Katechismus der Katholischen Kirche" diese Filigranarbeit der Konzilsväter nicht mehr (oder als unbedeutend) wahrgenommen und sich weitgehend für die frühere Zuordnung von Lehramt-Schrift-Tradition entschieden. Vgl. H. Verweyen, Der Weltkatechismus, Kap. 2.3, bes. S. 43-52.

17 Kirche und Volk Gottes

17.1 Die Wiederentdeckung eines Begriffs

In der frühen Theologie bis hin zu Augustinus spielte die biblische Metapher vom Gottesvolk für das Verständnis der Kirche eine zentrale Rolle. Im Mittelalter und in der Theologie der Gegenreformation trat die von hierher bestimmte Selbstreflexion der Kirche völlig zurück hinter den Begriff vom (mystischen) Leibe Christi, der nun als der wesentlichste Titel der Kirche galt. In der Enzyklika 'Mystici corporis' Pius' XII. von 1943 kam diese Entwicklung, die auf einer enggeführten Interpretation paulinischer Theologie basierte, zu einem letzten Höhepunkt. Der Versuch, diese ekklesiologische Linie auf dem Zweiten Vaticanum fortzusetzen, scheiterte[1]. Wir werden über eine Neubesinnung auf den paulinischen Begriff vom Leibe Christi in Kap. 19 versuchen, dieses verhängnisvolle Mißverständnis von Kirche (und Leib Christi), das so lange das römisch-katholische Denken bestimmte, näher in den Blick zu bekommen.

Das Scheitern der versuchten Fortschreibung der Gegenreformation unter dem Vorzeichen der Kirche als mystischen Christusleibes ist zu einem guten Teil der Wiederentdeckung des heilsgeschichtlichen Verständnisses der Kirche im Zusammenhang mit ihrer Bezeichnung als Gottesvolk zuzuschreiben. Schon vor Erscheinen der Enzyklika 'Mystici corporis' hatten insbesondere Y. Congar[2] und M. D. Koster[3] die Bedeutung des Volk-Gottes-Gedankens für das Verständnis der Kirche neu herausgearbeitet[4]. In der Zeit nach dem Krieg bis zum Konzil wurde diese Arbeit mit Entschiedenheit fortgesetzt[5]. Auf dem Konzil selbst rückte der Begriff dann ins Zentrum der ekklesiologischen Reflexion[6].

Unter der Leitthematik vom Volk Gottes gelang es dem Konzil vor allem in drei Hinsichten, frühere Engführungen der Ekklesiologie aufzubrechen.

(a) Im Verlauf der Konzilsarbeit an der Dogmatischen Konstitution über die Kirche wurde 'Das Volk Gottes' Thema eines eigenen Kapitels, das zusammen mit Kap. I, 'Das Geheimnis der Kirche', die fundamentalen Charakteristika der Heils-

[1] Ein knapper, informativer Überblick über diese gesamte Entwicklung findet sich bei S. Mirbach, 'Ihr aber seid Leib Christi', 103-152.

[2] Vgl. Y. Congar, Esquisses du Mystère de l'Église, bes. 11ff.

[3] Vgl. M. D. Koster, Ekklesiologie im Werden.

[4] Zur damaligen Forschungssituation vgl. Y. Congar, D'une 'Écclesiologie en gestation' à Lumen Gentium chap. I et II; J. Ratzinger, Die Ekklesiologie des Zweiten Vatikanums, 50; A. Dulles, A Half Century of Ecclesiology, bes. 419-425.

[5] Zur Literatur vgl. A. Grillmeier, Kommentar zu 'Lumen gentium', Kap. II, 176-178; M. Keller, 'Volk Gottes' als Kirchenbegriff.

[6] Dieses Ringen um den Begriff 'Volk Gottes' auf dem Konzil ist immer noch nicht hinlänglich erforscht. Vgl. hierzu Y. Congar, D'une 'Ecclésiologie en gestation', bes. 128-136; J. Werbick, Kirche, 45-94, bes. 50-53; D. Wiederkehr, 'Volk Gottes'; J. Ratzinger, Die Ekklesiologien des Zweiten Vatikanums; vgl. zu letzterem H. J. Pottmeyer, Kirche als Communio, bes. 580-585.

gemeinschaft darlegt. Dieses Kapitel erhielt schließlich seinen Platz vor Kap. III und IV – 'Die hierarchische Verfassung der Kirche ...' und 'Die Laien' –, die die organische Struktur der Kirche beschreiben. Dadurch begegnete man von vornherein dem Mißverständnis, unter 'dem Volk' ('den Gläubigen') seien die Laien zu verstehen. Die gemeinsame priesterliche Würde des gesamten Gottesvolkes, 'Klerus' und 'Laien' einbegriffen, ist nun im zweiten Kapitel ausdrücklich hervorgehoben.

(b) In der heilsgeschichtlichen Perspektive des biblischen Volk-Gottes-Begriffs wurde einer einseitigen Betonung der grundlegenden 'Statik des Kirchenbaus' gegenüber jetzt deutlich das ständig 'Unfertige' der Kirche, eben ihr Wesen als *pilgerndes* Volk auf dem Wege hervorgehoben. Dieser Grundgedanke bestimmt nicht nur das zweite Kapitel, sondern ist bereits für die prinzipiellen Aussagen über das Mysterium der Kirche im ersten Kapitel wie für den Geist der Konzilsdokumente überhaupt leitend.

(c) Indem sich die Kirche wieder vom Gedanken des Gottesvolks her verstand, vermochte sie lange ungenutzte Möglichkeiten aufzugreifen, ihre Herkünftigkeit aus Israel und bleibende Heilsgemeinschaft mit dem Volk des Gottesbundes neu zu überdenken. Diese fundamentale Reflexion ist allerdings auf dem Konzil selbst kaum über erste Ansätze hinausgekommen[7]. Hinderlich war vor allem, daß man an dem unbiblischen, erst im Barnabasbrief (5,7) eingeführten Begriff von der Kirche als dem 'neuen Gottesvolk' festhielt[8] und die Erwählung Israels zum Eigenvolk Gottes als bloße Vorbereitung und "Vorbild jenes neuen und vollkommenen Bundes [verstand], der in Christus geschlossen [...] werden sollte" [9] – ganz abgesehen von der unsinnigen Einzelaussage, der in Röm 11,13-26 erwähnte Ölbaum wachse auf jenem Acker, von dem in 1 Kor 3,9 die Rede ist[10].

Auf dem vom Zweiten Vaticanum gewiesenen Weg zur Gewinnung eines angemessenen Verständnisses von Kirche und Israel ist die Theologie[11] inzwischen ein gutes Stück vorangekommen. Im Hinblick auf eine präzise Analyse der verschiedenen neutestamentlichen Ansätze zu dieser Fragestellung erscheint mir von besonderem Wert ein Beitrag von Gerhard Lohfink[12], auf den ich mich im folgenden weitgehend stütze.

[7] Die Bemühungen Y. Congars, daß in die Behandlung der Gottesvolk-Thematik ein eigener Abschnitt über die Juden aufgenommen werden sollte, blieben leider erfolglos, vgl. ebd. 133.

[8] Vgl. besonders 'Nostra aetate', Art. 4: "Licet autem Ecclesia sit novus populus Dei, Iudaei tamen neque ut a Deo reprobati neque ut maledicti exhibeantur, quasi hoc ex Sacris Litteris sequatur." – Wie wenig selbst der biblische Begriff vom '*Neuen Bund*' im Sinne einer Kategorie der Ablösung vom Alten zu verstehen ist, hat sehr schön N. Lohfink aufgezeigt: Der niemals gekündigte Bund.

[9] Vgl. 'Lumen gentium', Art. 9; DH 4122.

[10] Vgl. 'Lumen gentium', Art. 6. – Völlig unerfindlich ist mir, daß diese unsinnige und für Israel beleidigende Passage auch noch in den "Katechismus der Katholischen Kirche" von 1992 aufgenommen wurde, vgl. H. Verweyen, Der Weltkatechismus, 79.

[11] Ich muß meine Aussage von 1991 leider korrigieren: "... sind einige Theologen ...".

[12] G. Lohfink, Jesus und die Kirche.

17.2 Kirche im Rahmen der Sammlung und Reinigung des *einen* Gottesvolks

Die Untersuchung von G. Lohfink ist in den Zusammenhang der traditionellen Frage nach einer 'Kirchenstiftung' durch Jesus gestellt, hat aber das Ziel, die inhaltliche Unangemessenheit dieser Fragestellung durch eine knappe Skizze der wichtigsten neutestamentlichen Ansätze zur Ekklesiologie wie der Intentionen des historischen Jesus aufzuweisen.

G. Lohfink setzt mit einer kurzen Durchsicht der *Johannesapokalypse* ein. Hier, gegen Ende der Regierungszeit Domitians, wird zwar nicht explizit nach der Entstehung der Kirche gefragt. Dennoch wird die Kirche vorgestellt, nämlich als "*das wahre, endzeitliche Israel*" [13]. Das geschieht einmal im Bild der hundertvierundvierzigtausend Versiegelten[14], das unter Rückbezug auf das Zwölfstämmevolk sagen will, daß "Gott die verheißene Wiederherstellung und Vollendung des alten Gottesvolkes Wirklichkeit werden" [15] läßt. Ebenso meint das Bild der vom Drachen verfolgten Frau (vgl. Apk 12,1-17) "weder Maria noch allein die neutestamentliche Kirche, sondern umfassend das als Einheit gesehene Gottesvolk in seiner geschichtlichen Kontinuität" [16]. Die 'heilige Stadt' schließlich (vgl. Apk 21,9-22,5) ist das Gottesvolk in seiner endzeitlichen Vollendung, die wahre Gesellschaft, ganz von Gott her geschenkt, in der Kosmos, Völkerwelt und Kirche eins geworden sind. Sosehr die Kirche für Johannes das wahre Israel ist, so ist sie doch zugleich Kirche aus jedem Stamm: im Hintergrund steht die Völkerwallfahrt zu dem Jerusalem der Endzeit. Das für die Entstehung dieses endzeitlichen Gottesvolkes grundlegende Geschehen ist der sühnende Tod Jesu, dargestellt im Bild des geschlachteten Lammes (vgl. Apk 5,6.9f; 14,4).

Der Verfasser des *Matthäus-Evangeliums* bietet ähnlich wie Lukas einen umfassenden Entwurf zur Entstehung der Kirche. "Da er seinem Evangelium kein zweites Buch hinzugefügt hat, war er [allerdings] gezwungen, nachösterliche Entwicklungen als *vaticinia* in die übernommene Evangelientradition einzubauen" [17]. Solche Vorwegnahmen werden durch das Futur gekennzeichnet. Schon in Mt 2 ist das Herbeiströmen der Heiden zur Kirche und die in der Passionsgeschichte gipfelnde Verwerfung durch Jerusalem vorweggenommen. Matthäus betont, daß Jesus sich ausschließlich an Israel gewandt hat. Die Volksscharen als Hörer der Bergpredigt repräsentieren Gesamt-Israel. Diese Predigt selbst ist messianische Interpretation der Sinai-Tora für Gesamt-Israel.

Die ausschließliche Hinwendung Jesu zu Israel wird dann durch Einsetzung und Aussendung der Zwölf herausgestellt, die nur 'zu den verlorenen Schafen des Hauses Israel' gehen dürfen (vgl. Mt 10,6). Hier steht also nicht von vornherein ein

[13] Vgl. ebd. 50.
[14] Vgl. Apk 7,4-8; 8,1-9.21; 14,1-5.
[15] Vgl. G. Lohfink, Jesus und die Kirche, 51.
[16] Vgl. ebd.
[17] Vgl. ebd. 53f.

Scheitern des Bemühens Jesu um Gesamt-Israel im Blick, sondern dessen Sammlung[18].

Es gibt allerdings auch eine lange Reihe von Texten, in denen von der Verweigerung Israels, besonders dem Widerstand seiner Führer, gesprochen wird, der dann die Verwerfung Israels von seiten Gottes entspricht. Von zentraler Wichtigkeit ist Mt 21,43: 'Darum sage ich euch: Das Reich Gottes wird euch weggenommen und einem Volk gegeben werden, das die erwarteten Früchte bringt.' Dieses Logion ist, erstens, im Unterschied zu dem 'Stiftungswort' Mt 16,15ff von Matthäus selbst formuliert. Zweitens steht es im Futur: Die Übergabe an ein anderes Volk hat noch nicht stattgefunden. "Damit ist dann aber eine *bereits vollzogene* Kirchenstiftung für 16,18f ausgeschlossen" [19]. Deutlich wird, drittens, in 21,43 auch die Korrelation von Reich und Volk Gottes: die Basileia Gottes muß nach Matthäus ein Volk haben, in dem sie Gestalt gewinnen kann. Viertens darf der Vers nicht so verstanden werden, als ob *Gesamt*-Israel seine heilsgeschichtliche Funktion verlöre. Das Logion ist an die Hohenpriester und Ältesten gerichtet. Das Volk, dem das Reich Gottes übergeben werden soll, wird wenigstens teilweise aus Israel selbst gesammelt werden.

Diesem Befund entspricht die Vorstellung der *Scheidung*, die nach Matthäus durch das Volk geht - wie etwa in der Täuferpredigt, der Predigt Jesu und der Zwölf und dem Zweck der Gleichnisse zum Ausdruck kommt. "[...] Israel hat nicht *als ganzes* seine heilsgeschichtliche Rolle verspielt, sondern innerhalb Israels gibt es diejenigen, die Jesu Wort hören und befolgen (7,24) und so den Willen des Vaters tun (12,50; 21,31); es sind die Jünger Jesu, die Kleinen und Unmündigen, denen Gott im Gegensatz zu den Weisen und Klugen die Gleichnisse der Basileia offenbart (11,25-27; 13,11f) und ihnen damit die Basileia selbst übergibt" [20]. Wie sehr für den ersten Evangelisten Volk-Gottes-Sein und Jüngerschaft identisch sind, zeigt dann eindrücklich die definitive Weisung des Auferstandenen zur Predigt an alle Völker (Mt 28,18-20). Die Hereinnahme der Heiden ist deutlich als zukünftiges Geschehen markiert. "Für den Erzählablauf des Evangeliums bleibt es bei der ausschließlichen Sendung Jesu und der Zwölf zu Israel" [21].

Wann entsteht dann aber Matthäus zufolge eigentlich Kirche? "In ihrem vollen Sinn kann sie erst entstehen, wenn sich der Großteil Israels verweigert hat" [22]. "Da die endgültige Verweigerung des Großteils Israels erst mit dem Tod Jesu ratifiziert ist, steht Mt 16,18f völlig sachgerecht auch innerhalb des Makrotextes Matthäusevangelium im Futur: 'Du bist Petrus, und auf diesen Felsen *werde* ich meine ἐκκλησία bauen'" [23]. Dieses 'Bauen' meint dann das kontinuierliche Werk des erhöhten Christus. Mt 16,18f kann darum kein 'Stiftungswort' sein. "Es handelt sich nicht um die Stiftung einer neuen Größe, die Kirche heißt, sondern um die

[18] Vgl. ebd. 54f mit Verweis auf Mt 4,25; 8.1.18.27; 9,8.33; 12,23; 13,2; 14,13; 15,31; 20,29; 21,9.11.15.46.
[19] Ebd. 56.
[20] Ebd. 57.
[21] Ebd. 58.
[22] Ebd.
[23] Ebd. 59.

Hineinführung des alten Heilsvolkes Israel in jene eschatologische Gestalt wahrer Nachfolge und Jüngerschaft, die dem Willen Gottes entspricht" [24]. Das Volk Gottes "braucht nicht gestiftet, es braucht auch nicht abgelöst zu werden, es muß erlöst werden" [25] – wie schon in Mt 1,21 anklingt: '[...] er wird sein Volk von seinen Sünden erlösen'.

Im heilsgeschichtlichen Entwurf des *lukanischen Doppelwerks* wird noch deutlicher, daß die Kirche aus Israel entsteht. Das zweite Buch macht es dem Verfasser möglich, diese Entstehung differenzierter darzustellen als Matthäus. Erst nach Ostern kommt die von Jesus begonnene Sammlungsbewegung zu einem universal greifbaren Erfolg; erst in dieser Phase wird auch die Verweigerung des ungläubigen (Teils von) Israel eigentlich manifest. Die entscheidende Perikope der Scheidung in Israel, die Stephanusgeschichte, macht deutlich, daß die Ablehnung der Boten Gottes im Gottesvolk eine lange Vorgeschichte hat, kein neutestamentliches Novum darstellt. Bereits in der Kindheitsgeschichte wird aber auch manifest, daß ein Teil Israels immer schon im rechten Sinne Erlösung erwartet. Die Wirksamkeit des Täufers erreicht das gesamte Israel.

Die intendierte Sammlung des Volkes gelingt Jesus freilich nur in seiner Jüngergemeinde, in deren Wachsen das wahre Israel repräsentiert und die künftige Kirche präformiert ist. Zwischen der Jüngergemeinde und den jüdischen Führern steht das Volk, das – aufs Ganze gesehen – als aufgeschlossen charakterisiert wird. Die Auswahl und Sendung der zwölf 'Apostel' aus der Jüngergemeinde gilt Gesamt-Israel, hat nicht die Funktion, neben oder in Israel eine eigene Glaubensgemeinschaft zu konstituieren. "Eine spezifische Amtsübertragung *für eine künftige Kirche* kommt im Zusammenhang mit der Aussendung Lk 9,1-6 überhaupt nicht in Sicht" [26].

Weitere Stufen auf dem Weg zur Kirche bilden die Erscheinungen des Auferstandenen und schließlich und entscheidend Pfingsten. Israel, repräsentiert durch die Jüngergemeinde, erhält nun den Geist Gottes, der ihm für die Endzeit verheißen ist[27]. Die Masse des Volkes, die Jesus im ersten Buch positiv gegenüberstand, sammelt sich in einem schnellen und kontinuierlichen Prozeß[28]. Mit der Stephanusgeschichte ändern sich die Vorzeichen. "Von da an steht das Jerusalemer Volk auf der Seite seiner ungläubigen Führer" [29]. Damit wird die letzte Stufe des Weges zur Kirche beschritten: die Aufnahme der Heiden. Die volle Wendung ἡ ἐκκλησία τοῦ ϑεοῦ findet sich allerdings zum ersten Mal in der Abschiedsrede des Paulus an die Presbyter von Ephesus (vgl. Apg 20,18-35, hier V. 28), der einzigen Rede an Christen. Hier wird – wie in der Apokalypse – betont, daß diese Kirche Gottes um den Preis des Blutes Jesu erkauft ist.

Kann man auf dieser Grundlage sagen, daß Jesus nach Lukas die Kirche Gottes gestiftet habe? Nein, sofern man darunter eine neue Glaubensgemeinschaft neben

[24] Ebd.
[25] Vgl. ebd.
[26] Ebd. 62.
[27] Vgl. ebd. mit Verweis auf Apg 2,17-21 und Joel 3,1-5.
[28] Vgl. Apg 2,41; 4,4; 5,14; 6,1.7.
[29] Vgl. G. Lohfink, Jesus und die Kirche, 63.

oder in Israel versteht. Jesus will keine neue Glaubensgemeinschaft gründen, sondern *Israel* sammeln, und in dem Augenblick, da die Kirche anscheinend als neue Glaubensgemeinschaft dasteht, steht sie nicht *neben* oder *in* Israel, sondern ist mit dem wahren Israel identisch[30]. Auch wenn die Kirche das eschatologische Werk Gottes und eine Neuschöpfung ist, so wird darum doch "nicht ein *neues Gottesvolk* [...] geschaffen, sondern das einmal erwählte Volk wird in die neue, eschatologische Phase seiner Existenz hineingeführt" [31].

Der bleibende Zusammenhang zwischen Kirche und Israel ist am deutlichsten in den Kapiteln 9-11 des *Römerbriefs* entfaltet, bewußt gegen eine aufkommende Tendenz der Heidenkirche, im eigenen Stolz ihren Wurzelboden zu vergessen[32]. In diesen Ausführungen präzisiert Paulus seine bisherige Position zu Israel[33].

Bei der Frage, ob Gott sein Volk verstoßen habe (vgl. Röm 11,1), geht es nicht nur um die Teilnahme Israels am Endheil, sondern ebensosehr um die heilsmittlerische Funktion Israels für die Welt. Durch das Versagen des Gottesvolkes kam das Heil zu den Heiden. Der Teil Israels, der nicht zum Glauben an Christus fand, wurde 'aus dem Ölbaum herausgebrochen' (vgl. Röm 11,17.19.20), d. h., er wurde von dem Israel der Väter, nicht etwa der judenchristlichen *Kirche* abgetrennt, damit die Heiden eintreten können. Deren Eintritt wird schließlich Israel reizen, das bisher noch ungläubige Israel wird dann eintreten, und so wird ganz Israel gerettet werden: der Richtungssinn der Völkerwallfahrt (Israel als Faszination für die Heidenvölker) kehrt sich geradezu um[34].

Auch in diesem heilsgeschichtlichen Entwurf ist für eine Kirchenstiftung durch Jesus Christus kein Platz. Für Paulus ist das Tun Christi Teil der umfassenden Heilsökonomie Gottes und *die Kirche ein Aspekt der erregenden Geschichte Israels*: "*Gott setzt Christus in Israel als Fels des Anstoßes, der das Volk scheidet. Gott verstockt den größeren Teil Israels. Gott läßt in Israel einen Rest übrig. Gott holt die Heiden in diesen Rest und damit in die Erwählungsgeschichte Israels hinein. Gott bringt durch die Faszination, die von dem wahren Israel aus Juden und Heiden ausgeht, das ungläubige Israel zur Umkehr und rettet so ganz Israel. Durch die Vollzahl Israels aber rettet er die ganze Welt*" [35]. "Israel bleibt vom Anfang bis zum Ende der göttlichen Erwählungsgeschichte der eigentliche Heilsraum" [36].

Nach einem kurzen Blick auf weitere neutestamentliche Aussagen – bei Paulus, in Joh, Eph, Hebr, Jak, 1 Petr, Tit – kommt G. Lohfink zu dem Ergebnis: "Insge-

[30] Vgl. ebd. 64.
[31] Vgl. ebd. 65.
[32] Aus der Fülle der jüngeren Literatur zu Röm 9-11 sei besonders auf F. Mussner, Die Kraft der Wurzel, 39-54, 153-159, verwiesen. Zur exegetischen und systematisch-theologischen Diskussion um Mussners Ansatz vgl. bes. W. Keller, Gottes Treue – Israels Heil (Literatur!).
[33] Vgl. 1 Thess 2,14-16; Gal 3f; Phil 3.
[34] Vgl. G. Lohfink, Jesus und die Kirche, 68; dazu aber auch die 'Gedanken zu Röm 9-11 nach 2000 Jahren' von N. Lohfink, Der niemals gekündigte Bund, 95-103, bes. 101: "Ist die Christenheit heute denn auch nur irgendwie so, daß sie die Juden 'eifersüchtig' machen könnte?"
[35] G. Lohfink, Jesus und die Kirche, 70.
[36] Ebd. 69.

samt sind die vielen Stimmen des Neuen Testaments in ihrer Volk-Gottes-Theologie erstaunlich einhellig. Die einzige entscheidende Differenz ist die Frage, ob Israel seine heilsgeschichtliche Funktion verloren hat oder nicht. Hier denkt Paulus offenbar völlig anders als die Verfasser der Apokalypse, des Matthäusevangeliums und des lukanischen Doppelwerks. Darin aber, daß die Kirche das wahre Israel ist, stimmen alle überein. [...] In der Ekklesiologie der Autoren des Neuen Testamentes fehlt der Gedanke einer Stiftung der Kirche durch Jesus" [37]. Die Kirchenkonzeption kommt nicht aus ohne den Begriff der eschatologischen Scheidung, die mitten durch das Gottesvolk geht, aber sie kommt "aus ohne den Begriff einer Kirchenstiftung, ja, man muß sogar sagen, daß dieser Begriff für die neutestamentliche Konzeption von Kirche unsachgemäß ist" [38].

Im Anschluß an seinen Durchblick durch neutestamentliche Ekklesiologien geht G. Lohfink auf die Frage nach einer Kirchenstiftung durch den historischen Jesus und sein Verhältnis zu Israel ein[39]. Als problematisch erscheint mir das zusammenfassende Urteil G. Lohfinks: "Die Fundamentaltheologie müßte dahin kommen, die Kirche ganz von Israel her zu definieren [...]" [40]. Es gibt durchaus andere neutestamentliche Ansätze, in denen das Verhältnis der Kirche zu Israel nicht den entscheidenden Fragehorizont darstellt. So etwa die Konzeption des *Markus*, der Kirche in einem Sinne kritisch hinterfragt, daß das Problem ihres Verhältnisses zu Israel zweitrangig wird gegenüber der Frage: Was ist, wenn selbst die von Jesus eigens Herausgerufenen versagen? Aber auch die paulinische Lehre vom *Leibe Christi* übersteigt die Frage nach der Herkunft von Israel und schließlich von Abraham, indem die Vermittlung des Heils auf dem Hintergrund des Verhältnisses Adam – Christus thematisiert wird. Diese ekklesiologischen Ansätze sollen in den beiden folgenden Kapiteln zur Sprache kommen.

[37] Ebd. 71.

[38] Vgl. ebd. 72.

[39] Vgl. ebd. 72-95 und G. Lohfink, Wie hat Jesus Gemeinde gewollt? 17-88. – Ich übergehe hier diese Ausführungen, da ich (vgl. Kap. 16.3) die Ansicht nicht teile, die "Fundamentaltheologie brauch[e] dort, wo sie geschichtlich argumentiert, abgrenzbare historische Fakten [...] im Handeln Jesu. Sie muß in diesem Fall fragen: Was hat Jesus gesagt, was hat er getan, was hat er gewollt? Gibt es, in diesem Sinne historisch faßbar, einen ekklesialen Willen Jesu?" (Vgl. G. Lohfink, Jesus und die Kirche, 72).

[40] Ebd. 95.

18 Kirche im Ernstfall – aus der Perspektive des Markusevangeliums

Das Markusevangelium enthält die wohl radikalste Kirchenkritik, die je geschrieben wurde, 'radikal', weil sie sich wirklich ausschließlich an der Wurzel aller Legitimation von Kirche, der Begegnung mit Jesus, orientiert. Ihre durchdringende Kraft erhält diese Kritik nicht zuletzt durch die literarische Gestalt, in der sie vorgetragen wird. Nirgendwo wird Kirche frontal in Angriff genommen – und ihr damit doch wieder ein besonderes Gewicht beigemesssen. Jeder, der sich in der Kirche wohl etabliert weiß und seine Stellung zu kennen glaubt, bekommt aber einen scharfen Spiegel seiner eigenen Erbärmlichkeit vors Gesicht gehalten, einfach indem der Evangelist den Weg des als Sieger bekannten Christus noch einmal abschreitet, bis hin zum Kreuz.

Soweit sich übersehen läßt, gibt Markus das ihm überlieferte Verkündigungsgut weitgehend wortgetreu wieder. Durch kleinere redaktionelle Änderungen, vor allem aber durch die Gesamtkomposition größerer Traditionseinheiten setzt er jedoch ganz neue Akzente. Neben Gleichnissen, Jüngerunterweisungen und Streitgesprächen Jesu sind es vor allem zwei Überlieferungskomplexe, die Markus aufnahm: eine Passionsgeschichte und eine größere Zahl von Wundererzählungen, von denen ihm einige vielleicht schon in der Form einer Wundersammlung vorlagen. Beide Komplexe waren von einer Christologie bestimmt, die bei zunehmendem zeitlichem Abstand zum Jesusgeschehen zu einer gefährlichen Zufriedenstellung mit dem erreichten Stand christlicher Selbstverständlichkeiten führen konnte. Die Passionsgeschichte machte von der Ostererfahrung her durch Rückgriffe auf das Alte Testament deutlich, daß dies alles mit dem Messias geschehen mußte. Dadurch wurde der schwierigste Anstoß für den Glauben, die als Scheitern Jesu verstandene Hinrichtung, im Licht der Botschaft von Gott, der seinen Gerechten nicht dem Tode überläßt, bewältigt. Die Wundererzählungen ließen die in Christus wirksame Gotteskraft voll zur Geltung kommen, vor allem solche wie die Speisungswunder, die Seewunder und Totenerweckungen, wo Jesus als der Mose und die Propheten des Alten Bundes überbietende Sohn Gottes, ja, schließlich als Gegenwart Jahwes selbst dargestellt wurde. Indem Markus die Wundererzählungen in die Geschichte eines Weges einbringt, der unaufhaltsam auf die Kreuzigung Jesu hinführt, erscheinen sie in einer neuen Perspektive. Und auch die Passionsgeschichte erhält durch den paradox anmutenden Abschluß, den Markus ihr gibt, einen neuen theologischen Akzent.

Der Weg Jesu stellt alle menschlichen Selbstverständlichkeiten in Frage: dies läßt das zweite Evangelium in kaum überbietbarer Dramatik deutlich werden. Der folgende rasche Durchblick hat den Aufweis zum Ziel, wie in diese Infragestellung aller Jesus Begegnenden schließlich und vor allem die von Jesus selbst eigens Herausgerufenen hineingerissen werden.

Markus bringt seine Kritik an den Augen- und Ohrenzeugen von Wort und Werk Jesu insbesondere durch Nuancen in der Darstellung ihrer *Reaktion* auf diese Ereignisse zum Ausdruck. Schon die Schilderung der Reaktion auf das erste Wunder, den Exorzismus in Kafarnaum, wirft ein eigenartiges Licht auf die Staunenden: 'Und sie gerieten außer sich über seine Lehre [...]' (1,22). 'Und alle gerieten in Schrecken, so daß sie miteinander stritten[1] und sagten [...]' (1,27). Die hier gewählte Terminologie ist kaum hinreichend aus dem für die Gattung 'Wundererzählungen' spezifischen 'Admirationsmotiv' erklärbar[2], sondern nur von der eigentümlichen theologischen Umfunktionierung dieses Motivs bei Markus her, die im folgenden noch deutlicher heraustreten wird.

Schon nach dem ersten Tag deutet sich das Unverständnis der Jünger an. Sie betrachten Jesus als einen Wundermann, der gefälligst den an ihn gestellten Erwartungen nachzukommen habe: 'Und Simon und die bei ihm verfolgten ihn und fanden ihn und sagen ihm: Alle suchen dich' (1,36f). Jesus stellt klar, daß er gekommen ist, um zu *verkündigen* (vgl. 1,38). Eine dramatische Sequenz von Episoden, in denen Wundererzählungen und Streitbegegnungen mit den jüdischen Autoritäten kompositorisch eindrucksvoll miteinander verschachtelt sind (2,1-3,6), macht dann gleich zu Anfang deutlich, wohin das Staunen über Wort und Werk Jesu führen wird: 'Und die Pharisäer gingen hinaus und faßten sogleich mit den Herodianern einen Beschluß gegen ihn, daß sie ihn vernichten würden' (3,6). Dieser Vorblick auf das Kreuz war allerdings schon früher angedeutet, einmal durch die dunkle Folie des Täufergeschicks für die Verkündigung Jesu – 'Und nachdem Johannes ausgeliefert worden war, kam Jesus nach Galiläa und verkündete die Heilsbotschaft Gottes [...]' (1,14) –, zum anderen durch die Taufe Jesu selbst, die von ihm später auf seinen Tod gedeutet wird[3].

Nach den jüdischen Autoritäten wird schon bald ein nächster Kreis von Adressaten in die Reaktion von Ablehnung einbezogen: Jesu Verwandte erscheinen im gleichen Licht wie die Schriftgelehrten, die sagten, daß er den Beelzebul habe. Markus erreicht dies durch den Rahmen, den er mit 3,21 ('denn sie sagten: 'Er ist von Sinnen'') und 3,30 ('Sie sagten nämlich: 'Er hat einen unreinen Geist'') um die Schmähung der Schriftgelehrten setzt, die das harte Wort Jesu über die Sünde gegen den heiligen Geist herausfordert (3,22-29). Den darauf folgenden Verweis Jesu auf seine wahren Verwandten (vgl. 3,34f) hatte Markus schon unmittelbar an die scharfe Ablehnung durch die jüdischen Autoritäten vorbereitet: 'Und Jesus zog sich mit seinen Jüngern an den See zurück [...]' (3,7) – worauf dann die Wahl der Zwölf erfolgte (vgl. 3,13-19).

In den an die Perikope über die Verwandten Jesu anschließenden Rätselreden hat es zunächst noch den Anschein, als würden die Jünger klar von den Blutsverwandten, die 'draußen' stehen, abgehoben (vgl. 3,31 mit 4,11). Aber schon bei der Überfahrt über den See fällt der Schatten des Unglaubens auch auf die von Jesus

[1] Συζητεῖν, vgl. Mk 8,11; 9,10.14.16; 12,28.

[2] Vgl. etwa R. Pesch, Das Markusevangelium, 124.

[3] Vgl. 10,38. Zum kompositorischen Zusammenhang der Tauf- und Kreuzigungsszene vgl. oben Kap. 15.3.

selbst Herausgerufenen. Noch *nachdem* Jesus den Sturm zur Ruhe gebracht hat und die Jünger wegen Furcht und Mangel an Glauben tadelt, heißt es: 'Da ergriff sie große Furcht [...]' (4,41). Dieses Urteil über die Jünger wird nach dem zweiten Seewunder verschärft (vgl. 6,49-52) und noch härter nach der Schilderung der zweiten Brotvermehrung aufgenommen (8,14-21).

Der Tadel über das Nicht-Hören und Nicht-Sehen der Jünger muß im Kontext der davor berichteten Heilungen gelesen werden. Vor dem zweiten Brotwunder hatten *Heiden* angesichts der Heilung eines Taubstummen verstanden, daß hier die Prophetie des Jesaja in Erfüllung ging (vgl. 7,37 mit Jes 35,5f). Unmittelbar nach dem Jüngertadel in 8,14-21 wird dann die Heilung eines Blinden geschildert (8,22-26). Doch, weit davon entfernt, daß nun die Zwölf wirklich zum Sehen gekommen wären, spitzt sich die Aussage über ihren Unglauben in der Szene auf dem Weg nach Cäsarea Philippi zu. Petrus bekennt zwar Jesus als 'den Christus', will aber nicht wahrhaben, daß Jesus sterben muß. Der scharfe Verweis Jesu – 'Hinweg von mir, Satan [...]! Denn du hast nicht die Sache Gottes, sondern die der Menschen im Sinn' (8,33) – muß auf dem Hintergrund der Angleichung der Verwandten Jesu an die Schriftgelehrten in Mk 3 gelesen werden. Es geht im ganzen Evangelium um den Kampf von Geist gegen Geist. Wer nicht sieht, daß der Weg Jesu, auf dem der Geist des Vaters liegt, ans Kreuz führt, gehört auf die Seite Satans.

Das auf den Kulminationspunkt gekommene Unverständnis der Jünger macht es nötig, die Frage der Nachfolge neu zu stellen. Nach dem Todesbeschluß der jüdischen Autoritäten erwählte Jesus die Zwölf aus einer großen Volksschar. Der oben zitierte Vers (3,7) wird fortgesetzt: 'Und eine große Volksmenge von Galiläa folgte nach, auch von Judäa [...]'. Jetzt, nach dem harten Tadel an dem Wortführer der Jünger, heißt es: 'Und er rief die *Volksmenge mit seinen Jüngern* herbei [...]' (8,34). Bei dem dann folgenden Ruf zur Kreuzesnachfolge gibt es also nicht mehr eine von vornherein festgesetzte Rangordnung. Das Wort über die wahre Familie wird gleichsam noch einmal, unter Einbeziehung nun auch der Jünger, verschärft.

Die Verklärungsszene – Vorblick auf die Glorie des Auferstandenen – ist wohl nur angemessen von ihrem Rahmen her zu verstehen. An den Ruf zur Kreuzesnachfolge schloß sich das Wort von denen an, 'die den Tod nicht kosten werden, bis sie das Reich Gottes in Macht gekommen sehen' (9,1). Von hierher vermag Petrus den herrlich Erstrahlenden im Dialog mit Elija und Mose in seinen Verständnishorizont einzuordnen (vgl. 9,5). Die anschließende Weisung Jesu (9,9) ruft aber wiederum nur Verwirrung hervor. Den Glanz eines Elija, der, lebendig in den Himmel aufgefahren, von dort wiederkommt: das können die Jünger begreifen – aber eine Auferstehung von den *Toten* (vgl. 9,10-13)?

Die darauffolgende Szene unterstreicht die angesichts des Kreuzes außer Kraft gesetzte Hierarchie von festgelegtem Geistbesitz. Die Zwölf hatten bei ihrer Erwählung die Vollmacht erhalten, Dämonen auszutreiben (vgl. 3,15). Nun zeigen sich die Jünger unfähig, einen unreinen Geist auszutreiben (vgl. 9,14-29). Statt dessen taucht irgend jemand aus der Menge auf, der zwar nicht den Jüngern ('uns': vgl. 9,38) nachfolgt, aber im Namen Jesu spricht und dem es gelingt, Dämonen auszutreiben (vgl. 9,38-40).

Die nötige Umwandlung des Sinnes auf das, was Gottes, nicht, was des Menschen ist, bekommen die Jünger nun Schlag auf Schlag vor Augen geführt: Den *Kindern* ist der Zugang nicht zu verwehren, denn gerade für solche ist das Reich Gottes (vgl. 10,13-16 mit 9,42); die Reichen müssen erst wirklich *arm* werden (vgl. 10,17-27). Vor allem müssen die Rangstreitigkeiten der sich etabliert Wähnenden aufhören: 'Denn auch der Menschensohn ist nicht gekommen, um sich dienen zu lassen, sondern um zu dienen und sein Leben hinzugeben als Lösegeld für viele' (10,45).

Jesu *Schweigegebote* im Anschluß an die Wunderberichte hatten – der Komposition des Markus gemäß – vor allem die Funktion, ein falsches Christusverständnis zurückzuhalten, das nur auf das Triumphale sieht. Ein solches Schweigegebot war auch noch einmal im Anschluß an die Verklärungsszene am Platz, damit der dort geschaute Glanz nicht mißverstanden wurde (vgl. 9,9). Hier, im zweiten Teil des Evangeliums, der mit der Konfrontation von Jesus und Petrus anhebt, ist die Situation grundsätzlich aber eine andere geworden. Sobald Jesus sein Leiden ankündigt, spricht er das ganz *offen* aus (vgl. 8,32). Nun *sollen* auch die Jünger reden – doch sie verstummen. Sie fürchten sich sogar, Jesus zu fragen, als sie sein Wort über den Zusammenhang von Tod und Auferstehung nicht verstehen (vgl. 9,32).

Die vertauschten Rollen von Schweigen und Reden werden besonders plastisch im Drama des Verhörs Jesu ins Licht gerückt, um das das 'Verhör des Petrus' gleichsam wie ein Satyrspiel herumgelegt ist. Bei seinem Bekenntnis zu dem mißverstandenen Messias erhielt Petrus mit den Jüngern noch schärfstes Redeverbot (vgl. 8,30). In der Rahmenhandlung zum Jesusverhör hingegen wagt Petrus nicht einmal ein Bekenntnis vor dem Forum der Diener und Mägde (vgl. 14,54.66-72).

Dies ist das letzte, was Markus über das kirchliche Kerygma, d. h. hier: die unterbliebene Verkündigung der etablierten Kirche, in seinem Evangelium berichtet. Beim Kreuz sind die Jünger nicht einmal mehr präsent. Nur die Frauen, die von Galiläa her gefolgt waren, sehen von ferne zu (15,40). Doch auch diese Treue scheint der Verfasser des zweiten Evangeliums nicht hoch einzuschätzen. Am Ostermorgen wollen die Frauen Jesus die letzte Ehre erweisen. Das beweist nur ihren Unverstand; denn Jesus wurde ja bereits vorher zum Begräbnis von einer anderen Frau gesalbt – als sich die Jünger noch über Ölpreise erhitzten (vgl. 14,3-9). In diesen Unverstand der Frauen am Grabe spricht der Bote das Wort von der Auferweckung Jesu. Er verweist auf das leere Grab als die für die Suche nach Jesus verkehrte Stelle, gebietet ihnen, nicht zu erschrecken und seinen Jüngern und Petrus zu sagen, wo der Auferstandene zu finden ist (vgl. 16,6f). Doch dieses 'Erschreckt nicht!' fruchtet ebensowenig wie zuvor Jesu Tadel der Jüngerfurcht (vgl. 4,40f; 6,50-52). Flucht, Schweigen und Entsetzen (man beachte die Häufung der Termini von Furcht und Erschrecken in 16,5.8 im Zusammenhang mit früheren Reaktionen dieser Art, vgl. etwa 10,24.32) ist ihre einzige Reaktion und Antwort auf den Verkündigungsbefehl[4].

[4] Die verschiedentlich unternommenen Versuche, die Reaktion der Frauen als theologisch adäquat zu interpretieren, vermögen mich nicht zu überzeugen. Vgl. etwa G. O'Collins, The Fearful Silence of Three Women (Mark 16:8c), (Literatur!). Eine aus-

Die Frage drängt sich auf, wie dann überhaupt im Sinne des zweiten Evangelisten 'die Sache Jesu weitergehen' konnte. Man kann natürlich mit Blick auf die übrige Tradition sagen: Irgendwann haben sich die Frauen und Jünger im Lichte der Osterbotschaft dann doch 'gefangen' und den nötigen Mut zur Verkündigung gefunden. Vom Markusevangelium selbst her dürfte es näherliegen, den Blick zunächst einmal auf einen anderen Strang von Jüngerschaft zu richten, den Markus in seiner Darstellung des Weges Jesu andeutet, eine Linie, die in das offene Bekenntnis des römischen Hauptmanns zum Gottessohn angesichts des Kreuzes selbst, nicht erst aufgrund von Ostermanifestationen, mündet.

Schon unmittelbar nach dem Beschluß der jüdischen Autoritäten über Jesu Tod (vgl. 3,6) und noch vor der Erwählung der Zwölf befiehlt Jesus, ein *Boot* für ihn bereitzuhalten (vgl. 3,9). Hier bereits scheint sich der Aufbruch zur 'anderen Seite' (4,35) anzukündigen, die dann am Ort des ersten vor Heiden gewirkten Wunders (5,1) erreicht ist. Von dem Tadel der Jünger wegen ihrer ungläubigen Furcht während der stürmischen Überfahrt (vgl. 4,40f) hebt sich deutlich die Kennzeichnung der Reaktion der Heiden auf Jesu Wirken ab. Hier ist klar unterschieden zwischen, einerseits, einer Äußerung von Furcht und der Abweisung Jesu – die allgemeine Antwort der Gerasener auf den Exorzismus (vgl. 5,14-17) – und, andererseits, der Bitte des Geheilten vor der Rückkehr Jesu ins Judenland, ihm folgen zu dürfen (vgl. 5,18). Diese Bitte wird zwar von Jesus abgewiesen. Die Zeit der Aufnahme von Heiden in das Gottesvolk ist noch nicht gekommen. Jesus gibt aber statt eines Schweigegebotes[5] erstmalig einen Befehl zur Verkündigung, den der Angesprochene in der bemerkenswerten Erkenntnis der Identität Jesu mit 'dem Herrn' ausführt: '[...] Geh' in dein Haus zu den Deinen und melde ihnen, was der Herr Großes an dir getan und welche Barmherzigkeit er dir erwiesen hat. Und er ging fort und begann, in der ganzen Dekapolis zu verkünden, was Jesus Großes an ihm getan hatte. Und alle gerieten in Staunen' (5,19f). Hier läßt Markus eine Verkündigung über Jesus als von diesem nicht kritisiert stehen und beschließt das erste Auftreten Jesu im Heidenland mit dem Hinweis auf ein weit offenes Staunen[6].

In 7,24-30 berichtet Markus über eine zweite Dämonenaustreibung im Heidenland – im Anschluß an eine programmatische Streitrede mit den Juden und abschließende Belehrung über nur scheinbare und wahre Unreinheit (7,1-23). Im Unterschied zur breiten Darstellung des Exorzismus in Gerasa (und dann wieder des 9,14-29 geschilderten Exorzismus in jüdischem Milieu) tritt das Wundergeschehen hier völlig zurück hinter den Dialog mit der Syrophönizierin (der im Hinblick auf

gewogene Interpretation des Markusschlusses bietet A. T. Lincoln, The Promise and the Failure.

[5] Wie J. Ernst (vgl. ders., Das Evangelium nach Markus, 157, im Anschluß an R. Pesch) halte ich die Auffassung, es handele sich in 5,19 um eine besondere Form des Schweigegebotes (vgl. J. Gnilka, Das Evangelium nach Markus I, 207), für nicht berechtigt. Dagegen spricht auch der einfache grammatikalische Anschluß mit 'und' in 5,20 im Unterschied zu 1,45. Einen gewissen Anklang an das markinische Motiv 'übertretenes Schweigegebot' kann man allenfalls von 7,36f her sehen, insofern auch die Verkündigung des Geraseners weit über die Anweisung Jesu hinausgeht.

[6] Ein eklatanter Unterschied zwischen diesem Erfolg des ersten Wunders Jesu im Heidenland und der Art und Weise, wie die Heilung eines Aussätzigen nach 1,44f ausgeht!

den zum Ausdruck kommenden Glauben der Heidin wohl auch auf dem Hintergrund der oben, Kap. 14.2, analysierten Wundergeschichte 5,25-34 zu lesen ist). Will Markus bewußt an die inzwischen erfolgte 'Missionierung' nach 5,20 anknüpfen? Nur dann wird eigentlich das Verhalten der Frau – in 7,24 fehlt jeder Hinweis auf ein Wirken oder Reden Jesu! – verständlich und vor allem ihre im Markusevangelium singuläre Anrede Jesu als 'Herr' (vgl. 7,28), die nicht als eine 'einfache Höflichkeitsanrede' aufzufassen[7] und mit dem Verweis auf typisch heidnischen Sprachgebrauch[8] kaum hinreichend zu erklären ist.

In der Dekapolis (vgl. 7,31), dem 'Missionsgebiet' des geheilten Geraseners, erfolgt dann das *Verkündigen*[9] von Heiden angesichts der Heilung eines Taubstummen, das in den schon erwähnten staunenden Ausdruck der Erkenntnis mündet, daß sich die Prophetie des Jesaja über das heilende Geschehen beim Kommen Gottes erfüllt (vgl. 7,37 mit Jes 35,5f).

Es geschieht also außerhalb der drei Kreise von eigentlichen Adressaten – erwähltes Volk, Verwandte Jesu (vgl. 3,21-35 mit 6,1-6), herausgerufene Jünger –, daß Jesus richtig verstanden und verkündigt wird. Diese Verkündigung, die Jesus nicht in sein ausschließlich an Israel gerichtetes Kerygma einbezogen hat, wird schließlich mit dem Tode Jesu frei, als der Tempelvorhang zerreißt und der römische Hauptmann das definitive Bekenntnis über Jesus ausspricht[10].

Sosehr der zweite Evangelist die etablierte Kirche auf diese dem Wort und Werk Jesu angemessene Erkenntnis und Verkündigung verweist, geht seine Intention doch nicht dahin, eine Ablösung der bestehenden Kirche durch eine anonyme Gemeinde von Heidenchristen zu propagieren.

Zunächst ist festzuhalten, daß Markus tatsächlich eine bereits strukturierte Gemeinde in seiner Kritik vor Augen hat. Die Zwölf mit Petrus an der Spitze haben im zweiten Evangelium nicht nur eine symbolische Funktion innerhalb der Reich-Gottes-Verkündigung, sondern stehen für eine inchoativ schon etablierte bzw. sich etablierende Hierarchie, wie vor allem die Szenen des Rangstreits der Jünger beweisen.

Vor allem aber darf nicht übersehen werden, daß die markinische Kritik alles andere als ein endgültiges Urteil über die Kirchenführer darstellt. Jesus wird auch nach dem zu Ende geschilderten Debakel der von ihm Herausgerufenen zu seinem Wort stehen. 'Aber geht hin und sagt seinen Jüngern und dem Petrus: Er geht euch voran nach Galiläa. Dort werdet ihr ihn sehen, wie er euch gesagt hat' (16,7 vgl. 14,28). Die Jünger werden wie Jesus den Kelch trinken und mit seiner Taufe getauft werden (vgl. 10,38f). Dann wird auch der Geist wieder in ihnen sein (vgl. 13,11). Der Lohn für das Verlassen von allem wird ihnen gewiß zuteil – wenn auch die Ersten die Letzten sein werden (vgl. 10,28-31). Petrus ist zwar noch nicht beim Kreuz präsent, aber auf dem Wege dahin: 'Da erinnerte sich Petrus an das Wort,

[7] So auch R. Pesch, Das Markusevangelium I, 389; J. Ernst, Das Evangelium nach Markus, 213.

[8] Vgl. J. Gnilka, Das Evangelium nach Markus I, 293.

[9] Κηρύσσειν, vgl. 7,36 mit 5,20 und dem gezielten Gebrauch dieses Verbs im gesamten Evangelium.

[10] Vgl. 15,38f und oben, Kap. 15.3.

das Jesus zu ihm gesagt hatte: 'Ehe der Hahn zweimal kräht, wirst du mich dreimal verleugnen. *Und er brach in Tränen aus*' (14,72). Vielleicht darf man diese abschließende Bemerkung als die wichtigste 'Primatsverheißung' im Sinne des zweiten Evangelisten ansehen.

19 Kirche und Leib Christi

Eine fehlgeleitete Interpretation des paulinischen Begriffs vom 'Leib Christi' hat über Jahrhunderte hinweg die Theologie belastet. Erst das Zweite Vatikanische Konzil durchbrach die dadurch mitbedingte Engführung der Ekklesiologie, wobei allerdings die zentralen Probleme der Auslegungsgeschichte in den lehramtlichen Dokumenten nicht ausdrücklich zur Sprache gebracht wurden[1]. Diese Probleme sind nicht schon damit gelöst, daß man fortan – wie in der ekklesiologischen Reflexion nach dem Konzil – den Begriff 'Leib Christi' weitgehend meidet. Die in den letzten Jahrzehnten zu beobachtende Verdrängung des früher dominierenden Leib-Christi-Begriffs hat vielmehr dazu beigetragen, den Begriff 'Volk Gottes' unangemessen in den Vordergrund zu rücken und ihn in einer Weise seinem ursprünglichen theologischen Umfeld zu entziehen, daß er nun seinerseits nicht immer kritisch genug verwendet wird.

Die mit der traditionellen Interpretation des Leib-Christi-Gedankens verbundene Problematik kirchlichen Selbstverständnisses ist nur über eine adäquatere Auslegung der einschlägigen paulinischen Texte wirklich deutlich zu machen. Das soll im folgenden versucht werden, wobei wir uns hinsichtlich der Interpretationsgeschichte im wesentlichen auf die Enzyklika 'Mystici corporis' und das erste Kapitel der Dogmatischen Konstitution über die Kirche 'Lumen gentium' beschränken.

19.1 'Leib Christi' in den unumstrittenen Paulusbriefen

Eine angemessene Ausgangsbasis zur Interpretation der paulinischen Leib-Christi-Lehre ist erst seit wenigen Jahren gesichert, insofern der Stand der Forschung es heute kaum noch erlaubt, mit guten Gründen den Apostel Paulus als Verfasser des Kolosser- und/oder Epheserbriefs anzunehmen. Von daher ist Versuchen, einen einheitlichen Leib-Christi-Begriff aus den Aussagen der unumstrittenen wie der umstrittenen Paulusbriefe zu (re-)konstruieren, die exegetische Grundlage entzogen[2]. Aber auch unter Ausgrenzung der sich von den 'Gefangenschaftsbriefen' her ergebenden Fragen werfen schon die Aussagen des Apostels Paulus selbst genug Probleme auf.

Die Schwierigkeit einer sachgerechten Interpretation der paulinischen Lehre vom 'Leib Christi' wird bereits daran deutlich, daß Paulus mit diesem Terminus

[1] Zur Auslegungsgeschichte des Leib-Christi-Begriffs (Literatur!) vgl. Y. Congar, Lumen Gentium n°. 7; S. Mirbach, 'Ihr aber seid Leib Christi', (Literatur!).

[2] Zur Forschungslage vgl. besonders H. Merklein, Paulinische Theologie in der Rezeption des Kolosser- und Epheserbriefes, 25f. Merkleins eigene Arbeiten liefern weitere wichtige Argumente für die Annahme, daß Paulus der Verfasser weder des Epheser- noch des Kolosserbriefs ist.

drei zumindest für den ersten Blick verschiedene Gegebenheiten bezeichnet: (1) den Leib Christi, durch den wir im Hinblick auf das (todbringende) Gesetz getötet sind (Röm 7,4), (2) den in der Eucharistie gegenwärtigen auferstandenen Herrn (1 Kor 10,16f), (3) die Kirche (1 Kor 12,27, ohne Artikel). Wie sind diese Sachverhalte einander zuzuordnen? Auf diese Frage scheint noch immer keine allseits befriedigende Antwort gefunden. Mein Interpretationsansatz zielt auf eine Vermittlung zwischen den von E. Schweizer[3] und H. Merklein[4] vorgetragenen Positionen[5].

19.1.1 Soteriologische Vorgegebenheit

'Einer ist für alle gestorben, also sind alle gestorben' (2 Kor 5,14). Paulus greift hier zunächst eine Grundaussage der Tradition auf - die vom stellvertretenden Tod Jesu -, kommt dann aber zu einem merkwürdigen Schluß. Daß durch den Tod Jesu 'alle gestorben' sind, läßt sich nur nachvollziehen, wenn jenem stellvertretenden Akt eine irgendwie 'korporativ-persönliche' Bedeutung beigemessen wird. Aus dem stellvertretenden Tun allein ist eine solche Logik nicht herauszulesen.

[3] Vgl. E. Schweizer, Art. σῶμα in: ThWNT VII, 1024-1042.1043-1091, bes. 1064-1071; ders., Die Kirche als Leib Christi in den Paulinischen Homologumena, 272-292; ders., The Church as the Body of Christ, Richmond/Virginia 1964. E. Schweizer folgt einer Auslegungsrichtung, in der 'dem Christus' bzw. dem 'In-Christus-Sein' bei Paulus eine 'korporativ-persönliche' Bedeutung beigemessen und die Kirche als Verlängerung dieser Wirklichkeit bzw. als mit dieser identisch begriffen wird. Er kommt zu dem Ergebnis, "daß der eine Leib der Gemeinde kein anderer ist als der Leib Christi selbst" (vgl. Art. σῶμα, 1068). "Genau genommen kann man [...] den am Kreuz hingerichteten Leib Jesu, den Leib des Erhöhten, u den Leib Christi, den die Gemeinde bildet, gar nicht scheiden" (ebd. 1070).

[4] Vgl. H. Merklein, Entstehung und Gehalt des paulinischen Leib-Christi-Gedankens (hier auch die wichtigste Literatur). H. Merklein beobachtet Schweizer (u.a.) gegenüber zu Recht: " [...] die Ekklesiologie wird zur unmittelbaren Funktion oder gar zur Variante der Christologie. Dann besteht aber die Gefahr, daß der Kirche selbst soteriologische Relevanz beigemessen wird: Die Kirche wird zum Heilsraum, in den die zu Erlösenden hineinversetzt werden müssen" (Entstehung, 117).

H. Merklein selbst arbeitet mit großer Präzision heraus, daß der Apostel der Kirche im Rahmen seiner Verwendung der Leib(-Christi)-Metapher (wie auch sonst) eine lediglich *funktionale* Bedeutung beimißt. Er gibt zwar zu, daß die "semitische [...] Vorstellung von der *corporate personality* [...], [dem] Stammvater, [der] eine Vielheit repräsentieren und deren Schicksal in sich schließen [kann,] [...] bei Paulus tatsächlich vorhanden [ist] (vgl. Röm 5,12-21; 1 Kor 15,22.45-49)" (vgl. Entstehung, 116). Aber er beachtet meines Erachtens zu wenig den Zusammenhang zwischen den Leib(-Christi)-Aussagen des Apostels und dieser "Korporativpersönlichkeit". Hieraus ergeben sich Probleme besonders für das Verständnis von 1 Kor 12,13 (vgl. ebd. 131-136). Lassen sich solche Schwierigkeiten beheben, ohne daß man Abstriche an dem rein funktionalen Gehalt der ekklesiologischen Leib(-Christi)-Aussagen machen muß?

[5] Ich habe bei der Neubearbeitung dieses Kapitels auf eine Auseinandersetzung mit der inzwischen erschienenen Literatur verzichtet, weil ich in Kürze einen Beitrag zur Genese des Leib-Christi-Gedankens in 1 Kor vorlegen möchte. Zumindest ein wichtiges Motiv scheint mir darin zu bestehen, daß Paulus die Auseinandersetzung mit seinen Gegnern in Korinth auf der Grundlage der inkarnatorischen Präsenz des Auferstandenen führen wollte, dies aber (vor 1 Kor 15) ohne grobe Mißverständnisse auf seiten dieser Gegner nicht konnte, da ihnen gerade die *leibliche* Auferstehung fragwürdig war.

Ein analoger korporativ-persönlicher Gedanke dürfte auch Röm 7,4 zugrunde liegen, nur daß hier anstelle des 'Todes des Einen' von dem Leib Christi gesprochen wird: 'So seid auch ihr, meine Brüder, dem Gesetz durch den Leib Christi getötet [...]'. Die Parallelität zwischen diesen beiden Stellen bleibt wohl deswegen zumeist unbeachtet, weil man Röm 7,4 gewöhnlich unmittelbar auf der Grundlage der Röm 6 beschriebenen Vermittlung mit dem Tode Christi durch die Taufe versteht. Diese Beziehung ist sicher gegeben. Man darf aber nicht aus dem Auge verlieren, daß nach Paulus vorgängig zu der durch die Taufe vermittelten Befreiung vom Gesetz der Tod dessen, der 'für uns zur Sünde gemacht' wurde (vgl. 2 Kor 5,21), als Heilssphäre bereits 'alle' umfaßt, besser: 'unterfaßt' [6]. Diese Priorität wird auch dadurch deutlich, daß die Taufparänese Röm 6,3ff als Imperativ auf den Röm 5,12-21 ausgeführten Indikativ folgt, genauer: einem möglichen libertinistischen Mißverständnis dieser Thematisierung der Universalität des durch Christus erwirkten Heils zuvorkommen möchte (vgl. Röm 6,1f). Diesem vorgegebenen Indikativ müssen wir uns zuerst zuwenden.

Was Paulus Röm 5,12-21 breit entfaltet, hatte er schon 1 Kor 15,22 auf eine knappe Formel gebracht: 'Denn wie in dem Adam alle sterben, so werden in dem Christus alle lebendig gemacht werden.' Wie umfassend ist hier die Lebenszusage für 'alle' gemeint[7]? Die Mehrheit der Ausleger vertritt die Ansicht, schon wegen des nachfolgenden Verses 23 könne Paulus nur an alle *Glaubenden* gedacht haben. Dagegen spricht die Logik des Vergleichs mit dem Adamstod, der ja nun wirklich niemanden ausläßt, vor allem aber die deutliche Betonung: 'alle *Menschen*' in Röm 5,12-21, bes. V. 18. Zu Recht unterstreicht H. U. v. Balthasar Röm 5,12-21 als einen Text, der selbst noch über Distinktionen wie die "zwischen einem absoluten und einem konditionalen Heilswillen Gottes, zwischen einer objektiven Erlösung Christi und ihrer subjektiven Annahme" hinwegspricht[8].

"Neunmal wird das Wort 'alle' wiederholt, und das Übergewicht der Gnade wird noch dadurch hervorgehoben, daß das Gesetz die Sünde sich häufen ließ, die Gnade aber durch dieses erhöhte Hindernis 'noch reichlicher wurde' [...]. Der ganze Passus steigert sich zu einem wahren Siegeshymnus, in welchem das aufgehobene Gleichgewicht, das das bisherige zweiseitige Gericht auszeichnete, durch ein dauerndes 'um so viel mehr', 'über alles hinaus' aufhebt" [9].

Auch H. U. v. Balthasar weiß, daß den wenigen Aussagen, in denen eine Hoffnung auf das Heil wirklich aller Menschen zum Ausdruck kommt, eine Fülle biblischer Texte gegenübersteht, in denen von einem unterschiedlichen Gerichtsausgang die Rede ist. Er vertritt dennoch die Auffassung, daß nachösterlich "das alttestamentliche, mit wenigen Ausnahmen streng zweiseitige Gerichtsbild sich aufgehellt hat (der Richter ist der Retter aller) und infolgedessen die Hoffnung die

[6] Vgl. H. U. v. Balthasar, Theodramatik Bd. III, 462.
[7] Vgl. den Forschungsüberblick von M. E. Boring, The Language of Universal Salvation in Paul.
[8] Vgl. H. U. v. Balthasar, Was dürfen wir hoffen, 32.
[9] Ebd.

Furcht überwiegt" [10]. Wichtig ist die Betonung: "Das bleibt eine theologisch begründete existentielle, keineswegs theoretisch-systematische Aussage" [11].

Man muß allerdings berücksichtigen, daß bei Paulus die beiden einander anscheinend widersprechenden Textreihen sich doch nicht einfach unversöhnt gegenüberstehen, sondern – zumindest im Römerbrief – in ein ganz bestimmtes Verhältnis zueinander gebracht sind. Im Zusammenhang seiner Ausführungen über das, was der Mensch aus sich heraus vermag, steht eine klare Aussage über den zweiseitigen Ausgang des Gerichts (vgl. Röm 2,5-11). Im Anschluß daran werden wir aber vom Apostel darüber belehrt, daß aufgrund der vom Menschen erbrachten Werke ausnahmslos alle, Juden wie Heiden, mit Recht dem göttlichen Zorn verfallen sind: 'Denn alle haben gesündigt und ermangeln der Herrlichkeit Gottes' (Röm 3,23). Nach dieser Feststellung der universalen Ausweglosigkeit des Menschen fährt Paulus allerdings fort: "Sie werden nun durch seine Gnade aufgrund der Erlösung in Christus Jesus geschenkweise gerecht' (Röm 3,24). Dies ist der Ausgangspunkt für die dann weitergeführte Erlösungslehre, in der nicht nur die oben erwähnte Gegenüberstellung von Christus und Adam (Röm 5,12-21), sondern auch die heilsgeschichtliche Konklusion von Röm 9-11 steht: 'Denn Gott hat alle in den Ungehorsam eingeschlossen, damit er sich aller erbarme' (Röm 11,32).

Jedem kirchlichen Tun voraus sind nach Paulus 'in Christus' alle Menschen vom Leben unterfangen. Welcher Vorstellungshorizont ermöglicht es dem Apostel, diesen Sachverhalt zur Sprache zu bringen – besonders durch die Gegenüberstellung von Adam und Christus, aber auch unter Einbezug eines offensichtlich korporativ-persönlichen Verständnisses des Todesleibes Jesu (vgl. Röm 7,4)? Am ehesten ist wohl mit E. Schweizer an einen erweiterten Gebrauch der alttestamentlichen Vorstellung von dem das Schicksal seiner Nachkommen bestimmenden Stammvater zu denken[12]. Damit ist allerdings noch nicht berücksichtigt, daß Paulus die Inklusion des gesamten Menschengeschicks zum Heil gerade dem *Tode* des 'neuen Adam' zuschreibt. Hier dürfte die Erinnerung an das biblische Verständnis des Todes einen Schritt weiter führen.

Der Tod wird alttestamentlich ja nicht etwa als 'Sensenmann', sondern als tiefster Ort der bei der Schöpfung an ihren Platz verwiesenen Chaoswasser und als personifiziertes Ungeheuer vorgestellt, dessen offener Rachen alle Menschen verschlingt. Dieser uralte religionsgeschichtliche Hintergrund ist bei Paulus durchaus lebendig, so etwa, wenn er an die 'unter der Erde' erinnert (vgl. Phil 2,10) oder sich gegen die Rede wendet: '[...] *Wer wird in den Abgrund hinabsteigen?* – Das hieße: Christus von den Toten heraufführen' (Röm 10,7). Von diesem Hintergrund her gesehen, könnte der Abschluß der Ausführungen über die Auferstehung in 1 Kor 15 einen Hinweis darauf geben, welches Bild dem Apostel bei seinem Gedanken von dem eschatologischen Sieg über den Tod durch den Tod Jesu Christi vor Augen gestanden haben mag: '*Verschlungen ist der Tod vom Sieg. Tod, wo ist*

[10] Vgl. ebd. 36.
[11] Ebd.
[12] Vgl. E. Schweizer, Art. σῶμα, 169f; ders., Homologumena, 272-283.

dein Sieg? Tod, wo ist dein Stachel?' (1 Kor 15,54f) Die Stelle wird als ein Mischzitat aus Jes 25,8 und Hos 13,14 angesehen[13]. Dabei ist zu beachten, daß in Hos 13,14 statt zweimaliger Erwähnung des Wortes 'Tod' die Termini 'Tod' und 'Scheol' (bzw. 'Hades') alterieren – im Grunde ein Hendiadyoin.

'Der Tod verschlungen' [14]: ein alles auf den Kopf stellendes Paradox. Ist doch der Tod die Macht, die alles verschlingt. Im Leibe dieser Chaosmacht findet alles 'Fleisch', d. h. nach Paulus: alle Menschen, die erbärmlichen Häuflein um sich selbst kreisender Existenz, Platz. Bis auf einen, dessen rückhaltloses Sein-für im Tode so definitiv wurde, daß ein alle zum Heil unterfangender Raum aufreißt, der seinerseits die ganze Unheilsmacht verschlingt: der Leib Christi, durch den wir dem Gesetz getötet wurden (vgl. Röm 7,4), der Eine, durch dessen stellvertretenden Tod alle (der Sünde und dem Tod) starben, so daß sie in ihm nun 'neue Schöpfung' sein dürfen (vgl. 2 Kor 5,14.17).

19.1.2 Sakramentale Vermittlung

Sosehr der durch den Tod Christi eröffnete Heilsraum zur Hoffnung auf die Rettung wirklich aller Menschen berechtigt, sowenig geben die Aussagen des Apostels Anlaß, spekulative Gedanken an eine ersatzweise auch ohne das Hören des 'Wortes vom Kreuz' (vgl. 1 Kor 1,18) erfolgende, anonyme Heilsvermittlung zu verlieren. Die von Paulus herausgestellte Verbindungslinie von der apostolischen Predigt zum Gerettet-Werden (vgl. Röm 10,13-15) läßt an Deutlichkeit nichts zu wünschen übrig. Dieses Wort vom Kreuz, das den Hörenden an den Ort des heilbringenden Todes Christi versetzt, hat seine öffentlich-leibliche Gestalt in der *Taufe*[15].

Die Auslegung der paulinischen Texte zur Taufe ist vor allem im Hinblick auf die Übersetzung von βαπτίζειν εἰς c. Acc. (unmittelbar auf Christus bezogen) noch immer kontrovers. Darf man den Ausdruck in Gal 3,27 und Röm 6,3 im Sinne einer Hineingabe in die oben beschriebene, korporativ-persönliche Lebenssphäre, also in 'den Christus' bzw. 'den Leib Christi' verstehen – wobei der ursprüngliche Symbolgehalt des Taufaktes als eines 'Hineintauchens' lebendig bliebe – oder hat man ein vom Symbolischen her abgeflachtes Verständnis des

[13] Vgl. H. Conzelmann, Der erste Brief an die Korinther, 360f; G. D. Fee, The First Epistle to the Corinthians, 803-805.

[14] Wörtlich 'hinuntergeschluckt', wie es dem Vorstellungshorizont von den personifizierten Chaoswassern entspricht, vgl. Jon 2,1 (LXX). Vgl. hierzu G. Sellin, Der Streit um die Auferstehung der Toten, 226: "Möglich ist die Annahme, daß erst Paulus κατεπόθη in das Zitat eintrug [in einer Anmerkung verweist Sellin auf Arbeiten von L. Schottroff und A. Rahlfs]. [...] Wenn Paulus nicht eigenständig umgebildet hat, so hätte er doch eine Textform gesucht oder aus verschiedenen Übersetzungen eine Form kompiliert, die genau seine Argumentation trägt".

[15] Die *Kinder*taufe ist berechtigt, insofern jeder Akt einer von Christus her geprägten Liebe den geliebten Menschen an den Ort jenes erlösenden 'Seins-für' leitet und damit 'Wort vom Kreuz' ist – und solange man das Sakrament der Firmung (bzw. die Konfirmation) nicht abstrakt neben die Taufe stellt, sondern als persönlich verantwortete Ratifizierung des 'Hineingehaltenseins' in den Christus versteht.

Taufaktes im juridischen Sinn einer Übereignung anzunehmen? Die erste Alternative wird mit der im Englischen bevorzugten Übersetzung 'baptized *into* Christ (Jesus)' (vgl. Gal 3,27; Röm 6,3) nahegelegt. In die Richtung der zweiten Option weist die im Deutschen zumeist gewählte Übersetzung '*auf* Christus (Jesus) getauft', die sich auch im liturgischen Sprachgebrauch durchgesetzt hat. Man wird nicht nur mit dem Gewicht der vorgebrachen Argumente, sondern auch mit einem gewissen Trägheitsfaktor zu rechnen haben, der von dem sprachlich je geläufiger Klingenden ausgeht – im Englischen läßt sich für 'taufen auf' nicht leicht ein Äquivalent finden, im Deutschen wirkt der Ausdruck 'in ... hinein' umständlich ('taufen in Christus' würde eher dativisch verstanden)[16].

Für die erstgenannte Alternative und Übersetzung 'in Christus (Jesus) hineingetauft' dürften die besseren Argumente sprechen. 'Mit-Christus-Bekleidet-Werden' (vgl. Gal 3,27b) und 'Einer-Sein in Christus Jesus' (vgl. Gal 3,28) lassen sich aufgrund einer bloßen (juridischen oder sakramentalen) Übereignung an Christus kaum verständlich machen. Auch der Kontext von Röm 6,3 spricht für eine organischere Einheit mit Christus, seinem Sterben, Begrabenwerden und (im Blick auf die Zukunft) seinem Leben[17], als durch eine als Übereignung begriffene Taufe *auf* Christus zum Ausdruck gebracht werden kann. Als Hineingabe in die soteriologische Vorgegebenheit 'des Christus' verstanden, wie Paulus sie von dem durch Christi Tod verschlungenen Tod her korporativ-persönlich denkt, läßt sich die hier beschriebene Taufe besser erklären[18].

Der Auslegung 'in Christus hineingetauft' wird häufig 1 Kor 10,2 entgegengehalten: πάντες εἰς τὸν Μωϋσῆν ἐβαπτίσαντο. Selbst in Bezug auf Mose ist allerdings eine korporativ-persönliche Deutung nicht auszuschließen[19].

[16] Die Übersetzung mit 'taufen auf' wird vor allem mit dem Hinweis auf die Formel βαπτίζειν εἰς τὸ ὄνομα (c. Gen. einer Person) begründet. Im Profangriechischen kann hier an den Fachausdruck εἰς τὸ ὄνομα aus dem Giroverkehr erinnert werden, der im Sinne von 'auf das Konto (überweisen)' zu verstehen ist. Als neutestamentliche Parallelen werden Mt 28,19; Apg 8,16; 19,5; und 1 Kor 1,13.15 herangezogen. Diese Belegstellen sind im Hinblick auf das paulinische Taufverständnis kaum überzeugend, da sich bei Paulus die Formel εἰς τὸ ὄνομα nicht in Verbindung mit '(Jesu) Christi' findet. Auffallend ist, daß in vielen Kommentaren, wo mit 'taufen auf' übersetzt wird, die anschließende Auslegung oft nicht ganz konsequent wirkt, zuweilen sogar eher eine Übersetzung mit 'taufen in ... hinein' nahelegen würde.

[17] Vgl. συνετάφημεν (V. 4), σύμφυτοι (V. 5), συνεσταυρώθη (V. 6), συζήσομεν (V. 8).

[18] Eine besondere Schwierigkeit für die Auslegung bietet der Ausdruck (ἐβαπτισθημεν) εἰς ἓν σῶμα in 1 Kor 12,13. Hier scheidet eine Übersetzung durch 'taufen auf' zwar von vornherein aus. Ist aber statt an die soteriologische Vorgegebenheit des Herrenleibes nicht eher an die *Kirche* zu denken, von der Paulus in V. 27 als 'Leib Christi' (ohne Artikel) und in 1 Kor 10,17 sowie Röm 12,5 als 'ἓν σῶμα ' spricht? Dann wäre entweder in finalem oder konsekutivem Sinn mit 'zu einem Leibe (getauft)' zu übersetzen oder mit 'in einen Leib (hineingetauft)', wenn diese Kirche als vorgegebene Einheit gedacht wird.

Der 'eine Leib' in 1 Kor 12,13 dürfte allerdings kaum schon auf die Kirche zu beziehen sein. Dagegen spricht u. a. die parallele Konstruktion in V. 13: πάντες εἰς ἓν σῶμα ἐβαπτίσθημεν – πάντες ἓν πνεῦμα ἐποτίσθημεν. Der 'eine Geist', mit dem alle getränkt wurden, ist sicherlich eine der Kirche vorgebene Wirklichkeit. Dann wird man aber auch den 'einen Leib' nicht auf die Kirche hin zu interpretieren haben.

[19] Vgl. E. Schweizer, Homologumena, 280f, unter Berufung auf Philo (Quaest. Ex. 2,46). Mose könnte schon aufgrund der Interpretation seines Namens als 'der aus dem Wasser Ge-

In der Taufe werden wir in den alle unterfangenden Heilsraum hineingehalten, der durch den Tod Christi aufgerissen ist. In der *Eucharistie*feier steht dieser 'Leib-für' (vgl. 1 Kor 11,24) gleichsam in das Zentrum des Gemeindelebens hinein. Von der sakramentalen Zeichenhaftigkeit her ist darum im Blick auf die eucharistische Präsenz des Herrn der Unterschied zwischen dem soteriologisch vorgegebenen Christusleib und der ekklesialen Wirklichkeit, die Paulus als 'Leib Christi' bezeichnet, deutlicher zu erkennen als in der Reflexion auf die Taufe, deren Richtungssinn ja gerade in das 'Zusammenwachsen' der Christen mit Christus verweist (vgl. Röm 6,5).

'Ist der Kelch des Segens, über den wir den Segen sprechen, nicht Gemeinschaft mit dem Blut des Christus? Ist das Brot, das wir brechen, nicht Gemeinschaft mit dem Leib des Christus? Weil es *ein* Brot ist, sind wir viele *ein* Leib; denn wir alle haben teil an dem einen Brot' (1 Kor 10,16f). Bei dem 'Leib Christi' ist – wie die Parallelität mit dem 'Blut Christi' deutlich macht – die der Kirche vorausliegende Heilswirklichkeit des für uns in den Tod gegebenen Christus gemeint[20]. Erst aus der sakramentalen Gemeinschaft mit diesem Leib des Christus begründet Paulus das 'Ein-Leib-Sein' der Gemeinde. "Nach paulinischer Auffassung muß selbst das *Sakrament* unter soteriologischer Rücksicht, das heißt, sofern es die Erlösungstat vergegenwärtigt, der Kirche vorgeordnet werden und darf nicht als deren Lebensäußerung verstanden werden" [21].

19.1.3 Ekklesiale Konsequenz

Die zuletzt gemachte Aussage bedarf einer Präzisierung. Paulus sagt *nicht*: durch den sakramentalen Genuß des (wahren) Herrenleibes sind wir, die Gemeinde, *ein* (mystischer) Leib (Christi)[22]. Sein Argument, daß die *Vielen* an dem *einen* Brote teilhaben und darum *ein* Leib sind, läuft gleichsam an den sich aufdrängenden mystisch-sakramentalen Implikationen der eucharistischen Christusteilhabe vorbei. Warum diese auffällige Zurückhaltung?

Vom Beginn des Briefes an ist der Apostel bemüht, den Korinthern unter Hinweis auf ihr Sein in Christus die Notwendigkeit kirchlicher Einheit klarzumachen (vgl. 1 Kor 1,13). Dabei ist er sich aber bewußt, daß er sich vor Kurzschlüssen auf seiten seiner Adressaten hüten muß. Im Hinblick auf die Eucharistiefeier etwa

zogene' (vgl. Ex 2,10) nicht nur Typos für die (im Unterschied zu den Ägyptern) dem Tod in den Chaoswassern (vgl. Ex 15!) entgangenen Väter sein, sondern auch für den aus der Tiefe der Todeswasser (ἄβυσσος) heraufgeholten Christus (vgl. Röm 10,7 mit Ps 107,26).

[20] Gegen H. Conzelmann, Der erste Brief an die Korinther, 211: "Für Paulus ist 'Leib' nicht einfach Korrelat zu 'Blut'. Er denkt bereits an den 'Christus-Leib', die Kirche."

[21] H. Merklein, Entstehung, 138.

[22] Vgl. etwa H. Lietzmann in: H. Lietzmann/W. G. Kümmel, An die Korinther I., 48: "V. 17 führt den Begriff der κοινωνία τοῦ σώματος τοῦ Χριστοῦ näher aus: sie kommt dadurch zustande, daß wir alle von dem einen Brot essen, welches in der Gemeinde als σῶμα Χριστοῦ bezeichnet wird, und dessen Genuß die Gemeindemitglieder zu einem mystischen σῶμα Χριστοῦ zusammenschließt." Dagegen W. Kümmel, ebd. 181f (aus einem allerdings nicht weniger verfehlten Verständnis des 'mystischen' Leibes Christi).

stellte es für diese keine Schwierigkeit dar, eine sakramental-mystische Einheit mit Christus anzunehmen – unter Abstraktion davon, was das Herrenmahl konstituiert: das 'mein Leib für euch' Jesu, das sich in der gegenseitigen Rücksichtnahme der Gemeindemitglieder auswirken muß (vgl. 1 Kor 11,17-34 mit 10,1-5). Von daher ist die im Hinblick auf das 'eigentlich Sakramentale' zurückhaltende Argumentation in 1 Kor 10,17 zu verstehen.

Im Zusammenhang von 1 Kor 12-14 hat Paulus damit zu rechnen, daß "das Ideal der Gemeinde [...] die Uniformität enthusiastischer Individualisten" [23] ist, wie sie sich vor allem in der Zungenrede manifestiert. Er kann daher nicht einfach die Aussage von Gal 3,27f übernehmen, sondern schiebt zur Einschärfung der pluriformen Gestalt, in der sich die Einheit in Christus kirchlich auswirken muß, den Rückgriff auf das stoische Gleichnis zwischen sakramentale Begründung und ekklesiale Konsequenz (1 Kor 12,14-26).

Behält man diese komplexe Argumentationsstruktur im jeweiligen Schluß von der sakramentalen Vermittlung 'des Christus' auf die notwendige kirchliche Konsequenz im Blick, dann erkennt man, daß der Terminus 'Leib' beim Übergang von 1 Kor 10,16 zu V. 17 wie dann auch von 1 Kor 12,13 zu V. 27 eine andere Bedeutung erhält. In diesem plötzlichen Wechsel der Bedeutungsebenen dürfte eine der fundamentalsten Schwierigkeiten für das Verständnis der paulinischen Leib-Christi-Lehre liegen. In beiden Fällen geht der Apostel von der sakramentalen Vermittlung des soteriologisch vorgegebenen 'Christus(leibs)' aus, der ontologisch, im Sinne einer 'relationalen Substanz' zu denken ist, und leitet über zu einer ekklesiologischen Leib-Aussage, die man funktional verstehen muß. Bei der ekklesiologischen Aussage – '*ein* Leib' (1 Kor 10,17), 'Leib Christi', artikellos (1 Kor 12,27) – geht es um das richtige Begreifen, besser: Praktizieren des Verhältnisses 'Einheit – Vielheit' in der Gemeinde. Diese funktionale Thematisierung des Leib(-Christi)-Begriffs basiert zwar auf dem soteriologischen Begriff von 'dem Christus(leib)' – und dem Verstehen von dessen sakramentaler Vermittlung. Es wird nicht etwa bloß, wie in dem stoischen Gleichnis, eine als allgemein bekannt vorausgesetzte Vorstellung von einem organischen Leibgefüge entfaltet. Aber der Bezug zu jener soteriologischen Vorgegebenheit ist, von der *Kirche* her gesehen, nur funktional aufzufassen: In dem Maße, wie in der Gemeinde die schwierige Vermittlung von der Vielheit (der Glieder) zur Einheit (des Leibes) gelingt – durch Rücksichtnahme auf die beim Herrenmahl Späterkommenden (vgl. 1 Kor 11,17-34), durch sorgsames Achten auf die verschiedenartigen und -wertigen Charismen des Geistes (1 Kor 12-14) –, wird die Herkunft des 'einen Leibes' aus 'dem Leibe Christi' (vgl. Röm 7,4; 1 Kor 12,13) und die organische Einheit mit diesem 'Leib-für' (vgl. 1 Kor 11,24) transparent. In diesem Maße wird deutlich, daß 'wir, die Vielen, *ein* Leib *in* Christus' sind – wie der Apostel in Röm 12,5 formuliert, wo die Differenz zwischen dem funktionalen Leibgefüge der Kirche zu der vorgegebenen Wirklichkeit des Christus, in dem und aus dem Kirche lebt, am prägnantesten zum Ausdruck kommt.

[23] Vgl. H. Merklein, Entstehung, 132.

19.2 'Leib Christi' im Kolosser- und Epheserbrief

Noch weniger als im vorigen Abschnitt über die unumstrittenen Paulusbriefe kann es im folgenden um einen erschöpfenden Überblick über die Leib-Christi-Aussagen im Kontext der Soteriologie, Ekklesiologie und Eschatologie des Kolosser- und des Epheserbriefs gehen. Während aber im Hinblick auf Paulus versucht wurde, zumindest in groben Umrissen den positiven Gehalt seiner Leib-Christi-Lehre zu skizzieren, beschränken sich die Ausführungen zum Kolosser- und Epheserbrief darauf, lediglich die *Unterschiede* der dort entfalteten Leib-Christi-Vorstellungen gegenüber der paulinischen Theologie so weit aufzuzeigen, daß die Fragwürdigkeit des Versuchs erkennbar wird, eine systematisch einheitliche Leib-Christi-Konzeption aus dem Gesamt der Paulus zugeschriebenen Briefe zu ermitteln. Da bei diesem Vergleich von der paulinischen Theologie her zuweilen ein kritisches Licht auf die Ekklesiologie(n) des Kolosser- und des Epheserbriefs geworfen wird, ist eine kurze hermeneutische Vorbemerkung am Platze.

Zumindest im Blick auf die deuteropaulinische Literatur läßt sich deutlich machen, wie die Frage nach einem 'Kanon im Kanon' trotz Festhaltens an der Normativität *aller* im Kanon enthaltenen Schriften gestellt werden darf. Die nicht von Paulus stammenden Briefe, die ihrem eigenen Wortlaut nach behaupten, von Paulus geschrieben zu sein, haben sich damit unter die anerkannte Autorität der Predigt des Völkerapostels gestellt. (Mit dem Anspruch, sie sollten als neben oder gar über der Autorität der echten Paulusbriefe stehend behandelt werden, würden sie zu 'Pseud'-epigraphen im schlechten Sinn, würde eine Autor-ität behauptet, die ihnen nicht zukommt.) In ihrem Charakter als Weiterentfaltung der paulinischen Lehre wurden sie von der Gemeinschaft der Zeugen Christi zum allgemein verbindlichen Zeugnis erklärt. Dies ist bei ihrer Auslegung zu berücksichtigen. Statt des Versuchs, ihre jeweilige Theologie mit der des Apostels zu harmonisieren, ist danach zu fragen, wie sie die paulinische Theologie in einem neuen geschichtlichen Kontext zur Geltung bringen. Sollte sich ergeben, daß bei dieser 'relecture' des Apostels zuweilen Unaufgebbares in die Gefahr geriet, vergessen oder verzerrt zu werden, so ist die diesen Briefen immanente Ein- bzw. Unterordnung in Hinsicht auf die authentischen Paulusbriefe zu beachten.

Zwei Unterschiede zwischen der paulinischen und der deuteropaulinischen Leib-Christi-Lehre springen unmittelbar in die Augen. (a) Wo Paulus den Begriff von dem 'einen Leib' bzw. vom 'Leib Christi' (undeterminiert) ekklesiologisch verwendet, ist die jeweils angesprochene *Orts*kirche gemeint. Im Kolosser- und Epheserbrief wird von der *Universal*kirche als 'dem Leib Christi' gesprochen. (b) Auch Paulus kommt im Zusammenhang der ekklesiologischen Rede vom Leib Christi auf 'das Haupt' zu sprechen: 'Der Kopf kann nicht zu den Füßen sagen: Ich brauche euch nicht.' (1 Kor 12,21). An dieser Stelle kann er aber unmöglich an Christus gedacht haben. Aus dem Kontext ergibt sich vielmehr, daß mit dem Verweis auf den 'Kopf' diejenigen in der Gemeinde, die sich wegen besonderer Charismen wie Zungenrede oder Gnosis[24] als Höhergestellte vorkommen, er-

[24] Vgl. 1 Kor 8, bes. VV. 1-3 mit 1 Kor 13, bes. V. 12.

mahnt werden, die ihnen weniger bedeutsam erscheinenden Glieder nicht geringer zu achten. Im Kolosser- wie im Epheserbrief dagegen wird mit dem Haupt eindeutig Christus im Verhältnis zu der Kirche als seinem Leibe bezeichnet.

Schon hieraus ergeben sich weittragende Konsequenzen für das theologische Gesamtbild. Zunächst hat es den Anschein, als ob es im Kolosser- und Epheserbrief durch diese Zuordnung von Haupt und Leib besser gelungen sei, die Ekklesiologie vor einer soteriologischen Überfrachtung zu bewahren. Die Auslegungsgeschichte zeigt ja gerade im Hinblick auf die unumstrittenen Paulusbriefe, wie leicht hier die Kirche als eine Prolongation 'des Christus' mißverstanden werden kann und sie dann einer mystischen Interpretation unterliegt, die mit der paulinischen Rechtfertigungslehre unvereinbar ist.

Beachtet man jedoch den im vorigen Abschnitt herausgehobenen Unterschied zwischen den bloß funktionalen ekklesiologischen Leib-(Christi-)Aussagen und der (im Sinne einer relationalen Ontologie des 'Seins-für' zu verstehenden) Thematisierung der soteriologischen Vorgegebenheit 'des Christus(leibes)' als des neuen Adam, durch dessen Tod bereits alle Menschen vom Leben unterfangen sind, dann kommt man zu einem anderen Resultat. Eine Kirche, die im Sinne des Apostels über ihr eigenes Sein im Unterschied zu dem Christi reflektiert, kann legitimerweise überhaupt nicht zu einer ontologischen Aussage vorstoßen. Ihr Wesen geht darin auf, reine Transparenz für das zu sein, was allein ontologische Valenz hat: der 'Leib-für' des Christus. Nur dann verdient eine *traditio* (Überlieferung) das Prädikat 'christlich', wenn sie das ungehinderte Zur-Geltung-Kommen der *traditio* (Auslieferung) Jesu Christi ermöglicht. Demgegenüber lassen sich im Kolosser- und Epheserbrief Ekklesiologie und Soteriologie grundsätzlich weniger radikal unterscheiden, insofern aufgrund der Semantik 'Haupt – Leib' Christus und die Kirche gleichsam aus demselben 'ontologischen Material' sind – sosehr im Rahmen dieses Modells jene Unterscheidung dann auch angestrebt werden mag.

Eine analoge Beobachtung kann man hinsichtlich des Verhältnisses von Ekklesiologie und Eschatologie machen. Welchen Stellenwert die Kirche sich auch immer in ihrem missionarischen Tun (oder was sie dafür hält) im Blick auf das Heil der Menschheit zuschreiben mag: nach Paulus ist dieses Heil aller kirchlichen Wirklichkeit voraus bereits in Christus eröffnet, in dem, wenn schon in Adam alle zu Tode kommen, 'um so mehr' alle zum Leben kommen werden. Dem Apostel zufolge ist zwar ebenso klar, daß zur tatsächlichen Vermittlung dieses Lebens das 'Wort vom Kreuz' (vgl. 1 Kor 1,18) erforderlich ist und dazu gesandt werden muß (vgl. Röm 10,15). Was aber heißt Sendung und Verkündigung angesichts *dieses* Wortes? – so darf wie bei Markus[25] auch im Anschluß an Paulus gefragt werden. Demgegenüber kommt im Horizont des Kolosser- und Epheserbriefs Heil grundsätzlich nur innerhalb der *Kirche* zustande, die der Leib Christi ist – sosehr innerhalb dieses Denkrahmens das Bemühen auch darum kreisen mag, die Spannung zwischen dem Jetzt der irdischen Gegenwart von Kirche und ihrer himmlisch-eschatologischen Vollgestalt wachzuhalten.

[25] Vgl. oben Kap. 18.

Die hiermit vorgreifend angedeutete Differenz im grundsätzlichen theologischen Ansatz zwischen paulinischem und deuteropaulinischem Leib-Christi-Verständnis läßt sich durch Einzelbeobachtungen weiter verdeutlichen. Im Hinblick auf das Verhältnis des kirchlichen Tuns zu der in Christus vorgegebenen eschatologischen Wirklichkeit zeigt besonders Kol 1,19-24, wie schnell innerhalb des Modells 'Haupt – Leib' trotz der Betonung, daß in *Christus* die ganze Fülle wohnt und durch seinen Kreuzestod alles versöhnt ist (VV. 19f), der Übergang zu einer Interpretation der Leiden des Apostels möglich ist, derzufolge dieses Leiden in seinem Fleisch noch ausstehende Bedrängnisse Christi für seinen Leib, das heißt die Kirche, erfüllt (V. 24)[26].

1 Kor 3,11 wurde von Paulus unterstrichen: 'Denn ein anderes Fundament vermag niemand zu legen als das, welches gelegt ist, und das ist Jesus Christus.' Eph 2,20f heißt es: '[Ihr seid] aufgebaut auf dem Fundament der Apostel und Propheten, wobei Christus Jesus selbst der Eckstein ist, auf dem der ganze Bau zusammengefügt hinwächst zu einem heiligen Tempel im Herrn [...]'. Auch unter Berücksichtigung der veränderten kirchlichen Situation – in der Christus nur in der Vermittlung durch das von den Aposteln (und Propheten) hinterlassene Werk Fundament zu sein vermag[27] – bleibt doch der Übergang von einer funktionalen zu einer ontologischen Betrachtungsweise kirchlichen Tuns bemerkenswert. Paulus selbst hatte sich nur als 'Baumeister' verstanden, der das (bereits gelegte!) Fundament legt.

Wichtig für das Verständnis der deuteropaulinischen Leib-Christi-Lehre ist vor allem die klare Bestimmung ihres Ausgangspunkts. Es darf heute als allgemein anerkannt gelten, daß der Verfasser des Kolosserbriefs einen Hymnus aufgriff, demzufolge der gesamte *Welt*leib von Christus, seinem Haupt, durchwaltet und zusammengehalten wurde[28]. Dieser Hymnus wird im Kolosserbrief dadurch 'paulinisiert' [29], daß (a) die *Kirche*, nicht mehr der gesamte Kosmos als Leib Christi betrachtet wird, und zwar (b) erlöst durch das Kreuzesgeschehen. Die Intention dabei war zweifellos, eine (hellenistisch-) kosmische Heilsvorstellung (biblisch-) geschichtlich zu korrigieren. In der Konsequenz dieser versuchten Paulinisierung – die dann von dem Verfasser des Epheserbriefs systematischer weitergeführt wurde – ergab sich allerdings eine Einebnung geschichtlichen Denkens, insofern nun die Kirche selbst unter dem Einfluß der Kategorien des zu korrigierenden

[26] Zur Auslegung der schwierigen Stelle vgl. besonders E. Schweizer, Der Brief an die Kolosser, 80-86.

[27] Vgl. hierzu H. Merklein, Paulinische Theologie, 29-35, bes. 33: "Die Kirche sucht, gerade wegen ihrer unaufgebbaren Bindung an Christus, nach einer Norm für diese Bindung und begreift sich als apostolische (und prophetische) Kirche. Einen Widerspruch zu 1 Kor 3 wird man nicht konstruieren können, zumal auch für den Epheserbrief Christus der entscheidende Faktor bleibt, der als Eckstein – bildlich gesprochen – die Dimension des Fundamentes bestimmt und festlegt, umgekehrt aber – und darin zeigt sich die reflexive Rezeption des Epheserbriefes – nur im apostolischen (und prophetischen) Fundament zu finden ist."

[28] Vgl. hierzu (Stellen und Literatur!) und zum folgenden ebd. 37ff, bes. 55.

[29] Vgl. ebd. 56ff.

Modells kosmisch-ontologisch als im Himmel schon vollendet bereitliegender Heilsraum verstanden wurde.

Dies läßt sich etwa an einem Vergleich der Taufaussagen aufzeigen. War bei Paulus hinsichtlich des Verhältnisses der Christen zur Erlösungswirklichkeit deutlich zwischen einem 'schon' und einem 'noch nicht' unterschieden – wie etwa Röm 6,8: 'Sind wir nun mit Christus gestorben, so glauben wir, daß wir auch mit ihm *leben werden*' –, so heißt es nun: 'In der Taufe mit ihm begraben, *wurdet* ihr mit ihm *auferweckt* [...]' (Kol 2,12). Anstelle der zeitlichen tritt eine räumliche Differenz: 'Seid ihr nun mit Christus auferweckt, so sucht, was *droben* ist[30], wo Christus ist, sitzend zur Rechten Gottes' (Kol 3,1).

Eph 2,5f zufolge werden die Getauften auch schon mit Christus inthronisiert: '[Gott] hat uns, die wir tot waren [...], mit Christus lebendig gemacht [...] und hat uns mitauferweckt und *mit-gesetzt*[31] in den Himmeln in Christus Jesus.' Eine stärkere Angleichung der Kirche an Christus im Epheserbrief läßt sich auch im Hinblick auf den Begriff 'die Fülle' beobachten. Kol 1,19 zufolge wohnt die ganze Fülle in Christus. Nach Kol 2,9f wohnt die ganze Fülle der Gottheit in Christus leibhaftig. Von den Gläubigen wird gesagt, daß sie 'in ihm (dem Haupt aller Herrschaft und Gewalt) erfüllt' sind. Eph 1,23 heißt es von der *Kirche*, sie sei Christi 'Leib, die Fülle dessen, der alles in allem erfüllt' [32] – wenn auch in der Paränese deutlich wird, daß die ganze Fülle Gottes bzw. Christi für die Gläubigen eine noch ausstehende Größe darstellt (vgl. Eph 3,19; 4,13).

Durch die Vorstellung von dem im Himmel schon vollendet bereitliegenden Heilsraum Kirche erfährt die paulinische Soteriologie eine tiefgreifende Umdeutung. "Die Soteriologie wird zur Funktion der Ekklesiologie. Christi Kreuzestat zielt auf die Erschaffung und Versöhnung der Kirche, also auf die Eröffnung eines Heilsraums, in den der Glaubende hineinversetzt und damit gerettet wird (vgl. Eph 2,1-10)" [33]. Besonders deutlich wird dies innerhalb der Eheparänese, die davon ausgeht, daß Christus der Erlöser seines Leibes, der Kirche, ist, für die er sich hingegeben hat (vgl. Eph 5,23-25). Die Zeit bis zur endgültigen Vollendung der Geschichte muß darum in einem sehr pointierten Sinn als "Zeit *der Kirche*" [34] verstanden werden, wo dieser 'ganze Leib' von Christus, dem Haupt, her und auf ihn hin 'das Wachstum des Leibes zu seinem eigenen Aufbau in Liebe besorgt' (vgl. Eph 4,15f).

19.3 Die Enzyklika 'Mystici Corporis'

Im Zusammenhang der Volk-Gottes-Thematik hat Paulus das heilsgeschichtliche Verhältnis der Kirche zu Israel in einer Weise geklärt, die einem triumphalen

[30] τὰ ἄνω ζητεῖτε.

[31] συνήγειρεν καὶ συνεκάθισεν.

[32] Ἥτις ἐστὶν τὸ σῶμα αὐτοῦ, τὸ πλήρωμα τοῦ τὰ πάντα ἐν πᾶσιν πληρομένου. Zur Exegese der schwierigen Stelle vgl. bes. J. Ernst, Pleroma und Pleroma Christi, 105-120.

[33] H. Merklein, Paulinische Theologie, 62.

[34] Vgl. bes. H. Schlier, Die Kirche nach dem Briefe an die Epheser, bes. 166f.

Selbstverständnis der Kirche jede Legitimationsbasis entzieht. Seine Aussagen über Christus, den 'neuen Adam', in dem alle zum Leben kommen werden, spannen den Rahmen, innerhalb dessen er die Rolle der Kirche reflektiert, noch über (Jakob-)Israel und Abraham hinaus. Insofern bietet die Leib-Christi-Lehre des Apostels einen besseren Ausgangspunkt, die Funktion der Kirche in einem alle Menschen umfassenden Horizont göttlicher Heilszuwendung zu bedenken, als ihn der Begriff 'Volk Gottes' vorgibt. Von seiner Metaphorik und bereits alttestamentlichen Auslegungsgeschichte her läßt sich dieser Begriff nur schwer universal ausweiten, ohne daß andere Völker von vornherein auf den zweiten Rang verwiesen werden. (Dort, wo diese Ausweitung wirklich einmal geglückt ist – Röm 9-11 –, hat ja im Grunde der Übergang zu der Metapher vom Ölbaum erst die kühne Volk-Gottes-Interpretation möglich gemacht.) Die Reflexion auf das Wesen von Kirche im Verhältnis zu dem 'in Christus' schon bereitliegenden universalen Heil wurde durch die dann im Kolosser- und Epheserbrief entfaltete Leib-Christi-Lehre allerdings eher gehemmt. Mit der Gleichsetzung von Kirche und Leib Christi gelang dort zwar die Korrektur einer vorausgehenden allkosmischen Fehlinterpretation der Soteriologie, jedoch unter Inkaufnahme einer Konzentration auf die Kirche als den Raum, in dem das von Christus erwirkte Heil seinen ausschließlichen Ort hat.

Diese Entwicklung hat in der Folgezeit zu oft recht fragwürdigen Entwürfen einer Leib-Christi-Ekklesiologie vor allem dort geführt, wo die auf die *himmlische* Kirche bezogenen Aussagen insbesondere des Epheserbriefs mit der auf die konkrete Gemeinde gerichteten Leib-Christi-Paränese des Apostels vermischt wurden. Nur selten kam der universale Horizont des Heils, in den bei Paulus die ekklesiologischen Ausführungen gestellt sind, innerhalb der Leib-Christi-Theologie zum Tragen[35]. Zu den bemerkenswerten Ausnahmen zählt etwa der schöne Text des Origenes, den wir in Kap. 13.4 zitierten. Aber auch noch zu einer Zeit, wo sich die patristische Vielfalt in der Auslegung der Leib-Christi-Lehre durch die Gegenüberstellung des (eucharistisch-transsubstantiierten) 'wahren' und des (kirchlich-) 'mystischen' Leibes Christi in scholastischer Begrifflichkeit verfestigte[36], gibt es Reflexionen, die den Rahmen des Üblichen sprengen, etwa die Frage des Aquinaten, 'ob Christus das Haupt aller Menschen ist' [37].

Einen besonders bemerkenswerten – wie zugleich den für die heutige Diskussion wichtigsten – Ausschnitt aus der Interpretationsgeschichte der paulinisch-deuteropaulinischen Leib-Christi-Lehre stellt die lehramtliche Entwicklung von der Enzyklika Pius' XII. 'Mystici Corporis' [38] bis zur Dogmatischen Konstitution über die Kirche 'Lumen gentium' des Zweiten Vatikanischen Konzils dar. In den fol-

[35] Vgl. hierzu und zum Folgenden den geschichtlichen Überblick bei S. Mirbach, 'Ihr aber seid Leib Christi', bes. 103-160.

[36] Vgl. H. de Lubac, Corpus Mysticum.

[37] Vgl. STh III, q. 8 a. 3, aber auch schon In III sent. d. 13, q. 2, a. 2 qua. 2; dazu vor allem M. Seckler, Das Haupt aller Menschen, 26-39.207-211.

[38] Vom 29. Juni 1943. Deutsche Übersetzung in: Heilslehre der Kirche. Wir zitieren durch Verweis auf die dort gegebene Einteilung in Abschnitte und (in Klammern) die Seitenzahl des lat. Originals.

genden Ausführungen werden die Aussagen von 'Mystici Corporis' nicht in ihrem eigentlichen Stellenwert als Antwort auf die seinerzeit aktuellen Fragen[39] gewürdigt, sondern (in exemplarischer Auswahl) im Blick auf die darin zum Ausdruck kommende Schriftexegese lediglich soweit dargestellt, daß der Hintergrund besser ausgeleuchtet wird, von dem sich der ekklesiologische Neuaufbruch des Zweiten Vaticanum abhebt.

Im Begriff 'der mystische Leib Jesu Christi' sieht Pius XII. den "vornehmsten, vorzüglichsten, göttlichsten Ausdruck" zur Wesenserklärung der "wahren Kirche Christi, welche die heilige, katholische, apostolische, römische Kirche ist" [40]. In einem ersten Kapitel der Enzyklika geht der Papst davon aus, daß die Schrift die Kirche wirklich als einen *Leib* bezeichnet. Ohne die besondere Bedeutung zu berücksichtigen, in der dort jeweils von dieser Metapher Gebrauch gemacht wird, deduziert er aus der Tatsache solchen Leib-Seins bestimmte Wesensmerkmale für die Kirche. "Wenn aber die Kirche ein Leib ist, so muß sie [...] auch etwas Greifbares und Sichtbares [sein]" [41]. "Wie außerdem in der Natur ein Leib nicht aus einer beliebigen Zusammensetzung von Gliedern entsteht, sondern mit Organen ausgestattet sein muß [...]" [42]: mit diesem Hinweis auf das, was natürlicherweise zu einem Leib gehört, setzt dann eine Überlegung ein, in der das Verhältnis der Stufenfolge der kirchlichen Ämter zu den Charismatikern und der Priester und Ordensleute zu den Laien kurz angesprochen wird[43]. "Wie aber der menschliche Leib offensichtlich mit eigenen Werkzeugen ausgerüstet ist [...], so hat der Heiland [...] für seinen mystischen Leib vorgesorgt, indem Er ihn mit Sakramenten bereicherte [...]" [44]. Dieselbe Argumentationsweise findet sich auch noch an späteren Stellen der Enzyklika, etwa in der – auf dem Hintergrund der neutestamentlichen Aussagen höchst befremdenden – Feststellung: "Wie nämlich [...] das Haupt unseres sterblichen Leibes im Besitz aller Sinne ist, während die übrigen Glieder unseres Organismus nur am Gefühlssinn teilhaben, so strahlen auch alle Tugenden, Gaben

[39] Hierzu gehört insbesondere die Auseinandersetzung mit der von R. Sohm vertretenen radikalen Trennung zwischen der Kirche als einer rein unsichtbaren, geistlichen Gemeinschaft und der sich auf diese beziehenden Rechtsgemeinschaft (vgl. dazu G. Heinz, Das Problem der Kirchenentstehung in der deutschen protestantischen Theologie des 20. Jahrhunderts, bes. 29ff). Bemerkenswert ist, welche Rolle der Historiker S. E. Ahlstrom der Enzyklika unter dem Titel 'The Rediscovery of the Church' für die Entwicklung des katholischen Selbstverständnisses in den USA einräumt: "In America, where atomistic or individualistic conceptions of the Church were so widespread (in both Protestantism and in the Roman church), this new emphasis [sc. on the Body of Christ] was almost radical. Its most significant modern roots were probably in the thought of the great nineteenth-century German theologian, J. A. Moehler (1796-1838); they were taken up effectively by Karl Adam and given enormous practical significance by the liturgical movement. Especially after the issuance of Pius XII's momentous encyclical on the subject (*Mystici Corporis*, 1943) the movement functioned as a quiet but effective leaven in the practical and intellectual life of the church" (A Religious History of the American People, 1012f).

[40] Vgl. 763 (199).

[41] 764 (199).

[42] 766 (200).

[43] Vgl. 767 (200f).

[44] 768 (201).

und Gnadenvorzüge der christlichen Gemeinschaft in Christus, dem Haupte, aufs vollkommenste wider" [45].

Das erste Kapitel schließt mit einer Ermahnung, von der her besonders deutlich wird, welch weiter Weg auf dem Zweiten Vaticanum zurückgelegt wurde. "[...] nicht jede Schuld, mag sie auch ein schweres Vergehen sein, ist dergestalt, daß sie, wie dies die Folge der Glaubensspaltung, des Irrglaubens und des Abfalls vom Glauben ist, ihrer Natur nach den Menschen vom Leib der Kirche trennt" [46]. "So möge denn jeder vor der Sünde zurückschrecken, da durch sie die mystischen Glieder des Erlösers befleckt werden; wer aber das Unglück gehabt hat zu sündigen [[47]], ohne sich durch Verstocktheit der Gemeinschaft der Christgläubigen unwürdig gemacht zu haben, dem soll man mit größtem Wohlwollen begegnen und in ihm mit echter Liebe nichts anderes sehen als ein krankes Glied Jesu Christi. Es ist nämlich besser, wie der Bischof von Hippo bemerkt, 'im Lebenszusammenhang mit der Kirche geheilt, als aus ihrem Körper als unheilbares Glied ausgeschnitten zu werden' [...]. 'Denn was noch mit dem Leibe zusammenhängt, an dessen Heilung braucht man nicht zu verzweifeln; was aber abgeschnitten ist, kann nicht mehr gepflegt und geheilt werden' [...]" [48].

Waren bereits diese Ausführungen von dem Grundgedanken bestimmt, daß "die, welche im Glauben oder in der Leitung voneinander getrennt sind, nicht in diesem einen Leib und aus seinem göttlichen Geiste leben [können]" [49], so ist es verständlich, wenn ein zentraler Teil der Enzyklika um die Begründung der päpstlichen Lehr- und Leitungsgewalt auf der Basis der Leib-Christi-Theologie kreist. Der Papst nimmt hierfür seinen Ausgang bei der deuteropaulinischen Aussage über Christus, das Haupt seines Leibes, geht von dort aber ziemlich unvermittelt zu Petrus und seinen Nachfolgern in ihrer Rolle als stellvertretendem Haupt über. Bei der Argumentation wirkt sich zum einen die dem Kolosser- und Epheserbrief inhärente Gefahr aus, Christus und die Kirche gleichsam demselben 'ontologischen Material' zuzuordnen. Zum anderen ergeben sich über den neutestamentlichen Horizont hinausgreifende Perspektiven durch die Vermischung der paulinischen Paränese von dem Leib und seinen Gliedern mit der (einem ganz anderen semantischen Raum entstammenden) Haupt-Leib-Vorstellung.

Christus ist das Haupt. "Von ihm, als dem mit den vorzüglichen Fähigkeiten ausgestatteten Organ, werden naturgemäß alle übrigen geleitet, über die es gesetzt ist, um für sie Sorge zu tragen. So führt der Erlöser das Steuer in der gesamten christlichen Gemeinschaft und lenkt sie" [50].

Diese Leitungsfunktion übte Christus durch seine unvergängliche Lehre aus, während er auf Erden weilte[51]. "Und überdies erteilte er seinen Aposteln und deren Nachfolgern eine dreifache Gewalt: zu lehren, zu leiten und die Menschen zur

[45] 791 (215: "[...] in eius Capite Christo perfectissime renident."
[46] 770 (203).
[47] (203: "sed qui misere deliquerit").
[48] 771 (203f).
[49] 769 (203).
[50] 782 (209).
[51] Vgl. 783 (209).

Heiligkeit zu führen. Diese mit besonderen Vorschriften, Rechten und Pflichten ausgestattete Gewalt stellte er als Grundgesetz der ganzen Kirche auf" [52].

"Aber unser göttlicher Erlöser lenkt und leitet auch selbst unmittelbar die von ihm gegründete Gesellschaft. Er selber regiert nämlich im Geiste und Herzen der Menschen [...]" [53]. "Man darf aber nicht glauben, er leite sie nur auf unsichtbare oder außerordentliche Weise. Unser göttlicher Erlöser übt auch eine sichtbare, ordentliche Leitung über seinen mystischen Leib aus durch seinen Stellvertreter auf Erden. [...] Als er [...] die Welt verlassen und zum Vater zurückkehren wollte, hat er die sichtbare Leitung der ganzen von ihm gegründeten Gesellschaft dem Apostelfürsten übertragen. In seiner Weisheit konnte er ja den von ihm geschaffenen gesellschaftlichen Leib der Kirche keineswegs ohne sichtbares Haupt lassen. Man kann auch nicht, um diese Wahrheit in Abrede zu stellen, behaupten, durch den in der Kirche aufgestellten Rechtsprimat sei dieser mystische Leib mit einem doppelten Haupte versehen. Denn Petrus ist kraft des Primates nur der Stellvertreter Christi, und daher gibt es nur ein einziges Haupt dieses Leibes, nämlich Christus. Er hört zwar nicht auf, die Kirche auf geheimnisvolle Weise in eigener Person zu regieren. Auf sichtbare Weise jedoch leitet er sie durch den, der auf Erden seine Stelle vertritt" [54].

Zu welchen Folgerungen in diesem Zusammenhang die Vermischung von paulinischen und deuteropaulinischen Aussagen führen kann, soll abschließend an einer besonders markanten Stelle verdeutlicht werden, wo wiederum ein fast nahtloser Übergang von Christus zu dem ihn auf Erden vertretenden obersten Hirten stattfindet: "Man darf aber nicht glauben, daß Christus, unser Haupt, weil er eine so überragende Stellung einnimmt, nicht nach der Hilfe seines mystischen Leibes verlange. Denn auch von diesem gilt, was Paulus vom menschlichen Organismus aussagt: *Das Haupt kann nicht zu den Füßen ... sprechen: Ich bedarf euer nicht* [I. Kor. XII,21]'" [55]. Es muß "festgehalten werden, so seltsam es erscheinen mag, daß Christus nach der Hilfe seiner Glieder verlangt. Und dies gilt vor allem vom obersten Hirten, insofern er die Stelle Jesu Christi vertritt: Um der Last des Hirtenamtes nicht zu erliegen, muß er andere zur Teilnahme an nicht wenigen seiner Obliegenheiten berufen und bedarf täglich der Unterstützung durch die Gebetshilfe der Gesamtkirche" [56].

[52] 783 (209).
[53] 784 (209f).
[54] 785 (210f). Im Hintergrund dieser Ausführungen steht der Vorwurf der Reformatoren, die römische Kirche versuche, den Leib Christi mit mehreren Häuptern zu versehen, vgl. etwa Martin Luther, Von dem Papstthum zu Rom wider den hochberühmten Humanisten zu Leipzig (1520); oder ders., Vom Abendmal Christi, 506.
[55] 788 (212).
[56] 788 (213).

19.4 Das Mysterium der Kirche in der Sicht des Zweiten Vatikanischen Konzils

Für das Verständnis der tiefgreifenden kirchlichen Neubesinnung, die auf dem Zweiten Vatikanischen Konzil stattgefunden hat, ist eine Analyse des ersten Kapitels der Dogmatischen Konstitution über die Kirche, 'Lumen gentium', auf dem Hintergrund der Vorentwürfe zu diesem Text von besonderer Wichtigkeit. Eine solche Analyse kann hier nicht im Detail durchgeführt werden. Wir konzentrieren uns vor allem auf einen Vergleich der Endfassung mit dem ersten Entwurf. Dieses Schema I war wesentlich von der Leib-Christi-Theologie geprägt, wie sie 'Mystici Corporis' zum Ausdruck gebracht hatte. Von hierher läßt sich besonders gut der mühevolle Weg ermessen, den die Konzilsväter bis zur endgültigen Textfassung zurücklegen mußten[57].

Kapitel I des *ersten Entwurfs* war mit 'Das Wesen der streitenden Kirche' überschrieben. Im ersten Artikel ging ein 'Prolog' von dem Beschluß des Vaters aus, das durch die Adamssünde gefallene Menschengeschlecht durch den Tod seines fleischgewordenen Sohnes zu erlösen und in dessen Reich zu versetzen. Durch diese Tat sollte Jesus Christus ein 'ihm genehmes Volk reinigen' (vgl. Tit 2,14 Vulg), auf daß die Erlösten unter ihm als dem einen Haupt ein neues auserwähltes Volk und neues Israel bildeten.

Der zweite Artikel hatte die Ausführung dieses Ratschlusses durch den Sohn zum Thema. Von den durch diesen für uns übernommenen Ämtern des Lehrers, Priesters und Königs ging das Schema allerdings unvermittelt zur Einsetzung von Vorgesetzten in dem von Christus geheiligten und regierten Volk Gottes über, die das dreifache Amt des Verkündigers, Priesters und Königs 'unter Petrus' ausüben sollten – mit Verweis auf den Lehr- und Taufauftrag nach Mt 28,18-20, der mit einem Zitat aus dem erweiterten Markusschluß – '... wer aber nicht glaubt, wird verdammt werden' (Mk 16,15-16) – unterstrichen wurde. "So schreitet dieses neue Volk, das der Apostel Paulus das Israel Gottes genannt hat (vgl. Gal 6,16), nicht wie eine versprengte Schar, sondern wie ein geschlossenes Heer voran [...]." Ähnlich war die Vorgehensweise im dritten Artikel über die verschiedenen Bezeichnungen für das 'Israel Gottes'[58].

[57] Die Zitation des lateinischen Textes und der deutschen Übersetzung der Endfassung erfolgen nach DH. Der Text der Vorentwürfe wird nach G. Alberigo (Hrsg.), Constitutionis Dogmaticae Lumen Gentium Synopsis Historica, und in eigener Übertragung wiedergegeben. Zur Neugewinnung des Leib-Christi-Begriffs in 'Lumen gentium' vgl. bes. S. N. Bosshard, Die Subsistenzlehre des Vaticanum II und ihre Integration in die Theologie vom Leib Christi.

[58] "Wie zudem Moses das Israel dem Fleische nach (vgl. 1 Kor 10,18), das in der Wüste wanderte, Kirche Gottes genannt hat (vgl. Num 20,4; Dtn 23,2), so hat auch Christus dem Israel Gottes, das während seines Dahinschreitens in der gegenwärtigen Weltzeit die zukünftige und bleibende Stadt sucht (vgl. Hebr 13,14), den Namen Kirche gegeben und diese als die seinige vorausgesagt (vgl. Mt 16,18), nicht nur weil er sie mit seinem Blute erworben (vgl. Apg 20,28), sondern auch, weil er sie, mit den nötigen Mitteln auf ihr Ziel hin bestens ausgerüstet, auf Petrus (vgl. Mt 16,18) und seine Nachfolger gebaut hat, in denen ebendieser Petrus mit seiner unvergänglichen Autorität fortleben sollte.

Die restlichen vier Artikel des ersten Kapitels handelten ausschließlich vom Begriff des Leibes (Christi): '4. Das Bild (figura) vom Leibe Christi'; '5. Analyse (enucleatio) des Bildes vom Leibe'; '6. Die Kirche als Gesellschaft ist der mystische Leib Christi'; '7. Die römisch-katholische Kirche ist der mystische Leib Christi'.

Diesem fragwürdigen Rückgriff auf die Schrift, der unter Mißachtung aller Regeln sachgerechter Exegese im Grunde nur dem Ziele diente, die etablierte Struktur der römischen Kirche festzuschreiben, sind die Konzilsväter nicht gefolgt. Sehen wir zunächst von der Leib-Christi-Thematik ab, so wird der auf dem Konzil erfolgte Umbruch vor allem an den folgenden neugesetzten Akzenten greifbar: Die Überschrift von Kapitel I lautet in der *Endfassung*: 'Das Mysterium der Kirche'. Der erste Artikel setzt prologartig bei dem 'Licht der Völker, das Christus ist', ein, dessen Herrlichkeit (claritas) "auf dem Antlitz der Kirche widerscheint" [59]. Diese ist in Christus Sakrament[60], "das heißt Zeichen und Werkzeug für die innigste Vereinigung mit Gott wie für die Einheit der ganzen Menschheit".

Die kurzen Ausführungen über den Ratschluß des Vaters und die Erlösungstat des Sohns im ersten Entwurf werden zum Ausgangspunkt dafür, nun in drei Artikeln (2-4) das trinitarische Wirken Gottes im Hinblick darauf zu entfalten, wie die Kirche in der Heilsgeschichte 'vorausbedeutet' (praefigurata), 'vorbereitet' (praeparata), 'gestiftet' (constituta) und 'offenbart' (manifestata) wurde und schließlich 'vollendet werden wird' (consummabitur)[61].

Die Behandlung des von Christus eingesetzten Apostelamts wird in 'Lumen gentium' auf das dritte Kapitel verschoben. Vor allem aber vermeidet man nun die gefährliche Vermischung biblischer Kategorien, wie sie schon in den ersten Artikeln von Schema I zu finden war: der Begriff 'Reich Gottes' diente dort zur Bezeichnung der Kirche, die Vorstellung vom 'Haupt' wurde in den Zusammenhang des 'Volk-Gottes'-Begriffs hineingetragen, dieser selbst schließlich – gleichsam auf den Trümmern Israels – für die Kirche ausgebeutet.

Demgegenüber wird nun die Volk-Gottes-Thematik in einem eigenen (zweiten) Kapitel entfaltet und das Verhältnis der Kirche zum Reiche Gottes in einem besonderen (fünften) Artikel geklärt (nachdem diesbezügliche Hinweise im zweiten Artikel noch mißverständlich blieben). Waren im ersten Entwurf Bilder für die Kirche ohne näher ersichtliche Ordnung aufgezählt, so lassen die im sechsten Artikel der Endfassung genannten biblischen Bilder einen gegliederten Aufbau er-

Um aber noch klarer und bestimmter die Beschaffenheit und das Wesen seiner Kirche den Menschen zu offenbaren, hat er – selbst oder durch die Apostel – sie durch verschiedene Bilder zur Vorstellung gebracht und mit Namen bezeichnet, durch die ihr gesellschaftlicher wie auch mystischer Aspekt besonders gut beschrieben werden sollten. So wird sie als Reich (vgl. Mt 16,19), Haus [...], Tempel [...] Gottes verkündigt und als Herde oder Schafstall [...], Braut [...] Christi, Säule und Firmament der Wahrheit [...] bekanntgemacht."

[59] DH 4101; vgl. dagegen den oben [s. Anm. 45] aus 'Mystici Corporis' zitierten Text!

[60] Vgl. DH 4101. Wir ziehen eine artikellose Übersetzung von 'sacramentum' vor.

[61] Diese Vollendung ist in der Endfassung folgendermaßen beschrieben: "Dann aber werden, wie man bei den heiligen Vätern liest, alle Gerechten von Adam an, 'von dem gerechten Abel bis zum letzten Erwählten', in der allgemeinen Kirche beim Vater versammelt werden" (Ende Art. 2; DH 4102). Durch diesen Hinweis auf Adam wird gegenüber der begrenzten Heilsuniversalität im Sinne des Augustinuszitats, das bereits im zweiten Entwurf zu finden war, ein neuer Akzent gesetzt.

kennen, der von einfachen Vergleichen aus dem Hirten- und Bauernleben bis zu den eschatologischen Bildern des himmlischen Jerusalem wie schließlich der Mutter und Braut fortschreitet, wobei das Bemühen um eine adäquatere Schriftexegese spürbar wird.

Besonders deutlich wird der auf dem Konzil erzielte Fortschritt bei der Behandlung der *Leib-Christi*-Thematik. Diese bildet nun nicht mehr den kategorialen Rahmen für das ganze Dokument, sondern wird in einem einzigen (siebten) Artikel - mit großer exegetischer Sorgfalt - dargestellt. Dadurch wurde es möglich, die Aussagen über Wesen und Strukturen der Kirche, die traditionell aufgrund des mittelalterlich-gegenreformatorischen Konstrukts vom 'mystischen Leibe Christi' semantisch vorbelastet waren, in einer ganz neuen Weise anzugehen.

Vom Aufbau der Konstitution her ist der siebte Artikel von 'Lumen gentium' den Artikeln 4 und 5 des ersten Entwurfs zuzuordnen. Inhaltlich lassen sich aber nur noch wenige Entsprechungen erkennen[62]. Deutlich ist jetzt vor allem das Bemühen, paulinische und deuteropaulinische Leib-Christi-Theologie nicht miteinander zu vermengen. In den ersten drei Abschnitten werden ausschließlich die unumstrittenen Paulusbriefe herangezogen. Ausgangspunkt der Darstellung ist die Erlösung *des Menschen* durch Christi Tod und Auferstehung und die Umgestaltung dieses Menschen zu einem neuen Geschöpf. Der unbiblische Ausdruck 'mystischer Leib' wird vermieden: "Indem [Christus ...] seinen Geist mitteilte, hat er seine Brüder, die er aus allen Völkern zusammenrief, in geheimnisvoller Weise gleichsam zu seinem Leib gemacht" [63]. In sehr dichter Form wird dann die sakramentale Vermittlung des Leib-Christi-Seins durch Taufe und Eucharistie zum Ausdruck gebracht und zu den paulinischen Aussagen über die Verschiedenheit der Glieder

[62] In Art. 4 von Schema I wurde zunächst herausgestellt, daß wegen der Verbindung des gesellschaftlichen mit dem mystischen Element, die sich im Bild vom Leibe (!) am klarsten ausgedrückt findet, diesem Bild unter allen anderen der Vorrang zukommt. Paulus habe es auf "Antrieb Christi hin (vgl. Apg 9,4 [...])" verwandt: "'Und er selbst ist das Haupt des Leibes der Kirche' (Kol 1,18); 'die sein Leib ist und die Fülle dessen, der alles in allen erfüllt' (Eph 1,23)". Mit dem Rückgriff auf die zuletzt zitierte Schriftstelle war die Ekklesiologie von vornherein in die triumphalistischste Sicht gerückt, für die sich in neutestamentlichen Texten überhaupt ein Anhaltspunkt findet. Der Rest des Artikels stützte sich auf den vermischten Gebrauch von Stellen aus Paulusbriefen und dem Johannesevangelium.

Die 'Analyse des Bildes vom Leibe (!)' (Art. 5) unterstrich im Sinne von 'Mystici Corporis' aufgrund des Leibcharakters der Kirche ihre Sichtbarkeit und das Gefüge von vielen, allerdings durchaus nicht gleichgestellten Gliedern - "insofern die einen den anderen untergeordnet sind und es Kleriker und Laien, Vorgesetzte und Untergebene, Lehrer und Schüler und verschiedene Stände in ihr gibt". Sie alle werden von Christus, dem Haupt, an 'Stellung, Vollkommenheit und Tugend' überragt. Außer diesem sich aus gesellschaftlichen, juridischen und amtsmäßigen (ministerialibus) Verbindungen ergebenden Zusammenhalt gibt es in dem Gefüge des Leibes aber auch noch einen anderen *Lebens*zusammenhang. Dieser wird unter Hinweis auf das Gleichnis vom Weinstock und den Reben (Joh 15,5) erläutert. "Wie aber Christus das Haupt des Leibes ist, so ist der Heilige Geist, der im Haupt und in den Gliedern wohnt (vgl. Röm 8,11), seine Seele". Wegen der durch diese Seele bewirkten Einheit des ganzen Leibes kann aber "die Kirche als *eine*, freilich mystische, Person in Christus Jesus" verstanden werden (was durch Gal 3,28 begründet wird). Abschließend wird im engen Anklang an 'Mystici Corporis' das Verhältnis von Sünde und Heiligkeit in der Kirche behandelt.

[63] "[...] tamquam corpus suum mystice constituit." DH 4112.

in dem einen Leibe übergeleitet. Die Bemerkung, daß auch die Charismatiker der Autorität der Apostel unterstellt sind, bleibt hier eingebettet in die Betonung der Vielfalt der Gaben und der einigenden Kraft des Heiligen Geistes selbst.

Die weiteren fünf Abschnitte sind im wesentlichen der Leib-Christi-Theologie nach dem Kolosser- und Epheserbrief gewidmet[64]. Ganz im Unterschied zu 'Mystici Corporis' und dem ersten Entwurf der Konstitution wird zunächst die Größe des Hauptes und seine Machtvollkommenheit über Himmlisches und Irdisches in einer Weise hervorgehoben, die jeder Betrachtung von Kirche und Christus auf derselben kategorialen Ebene die Grundlage entzieht. Die Notwendigkeit der Gleichgestaltung der Glieder mit dem Haupt ist als eine Aufgabe unterstrichen, der wir während unserer Pilgerschaft auf Erden in Bedrängnis, Verfolgung und Leiden nachzukommen haben[65]. Die traditionelle Lehre vom Hl. Geist als der Seele des Leibes Christi wird unter Aufnahme von Formulierungen des ersten Entwurfs milde, aber bestimmt in ihre Schranken verwiesen: "Damit wir aber in ihm unablässig erneuert werden (vgl. Eph 4,23), gab er uns von seinem Geist, der als ein und derselbe im Haupt und in den Gliedern wohnt [[66]] und den ganzen Leib so lebendig macht, eint und bewegt, daß sein Wirken von den Vätern mit der Aufgabe verglichen werden konnte, die das Lebensprinzip, bzw. die Seele im menschlichen Leibe erfüllt."[67]

Meisterhafte Arbeit verbirgt sich vor allem hinter den schlichten Sätzen, die den siebten Artikel beschließen: "Christus aber liebt die Kirche als seine Braut; er ist zum Urbild des Mannes geworden, der seine Gattin liebt wie seinen eigenen Leib (vgl. Eph 5,25-28); die Kirche ihrerseits aber ist ihrem Haupte untertan (ebd. 23f). 'Denn in ihm lebt die ganze Gottheit leibhaftig' (Kol 2,9). Die Kirche, die sein Leib und seine Fülle ist, erfüllt er mit seinen göttlichen Gaben (vgl. Eph 1,22f), damit sie sich hinstrecke[[68]] und zu der ganzen Fülle Gottes (vgl. Eph 3,19) gelange."[69]

Zum genauen Verständnis dieses Abschnitts müssen neben dem ersten Entwurf auch dem Endtext unmittelbar vorangehende Formulierungen herangezogen wer-

[64] Die Beschränkung auf diese beiden Briefe im zweiten Teil des Artikels ist nicht strikt durchgehalten. So wird etwa auch auf Gal 4,19; Phil 3,21; 2 Tim 2,11 verwiesen. Bei allem Verständnis dafür, daß die Zeit für eine strenge Trennung der paulinischen von den deuteropaulinischen Leib-Christi-Aussagen auf dem Konzil noch nicht reif war, wirkt der Übergang von dem einen zum anderen Komplex – nämlich die Behauptung: "Das Haupt dieses Leibes ist Christus" im unmittelbaren Anschluß an den Hinweis auf 1 Kor 12,26 (vgl. DH 4113f) – aber doch sehr unbefriedigend.

[65] Bei den Ausführungen über das 'Wachsen des Leibes' fällt auf, daß zwar auf Eph 4,11-16 verwiesen, ein Zitat der (im triumphalistischen Sinne mißzuverstehenden) Stelle über das vom Leibe selbst besorgte Wachstum zu seinem eigenen Aufbau (vgl. V. 16) aber vermieden wird (vgl DH 4115).

[66] Die Übersetzung von 'exsistens' mit 'wohnt' berücksichtigt nicht, daß durch diesen Ausdruck das 'inhabitans (in Capite et in membris)' im ersten Entwurf abgelöst wird.

[67] DH 4116.

[68] Statt 'sich ausdehne', wodurch die eschatologische Spannung, die durch 'ut ipsa protendat et perveniat ad...' intendiert ist, zugunsten einer innerkirchlichen Expansion abgeschwächt wird.

[69] Vgl. DH 4117.

den. Der erste Satz bringt deutlich zum Ausdruck, daß das Verhältnis Christi zur Kirche nicht von der zeitgenössischen soziokulturellen Vorgegebenheit her zu erklären, sondern umgekehrt diese an jenem Verhältnis zu messen ist[70]. Die abschließenden Aussagen über die 'Fülle' sind auf dem Hintergrund der entsprechenden Stelle im zweiten Entwurf zu lesen: "Wie Christus das 'pleroma' oder die Fülle Gottes ist [...], so ist die Kirche das 'pleroma' oder die Fülle Christi, der in ihr wohnt, und sie strebt nach der ganzen Fülle Gottes [...]". Diese Parallelisierung der Pleroma-Aussagen im Hinblick auf Christus und die Kirche wird im Endtext ebenso vermieden wie das wörtliche Zitat von Eph 1,23 (Vulg), das im ersten Entwurf gleichsam als machtvolle Ouvertüre zur Explikation der Leib-Christi-Ekklesiologie diente. Statt dessen erklärt eine Paraphrase des Verses die (kirchliche) Fülle rein passivisch vom erfüllenden Tun Christi her. – Nicht zuletzt muß auf die inhaltliche Nähe dieses Abschlusses zu den eschatologischen Ausblicken am Ende der Artikel 5, 6, 8 und 9 (wegen des Bildes von der Kirche als Braut besonders von Artikel 6 und 9) geachtet werden.

Der achte Artikel von 'Lumen gentium' knüpft stärker als die vorhergehenden an die Vorgaben von Schema I an; darum läßt sich von ihm her der auf dem Konzil zurückgelegte Weg besonders gut nachvollziehen.

Der erste Abschnitt nimmt die Thematik von Artikel 6 des ersten Entwurfs – "Die Kirche als Gesellschaft ist der mystische Leib Christi" – auf, und zwar unter Verwendung des zuvor sorgfältig vermiedenen Terminus 'mystischer Leib Christi'. Vom Inhaltlichen her sind die Unterschiede zwischen erster und letzter Fassung relativ geringfügig.

Der zweite, knappe Abschnitt ist mit dem das erste Kapitel von Schema I abschließenden Artikel 7 – 'Die römisch-katholische Kirche ist der mystische Leib Christi' – parallel zu lesen. Die Formel 'subsistit in', die sich in diesem Abschnitt findet, gehört sicher zu den meist zitierten Worten des Konzils. Der genaue Sinn dieses Ausdrucks läßt sich wohl nur vom Zusammenhang der gesamten Textentwicklung her erschließen. Zunächst seien Schema I und Endfassung einander gegenübergestellt:

Schema I, Art. 7:	**Lumen gentium, Art. 8, Abschn. 2:**
"So lehrt also die Heilige Synode und bekennt feierlich, daß es nur	"Dies ist
eine einzige wahre Kirche Jesu Christi gibt, die nämlich,	die einzige Kirche Christi,
die wir im Glaubensbekenntnis als die eine, heilige, katholische und apostolische feiern.	die wir im Glaubensbekenntnis als die eine, heilige, katholische und apostolische bekennen;
Sie hat sich der Erlöser am Kreuz erwor-	

[70] Die Endfassung '[Christus] exemplar factus viri diligentis uxorem suam' löst die Formulierung ab: 'sicut vir diligens uxorem suam diligit', vgl. G. Alberigo, Synopsis Historica, 33.

ben [...] und sich wie einen Leib dem Haupte und eine Braut dem Bräutigam verbunden.	
Sie zu regieren hat er nach seiner Auferstehung dem Hl. Petrus	sie zu weiden, hat unser Erlöser nach seiner Auferstehung dem Petrus
und [seinen] Nachfolgern, welche die Römischen Oberpriester [Romani Pontifices] sind,	
übertragen.	übertragen (Jo 21,17), ihm und den übrigen Aposteln hat er ihre Ausbreitung und Leitung anvertraut (vgl. Mt 28,18ff), für immer hat er sie als 'Säule und Feste der Wahrheit' errichtet (1 Tim 3,15).
	Diese Kirche, in dieser Welt als Gesellschaft verfaßt und geordnet,
Und deswegen führt	
	ist verwirklicht [subsistit in]
die katholische römische [Kirche]	in der katholischen Kirche,
mit alleinigem Recht den Namen Kirche."	
	die vom Nachfolger des Petrus und von den Bischöfen in Gemeinschaft mit ihm geleitet wird. Auch wenn sich außerhalb ihres Gefüges mehrere Elemente der Heiligung und der Wahrheit finden, die als der Kirche Christi eigene Gaben auf die katholische Einheit hindrängen."

Beim Vergleich der beiden Texte fällt zunächst auf, daß das Konzil der im ersten Entwurf zum Ausdruck kommenden Intention, eine verbindliche dogmatische Lehrentscheidung über die Identität der römisch-katholischen Kirche mit der einzigen wahren Kirche Jesu Christi herbeizuführen, nicht gefolgt ist. Verzichtet wurde auch auf das Adjektiv (einzige) 'wahre' (Kirche), das die Existenz von nicht wahren Kirchen suggerierte.

Besonders wichtig ist zu beachten, daß in der Endfassung das Adjektiv 'katholisch' nicht univok gebraucht wird. Zuerst erscheint es in der Verbindung der vier Kennzeichen der Kirche, wie sie Gegenstand des Glaubens*bekenntnisses*[71] sind. Dann wird es als Prädikat der Kirche verwendet, in der jene einzige Kirche des Glaubensbekenntnisses 'subsistiert' und die in den beiden ersten Entwürfen als

[71] '[...] quam in Symbolo [...] *profitemur*' statt '*celebramus*', vgl. G. Alberigo, Synopsis Historica, 27 (eigene Hervorhebung).

'römisch-katholische' Kirche bezeichnet war[72]. Da dieses 'subsistit in' – bei aller Schwierigkeit seiner genauen Interpretation – auf jeden Fall gegenüber dem 'est (Ecclesia catholica)', das noch in der vorletzten Fassung stand, die nicht völlige Identität der Kirche als Gegenstand des Glaubensbekenntnisses mit der (römisch-) katholischen Kirche zum Ausdruck bringen soll[73], ist die Übertragung des Prädikats 'katholisch' auf die römisch-katholische Kirche in einem äquivoken, bestenfalls in einem analogen Sinn zu verstehen. In diesem Zusammenhang ist auch zu berücksichtigen, daß im Unterschied zum ersten Entwurf der Endtext vom *Nachfolger* Petri (und den Bischöfen) erst in Verbindung mit der (römisch-) katholischen Kirche spricht, bei dem Auftrag Christi, die (im Sinne des Symbolums) katholische Kirche zu weiden, sich hingegen mit dem Hinweis auf Petrus begnügt.

Von hierher erhebt sich die Frage, auf welche 'katholische Einheit' nach dem Wortlaut der Endfassung die 'Elemente der Heiligung und der Wahrheit' außerhalb des Gefüges der (römisch-) katholischen Kirche hindrängen. Daß hier ein Hindrängen auf die Einheit der römisch-katholischen Kirche gemeint sein könnte (dies wäre ein harter Affront den anderen Kirchen gegenüber), ist schon im Hinblick auf die ökumenische Grundhaltung des Konzils unwahrscheinlich. Es sprechen aber auch eine Reihe von Einzelbeobachtungen, die sich aufgrund eines Vergleichs des Endtextes mit der vorletzten Fassung ergeben, gegen eine solche Annahme. Dort hieß es: "[das schließt nicht aus, daß] außerhalb des *Gesamt*gefüges vielfältige Elemente der Heiligung *gefunden werden könnten*, die als der Kirche Christi eigene Güter auf die katholische Einheit hindrängen". Im Endtext wird nicht mehr von einem *Gesamt*gefüge (*totalem* compaginem) gesprochen; das Prädikat "und der Wahrheit" ist hinzugefügt; das Auffinden der Elemente erscheint nicht mehr in einem entfernten Möglichkeitshorizont; vor allem werden sie als *Gaben* (dona), nicht mehr als Güter (res) angesehen, auf die jemand einen Rechtsanspruch erheben könnte. Auf die Frage, wo dann eigentlich die genannten Elemente zu finden sind, gibt es wohl nur eine plausible Antwort: in jenen 'Kirchen und kirchlichen Gemeinschaften', von denen der Artikel 15 handelt.

Nimmt man all dies zusammen, dann wird man den Schluß des Abschnitts wohl nur so interpretieren können, daß die der Kirche Christi eigenen Gaben auf jene katholische Einheit hindrängen, die wir im Glauben bekennen, die selbst die römisch-katholische Kirche aber nicht voll und ganz darzustellen vermag. Und man wird hinzusetzen dürfen, daß es sich der Sinnrichtung des Endtextes zufolge nicht nur um solche Elemente der Heiligung und der Wahrheit handelt, die *auch*

[72] In der Endfassung wird nur noch in einer Anmerkung darauf verwiesen, daß sich die Formel 'Sancta (catholica apostolica) Romana Ecclesia' in früheren Lehrdokumenten findet.

[73] Hier sind noch zwei weitere Änderungen gegenüber der vorletzten Fassung zu beachten. Der entsprechende Satz lautete dort: 'Haec igitur Ecclesia, vera omnium Mater et Magistra, [...] est Ecclesia catholica [...]' (vgl. G. Alberigo, Synopsis Historica, 38). Sowohl das etwas rechthaberisch klingende 'igitur' wie auch der gegenreformatorisch vorbelastete Ausdruck 'Mater et Magistra' wurden in der Endfassung weggelassen. Genauer: da eine (wenn auch noch so minimale) Differenz zwischen der Kirche des Glaubensbekenntnisses und der römisch-katholischen Kirche zum Ausdruck gebracht werden sollte, mußte 'Mater et Magistra' wegfallen, da dieser Ausdruck wohl auf die römische, nicht aber auf die Kirche des Symbolums anwendbar war.

außerhalb der römischen Kirche anzutreffen sind, sondern auch um solche, die – eben als 'dona', nicht als verfügbare 'res' – innerhalb dieser Kirche nicht immer oder noch nicht (wieder) gefunden werden[74].

Der Text des ersten Entwurfs ging nach der am Ende von Kapitel I beabsichtigten lehramtlichen Definition in Artikel 8 weiter: "Die Hl. Synode lehrt, wie die Heilige Kirche Gottes immer gelehrt hat, daß die Kirche zum Heil notwendig ist [...]". In 'Lumen gentium' folgen zu Ende von Artikel 8 und als Abschluß des ersten Kapitels ein dritter und vierter Abschnitt.

Im zweiten Entwurf war als Auftakt eine Formulierung vorgesehen, die an die triumphalistische Ekklesiologie des Ersten Vaticanum erinnert[75]: "Als Sakrament Christi ist die Kirche ein Zeichen, aufgerichtet unter den Völkern, denen sie auch in evangelischer Armut das Zeugnis des sanften und demütigen Jesus vorhält." Im Endtext sind die Relationen zurechtgerückt: "Wie aber Christus das Werk der Erlösung in Armut und Verfolgung vollbrachte, so ist <auch> die Kirche berufen, den selben Weg einzuschlagen, um den Menschen die Früchte des Heils mitzuteilen."[76] Die dann folgende (erst für die Endfassung formulierte) Passage gehört zu den schönsten des ganzen Konzils und ist mit Recht als Manifest zum Aufbruch einer befreienderen Theologie verstanden worden. Am Ende des dritten Abschnitts wird das Thema 'Sünde – Heiligkeit', das im fünften Artikel des ersten Entwurfs in engem Anschluß an 'Mystici Corporis' ausgeführt worden war, aufgegriffen. War dort noch zu lesen, daß die Sünden der Glieder 'zwar die Kirche (!) beleidigen, ihre wesentliche Heiligkeit aber nicht verletzen', so findet das Konzil auch hier nun zu einem ganz neuen ekklesialen Selbstverständnis: "Während aber Christus 'heilig, schuldlos, unbefleckt' war (Hebr 7,26), die Sünde nicht kannte (2 Kor 5,21), sondern allein die Vergehen des Volkes zu sühnen kam (vgl. Hebr 2,17), umfaßt die Kirche in ihrem eigenen Schoße Sünder, ist zugleich heilig und stets reinigungsbedürftig und geht so immerfort den Weg der Buße und Erneuerung."[77]

Der Schlußsatz des letzten Abschnitts endlich läßt – das ganze Kapitel vom Prolog her gleichsam noch einmal zusammenfassend – deutlich werden, daß das 'Mysterium der Kirche' gar nicht ihr eigenes ist, sondern das des Herrn selbst, welches sie bei aller Treue zum Herrn immer nur schattenhaft in der Welt zu enthüllen vermag: "Durch die Kraft des auferweckten Herrn aber wird sie gestärkt, um [...]

[74] Zu restaurativen Tendenzen, die sich gegenüber 'Lumen gentium' im 'Katechismus der Katholischen Kirche' niedergeschlagen haben, vgl. H. Verweyen, Der Weltkatechismus, bes. 74-80.

[75] Vgl. DH 3014.

[76] DH 4120.

[77] Ebd.

sein Mysterium, wenn auch schattenhaft, so doch getreu in der Welt zu enthüllen, bis es am Ende im vollen Lichte offenbar werden wird" [78].

[78] Ebd. Über eine Analyse des ersten Kapitels von 'Lumen gentium' hinaus greift die Frage, inwieweit die problematischen Konnotationen, die sich in der mittelalterlichen und gegenreformatorischen Auslegungsgeschichte des Leib-Christi-Begriffs mit den beiden Metaphern 'Haupt' und 'Glieder' verbanden, auf dem Zweiten Vaticanum überwunden wurden. Auf das Weiterwirken der traditionellen Vorstellung vom 'Haupt' wird in Kap. 20.4 einzugehen sein. Zum qualifizierten Gebrauch des Terminus 'Glieder' für die römisch-katholischen Gläubigen als allein dem Leibe Christi zugehörig in der Enzyklika 'Mystici Corporis' und der Abkehr von dieser Vorstellung vgl. bes. Y. Congar, 'Lumen gentium' n° 7.

20 Apostelamt und apostolische Nachfolge

Die Frage nach den kirchlichen Ämtern ist durch geschichtlich gewachsene Strukturen und ihre Kategorialisierungen so erschwert, daß schon der Versuch, sie begrifflich angemessen zu formulieren, großen Hindernissen begegnet. Im Rahmen dieses 'Grundrisses' können nur einige wenige Aspekte der komplexen Problematik berührt werden. Als Ausgangspunkt unserer Überlegungen bieten sich die Kapitel 12-14 des Ersten Korintherbriefs an. Hier wird - auf der Grundlage des Verständnisses von Kirche als 'Leib Christi' - ekklesiale Funktionalität im Blick auf eine bestimmte Gemeindesituation und dennoch zugleich mit prinzipiellem Anspruch für die Ordnung kirchlichen Lebens überhaupt in einer Konkretion und Dichte wie nirgend sonst im Neuen Testament erörtert. Für die Frage nach dem Aposteldienst speziell ist dabei von besonderer Wichtigkeit, daß diese Darlegungen von dem Apostel stammen, der in den neutestamentlichen Schriften als einziger selbst zu Wort kommt und der vor allem das urchristliche wie auch das spätere kirchliche Verständnis des Apostolats entscheidend geprägt hat[1].

20.1 Aposteldienst im Gefüge der Geistesgaben

Die Auslegungsgeschichte von 1 Kor 12-14 ist stark von kontroverstheologischen Diskussionen um das Verhältnis von 'Charisma und Amt' bestimmt, insbesondere hinsichtlich der Frage, ob in der Sicht des Paulus auch der Apostolat unter die Charismen zählt oder nicht[2]. Dabei wurde oft übersehen, daß nicht nur der Begriff 'Amt' im üblichen Verständnis kaum durch irgendeine der kirchlichen Funktionen gedeckt ist, wie Paulus sie in 1 Kor 12-14 beschreibt. Auch der Begriff 'Charisma' in der Bedeutung von 'außergewöhnliche (Geistes-)Gabe' trifft nicht das in jenem Zusammenhang von Paulus Intendierte.

[1] "[...] der Apostelbegriff des Paulus, wie er sich aus seinen Briefen erheben läßt, [kann] entsprechend seinem eigenen apostolischen Selbstverständnis als repräsentativ für das Urchristentum gelten. In ihm zeigt sich mit der wünschenswerten Deutlichkeit das theologische Grundverständnis vom Apostel als dem Gesandten des Kyrios Jesus, dessen Auftrag es ist, 'das Evangelium zu verkündigen [...]'"(K. Kertelge, Die Wirklichkeit der Kirche im Neuen Testament, 105). "So hat Paulus denn den streng theologischen Begriff des Apostolats im Zusammenhang mit seiner Heidenmission, die einen gewaltigen Eindruck hinterlassen hat, begründet, ausgestaltet und vor dem Zerfließen bewahrt" (H. Küng, Die Kirche, 416). Zur Herkunft und neutestamentlichen Entwicklung des Begriffs 'Apostel' vgl. darüber hinaus Ch. K. Barrett, Shaliah and Apostles; Kirche im Werden; A. Lindemann, Paulus in den neutestamentlichen Spätschriften; J. Roloff, Apostolat - Verkündigung - Kirche; ders., Art. 'Apostel/Apostolat/Apostolizität'; G. Schneider, Die zwölf Apostel als Zeugen; A. Vögtle, Exegetische Reflexionen zur Apostolizität des Amtes und zur Amtssukzession, in: ders., Offenbarungsgeschehen und Wirkungsgeschichte.

[2] Vgl. hierzu H. von Lips, Der Apostolat des Paulus - ein Charisma? (Literatur !).

Eine Einreihung des Aposteldienstes unter die in 1 Kor 12 beschriebenen Charismen findet im Text keine sichere Grundlage. Man spricht zwar häufig von drei 'Charismentafeln' [3] bzw. '-listen' [4] im Hinblick auf 1 Kor 12,8-10.28.29f. In der zweiten dieser Tafeln werden an erster Stelle die Apostel aufgeführt. Fällt deren Dienst aber noch unter den Begriff 'Charismen'? Sicher ist nur, daß Paulus auch die Gabe der Propheten, die in V. 28 an zweiter Stelle genannt werden, den Charismen zurechnet[5].

Ebensowenig bietet der Text aber eine Handhabe für die Gegenüberstellung von 'Ämtern und Charismen'. Es ist nicht klar, welche kirchlichen Funktionen der Apostel mit dem Terminus 'Dienste' in V. 4 umschreibt. Vermutlich will er gar nicht scharf zwischen 'Gnadengaben' (χαρίσματα), 'Diensten' (διακονίαι) und 'Kräften' (ἐνεργήματα) unterscheiden[6], sondern zu Eingang seiner Antwort auf die von den Korinthern gestellte Frage nach den 'Geistesgaben' (πνευματικά: V. 1) durch eine plurale Terminologie – die triadisch an dem Geist, dem Herrn (Jesus) und dem (Schöpfer-)Gott orientiert ist[7] – das enge Vorverständnis der Korinther über die Geistesgaben aufbrechen.

Scheidet der Terminus 'Charisma' möglicherweise als Oberbegriff aus, dann wird man zur Beantwortung der Frage, was sich aus 1 Kor 12-14 im Hinblick auf das Verhältnis von 'Charisma und Amt' entnehmen läßt, zunächst nach der begrifflichen Klammer suchen müssen, innerhalb deren Paulus den Aposteldienst den übrigen kirchlichen Funktionen zuordnet. Von dort aus wäre dann nach der Art von Zuordnung zu fragen, die Paulus zufolge die angemessene ist. Ein erster Hinweis auf diese Klammer ergibt sich aus der Feststellung, die der Apostel im Übergang von der 'triadischen Auflockerung' der ihm gestellten Frage nach den 'Geistesgaben' zu einer ersten Auflistung von Funktionen trifft: 'Jedem aber wird die Manifestation (φανέρωσις) des Geistes zum [allgemeinen] Nutzen geschenkt' (V. 7). Wichtiger ist die Konsequenz, die sich aus der engen begrifflichen Nähe von V. 18 zu V. 28 ergibt: 'Nun aber hat Gott die Glieder gesetzt (ἔθετο), ein jedes von ihnen in dem Leib, so wie er gewollt hat' (V. 18). 'So hat Gott in der Kirche gesetzt (ἔθετο) erstens Apostel, zweitens Propheten, drittens Lehrer, dann Wunderkräfte, dann Gaben (χαρίσματα), gesund zu machen, zu helfen, zu leiten und Arten von Zungenrede' (V. 28). Die Klammer, die alle von Paulus aufgezählten kirchlichen Funktionen zusammenfaßt, ist also durch die beiden Charakteristika bestimmt: (a) Manifestation des Geistes zum allgemeinen Nutzen, (b) von *Gott* in dem Leibe bzw. in der Kirche *gesetzt*. Zum näheren Verständnis dieser Momente und damit der Zuordnung des Aposteldienstes zu anderen kirchlichen Funktionen ist deshalb auf die paulinische Interpretation des Gleichnisses vom Leibe und seinen Gliedern zurückzugreifen, das der Apostel, wie in Kap. 19.1.3 ausgeführt, in

[3] So etwa H.-J. Klauck, 1. Korintherbrief, 87-93.
[4] So z. B. K. Kertelge, Die Wirklichkeit, 110.
[5] Vgl. 1 Kor 12,31 mit 14,1 und bes. Röm 12,6.
[6] Dies legt sich auch von der Nähe der 'Wunderkräfte' (vgl. 12,4.10.28) zu den 'Charismen' der Krankenheilung (vgl. V. 28) her nahe.
[7] Den 'trinitarischen' Charakter der Formulierung betont vor allem G. D. Fee, The First Epistle to the Corinthians, 586-588.

den Zusammenhang der Frage nach den 'Geistesgaben' einbringt, um den zentralen Auftrag von Kirche zu erläutern. Dieser besteht darin, den 'Leib-für' transparent werden zu lassen, der Christus selber ist.

Von der paulinischen (Neu-)Interpretation des allgemein bekannten Gleichnisses her gesehen, ist einiges am traditionellen katholischen Amtsverständnis fragwürdig. Die in V. 28 aufgeführten 'Apostel' sind nicht dem in V. 21 genannten 'Kopf' zuzuordnen. Erst recht nicht ist im Anschluß an 'Mystici Corporis' an den Nachfolger Petri als ein 'Haupt' zu denken, das gleichsam alle Apostolizität in sich aufsaugt, um dann von sich her sämtliche kirchliche Funktionen zu delegieren[8]. 'Auge' und 'Kopf' in V. 21 stehen vielmehr für diejenigen in Korinth, die sich im Besitz herausragender Geistesgaben wähnen und darum auf andere Gaben in der Kirche 'von oben herab-' blicken[9]. Dieser Perspektive gegenüber betont Paulus die Unentbehrlichkeit gerade der anscheinend schwächeren Glieder des Leibes (V. 22) und die Tatsache, daß Gott dem geringeren Glied im Leibe die größere Ehre zukommen ließ (V. 24). Über die konkrete geschichtliche Situation in Korinth hinaus dürfte sich von hierher ein regulatives Prinzip für das generelle Zueinander kirchlicher Funktionen ableiten lassen: Wo Augenschein und etabliertes Selbstverständnis eine bestimmte kirchliche Rangordnung suggerieren, gilt es, die 'niederen kirchlichen Dienste' in ihrer Unentbehrlichkeit und von Gott gesetzten Würde immer wieder neu zu entdecken.

Der Wahrnehmung dieses regulativen Prinzips steht nun allerdings ein 'semantischer Trick' entgegen, der zumindest unterschwellig bei der Auslegung von 1 Kor 12-14 auf weite Strecken hin am Werke ist: Man versteht 'Charismen' generell in dem Sinne enthusiastischer Esoterik, wie die Korinther wohl die Gaben des Geistes interpretierten und wofür sich in der Kirchengeschichte stets aktuelle Beispiele darbieten. Dann scheint es nur zu berechtigt, die so bezeichneten Geistesgaben in weite Entfernung von den 'Ämtern' oder 'Diensten' zu rücken. Der Apostel selbst versteht 'Charismen' ihrem Wesen nach aber gerade nicht als außerordentliche Begabungen, sondern von dem Wert her, der ihnen als von Gott eigens gesetzten kirchlichen Funktionen (oder, im Bild des Leibes: 'Organen') in der gegenseitigen Hilfeleistung zukommt – einschließlich der "Dienste caritativer und technisch-organisatorischer Art" [10], die im Horizont seiner Adressaten wohl kaum zu den 'Geistesgaben' gezählt wurden.

[8] Vgl. oben Kap. 19.3 Anm. 55.

[9] Vgl. 1 Kor 12,8 mit 2,1ff und 8,1ff.

[10] Vgl. H.-J. Klauck, 1. Korintherbrief, 91f (zu 12,28): "Dem Betrieb in Korinth, der zum pneumatischen Chaos zu entarten droht, hält Paulus Umrisse einer festen Ordnung entgegen, die es zu respektieren gilt und die eine Hilfe sein kann. Als neue Charismen bringt Paulus die Hilfeleistungen und die Leitungsaufgaben (vgl. den 'Vorstehenden' Röm 12[8]; 1 Thess 5[12]) ein, mit polemischer Spitze: Diese profan wirkenden Dienste caritativer und technischer-organisatorischer Art, angefangen von der Hilfe für materiell Bedrängte (vgl. Röm 12[8]: der 'Tröstende', der 'Austeilende', der 'Sich-Erbarmende') über die äußere Vorbereitung einer Gemeindeversammlung bis hin zum teils argwöhnisch betrachteten Leiten einer Gemeinde, was auch zum Aufgabenbereich des Apostels oder Propheten gehören kann, stehen auf einer Stufe mit der überschätzten ekstatischen Glossolalie, die erneut an letzter Stelle erscheint."

Diese nüchtern funktionale Betrachtung der Charismen wird in 1 Kor 14 durch einige wichtige Aspekte ergänzt. Es geht bei all diesen Gaben um ihre Rolle für den Aufbau der Gemeinde (vgl. 14,5.12.26). Aber auch das ist nicht im engen, 'binnenkirchlichen' Sinn zu verstehen. Selbst der Gemeindegottesdienst – wo Christen sich ja noch am ehesten 'unter sich' fühlen dürfen – soll so gestaltet sein, daß auch hinzukommende Unkundige oder Ungläubige nicht abgestoßen, sondern im Innersten überzeugt werden (vgl. 14,23-25). Dazu ist allerdings erforderlich, daß das Beten und Reden in der Gemeinde nicht ungezügelt dem Enthusiasmus des Geistes überlassen bleibt, sondern sich einer rationalen Kontrolle unterwirft (vgl. 14,14f.18f). Ohne die damit gewährleistete Verständlichkeit oder eine die allgemeine Kommunikabilität sicherstellende Auslegung soll überhaupt kein Reden in der Gemeinde zugelassen werden (vgl. V. 28)[11].

Erst die gegenseitige Verwiesenheit der vielfältigen, von Gott gesetzten 'Organe' ermöglicht jene Einheit des Leibes, durch die der Christus als 'Leib-für' transparent werden kann. Dennoch ist für Paulus eine spezifische Differenz des Aposteldienstes gegenüber den anderen Geistesgaben fundamental: 'Wenn einer meint, ein Prophet oder Geistbegabter zu sein, so erkenne er in dem, was ich euch schreibe, ein Gebot des Herrn. Wer das aber nicht anerkennt, wird nicht anerkannt' (1 Kor 14,37f). Auch noch der nächsthöchste Dienst in der 1 Kor 12,28 aufgestellten Tafel kirchlicher Funktionen ist der Autorität des Apostels unterstellt. Von daher erhebt sich natürlich die Frage, wie es um diese Autorität steht, wenn es keine Apostel in der Kirche mehr gibt.

20.2 Apostolische Nachfolge

Die Apostel als von Jesus Christus selbst berufene Erstzeugen können keine Nachfolger im strengen Sinn des Wortes haben. Was bedeutet dann der Begriff 'apostolische Nachfolge'? "Lange Zeit hat man auf katholischer Seite die apostolische Sukzession als ununterbrochene Amtsnachfolge der Bischöfe in der Kirche verstanden. Wenn dann wie in der Reformationszeit diese Kette unterbrochen wurde, dann schien auch die apostolische Sukzession aufgehoben zu sein; gerade hier schien eine kirchentrennende Differenz zu bestehen. Inzwischen hat sich in allen Kirchen immer mehr der Gedanke durchgesetzt, daß das 'Apostolische' und die apostolische Sukzession zur Wesensbestimmung der Kirche überhaupt gehören und daß apostolische Sukzession zuerst etwas *Inhaltliches* bedeutet. Sie besagt 'die *Sukzession der Gesamtkirche im apostolischen Glauben*'" [12].

Im ökumenischen Ringen um eine vom Evangelium her legitimierte Autorität in der Kirche hat die Frage nach der Apostolizität kirchlicher Ämter zweifellos die

[11] "Als einziger fester Bewertungsmaßstab bleibt das Kriterium der Kommunikabilität übrig, was im Fortgang des Kap. mit weiteren Beispielen belegt wird. Das steht unter dem Vorzeichen von Kap. 13: Der Wunsch, sich auf möglichst klare Weise dem anderen mitzuteilen, ist eine selbstverständliche Forderung der Liebe, die nur den Vorteil von Bruder und Schwester sucht" (H.-J. Klauck, ebd. 99).

[12] H. Fries, Fundamentaltheologie, 453.

größte Brisanz. Was läßt sich nach dem gegenwärtigen Forschungsstand mit hinlänglicher Sicherheit als Zeugnis des Neuen Testaments in dieser Frage ausmachen[13]?

Positiv darf zunächst festgehalten werden, daß hinsichtlich der Verantwortung der Apostel "für die Verkündigung und Wahrung des Evangeliums wie für den diesem entsprechenden Lebensvollzug der Gemeinden [...] Nachfolger im 'Apostelamt' in Betracht kommen [können]" [14]. Diese 'successio apostolica' bringt vor allem der (fiktive) Paulus der Pastoralbriefe mit der Adresse an die Apostelschüler Timotheus und Titus zum Ausdruck. Sie werden zu Tradenten und Hütern des apostolischen Erbes, das sie selbst wiederum den von ihnen eingesetzten Presbytern (Tit 1,5; 1 Tim 5,17-22) weitervermitteln sollen. Der Sache nach geht es dabei um die Treue zum Evangelium, das in der nachapostolischen Zeit mit der gleichen Zuverlässigkeit wie in der Zeit der Apostel weiter verkündigt und ausgelegt werden soll. Die in der Folge von Aposteln, Apostelschülern und von ihnen eingesetzten Amtsträgern bestehende Kontinuität soll der Identität des Evangeliums in späterer Zeit dienen" [15].

Man kann dieses Ergebnis natürlich im Hinblick auf die Frage nach der Legitimation kirchlicher Ämter durch die Beobachtung relativieren, die pseudepigraphischen Paulusbriefe spiegelten – ähnlich wie etwa die Abschiedsrede des Apostels Paulus nach Apg 20,17-55 – eine historisch gewachsene ekklesiale Struktur der nachapostolischen Zeit und seien als 'frühkatholische' Entartung oder bestenfalls als eine bloß unter bestimmten soziologischen Bedingungen notwendige Gestalt von Kirche zu betrachten[16]. Damit verläßt man aber jenes Kanonprinzip, nach dem das gesamte Neue Testament als bleibend verbindliche Form der apostolischen Verkündigung gilt.

Auch in der konsequenten Verpflichtung auf diese Vorgabe gemeinchristlicher *traditio* wird man allerdings – wie in Kap. 19.2 zur Theologie des Kolosser- und des Epheserbriefs bemerkt – die Frage zu stellen haben, inwieweit die Autoren der Pastoralbriefe ihrem eigenen (impliziten) Anspruch gerecht werden, das durch Paulus empfangene Evangelium in der neuen kirchengeschichtlichen Situation angemessen auszulegen. Dabei lassen sich Verengungen der ursprünglichen Sicht von Frohbotschaft in Richtung auf eine intakt zu haltende Lehre hin feststellen, und aus dieser Erkenntnis ergibt sich dann die Möglichkeit, das Verständnis von 'Apostel-Nachfolgern' im Sinne von Hütern eines 'depositum fidei' als eine einge-

[13] Zum folgenden vgl. W. Trilling, Zum 'Amt' im Neuen Testament, der hier mit knappen Strichen nicht nur den Diskussionsstand umreißt, sondern vor allem die Komplexität der hermeneutischen Perspektiven herausarbeitet, die in der Diskussion zum Austrag kommen, selten aber deutlich genug unterschieden werden; G. Lohfink, Die Normativität der Amtsvorstellungen in den Pastoralbriefen; L. Oberlinner, Zwischen Anpassung und Konflikt; ders., Exkurs: Gemeinde, Amt und Kirche nach den Pastoralbriefen; T. Rendtorff, Charisma und Institution; O. Knoch, Charisma und Amt; H. v. Lips, Neutestamentliche Aspekte zur Ekklesiologie; E. Schillebeeckx, Christliche Identität und kirchliches Amt.

[14] Vgl. A. Vögtle, Exegetische Reflexionen zur Apostolizität des Amtes und zur Amtssukzession, 530; W. Trilling, Zum 'Amt' im Neuen Testament, 342.

[15] Vgl. K. Kertelge, Die Wirklichkeit, 116.

[16] Vgl. W. Trilling, Zum 'Amt' im Neuen Testament, 343 Anm. 33.

schränkte Perspektive des pastoralen Dienstes zu werten, vor allem auch im Blick auf weitere Verfestigungen eines so verstandenen Dienstes in der Folgezeit. Versuche, über die genannte Funktion von in der Nachfolge der Apostel für die Reinheit und Sicherheit des Evangeliums verantwortlich Beauftragten hinaus eine apostolische Amts-Nachfolge aus dem Neuen Testament zu belegen, können kaum mit einem exegetischen Konsens rechnen[17].

Gibt es von hierher überhaupt fundamentaltheologisch eine Brücke zu der Ämterstruktur der nach-neutestamentlichen Zeit, insbesondere zum Bischofsamt, das nach katholischer Lehre als 'iuris divini' gilt[18], bzw. dem dreifachen Amt des Bischofs, Presbyters und Diakons, das dem sog. Lima-Dokument zufolge als ein Ausdruck der gesuchten Einheit und als Mittel auf dem Weg dahin betrachtet werden darf[19] ? Gibt es eine Brücke legitimierender Gründe, die nicht einfachhin aus der normativen Kraft des Faktischen geschöpft oder in der fragwürdigen Annahme ungeschriebener apostolischer Traditionen behauptet werden?

Über das bloße historische Faktum bzw. über pragmatische Gründe hinaus ergibt sich ein gewichtiges Argument für die bleibende Authentizität der "allgemein akzeptierten [Ämter-]Struktur in der Kirche der frühen Jahrhunderte" [20] aus der Reflexion auf die Möglichkeitsbedingungen der Konstitution des Kanons der Schriften. Diese kritische Leistung der *traditio* im Hinblick auf sich selbst wird man kaum von der institutionellen Struktur trennen dürfen, die diesen Akt der

[17] "Im Dienste dieser einen grundlegenden und verbindlichen 'Sache' des Evangeliums [sc. seiner *Verkündigung* als "Urfunktion der Kirche selbst"] begegnen uns im Neuen Testament *viele verschiedenartige* Dienstleistungen, Ämter, Funktionen, Bezeichnungen. Unter ihnen nehmen ohne Zweifel die 'Apostel' einen hervorragenden Rang ein, ohne daß von ihnen die später sich herausbildenden 'Ämter der Kirche' *historisch einsichtig* hergeleitet werden könnten und ohne daß die Einmaligkeit und Unwiederholbarkeit ihres eigenen 'Amtes' angetastet werden dürfte. Im ganzen Neuen Testament gibt es keinen sicheren Hinweis dafür, daß die späteren Ämter in einer direkten oder auch vermittelten Beziehung zum Apostolat stünden" (W. Trilling, ebd. 359 – mit Verweis auf die Untersuchungen A. Vögtles, ebd. 342f). – Auf die Frage nach neutestamentlich zu beobachtenden Tendenzen auf ein bestimmtes 'Amt' hin läßt sich sogar feststellen: "Die Beobachtungen berechtigen insgesamt dazu, von einem 'geschichtlichen Gefälle' zum Presbyterat hin zu sprechen. Eine sich in diesem 'Gefälle' anbahnende Gesamtentwicklung wäre allerdings von diesem Institut her zu erwarten, nicht jedoch von dem 'Amt' der Episkopoi. Jenes spielt gegenüber der beachtlichen Bedeutung der Presbyter (und auch der Diakone und Lehrer) eine so geringe Rolle, daß man ihm von seiner neutestamentlichen Bezeugung her keine Zukunftschancen geben möchte. Sie erscheinen eher wie 'zufällige' Glieder etwa innerhalb einer paulinischen Charismenliste, die auch insgesamt fehlen könnten, ohne daß man einen Verlust empfände. Alle Wahrscheinlichkeit spräche also dafür, daß die Zukunft einer (kollegial-) presbyteral verfaßten Gemeinde und Kirche gehören werde" (ebd. 345f).

[18] Vgl. DH 3061.

[19] Vgl. Taufe, Eucharistie und Amt, 38: "Obwohl es keine einheitliche neutestamentliche Struktur gibt, obwohl der Geist die Kirche oftmals dazu gebracht hat, ihre Ämter den kontextuellen Bedürfnissen anzugleichen und obwohl andere Formen des ordinierten Amtes mit den Gaben des Heiligen Geistes gesegnet worden sind, könnte dennoch das dreifache Amt des Bischofs, Presbyters und Diakons heute als ein Ausdruck der Einheit, die wir suchen, und auch als ein Mittel, diese zu erreichen, dienen. Geschichtlich ist es zutreffend zu sagen, daß das dreifache Amt zur allgemein akzeptierten Struktur in der Kirche der frühen Jahrhunderte wurde und heute von vielen Kirchen weiter beibehalten wird [...]."

[20] Vgl. Anm. 19.

traditio möglich machte. Eine weniger ausgeprägte einheitliche Ämterstruktur hätte diese Abgrenzung gegenüber dem markionitischen Reduktionismus, der gnostischen Auflösung oder der journalistisch-apokryphen Zersetzung des apostolisch verbürgten Evangeliums kaum gemeinkirchlich durchsetzen können. In dem Verweis auf das Prisma der heiligen Schriften, in denen dem christlichen Zeugnis zufolge die Wahrheit des Ursprungs allein bleibend authentisch vermittelt wird, ist implizit auch ein Verweis auf die Authentizität der 'transzendentalen Konstitutionsprinzipien' für die Feststellung jenes Prismas enthalten.

Von hierher gesehen behält der klare Blick für die wichtigsten Grundlagen zur unverfälschten Bewahrung des apostolischen Erbes, den Irenäus von Lyon in seinem Kampf gegen die gnostischen Entstellungen des Evangeliums offenbart, seine Bedeutung – trotz allen apologetischen Mißbrauchs, den bestimmte Texte dieses Theologen erfahren haben. Irenäus zufolge bedarf es gegenüber der verwirrenden Mannigfaltigkeit gnostischer Spekulationen zunächst eines Wissens um das Wesentliche des christlichen Glaubens, das in klaren Konturen formulierbar sein muß: in der 'regula fidei' [21]. Sodann ist der Umfang der authentischen Quellen festzulegen, auf die sich der Glaube berufen darf: in einem Kanon der Schriften[22]. Vor allem aber muß der wildwuchernden 'pneumatischen' Auslegung christlicher Texte eine hermeneutische Instanz entgegengestellt werden, die nicht ständig individueller oder gruppenspezifischer Willkür ausgesetzt ist: durch den Nachweis einer ununterbrochenen Kette 'apostolischer Sukzession' im engen, formalen Sinn dieses Wortes[23]. Genauer als dies in der traditionellen Fundamentaltheologie der Fall war, ist beim Rückgang auf Irenäus allerdings die Einseitigkeit seines Kirchen- und Traditionsverständnisses zu beachten, die aus ihrem antithetischen Charakter zur Gnosis erwächst.

Vor allem darf bei der Wertschätzung der frühkirchlichen Ämterstruktur als Möglichkeitsbedingung für die Konstitution des Kanons nicht aus dem Blick verloren werden, daß die so – insbesondere monarchisch-episkopal – verfaßte *traditio* uns mit ihrem Verweis auf das bleibend verbindliche Evangelium Zeugnisse einer noch weitaus offeneren kirchlichen Institutionalität vor Augen hält und damit auf die ständige Möglichkeit amtlicher Selbstkorrektur hindeutet, eine Möglichkeit, die es nicht erlaubt, die kirchlichen Ämter, wie sie sich bereits vor der Festlegung des Kanons herausgebildet hatten, als für alle Zeiten starr fixiert aufzufassen.

In diesem Zusammenhang ist nicht zuletzt an die beiden grundlegenden Kriterien für authentische christliche *traditio* überhaupt zu erinnern, die in Kap. 13.3(1) kurz umrissen wurden. (a) Vom Charakter der ein-für-allemal gültigen Auslieferung Jesu Christi her muß 'Tradition' notwendig immer zugleich 'Innovation' sein. Überlieferung einer für alle Menschen gültigen Offenbarung heißt zunächst, die Angst vor dem Fremdartigen zu überwinden, die hindert, im stets neu begegnenden anderen das Bild Gottes zu entdecken und die je besonderen

[21] Vgl. Irenäus, Adversus haereses, I 10; 22. Zur 'regula fidei' bei Irenäus (Literatur!) vgl. W.-D. Hauschild, Grundprobleme der altkirchlichen Dogmengeschichte, bes. 20.

[22] Vgl. Adv. haer. III, 9ff; bes. 11,9.

[23] Vgl. ebd. III, 3.

Möglichkeiten für das 'Hören des Wortes' in der noch ungewohnten geschichtlichen Situation freizulegen[24]. (b) Insofern christliche Überlieferung nur insoweit authentisch ist, wie sie sich als reine Transparenz auf die geschichtlich ergangene eschatologische Selbstzusage Gottes erweist, muß dieser Charakter der Durchlässigkeit die lebendige *traditio* bis in die höchsten lehramtlichen Instanzen für die Bewahrung des 'depositum fidei' bestimmen. Wo diese Instanzen die Aufmerksamkeit des Christen vornehmlich auf sich selbst und ihre autoritativ vorgetragenen Äußerungen ziehen, wird ihre wirkliche Autorität gerade fraglich.

20.3 Petrusdienst im Neuen Testament

Innerhalb der Diskussion um den Aposteldienst und seine Nachfolge in der Kirche ist die Frage nach dem Petrusdienst besonders umstritten. Beträchtliche ökumenische Übereinstimmungen zeichnen sich inzwischen allerdings zumindest im Hinblick auf das neutestamentliche Verständnis des Petrusdienstes ab[25]. Hier können nur einige Akzente herausgehoben werden. Gemäß den in diesem 'Grundriß' vertretenen hermeneutischen Prinzipien[26] fragen wir auch hinsichtlich der besonderen Rolle des Petrus weder nach möglicherweise authentischen Jesusworten noch nach dem Sinn, den bestimmte Aussagen über Petrus in einem traditionsgeschichtlich früheren Zusammenhang gehabt haben mögen, sondern allein nach deren Bedeutung im Kontext der jeweiligen neutestamentlichen Schrift.

Wie bei der Frage nach der Einordnung des Aposteldienstes im Gefüge der Geistesgaben können wir auch mit Blick auf das Verhältnis der Rolle des Petrus zu den übrigen Aposteln von der persönlichen Sicht eines Apostels selbst, nämlich *Paulus*, ausgehen. Dem heutigen Minimalkonsens hinsichtlich der einschlägigen Stellen dürfte der folgende kurze Abriß von E. Gräßer nahekommen:

"a) In der Liste der Auferstehungszeugen wird Petrus an erster Stelle genannt (1 Kor 15,5). Das ist das Urdatum dafür, daß

b) Petrus eine führende Persönlichkeit in Jerusalem war, als Paulus zum ersten Mal als Christ die Stadt und Petrus besuchte (Gal 1,18). Beim zweiten Besuch Gal 2,1ff scheint Petrus hinter Jakobus zurückgefallen zu sein. Die Reihenfolge der »Säulen« ist Jakobus – Kefas – Johannes (Gal 2,9).

c) Diesem Kollegium (nicht Petrus allein!) legt Paulus sein gesetzesfreies Evangelium vor. Er will sicher sein, daß er nicht vergeblich arbeitet oder gearbeitet hat (Gal 2,2). Das wäre der Fall, wenn nicht *ein* Evangelium die *Einheit* der Kirche und des Apostolats ausmachte. Das zu beurteilen ist Sache der 'Nobilitäten' in Jerusalem.

[24] Vgl. 'Gaudium et spes', Art. 4-10, zu den 'Zeichen der Zeit'.

[25] Vgl. bes. die unmittelbar aus ökumenischer Zusammenarbeit hervorgegangenen Werke: Der Petrus der Bibel; Papsttum als ökumenische Frage, sowie F. Mussner, Petrus und Paulus – Pole der Einheit; Dienst an der Einheit; R. Pesch, Simon-Petrus.

[26] S. bes. Kap. 13.3.

d) Im *Aposteldienst* gibt es keine hierarchische Abstufung: Petrus besorgt die ἀποστολή an den 'Beschnittenen', Paulus an den 'Unbeschnittenen' (Gal 2,8).

Im Übrigen ist [...] der Galaterbrief ein Beweis dafür, daß Petrus keineswegs von Amts wegen eine unanfechtbare Vorrangstellung daheim, in Jerusalem, oder im Missionsgebiet innegehabt hätte. Auf dem Apostelkonzil scheint er durch nicht näher bekannte Umstände ins zweite Glied gedrängt. Und auf Missionsreisen [...] kann es ihm passieren, daß Paulus ihn ins Unrecht setzt und seine klägliche Abhängigkeit von den Jakobusleuten aufdeckt (Gal 2,11ff)" [27].

Im Hinblick auf die nicht "unanfechtbare Vorrangstellung" des Petrus wird man der Darstellung Gräßers allerdings entgegenhalten müssen, daß einmal das 'Zurückfallen hinter Jakobus' wohl etwas differenzierter zu sehen ist, als dies seit O. Cullmann immer wieder geschieht[28], und daß zum anderen das historische Faktum einer Verdrängung von (oder Behauptung an!) der Spitze nichts für die Legitimitätsfrage hergibt. Sofern man nicht schon Päpstliches in Petrus hineinliest, dürfte sich Gal 2,11ff zudem kaum als Argument gegen die Vorrangstellung des Petrus eignen. Dennoch bleibt von den Paulusbriefen her gesehen der Eindruck berechtigt, daß der Vorrang des Petrus von recht begrenzter Tragweite ist. Demgegenüber springt ein Tatbestand in die Augen, den F. Mußner besonders nachdrücklich unterstrichen hat.

"1. Bei einem Vergleich des Materials hinsichtlich Petrusgestalt und Petrusamt in den Evangelien, in der Apostelgeschichte und in den beiden Petrusbriefen fällt, vor allem bei einer konsequent redaktionsgeschichtlichen Betrachtung dieses Materials, eine enorme Aufwertung der Petrusgestalt und des Petrusdienstes nach dem Tod des Apostels Petrus auf.

2. Ebenso erstaunlich ist, daß diese Aufwertung sowohl im judenchristlichen Bereich (Mt-Evangelium) als auch im heidenchristlichen Bereich (Lk-Evangelium, Joh-Evangelium, Petrusbriefe) erfolgt.

3. Weiter erstaunlich ist, daß diese Aufwertung in Werken erfolgt, die, abgesehen von der literarischen Abhängigkeit des Mt-Evangeliums und des Lk-Evangeliums vom Mk-Evangelium, literarisch voneinander unabhängig entstanden sind, wie das Mt-, Lk- und Joh-Evangelium und die Petrusbriefe. Warum dennoch dieses gemeinsame Interesse an der Petrusgestalt und am Petrusdienst?

4. Nochmals erstaunlich ist, daß diese Aufwertung in einer breiten geographischen Streuung erfolgt [...]. Die Aufwertung erfolgt [...] nahezu im gesamten damaligen Kirchenbereich.

5. Und schließlich ist dies erstaunlich, weil Petrus im Neuen Testament doch auch als Sünder und Versager dargestellt wird, den Jesus selbst und später Paulus zurechtweisen müssen. [...] Die Überlieferung hat diese Dinge keineswegs verschwiegen und vergessen, und dennoch arbeitet sie die führende Rolle des Petrus fortschreitend heraus" [29].

[27] E. Grässer, Neutestamentliche Grundlagen, 45f.
[28] Vgl. F. Mussner, Der Galaterbrief, 119f.
[29] F. Mussner, Petrus und Paulus, 69f.

Warum wird die hervorragende Rolle des Petrus gerade *nach seinem Tode* in solcher Massivität und Universalität betont? Die Gründe dafür dürften von Fall zu Fall verschieden sein. Wegen des übergreifenden Charakters des Phänomens wird man aber auch eine über den Einzelfall hinausgreifende Perspektive im Blick behalten müssen. In dem folgenden Versuch, einer Lösung der komplexen Frage näherzukommen, konzentrieren wir uns auf Details, die im Sinne jener Perspektive besondere Berücksichtigung verdienen[30].

Besonders merkwürdig ist die Rolle, die Petrus im *Markus*evangelium spielt[31]. Auf ihn als Wortführer der Zwölf fällt die Hauptlast der markinischen Kirchenkritik, ohne daß der Evangelist die faktische Vorrangstellung des Petrus in Zweifel zöge. Sollte die frühchristliche Ansicht, daß Markus den Stoff seines Evangeliums der Kirche in Rom verdankt, nicht ganz ohne historisches Fundament sein[32], so ergäbe sich eine pikante Konsequenz: der zweite Evangelist gibt 'die römische Perspektive' weiter – aber gebrochen im Prisma einer prinzipiellen Kritik an *allen* hierarchischen Selbstverständnissen und Rangquerelen.

Lukas hat die Vorrangstellung des Petrus durch seine Redaktion der markinischen Vorlage in einigen Punkten deutlicher hervorgehoben, vor allem in der Berufungszene (Lk 5,1-11) und dem Sonderauftrag an Petrus im Zusammenhang mit der Verleugnung Jesu (Lk 22,31-34). Das Ziel dieser Pointierung dürfte sich von der Intention seines Gesamtwerks her erschließen: in der Darstellung des Weges mit Jesus selbst gibt der Evangelist einen Vorentwurf der urkirchlich missionarischen Rolle des Petrus, Leiter der Gemeinde und Initiator der Juden- und Heidenmission zu sein. Dabei handelt es sich aber nicht um "ein ständiges oder gar an einen Nachfolger weiterzugebendes Führungsamt [...]. Lukas läßt Petrus von der Bühne der Darstellung abtreten, sobald er als Missionar auch die Heidenmission begründet hat [...]" [33].

Die bedeutendste Rolle kommt Petrus zweifellos in der Sicht des *Matthäus* zu. Was die Auslegung der zentralen (und bis zur Erschöpfung umstrittenen) Stelle Mt 16,18f angeht, so gibt es heute weitgehende ökumenische Übereinstimmungen, vor allem darüber, daß sich die Bezeichnung 'der Fels' auf die *Person* des Petrus bezieht und eine Deutung des Kefas-Namens darstellt. Welches Bild vom Felsen dem Verfasser genau vor Augen stand, ist schwierig zu entscheiden. Nahe liegt, zur Interpretation das Schlußgleichnis der Bergpredigt vom 'rechten Hausbau' heranzuziehen (Mt 7,24-27)[34]. Dann wäre Petrus als Fundament der Kirche etwa im Sinne von Eph 2,20 zu verstehen. Wegen des Hinweises auf die 'Pforten der Unterwelt' legt sich zusätzlich aber auch der Vergleich mit dem Tempelfelsen von Je-

[30] Ausführliche Überblicke über die unterschiedlichen 'Petrusbilder' im Neuen Testament finden sich in den Anm. 25 genannten Werken.

[31] Vgl. Kap. 18.

[32] Vgl. R. Pesch, Das Markusevangelium I, 4-11, bes. 11: "daß Markus ein aus Palästina nach Rom gekommener Judenchrist war, kann jedenfalls nicht ausgeschlossen werden [...]"; J. Ernst, Das Evangelium nach Markus, 21: "Es sprechen gute, freilich keine absolut zwingenden Gründe für die kirchliche Tradition von der Abfassung des Ev in Rom."

[33] Vgl. R. Pesch, Simon-Petrus, 146f (der hier G. Schneider zitiert); ähnlich J. Blank, Petrus und Petrus-Amt im Neuen Testament, bes. 89-95.

[34] Vgl. etwa J. Blank, Petrus und Petrus-Amt, 81.

rusalem als Verschlußstein zur Unterwelt nahe[35]. Die Übertragung der 'Schlüssel der Himmelsherrschaft' dürfte im Kontext des Evangeliums kaum von Mt 23,13 getrennt zu interpretieren sein. Während die Schriftgelehrten und Pharisäer das Himmelreich vor den Menschen verschließen, soll Petrus im Dienst an der Verkündigung und Praxis Jesu den Zugang zur Gottesherrschaft ermöglichen[36]. Mit dieser Schlüsselgewalt ist die Vollmacht zu 'binden' und zu 'lösen' eng verknüpft. Es besteht weitgehende Übereinstimmung darüber, daß mit dieser Vollmacht im Sinne rabbinischer Tradition die Lehr- und Disziplinargewalt gemeint ist.

Für den ökumenischen Dialog ist vor allem entscheidend, ob der Evangelist an Petrus als alleinigen Träger der ihm übergebenen Funktionen denkt oder auch eine 'successio apostolica' des 'Petrusamtes' in seinem Blickfeld gelegen haben kann. Hier gehen die Meinungen noch immer beträchtlich auseinander. Abgesehen von nicht hinreichend geklärten Einzelfragen, wirkt die Deutung, Matthäus habe in 16,17-19 ein so imposantes Petrusbild aufgebaut, um damit schließlich nur die kongregationalistische Praxis seiner Adressatengemeinde (18,15-18) zu decken, insgesamt recht unbefriedigend. Auf jeden Fall ist im Blick zu behalten, daß die 'Aufwertung' (F. Mußner) des Petrus nach seinem Tode ein gesamtkirchliches Phänomen darstellt, das sich nicht auf die Intention einzelner Autoren zurückführen läßt, sondern auf eine historische und theologische Realität verweist, die den greifbaren einzelnen Petrusdarstellungen zugrunde liegen muß. Letztlich dürften die verschiedenartigen Petrusbilder der Evangelien nur als je spezifische Versuche verständlich werden, eine nach dem Tode des Petrus in sozial faßbarer Gestalt fortbestehende besondere Autorität dieses Apostels zur Sprache zu bringen.

Die größte fundamentaltheologische Relevanz im Hinblick auf die Frage nach einem bleibenden Petrusdienst scheint mir jenen Passagen im *Johannes*evangelium zuzukommen, in denen das Verhältnis des 'Jüngers, den Jesus liebte', zu Petrus thematisiert wird. 13,23-26 erfährt Petrus über die Vermittlung des Lieblingsjüngers, wer Jesus verrät. Beim 'Wettlauf zum leeren Grab' (20,3-10) ist der Lieblingsjünger schneller am Ziel, läßt Petrus aber den Vortritt. Dennoch wird nur vom ersteren gesagt, daß 'er sah und glaubte' (V. 8). Im abschließenden Bericht über eine Erscheinung Jesu am See Tiberias ist es 21,7 wieder der Lieblingsjünger, der den Herrn zuerst erkennt. Petrus erhält im Fortgang der Erzählung von Jesus den Auftrag: 'Weide meine Schafe!' (VV. 16f) Der Tod des Petrus wird vorausgesagt und dabei Petrus zweimal zur Nachfolge Jesu aufgerufen (VV. 18f.22). Die Frage des Petrus nach der Zukunft (oder der besonderen Stellung?) des Lieblingsjüngers – der als Jesus bereits nachfolgend charakterisiert ist – wird von Jesus enigmatisch beschieden (VV. 20-22). Die Perikope endet mit einer Notiz über die im Brüderkreis ungelöste Frage nach der Bestimmung des Lieblingsjüngers (V. 23).

Der Hintergrund für das Verständnis dieser Stellen dürfte darin zu suchen sein, daß hier um das Jahr 100 eine christliche Gemeinde, die eine ausgeprägte eigene Spiritualität aufweist und in dem 'Jünger, den Jesus liebte', ihre eigentliche Autori-

[35] Vgl. J. Gnilka, 'Tu es, Petrus', hier 12; ders., Das Matthäusevangelium II, 61f.

[36] Vgl. z. B. J. Blank, Petrus und Petrus-Amt, 84; J. Gnilka, Das Matthäusevangelium II, 65f.

tät sieht, bemüht ist, ihren besonderen Anspruch gemeinkirchlich zu verantworten. Dabei stößt sie auf das Problem, daß um diese Zeit in einer bei aller Varianz erstaunlichen Einhelligkeit unter Berufung auf Jesus dem *Petrus* eine entschiedene Vorrangstellung eingeräumt wird. Eine ähnliche Abgrenzung, wie sie im vierten Evangelium gegenüber der Täufergemeinde vorgenommen wird – nämlich durch das vom Täufer selbst erklärte Zurückstehen hinter Jesus (vgl. 1,19-34) –, ist in diesem Fall nicht möglich. Als einzige Lösung bietet sich an, die größere Autorität des Lieblingsjüngers in einer Weise herauszustellen, daß zugleich die Priorität des Petrus unangetastet bleibt.

Von hierher wird man in 21,15-17 die Anerkennung eines dem Petrus durch Jesus übertragenen besonderen Hirtenamtes sehen müssen und diesen Sachverhalt nicht durch den Verweis darauf relativieren dürfen, daß im Neuen Testament pastorale Funktionen ja nun wirklich nichts Außergewöhnliches darstellen[37]. Eine klare 'Relativierung' erfährt die Übertragung des Hirtenamtes allerdings dadurch, daß an dieser Stelle sicher das Gleichnis vom guten Hirten (10,1-16) als Maßstab für den besonderen Vorrang des Petrus im Blick steht: Es sind die Schafe *Jesu*, nicht die eigenen, die Petrus zu weiden hat, und zwar in der Nachfolge Jesu bis in die Hingabe des eigenen Lebens (vgl. 21,18f mit 10,11.15). Ob in der Sicht des vierten Evangelisten der Auftrag zu weiden auch eine besondere Lehrautorität einschließt[38], ist schwer zu entscheiden. Johannes zufolge kommt in Sachen des rechten Glaubens und Erkennens Jesu dem Lieblingsjünger zumindest sonst eindeutig die Priorität vor Petrus zu. Der Jünger, der beim Kreuz Jesu stand, ist es, von dem das wahre Zeugnis ausgeht (vgl. 19,26f.35; 21,24).

"Da das Nachtragskapitel den Tod des Petrus voraussetzt (21,18f) und die Einsetzung des Petrus ins Hirtenamt (Joh 21,15-17) erzählt, drängt sich die Frage auf: 'Wer weidet jetzt, nach dem Tod des Petrus, die 'Schafe' des Herrn, d. h. die ganze Kirche?'" [39] Diese Frage scheint mir unzureichend mit dem Hinweis beantwortet, daß "die neutestamentlichen Schriften [...] nichts von einer petrinischen Sukzession [wissen]" [40], und durch die Überlegung verstellt, daß "der Gedanke an 'Nach-

[37] Vgl. etwa E. Grässer, Neutestamentliche Grundlagen, 38: "Wie wenig ihm [Petrus] damit eine absolut übergeordnete Stellung im Kreise der Apostel eingeräumt wird, zeigt die Tatsache, daß auch andere [...] die Herde weiden (z. B. die Ältesten von Ephesus Apg 20,28 bzw. die Presbyter überhaupt 1 Petr 5,2)." Ähnlich J. Blank, Petrus und Petrus-Amt, 100: "Was Joh 21,15-17 von Petrus gesagt wird, gilt im Frühkatholizismus und in der frühen Großkirche von jedem Gemeindebischof und Presbyter. Es ist ja kein Zufall, daß sich der gesamte kirchliche Leitungsdienst als 'Hirten-Dienst', also pastoral versteht." Die ökumenische Arbeitsgruppe um R. E. Brown kommt hingegen zu dem Ergebnis: "Es ist jedoch zu beachten, daß in der johanneischen Überlieferung dieser Befehl, die Schafe zu weiden, in besonderer Weise an Petrus gerichtet ist und nicht an den Lieblingsjünger (oder jemand anderen)" (Der Petrus der Bibel, 125).

[38] Vgl. Der Petrus der Bibel, 230 Anm. 313: "denn 'weiden' schließt sicherlich das Lehren ein".

[39] R. Pesch, Simon-Petrus, 149. Die Auffassung einer Minderheit von Exegeten, daß es sich an dieser Stelle nicht um die Übertragung des Hirtenamts über die *ganze* Kirche handele, ist kaum adäquat zu begründen. Vgl. zur Diskussionslage J. Kügler, Der Jünger, 399-401.474f.

[40] Vgl. R. Pesch, Simon-Petrus, 163.

folger' des Petrus *überhaupt erst aufkommen* [*konnte*], als sich der Monepiskopat nach den früheren Anfängen im Osten auch in der Kirche des Westens durchsetzte" [41].

Aus eigenem Antrieb wäre der vierte Evangelist[42] wohl ebensowenig wie Paulus oder Markus auf den Gedanken gekommen, ein idealtypisches Petrusbild als Beispiel für kirchliche Autorität überhaupt zu entwerfen. In seinem Bedürfnis, die besondere Autorität des Lieblingsjüngers allgemein anerkannt zu wissen, mußte er aber mit einer Realität fertig werden: daß nämlich um das Jahr 100 eine gemeinkirchlich anerkannte besondere Autorität sich (zumindest: auch) auf Petrus zurückführte. Mit einer bloß historischen oder an dem einen oder anderen Ort typologisch verklärten Petrusautorität ist die komplexe Art und Weise, wie im Johannesevangelium das Verhältnis zwischen Petrus und dem Lieblingsjünger dargestellt wird, kaum zu erklären.

Die Frage bleibt im Evangelium natürlich offen, wo (und wie) diese auf Petrus zurückgeführte Autorität konkret greifbar wurde. Die Antwort darauf dürfte aber in der Richtung zu suchen sein, die etwa 80 Jahre später Irenäus von Lyon weist: in der von den Aposteln Petrus und Paulus gegründeten Kirche zu Rom, der deswegen eine 'potior principalitas' [43] zukomme. Dabei ist selbstverständlich um das Jahr 100 nicht an einen monepiskopalen 'Nachfolger des Petrus' zu denken, ja vielleicht nicht einmal an eine ausschließlich oder auch nur primär *petrinische* Autorität. Im literarischen Genus der Evangelien als Rückgang auf den irdischen Jesus ließ sich eine bestehende römische Autorität allerdings nur über die Person des Petrus (nicht auch des Paulus) auf Jesus zurückführen. Für Rom als Ort einer sich in der Nachfolge petrinischer Autorität wissenden Gemeinde spricht neutestamentlich der Umstand, daß aus dieser Stadt mit ziemlicher Sicherheit der Erste Petrusbrief gesandt wurde, "ein Pseudepigraphon, geschrieben wahrscheinlich einige Jahrzehnte nach dem Tod des Petrus, das aber gerade dadurch die sich im geographischen Kirchenraum ausbreitende Aufwertung der Petrusgestalt und des Petrusdienstes bestätigt, die nun beachtlicherweise gerade von der römischen Gemeinde zur Geltung gebracht wird" [44]. Wenn im übrigen die frühen historischen 'Belege' für eine der römischen Gemeinde wegen der Gründung durch Petrus und Paulus zukommende Vorrangstellung auch weniger hergeben, als die traditionelle Apologetik annahm[45], so darf zumindest als sicher gelten, daß in den ersten Jahrhunderten ein solcher Vorrang nicht aus der Tatsache hergeleitet wurde, daß es sich um die Gemeinde in der Hauptstadt des Imperiums handelte[46]: Der Vorrang der Kirche zu Rom, aus den Quellen des zweiten und dritten Jahrhunderts nur mit Mühe verifizierbar, aber aus dem Neuen Testament, insbesondere dem Johannesevangelium, aufgrund der Betonung der Autorität des Petrus nach seinem Tode zu

[41] Vgl. ebd. 166; ähnlich J. Gnilka, Das Matthäusevangelium, Bd. II, 79.
[42] Vgl. Kap. 14 Anm. 57.
[43] Vgl. Irenäus, Adv. haer. III, 3.2 (SC 211, p. 229f).
[44] Vgl. F. Mussner, Petrus und Paulus, 57 - dazu ebd. die wichtige Anmerkung 132 hinsichtlich der presbyterialen Verfassung der Kirche zu Rom.
[45] Vgl. den Überblick von W. de Vries, Die Entwicklung des Primats, 114-133.
[46] Vgl. ebd. 119.

erschließen, ist theologischer Natur. So etwa ließe sich das Fazit der vorangegangenen Überlegungen formulieren.

20.4 Petrusdienst im Ringen um seine adäquate Gestalt

Trotz aller offenbleibenden exegetischen Detailfragen scheint uns die Annahme eines übergeordneten Leitungsamts in der Nachfolge des Petrus vom Zeugnis des Neuen Testaments her begründet. Auf die grundsätzliche Anerkennung eines fortdauernden Petrusdienstes konvergieren – obgleich mit sehr unterschiedlichen Akzentuierungen – heute auch viele Stimmen im ökumenischen Dialog.

Bemerkenswert ist etwa, wie zum einen aus griechisch-orthodoxer, zum anderen aus evangelischer Sicht das Ergebnis eines ökumenischen Dialogs, der im Oktober 1977 in Heidelberg stattfand, festgehalten wurde. N. A. Nissiotis sagte in einer Zusammenfassung des seiner Ansicht nach erzielten Einverständnisses: "Der Papst ist der erste Bischof der allgemeinen, katholischen und apostolischen Kirche, im Sinne eines Vorsitzenden in Liebe und Ehre. [...] Darunter ist zu verstehen, daß der Papst Initiativen im Dienst der Einheit an der Gesamtkirche ergreifen kann, nachdem er mit den anderen Leitern der Kirche die Art und Weise dieser Initiativen diskutiert hat. Er kann also in außerordentlichen Situationen im Namen der ganzen Christenheit sprechen, aber er muß zuerst den Konsens aller anderen kirchlichen Leitungen gesichert haben" [47].

W. Pannenberg stellte fest: "Das päpstliche Amt ist als Amt der Einheit für die Kirche als Gesamtkirche wesentlich. Ein solches Amt der Einheit scheint mir heute nicht mehr unter die Alternative ius divinum – ius humanum zu fallen. Die Einheit der Kirche ist sicher in die göttliche Konstitution der Kirche einzubeziehen und damit auch implizit diejenigen institutionellen Ausprägungen – auch wenn sie erst später hervorgetreten sind –, die zur Bewahrung solcher Einheit erforderlich sind. [...] Zu einem solchen Dienst der Einheit gehört sicherlich eine Lehrfunktion [...], in der sich die Sorge um das Bleiben in der Wahrheit im biblischen Sinn, um die bleibende Einheit der Gesamtchristenheit in ihren unterschiedlichen Tendenzen und Entwicklungsstadien mit dem apostolischen Ursprung artikulieren kann; insofern auch eine lehramtliche Tätigkeit, die ausspricht, was für das Bleiben in der Wahrheit erforderlich ist" [48].

Ein wichtiges Ergebnis des seit 1969 von einer anglikanisch-katholischen Kommission geführten Dialogs, der im 'Windsor-Report' von 1981 seinen Niederschlag fand, war, daß ein Primat des Bischofs von Rom dem Neuen Testament nicht widerspreche und als Teil des Planes Gottes für die Einheit und Katholizität der Kirche verstanden werden könne, ja, daß er in "einer wiedervereinigten Kirche erforderlich sein wird und angemessenerweise der Primat des Bischofs von Rom sein sollte" [49]. Bei einer anglikanischen Generalsynode, die Anfang 1985 in London

[47] In: Papsttum als ökumenische Frage, 310 (Diskussion).
[48] Ebd. 308f.
[49] Vgl. Dokumente wachsender Übereinstimmung, 177-190, hier 180.

stattfand, sprachen sich 228 Stimmen (bei 38 Nein-Stimmen und 25 Enthaltungen) dafür aus, "daß die Anglikaner im Fall einer Einigung der Kirchen den Papst als Oberhaupt anzuerkennen bereit sind" [50].

Einhellig ist andererseits allerdings der (abgesehen von Rom) ökumenische Konsens, daß die Anerkennung eines Papstprimats, wie er auf dem Ersten und Zweiten Vaticanum definiert wurde, nicht möglich sei. Dem korrespondiert eine wachsende Übereinstimmung unter katholischen Theologen, daß die Formulierung des Jurisdiktionsprimats des Papstes und seiner Unfehlbarkeit bei bestimmten lehramtlichen Entscheidungen, wie sie sich in den Dokumenten jener beiden Konzilien findet, dringend einer Modifikation bedürfe – etwa in der Form, wie in der Dogmatischen Konstitution über die göttliche Offenbarung eine 'relecture' früherer Lehrentscheidungen vorgenommen worden ist[51]. Die Tatsache, daß es sich hier zweifellos um eine verbindlich geltende Lehre der römisch-katholischen Kirche handelt, dispensiert nicht von der fundamentaltheologischen Frage danach, wie diese Lehre aus dem 'Logos der Hoffnung, die uns erfüllt' (vgl. 1 Petr 3,15) zu begründen ist. Je weniger eine zufriedenstellende Begründung vertreten werden kann, desto mehr droht der Rückfall in einen Glaubenspositivismus, der – wie in Kap. 9 gezeigt – die scholastisch-neuscholastische Theologie über viele Jahrhunderte hin so folgenschwer belastet hat.

In den neueren fundamentaltheologischen Lehr- und Arbeitsbüchern zeigt sich die Kluft zwischen dem Bemühen, der fortbestehenden Geltung der genannten Lehrentscheidungen gerecht zu werden, und dem Mangel an zureichenden Argumenten für ihre Legitimation aus dem *intellectus fidei* darin, daß im Unterschied zu früheren Standardwerken auf den Versuch, Primat und Unfehlbarkeit des Papstes biblisch-historisch als begründet auszuweisen[52], im allgemeinen verzichtet wird und man sich darauf beschränkt, in einer mehr oder weniger kritischen Darstellung den Sinn der entsprechenden Formulierungen im heutigen Verstehenshorizont wenigstens ansatzweise zu vermitteln[53].

Welchen Beitrag kann in dem gegenwärtigen Ringen um ein angemessenes Verständnis päpstlicher Autorität die Fundamentaltheologie über die sorgfältige kritische Interpretation der geltenden Definitionen hinaus leisten? Ausgehend von den Fragen, denen im Rahmen dieses 'Grundrisses' besondere Aufmerksamkeit geschenkt wurde, ließen sich vor allem vier Orientierungspunkte hervorheben.

(1) In der Diskussion der letzten Jahrzehnte ist immer wieder betont worden, daß die Ansätze zu einer Communio-Ekklesiologie auf dem Zweiten Vaticanum kaum ausreichten, um das Verhältnis einerseits zwischen dem Bischof von Rom und den übrigen Bischöfen wie andererseits zwischen dem Bischofsamt überhaupt und den anderen kirchlichen Diensten zufriedenstellend zu klären, daß zudem die

[50] Vgl. H. Schütte, Ziel: Kirchengemeinschaft, 170.
[51] Vgl. oben Kap. 11.
[52] Vgl. z. B. noch A. Lang, Fundamentaltheologie II, 222-230.
[53] Vgl. etwa die Ausführungen von P. Stockmeier in: HFth III, 122-152, das Kapitel 'Lehramt und Unfehlbarkeit' von A. Dulles in: HFth IV, 153-178, insbesondere die Überlegungen von H. Waldenfels, 'Kontextuelle Fundamentaltheologie' 382-385.472-488; H. Fries, Fundamentaltheologie, § 58; H. J. Pottmeyer, Kirche als Communio.

tatsächlich gegebenen Ansätze in der Praxis eher restriktiv und restaurativ ausgelegt worden sind[54]. Auf dem Hintergrund von Kap. 19 wäre diesen Überlegungen eine Anmerkung zur Terminologie von 'Lumen gentium', Artikel 25, hinzuzufügen. Der Papst wird dort als das 'Haupt' (caput) des Bischofskollegiums bezeichnet. Vom teilweise recht abgeschliffenen allgemeinen Sprachgebrauch her ('Chef'; 'Head' - statt Chairperson - eines Departments usw.) erheben sich dagegen keine Bedenken, wohl aber aufgrund der jahrhundertealten theologischen Vorbelastung durch das Verständnis des Papstes als stellvertretendes Haupt des Leibes Christi und seiner mystischen Einheit mit Christus in dieser Eigenschaft. Wie der Vergleich der Interpretation der Lehre vom Leib Christi in 'Mystici Corporis' und 'Lumen gentium' in Kap. 19.3-4 gezeigt hat, wurden dem traditionellen Mißverständnis der neutestamentlichen Leib-Christi-Lehre und der damit verbundenen christologischen Überfrachtung päpstlicher Autorität auf dem Zweiten Vatikanischen Konzil entschiedene Grenzen gesetzt. Es besteht aber die Gefahr, daß unterschwellig die Kraft der mißbrauchten Metapher vom Papst als dem Haupt weiterwirkt[55]. Darum wäre es besser, wenn in Zukunft der Begriff 'Haupt' zur Bezeichnung des Nachfolgers Petri grundsätzlich vermieden würde und man statt dessen Termini wie 'Sprecher' oder 'Repräsentant' verwendete, die sich auf dem Hintergrund der neutestamentlichen Schriften eher verantworten lassen.

(2) Ein weiterer Ansatz zur Neuorientierung ergäbe sich als Konsequenz des in Kap. 15 dargelegten Zugangs zur Osterevidenz. Im Anschluß an die neutestamentlichen Aussagen über den Erhöhten hat sich - vermittelt über die Bilderwelt des byzantinischen wie später des absolutistischen Herrscherkults - in fast zwei Jahrtausenden die Vorstellung vom thronenden Christus in einer Weise eingeprägt, daß es schwerfällt, in *diesem* auferstandenen Herrn den proexistenten Jesus und den 'Leib-für-euch' (1 Kor 11,24) wiederzuerkennen. An die Stelle des eschatologischen Mittlers zwischen Gott und den Menschen trat schließlich in der christlichen Glaubensauffassung Maria als Bittstellerin und Fürsprecherin am Thron des dreifaltigen Gottes. Die Vorstellung vom Papst als dem Stellvertreter Christi auf Erden konnte von dieser Christologie nicht unbeeinflußt bleiben. Wenn das Bild vom *wartenden* Christus, wie es in dem oben, Kap. 13.4, zitierten Text von Origenes plastisch hervortritt, im Bewußtsein der Christen das Bild vom thronenden Herrn und Herrscher ersetzte, würde auch der Zugang für ein angemesseneres Verständnis des Petrusdienstes freigelegt.

(3) Die beiden abschließenden Anmerkungen gehen in eine andere Richtung. Wenn die Aussagen über die höchste Lehrautorität in der Kirche als nicht zufriedenstellend empfunden werden, so hängt dies wohl nicht nur mit einer theologischen Hypertrophierung päpstlicher Gewalt zusammen. Kaum weniger bedeutsam ist die tiefgreifende Unsicherheit im Hinblick darauf, wie das in Christus ergangene letztgültige Wort Gottes in dieser Definitivität seinen Ausdruck im kirchlich verbindlichen Sprechen finden kann. Seit der Bedrohung durch die alle verbindli-

[54] Zur Literatur vgl. H. Waldenfels, Kontextuelle Fundamentaltheologie, 385.

[55] Vgl. etwa Nr. 2 der 'Nota explicativa praevia' zu 'Lumen gentium', wo von der hierarchischen Gemeinschaft 'mit Haupt und Gliedern des Kollegiums' die Rede ist.

che Rede zersetzende Gnosis ist kirchliche Lehrautorität keiner vergleichbar radikalen Problemlage mehr ausgesetzt gewesen, wie sie der historisch-hermeneutische Relativismus darstellt, der sich seit dem 19. Jahrhundert mit zunehmender Intensität als das Grunddogma hinsichtlich aller sprachlichen Äußerungen und ihres Verstehens durchgesetzt hat[56].

Die theologische Hilflosigkeit angesichts dieser Problemsituation wurde vor allem in der Diskussion um Hans Küngs 'Anfrage' deutlich[57]. Zu Recht hat H. Ott hervorgehoben, daß in der Unfehlbarkeitskontroverse "die fundamentaltheologische Problematik [...], nämlich das Verhältnis von Wahrheit und Aussagbarkeit ('Satzwahrheit'), das primäre Interesse der theologischen Reflexion [verdient]" [58]. Im Blick auf notwendige Entscheidungen bei einem akuten *status confessionis* fügt er hinzu: "Ich könnte nun auch als protestantischer Theologe nicht zugeben, daß solches letztverbindliche Reden im Namen der Kirche 'fehlbar' sei, daß ich mich als Bekennender mit dem Hintergedanken tragen müsse, es könnte eventuell doch die Gegenseite recht haben oder die Kirche als ganze könne später der Gegenseite recht geben" [59]. Die von H. Ott vorgeschlagene Anknüpfung an das Wahrheitsverständnis von H.-G. Gadamer[60] scheint mir allerdings nicht ausreichend, um die Frage zu klären, wie innerhalb geschichtlich bedingter Rede ein definitives Sprechen möglich ist. Die Überlegungen zum Verhältnis von erstphilosophischer und hermeneutischer Philosophie in diesem 'Grundriß' könnten vielleicht die Diskussion um diese schwierige Frage in einigen Punkten weiterbringen. Vor einer fundamentaltheologischen Klärung dieser Frage scheint es mir jedenfalls illusorisch, eine befriedigende Antwort zum Thema 'Unfehlbar?' zu erwarten. Das schließt natürlich nicht aus, daß man im Hinblick auf die Rollenverteilung beim Zustandekommen kirchlich definitiver Rede auch vor einer Lösung der hermeneutischen Grundproblematik entschiedene Fortschritte erzielen könnte.

(4) Mit der unzureichend geklärten Frage nach der Möglichkeit definitiven Redens trotz der geschichtlichen Bedingtheit von Sprache verbindet sich ein weiteres Problem, das die Diskussion um die adäquate Gestalt kirchlicher Lehrautorität kaum weniger erschwert. Zu Recht hatten die Reformatoren gegenüber päpstlicher Anmaßung bei der Vorlage geoffenbarter Wahrheiten auf der Normativität der kanonischen Schriften bestanden. Der tatsächliche Zugang zur Schrift allerdings, der sich auf der Grundlage dieses Protestes entwickelte, schien und scheint teilweise immer noch wenig geeignet, der Autorität des Gotteswortes gegenüber menschlichem Eigensinn durchgreifend Geltung zu verschaffen.

[56] Vgl. die wichtigen Hinweise zur Lage der gegenwärtigen Philosophie, die Johannes Paul II. in seiner Enzyklika 'Fides et ratio' gegeben hat. Dazu auch H. Verweyen, Theologie im Zeichen der schwachen Vernunft, Kap. 1 und 2.

[57] Vgl. H. Küng, Unfehlbar? Eine Anfrage, (ders., Unfehlbar? Eine unerledigte Anfrage). Zur Literatur vgl. O. H. Pesch, Bilanz der Diskussion um die vatikanische Primats- und Unfehlbarkeitsdefinition, bes. 205 Anm. 122; H. Waldenfels, Kontextuelle Fundamentaltheologie, 473 Anm. 114.

[58] Vgl. H. Ott, Bilanz der Diskussion um die vatikanische Primats- und Unfehlbarkeitsdefinition, 212-233, hier 214; vgl. ders., Die Lehre des I. Vatikanischen Konzils.

[59] H. Ott, Bilanz, 222.

[60] Vgl. ebd. 216ff.

Auf der einen Seite machte sich, vor allem im nordamerikanischen Raum, in vielfältigen christlichen Denominationen eine sowohl von einer übergeordneten kirchlichen Lehrinstanz wie von rationaler Kontrolle unbeschwerte fundamentalistische Bibelauslegung breit, in der so ziemlich alles aus der Schrift beweisbar erscheint - bis hin zur Existenz fliegender Untertassen. Wo sich auf der anderen Seite eine akademisch betriebene Schriftexegese etablierte, wurde - wie in Kap. 12 skizziert - ein auf die Rechnung des jeweiligen exegetischen Fachmanns rekonstruierter 'historischer Jesus' dem Zeugnis der Schriften entgegengehalten. Die nach dem Veto der Dialektischen Theologie wieder aufgenommene Suche nach dem historischen Jesus richtet sich zwar nicht mehr prinzipiell gegen das Zeugnis der kanonischen Schriften. Der Rückgang auf die 'ipsissima vox' Jesu oder die formkritische Rekonstruktion frühester Traditionsschichten und der diese bestimmenden Theologie wird dennoch weitgehend in der Hoffnung betrieben, im 'Ursprünglichen' die authentischere Aussage gegenüber der späteren Theologie aufzudecken, die sich redaktionskritisch als das Zeugnis der neutestamentlichen Autoren erheben läßt[61]. Kommt damit eirklich jene Autorität der Bibel zum Tragen, die die Reformatoren gegenüber der römischen Tradition wiedergewinnen wollten?

In Kap. 13 wurde versucht, die Frage nach dem authentischen Maßstab kirchlicher Überlieferung aus dem Wesen christlicher *traditio* selbst zu entwickeln. Wenn den beiden zuletzt genannten Problemen - den zentralen Fragen philosophischer und biblischer Hermeneutik - im Rahmen dieses 'Grundrisses' ein, von der traditionellen Behandlung der 'demonstratio catholica' her gesehen, unverhältnismäßig großer Raum zugewiesen wurde, so geschah dies nicht zuletzt aus der Überzeugung, daß ohne eine Klärung dieser heute weithin als aporetisch erscheinenden Fragen bei der Diskussion um bleibend verbindliche Aussagen in der Kirche kaum mit zufriedenstellenden Ergebnissen gerechnet werden kann.

[61] Vgl. R. Pesch, Das Markusevangelium II (Nachwort), 564: "*Für die gegenwärtige theologische Diskussion* ist das Markusevangelium insofern von besonderer Bedeutung, als eine verbreitete Neigung verstärkt zum Zuge zu kommen scheint, historisch-überlieferungsgeschichtlich Früheres und Älteres gegen Späteres und Jüngeres (nicht nur historisch abzusetzen, sondern vielmehr) *theologisch* auszuspielen" (In der Anm. 12 verweist Pesch besonders auf H. Küng und H. Offermann).

ANHANG

Literaturverzeichnis

ACHTEMEIER, P. J., Jesus and the Disciples as Miracle Workers in the Apocryphal New Testament, in: Aspects of Religious Propaganda in Judaism and Early Christianity, 149-186.

ACHTEMEIER, P. J., The Lucan Perspective on the Miracles of Jesus: A Preliminary Sketch, in: JBL 94 (1975) 547-562.

ACTA SYNODALIA SACROSANCTI CONCILII OECUMENICI VATICANI II, Rom 1971ff.

AHLSTROM, S. E., A Religious History of the American People, New Haven - London 1972.

ALBERIGO, G. (Hrsg.), Constitutionis Dogmaticae Lumen Gentium Synopsis Historica, Bologna 1975.

ALBERT, K., Das Staunen als Pathos der Philosophie, in: Pathos, Affekt, Gefühl, 149-171.

ALBRECHT, M., Kants Antinomie der praktischen Vernunft, Hildesheim - New York 1978.

ALLCHIN, A. M./COULSON, J. (Hrsg.), The Rediscovery of Newman: An Oxford Symposium, London 1967.

ALTHAUS, P., Inflation des Begriffs der Offenbarung in der gegenwärtigen Theologie, in: ZSTh 18 (1941) 134-149.

ALTORIENTALISCHE TEXTE ZUM ALTEN TESTAMENT, hrsg. v. H. Gressmann, Berlin - Leipzig 1926 (Nachdr. Berlin 1965).

ANDERSON, C. S., Divine Governance, Miracles and Laws of Nature in the Early Middle Ages. The 'De mirabilibus Sacrae Scripturae', Michigan 1982.

ANDRESEN, C., Art. 'Apologetik, II. Frühkirchliche Apologetik', in: RGG Bd. I, Tübingen [3]1957, 480-485.

ANNEN, F., Heil für die Heiden. Zur Bedeutung und Geschichte der Tradition vom besessenen Gerasener (Mk 5,1-20 parr.), Frankfurt a. M. 1975.

ANSELM VON CANTERBURY, Cur deus homo. Dt.: Warum Gott Mensch geworden, besorgt und übers. v. F. S. Schmitt, Darmstadt [4]1986.

ANSELM VON CANTERBURY, De libertate arbitrii et alii tractatus. Freiheitsschriften (lat./dt.), übers. u. eingel. v. H. Verweyen, Fontes Christiani 13, Freiburg i. Br. 1994.

ANSELM VON CANTERBURY, Wahrheit und Freiheit. Vier Traktate, übers. u. eingl. v. H. Verweyen, Einsiedeln 1982.

ANSELMI [CANTUARENSIS ARCHIEPISCOPI], Opera omnia, ed. fecit F. S. Schmitt, T. 1-2, Vol. 1-6, Stuttgart - Bad Cannstatt 1968-1984 (unveränderter Nachdruck der Edinburgher Ausgabe).

ANTONELLI, M., L'Eucharistia nell 'Action' (1893) di Blondel. La chiave di volta di un'apologetica filosofica, Roma 1991.

ANZ, W., Philosophie und Glaube bei S. Kierkegaard. Über die Bedeutung der Existenzdialektik für die Theologie, in: ZThK 51 (1954) 50-105.

APEL, K.-O., Auseinandersetzungen in Erprobung des transzendentalpragamatischen Ansatzes, Frankfurt a. M. 1998.

APEL, K.-O., Diskurs und Verantwortung. Das Problem des Übergangs zur postkonventionellen Moral, Frankfurt a. M. [2]1992.

APEL, K.-O., Grenzen der Diskursethik? Versuch einer Zwischenbilanz, in: ZphF 40 (1986) 3-31.

APEL, K.-O., Die Herausforderung der totalen Vernunftkritik und das Programm einer philosophischen Theorie der Rationalitätstypen, in: Concordia 11 (1987) 2-23.

APEL, K.-O., Kann der postkantische Standpunkt der Moralität noch einmal in substantielle Sittlichkeit 'aufgehoben' werden? Das geschichtsbezogene Anwendungsproblem der Diskursethik zwischen Utopie und Regression, in: ders., Diskurs und Verantwortung, 103-153.

APEL, K.-O., Kant, Hegel und das aktuelle Problem der normativen Grundlagen von Moral und Recht, in: ders., Diskurs und Verantwortung, 69-102.

APEL, K.-O., Normative Begründung der 'Kritischen Theorie' durch Rekurs auf lebensweltliche Sittlichkeit? Ein transzendentalpragmatischer Versuch, mit Habermas gegen Habermas zu denken, in: ders., Auseinandersetzungen in Erprobung des transzendentalpragmatischen Ansatzes, 649-699.

APEL, K.-O., Der postkantische Universalismus in der Ethik im Lichte seiner aktuellen Mißverständnisse, in: Grundlagen der politischen Kultur des Westens, 280-300.

APEL, K.-O., Die transzendentalpragmatische Begründung der Kommunikationsethik und das Problem der höchsten Stufe einer Entwicklungslogik des moralischen Bewußtseins, in: ders., Diskurs und Verantwortung, 306-369.

APEL, K.-O., Warum transzendentale Sprachpragmatik? Bemerkungen zu H. Krings 'Empirie und Apriori. Zum Verhältnis von Transzendentalphilosophie und Sprachpragmatik', in: ders., Auseinandersetzungen in Erprobung des transzendentalpragmatischen Ansatzes, 195-220.

APEL, K.-O., Zurück zur Normalität? – Oder könnten wir aus der nationalen Katastrophe etwas Besonderes gelernt haben?, in: ders., Diskurs und Verantwortung, 370-474.

APOLOGETISCHE UND FUNDAMENTALTHEOLOGISCHE MOMENTE UND MODELLE IN DER GESCHICHTE, W. Geerlings/G. Larcher/J. Reikerstorfer, in: HFth IV, 317-372.

ARENDT, H., Vita Activa – oder Vom tätigen Leben, München – Zürich [4]1985.

ARENS, E., Christopraxis. Grundzüge theologischer Handlungstheorie, Freiburg i. Br. – Basel – Wien 1992.

ARENS, E. (Hrsg.), Habermas und die Theologie. Beiträge zur theoretischen Rezeption, Diskussion und Kritik der Theorie kommunikativen Handelns, Düsseldorf 1989.

ARENS, E., Kleine Bilanz der bisherigen Peukertrezeption, in: Kommunikation und Solidarität, 14-32.

ARENS, E., Kommunikatives Handeln und christlicher Glaube. Ein theologischer Diskurs mit Jürgen Habermas, Paderborn 1997.

ARENS, E., Theologie nach Habermas. Eine Einführung, in: Habermas und die Theologie, 9-38.

ARISTOTELES, Werke in deutscher Übersetzung, hrsg. v. E. Grumach, Bde. I-XIX, Darmstadt 1956ff.

ASPECTS OF RELIGIOUS PROPAGANDA IN JUDAISM AND EARLY CHRISTIANITY, hrsg. v. E. Schüssler-Fiorenza, Notre Dame (Indiana) - London 1976.

AUER, J., Jesus Christus - Heiland der Welt. Maria - Christi Mutter im Heilsplan Gottes, Kleine Katholische Dogmatik, Bd. IV/2, Regensburg 1988.

AUF DER SUCHE NACH DEM VERBORGENEN GOTT. Zur theologischen Relevanz neuzeitlichem Denkens, hrsg. v. A. Halder/K. Kienzler/K. u. J. Möller, Düsseldorf 1987.

AUFERSTEHUNG JESU - AUFERSTEHUNG DER CHRISTEN, hrsg. v. L. Oberlinner, QD 105, Freiburg i. Br. - Basel - Wien 1986.

AUFKLÄRUNG IM MITTELALTER? Die Verurteilung von 1277. Das Dokument des Bischofs von Paris übers. u. erkl. v. K. Flasch, Mainz 1989.

AUGUSTINUS, Opera, div. Bde., zitiert nach: CChrSL XXVII-LVII, dt. Übersetzung nach BKV, üs. v. C. J. Perl, Paderborn 1952-1986.

AUSLEGUNGEN DES GLAUBENS. Zur Hermeneutik christlicher Existenz, hrsg. v. L. Honnefelder/M. Lutz-Bachmann, Berlin - Hildesheim 1987.

AUTIERO, A./MENKE, K.-H. (Hrsg.), Brückenbauer zwischen Kirche und Gesellschaft - A. Rosmini, J. H. Newman, M. Blondel, R. Guardini, Münster 1999.

BAARLINK, H., Anfängliches Evangelium. Ein Beitrag zur näheren Bestimmung der theologischen Motive im Markusevangelium, Kampen 1977.

BACHMANN, I., Der Fall Franza, München 1979.

BADER, D., Der Weg Loisys zur Erforschung der christlichen Wahrheit, Freiburg i. Br. 1974.

BADER, F., Die Ursprünge der Transzendentalphilosophie bei Descartes, Bde. I u. II, Bonn 1979 u. 1983.

BAIER, W. [u. a.] (Hrsg.), Weisheit Gottes - Weisheit der Welt. FS Joseph Kardinal Ratzinger zum 60. Geburtstag, Bde. I u. II, St. Ottilien 1987.

BALTHASAR, H. U. v., Epilog, Einsiedeln - Trier 1987.

BALTHASAR, H. U. v., Glaubhaft ist nur Liebe, Einsiedeln 1963.

BALTHASAR, H. U. v., Henri de Lubac. Sein organisches Lebenswerk, Einsiedeln 1976.

BALTHASAR, H. U. v., Herrlichkeit. Eine Theologische Ästhetik, Bde. I-III, Einsiedeln 1961-1967.

BALTHASAR, H. U. v., Homo creatus est. Skizzen zur Theologie V, Einsiedeln 1986.

BALTHASAR, H. U. v., Ist der Gekreuzigte 'selig'?, in: IKaZ 16 (1987) 107-109.

BALTHASAR, H. U. v., Rechenschaft, Einsiedeln 1965.

BALTHASAR, H. U. v., Spiritus Creator, Einsiedeln 1967.

BALTHASAR, H. U. v., Theodramatik, Bde. I-IV, Einsiedeln 1973-1983.

BALTHASAR, H. U. v., Tradition (1970), in: ders., Homo creatus est, 288-300.

BALTHASAR, H. U. v., Was dürfen wir hoffen?, Einsiedeln 1986.
BARNARD, L. W./STECK, K. G./MÜLLER-SCHWEFE, H.-R., Art. 'Apologetik. I. Alte Kirche', in: TRE Bd. III, Berlin - New York 1978, 371-411.
BARRETT, CH. K. [u. a.], Domum Gentilicium, FS David Daube, Oxford 1978.
BARRETT, CH. K., Shaliah and Apostles, in: ders. [u. a.], Domum Gentilicum, 88-102.
BARTH, K., Fides quaerens intellectum. Anselms Beweis der Existenz Gottes im Zusammenhang seines theologischen Programms, München [1]1931, jetzt in: K. Barth Gesamtausgabe, hrsg. v. E. Jüngel u. I. U. Dalferth, Bd. II Akademische Werke, Zürich 1981.
BARTH, K., How my mind has changed, in: EvTh 20 (1960) 97-106.
BARTH, K., Die protestantische Theologie im 19. Jahrhundert, Zürich 1946.
BASIEUX, P., Abenteuer Mathematik. Brücken zwischen Wirklichkeit und Fiktion, Reinbek bei Hamburg 1999.
BAUER, J. B. (Hrsg.), Entwürfe der Theologie, Graz 1985.
BAUER, K., Der Denkweg von Jürgen Habermas zur Theorie des kommunikativen Handelns. Grundlagen einer neuen Fundamentaltheologie?, Regensburg 1987.
BAUER, W., Griechisch-deutsches Wörterbuch zu den Schriften des Neuen Testaments und der frühchristlichen Literatur, 6. völlig neubearb. Aufl., hrsg. v. K. u. B. Aland, Münster 1988.
BAUER, W., Art. παρρησία in: ders., Griechisch-deutsches Wörterbuch, 1273f.
BAUMANNS, P., Fichtes Wissenschaftslehre. Probleme ihres Anfangs. Mit einem Kommentar zu § 1 der 'Grundlage der gesamten Wissenschaftslehre', Bonn 1974.
BAUMGARTNER, H. M., Die Bestimmung des Absoluten. Ein Strukturvergleich der Reflexionsformen bei J. G. Fichte und Plotin. Reinhard Lauth zum 60. Geburtstag, in: ZPhF 34 (1980) 321-342.
BAUMGARTNER, H. M., Philosophie der Geschichte nach dem Ende der Geschichtsphilosophie. Bemerkungen zum gegenwärtigen Stand des geschichtsphilosophischen Denkens, in: Allg. Z. f. Phil. 12 (1987) 1-21.
BAUMGARTNER, H. M. (Hrsg.), Prinzip Freiheit. Eine Auseinandersetzung um Chancen und Grenzen transzendentalphilosophischen Denkens, Freiburg i. Br. - München 1979.
BAUMGARTNER, H. M., Wandlungen des Vernunftbegriffs in der Geschichte des europäischen Denkens, in: Rationalität, 167-203.
BECKER, G./BÜRKLE, H. (Hrsg.), Communicatio fidei. FS Eugen Biser, Regensburg 1983.
BECKER, W., Wahrheit und sprachliche Handlung. Untersuchungen zur sprachphilosophischen Wahrheitstheorie, Freiburg i. Br. - München 1988.
BECKWITH, F. J., David Hume's Argument against Miracles. A Critical Analysis, Lanham - New York - London 1989.
BEIERWALTES, W., Denken des Einen. Studien zur neuplatonischen Philosophie und ihrer Wirkungsgeschichte, Frankfurt a. M. 1985.

DIE BEDEUTUNG DER AUFERSTEHUNGSBOTSCHAFT FÜR DEN GLAUBEN AN JESUS CHRISTUS, hrsg. v. W. Marxsen/U. Wilckens/G. Delling/H.-G. Geyer, Gütersloh [3]1966.

BERGER, K., Einführung in die Formgeschichte (UTB), Tübingen 1987.

BERGER, P., Auf den Spuren der Engel, Frankfurt a. M. 1976.

BERNHARDT, R., Ein neuer Lessing? - Paul Knitters Theologie der Religionen, in: EvTh 49 (1989) 516-528.

BETTS, Ch. J., Early Deism in France. From the so-called 'déistes' of Lyon (1564) to Voltaire's 'Lettres philosophiques' (1734), Den Haag 1984.

BIEHL, P., Zur Frage nach dem historischen Jesus, in: ThR 24 (1957/1958) 54-76.

BILANZ DER THEOLOGIE IM 20. JAHRHUNDERT. Perspektiven, Strömungen, Motive in der christlichen und nichtchristlichen Welt, hrsg. v. H. Vorgrimler u. R. vander Gucht, Bde. I-IV, Freiburg i. Br. 1969-1970.

BIEMER, G., [u. a.], Gemeinsam Kirche sein. Theorie und Praxis der Communio. FS der Theologischen Fakultät der Universität Freiburg i. Br. für Erzbischof Dr. Oskar Saier, Freiburg i. Br. 1992.

BIRKNER, H.-J., Natürliche Theologie und Offenbarungstheologie, in: NZSTh 3 (1961) 279-295.

BISER, E., Glaubensverständnis. Grundriß einer hermeneutischen Fundamentaltheologie, Freiburg i. Br. - Basel - Wien 1975.

BISER, E., Religiöse Sprachbarrieren: Aufbau einer Logaporetik, München 1980.

BITTGEBET - TESTFALL DES GLAUBENS, hrsg. v. G. Greshake u. G. Lohfink, Mainz 1978.

BLANK, J., Petrus und Petrus-Amt im Neuen Testament, in: Papsttum als ökumenische Frage, 59-103.

BLOCH, E., Das Prinzip Hoffnung, in: ders., Gesamtausgabe Bd. V, Frankfurt a. M. 1959.

BLONDEL, M., Œeuvres complètes, hrsg. v. C. Troifontaines, Bände I-II, Paris 1995/1997.

BLONDEL, M., L'Action (1893). Essai d'une critique de la vie et d'une science de la pratique, in: ders., Œeuvres complètes I, 15-530, dt.: M. Blondel. Die Aktion. Versuch einer Kritik des Lebens und einer Wissenschaft der Praktik, übers. v. R. Scherer, Freiburg i. Br. - München 1965. Auswahlübers. v. P. Henrici: Logik der Tat, Einsiedeln [2]1986.

BLONDEL, M., Histoire et Dogme. Les lacunes philosophiques de l'exégèse moderne (1904), in: ders., Oeuvres complètes, Bd. II, Paris 1997, 387-453, dt.: Geschichte und Dogma, übers. v. A. Schlette, Mainz 1963.

BLONDEL, M., Lettre sur les exigences de la pensée contemporaine en matière d'apologétique et sur la méthode de la philosophie dans l'étude du problème religieux (1896), in: ders., Œeuvres complètes II, 97-173, dt.: M. Blondel. Zur Methode der Religionsphilosophie, übers. v. I. u. H. Verweyen, Einsiedeln 1974.

BOFF, C., Theologie und Praxis, München 1983.

BOFF, L., Kirche: Charisma und Macht. Studien zu einer streitbaren Ekklesiologie, Düsseldorf 1985.

BORCHERT, W., Das Gesamtwerk, Hamburg 1984.

BORCHERT, W., Schischyphusch oder der Kellner meines Onkels, in: ders., Das Gesamtwerk, Hamburg 1984, 285-297.

BORING, M. E., The Language of Universal Salvation in Paul, in: JBL 105 (1986) 269-292.

BORNKAMM, G./BARTH, G./HELD, H. J., Überlieferung und Auslegung im Matthäusevangelium, Neukirchen 1960.

BOSSHARD, S. N., Die Subsistenzlehre des Vaticanum II und ihre Integration in die Theologie vom Leib Christi, in: MThZ 38 (1987) 355-367.

BRAMBILLA, F. G., Il crocifisso risorto, Risurrezione di Gesù e fede dei discepoli, Brescia 1998

BRANDS, H., 'Cogito ergo sum'. Interpretationen von Kant bis Nietzsche, Freiburg i. Br. - München 1982.

BREUNING, W. (Hrsg.), Seele. Problembegriff christlicher Eschatologie, QD 106, Freiburg i. Br. - Basel - Wien 1986.

BROER, I., 'Der Herr ist dem Simon erschienen' (Lk 24,34). Zur Entstehung des Osterglaubens, in: SNTU 1988, 81-100.

BROER, I., 'Der Herr ist wahrhaft auferstanden' (Lk 24,34). Auferstehung Jesu und historisch-kritische Methode. Erwägungen zur Entstehung des Osterglaubens, in: Auferstehung Jesu - Auferstehung der Christen, 39-62.

BROER, I., 'Seid stets bereit, jedem Rede und Antwort zu stehen, der nach der Hoffnung fragt, die euch erfüllt' (1 Petr 3,15). Das leere Grab und die Erscheinungen Jesu im Lichte der historischen Kritik, in: ders./Werbick, J., 'Der Herr ist wahrhaft auferstanden', 29-61.

BROER, I./WERBICK, J. (Hrsg.), 'Der Herr ist wahrhaft auferstanden' (Lk 24,34). Biblische und systematische Beiträge zur Entstehung des Osterglaubens, Stuttgart 1988.

BRON, B., Das Wunder. Das theologische Wunderverständnis im Horizont des neuzeitlichen Natur- und Geschichtsbegriffs, Göttingen 1975.

BROWN, R. E. [u. a.] (Hrsg.), Der Petrus der Bibel. Eine ökumenische Untersuchung, Stuttgart 1976.

BRÜCKENBAUER ZWISCHEN KIRCHE UND GESELLSCHAFT - A. Rosmini, J. H. Newman, M. Blondel und R. Guardini, hrsg. v. A. Autiero/K.-H. Menke, Münster 1999.

BRUGGER, W., Der Mensch, das fragende Wesen, in: Epimeleia, 19-29.

BRUNERS, W., Die Reinigung der zehn Aussätzigen und die Heilung des Samariters Lk 17,11-19. Ein Beitrag zur lukanischen Interpretation der Reinigung von Aussätzigen, Stuttgart 1977.

BUCHEGGER, J., David Humes Argumente gegen das Christentum, Frankfurt a. M. 1987.

BÜCHELE, A., Der Tod Jesu im Lukasevangelium, Frankfurt 1978.

BÜRKLE, H./BECKER, G. (Hrsg.), Communicatio fidei. FS Eugen Biser, Regensburg 1983.

BULTMANN, R., Das Evangelium des Johannes, Göttingen [21]1986.

BULTMANN, R., Glauben und Verstehen. Gesammelte Aufsätze, Bde. I-IV, Tübingen [1]1933-1965 (TB Tübingen 1993).

BULTMANN, R., Der Gottesgedanke und der moderne Mensch, in: ZThK 60 (1963) 335-348.
BULTMANN, R., Jesus, Berlin 1926 (TB Tübingen 1988).
BULTMANN, R., Die liberale Theologie und die jüngste theologische Bewegung (1924), in: ders., Glauben und Verstehen, Bd. I (1993), Tübingen [8]1980, 1-25.
BULTMANN, R., Neues Testament und Mythologie. Das Problem der Entmythologisierung der neutestamentlichen Verkündigung (1941), in: Kerygma und Mythos, Bd. I, 15-53.
BULTMANN, R., Theologie als Wissenschaft, in: ZThK 81 (1984) 447-469.
BULTMANN, R., Das Verhältnis der urchristlichen Christusbotschaft zum historischen Jesus. Sitzungsberichte der Heidelberger Akademie der Wissenschaften, philosophisch-historische Klasse, Heidelberg [5]1978.
BULTMANN, R., Zu J. Schniewinds Thesen, das Problem der Entmythologisierung betreffend, in: Kerygma und Mythos, 135-153.
BUSSE, U., Das Nazareth-Manifest Jesu. Eine Einführung in das lukanische Jesusbild nach Lk 4,16-30, Stuttgart 1978.
BUSSE, U., Die Wunder des Propheten Jesus. Die Rezeption, Komposition und Interpretation der Wundertradition im Evangelium des Lukas, Stuttgart 1977.
CAMERON, J. M., Newman and the Empiricist Tradition, in: The Rediscovery of Newman, 76-96.
CAMUS, A., Die Pest, (Hamburg 1950). Dt. Neuübers. von Uli Aumüller, Reinbek bei Hamburg 1998.
CASPER, B., Das Dialogische Denken. Eine Untersuchung der religionsphilosophischen Bedeutung Franz Rosenzweigs, Ferdinand Ebners und Martin Bubers, Freiburg i. Br. 1967.
CASSEL, J. F., The Reader in Mark: The Crucifixion, Ann Arbor 1986.
CATTIN, Y., La prière de S. Anselme dans le *Proslogion*, in: RSPhTh 72 (1988) 373-396.
CHALIER, C., La persévérance du mal, Paris 1987.
CHARISMA UND INSTITUTION, hrsg. v. T. Rendtorff, Gütersloh 1985.
CHARRON, P., 'Les Trois Veritez contre les athées, idolatres, juifs, mahumetans, heretiques et schismatiques', Paris 1593.
CHILTON, B./ EVANS, C. A. (Hrsg.), Studying the Historical Jesus. Evaluation of the State of Current Research, Leiden [u.a.] 1994.
CHRISTE, W., Sola ratione. Zur Begründung der Methode des intellectus fidei bei Anselm von Canterbury, in: ThPh 60 (1985) 341-375.
CHRISTLICHE PHILOSOPHIE IM KATHOLISCHEN DENKEN DES 19. UND 20. JAHRHUNDERTS, hrsg. v. E. Coreth [u. a.], Bde. 1-3, Graz 1987-1990.
CHRISTUSZEUGNIS DER KIRCHE, hrsg. v. P.-W. Scheele/G. Schneider, Essen 1970.
CLAUDEL, P., Der seidene Schuh oder das Schlimmste trifft nicht immer ein, übers. von H. U. v. Balthasar, 11. Aufl. Salzburg ([1]1939).
CLEMENTS, R. E., The Gospel of Mark, London 1976.
COLOMBO, P., Ermeneutica e Teologia. Verità e storia in H.-G. Gadamar (Dissertatio Series Mediolanensis 3), Mailand 1995.

COMENTARIOS A LA CONSTITUCIÓN SOBRE LA DIVINA REVELACIÓN, hrsg. v. L. Alonso-Schökel, Madrid 1969.
COMMUNICATIO FIDEI. FS Eugen Biser, hrsg. v. H. Bürkle/G. Becker, Regensburg 1983.
CONGAR, Y., Le Concile de Vatican II. Son Église, Peuple de Dieu et Corps du Christ, Paris 1984.
CONGAR, Y., D'une 'Écclesiologie en gestation' à Lumen Gentium chap. I et II, in: ders., Le Concile de Vatican II, 123-136.
CONGAR, Y., Esquisses du Mystère de l'Église, Paris 1941.
CONGAR, Y., Lumen Gentium n° 7, L'Église, Corps mystique du Christ, vu au terme de huit siècles d'histoire de la théologie du Corps mystique, in: ders., Le Concile de Vatican II, 137-161.
CONWAY, M., The Science of Life. Maurice Blondel's Philosophy of Action and the Scientific Method, Inaugural-Dissertation (masch.), Freiburg i. Br. 1999.
CONSTITUTIONIS DOGMATICAE LUMEN GENTIUM SYNOPSIS HISTORICA, hrsg. v. G. Alberigo, Bologna 1975.
CONZELMANN, H., Art. 'Jesus Christus', RGG Bd. III, Tübingen ³1959, 619-653.
CONZELMANN, H., Der erste Brief an die Korinther (KEK XI), 2. überarb. und erg. Aufl., Göttingen 1981.
CONZELMANN, H., Die Mitte der Zeit – Studien zur Theologie des Lukas, Tübingen 1954.
CORETH, E., Metaphysik. Eine methodisch-systematische Grundlegung, Innsbruck ¹1961.
COULSON, J./ALLCHIN, A. M. (Hrsg.), The Rediscovery of Newman: An Oxford Symposium, London 1967.
CRAIG, W. L., Pannenbergs Beweis für die Auferstehung Jesu, in: KuD 34 (1988) 78-104.
CRAEMER-RUEGENBERG, I. (Hrsg.), Pathos, Affekt, Gefühl. Philosophische Beiträge, Freiburg i. Br. – München 1981.
CRAMER, K. [u. a.] (Hrsg.), Theorie der Subjektivität, Frankfurt a. M. 1987.
CRAMER, K., Über Kants Satz: Das: Ich denke, muß alle meine Vorstellungen begleiten können, in: Theorie der Subjektivität, 167-202.
CROSSAN, J. D., Der historische Jesus, München ²1995.
DALFERTH, I. U., Existenz Gottes und christlicher Glaube. Skizzen zu einer eschatologischen Ontologie, BEvTh 93, München 1984.
DALFERTH, I. U., Gott. Philosophisch-theologische Denkversuche, Tübingen 1992.
DALFERTH, I. U., Kombinatorische Theologie. Probleme theologischer Rationalität, QD 130, Freiburg i. Br. 1991.
DALFERTH, I. U., Religiöse Rede von Gott, BEvTh 87, München 1981.
DANIÉLOU, J./VORGRIMLER, H. (Hrsg.), Sentire Ecclesiam. Das Bewußtsein von der Kirche als gestaltende Kraft der Frömmigkeit, Freiburg i. Br. – Basel – Wien 1961.
D'COSTA, G., Das Pluralismus-Paradigma in der christlichen Sicht der Religionen, in: ThG 30 (1987) 221-231.

DEANS, W., History Making History. The New Historicism in American Religious Thought, Albany, (N. Y.) 1988.

DESCARTES, R., Meditationes de prima philosophia, deutsch: Meditationen über die Grundlagen der Philosophie, hrsg. v. L. Gäbe (PhB 250a), Hamburg ²1977, mit neuem Reg. und Auswahlbibliogr. ³1992.

DIENST AN DER EINHEIT. Zum Wesen und Auftrag des Petrusamts, hrsg. v. J. Ratzinger, Düsseldorf 1978.

DÖMER, M., Das Heil Gottes. Studien zur Theologie des lukanischen Doppelwerkes, Köln 1978.

DOKUMENTE WACHSENDER ÜBEREINSTIMMUNG, hrsg. v. H. Meyer [u.a.], Paderborn - Frankfurt a. M. 1983.

DOSTOJEWSKI, F., Die Brüder Karamasov, Bd 1, übers. v. W. Creutzinger, in: ders., Gesammelte Werke in 20 Bänden, hrsg. v. G. Dudele und M. Wagner, Berlin - Weimar 1981.

DREWERMANN, E., Das Markusevangelium. Teil I u. II, Olten - Freiburg i. Br. 1987/88.

DREY, J. S. v., Die Apologetik als wissenschaftliche Nachweisung der Göttlichkeit des Christenthums in seiner Erscheinung, Bde. I-III, Mainz 1844-1847.

DÜSING, E., Anerkennung und Bildung des Selbstbewußtseins. Zum Problem der Intersubjektivität in Fichtes Idealismus der Freiheit, in: Wiener JbPh 20 (1988) 131-151.

DÜSING, E., Intersubjektivität und Selbstbewußtsein. Behavioristische, phänomenologische und idealistische Begründungstheorien bei Mead, Schütz, Fichte und Hegel, Köln 1986.

DÜSING, E., Sittliche Aufforderung. Fichtes Theorie der Interpersonalität in der *WL nova methodo* und in der *Bestimmung des Menschen*, in: Transzendentalphilosophie als System, 174-197.

DÜSING, K., Cogito, ergo sum? Untersuchungen zu Descartes und Kant, in: Wiener JbPh 19 (1987) 95-106.

DULLES, A., Faith, Church, and God, in: TS 45 (1984) 537-550.

DULLES, A., A Half Century of Ecclesiology, in: TS 50 (1989) 419-442.

DULLES, A., A History of Apologetics, London 1971.

EBELING, G., Dogmatik des christlichen Glaubens, Bd. II, Tübingen 1979.

EBELING, G., Erwägungen zu einer evangelischen Fundamentaltheologie, in: ZThK 67 (1970) 479-524.

EBELING, H., Vernunft und Widerstand: Universal-, Transzendental- oder Existentialpragmatik?, in: Tradition und Innovation, 245-255.

EBENBAUER, P., Fundamentaltheologie nach Hansjürgen Verweyen. Darstellung - Dikussion - Kritik, Innsbruck - Wien 1998.

EHRLICH, J. N., Leitfaden für Vorlesungen über die allgemeine Einleitung in die theologische Wissenschaft und die Theorie der Religion und Offenbarung als I. Theil der Fundamental-Theologie, Prag 1859.

EHRLICH, J. N., Leitfaden für Vorlesungen über die Offenbarung Gottes als Thatsache der Geschichte. II. Theil der Fundamental-Theologie, Prag 1862.

EICHER, P., Die anthropologische Wende. Karl Rahners philosophischer Weg vom Wesen des Menschen zur personalen Existenz, Freiburg (Schweiz) 1970.

EICHER, P., Offenbarung. Prinzip neuzeitlicher Theologie, München 1977.

EICHHOLZ, G., Das Rätsel des historischen Jesus und die Gegenwart Jesu Christi, hrsg. v. G. Sauter, München 1984.

ENCICLOPEDIA DI TEOLOGIA FONDAMENTALE. Storia – Progetto – Autori – Categorie, diretta da G. Ruggieri, Vol. I, Genua 1987.

ENDERS, M., Wahrheit und Notwendigkeit: Die Theorie der Wahrheit bei Anselm von Canterbury im Gesamtzusammenhang seines Denkens und unter besonderer Berücksichtigung seiner antiken Quellen (Aristoteles, Cicero, Augustinus, Boethius), Leiden – Boston – Köln 1999.

ENGELS, F./MARX, K., Werke, hrsg. v. Institut für Marxismus-Leninismus beim ZK der SED, Bde. I-XXXIX u. Erg.bde, Berlin 1957-1968.

ENGFER, H.-J., Widerlegt Descartes' Vierte Meditation den Gottesbeweis der Dritten? Zur Stellung Descartes' in der Philosophiegeschichte, in: Studia leibnitiana 16 (1984) 73-92.

ENTWÜRFE DER THEOLOGIE, hrsg. v. J. B. Bauer, Graz 1985.

EPIMELEIA. Die Sorge der Philosophie um den Menschen, hrsg. v. F. Wiedmann, München 1964.

EPIS, M., Ratio fidei. I modelli della giustificazione della fede nella produzione manualistica cattolica della teologia fondamentale tedesca post-conciliare (Dissertatio Series Romana 10), Mailand 1995.

ERFAHRUNG DES ABSOLUTEN – ABSOLUTE ERFAHRUNG? Beiträge zum christlichen Offenbarungsverständnis. Josef Schmitz zum 65. Geburtstag, hrsg. v. B. J. Hilberath, Düsseldorf 1990.

ERNST, J., Das Evangelium nach Markus, Neubearb. des Kommentars von J. Schmid, RNT, Regensburg 1981.

ERNST, J., Das Evangelium nach Lukas, RNT, Regensburg 1977.

ERNST, J., Pleroma und Pleroma Christi. Geschichte und Bedeutung eines Begriffs der paulinischen Antilegomena, Regensburg 1970.

ESSEN, G., Historische Vernunft und Auferweckung Jesu. Theologie und Historik im Streit um den Begriff geschichtlicher Wirklichkeit, Mainz 1995.

ESSEN, G., "Letztgültigkeit in geschichtlicher Kontingenz". Zu einem Grundlagenproblem der theologischen Hermeneutik, in: Hoffnung, die Gründe nennt, 186-204.

ESSEN, G., 'Posthistoire' als Herausforderung für die Theologie, in: Orientierung 62 (1998) 190-194.

EVANS, C. A., Life of Jesus Research. An Annotated Bibliography, Leiden – New York – Kopenhagen – Köln 1989.

EVANS, C. A./CHILTON, B. (Hrsg.), Studying the Historical Jesus. Evalutations of the state of current research. Leiden [u.a.] 1994.

FEE, G. D., The First Epistle to the Corinthians, NIC, Michigan 1987.

FEIGE, I., Geschichtlichkeit. Zu Bernhard Weltes Phänomenologie des Geschichtlichen auf der Grundlage unveröffentlichter Vorlesungen, Freiburg i. Br. 1989.

FEIL, E., Religio. Die Geschichte eines neuzeitlichen Grundbegriffs vom Frühchristentum bis zur Reformation, Göttingen 1986.
FESTSCHRIFT FÜR FRANZ DORNSEIFF, Leipzig 1953.
FEUERBACH, L., Das Wesen des Christentums, Bd V, in: ders., Gesammelte Werke, hrsg. v. W. Schuffenhauer, Berlin 1973.
FICHTE, J. G., Die Anweisung zum seligen Leben, eingel. v. H. Verweyen, (PhB 234), mit verb. bibliogr. Hinweisen, Hamburg [4]1994.
FICHTE, J. G., Gesamtausgabe (GA), div. Bde., hrsg. v. R. Lauth u. H. Jacob, Stuttgart-Bad Cannstatt 1964ff.
FICHTE, J. G., Sämmtliche Werke (SW), hrsg. v. I. H. Fichte, Bde. I-IV, Berlin 1845.
FICHTE, J. G., Das System der Sittenlehre nach den Prinzipien der Wissenschaftslehre (1798), hrsg. u. eingel. v. H. Verweyen, (PhB 485), Hamburg 1995.
FICHTE, J. G., Versuch einer Kritik aller Offenbarung, eingel. v. H. Verweyen, um eine Nachbemerkung erg. Aufl., (PhB 354), Hamburg [2]1998.
FIDES ET COMMUNICATIO. FS Martin Doerne, hrsg. v. D. Rössler/G. Voigt [u. a.], Göttingen 1970.
FIDES ET RATIO. Enzyklika von Papst Johannes Paul II. an die Bischöfe der katholischen Kirche über das Verhältnis von Glaube und Vernunft, in: Verlautbarungen des Apostolischen Stuhls Nr. 135, Bonn 1998.
FIDES QUAERENS INTELLECTUM. Beiträge zur Fundamentaltheologie. FS Max Seckler, hrsg. von M. Kessler, [u.a.], Tübingen 1992.
FIEDLER, P., Probleme der Abendmahlsforschung, in: ALW 24 (1982) 190-223.
FIEDLER, P., Vorösterliche Vorgaben für den Osterglauben, in: Broer, I./Werbick, J. (Hrsg.), 'Der Herr ist wahrhaft auferstanden', 9-28.
FISCHER, H., Die Christologie des Paradoxes. Zur Herkunft und Bedeutung des Christusverständnisses Sören Kierkegaards, Göttingen 1970.
FISCHER, H., Fundamentaltheologische Prolegomena zur theologischen Anthropologie, in: ThR 50 (1985) 41-61.
FISCHER, K., Der Mensch als Geheimnis. Die Anthropologie Karl Rahners, Freiburg i. Br. 1974.
FISICHELLA, R., Introduzione alla teologia fondamentale, Casale Monferrato 1992.
FISICHELLA, R., Quando la fede pensa, Casale Monferrato 1997.
FISICHELLA, R., La rivelazione: evento e credibilitá. Saggio di teologia fondamentale, Bologna 1985.
FLASCH, K. (Hrsg.), Parusia. Studien zur Philosophie Platons und zur Problemgeschichte des Platonismus, Frankfurt a. M. 1965.
FLASCH, K., Das philosophische Denken im Mittelalter. Von Augustin zu Machiavelli, Stuttgart 1986.
FLURY, J., Um die Redlichkeit des Glaubens. Studien zur deutschen katholischen Fundamentaltheologie, Freiburg (Schweiz) 1979.
FOWL, S., Reconstructing and Deconstructing the Quest of the Historical Jesus, in: SJTh 42 (1989) 319-333.
FREIHEIT UND VERBINDLICHKEIT. Matthias Kohn zum sechzigsten Geburtstag, hrsg. v. H. Knobeloch, Aachen 1988.

FREYER, TH., Menschliche Subjektivität und die Anderheit des anderen. Theologische Anmerkungen zu einer aktuellen philisophischen Debatte, in: ThG 40 (1997) 2-19.
FRIES, H., Art. 'Konvergenzargumentation', in: LThK Bd. VI, Freiburg i. Br. ²1962, 517f.
FRIES, H./RAHNER, K., Einigung der Kirchen - reale Möglichkeit, erw. Sonderaufl., Freiburg i. Br. - Basel - Wien 1985.
FRIES, H., Fundamentaltheologie, Graz - Wien - Köln 1985.
FRIES, H., Fundamentaltheologie und ökumenische Theologie, in: Entwürfe der Theologie, hrsg. v. J. B. Bauer, Graz 1985, 127-143.
FROEHLICH, K., Formen der Auslegung von Mt 16,13-18 im lateinischen Mittelalter, Tübingen 1963.
FUCHS, F. J./KREINER, A., 'Ich glaube, darum rede ich' (2 Kor 4,13). Eugen Bisers hermeneutische Theologie, in: Communicatio fidei, 399-414.
FULLER, R. H., Die Wunder Jesu in Exegese und Verkündigung, Düsseldorf 1967.
FUNDAMENTALTHEOLOGIE - Fluchtlinien und gegenwärtige Herausforderungen, hrsg. v. K. Müller. In konzeptioneller Zusammenarbeit mit G. Larcher. Regensburg 1998.
GADAMER, H.-G., Wahrheit und Methode, Tübingen (¹1960) ⁶1990.
GÄDE, G., Eine andere Barmherzigkeit. Zum Verständnis der Erlösungslehre Anselms von Canterbury, Würzburg 1989.
GALVIN, J. P., The Origin of the Faith in the Resurrection of Jesus: Two Recent Perspectives, in: TS 49 (1988) 25-44 (deutsche, leicht gekürzte Fassung: Der Ursprung des Glaubens an die Auferstehung Jesu. Zwei neuere Perspektiven, in: ThG 32 (1989) 203-218).
GALVIN, J. P., Resurrection as *Theologia crucis Jesu*: The Foundational Christology of Rudolf Pesch, in: TS 38 (1977) 513-525.
GALVIN, J. P., The Resurrection of Jesus in Contemporary Catholic Systematics, in: HeythrJ 20 (1979) 123-145.
GEERLINGS, W., Apologetik und Fundamentaltheologie in der Väterzeit, in: HFth IV, 317-333.
GEERLINGS, W., Jesaja 7,9b bei Augustinus. Die Geschichte eines fruchtbaren Mißverständnisses, in: WiWei 50 (1987) 5-12.
GEORGE, A., Le miracle dans l'oeuvre de Luc, in: Léon-Dufour, X. (Hrsg.), Les Miracles de Jésus selon le nouveau testament, éd. X. Léon-Dufour, Paris 1977, 249-268.
GESCHICHTE ALS OFFENBARUNG, hrsg. v. W. Pannenberg, Göttingen ³1965.
GESCHICHTLICHE GRUNDBEGRIFFE. Historisches Lexikon zur politisch-sozialen Sprache in Deutschland, div. Bde., hrsg. v. O. Brunner/W. Conze/R. Koselleck, Stuttgart 1972ff.
GESÙ RIVELATORE, Teologia Fondamentale, hrsg. v. R. Fisichella, Casale Monferrato 1988.
GETHMANN, C. F./HEGSELMANN, R., Das Problem der Begründung zwischen Dezisionismus und Fundamentalismus, in: Z Allgemeine Wissenschaftstheorie 8 (1977) 342-368.

GIESEN, H., Zu Entstehung und Inhalt des Osterglaubens, in: ThG 27 (1984) 41-46.

GILKEY, L., Tendenzen in der protestantischen Apologetik, in: Conc 5 (1969) 472-486.

GLAUBENSERFAHRUNGEN IM HANDELN UND DENKEN. Fundamentaltheologische Skizzen, hrsg. von A. v. Hooff/P. Reifenberg/W. Seidel, Würzburg 1998.

GLÖCKNER, R., Die Verkündigung des Heils beim Evangelisten Lukas, Mainz 1976.

THE GLORY OF CHRIST IN THE NEW TESTAMENT. Studies in Christology, hrsg. v. L. D. Hurst/N. T. Wright, Oxford 1987

GNILKA, J., Das Evangelium nach Markus, Teilband I u. II, EKK, Zürich - Einsiedeln - Köln - Neukirchen - Vluyn 1978/1979.

GNILKA, J., Jesus von Nazareth. Botschaft und Geschichte, Freiburg i.Br. - Basel - Wien 1990.

GNILKA, J., Das Matthäusevangelium, Teil I u. II, HThK, Freiburg i. Br. - Basel - Wien 1986/1988.

GNILKA, J., 'Tu es, Petrus'. Die Petrus-Verheißung in Mt 16,17-19, in: MThZ 38 (1987) 3-17.

GNILKA, J., Wie urteilte Jesus über seinen Tod?, in: Der Tod Jesu. Deutungen im Neuen Testament, 13-50.

GOODSPEED, E.-J., Die ältesten Apologeten. Texte mit kurzer Einleitung, Göttingen 1914.

GOPPELT, L., Der Erste Petrusbrief, hrsg. v. F. Hahn (KEK XII/1), Göttingen [8]1978.

GOTTESLOB. Katholisches Gebet- und Gesangbuch, hrsg. v. den Bischöfen Deutschlands u. Österreichs u. der Bistümer Bozen, Brixen, Lüttich u. Luxemburg, Stuttgart [3]1996.

GOTT IN WELT. Festgabe für Karl Rahner, hrsg. v. J. B. Metz [u.a.], Bde. I u. II, Freiburg i. Br. 1964.

GRÄSSER, E., Neutestamentliche Grundlagen des Papsttums? Ein Diskussionsbeitrag, in: Papsttum als ökumenische Frage, 33-58.

GREINER, F., Die Menschlichkeit der Offenbarung. Die transzendentale Grundlegung der Theologie bei Karl Rahner, München 1978.

GREISCH, J., L'Age herméneutique de la raison, Paris 1985.

GRESHAKE, G./LOHFINK, G. (Hrsg.), Bittgebet - Testfall des Glaubens, Mainz 1978.

GRESHAKE, G., An den drei-einen Gott glauben, Freiburg i. Br. 1998.

GRESHAKE, G., Communio - Schlüsselbegriff der Dogmatik, in: Biemer [u.a.] Gemeinsam Kirche sein, 90-121.

GRESHAKE, G., Der dreieine Gott, Freiburg i. Br. - Basel - Wien [3]1998.

GRESHAKE, G., Gott in allen Dingen finden. Schöpfung und Gotteserfahrung, Freiburg i. Br. - Basel - Wien 1986.

GRESHAKE, G., Gottes Heil - Glück des Menschen. Theologische Perspektiven, Freiburg i. Br.- Basel - Wien 1983.

GRILLMEIER, A., Kommentar zu 'Lumen gentium', Kap. II, in: LThK, Ergänzungsband Vat. II/1, Freiburg i. Br. 1966, 176-209.

GRUNDLAGEN DER POLITISCHEN KULTUR DES WESTENS, hrsg. v. K. H. Kempfer/A. Schwan, Berlin 1987.

GRUNDMANN, W., Das Evangelium nach Markus, ThHK, Berlin [9]1984.

GUARINO, TH. G., Revelation and Foundationalism: Towards Hermeneutical and Ontological Appropriateness, in: Mod. Theol. 6 (1990) 221-235.

GUCHT, R. vander/VORGRIMLER, H. (Hrsg.), Bilanz der Theologie im 20. Jahrhundert. Perspektiven, Strömungen, Motive in der christlichen und nichtchristlichen Welt, Bde. I-IV, Freiburg i. Br. 1969-1970.

GUREVICH, A. J., Medieval Culture and Mentality, in: European Journal of Sociology/Archives européennes de Sociologie 24 (1983) 167-195.

HAACKER, K., Neutestamentliche Wissenschaft. Eine Einführung in die Fragestellungen und Methoden, Wuppertal 1981.

HABERMAS, J., Die Einheit der Vernunft in der Vielfalt ihrer Stimmen, in: ders., Nachmetaphysisches Denken. Philosophische Aufsätze, Frankfurt 1988, 153-186.

HABERMAS, J., Nachmetaphysisches Denken. Philosophische Aufsätze, Frankfurt a. M. 1988.

HABERMAS UND DIE THEOLOGIE. Beiträge zur theoretischen Rezeption, Diskussion und Kritik der Theorie kommunikativen Handelns, hrsg. v. E. Arens, Düsseldorf 1989.

HAEFFNER, G., Grammatik des Geistes. Zu Tugendhats Analyse des Selbstbewußtseins der Selbstbestimmung, in: ThPh 55 (1980) 250-259.

HAHN, F., Methodologische Überlegungen zur Rückfrage nach Jesus, in: Rückfrage nach Jesus, 11-77.

HAINZ, J. (Hrsg.), Kirche im Werden. Studien zum Thema Kirche und Gemeinde im Neuen Testament, München 1976.

HALDER, A./KIENZLER, K./MÖLLER, J. (Hrsg.), Auf der Suche nach dem verborgenen Gott. Zur theologischen Relevanz neuzeitlichem Denkens, Düsseldorf 1987.

HAMM, M. D., This Sign of Healing, Acts 3:1-10. A Study in Lucan Theology, Ann Arbor 1975.

HAMMACHER, K. (Hrsg.), Der transzendentale Gedanke. Die gegenwärtige Darstellung der Philosophie Fichtes, Hamburg 1981.

HAMMOND, D., Imagination and Hermeneutical Theology: Newman's Contribution to Theological Method, in: DR 106 (1988) 17-34.

HAMMOND, D., Imagination in Newman's Phenomenology of Cognition, in: HeyJ 29 (1988) 21-32.

HANDBUCH DER DOGMENGESCHICHTE, hrsg. v. M. Schmaus/A. Grillmeier [u. a.], div. Bde. u. Faszikel, Freiburg i. Br. 1951ff.

HANDBUCH DER FUNDAMENTALTHEOLOGIE, hrsg. v. W. Kern/H.-J. Pottmeyer/M. Seckler, Bde. I-IV, Freiburg i. Br. 1985-1988.

HARNACK, A. v., Das Wesen des Christentums, Göttingen 1892 (2., völlig neu bearb. Aufl. 1900). Nachdruck (TB), München – Hamburg 1964.

HARTMANN, N., Möglichkeit und Wirklichkeit, Berlin 1938.
HAUSCHILD, W.-D., Grundprobleme der altkirchlichen Dogmengeschichte, in: VF 29/2 (1984) 4-31.
HEGEL, G. W. F., Gesammelte Werke (GW), in Verbindung mit der Deutschen Forschungsgemeinschaft herausgegeben von der Rheinisch-Westfälischen Akademie der Wissenschaften, div. Bde., Hamburg 1968ff.
HEGEL, G. W. F., Phänomenologie des Geistes, eingel. v. W. Bonsiepen (PhB 414), Hamburg 1988.
HEGEL, G. W. F., Vorlesungen. Ausgewählte Nachschriften und Manuskripte, div. Bde., hrsg. v. W. Jaeschke, Hamburg 1983ff.
HEGSELMANN, R./GETHMANN, C. F., Das Problem der Begründung zwischen Dezisionismus und Fundamentalismus, in: Z Allgemeine Wissenschaftstheorie 8 (1977) 342-368.
HEIDEGGER, M., Einführung in die Metaphysik, in: ders., Gesamtausgabe, Bd. 40, 1983.
HEIDEGGER, M., Gesamtausgabe (GA), div. Bände, Frankfurt a. Main 1975ff.
HEIDEGGER, M., Sein und Zeit, in: ders., Gesamtausgabe, Bd. 2, 1977.
HEILSLEHRE DER KIRCHE. Dokumente von Pius IX. bis Pius XII., dt. Ausg. des franz. Originals v. P. Cattin/H. T. Conus bes. v. A. Rohrbasser, Freiburg (Schweiz) 1953.
HEINZ, G., Divinam christianae religionis originem probare. Untersuchung zur Entstehung des fundamentaltheologischen Offenbarungsstraktates der katholischen Schultheologie, Mainz 1984.
HEINZ, G.. Fundamentaltheologie im 18. Jahrhundert? Implikationen eines theologischen Methodenwandels, in: ThQ 165 (1985) 281-294.
HEINZ, G., Das Problem der Kirchenentstehung in der deutschen protestantischen Theologie des 20. Jahrhunderts, Mainz 1974.
HELD, H. J., Matthäus als Interpret der Wundergeschichten, in: Überlieferung und Auslegung, 155-287.
HENKE, TH., Seelsorge und Lebenswelt. Auf dem Weg zu einer Seelsorgetheorie in Auseinandersetzung mit soziologischen und sozialphilosophischen Lebensweltkonzeptionenen, Würzburg 1993.
HENNECKE, E./SCHNEEMELCHER, W., Neutestamentliche Apokryphen in deutscher Übersetzung, 5., völlig neu bearb. Aufl. hrsg. v. W. Schneemelcher, Bd. I Evangelien, Tübingen 1987; Bd. II Apostolisches, Apokalypsen und Verwandtes, Tübingen 1989.
HENRICH, D., Der ontologische Gottesbeweis. Sein Problem und seine Geschichte in der Neuzeit, Tübingen 1960.
HENRICH, D. (Hrsg.), Kant oder Hegel? Über Formen der Begründung in der Philosophie, Stuttgart 1983.
HENRICI, P., Hegel und Blondel. Eine Untersuchung über Form und Sinn der Dialektik in der 'Phänomenologie des Geistes' und der ersten 'Action', Pullach – München 1958.
HENRICI, P., Maurice Blondel (1861-1949) und die 'Philosophie der Aktion', in: Christliche Philosophie, Bd. I, 543-584.

HERMENEUTIK UND IDEOLOGIEKRITIK, hrsg. v. J. Habermas [u.a.], Frankfurt a. M. ([1]1971) 1973.

HICK, J./KNITTER, P. F., (Hrsg.), The Myth of Christian Uniqueness. Toward a Pluralistic Theology of Religions, Maryknoll, (N.Y.) 1987.

HILBERATH, B. J. (Hrsg.), Erfahrung des Absoluten - absolute Erfahrung? Beiträge zum christlichen Offenbarungsverständnis. Josef Schmitz zum 65. Geburtstag, Düsseldorf 1990.

HILBERATH, B. J., Ist der christliche Absolutheitsanspruch heute noch vertretbar?, in: Erfahrung des Absoluten - absolute Erfahrung?, 105-131.

HILBERATH, B. J., Der Personbegriff der Trinitätstheologie in Rückfrage von Karl Rahner zu Tertullians 'Adversus Praxean', Innsbruck - Wien 1986.

HINTZEN, G., Die Selbstbezeugung des Wortes Gottes. Gedanken zu Schrift, Tradition und kirchlichem Lehramt, in: Cath(M) 44 (1990) 1-25.

HÖFFE, O., Immanuel Kant, München 1983.

HÖFFE, O., Kantische Skepsis gegen die transzendentale Kommunikationsethik, in: Kommunikation und Reflexion, 518-539.

HOERSTER, N., Zur Unlösbarkeit des Theodizeeproblems, in: ThPh 60 (1985), 400-409.

HÖSLE, V., Begründungsfragen des objektiven Idealismus, in: Philosophie und Begründung, 212-267.

HÖSLE, V., Die Tranzendentalpragmatik als Fichteanismus der Intersubjektivität, in: ZPhF 40 (1986) 235-252.

HOFMANN, P., Glaubensbegründung. Die Transzendentalphilosophie der Kommunikationsgemeinschaft in fundamentaltheologischer Sicht, Frankfurt a. M. 1988.

HOFFMANN, P., Die historisch-kritische Osterdiskussion von H. S. Reimarus bis zu Beginn des 20. Jahrhunderts (1986), in: ders. (Hrsg.), Zur neutestamentlichen Überlieferung, 15-67.

HOFFMANN, P., *Das Zeichen für Israel.* Zu einem vernachlässigten Aspekt der matthäischen Ostergeschichte (1986), in: ders. (Hrsg.), Zur neutestamentlichen Überlieferung, 416-452.

HOFFMANN, P. (Hrsg.), Zur neutestamentlichen Überlieferung von der Auferstehung Jesu, Darmstadt 1988.

HOFFNUNG, DIE GRÜNDE NENNT. Zu Hansjürgen Verweyens Projekt einer erstphilosophischen Glaubensverantwortung, hrsg. v. G. Larcher/K. Müller/Th. Pröpper, Regensburg 1996.

HOLZ, H., Transzendentalphilosophie und Metaphysik. Studie über Tendenzen in der heutigen philosophischen Grundlagenproblematik, Mainz 1966.

HONNEFELDER, L./LUTZ-BACHMANN, M. (Hrsg.), Auslegungen des Glaubens. Zur Hermeneutik christlicher Existenz, Berlin - Hildesheim 1987.

HONNEFELDER, L., Phänomenologie oder Hermeneutik: Über die Möglichkeit von Theologie, in: Auslegungen des Glaubens, 8-20.

HONNEFELDER, L., Scientia transcendens. Die formale Bestimmung der Seiendheit und Realität in der Metaphysik des Mittelalters und der Neuzeit (Duns Scotus - Suárez - Wolff - Kant - Peirce), Hamburg 1990.

HONNEFELDER, L., Wissenschaftliche Rationalität und Theologie, in: Rationalität, 289-314.

HONNETH, A. [u. a.] (Hrsg.), Zwischenbetrachtungen im Prozeß der Aufklärung. Jürgen Habermas zum 60. Geburtstag, Frankfurt a. M. 1989.

HOULDEN, J. L., Backward into Light. The Passion and Resurrection of Jesus according to Matthew and Mark, London 1987.

HULL, J. M., Hellenistic Magic and the Synoptic Tradition, London 1974.

HULSHOF, J., Wahrheit und Geschichte: Alfred Loisy zwischen Tradition und Kritik, Essen 1973.

HUME, D., Dialogues concerning Natural Religion (1779); dt.: David Hume, Dialoge über natürliche Religion (PhB 36), hrsg. v. G. Gawlick, 5. ern. bearb. Aufl., Hamburg 1980, [6]1993.

HUME, D., An Inquiry Concerning Human Understanding (1748); dt.: David Hume, Eine Untersuchung über den menschlichen Verstand (PhB 35), übers. v. R. Richter, hrsg. v. J. Kulenkampff, Berlin [13]1997.

HURST, L. D./WRIGHT, N. T. (Hrsg.), The Glory of Christ in the New Testament. Studies in Christology, Oxford 1987.

HURTH, E., In His Name: Comparative Studies in the Quest for the Historical Jesus. Life of Jesus Research in Germany and America, Frankfurt a. M. - Bern - New York - Paris 1989.

HUSSERL, E., Die Krisis der europäischen Wissenschaften und die transzendentale Phänomenologie, hrsg. v. W. Biemel (Husserliana VI), Den Haag 1954.

IDEOLOGIEKRITIK UND HERMENEUTIK, hrsg. v. J. Habermas [u. a.], Frankfurt a. M. 1971.

IM GESPRÄCH MIT DEM DREIEINEN GOTT. Elemente einer trinitarischen Theologie. FS Wilhelm Breuning, hrsg. v. A. Böhnke und H. Heinz, Düsseldorf 1985.

INCARNATION, hrsg. v. M. M. Olivetti, Padova 1999.

IRENÄUS V. LYON, Ausgewählte Schriften, BKV, Bde. I u. II, hrsg. v. E. Klebba, Kempten - München 1912. Kritische Ausgabe von A. Rousseau u. L. Doutréleau, SC 100; 152/153; 210/211; 263/264; 293/294, Paris 1965-1982.

IZQUIERDO, C., Blondel y la crisis modernista, Pamplona 1990.

JACKSON, H. M., The Death of Jesus in Mark and the Miracle from the Cross, in: NTS 33 (1987) 16-37.

JACOBS, L., A Jewish Theology, London 1973.

JAESCHKE, W., Die Vernunft in der Religion. Studien zur Grundlegung der Religionsphilosophie Hegels, Stuttgart-Bad Cannstatt 1986.

JANSSEN, H.-G., Das Theodizee-Problem der Neuzeit, Frankfurt a. M. - Bern 1982.

JOEST, W., Fundamentaltheologie. Theologische Grundlagen- und Methodenprobleme, Stuttgart - Berlin - Köln - Mainz ([1]1974), [3]1988.

JOHNSON, E. S. J., Is Mark 15.39 the Key to Mark's Christology?, in: JSNT 31 (1987) 3-22.

JÜNGEL, E., Nihil divinitas ubi non fides. Ist christliche Dogmatik in rein theoretischer Perspektive möglich? Bemerkungen zu einem theologischen Entwurf von Rang, in: ZThK 86 (1989) 204-235.

JUSTIN D. MÄRTYRER, Apologie, BKV, Frühchristliche Apologeten und Märtyrerakten, Bd. I. Die beiden Apologien Justins d. M., übers. v. G. Rauschen, Kempten – München 1913. Griechischer Text nach: Gottspeed, E.-J., Die ältesten Apologeten.

KÄHLER, M., Der sogenannte historische Jesus und der geschichtliche, biblische Christus (1892), neu hrsg. v. E. Wolf (TB), München (1953) ^{4}1969.

KÄSEMANN, E., An die Römer, HNT, 4. überarb. Aufl., Tübingen 1980.

KÄSEMANN, E., Exegetische Versuche und Besinnungen, Bde. I-II, Göttingen ^{6}1970/^{3}1970.

KÄSEMANN, E., Paulinische Perspektiven, 2., durchges. Aufl., Tübingen 1972.

KÄSEMANN, E., Sackgassen im Streit um den historischen Jesus, in: ders., Exegetische Versuche und Besinnungen, Bd. II, 31-68.

KÄSEMANN, E., Das theologische Problem des Motivs vom Leibe Christi, in: ders., Paulinische Perspektiven, 178-210.

KAFKA, F., Gesammelte Werke, hrsg. v. M. Brod, Frankfurt 1976.

KANN GOTTES NICHT-SEIN GEDACHT WERDEN? Die Kontroverse zwischen Anselm v. Canterbury und Gaunilo v. Marmoutiers, lat.-dt., übers., erl. u. hrsg. v. B. Mojsisch. Mit einer Einleitung von K. Flasch, Mainz 1989.

KANT, I., Gesammelte Schriften, hrsg. v. der Königlich Preußischen Akademie der Wissenschaften (Akad.-Ausg.), Bde. I-XXIII, Berlin 1910-1955.

KANT ODER HEGEL? Über Formen der Begründung in der Philosophie, hrsg. v. D. Henrich, Stuttgart 1983.

KASPER, W., Der Gott Jesu Christi, Mainz ^{2}1983.

DIE KATHOLISCH-THEOLOGISCHE FAKULTÄT DER UNIVERSITÄT WIEN 1884-1984. FS zum 600-Jahr Jubiläum, im Auftrag d. Professoren hrsg. v. E. Suttner, Berlin 1984.

KATHOLISCHER ERWACHSENENKATECHISMUS. Das Glaubensbekenntnis der Kirche, hrsg. v. der Deutschen Bischofskonferenz, Kevelaer [u.a.] 1985.

KATHOLISCHER KATECHISMUS DER BISTÜMER DEUTSCHLANDS, hrsg. von den deutschen Bischöfen, Freiburg i. Br. 1955.

KEHL, M., Die Kirche: eine katholische Ekklesiologie, Würzburg ^{2}1993.

KELLER, E. u. M.-L., Der Streit um die Wunder. Kritik und Auslegung des Übernatürlichen in der Neuzeit, Gütersloh 1968.

KELLER, M., 'Volk Gottes' als Kirchenbegriff. Eine Untersuchung zum neueren Verständnis, Zürich – Einsiedeln – Köln 1970.

KEMPFER, K. H./SCHWAN, A. (Hrsg.), Grundlagen der politischen Kultur des Westens, Berlin 1987.

KELLER, W., Gottes Treue – Israels Heil. Röm 11,25-27. Die These vom 'Sonderweg' in der Diskussion, SBB 40, Stuttgart 1998.

KERN, W., Das Kreuz als Offenbarung Gottes, in: HFth II, 197-222.

KERTELGE, K. (Hrsg.), Paulus in den neutestamentlichen Spätschriften. Zur Paulusrezeption im Neuen Testament, QD 89, Freiburg i. Br. – Basel – Wien 1981.

KERTELGE, K. (Hrsg.), Rückfrage nach Jesus. Zur Methodik und Bedeutung der Frage nach dem historischen Jesus, QD 63, Freiburg i. Br. – Basel – Wien 1974

KERTELGE, K. (Hrsg.), Der Tod Jesu. Deutungen im Neuen Testament, QD 74, Freiburg i. Br. - Basel - Wien 1976.
KERTELGE, K., Die Wirklichkeit der Kirche im Neuen Testament, in: HFth III, 97-121.
KERTELGE, K., Die Wunder Jesu im Markusevangelium. Eine redaktionsgeschichtliche Untersuchung, München 1970.
KERYGMA UND MYTHOS, Bd. I, hrsg. v. H.-W. Bartsch, Hamburg-Volksdorf 1948.
KESSLER, M., [u.a.] (Hrsg.), Fides quaerens intellectum. Beiträge zur Fundamentaltheologie. FS Max Seckler zum 65. Geburtstag, Tübingen 1992.
KESSLER, H., Irdischer Jesus, Kreuzestod und Osterglaube. Zu Rezensionen von A. Schmied und H. Verweyen, in: ThG 32 (1989) 219-229.
KESSLER, M., Kritik aller Offenbarung. Untersuchungen zu einem Forschungsprogramm Johann Gottlieb Fichtes und zur Entstehung und Wirkung seines 'Versuchs' von 1792, Mainz 1986.
KESSLER, M./SECKLER, M., Die Kritik der Offenbarung, HFth II, 29-59.
KESSLER, H., Sucht den Lebenden nicht bei den Toten. Die Auferstehung Jesu Christi in biblischer, fundamentaltheologischer und systematischer Sicht, Düsseldorf [2]1987, Neuausgabe mit ausführlicher Erörterung der aktuellen Fragen, Würzburg 1995.
KIENZLER, K., Der garstige Graben zwischen Vernunft und Offenbarung. Gotthold Ephraim Lessing, in: Auf der Suche nach dem verborgenen Gott, 35-54.
KIENZLER, K., Glauben und Denken bei Anselm von Canterbury, Freiburg i. Br. 1981.
KIENZLER, K., Karl Rahner - Theologie im Blick auf Jesus Christus, in: Glaubenserfahrungen im Handeln und Denken, 25-42.
KIERKEGAARD, S., Gesammelte Werke (GW), Bd. IV, Düsseldorf - Köln 1970.
KIESEWETTER, H., Von Hegel zu Hitler. Eine Analyse der Hegelschen Machtstaatsideologie und der politischen Wirkungsgeschichte des Rechtshegelianismus, Hamburg 1974.
KIRCHBERG, J./MÜTHER, J. (Hrsg.), Philosophisch-Theologische Grenzfragen. FS Richard Schaeffler, Essen 1986.
DIE KIRCHE DES ANFANGS. FS Heinz Schürmann, hrsg. v. R. Schnackenburg [u.a.], Leipzig 1977.
KIRCHE IM WERDEN. Studien zum Thema Kirche und Gemeinde im Neuen Testament, hrsg. v. J. Hainz, München 1976.
KLAUCK, H.-J., 1. Korintherbrief, NEcht, Würzburg 1984.
KLUGE, F., Etymologisches Wörterbuch der deutschen Sprache, 23. erw. Auflage, Berlin 1995.
KLUXEN, W. (Hrsg.), Tradition und Innovation, Hamburg 1988.
KNAUER, P., Der Glaube kommt vom Hören. Ökumenische Fundamentaltheologie, neubearb. u. erw. Auflage, Freiburg i. Br. - Basel - Wien [6]1991.
KNAUER, P., Die Korrelation von Glaubensgegenstand und Glaubensakt, in: Cath(M) 44 (1990) 49-63.

KNAUER, P., Rezension zu W. Joest, Fundamentaltheologie, in: ThPh 51 (1976) 607-609.
KNOBELOCH, H. (Hrsg.), Freiheit und Verbindlichkeit. Matthias Kohn zum 60. Geburtstag, Aachen 1988.
KNOCH, O., Charisma und Amt: Ordnungselemente der Kirche, in: SNTU 8 (1983) 124-161.
KNOEPFFLER, N., Der Begriff 'transzendental' bei Karl Rahner. Zur Frage seiner Kantischen Herkunft (IThS 39), Innsbruck - Wien 1993.
KOCH, D.-A., Die Bedeutung der Wundererzählungen für die Christologie des Markusevangeliums, Berlin - New York 1975.
KÖHLER, W.-D., Die Rezeption des Matthäusevangeliums in der Zeit vor Irenäus, Tübingen 1987.
KÖNIGSHAUSEN, J.-H., Ursprung und Thema von Erster Wissenschaft. Die aristotelische Entwicklung des Problems, Amsterdam - Atlanta (GA) 1989.
KOLPING, A., Fundamentaltheologie, Bd. I, Theorie der Glaubwürdigkeitserkenntnis der Offenbarung, Münster 1968.
KOLPING, A., Fundamentaltheologie, Bd. II, Die konkret-geschichtliche Offenbarung Gottes, Münster 1974.
KOLPING, A., Fundamentaltheologie, Bd. III/1, Die katholische Kirche als die Sachwalterin der Offenbarung Gottes. I. Teil Die geschichtlichen Anfänge der Kirche Christi, Münster 1981.
KOMMUNIKATION UND REFLEXION. Zur Diskussion der Transzendentalpragmatik. Antworten auf Karl-Otto Apel, hrsg. v. W. Kuhlmann/D. Böhler, Frankfurt a. M. 1982.
KOMMUNIKATION UND SOLIDARITÄT. Beiträge zur Diskussion des handlungstheoretischen Ansatzes von Helmut Peukert in Theologie und Sozialwissenschaften, Freiburg (Schweiz) - Münster 1985.
KOSTER, M. D., Ekklesiologie im Werden, Paderborn 1940.
KRAUS, K., Worte in Versen, München 1959.
KREINER, A./FUCHS, F. J., 'Ich glaube, darum rede ich' (2 Kor 4,13). Eugen Bisers hermeneutische Theologie, in: Communicatio fidei, 399-414.
KREMER, K. (Hrsg.), Um Möglichkeit oder Unmöglichkeit natürlicher Gotteserkenntnis heute, Leiden - New York - Kopenhagen - Köln 1985.
KRINGS, H., Empirie und Apriori, in: ders., System und Freiheit, 69-98.
KRINGS, H., Reale Freiheit. Praktische Freiheit. Transzendentale Freiheit, in: ders., System und Freiheit, 40-68.
KRINGS, H., Die systematische Struktur der Normenbegründung, in: Kant oder Hegel?, 625-640.
KRINGS, H., System und Freiheit. Gesammelte Aufsätze, Freiburg i. Br. - München 1980.
KRONABEL, CH., Die Aufhebung der Begriffsphilosophie. Anton Günther und der Pantheismus, Freiburg i. Br. - München 1989.
KÜGLER, J., Der Jünger, den Jesus liebte. Literarische, theologische und historische Untersuchungen zu einer Schlüsselgestalt johanneischer Theologie und Geschichte. Mit einem Exkurs über die Brotrede in Joh 6, Stuttgart 1988.

KÜHNEWEG, U., Der Trinitätsaufweis Richards von St. Viktor, in: ThPh 62 (1987) 401-422.
KÜMMEL, W. G., Das Urchristentum. II. Arbeiten zu Spezialproblemen (a. Das Ostergeschehen, die Entstehung und die Geschichte der Urgemeinde), in: ThR 50 (1985) 132-164;
KÜMMEL, W. G., Dreißig Jahre Jesusforschung (1950-1980), hrsg. v. H. Merklein, Königstein 1985; darin enthalten: ders., Jesusforschung seit 1950, ThR 31 (1965/1966) 15-46. 289-315; ders., Ein Jahrzehnt Jesusforschung (1965-1975), in: ThR 40 (1975) 289-336; ThR 41 (1976) 197-258.295-363; ThR 43 (1978) 105-161.233-265; ThR 45 (1980) 40-84.293-337; ders., Jesusforschung seit 1950: Nachträge 1975-1980, in: ThR 46 (1981) 317-363; ThR 47 (1982) 136-165.348-383.
KÜMMEL, W. G., Jesusforschung seit 1981. I. Forschungsgeschichte, Methodenfragen, in: ThR 53 (1988) 229-249; II. Gesamtdarstellungen, in: ThR 54 (1989) 1-53.
KÜNG, H., Christ sein, (TB) München 1993.
KÜNG, H., Existiert Gott? Antwort auf die Gottesfrage der Neuzeit, München - Zürich 1995.
KÜNG, H., Die Kirche, Freiburg i. Br. 1992.
KÜNG, H., Unfehlbar? Eine Anfrage, Zürich [1]1970.
KÜNG, H., Unfehlbar? Eine unerledigte Anfrage. Mit einem aktuellen Vorwort von H. Haag, erw. Neuausgabe, München 1989.
KÜNNETH, W., Art. 'Kanon', in: TRE Bd. XVII, Berlin - New York 1988, 562-570.
KUGELMANN, L., Antizipation. Eine begriffsgeschichtliche Untersuchung, Göttingen 1986.
KUHLMANN, W., Philosophie und rekonstruktive Wissenschaft. Bemerkungen zu Jürgen Habermas' Theorie des kommunikativen Handelns, in: ZPhF 40 (1986), 224-234.
KUHLMANN, W., Reflexive Letztbegründung. Untersuchungen zur Transzendentalpragmatik, Freiburg i. Br. - München 1985
KUHLMANN, W., Tod des Subjekts? Eine transzendentalpragmatische Verteidigung des Vernunftsubjekts, in: Tod des Subjekts?, 120-163.
KUHLMANN, W., Zur Kritik des historischen Bewußtseins, in: Tradition und Innovation, 36-46.
KULD, L., Lerntheorie des Glaubens. Religiöses Lehren und Lernen nach J. H. Newmans Phänomenologie des Glaubensakts, Sigmaringendorf 1989.
KUNZ, E., Glaubwürdigkeitserkenntnis und Glaube (analysis fidei), in: HFth IV, 414-449.
LAFONT, G., La Constitution 'Dei Verbum' et ses précédents conciliaires, in: NRTh 110 (1988) 58-73.
LANG, A., Fundamentaltheologie. Bd. I, Die Sendung Christi, München [1]1953, [4]1967.
LANG, A.., Fundamentaltheologie. Bd. II, Der Auftrag der Kirche, München [1]1954, [4]1968.

LANG, A., Wesen und Wahrheit der Religion, München 1957.
LARCHER, G., Blondel und Ricœr. Thesen zu ihrem Beitrag für die Fundamentaltheologie, in: Glaubenserfahrungen im Handeln und Denken, 43-66.
LARCHER, G./MÜLLER, K./PRÖPPER, TH., (Hrsg.), Hoffnung, die Gründe nennt. Zu Hansjürgen Verweyens Projekt einer erstphilosophischen Glaubensverantwortung, Regensburg 1996.
LARCHER, G., Modelle fundamentaltheologischer Problematik im Mittelalter, in: HFth IV, 334-346.
LARCHER, G., Modernismus als theologischer Historismus. Ansätze zu seiner Überwindung im Frühwerk Maurice Blondels, Frankfurt a. M. - Bern - New York 1985.
LARCHER, G., Subjektivität und Glaube. Fundamentaltheologische Denkanstöße im Werk Paul Ricoeurs, in: Philosophisch-Theologische Grenzfragen, 113-126.
LARCHER, G., Vom Hörer des Wortes als 'homo aestheticus'. Thesen zu einem vernachlässigten Thema heutiger Fundamentaltheologie, in: Hoffnung, die Gründe nennt, 99-111.
LATOURELLE, R., Le Christ Signe de la révélation selon la Constitution 'Dei verbum', in: Greg 47 (1966) 685-709.
LATOURELLE, R., La Révélation et sa transmission selon la Constitution 'Dei verbum', in: Greg 47 (1966) 5-40.
LAUBLE, M., Einheitsideal und Welterfahrung. Zur Aporetik im Denken von Albert Camus, in: Der moderne Agnostizismus, 110-136.
LAUBLE, M., Sinnverlangen und Welterfahrung. Albert Camus' Philosophie der Endlichkeit, Düsseldorf 1984.
LAUTH, R., Theorie des philosophischen Arguments. Der Ausgangspunkt und seine Bedingungen, Berlin - New York 1979.
LE BESOIN RELIGIEUX. Leszek Kolakowski, Sadhu Singh Dhami, Roger Bastide, Roger Mehl. Textes des conférences et des entretiens organisés par les Rencontres Internationales de Genève 1973, Neuchâtel 1974.
LECANUET, E., La vie de l'Église sous Léon XIII, Paris 1930.
LEHMANN, K./RATZINGER, J., Mit der Kirche leben, Freiburg i. Br. - Basel - Wien 1977.
LÉON-DUFOUR, X. (Hrsg.), Les miracles de Jésus selon le Nouveau Testament, (Parole de dieu ; 16), Paris 1977.
LÉON-DUFOUR, X., Der Todesschrei Jesu, in: ThG 21 (1978) 172-178.
LESSING, G. E., Gesammelte Werke (GW), Bde. I-X, hrsg. v. P. Rilla, Berlin 1954-1958.
LESSING, G. E., Werke und Briefe, Bd 8. Werke 1774-1778, Bibliothek Deutscher Klassiker, Frankfurt a. M. 1989.
LESSING, G. E., Werke und Briefe, Bd 9. Werke 1778-1780, Bibliothek Deutscher Klassiker, Frankfurt a. M. 1993.
LEVINAS, E., Humanisme de l'autre homme (Essais 6), Montpellier 1978. Dt.: Humanismus des anderen Menschen, übers. u. mit e. Einl. vers. von L. Wenzler, Hamburg 1989.
LEVINE, M. P., Hume and the Problem of Miracles: a Solution, Dordrecht 1989.

LIETZMANN, H./KÜMMEL, W. G., An die Korinther I., HNT, Tübingen [5]1969.
LIMBECK, M., Die Heilige Schrift, in: HFth IV, 68-99.
LINCOLN, A. T., The Promise and the Failure: Mark 16:7,8, in: JBL 108 (1989) 283-300.
LINDBECK, G., Heilige Schrift, Konsens und Gemeinschaft, in: Schriftauslegung im Widerstreit, hrsg. v. J. Ratzinger, Freiburg i. Br. 1989, 45-80.
LINDEMANN, A., Paulus in den neutestamentlichen Spätschriften, Göttingen 1979.
LIPS, H. v., Der Apostolat des Paulus - ein Charisma? Semantische Aspekte zu χάρις χάρισματα und anderen Wortpaaren im Sprachgebrauch des Paulus, in: Bibl 66 (1985) 305-343.
LIPS, H. v., Neutestamentliche Aspekte zur Ekklesiologie, in: BThZ 13 (1996) 60-70.
LOCKE, J., The works of J. Locke, Bde. I-IX, London [12]1824.
LOHFINK, G./GRESHAKE, G. (Hrsg.), Bittgebet - Testfall des Glaubens, Mainz 1978.
LOHFINK, G., Jesus und die Kirche, in: HFth III, 49-96.
LOHFINK, G., Der letzte Tag Jesu. Die Ereignisse der Passion, Freiburg i. Br. - Basel - Wien [6]1987.
LOHFINK, G., Die Normativität der Amtsvorstellungen in den Pastoralbriefen, in: ThQ 157 (1977) 93-106.
LOHFINK, G., Wie hat Jesus Gemeinde gewollt? Zur gesellschaftlichen Dimension des christlichen Glaubens, Freiburg i. Br. - Basel - Wien 1982.
LOHFINK, N., Der niemals gekündigte Bund. Exegetische Gedanken zum christlich-jüdischen Dialog, Freiburg i. Br. - Basel - Wien 1989.
LOHMEYER, E., Das Evangelium des Markus, KEK, Göttingen [16]1963.
LOHMEYER, E., Von Galiläa nach Jerusalem, Göttingen 1936.
LOHR, CH., Les fondements de la logique nouvelle de Raymond Lulle, in: Cahiers de Fanjeaux 22 (Toulouse 1987), 233-248.
LOISY, A., Choses passées, Paris 1913.
LOISY, A., L'Évangile et l'Église, Paris 1902, 2., verm. Aufl. 1903 (Paris [5]1930). Dt.: Alfred Loisy, Evangelium und Kirche, autorisierte Übers. der 2. Aufl. v. J. Grière-Becker, München 1904.
LOISY, A., Mémoires pour servir à l'histoire religieuse de notre temps, tom. I-III, Paris 1930f.
LOTZ, J. B., Seinsproblematik und Gottesbeweis, in: Gott in Welt, Bd. I, 136-157.
LUBAC, H. de, Corpus Mysticum. Kirche und Eucharistie im Mittelalter, übertragen v. H. U. v. Balthasar, Einsiedeln 1969.
LUBAC, H. de, Glauben aus der Liebe, Einsiedeln 1970.
LUBAC, H. de, Le Mystère du Surnaturel, Aubier 1965, dt.: Die Freiheit der Gnade, übertr. v. H. U. v. Balthasar, Bde. 1-2, Einsiedeln 1971.
LUDWIG, J., Die Primatsworte Mt XVI,18-19 in der altkirchlichen Exegese, Münster 1952.
LÜPKE, J. v., Wege der Weisheit. Studien zu Lessings Theologiekritik, Göttingen 1989.

LÜTHE, R., David Hume. Historiker und Philosoph, Freiburg i. Br. - München 1991.
LÜTTERFELDS, W., Bin ich nur öffentliche Person? E. Tugendhats Idealismuskritik (Fichte) - ein Anstoß zur transzendentalen Sprachanalyse (Wittgenstein), Königstein/Ts. 1982.
LÜTTERFELDS, W., Fichte und Wittgenstein. Der thetische Satz, Stuttgart 1989.
LUTHER, M., Von dem Papstthum zu Rom wider den hochberühmten Humanisten zu Leipzig (1520), WA 6, 292-324.
LUTHER, M., Vom Abendmal Christi. Bekenntnis Mart. Luther (1526), WA 26, 241-509.
LUTZ-BACHMANN, M./HONNEFELDER, L. (Hrsg.), Auslegungen des Glaubens. Zur Hermeneutik christlicher Existenz, Berlin - Hildesheim 1987.
MACGINTY, F. P., The Treatise 'De Mirabilibus Sacrae Sripturae' : Critical Edition, with Intoduction, English Translation of the Long Recension and Some Notes, Ph. D. Diss., Dublin 1971.
MANARANCHE, A., Les raisons de l'espérance. Théologie fondamentale, Paris 1979.
THE MANY-FACED ARGUMENT. Recent Studies on the Ontological Argument for the Existence of God, ed. by J. Hick/A. C. McGill, New York 1968.
MARÉCHAL, J., Le point de départ de la métaphysique. Leçons sur le développement historique et théorique du problème de la connaissance. Cahier 1-5, Bruxelles 1944-49.
MARSHALL, CH. D., Faith as a theme in Mark's narrative, Cambridge 1989.
MARX, K./ENGELS, F., Werke, hrsg. v. Institut für Marxismus-Leninismus beim ZK der SED, Bde. I-XXXIX mit Erg. bd., Berlin 1957-1968.
MARXSEN, W., Die Auferstehung Jesu als historisches und theologisches Problem, Gütersloh 1964.
MARXSEN, W., Der Evangelist Markus. Studien zur Redaktionsgeschichte des Evangeliums, Göttingen 1956.
MARXSEN, W./WILCKENS, U./DELLING, G./GEYER, H.-G., Die Bedeutung der Auferstehungsbotschaft für den Glauben an Jesus Christus, Gütersloh ^{3}1966.
MATERA, F. J., The Prologue as the Interpretative Key to Mark's Gospel, in: JSNT 34 (1988) 3-20.
MCDERMOTT, J. M., The Christologies of Karl Rahner, in: Greg 67 (1986) 87-123, 297-327.
MEIER, J. P., The Historical Jesus: Rethinking Some Concepts, in: TS 51 (1990) 3-24.
MEIER, J. P., A Marginal Jew. Rethinking the Historical Jesus, 2 Bde., New York [u. a.] 1991/94.
MENKE, K.-H./AUTIERO, A. (Hrsg.), Brückenbauer zwischen Kirche und Gesellschaft - A. Rosmini, J.J. Newman, M. Blondel und R. Guardini, Münster 1999.
MENKE, K.-H., Die Einzigkeit Jesu Christi im Horizont der Sinnfrage, Einsiedeln - Freiburg i. Br. 1995.
MENKE, K.-H., Der Gott, der jetzt schon Zukunft schenkt. Plädoyer für eine christliche Theodizee, in: Mit Gott streiten, 90-130.

MENKE, K.-H., Das Gottespostulat unbedingter Solidarität und seine Erfüllung durch Christus, in: IKaZ 21 (1996), 486-499.
MENKE, K.-H., Stellvertretung. Schlüsselbegriff christlichen Lebens und theologische Grundkategorie, Einsiedeln - Freiburg i. Br. 1991.
MENKE, K.-H., Vernunft und Offenbarung nach Antonio Rosmini. Der apologetische Plan einer christlichen Enzyklopädie, Innsbruck 1980.
MENSCHING, G., Toleranz und Wahrheit in der Religion, Heidelberg 1955.
MENSCHING, G., Die Weltreligionen, Wiesbaden 1981.
MERKLEIN, H., Entstehung und Gehalt des paulinischen Leib-Christi-Gedankens, in: Im Gespräch mit dem dreieinen Gott, Düsseldorf 1985, 115-140.
MERKLEIN, H., Jesus, Künder des Reiches Gottes, in: HFth II, 145-174.
MERKLEIN, H., Paulinische Theologie in der Rezeption des Kolosser- und Epheserbriefes, in: Paulus in den neutestamentlichen Spätschriften, 25-69.
MERZ, A./THEISSEN, G., Der historische Jesus. Ein Lehrbuch, Göttingen [2]1997.
METZ, J. B., Glaube in Geschichte und Gesellschaft. Studien zu einer praktischen Fundamentaltheologie, Mainz [5]1992.
METZ, J. B. [u.a.] (Hrsg.), Gott in Welt. Festgabe für Karl Rahner, Bde. I u. II, Freiburg i. Br. 1964.
METZ, J. B., Unterwegs zu einer nachidealistischen Theologie, in: Entwürfe der Theologie, 209-233.
METZ, J. B./RAHNER, K., L'Homme à l'écoute du verbe. Fondements d'une philosophie de la religion. Traduction et édition comparée par Joseph Hofbeck, Tours 1968.
MEYER ZU SCHLOCHTERN, J., Glaube - Sprache - Erfahrung. Zur Begründungsfähigkeit der religiösen Überzeugung, Frankfurt a. M. - Bern - New York - Paris 1978.
MICHEL, O., Der Brief an die Römer, KEK, Göttingen [14]1978.
MILLER, M. H., The Character of Miracles in Luke-Acts, Ann Arbor 1971.
MIRBACH, S., „Ihr aber seid Leib Christi“. Zur Aktualität des Leib-Christi-Gedankens für eine heutige Pastoral, mit einem Vorwort von J. Werbick, Regensburg 1998.
MIT GOTT STREITEN. Neue Zugänge zum Theodizee-Problem, hrsg. v. H. Wagner, QD 169, Freiburg i. Br. - Basel - Wien 1998.
DER MODERNE AGNOSTIZISMUS, hrsg. v. H. R. Schlette, Düsseldorf 1979.
MOLTMANN, J., Dient die "pluralistische Theologie" dem Dialog der Weltreligionen?, in: EvTh 49 (1989) 528-536.
MOSETTO, F., I miracoli evangelici nel dibattito fra Celso e Origene, Rom 1986.
MUCK, O., The Logical Structure of Transcendental Method, in: IPQ 9 (1969) 342-364.
MUCK, O., Philosophische Gotteslehre, Düsseldorf 1983.
MUCK, O., Die transzendentale Methode in der scholastischen Philosophie der Gegenwart, Innsbruck 1964.
MUES, A., Transzendentalphilosophie als System. Die Auseinandersetzung zwischen 1794 und 1806, Hamburg 1989.

MÜLLER, G. L., Hebt das sola-fide-Prinzip die Möglichkeit einer natürlichen Theologie auf? Eine Rückfrage bei Thomas von Aquin, in: Cath(M) 40 (1986) 59-96.
MÜLLER, K., Das etwas andere Subjekt. Der blinde Fleck der Postmoderne, in: ZKTh 120 (1998) 137-163.
MÜLLER, K. (Hrsg.), Fundamentaltheologie - Fluchtlinien und gegenwärtige Herausforderungen, in konzeptioneller Zusammenarbeit mit G. Larcher, Regensburg1998.
MÜLLER, K./LARCHER, G./PRÖPPER, TH., (Hrsg.), Hoffnung, die Gründe nennt. Zu Hansjürgen Verweyens Projekt einer erstphilosophischen Glaubensverantwortung, Regensburg 1996.
MÜLLER, K., Subjekt-Profile. Philosophische Einsprüche in eine theologisch überfällige Debatte, in: ThG 40 (1997) 172-180.
MÜLLER, K., Subjektivität und Theologie. Eine hartnäckige Rückfrage, in: ThPh 70 (1995) 161-186.
MÜLLER, K., Wenn ich "ich" sage. Studien zur fundamentaltheologischen Relevanz selbstbewußter Subjektivität, Frankfurt a. M. 1994.
MÜLLER, K. W., Zu Rudolf Bultmanns Alpirsbacher Vortrag über 'Theologie als Wissenschaft', in: ZThK 81 (1984) 470-471.
MÜTHER, J./KIRCHBERG, J. (Hrsg.), Philosophisch-Theologische Grenzfragen. FS Richard Schaeffler, Essen 1986.
MUIR, E., The Killing, Collected Poems, New York 1960.
MUSSNER, F., Die Kraft der Wurzel. Judentum - Jesus - Kirche, Freiburg i. Br. - Basel - Wien ^{2}1989.
MUSSNER, F., Dieses Geschlecht wird nicht vergehen. Judentum und Kirche, Freiburg i. Br. - Basel - Wien, 1991.
MUSSNER, F., Der Galaterbrief, HThK, Freiburg i. Br. ^{4}1981.
MUSSNER, F., Petrus und Paulus - Pole der Einheit. Eine Hilfe für die Kirchen, QD 76, Freiburg i. Br. - Basel - Wien 1976.
MYSTICI CORPORIS. Vom 29. Juni 1943, in: AAS 35 (1943) 193-248. Deutsche Übersetzung in: Heilslehre der Kirche. Dokumente von Pius IX. bis Pius XII. Deutsche Ausgabe des franz. Originals v. P. Cattin/H. Th. Conus, besorgt v. A. Rohrbasser, Freiburg (Schweiz) 1953, 466-526.
MYSTIK UND POLITIK. Theologie im Ringen um Geschichte und Gesellschaft. Johann Baptist Metz zu Ehren, hrsg. v. E. Schillebeeckx, Mainz 1988.
NAGL-DOCEKAL, H./VETTER, H. (Hrsg.), Tod des Subjekts?, München 1987.
NERI, M., La Testimonianza. Forma fondamentale della mediazione storica della rivelazione cristiana die Dio. Una ricerca nell`opera di H. U. von Balthasar e in alcune proposte di interesse teologico-fondamentale, Inaugural-Dissertation (masch.), Freiburg i. Br. 1999.
NEUDECK, R., Die politische Ethik bei Jean-Paul Sartre und Albert Camus, Bonn 1975.
NEUFELD, K.-H., Adolf v. Harnacks Konflikt mit der Kirche: Wegstationen zum 'Wesen des Christentums', München 1979.
NEUFELD, K.-H., Über fundamentaltheologische Tendenzen der Gegenwart, in: ZKTh 111 (1989) 26-44.

NEUHAUS, G., Die Einheit von Nächsten- und Gottesliebe. Rahners These vor der Herausforderung durch Feuerbach, in: Forum Kath. Theol. 1 (1985) 176-196.
NEUHAUS, G., Theodizee und Glaubensgeschichte. Zur Kontingenz einer Fragestellung, in: Mit Gott streiten, 11-47.
NEUHAUS, G., Transzendentale Erfahrung als Geschichtsverlust? Der Vorwurf der Subjektlosigkeit an Rahners Begriff geschichtlicher Existenz und eine weiterführende Perspektive transzendentaler Theologie, Düsseldorf 1982.
NEUMANN, W. M., Die Stellung des Gottesbeweises in Augustins *De libero arbitrio*, Hildesheim 1986.
NEWMAN, J. H., An Essay in Aid of a Grammar of Assent (1870). New Impression, Westminster/Md. 1973; deutsch: Entwurf einer Zustimmungslehre, übersetzt v. Th. Haecker, in: ders., Ausgewählten Werke, Bd. VII, hrsg. v. M. Laros, W. Becker u. J. Artz, Mainz 1961.
NEWMAN, J. H., Predigten. Gesamtausgabe, I. Pfarr- und Volkspredigten, Bd. II, Stuttgart 1950, (engl. Ausg.: ders., Parochial Sermons Vol. II, London ^{3}1840)
NIEMANN, F.-J., Die erste ökumenische Fundamentaltheologie. Zum 400. Geburtstag von Hugo Grotius, in: Cath 37 (1983) 203-215.
NIEMANN, F.-J., Fundamentaltheologie im 17. Jahrhundert, in: ZKTh 103 (1981) 178-185.
NIEMANN, F.-J., Jesus als Glaubensgrund in der Fundamentaltheologie der Neuzeit. Zur Genealogie eines Traktats, Innsbruck – Wien 1983.
NINOT, S. Pié i, Tratado de Teología Fundamental. 'Dar razón de la esperanza' (1 Pe 3,15), Salamanca 1989.
OBERLINNER, L., Exkurs: Gemeinde, Amt und Kirche nach den Pastoralbriefen, in: ders., Die Pastoralbriefe, 74-100.
OBERLINNER, L., Die Pastoralbriefe. 3. Folge: Kommentar zum Titusbrief, Freiburg i. Br. – Basel – Wien 1996.
OBERLINNER, L., Zwischen Anpassung und Konflikt. Die Weisungen für die christliche Gemeinde und die Kirche nach den Pastoralbriefen, in: BiKi 45 (1990) 87-93.
OBERLINNER, L., Zwischen Kreuz und Parusie. Die eschatologische Qualität des Osterglaubens, in: Auferstehung Jesu – Auferstehung der Christen, 63-95.
O'COLLINS, G., The Fearful Silence of Three Women (Mark 16:8c), in: Greg 69 (1988) 489-503.
OEING-HANHOFF, L., Metaphysik und Freiheit. Ausgewählte Abhandlungen, hrsg. v. Th. Kobusch/W. Jaeschke, München 1988.
OEPKE, A./ROHDE, J., Der Brief des Paulus an die Galater, ThHK, Berlin ^{5}1984.
OFFENBARUNG ALS GESCHICHTE, hrsg. v. W. Pannenberg, Göttingen 1965.
OHLIG, K.-H., Fundamentalchristologie. Im Spannungsfeld von Christentum und Kultur, München 1986.
OLIVETTI, M. M., Incarnation. Textes réunis par M. M. Olivetti (Biblioteca dell' 'Archivio di Filosofia'), Padova 1999.
OLIVETTI, M. M., Introduzione, in: Johann Gottlieb Fichte, Saggio di una critica di ogni rivelazione, ed. M. M. Olivetti, Roma – Bari 1998, VII-LX.

ORIGENES, Contra Celsum/Acht Bücher gegen Celsus, BKV, Des Origenes Ausgewählte Schriften, Bd. II u. III, übers. u. erl. v. P. Koetschau, Kempten – München 1926/27.

ORIGENES, Contra Celsum/Contre Celse, Bde I-V, Origène. Introd., texte critique, trad. et notes par M. Borret, Paris 1967/68/69/69/76.

ORIGENIS in Leviticum Homilia VII 2, SC 286, ed. M. Borret, Paris 1981.

ORTH, S., Das verwundete Cogito und die Offenbarung. Von Paul Ricoeur und Jean Nabert zu einem Modell fundamentaler Theologie, Freiburg i. Br. 1999.

ORWELL, G., 1984; in der Übers. v. M. Walter, (TB) Frankfurt a. M. 1983.

OSSWALD, B./Anton Günther. Theologisches Denken im Kontext einer Philosophie der Subjektivität, Paderborn – München – Wien – Zürich 1990.

OTT, Heinrich, Bilanz der Diskussion um die vatikanische Primats- und Unfehlbarkeitsdefinition. Eine protestantische Stellungnahme, in: Papsttum als ökumenische Frage, 212-233.

OTT, Heinrich, Die Lehre des I. Vatikanischen Konzils, Basel 1963.

OTT, Hugo, Die Weltanschauungsprofessuren (Philosophie und Geschichte) an der Universität Freiburg – besonders im Dritten Reich, in: HJ 108 (1988) 169-173.

PANNENBERG, W., Anthropologie in theologischer Perspektive, Göttingen 1983.

PANNENBERG, W., Art. 'Dialektische Theologie', in: RGG Bd. II, Tübingen [3]1958, 168-174.

PANNENBERG, W., Den Glauben an ihm selbs[t] fassen und verstehen. Eine Antwort, in: ZThK 86 (1989) 355-370.

PANNENBERG, W., Grundzüge der Christologie, Gütersloh ([1]1964) [6]1982.

PANNENBERG, W., Metaphysik und Gottesgedanke, Göttingen 1988.

PANNENBERG, W. (Hrsg.), Offenbarung als Geschichte, Göttingen [5]1982.

PANNENBERG, W., Systematische Theologie, Bde. I-III, Göttingen 1988/1991/1993.

PANNENBERG, W., Wissenschaftstheorie und Theologie, Frankfurt a. M. [1]1973 (TB 1987).

PAPSTTUM ALS ÖKUMENISCHE FRAGE, hrsg. v. d. Arbeitsgemeinschaft ökumenischer Universitätsinstitute, München – Mainz 1979.

PARUSIA. Studien zur Philosophie Platons und zur Problemgeschichte des Platonismus, hrsg. v. K. Flasch, Frankfurt a. M. 1965.

PATHOS, AFFEKT, GEFÜHL. Philosophische Beiträge, hrsg. v. I. Craemer-Ruegenberg, Freiburg i. Br. – München 1981.

PAULUS IN DEN NEUTESTAMENTLICHEN SPÄTSCHRIFTEN. Zur Paulusrezeption im Neuen Testament, hrsg. v. K. Kertelge, QD 89, Freiburg i. Br. – Basel – Wien 1981.

PECHHACKER, A., Zur Begründung des Kausalprinzips, in: Scholastik (heute: ThPh) 25 (1950) 518-534.

PESCH, O. H., Bilanz der Diskussion um die vatikanische Primats- und Unfehlbarkeitsdefinition, in: Papsttum als ökumenische Frage, 159-211.

PESCH, R., Jesu ureigene Taten? Ein Beitrag zur Wunderfrage, QD 32, Freiburg i. Br. – Basel – Wien 1970.

PESCH, R., Das Markusevangelium, Teil I u. II, HThK, Freiburg i. Br. - Basel - Wien ³1980/²1980.
PESCH, R., Römerbrief, NEcht, Würzburg 1983.
PESCH, R., Simon-Petrus. Geschichte und geschichtliche Bedeutung des ersten Jüngers Jesu Christi, Stuttgart 1980.
PESCH, R., Wie Jesus das Abendmahl hielt, Freiburg i. Br. - Basel - Wien 1977.
PESCH, R., Zur Entstehung des Glaubens an die Auferstehung Jesu. Ein Vorschlag zur Diskussion, in: ThQ 153 (1973) 201-228.
PESCH, R., Zur Entstehung des Glaubens an die Auferstehung Jesu. Ein neuer Versuch, in: FZPhTh 30 (1983) 73-98.
PESCH, R., Zur theologischen Bedeutung der 'Machttaten' Jesu, in: ThQ 152 (1972) 203-213.
PESCH, R./KRATZ, R., So liest man synoptisch. Anleitung und Kommentar zum Studium der synoptischen Evangelien, Bd. II Wundergeschichten, Teil I Exorzismen - Heilungen - Totenerweckungen, Frankfurt a. M. 1976.
DER PETRUS DER BIBEL. Eine ökumenische Untersuchung, hrsg. v. R. E. Brown [u.a.], Stuttgart 1976.
PEUKERT, H., Intersubjektivität - Kommunikationsgemeinschaft - Religion. Bemerkungen zur Interpretation einer höchsten Stufe der Entwicklung moralischen Bewußtseins durch K.-O. Apel, in: Archivio di Filosofia, H. 1-3 ('Intersoggetività socialità religione') 54 (1986) 167-178.
PEUKERT, H., Praxis universaler Solidarität. Grenzprobleme im Verhältnis von Erziehungswissenschaft und Theologie, in: Mystik und Politik, 172-185.
PEUKERT, H., Tradition und Transformation. Zu einer pädagogischen Theorie der Überlieferung, in: Religionspädagogische Beiträge 19 (1987) 16-34.
PEUKERT, H., Wissenschaftstheorie - Handlungstheorie - Fundamentale Theologie. Analysen zu Ansatz und Status theologischer Theoriebildung (¹1976), Neuaufl. (TB) Frankfurt ²1988.
PFEIFFER, H., Gott offenbart sich. Das Reifen und Entstehen des Offenbarungsverständnisses im ersten und zweiten vatikanischen Konzil, Frankfurt a. M. - Bern - New York - Paris 1982.
PFURTSCHELLER, F., Von der Einheit des Bewußtseins zur Einheit des Seins. Zur Grundlage der Ontologie bei Antonio Rosmini-Serbati (1797-1855), Frankfurt a. M. 1977.
PHILO [ALEXANDRINUS], Werke in dt. Übers., Bde. I-VII, hrsg. v. L. Cohn u. J. Heinemann, Berlin 1962-1964.
PHILOSOPHIE UND BEGRÜNDUNG, hrsg. v. Forum für Philosophie Bad Homburg, Frankfurt a. M. 1987.
PHILOSOPHISCH-THEOLOGISCHE GRENZFRAGEN. FS Richard Schaeffler, hrsg. v. J. Kirchberg u. J. Müther, Essen 1986.
PICHLER, K., Streit um das Christentum. Der Angriff des Kelsos und die Antwort des Origenes, Frankfurt a. M. 1980.
PLATON, Werke in acht Bänden, gr.-dt., hrsg. v. G. Eigler; dt. Übers. v. F. Schleiermacher, Bde. I-VIII, Darmstadt 1970-1983.

PLATZBECKER, P., Transzendentalphilosophische Glaubensverantwortung. Zur Auseinandersetzung zwischen Hansjürgen Verweyen und Thomas Pröpper, Diss. (masch.), Bonn 2000.

POPKES, W., Christus traditus. Eine Untersuchung zum Begriff der Dahingabe im Neuen Testament, Zürich 1967.

POTTMEYER, H. J., Kirche als Communio. Eine Reformidee aus unterschiedlichen Perspektiven, SdZ 210 (1992), 579-589.

POTTMEYER, H. J., Normen, Kriterien und Strukturen der Überlieferung, in: HFth IV, 124-152.

POTTMEYER, H. J., Zeichen und Kriterien der Glaubwürdigkeit des Christentums, in: HFth IV, 373-413.

POULAT, E., Histoire, dogme et critique dans la crise moderniste, Paris 1962.

PREJEAN, H., Dead man walking. Sein letzter Gang, aus dem Amerikan. von S. Walter, München 1996.

PRINZIP FREIHEIT. Eine Auseinandersetzung um Chancen und Grenzen transzendentalphilosophischen Denkens, hrsg. v. H. M. Baumgartner, Freiburg i. Br. - München 1979.

PROBLEME UND ASPEKTE DER FUNDAMENTALTHEOLOGIE, hrsg. v. J. Bernard, Innsbruck - Wien 1985. Dt. Ausg. v.: PROBLEMI E PROSPETTIVE DI TEOLOGIA FONDAMENTALE, hrsg. v. R. Latourelle/G. O'Collins, Brescia 1980.

PRÖPPER, TH., Erlösungsglaube und Freiheitsgeschichte. Eine Skizze zur Soteriologie, München [3]1991.

PRÖPPER, TH., Erstphilosophischer Begriff oder Aufweis letztgültigen Sinns? Anfragen an Hansjürgen Verweyens 'Grundriß der Fundamentaltheologie', in: ThQ 174 (1994) 272-287.

PRÖPPER, TH./ LARCHER, G./MÜLLER, K., (Hrsg.), Hoffnung, die Gründe nennt. Zu Hansjürgen Verweyens Projekt einer erstphilosophischen Glaubensbegründung, Regensburg 1996.

PRÖPPER, TH., Sollensevidenz, Sinnvollzug und Offenbarung. Im Gespräch mit Hansjürgen Verweyen, in: Hoffnung, die Gründe nennt, 27-48.

PRÖPPER, TH., Thesen zum Wunderverständnis, in: Bittgebet - Testfall des Glaubens, Mainz 1978, 71-91.

QUAST, K., Peter and the Beloved Disciple. Figures for a Community in Crisis, Sheffield 1989.

RADL, W., Paulus und Jesus im lukanischen Doppelwerk, Frankfurt a. M. - Bern - New York - Paris 1975.

RAFFELT, A., Spiritualität und Philosophie: Zur Vermittlung geistig-religiöser Erfahrung in Maurice Blondels 'L'Action' (1893), Freiburg i. Br. 1978.

RAFFELT, A./VERWEYEN, H., Karl Rahner, München 1997.

RAHNER, J., "Er aber sprach vom Tempel seines Leibes": Jesus von Nazaret als Ort der Offenbarung Gottes im vierten Evangelium, BBB 117, Bodenheim 1998.

RAHNER, K., Art. 'Existential, übernatürliches', in: LThK Bd. III, Freiburg i. Br. [2]1962, 1301.

RAHNER, K., Bemerkungen zur Situation des Glaubens heute, in: Probleme und Aspekte der Fundamentaltheologie, 329-346.

RAHNER, K./FRIES, H., Einigung der Kirchen – reale Möglichkeit, erw. Sonderauflage, Freiburg i. Br. – Basel – Wien 1985. Mit einer Bilanz "Zustimmung und Kritik" v. H. Fries [2]1986.

RAHNER, K., Geist in Welt. Zur Metaphysik der endlichen Erkenntnis bei Thomas von Aquin, in: ders., SW 2, 5-300.

RAHNER, K., Die Gliedschaft der Kirche nach der Lehre der Enzyklika Pius XII' 'Mystici Corporis Christi', in: ders., Schriften zur Theologie Bd. II, Einsiedeln [6]1962, 7-94.

RAHNER, K., Grundkurs des Glaubens. Einführung in den Begriff des Christentums, in: ders., SW 26, 3-442.

RAHNER, K.,/METZ, J. B., L'Homme à l'écoute du verbe. Fondements d'une philosophie de la religion. Traduction et édition comparée par Joseph Hofbeck, Tours 1968.

RAHNER, K., Hörer des Wortes. Zur Grundlegung einer Religionsphilosophie, in: ders., SW 4, 2-281 (kritische Synopse der 1. und 2. Auflage!).

RAHNER, K., Im Gespräch, hrsg. v. P. Imhof u. H. Biallowons, Bd. I 1964-1977, München 1982; Bd. II 1978-1982, München 1983.

RAHNER, K., Sämtliche Werke (SW), hrsg. von der Karl-Rahner-Stiftung unter Leitung von Karl Lehmann, Div. Bände, Solothurn – Düsseldorf – Freiburg i. Br. 1995-1999.

RAHNER, K., Schriften zur Theologie, Bde. I-XVI mit Registerband, Einsiedeln 1954-1984.

RAHNER, K., Über das Verhältnis von Natur und Gnade, in: Schriften zur Theologie Bd. I, Einsiedeln 1954, 323-345.

RAHNER, K., Über die Schriftinspiration, QD 1, Freiburg i. Br. – Basel – Wien [3]1962.

RAHNER, K., Über die theoretische Ausbildung künftiger Priester heute, in: ders., Schriften zur Theologie Bd. VI, 139-167.

RAHNER, K., Ein Weg zur Bestimmung des Verhältnisses von Natur und Gnade. B. Eine Antwort, in: Orientierung 14 (1950) 141-145.

RAHNER, K., Die Zugehörigkeit zur Kirche nach der Lehre der Enzyklika Pius' XII. Mystici Corporis Christi, in: ZKTh 69 (1947) 129-188.

RAHNER, K., Zur Reform des Theologiestudiums, QD 41, Freiburg i. Br. – Basel – Wien 1969.

RATIONALITÄT. Ihre Entwicklung und ihre Grenzen, hrsg. v. L. Scheffczyk, Freiburg i. Br. 1989.

RATZINGER, J., Die Ekklesiologie des Zweiten Vatikanums, in: IKaZ 15 (1986) 41-52.

RATZINGER, J., Identifikation mit der Kirche, in: ders./Lehmann, K., Mit der Kirche leben, 11-40.

RATZINGER, J., Kleine Katholische Dogmatik. Bd. IX Eschatologie – Tod und ewiges Leben, Regensburg [6]1990.

RATZINGER, J., Kommentar zu 'Dei Verbum', in: LThK Ergänzungsband Vat II/2, Freiburg i. Br. ²1967, 497-528.
RATZINGER, J./LEHMANN, K., Mit der Kirche leben, Freiburg i. Br. – Basel – Wien 1977.
RATZINGER, J., Schriftauslegung im Widerstreit. Zur Frage nach Grundlage und Weg der Exegese heute, in: Schriftauslegung im Widerstreit, 15-44.
RATZINGER, J. (Hrsg.), Schriftauslegung im Widerstreit, QD 117, Freiburg i. Br. – Basel – Wien 1989.
RAVAISSON-MOLLIEN, F., Testament philosophique et fragments. Texte revu et prés. Par Ch. Devivaise. – überarb. Repr. d. Ausg. Paris 1933, Paris 1983.
THE REDISCOVERY OF NEWMAN: An Oxford Symposium, ed. by J. Coulson/ A. M. Allchin, London 1967.
REEMTS, CH., Vernunftgemäßer Glaube. Die Begründung des Christentums in der Schrift des Origenes gegen Celsus, Bonn 1998.
REIKERSTORFER, J., Fundamentaltheologische Modelle der Neuzeit. § 2: Fundamentaltheologische Neuorientierung: J. S. v. Drey/A. Günther/J. N. Ehrlich in: HFth IV, 352-356.
REIKERSTORFER, J., Fundamentaltheologie, in: Die Katholisch-Theologische Fakultät der Universität Wien 1884-1984, 125-151.
REIKERSTORFER, J., A. Günther und seine Schule (1783-1863), in: Christliche Philosophie Bd. I, 266-284.
REITH, K. F., Mikrologie. Reflexionen zu einer kritischen Theologie, Frankfurt a. M. – Bern – New York – Paris 1982.
RELIGIONSKRITIK UND RELIGIOSITÄT IN DER DEUTSCHEN AUFKLÄRUNG, hrsg. v. K. Gründer/K. H. Rengstorf, Heidelberg 1989.
RENDTORFF, T. (Hrsg.), Charisma und Institution, Gütersloh 1985.
RICHARD VON ST. VIKTOR, Die Dreieinigkeit, übertr. u. Anm. v. H. U. v. Balthasar, Einsiedeln 1980.
RICOEUR, P., Erzählung, Metapher und Interpretationstheorie, in: ZThK 84 (1987) 232-253.
RICOEUR, P., Die Interpretation. Ein Versuch über Freud, Frankfurt a. M. 1969.
ROBBINS, V. K., The Woman who touched Jesus' Garment: Socio-Rhetorical Analysis of the Synoptic Accounts, in: NTS 33 (1987) 502-515.
ROBINSON, J. M., A New Quest of the Historical Jesus, London 1959 (erw. dt. Fassung: Kerygma und historischer Jesus, Zürich 1960).
RÖSSLER, D./VOIGT, G. [u. a.] (Hrsg.), Fides et communicatio. FS Martin Doerne, Göttingen 1970.
ROHLS, J., Theologie und Metaphysik. Der ontologische Gottesbeweis und seine Kritiker, Gütersloh 1987.
ROHLS, J./WENZ, G. (Hrsg.), Vernunft des Glaubens. Wissenschaftliche Theologie und kirchliche Lehre. FS Wolfhart Pannenberg, Göttingen 1988.
ROLOFF, J., Apostolat – Verkündigung – Kirche, Gütersloh 1965.
ROLOFF, J., Art. 'Apostel/Apostolat/Apostolizität', in: TRE Bd. III, Berlin – New York 1978, 430-445.
RUCKSTUHL, E., Jesus im Horizont der Evangelien, Stuttgart 1988.

RÜCKFRAGE NACH JESUS. Zur Methodik und Bedeutung der Frage nach dem historischen Jesus, hrsg. v. K. Kertelge, QD 63, Freiburg i. Br. - Basel - Wien 1974.

RUGGIERI, G., Nota introduttiva, in: Enciclopedia di Teologia fondamentale, Vol. I, XV-XXXVI.

SALA, G. B., Kant und die Frage nach Gott. Gottesbeweise und Gottesbeweiskritik in den Schriften Kants, Berlin - New York 1990.

SALA, G. B., Wohlverhalten und Wohlergehen. Der moralische Gottesbeweis in den Schriften Kants und die Frage einer eudämonistischen Ethik, in: ThPh 68 (1993) 182-207; 368-398.

SAND, A., Das Evangelium des Matthäus, das Evangelium der Kirche, in: Forum Kath. Theol. 1 (1985) 61-67.

SCHÄFER, L., Selbstbestimmung und Naturverhältnis des Menschen, in: Information Philosophie, H. 5, 1986, 4-19.

SCHAEFFLER, R., Fähigkeit zur Erfahrung. Zur transzendentalen Hermeneutik des Sprechens von Gott, Freiburg i. Br. 1982.

SCHEELE, P.-W./SCHNEIDER, G. (Hrsg.), Christuszeugnis der Kirche, Essen 1970.

SCHEFFCZYK, L. (Hrsg.), Rationalität. Ihre Entwicklung und ihre Grenzen, München 1989.

SCHEFFCZYK, L., Die Tübinger Schule. Philosophie im Denken der Tübinger Schule, in: Christliche Philosophie, Bd. I, 86-108.

SCHENKE, L., Die Wundererzählungen des Markusevangeliums, Stuttgart 1974.

SCHILLEBEECKX, E., Christliche Identität und kirchliches Amt. Plädoyer für den Menschen in der Kirche, Düsseldorf 1985.

SCHILLEBEECKX, E., Jesus. Die Geschichte von einem Lebenden, Freiburg i. Br. - Basel - Wien [4]1992.

SCHILLEBEECKX, E. (Hrsg.), Mystik und Politik. Theologie im Ringen um Geschichte und Gesellschaft. Johann Baptist Metz zu Ehren, Mainz 1988.

SCHILSON, A., Geschichte im Horizont der Vorsehung. G. E. Lessings Beitrag zu einer Theologie der Geschichte, Mainz 1974.

SCHILSON, A., Lessings Christentum, Göttingen 1980.

SCHLETTE, H. R. (Hrsg.), Der moderne Agnostizismus, Düsseldorf 1979.

SCHLIER, H., Die Kirche nach dem Briefe an die Epheser, in: ders., Die Zeit der Kirche, 159-186.

SCHLIER, H., Der Römerbrief, HThK, Freiburg i. Br. - Basel - Wien 1977.

SCHLIER, H., Die Zeit der Kirche. Exegetische Aufsätze und Vorträge, Freiburg i. Br. - Basel - Wien 1955.

SCHLÖR, V., Hermeneutik der Mimesis. Phänomene. Begriffliche Entwicklungen. Schöpferische Verdichtung in der Lyrik Christine Lavants, Düsseldorf - Bonn 1998.

SCHMID, D., Religion und Christentum in Fichtes Spätphilosophie 1810-1813, Berlin - New York 1995.

SCHMID, J., Das Evangelium nach Markus, RNT, Regensburg [4]1958 (Neubearb. d. Kommentars durch J. Ernst, Regensburg 1981).

SCHMIDT-LEUKEL, P., Grundkurs Fundamentaltheologie. Eine Einführung in die Grundfragen des christlichen Glaubens, München 1999.
SCHMIDT-LEUKEL, P., Theologie der Religionen. Probleme, Optionen, Argumente, Neuried 1997.
SCHMIED, A., Fragen um die Auferstehung Jesu. Zu beachtenswerten Veröffentlichungen, in: ThG 30 (1987) 58-64.
SCHMITHALS, W., Das Evangelium nach Markus, Teil I u. II, ÖTK, Gütersloh – Würzburg 1979.
SCHMITHALS, W., Der Römerbrief. Ein Kommentar, Gütersloh 1988.
SCHMITZ, J., Das Christentum als Offenbarungsreligion im kirchlichen Bekenntnis, HFth II, 15-28.
SCHMITZ, J., Die Fundamentaltheologie im 20. Jahrhundert, in: Bilanz der Theologie im 20. Jahrhundert Bd. II, 197-245.
SCHMITZ, J., Offenbarung, Düsseldorf 1988.
SCHNACKENBURG, R., Das Johannesevangelium, Teil I-IV, HThK, Freiburg i. Br. – Basel – Wien 1965-1984.
SCHNACKENBURG, R. [u. a.] (Hrsg.), Die Kirche des Anfangs. FS Heinz Schürmann, Leipzig 1977.
SCHNEEMELCHER, W./HENNECKE, E., Neutestamentliche Apokryphen in deutscher Übersetzung, 5., völlig neubearb. Aufl. hrsg. v. W. Schneemelcher, Bd. I Evangelien, Tübingen 1987; Bd. II Apostolisches, Apokalypsen und Verwandtes, Tübingen 1989.
SCHNEIDER, G./SCHEELE, P.-W. (Hrsg.), Christuszeugnis der Kirche, Essen 1970.
SCHNEIDER, G., Das Evangelium nach Lukas, ÖTK, Gütersloh – Würzburg 1977.
SCHNEIDER, G., Die zwölf Apostel als Zeugen, in: Christuszeugnis der Kirche, hrsg. v. P.-W. Scheele u. G. Schneider, Essen 1970, 39-65.
SCHNEIDERS, S. M., 'Das Tuch auf dem Antlitz Jesu': ein johanneisches Zeichen (Joh 20,1-10), in: ThG 27 (1984) 34-40.
SCHÖNBERGER, R., Responsio Anselmi. Anselms Selbstinterpretation in seiner Replik auf Gaunilo, in: FZPhTh 36 (1989) 3-46.
SCHREIBER, J., Der Kreuzigungsbericht des Markusevangeliums Mk 15,20b-41. Eine traditionsgeschichtliche und methodenkritische Untersuchung nach William Wrede (1859-1906), Berlin – New York 1986.
SCHRIFTAUSLEGUNG IM WIDERSTREIT, hrsg. v. J. Ratzinger, QD 117, Freiburg i. Br. – Basel – Wien 1989.
SCHRIMPF, G., Des Menschen Seligkeit. Ein Vergleich zwischen Plotins 'Περὶ εὐδαιμονίας', Meister Eckharts 'Buch der göttlichen Tröstung' und Fichtes 'Anweisung zum seligen Leben', in: Parusia, 431-454.
SCHÜRMANN, H., Gottes Reich – Jesu Geschick. Jesu ureigener Tod im Licht seiner Basileia-Verkündigung, Freiburg i. Br. – Basel – Wien 1983.
SCHÜRMANN, H., Das Lukasevangelium, Teil I, HThK, Freiburg i. Br. – Basel – Wien [2]1982.
SCHÜSSLER-FIORENZA, E. (Hrsg.), Aspects of Religious Propaganda in Judaism and Early Christianity, Notre Dame (Indiana) – London 1976.

SCHÜSSLER-FIORENZA, E., Zu ihrem Gedächtnis ... Eine feministisch-theologische Rekonstruktion der christlichen Ursprünge, München 1988.

SCHÜSSLER-FIORENZA, F., Foundational Theology. New York 1984; dt.: Fundamentale Theologie. Zur Kritik theologischer Begründungsverfahren, aus dem Amerik. v. F.-R. Hartwich, gek. Ausgabe, Mainz 1992.

SCHÜTTE, H., Ziel: Kirchengemeinschaft. Zur ökumenischen Orientierung, Paderborn 1985.

SCHWAGER, R., Der wunderbare Tausch. Zur Geschichte und Deutung der Erlösungslehre, München 1986.

SCHWAN, A./KEMPFER, K. H. (Hrsg.), Grundlagen der politischen Kultur des Westens, Berlin 1987.

SCHWEITZER, A., Aus meinem Leben und Denken, in: ders., Gesammelte Werke, 19-252.

SCHWEITZER, A., Gesammelte Werke, Bde. I-V, München [o. J.].

SCHWEITZER, A., Geschichte der Leben-Jesu-Forschung, Hamburg [2]1913 (TB Hamburg [9]1984).

SCHWEIZER, E., Art. σῶμα in: ThWNT Bd. VII, Stuttgart 1964, 1024-1042.1043-1091.

SCHWEIZER, E., Der Brief an die Kolosser, EKK, Zürich - Einsiedeln - Köln - Neukirchen - Vluyn 1976.

SCHWEIZER, E., The Church as the Body of Christ, Richmond (Virginia) 1964.

SCHWEIZER, E., Das Evangelium nach Markus, NTD, Göttingen [12]1968.

SCHWEIZER, E., Die Kirche als Leib Christi in den Paulinischen Homologumena, in: ders., Neotestamentica, 272-292.

SCHWEIZER, E., Neotestamentica, Zürich - Stuttgart 1963.

SCHWERDTFEGER, N., Gnade und Welt. Zum Grundgefüge von Karl Rahners Theorie der 'anonymen Christen', Freiburg i. Br. 1982.

SCHWIND, G., Das Andere und das Unbedingte. Anstöße von Maurice Blondel und Emmanuel Levinas für die gegenwärtige theologische Diskussion, Regensburg 2000.

SECKLER, M., Aufklärung und Offenbarung, in: CGG Bd. XXI, Freiburg i. Br. 1980, 5-78.

SECKLER, M., Der Begriff der Offenbarung, HFth II, 60-83.

SECKLER, M., Die ekklesiologische Bedeutung des Systems der 'loci theologici'. Erkenntnistheoretische Katholizität und strukturale Weisheit in: ders., Die schiefen Wände des Lehrhauses, 79-104.

SECKLER, M., Enzyklopädische Fundamentaltheologie. Zu einer Neuerscheinung, in: ThQ 168 (1988) 321-327.

SECKLER, M., Fundamentaltheologie: Aufgaben und Aufbau, Begriff und Namen, HFth IV, 450-514.

SECKLER, M., Das Haupt aller Menschen, in: ders., Die schiefen Wände des Lehrhauses, 26-39.207-211.

SECKLER, M./KESSLER, M., Die Kritik der Offenbarung, HFth II, 29-59.

SECKLER, M., Plädoyer für Ehrlichkeit im Umgang mit Wundern, in: ThQ 151 (1971) 337-345.

SECKLER, M., Die schiefen Wände des Lehrhauses. Katholizität als Herausforderung, Freiburg i. Br. - Basel - Wien 1988.
SECKLER, M., Synodos der Religionen. Das 'Ereignis von Assisi' und seine Perspektiven für eine Theologie der Religionen, in: ThQ 169 (1989) 5-24.
SECKLER, M., Theologie als Glaubenswissenschaft, HFth IV, 179-241.
SECKLER, M., Der theologische Begriff der Religion, HFth I, 173-194.
SECKLER, M., Theologische Erkenntnislehre - eine Aufgabe und ihre Koordinaten, in: ThQ 163 (1983) 40-46.
SECKLER, M., Die Theologische Prinzipien- und Erkenntnislehre als fundamentaltheologische Aufgabe, in: ThQ 168 (1988) 182-193.
SECKLER, M., Was heißt Offenbarungsreligion? Eine semantische Orientierung, in: Vernunft des Glaubens, 157-175.
SEEL, O., Zur Vorgeschichte des Gewissensbegriffs im altgriechischen Denken, in: FS Franz Dornseiff zum 65. Geburtstag, hrsg. v. H. Kusch, Leipzig 1953, 291-319.
SEELE. Problembegriff christlicher Eschatologie, hrsg. v. W. Breuning, QD 106, Freiburg i. Br. - Basel - Wien 1986.
SELLIN, G., Der Streit um die Auferstehung der Toten. Eine religions-geschichtliche Untersuchung von 1 Korinther 15, Göttingen 1986.
SENFT, CH., La première épitre de St.-Paul aux Corinthiens, NIC(N), Neuchâtel 1979.
SENN, F., Orthopraktische Ekklesiologie? Karl Rahners Offenbarungsverständnis und seine ekklesiologischen Konsequenzen im Kontext der neueren katholischen Theologiegeschichte, Freiburg (Schweiz) 1989.
SENTIRE ECCLESIAM. Das Bewußtsein von der Kirche als gestaltende Kraft der Frömmigkeit, hrsg. v. J. Daniélou/H. Vorgrimler, Freiburg i. Br. - Basel - Wien 1961.
SHUTTE, A., A New Argument for the Existence of God, in: Mod. Theol. 3:2 (1987) 157-177.
SIEP, L., Anerkennung als Prinzip der praktischen Philosophie. Untersuchungen zu Hegels Jenaer Philosophie des Geistes, Freiburg i. Br. - München 1979.
SIEWERTH, G., Gesammelte Werke (GW), hrsg. von W. Behler [u. a.], Bde. 1-4, Düsseldorf 1971-1987.
SIEWERTH, G., Das Schicksal der Metaphysik von Thomas zu Heidegger (1959), jetzt in: ders., GW IV.
SIEWERTH, G., Der Thomismus als Identitätssystem (1938), jetzt in: ders., GW I.
SIMONS, E., Philosophie der Offenbarung. In Auseinandersetzung mit 'Hörer des Wortes' von Karl Rahner, Stuttgart 1966.
SÖDING, TH., Glaube bei Markus. Glaube an das Evangelium, Gebetsglaube und Wunderglaube im Kontext der markinischen Basileiatheologie und Christologie, Stuttgart 1985.
SOUTHERN, R. W., The Making of the Middle Ages, London - New Haven 1970, dt.: Geistes- und Sozialgeschichte des Mittelalters, Stuttgart 1980.
SOUTHERN, R. W., Saint Anselm. A portrait in a landscape, Cambridge 1990.

SPINOZA, B. de, Tractatus Theologico-Politicus, (1670), neu bearb., eingeleitet u. hrsg. v. G. Gawlick, (PhB 93), Hamburg ²1984.
SPLETT, J., Die Bedingung der Möglichkeit. Zum transzendentalphilosophischen Ansatz der Theologie Karl Rahners, in: Erfahrung des Absoluten - absolute Erfahrung?, 68-87.
SPLETT, J., Freiheitserfahrung. Vergegenwärtigungen christlicher Anthropo-Theologie, Frankfurt a. M. 1986, 4. überarb. Neuauflage 1995.
SPLETT, J., Gotteserfahrung im Denken. Zur philosophischen Rechtfertigung des Redens von Gott, 3. überarb. Aufl. Freiburg i. Br. - München 1985.
SPLETT, J., Über die Möglichkeit, Gott heute zu denken, HFth I, 136-155.
SPLETT, J., Und zu Lösungsversuchen durch Unterbietung, in: ThPh 60 (1985) 410-417.
SEQUERI, P., Il dio affidabile. Saggio di teologia fondamentale, Brescia 1996.
STEINDL, H., Genugtuung. Biblisches Versöhnungsdenken - eine Quelle für Anselms Satisfaktionstheorie?, Freiburg (Schweiz) 1989.
STIFTER, A., Werke und Briefe, histor.-krit. Gesamtausgabe, hrsg. v. A. Doppler/W. Frühwald, Bd. II/2 Bunte Steine - Buchfassungen, hrsg. v. H. Bergner, Stuttgart 1982.
STIRNER, M., Der Einzige und sein Eigentum, Leipzig 1845 [1844], Nachdr. Frankfurt a. M. 1986.
STIRNIMANN, H., Erwägungen zur Fundamentaltheologie. Problematik, Grundfragen, Konzept, in: FZPhTh 24 (1977) 291-365.
STOCK, K., Christus in der heutigen Exegese. Standortbestimmung und Ausblick, in: GuL 59 (1986) 215-228.
STOCKMEIER, P., 'Offenbarung' in der frühchristlichen Kirche, in: HDG I, Fasz. 1a: Die Offenbarung. Von der Schrift bis zum Ausgang der Scholastik, Freiburg i. Br. 1971, 27-87.
STRAUSS, D. F., Das Leben Jesu, Bde.I u. II, Tübingen ⁴1840.
STRECKER, G., Der Weg der Gerechtigkeit - Untersuchungen zur Theologie des Matthäus, Göttingen 1962.
STREMINGER, G., David Hume. Sein Leben und sein Werk, Paderborn - München - Wien - Zürich 1994.
STRIET, M., Das Ich im Sturz der Realität. Philosophisch-theologische Studien zu einer Theorie des Subjekts in Auseinandersetzung mit der Apätphilosophie Friedrich Nietzsches, ratio fidei Bd. I, Regensburg 1998.
STRIET, M., Versuch über die Auflehnung. Philosophisch-theologische Überlegungen zur Theodizeefrage, in: Mit Gott streiten, 48-89.
STUDYING THE HISTORICAL JESUS. Evaluation of the state of current research, hrsg. v. B. Chilton/C.A. Evans, Leiden [u. a.] 1994.
STUHLMACHER, P., Kritische Marginalien zum gegenwärtigen Stand der Frage nach Jesus, in: Fides et communicatio, 341-361.
STUHLMACHER, P., Vom Verstehen des Neuen Testaments. Eine Hermeneutik, Göttingen ²1986.
AUF DER SUCHE NACH DEM VERBORGENEN GOTT, hrsg. v. A. Halder [u.a.], Düsseldorf 1987.

SUTTNER, E. (Hrsg.), Die Katholisch-Theologische Fakultät der Universität Wien 1884-1984. FS zum 600-Jahr Jubiläum, Berlin 1984.

TAUFE, EUCHARISTIE UND AMT. Konvergenzerklärungen der Kommission für Glauben und Kirchenverfassung des Ökumenischen Rates der Kirchen, mit einem Vorw. v. W. H. Lazareth/N. Nissiotis, Frankfurt a. M. - Paderborn 1982.

TELLENBACH, G., Saeculum Weltgeschichte, Bd. V, Freiburg i. Br. 1970.

TESTA, B., Rivelazione e storia. Uno studio sulla filosofia della religione di G. E. Lessing, Rom 1981.

THEISSEN, G./MERZ, A., Der historische Jesus. Ein Lehrbuch, Göttingen ^{2}1997.

THEISSEN, G., Urchristliche Wundergeschichten. Ein Beitrag zur formgeschichtlichen Erforschung der synoptischen Evangelien, Gütersloh 1974.

THEOBALD, C., Maurice Blondel und das Problem der Modernität. Beitrag zu einer epistemologischen Standortbestimmung zeitgenössischer Fundamentaltheologie, Frankfurt a. M. 1988.

THEORIE DER SUBJEKTIVITÄT, hrsg. v. K. Cramer [u.a.], Frankfurt a. M. 1987.

THEUNISSEN, M., Der Andere. Studien zur Sozialontologie der Gegenwart, Nachdr. d. 2. Aufl. Berlin 1981.

THIELICKE, H., Glauben und Denken in der Neuzeit. Die großen Systeme der Theologie und Religionsphilosophie, Tübingen 1983.

THOMAS VON AQUIN, Die Gottesbeweise in der 'Summe gegen die Heiden' und der 'Summe der Theologie'. Text mit Übers., Einl. u. Komm., hrsg. v. H. Seidl, 2., verb. u. erw. Aufl. Hamburg 1986.

THOMAS VON AQUIN, Summa theologica, vollständ., ungek. Ausg., dt.-lat., hrsg. v. d. Albertus Magnus Akademie Walberberg bei Köln, div. Bde., Heidelberg - Graz - Wien - Köln 1933ff.

THOMAS VON AQUIN, Summa contra gentiles/Summe gegen die Heiden, dt.-lat., hrsg. u. übers. v. K. Albert/P. Engelhardt, unter Mitarbeit v. L. Dümpelmann, Bde. I-III, Darmstadt 1974-1990.

THOMAS VON AQUIN, Compendium theologiae (Grundriß der Glaubenslehre), dt.-lat., übers. v. H. L. Fäh, hrsg. v. R. Tannhof, Heidelberg 1963.

THYEN, H., Art. 'Johannesevangelium', in: TRE Bd. XVII, Berlin - New York 1988, 200-225.

THYEN, H., Aus der Literatur zum Johannesevangelium, bes. "4.1. Die johanneische Redaktion", in: ThR 39 (1974) 289-330; 42 (1977) 211-270; 43 (1978) 328-359; 44 (1979) 97-134.

TIEFENSEE, E., Die religiöse Anlage und ihre Entwicklung. Der religions-philosophische Ansatz Johann Sebastian Dreys (1777-1853), Leipzig 1988.

TILLIETTE, X., Der Kreuzesschrei, in: EvTh 43 (1983) 3-15.

TOD DES SUBJEKTS?, hrsg.v. H. Nagl-Docekal/H. Vetter, München 1987.

DER TOD JESU. Deutungen im Neuen Testament, hrsg. v. K. Kertelge, QD 74, Freiburg i. Br. - Basel - Wien 1976.

TRACY, D., The Analogical Imagination. Christian Theology and the Culture of Pluralism, London 1981.

TRACY, D., Blessed Rage for Order. The New Pluralism in Theology, New York 1975.

TRACY, D., Plurality and Ambiguity. Hermeneutics, Religion, Hope, San Francisco 1987.

TRADITION UND INNOVATION, hrsg. v. W. Kluxen, Hamburg 1988.

DER TRANSZENDENTALE GEDANKE. Die gegenwärtige Darstellung der Philosophie Fichtes, hrsg. v. K. Hammacher, Hamburg 1981.

TRANSZENDENTALPHILOSOPHIE ALS SYSTEM. Die Auseinandersetzung zwischen 1794 und 1806, hrsg. v. A. Mues, Hamburg 1989.

TRAPP, R. W., 'Nicht-klassischer' Utilitarismus. Eine Theorie der Gerechtigkeit, Frankfurt a. M. 1988.

TRAUTH, F., Fundamentaltheologie zwischen Rationalismus und Fideismus. Wilfried Joests theologische Theorie im ökumenischen Gespräch, in: Cath 38 (1984) 265-304.

TRILLING, W., Studien zur Jesusüberlieferung, Stuttgart 1988.

TRILLING, W., Zum 'Amt' im Neuen Testament. Eine methodologische Besinnung, in: ders., Studien zur Jesusüberlieferung, 333-364.

TRITES, A. A., The Transfiguration in the Theology of Luke: Some Redactional Links, in: The Glory of Christ in the New Testament, 71-81.

TROELTSCH, E., Gesammelte Schriften (GS), Tübingen 1913.

TROELTSCH, E., Zur religiösen Lage, Religionsphilosophie und Ethik, in: ders., GS II, Tübingen 1913, 729-753.

TUGENDHAT, E., Selbstbewußtsein und Selbstbestimmung. Sprachanalytische Interpretationen, Frankfurt a. M. 1979.

ÜBERLIEFERUNG UND AUSLEGUNG IM MATTHÄUSEVANGELIUM, hrsg. v. G. Bornkamm/G. Barth/H. J. Held, Neukirchen 1960.

UM MÖGLICHKEIT ODER UNMÖGLICHKEIT NATÜRLICHER GOTTESERKENNTNIS HEUTE, hrsg. v. K. Kremer, Leiden - New York - Kopenhagen - Köln 1985.

VALENTIN, J., Atheismus in der Spur Gottes. Theologie nach Jacques Derrida, Mainz 1997.

VANNESTE, A., Saint Thomas et le problème du surnaturel, in: EThL 64 (1988) 348-370.

VERHOEVEN, J., Dynamiek van het Verlangen. De dodsdienstfilosofische methode van Rahner tegen de achtergrond van Maréchal en Blondel, Utrecht 1996.

VERNUNFT DES GLAUBENS. Wissenschaftliche Theologie und kirchliche Lehre. FS Wolfhart Pannenberg, hrsg. v. J. Rohls/G. Wenz, Göttingen 1988.

VERWEYEN, H., Anthropologische Vermittlung der Offenbarung: Anselms 'Monologion', in: Fides quaerens intellectum. Beiträge zur Fundamentaltheologie, hrsg. v. M. Kessler/ W. Pannenberg/H. J. Pottmeyer, Tübingen 1992, 149-158.

VERWEYEN, H., Botschaft eines Toten?, Regensburg 1997.

VERWEYEN, H., Christologische Brennpunkte, Essen ([1]1977) [2]1985.

VERWEYEN, H., (Hrsg.), Einleitung zu: J. G. Fichte, Die Anweisung zum seligen Leben, (PhB 234), Hamburg 1994, XIII-LXVI.

VERWEYEN, H., (Hrsg.), Einleitung zu: J. G. Fichte, Das System der Sittenlehre nach den Prinzipien der Wissenschaftslehre (1798), (PhB 485), Hamburg 1995, XI-XXXV.

VERWEYEN, H., (Hrsg.), Einleitung zu: J. G. Fichte, Versuch einer Kritik aller Offenbarung (1792), (PhB 354), Hamburg 1998, V-LXXII.

VERWEYEN, H., Das fremdartige Glück absurder Existenz: Albert Camus, in: Kategorien der Existenz. FS für Wolfgang Janke, hrsg. v. K. Held/J. Hennigfeld, Würzburg 1993, 365-381.

VERWEYEN, H., Frühchristliche Theologie in der Herausforderung durch die antike Welt, in: ZKTh 109 (1987) 385-399.

VERWEYEN, H., Glaubensverantwortung heute. Zu den "Anfragen" von Thomas Pröpper, in: ThQ 174 (1994), 288-303.

VERWEYEN, H., Gibt es einen philosophisch stringenten Begriff von Inkarnation?, in: Incarnation, 481-489.

VERWEYEN, H., Kants Gottespostulat und das Problem sinnlosen Leidens, in: ThPh 62 (1987) 580-587.

VERWEYEN, H./RAFFELT, A., Karl Rahner, München 1997.

VERWEYEN, H., Katholische Kirche in den USA. Zum Einfluß außertheologischer Faktoren auf das Kirchenverständnis seit dem Konzil, in: Neue Religiosität und säkulare Kultur, hrsg. v. G. Baadte/A. Rauscher, Graz 1988, 99-117.

VERWEYEN, H., Die 'Logik der Tat'. Ein Durchblick durch M. Blondels 'L'Action' (1893), in: ZKTh 108 (1986) 311-320.

VERWEYEN, H., Maurice Blondels Kritik des "Dilettantismus" und das "postmoderne" Denken, in: Das Tun, der Glaube, die Vernunft. Studien zur Philosophie Maurice Blondels "L'Action" 1893-1993, hrsg. v. A. Raffelt / P. Reifenbert / G. Fuchs, Würzburg 1995, 16-32.

VERWEYEN, H., Methodik der Religionsphilosophie. 'L'Action' im Spiegel der 'Lettre' (1896), in: ThPh 64 (1989) 210-221.

VERWEYEN, H., El 'Monologion' de Anselmo. Líneas fundamentales de un sistema de filosofía transcendental, in: Anuario Filosófico XI-2 (1978) 107-126.

VERWEYEN, H., Nach Gott fragen. Anselms Gottesbegriff als Anleitung, Essen 1978.

VERWEYEN, H., Ontologische Voraussetzungen des Glaubensaktes, Düsseldorf 1969.

VERWEYEN, H., Die Ostererscheinungen in fundamentaltheologischer Sicht, in: ZKTh 103 (1981) 426-445.

VERWEYEN, H., Pluralismus als Fundamentalismusverstärker?, in: R. Schwager (Hrsg.), Christus allein? Der Streit um die pluralistische Religionstheologie, 132-139.

VERWEYEN, H., Privateigentum und soziale Verantwortung nach Thomas von Aquin, in: Freiheit und Verbindlichkeit, 251-261.

VERWEYEN, H., Recht und Sittlichkeit in J. G. Fichtes Gesellschaftslehre, Freiburg i. Br. 1975.

VERWEYEN, H., Die Sache mit den Ostererscheinungen, in: 'Der Herr ist wahrhaft auferstanden', 63-80.

VERWEYEN, H., Sein, Bild, Interpersonalität. Zur Bedeutung des späten Fichte, in: Auf der Suche nach dem verborgenen Gott, 116-126.

VERWEYEN, H., Die Situation der Kirchen und Religionen in den USA, in: IkaZ Communio 12 (1983), 144-154; Zweitveröffentlichung in: Renovatio 40 (1984), 33-42.
VERWEYEN, H., Theologie im Zeichen der schwachen Vernunft, Regensburg 2000.
VERWEYEN, H., Theologische Hermeneutik heute, in: Fundamentaltheologie, 177-191.
VERWEYEN, H., Der Weltkatechismus. Therapie oder Symptom einer kranken Kirche?, Düsseldorf ²1994.
VERWEYEN, H., Weltweisheit und Gottesweisheit bei Justin dem Märtyrer, in: Weisheit Gottes - Weisheit der Welt, Bd. I, 603-613.
VERWEYEN, H., Wie wird ein Existential übernatürlich? in: TThZ 95 (1986) 115-131.
VERWEYEN, H., Zum gegenwärtigen Diskussionsstand der Eschatologie, in: Seele, hrsg. v. W. Breuning, Freiburg i. Br. 1986, 15-30.
VERWEYEN, H., Zum Verhältnis von Wissenschaftslehre und Gesellschaftstheorie beim späten Fichte, in: Der transzendentale Gedanke, 315-329.
VETTER, H./NAGL-DOCEKAL, H. (Hrsg.), Tod des Subjekts?, München 1987.
VÖGTLE, A., Die Dynamik des Anfangs. Leben und Fragen der jungen Kirche, Freiburg i. Br. 1988.
VÖGTLE, A., Der einzelne und die Gemeinschaft in der Stufenfolge der Christusoffenbarung, in: Sentire Ecclesiam, 50-91.
VÖGTLE, A., Exegetische Reflexionen zur Apostolizität des Amtes und zur Amtssukzession, in: Die Kirche des Anfangs, 529-582; auch in: ders., Offenbarungsgeschehen und Wirkungsgeschichte, 221-279.
VÖGTLE, A., Grundfragen der Diskussion um das heilsmittlerische Todesverständnis Jesu, in: ders., Offenbarungsgeschehen und Wirkungsgeschichte, 141-167.
VÖGTLE, A., Messiasbekenntnis und Petrusverheißung. Zur Komposition Mt 16,13-23 Par., in BZ N.F. 1 (1957) 252-272, 2 (1958) 85-103.
VÖGTLE, A., Offenbarungsgeschehen und Wirkungsgeschichte. Neutestamentliche Beiträge, Freiburg i. Br. - Basel - Wien 1985.
VÖGTLE, A., Das Problem der Herkunft von 'Mt 16,17-19', in: ders., Offenbarungsgeschehen und Wirkungsgeschichte, 109-140.
VOGLER, W., Jüdische Jesusinterpretationen in christlicher Sicht, Weimar 1988.
VOIGT, G./RÖSSLER, D. [u. a.] (Hrsg.), Fides et communicatio. FS Martin Doerne, Göttingen 1970.
VORGRIMLER, H./GUCHT, R. vander (Hrsg.), Bilanz der Theologie im 20. Jahrhundert. Perspektiven, Strömungen, Motive in der christlichen und nichtchristlichen Welt, Bde. I-IV, Freiburg i. Br. 1969-1970.
VORGRIMLER, H./DANIÉLOU, J. (Hrsg.), Sentire Ecclesiam. Das Bewußtsein von der Kirche als gestaltende Kraft der Frömmigkeit, Freiburg i. Br. - Basel - Wien 1961.
VRIES, J. de, Grundfragen der Erkenntnis, München 1980.
WACH, J., Religionssoziologie, Tübingen 1951.

WAGNER, F., Aspekte der Rezeption Kantischer Metaphysik-Kritik in der evangelischen Theologie des 19. und 20. Jahrhunderts, in: NZSyTh 27 (1985) 25-41.

WAGNER, F., Was ist Religion? Studien zu ihrem Begriff und Thema in Geschichte und Gegenwart, Gütersloh 1986.

WAGNER, H., Art. 'Fundamentaltheologie' in: TRE Bd. XI, Berlin - New York 1983, 738-752.

WAGNER, H., Einführung in die Fundamentaltheologie, Darmstadt 1981.

WAGNER, H., (Hrsg.), Mit Gott streiten. Neue Zugänge zum Theodizee-Problem, QD 169, Freiburg i. Br. - Basel - Wien 1998.

WALDENFELS, H., Das Christentum im Streit der Religionen um die Wahrheit, HFth II, 241-265.

WALDENFELS, H., Kontextuelle Fundamentaltheologie, Paderborn - München - Wien - Zürich [2]1988.

WALDENFELS, H., Offenbarung. Das Zweite Vatikanische Konzil auf dem Hintergrund der neueren Theologie, München 1969.

WEDDERBURN, A. J. M., Baptism and Resurrection. Studies in Pauline Theology against Its Graeco-Roman Background, Tübingen 1987.

WEISCHEDEL, W., Der Gott der Philosophen. Grundlegung einer philosophischen Theologie im Zeitalter des Nihilismus, Bde.I u. II, Darmstadt 1972.

WEISHEIT GOTTES - WEISHEIT DER WELT. FS Joseph Kardinal Ratzinger zum 60. Geburtstag, hrsg. v. W. Baier [u.a.], Bde. I u. II, St. Ottilien 1987.

WEISS, J., Die Predigt Jesu vom Reiche Gottes, Göttingen [1]1892, völlig neubearb. Aufl. 1900.

WEIZSÄCKER, C. FR. FREIHERR V., Die Zukunft der Wissenschaft, in: Die Zeit, Nr. 50, 12. Dez. 1969, Sonderserie: Das 198. Jahrzehnt, 51-53.

WELTE, B., Auf der Spur des Ewigen, Freiburg i. Br. 1965.

WELTE, B., Heilsverständnis. Philosophische Untersuchung einiger Voraussetzungen zum Verständnis des Christentums, Freiburg i. Br. 1966.

WELTE, B., Der philosophische Glaube bei Karl Jaspers und die Möglichkeit seiner Deutung durch die thomistische Philosophie, in: Symposion II, Freiburg i. Br. 1949, 1-190.

WENDEL, S., Von der Postmoderne zurück zur Moderne. Adornos Kritische Theorie als Anknüpfungspunkt für eine Theologie der späten Moderne, in: Orientierung 63 (1999) 151-157.

WENDEL, S., Jean-François Lyotard. Aisthetisches Ethos, München 1997.

WENDLAND, H. D., Die Briefe an die Korinther, NTD, Göttingen [15]1965.

WENZ, G., Ostern als Urdatum des Christentums. Zu Wolfhart Pannenbergs Theologie der Auferweckung Jesu, in: 'Der Herr ist wahrhaft auferstanden', 133-157.

WENZ, G./ROHLS, J. (Hrsg.), Vernunft des Glaubens. Wissenschaftliche Theologie und kirchliche Lehre. FS Wolfhart Pannenberg, Göttingen 1988.

WENZLER, L., Das Antlitz, die Spur, die Zeit. Zeitlichkeit als Struktur und als Denkform des religiösen Verhältnisses nach Emmanuel Levinas, Habil. Freiburg i. Br. 1987.

WERBICK, J., Kirche. Ein ekklesiologischer Entwurf für Studium und Praxis, Freiburg i. Br. 1994.

WERBICK, J., Der Streit um die 'natürliche Theologie' - Prüfstein für eine ökumenische Theologie?, in: Cath(M) 37 (1983) 119-132.

WERBICK, J./BROER, I. (Hrsg.), 'Der Herr ist wahrhaft auferstanden' (Lk 24,34). Biblische und systematische Beiträge zur Entstehung des Osterglaubens, Stuttgart 1988.

WERNER, K., Geschichte der apologetischen und polemischen Literatur der christlichen Theologie, Schaffhausen 1861-1867 (Neudruck Osnabrück 1966).

WESS, P., Gemeindekirche - Ort des Glaubens. Die Praxis als Fundament und als Konsequenz der Theologie, Graz 1989.

WESTERMANN, C., Das Buch Jesaja. Kap. 40-66, ATD, Göttingen 1966.

WESTERMANN, C., Karl Barths Nein. Eine Kontroverse um die theologia naturalis. Emil Brunner - Karl Barth (1934), in: EvTh 47 (1987) 386-395.

WETZEL, M., Tugendhat und Apel im Verhältnis zu Kant. Zu: O. Höffe, Ist die Transzendentale Vernunftkritik in der Sprachphilosophie aufgehoben?, in: PhJb 94 (1987) 387-394.

WIEDENHOFER, S., Art. 'Tradition', in: Geschichtliche Grundbegriffe, Bd. VI, 607-650.

WIEDENHOFER, S., Grundprobleme des theologischen Traditionsbegriffs, in: ZKTh 112 (1990) 18-29.

WIEDENHOFER, S., Das katholische Kirchenverständnis, Ein Lehrbuch der Ekklesiologie, Graz - Wien - Köln 1992.

WIEDENHOFER, S., Zum gegenwärtigen Stand von Traditionstheorie und Traditionstheologie, in: ThRv 93 (1997) 443-468

WIEDERKEHR, D., Das Prinzip der Überlieferung, in: HFth IV, 100-123.

WIEDERKEHR, D., 'Volk Gottes': Theologische und kirchliche Hausafugaben *nach* Vaticanum II, in: Diakonia 23 (1992), 294-303.

WIEDMANN, F. (Hrsg.), Epimeleia. Die Sorge der Philosophie um den Menschen, München 1964.

WIERTZ, O. J., Rezension von H. Verweyen, 'Botschaft eines Toten?', in: ThPh 74 (1999) 602-606.

WILCKENS, U., Der Brief an die Römer, EKK, Bd. II, Zürich [u.a.] 1980.

WILCKENS, U., Die Überlieferungsgeschichte der Auferstehung Jesu, in: Die Bedeutung der Auferstehungsbotschaft für den Glauben an Jesus Christus, 41-63.

WINANDY, J., Les vestiges laissés dans le tombeau et la foi du disciple (Jn 20,1-9), in: NRTh 110 (1988) 212-219.

WINTER, A., Der Gottesbeweis aus praktischer Vernunft. Das Argument Kants und seine Tragfähigkeit vor dem Hintergrund der Vernunftkritik, in: Um Möglichkeit oder Unmöglichkeit natürlicher Gotteserkenntnis heute, 109-178.

WITHERINGTON, B., The Jesus Quest. The Third Search for the Jew of Nazareth, Downers Grove 1995.

WOLFF, CH., Der erste Brief des Apostels Paulus an die Korinther, ThHK, Berlin ^{2}1982.

WREDE, W., Das Messiasgeheimnis in den Evangelien. Zugleich ein Beitrag zum Verständnis des Markusevangeliums, Göttingen 1901.

WRIGHT, N. T./HURST, L. D. (Hrsg.), The Glory of Christ in the New Testament. Studies in Christology, Oxford 1987.

ZELLER, D., Der Brief an die Römer, RNT, Regensburg 1985.

ZWICK, R., Montage im Markusevangelium. Studien zur narrativen Organisation der ältesten Jesuserzählung, Stuttgart 1989.

ZWISCHENBETRACHTUNGEN IM PROZESS DER AUFKLÄRUNG. Jürgen Habermas zum 60. Geburtstag, hrsg. v. A. Honneth [u.a.], Frankfurt a. M. 1989.

ZUR NEUTESTAMENTLICHEN ÜBERLEGUNG VON DER AUFERSTEHUNG JESU, hrsg. v. P. Hoffmann, Darmstadt 1988.

Personenregister